King of Prussia Frederick II

Politische Korrespondenz Friedrichs des Großen

King of Prussia Frederick II

Politische Korrespondenz Friedrichs des Großen

ISBN/EAN: 9783743446526

Hergestellt in Europa, USA, Kanada, Australien, Japan

Cover: Foto ©ninafisch / pixelio.de

Manufactured and distributed by brebook publishing software (www.brebook.com)

King of Prussia Frederick II

Politische Korrespondenz Friedrichs des Großen

POLITISCHE CORRESPONDENZ FRIEDRICH'S DES GROSSEN.

SIEBENTER BAND.

POLITISCHE CORRESPONDENZ FRIEDRICH'S DES GROSSEN.

SIEBENTER BAND.

BERLIN,
VERLAG VON ALEXANDER DUNCKER,
KÖNIGLICHEM HOFBUCHHÄNDLER

1881.

1749[11.]—1750.[1.]

3731. AU CONSEILLER PRIVÉ DE LÉGATION DE VOSS A DRESDE.

Berlin, 4 juillet 1749.

Je n'ai rien d'autre à vous répondre pour cette fois-ci à votre dépêche du 28 de juin dernier, si ce n'est que je suis très curieux de savoir le pli de la tournure que prendra la Diète présente des États de Saxe à Dresde, et si ces États pourront être persuadés de consentir à accorder à leur cour de nouvelles sommes en argent.

Au surplus, il me revient que le premier ministre de Saxe venait encore de faire une nouvelle acquisition en Pologne en fonds de terre, pour la valeur d'un million de florins, et que ces fonds de terre étaient les mêmes qui autrefois avaient appartenu à la feue Reine, épouse du roi Stanislas.

Federic.

Nach dem Concept.

3732. AU CHAMBELLAN D'AMMON A LA HAYE.

Berlin, 4 juillet 1749.

J'ai raison de douter encore que les États de Hollande obtiennent le but qu'ils se sont proposé par cette sorte d'impôts dont vous faites mention dans votre dépêche du 27 de juin dernier,[1] et qu'ils sachent se procurer par là les sommes en argent nécessaires pour subvenir aux besoins de l'État.

Pour ce qui est de l'avis qui vous a été donné, que l'ambassadeur de Russie, comte Golowkin, engageait pour le service de sa cour différents officiers, là où vous êtes, à condition qu'ils lèveront des compagnies franches, vous examinerez soigneusement si l'avis en question est réellement fondé, lequel, supposé qu'il se trouve conforme à la vérité, ne laisserait que d'étonner tout le monde sur les vues que pourrait s'être formées la Russie pendant un temps où les orages qu'on appréhendait pour la tranquillité du Nord, paraissaient se dissiper entièrement.

Federic.

[1] Es handelt sich um eine beabsichtigte Ersetzung des Verpachtungssystems durch eine Regie.

P. S.

Soli. Je veux que vous me mandiez fort secrètement si vous ne pourriez trouver moyen, là où vous êtes, de vous y procurer par quelque corruption une copie du chiffre déchiffrant du ministre hollandais en Russie, le sieur de Swart, dont il se sert avec le sieur de Fagel. Vous me ferez savoir, en ce cas, la somme que vous jugeriez nécessaire pour y réussir. Il faudra cependant que vous procédiez finement et avec grand jugement dans cette affaire, pour éviter de vous exposer, et que vous m'en fassiez en son temps votre rapport à moi seul immédiatement, sans en toucher le mot dans vos relations au département des affaires étrangères.

Il m'est entré, au reste, de bon lieu que les États-Généraux des Provinces-Unies avaient pris une résolution secrète en date du 9 de mai dernier, relativement aux affaires du Nord, et comme cette résolution ne saurait que m'être fort intéressante, je veux que vous fassiez tout votre possible afin de tâcher d'en avoir une copie, et qu'ensuite vous me la fassiez parvenir en chiffre.

Nach dem Concept.   Federic.

3733. AU SECRÉTAIRE DIESTEL A CHRISTIANIA.

Berlin, 4 juillet 1749.

Vous avez fort bien fait, selon votre dépêche du 17 de juin dernier, d'avoir suivi le conseil du ministre de Suède, pour ne point vous rendre à Friedrichshall,[1] mais dès qu'il y aura quelque chose de conclu par la négociation en question, vous ne négligerez pas de m'en rendre compte incessamment, l'attente du succès de ladite négociation m'en rendant inquiet, et souhaitant de savoir bientôt l'affaire conclue et menée à une heureuse fin.

Nach dem Concept.   Federic.

3734. AU CONSEILLER BARON LE CHAMBRIER A PARIS.

Berlin, 5 juillet 1749.

Votre dépêche du 23 de juin dernier m'est bien entrée. Vous pouvez croire que je n'envierai en aucune façon à la France la gloire d'avoir réuni ensemble la Suède et le Danemark, et que je serai content de la réussite de l'affaire, à laquelle il y a jusqu'ici beaucoup d'apparence. En tout cas, si le marquis de Puyzieulx venait à vous parler de l'affaire en question, vous lui direz qu'apparemment il serait content des bons procédés du prince-successeur de Suède, qui venait de sacrifier ses intérêts les plus chers[2] pour lever tout obstacle qu'il y avait eu au renouvellement de l'alliance entre la Suède et Danemark, sur les pressantes instances que je lui avais faites à ce sujet.

[1] Residenz des dänischen Hofes. — [2] Vergl. Bd. VI, 567.

Vous ajouterez ensuite au marquis de Puyzieulx qu'il m'était revenu de Londres qu'il y avait des indices propres à faire conjecturer que le ministère anglais avait transmis fort secrètement de nouvelles remises d'argent à Pétersbourg,[1] mais que, n'étant point encore bien assuré de la réalité qu'il y avait à cet avis, je tâcherais de l'approfondir et que, dès que j'en aurais été instruit de façon à y pouvoir compter absolument, je ne laisserais que de le lui communiquer à lui, marquis de Puyzieulx.

Au surplus, je sais que la cour de Vienne a fait de fortes instances auprès de celle de Londres, afin que l'Angleterre lui payât des subsides considérables en cas de guerre dans le Nord, mais que, l'Angleterre ayant décliné de s'y prêter, la cour de Vienne en avait été extrêmement piquée, de sorte qu'il paraissait suffisamment par là que la mauvaise volonté où était la cour de Vienne était encore toujours la même et qu'elle ne manquerait sûrement pas de lui laisser un cours libre afin de la mettre en exécution, dès qu'elle y trouverait les fonds nécessaires.

Nach dem Concept.   Federic.

3735. AU CONSEILLER PRIVÉ DE GUERRE DE KLING-GRÆFFEN A LONDRES.

Berlin, 5 juillet 1749.

Comme vous venez de faire mention, dans votre dépêche du 24 de juin dernier, de quatre articles secrets du traité qui a été conclu entre les deux cours impériales,[2] et que ce m'est une affaire des plus intéressantes que de savoir en quoi consistent ces articles secrets, je veux que vous tâchiez de vous en procurer copie; et, quand même il faudrait que vous y employassiez quelque argent, vous ne laisserez pas moins pour cela de mettre tout votre savoir-faire à obtenir les articles en question.

Je veux bien vous dire pour votre instruction que je sais pour sûr que la cour de Vienne a fait de fortes instances à celle de Londres, pour que l'Angleterre, en cas de troubles dans le Nord, lui payât des subsides, à elle et à la Russie, mais que, la cour d'Angleterre n'ayant pas voulu y entendre, celle de Vienne en était assez piquée contre cette dernière.

Je me donnerai toutes les peines imaginables pour approfondir si l'avis que vous m'avez donné dernièrement sur les nouvelles remises d'argent d'Angleterre en Russie est fondé; on pourra en tout cas s'en tenir comme assuré si la Russie en venait à de nouvelles bravades. Au surplus, vous devez me mander si le roi d'Angleterre ne serait point à même de faire pour soi une épargne de 300 jusqu'à 400,000 écus, des fonds que le Parlement lui accorde, pour les faire payer ensuite à la

[1] Vergl. S. 5 und Bd. VI, 578. — [2] Vergl. Bd. V, 187 Anm. 2.

Russie, cette somme étant d'abord assez suffisante pour faire continuer aux Russes leurs ostentations guerrières.

Nach dem Concept.

Federic.

3736. AU MINISTRE D'ÉTAT COMTE DE PODEWILS, ENVOYÉ EXTRAORDINAIRE, A VIENNE.

Berlin, 5 juillet 1749.

J'ai bien reçu votre dépêche du 25 de juin dernier et j'approuve encore fort la manière dont vous vous êtes comporté jusqu'ici envers le sieur Blondel, et tout ce que vous avez fait là-dessus; aussi n'aurez-vous qu'à poursuivre le plan de conduite que vous vous êtes formé à l'égard de ce ministre de France, d'autant plus qu'il sera relevé de son poste par un autre ministre français, de Hautefort, de sorte que le temps qu'il pourra encore devoir rester à Vienne n'excédera pas celui de deux mois.

Je veux bien, au reste, que vous sachiez que je tâche de me procurer des notions justes et exactes sur le personnel, sur le caractère et sur toutes les autres circonstances qui peuvent regarder ledit ministre de France, de Hautefort, et que je vous ferai communiquer ensuite ce qui m'en sera revenu, afin que vous puissiez vous diriger en conséquence.

Nach dem Concept.

Federic.

3737. AU CONSEILLER PRIVÉ DE LÉGATION BARON DE GOLTZ A MOSCOU.

Goltz berichtet, Moskau 12. Juni: Le comte de Woronzow „me fit assez connaître qu'il était lui même persuadé que la cour de Suède était trop éclairée pour faire un changement qui ne pourrait que la commettre avec ses voisins et fournir au Chancelier l'occasion de suivre l'impétuosité de sa rage et de se porter aux dernières extrémités, d'autant plus qu'il pourrait compter alors sur l'assistance de l'Angleterre; mais, hormis ce seul cas, ledit ami m'a fait les protestations les plus fortes que l'Impératrice ne serait sûrement pas la première qui attaquerait la Suède. Il ajouta que les sentiments de Sa Majesté Impériale sur cet article lui étaient suffisamment connus pour ne pas craindre un démenti."

Berlin, 5 juillet 1749.

Ce que l'ami important vient de vous dire dans l'entretien que vous avez eu en dernier lieu avec lui et dont vous me faites votre rapport en date du 12 de juin dernier, a bien mon approbation; il ne faut cependant pas que vous y reposiez simplement, mais plutôt que vous continuiez d'apporter une attention non interrompue à toutes les circonstances qui peuvent accompagner les affaires, là où vous êtes; car il vous doit être connu, tout comme j'en suis persuadé, que ce n'est que la moindre partie des affaires qui parvient à la connaissance de l'ami en question, et que le Chancelier lui en cache les plus importantes. Au reste, comme l'on prétend remarquer en Angleterre certains indices propres à faire soupçonner qu'on y faisait des remises en argent pour Pétersbourg, lesquelles y étaient adressées au marchand Wolff pour en cacher le secret d'autant plus soigneusement, mon intention est que vous vous concertiez avec le baron Hœpken, pour tâcher d'approfondir ce qu'il y peut avoir de vrai à la chose; mais se pouvant qu'il vous serait assez difficile de vous en éclaircir directement, vous n'aurez qu'à prendre garde si la cour de Russie voudra encore faire de nouvelles fanfaronnades, ou bien, aussi, si cette cour exercera de nouvelles libéralités et d'ailleurs extraordinaires. Si l'un ou l'autre arrivait, il en résulterait évidemment que la cour de Russie aurait reçu des remises d'Angleterre, qu'elle en a tiré des subsides et en tire encore actuellement.

Nach dem Concept. Federic.

3738. AU CONSEILLER PRIVÉ DE LÉGATION DE VOSS A DRESDE.

Potsdam, 6 juillet 1749.

Il ne me reste rien à désirer à votre rapport du 1ᵉʳ de ce mois pour comprendre entièrement qu'il faut que l'économie soit tout-à-fait diabolique là où vous êtes, les dettes dont la cour de Saxe est obérée s'accumulant de jour en jour aussi considérablement, pendant que son premier ministre augmente de plus en plus ses biens et se forme un grand établissement en Pologne pour s'y assurer, en certains cas, une bonne retraite.

Si, en attendant, les États de Saxe venaient à accorder de nouvelles sommes à la cour où vous êtes, il faudra que vous tâchiez d'en profiter et que vous prépariez ainsi les matières, afin que mes sujets qui ont encore à prétendre de la *Steuer* soient contentés, autant que humainement possible, à la prochaine foire de Leipzig, pour alors pouvoir retirer leur argent de ladite *Steuer*.

Je ne comprends pas jusqu'ici quelles raisons il y peut avoir au séjour du maréchal de Saxe à Dresde, et il faut ou que ce maréchal ait des vues sur la Courlande ou qu'il demande de l'argent, n'étant point possessionné en Pologne.

Federic.

Nach dem Concept.

3739. AU CONSEILLER PRIVÉ DE LÉGATION DE ROHD A STOCKHOLM.

Potsdam, 6 juillet 1749.

Le ministère de Suède ne saurait mieux faire qu'en laissant, comme j'ai pu m'en informer par votre rapport du 24 de juin dernier, les choses *in statu quo* avec l'Angleterre; car il est suffisamment reconnu que la Suède ne ferait rien avec l'Angleterre par des avances flatteuses à cette dernière, la partialité de son ministère et la trop grande prévention du roi d'Angleterre y mettant obstacle. Je me réfère, au reste, aux avis que je vous fais commmuniquer par cet ordinaire, à la suite de celle-ci, du département des affaires étrangères.

Nach dem Concept.

Federic.

3740. AU CONSEILLER PRIVÉ DE LÉGATION BARON DE GOLTZ A MOSCOU.

Goltz berichtet, Moskau 16. Juni: Le comte de Woronzow me dit [12 juin] „qu'il était, à la vérité, vrai que la cour d'Angleterre avait fait entendre à celle d'ici, à peu près dans les termes suivants, que, la France s'étant offerte d'apporter tout ce qui dépendrait d'elle au maintien du repos dans le Nord, l'Angleterre ne pouvait se dispenser de concourir au même but et qu'ainsi elle ne saurait pas prendre part aux entreprises qu'on pourrait former pour le troubler, le seul cas excepté d'un changement dans la forme présente du gouvernement de Suède; mais que le Chancelier avait été extrêmement mécontent d'une pareille ouverture et avait fait faire de nouvelles représentations à la cour de Londres, en insistant sur ses premières instances auprès d'elle, en lui insinuant qu'on ne pouvait absolument point faire fond sur les assurances du ministère de Suède; qu'il savait à n'en pouvoir pas douter que Votre Majesté, aussi bien que la France, agissaient de concert pour le favoriser dans son dessein d'introduire dans ce royaume la souveraineté; qu'ainsi, l'Angleterre étant tout autant intéressée que la Russie à s'y opposer efficacement, il fallait dès à présent prendre des mesures de vigueur pour conjurer un orage qui ne manquerait pas, sans cela, de fondre sur elles. Il se peut qu'il y ait des reproches et même des menaces, ajouta-t-il [Woronzow], par rapport au commerce des Anglais dans ce pays-ci. Ledit ami poursuivit à me dire que c'était apparemment cette façon de s'exprimer peu propre à radoucir les esprits qui mettait le ministère britannique dans une sorte d'embarras tant sur la manière de communiquer aux alliés de

Potsdam, 8 juillet 1749.

J'ai été fort satisfait du rapport intéressant que vous venez de me faire en dernier lieu, en date du 16 de juin dernier; aussi n'oublierez-vous pas de remercier de ma part celui qui vous y a fourni le sujet. Vous le ferez dans les termes les plus flatteurs pour lui que vous sauriez imaginer, en l'assurant d'ailleurs de toute ma reconnaissance.

Pour ce qui me regarde, je souhaiterais toujours beaucoup que l'ami important tâchât de se lier de plus en plus avec les deux frères Rasumowski, le véritable service de la souveraine en dépendant, et la conservation même de l'ami important l'exigeant indispensablement. C'est pourquoi, aussi, vous n'omettrez rien de ce qui pourrait faire résoudre et animer l'ami important à se lier de plus en plus avec les Rasumowski et à faire partie avec eux.

Au surplus, vous pouvez assurer très positivement l'ami important qu'en cas de mort du roi de Suède il ne se passerait rien dans ce royaume qui pourrait donner avec fondement au chancelier Bestushew quelque prise contre la Suède, et que sûrement le Chancelier ne trouverait pas une seule

la Suède la réponse de la Russie, que sur quel pied y répliquer, ce qui ne s'était point fait jusqu'ici."[1] raison à faire la guerre à la Suède, à moins qu'il ne voulût s'en procurer par mauvaise chicane et frivolement, dont la futilité ne manquerait de sauter aux yeux à tout homme impartial. Quant à moi, vous assurerez fort et ferme l'ami important que je tâcherais d'éviter une guerre de toute manière qu'il me serait possible, mais que, si nonobstant il n'en pouvait être autrement, et que je me visse forcé à rompre, vous insinuerez convenablement et en confidence à l'ami en question qu'en ce cas aussi je ne craindrais rien et que je saurais alors porter mes coups à mes ennemis, qui m'auraient ainsi assailli les premiers, de façon et dans des endroits où sûrement ils leur seraient bien sensibles.

Nach dem Concept. Federic.

3741. AU CONSEILLER BARON LE CHAMBRIER A PARIS.

Potsdam, 8 juillet 1749.

Votre dépêche du 27 de juin dernier vient de m'être bien rendue. J'espère que vous trouverez intéressant ce que je vous fais communiquer d'avis du département des affaires étrangères par cet ordinaire et à la suite de la présente, relativement aux affaires du Nord.

Je veux bien vous dire encore, quoiqu'en grande confidence, que tout espoir à voir culbuté le chancelier de Russie, comte Bestushew, n'est point tout-à-fait perdu, quoique jusqu'ici ce soit une chose incertaine dont l'événement semble demander encore quelque temps avant de pouvoir éclore, mais qui, après qu'il sera arrivé en son temps, ne manquera pas de rendre l'Angleterre envers la France et l'Autriche à mon égard de beaucoup plus souples qu'elles ne le sont présentement.

Federic.

Nach dem Concept.

3742. AU CONSEILLER PRIVÉ DE GUERRE DE KLINGGRÆFFEN A LONDRES.

Potsdam, 8 juillet 1749.

J'ai reçu votre dépêche du 27 de juin dernier. Tout ce que je vous fais communiquer, à la suite de celle-ci, du département des affaires étrangères, de relatif aux affaires du Nord, sont des avis authentiques sur lesquels vous pouvez vous reposer entièrement, pour vous en servir à vous orienter davantage sur ces dites affaires là où vous

---

[1] Schon unter dem 6. Juli schreibt Eichel auf Befehl des Königs an den Cabinetsminister Graf Podewils, dass an Chambrier, Klinggräffen und Rohd von dem Inhalt der Eröffnung Woronzow's Mittheilung geschehen soll, „jedennoch dergestalt, dass der Canal, wodurch der p. von Goltz diese Nachrichten erhalten, äusserst menagiret werde." Vergl. Nr. 3739. 3741. 3742.

êtes. Il vous sera facile présentement à concevoir pourquoi le duc de Newcastle n'a point voulu vous communiquer[1] la réponse de la Russie tant mentionnée.[2]

Je suis surpris, au reste, que vous ne m'ayez encore rien mandé de plus, comment les intéressés au payement des dettes hypothéquées sur la Silésie se sont déclarés sur ce que je vous ai fait savoir, il y a déjà plusieurs semaines,[3] des termes que j'étais intentionné de préfiger audit payement.

Nach dem Concept.
Federic.

3743. AU CONSEILLER PRIVÉ DE LÉGATION DE ROHD A STOCKHOLM.

Potsdam, 11 juillet 1749.

J'ai bien reçu votre dépêche du 27 de juin dernier, et il faut que je vous dise par la présente qu'il m'a été fort désagréable d'apprendre, par les dernières lettres qui me sont venues de Norwége, que la cour de Danemark commençait à témoigner beaucoup de tiédeur sur ses bons sentiments qu'elle avait fait paraître, il y a peu de temps, pour s'allier étroitement avec la Suède et sur les avances qu'elle avait faites en conséquence de ces bons sentiments.

Comme d'ailleurs le sieur de Schulin témoigne à l'heure qu'il est une grande indifférence affectée au sieur Lemaire et au ministre de Suède, je crains fort que le temps qui a été emporté par l'abouchement du nouvel ambassadeur, marquis d'Havrincourt, avec l'abbé Lemaire, ne fasse grand tort à la négociation qui par l'entremise de la France vient d'être entamée entre la Suède et le Danemark.

Nach dem Concept.
Federic.

3744. AU SECRÉTAIRE DIESTEL A CHRISTIANIA.

Potsdam, 11 juillet 1749.

Il m'a été fort désagréable d'apprendre par votre rapport du 24 de juin dernier que la négociation entamée en dernier lieu entre la Suède et le Danemark commençait à prendre un aussi mauvais pli que vous me le marquez par votre dit rapport, et que le sieur de Schulin affectait de témoigner assez d'indifférence à cet égard.

Je ne saurais rien vous dire là-dessus, si ce n'est que vous devez parler tant à l'abbé Lemaire qu'au ministre de Suède, pour leur insinuer que, comme il importait beaucoup à leurs cours respectives que la négociation en question pût réussir, il serait fort convenable qu'eux, ministres de France et de Suède, fissent leur possible pour la conduire à sa perfection.

[1] Vergl. Bd. VI, 564. — [2] Vergl. Bd. VI, 562. 564. 573. 577. — [3] Vergl. Bd. VI, 563.

Vous ajouterez à ces deux ministres que je vous avais ordonné de conférer là-dessus avec eux et de les consulter s'ils ne pensaient qu'il serait bon et si par conséquent ils n'auraient pour agréable que vous parlassiez au sieur de Schulin — après que vous lui auriez fait beaucoup de compliments polis et flatteurs de ma part tant sur le personnel de Sa Majesté Danoise que sur celui de lui, sieur Schulin, et après que vous auriez assuré ce ministre de la haute estime que j'avais pour le Roi son maître et de l'amitié que je lui portais — pour lui dire qu'ayant toujours été bon ami du Danemark et me faisant un vrai plaisir de pouvoir contribuer à tout ce qui était agréable à Sa Majesté Danoise, je n'avais voulu laisser passer l'importante occasion en question, pour lui représenter tous les avantages qu'elle trouvait dans une alliance avec la France et la Suède; que la France donnait des subsides au Danemark seulement pour ne rien faire,[1] et que la Suède lui accordait gratuitement tout ce que d'ailleurs il aurait fallu attendre d'une longue guerre, dont les événements n'auraient toujours laissé que d'être fort incertains. Que peut-être l'Angleterre offrirait des subsides plus considérables au Danemark, qu'il se pourrait aussi que la Russie de son côté lui promît certains avantages, mais que ce n'étaient là, en effet, que des appas pour attirer le Danemark dans une guerre qui, après tout, importerait fort peu aux autres pour sa réussite, et dont l'issue leur serait assez indifférente. Que j'étais ainsi persuadé que Sa Majesté Danoise, par la pénétration éclairée et les hautes lumières que je lui connaissais, voudrait bien préférer le certain à l'incertain, ce qui ne pourrait que m'être d'autant plus agréable que je me verrais à même par là de pouvoir continuer à cultiver l'amitié du roi de Danemark et de resserrer de la sorte, de plus en plus, les liens de cette amitié.

Si, après que vous aurez insinué ce que dessus aux deux ministres de France et de Suède, ceux-ci approuvaient que vous en fissiez la démarche auprès du sieur de Schulin, mon intention est que, en ce cas, vous parliez au sieur de Schulin en conséquence du contenu de cette présente dépêche, que vous communiquiez ensuite à l'abbé Lemaire et au ministre de Suède la réponse qui vous y aura été donnée par ledit sieur de Schulin, et que vous me fassiez votre rapport de cette même réponse. Mais si les deux susmentionnés ministres n'agréaient pas semblable démarche de votre part, je veux que vous la laissiez tomber et qu'il n'en soit pas question.

Federic.

Nach dem Concept.

3745. AU CONSEILLER BARON LE CHAMBRIER A COMPIÈGNE.

Potsdam, 12 juillet 1749.

Vous pouvez rassurer M. de Puyzieulx sur le doute qu'il vous a témoigné, selon ce que vous m'en marquez dans votre dépêche du 30

[1] Vergl. Bd. VI, 266.

du juin passé, savoir si les lettres qui passent en France par la poste de Wésel ne sont point exposées à quelques inconvénients en passant le pays d'Hanovre, et vous lui direz que tous les bureaux de postes sur la route de Berlin jusqu'à Gueldre n'appartenaient qu'à moi seul et relevaient de celui de Berlin. Il est vrai que les Autrichiens peuvent ouvrir ces lettres à leur passage par les Pays-Bas, mais outre qu'elles sont toutes chiffrées et que je sais de science certaine que les Autrichiens n'ont point de nos chiffres,[1] vous savez que pour plus de sûreté nous changeons de chiffres de trois en trois mois. De plus, le marquis de Puyzieulx peut être sûr que nous ne toucherons plus mot de l'affaire en question[2] dans aucune de nos dépêches qui vous parviendront, jusqu'à ce que la réponse qu'on y attend nous soit parvenue.

Comme je vous ai fait instruire, par un rescrit en date d'aujourd'hui, expédié dans la chancellerie, des nouvelles que nous avons eues par rapport à l'arrivée d'une escadre russienne qui est actuellement à la rade de Danzig, et des autres démonstrations guerrières de la Russie, qui vont toujours en augmentant, vous ne laisserez pas d'en faire communication à M. de Puyzieulx, quoique toujours d'une façon qui ne saurait pas réveiller en lui les soupçons mal fondés qu'on avait eu soin de lui inspirer que nous ne cherchions qu'à entraîner la France dans de nouveaux troubles. Vous ajouterez que jusqu'à présent nous ne nous soucions guère de toutes ces ostentations russiennes, mais que nos lettres de Russie nous disaient que le chancelier Bestushew, à qui l'on suppose l'intention de vouloir rompre absolument avec la Suède, pourrait bien attendre l'événement de la mort du roi de Suède, pour tourner alors ces ostentations en réalité, en faisant faire au commencement des demandes et des propositions aux Suédois que ceux-ci ne sauront regarder que comme très impertinentes, et que cela lui suffirait pour mettre le feu à la mine. Nous finirez avec M. de Puyzieulx en lui disant que je lui faisais communiquer ces nouvelles telles que je les avais reçues, et que le temps développerait ce qui en pourrait être vrai ou non.

Nach dem Concept.

Federic.

3746. AU MINISTRE D'ÉTAT COMTE DE PODEWILS, ENVOYÉ EXTRAORDINAIRE, A VIENNE.

Potsdam, 12 juillet 1749.

Quand je vous ai ordonné de mettre votre attention principale à vous emparer de l'esprit du sieur Blondel, je n'ai point entendu par là que cela devrait être l'unique objet de votre attention. Il m'a importé de connaître son caractère, de savoir sa façon de penser et de tirer encore de lui tout le profit possible. Vous m'avez satisfait à ces égards,

---

[1] Vergl. indess Bd. VI, 585, was dem Sachverhalt wenigstens für gewisse Zeiten entspricht. — [2] Die Verhandlung mit der Pforte, vergl. Bd. VI, 608.

et j'ai tout lieu d'être content de la manière dont vous vous y êtes pris. Mais comme j'ai besoin d'ailleurs d'être exactement instruit des menées de la cour où vous êtes et de tout ce qu'elle fait et entreprend, il faut que vous me satisfassiez également là-dessus. D'ailleurs, je ne confondrai jamais le sieur Blondel avec le marquis de Puyzieulx, et depuis que celui-ci a bien ouvert les yeux sur la conduite de la cour de Vienne et de ceux qui lui sont attachés, je n'ai plus à craindre que les fausses idées que le sieur Blondel s'est peut-être formées à plusieurs égards, puissent imposer à sa cour. Vous verrez par la dépêche du département des affaires étrangères qui vous parviendra à la suite de celle-ci, ce que nous avons appris de nouvelles démonstrations guerrières que la Russie fait actuellement.[1] Tout cela ne me cause aucun souci, sachant bien que toutes ces ostentations ne se font, dans le moment présent, qu'à pure perte. Mais ce que je crains, c'est qu'à l'événement de la mort du roi de Suède elles ne tournent en réalité, et qu'alors le feu de guerre, en commençant à éclater dans le Nord, ne se communique, à la suite, à toute l'Europe, et c'est en conséquence de cela que je vous recommande bien fort d'avoir sans discontinuation une attention particulière sur tous les arrangements militaires que la cour de Vienne s'avisera de faire. Au reste, plus les arrangements de commerce de l'Empereur et de l'Impératrice-Reine avanceront, plus réveilleront-ils la jalousie des Anglais et donneront occasion à de fortes brouilleries entre eux.

Federic.

Nach dem Concept.

3747. AU CONSEILLER PRIVÉ DE LÉGATION BARON DE GOLTZ A MOSCOU.

Potsdam, 12 juillet 1749.

Gardez-vous bien de croire, comme vous paraissez le faire dans votre dépêche du 19 du mois dernier passé, que les démonstrations guerrières de la Russie, qui vont toujours en augmentant, ne pourraient point tourner en réalité. Le mécontentement que le Chancelier a marqué quand la cour de Londres ne voulait se prêter d'abord à ses désirs, et les reproches qu'il lui fit de ce qu'elle avait changé de système après les promesses données à Hanovre,[2] sont de sûrs garants que, nonobstant la disposition de l'impératrice de Russie pour n'être jamais agresseur, et malgré ses sentiments pacifiques dont l'ami connu vous a donné de fortes assurances, il y a eu une résolution prise d'agir offensivement contre la Suède, laquelle aurait été sûrement mise en exécution, si le ministère anglais avait osé entraîner la nation anglaise dans une nouvelle guerre.

De tout cela, et de la façon de penser et d'agir du ministre de Russie, je crois avoir lieu de conjecturer que ce ministre n'attendra que

[1] Vergl. S. 10. 12. 23. 26. — [2] Vergl. Bd. VI, 491. 517.

la mort du roi de Suède, mais qu'il s'avisera alors de tout ce que son imagination lui pourra fournir pour chicaner les Suédois, pour leur faire des propositions exorbitantes et intolérables, et dès que, alors, les Suédois s'y refuseront, le Chancelier jettera de hauts cris et lèvera le masque. Pour y faire consentir aussi sa souveraine, il coûtera peu à lui de débiter à celle-ci quelque gros mensonge, afin de lui faire accroire que ce sont les Suédois et leurs amis qui ont été les agresseurs, ce qui lui sera assez facile de faire, la conduite passée de cette Princesse ayant fait assez voir combien les insinuations de ce ministre font de l'impression sur elle. Le seul moyen donc qui reste pour contrecarrer les vues pernicieuses du Chancelier, sera de le brouiller, s'il est possible, avec le comte Rasumowski.

Au surplus, je vous fais instruire par un rescrit du département des affaires étrangères qui vous parviendra à la suite de cette lettre, de l'arrivée de la flotte russienne sur la rade de Danzig, bravade qui doit apparemment nous regarder, mais dont je me soucie guère, craignant seulement l'événement de la mort du roi de Suède, qui pourra mettre en combustion tout le Nord et entrainer après insensiblement toute l'Europe, si la Providence n'y pourvoit en confondant les complots des méchants.

Nach dem Concept.

Federic.

3748. AU CONSEILLER PRIVÉ DE GUERRE DE KLINGGRÆFFEN A LONDRES.

Potsdam, 12 juillet 1749.

J'attends le rapport que vous me faites espérer sur la réponse que vous aurez eue des commissaires des intéressés aux dettes hypothéquées sur la Silésie, à la proposition que je vous ai ordonné de leur faire, et je veux vous avertir à cette occasion que vous ferez bien de ne plus mettre à demi en chiffres, comme vous l'avez fait dans le post-scriptum de votre relation du 1er de ce mois, une matière sur laquelle vous vous expliquez à la suite en clair, parceque cette façon de chiffrer peut donner occasion à des inconvénients et à faire trahir tout le chiffre par des curieux habiles. Il vaudra toujours mieux, ou que vous fassiez mettre tout en chiffres, ou que vous sépariez les chiffres de ce que vous croyez continuer à mander en clair, afin qu'on ne sache pas deviner ce que le chiffré peut contenir.

Après cela, je vous dirai que je trouve fort bonne et raisonnable la proposition que vous me faites de faire engager les intéressés des dettes sur la Silésie à se contenter de quatre pour cent d'intérêts, à condition que je leur paie, au mois de septembre, les gros intérêts qui sont en arrière. Mais les conjonctures du temps ne me permettent pas de penser là-dessus comme vous, et tant que les affaires du Nord restent encore aussi embrouillées et critiques qu'elles le sont actuellement, je me garderai bien d'envoyer encore en Angleterre de fortes sommes en argent dont je pourrais avoir besoin moi-même, quand il y aurait des troubles au Nord. Ce que je vous ai fait communiquer, par la dernière dépêche du département des affaires étrangères, des avis qui me sont parvenus de Russie, et les ostentations de celle-ci qui vont en augmentant, à ce que vous verrez par une autre dépêche du même département que vous trouverez à la suite de celle-ci, confirment assez les soupçons qu'on a eus que les insinuations que la cour de Londres a fait faire à la Russie relativement aux affaires du Nord, n'ont point du tout été assez nerveuses pour la détourner du dessein qu'elle peut avoir contre la Suède.

Toutes ces circonstances, prises ensemble, me font augurer que, le cas de la mort du roi de Suède venant un jour à exister, une funeste guerre pourra s'allumer au Nord et mettre en combustion toute l'Europe.

Federic.

Nach dem Concept.

3749. AU CONSEILLER PRIVÉ DE LÉGATION DE VOSS A DRESDE.

Potsdam, 13 juillet 1749.

J'ai reçu votre dépêche du 8 et celle que vous m'avez envoyée par estaffette du 11 de ce mois. Je suis toujours fort curieux de savoir à quoi aboutiront les conclusions de la présente Diète à Dresde.

Quant au renouvellement du traité de subsides qui subsiste actuellement encore entre la Saxe et la cour de France,[1] j'ai mes raisons d'autant plus fortes pour ne point m'en mêler ni en blanc ni en noir, que cette affaire saurait m'être très indifférente, après que la cour de Saxe est aussi mal intentionnée envers moi qu'elle l'est, de façon que je ne saurais espérer de la faire revenir pour la corriger par des bienfaits de ma part sur sa mauvaise volonté à mon égard, et comme d'ailleurs le premier ministre saxon n'omettrait pas de nuire aux intérêts de la France, dès qu'il y verrait quelque occasion favorable, seulement pour complaire aux cours de Vienne et de Russie, je ne sais s'il ne vaudrait point mieux que la France discontinuât à payer de ses subsides à la Saxe, jusqu'à ce qu'elle sût où elle en est avec cette dernière et qu'elle pût se tenir assurée dudit premier ministre...[2]

Federic.

Nach dem Concept.

3750. AU MINISTRE D'ÉTAT COMTE DE PODEWILS, ENVOYÉ EXTRAORDINAIRE, A VIENNE.

Potsdam, 15 juillet 1749.

Je suis satisfait de la relation que vous venez de me faire le 5 de ce mois sur différents sujets. Comme j'y ai vu qu'on a nommé le

---

[1] Vergl. Bd. VI, 575. — [2] Den Schluss bildet eine Vorschrift für das Chiffriren, wie in Nr. 3748.

général Puebla pour aller relever le comte Chotek, vous pouvez lui témoigner en termes polis, et là où il faudra ailleurs, que le choix qu'on en a fait m'a été agréable. Au surplus, vous pouvez compter que la France est à présent tout-à-fait éclairée sur la conduite des cours de Londres, de Vienne et de Russie, au point que, si même M. de Blondel se laissât imposer de la cour où vous êtes jusqu'à faire des rapports peu justes, cela n'aurait point d'effet.

Federic.

Nach dem Concept.

3751. AU CONSEILLER BARON LE CHAMBRIER A COMPIÈGNE.

Potsdam, 15 juillet 1749.

L'officier dont j'ai eu le mémoire que je vous ai envoyé sur la dépense que l'Angleterre a faite pendant la guerre dans les Pays-Bas,[1] n'a proprement point été employé dans la trésorerie anglaise, mais il a été employé dans différentes occasions qu'il a été à même de prendre des notices fort exactes de ce que ladite guerre a coûté à l'Angleterre. Ce que j'ai bien voulu vous dire pour plus grande exactitude.

Comme j'ai vu avec plaisir, par votre dernière dépêche du 4 de ce mois, que les ministres de France ont actuellement bien ouvert les yeux sur la conduite des cours de Vienne, de Londres et de Russie, il me paraît que la prudence demande que vous ne leur fassiez plus tant d'insinuations sur ces sujets-là qu'il était nécessaire que vous leur fissiez avant que le bandeau fatal leur fût tombé. Je crois donc qu'il convient dans le moment présent que, quand je vous ordonne de leur communiquer quelque avis ou quelque nouvelle relative aux démarches des cours ci-mentionnées, vous ne leur communiquiez que tout simplement les faits que je vous suppédie, afin d'éviter par là que le soupçon ne se renouvelle auprès d'eux que je voudrais bien les mener plus loin qu'ils n'ont envie d'aller.

Ce qui est certain et ce que vous pouvez bien dire à M. de Puyzieulx, c'est qu'il faut qu'il se traite quelque affaire d'importance entre les deux cours impériales, puisque depuis quelques semaines les courriers ne font qu'aller et revenir entre les deux cours. De plus, je viens de voir une lettre écrite d'assez bonne main à Moscou à date du 23 du juin dernier, qui marque que le ministre autrichien, comte Bernes, avait dépêché le 19 dudit mois un courrier à sa cour qui, outre ses dépêches, en porta aussi de la cour de Russie à ses ministres à Londres et à Dresde,[2] qu'on enverrait de Vienne, encore par des exprès, à leur direction. L'on ajoute que le régiment de dragons d'Astracan et quelques-uns des nouveaux bataillons de la dernière augmentation qui avaient été aux environs de Moscou, s'étaient mis en marche depuis huit jours pour se rendre à Riga, et que d'ailleurs les Kalmouks traversaient l'Ukraine pour

---

[1] Spilcker. Vergl. Bd. VI, 568. — [2] Tschernyschew und Keyserlingk.

passer pareillement aux frontières de la Livonie, sans qu'on saurait pénétrer quel était le vrai objet de tant de mouvements de troupes.

Nach dem Concept.   Federic.

3752. AU CONSEILLER PRIVÉ DE LÉGATION BARON DE GOLTZ A MOSCOU.

Potsdam, 15 juillet 1749.

Je suis bien aise de voir par votre dépêche du 23 de juin dernier que l'affaire concernant la note que le ministre de Suède a eu ordre de présenter sur l'imprimé en question qui a paru en Hollande,[1] en soit restée là, le chancelier Bestushew ayant refusé d'accepter cette note; car je ne saurais regarder autrement que comme un faux-pas que le ministre de Suède ait été instruit de remettre ce mémoire, pendant qu'on pouvait prévoir quelle y serait la réponse, et qu'on aurait plutôt dû mépriser l'affaire qui y fournissait matière.

Au surplus, je viens d'être assuré qu'il était arrivé dernièrement au Chancelier un exprès de Suède; vous ne laisserez que d'être fort attentif pour tâcher de savoir ce dont il peut avoir été chargé, et comme il se débite ici qu'un corps de Kalmouks de l'Ukraine devait être en marche, tout ainsi qu'un régiment de dragons, surnommé d'Astracan et qui a eu ses quartiers au centre de la Russie, pour rendre en Livonie, c'est vous qui saurez le mieux si la nouvelle en est véritable ou non.

Nach dem Concept.   Federic.

3753. AU CONSEILLER PRIVÉ DE LÉGATION DE ROHD A STOCKHOLM.

Potsdam, 15 juillet 1749.

La conduite que vous me marquez, par votre dépêche du 1er de ce mois, avoir tenue envers l'ambassadeur de France à l'occasion de la première visite que vous avez faite à ce ministre, a toute mon approbation,[2] et je n'ai qu'à vous dire pour cette fois-ci, relativement à la négociation entre la Suède et le Danemark, que, comme selon mes derniers avis cette négociation se trouve dans le meilleur train du monde, et que ce n'est simplement que le surplus du revenu du Holstein qui en arrête encore la conclusion, je pense pouvoir espérer que le prince-successeur de Suède ne voudra point arrêter le bon succès d'un ouvrage aussi important que salutaire en considération d'un objet si médiocre que celui

---

[1] „Lettre d'un patriote suédois à un de ses amis en Hollande." Durch die im Text erwähnte Note des schwedischen Gesandten wurde der russische Hof aufgefordert, zur Entdeckung des Verfassers der für Russland und Schweden gleich beleidigenden Schrift mitzuwirken. — [2] Es handelt sich um die Etikettenfragen für die officiellen Begegnungen der Botschafter mit den Gesandten zweiten Ranges. Vergl. Bd. VI, 553.

de ce dit surplus de revenu, mais que, au contraire, il voudra bien encore ajouter ce petit sacrifice à celui qu'il s'est déjà proposé de faire pour le bien et l'avancement de ses grands intérêts. C'est pourquoi, aussi, vous ne laisserez pas, s'il en est temps encore, de recommander derechef extrêmement et de tout votre mieux aux ministres de Suède l'affaire de la susmentionnée négociation, afin que, autant que par eux, ils voulussent bien s'employer à en faciliter et accélérer la conclusion.

Nach dem Concept.

Federic.

3754. AU CONSEILLER PRIVÉ DE LÉGATION DE ROHD A STOCKHOLM.

Potsdam, 18 juillet 1749.

J'ai reçu votre dépêche du 4 de ce mois. Je crois pouvoir me promettre que le Prince-Successeur aura déféré aux désirs de la couronne de Danemark, et que ce Prince n'aura point voulu sister, et qu'encore moins il voudra faire échouer pendant les circonstances critiques d'à présent, uniquement en considération des dettes de la maison de Holstein, objet des plus éloignés et fort peu considérable en lui-même — une affaire aussi grande et importante pour le bien de ses intérêts que celle d'une alliance avec le Danemark, et ce n'est pas sans quelque inquiétude que j'attends de vos nouvelles ultérieures, savoir à quoi le Prince-Successeur aura jugé convenable de se résoudre à cet égard.

Nach dem Concept.

Federic.

3755. AU CONSEILLER PRIVÉ DE LÉGATION DE VOSS A DRESDE.

Voss berichtet, Dresden 12. Juli: „Il est bien décidé que la façon d'agir de cette cour-ci restera toujours la même. Charmée de tirer des subsides de la France, elle voudrait s'en procurer la continuation, tandis qu'elle est attachée de cœur et d'âme aux cours impériales. Aussi ne laisse-t-elle échapper la moindre occasion pour leur montrer son attachement. L'ambassadeur de France me dit encore hier que sa cour était piquée au vif contre celle-ci, qu'on avait remarqué que les ministres saxons aux cours étrangères s'opposaient aux négociations de ceux de la France, et que par conséquent il n'y avait guère d'apparence que celle-ci se prêtât au renouvellement du traité de subsides. Aussi ne servirait-il, selon moi, qu'à faire garder certains ménagements pour le dé-

Potsdam, 18 juillet 1749.

Je suis bien persuadé que vos idées, que vous venez de me marquer par votre dépêche du 12 de ce mois, sur le système d'à présent de la cour où vous êtes, sont bonnes et justes, et je suis avec vous du sentiment que ce système, par la raison que vous en avez alléguée, durera autant que le Roi sera en vie.

Je suis, au reste, fort curieux d'être informé du résultat des délibérations des États de Saxe, et quels seront les expédients qu'ils auront choisis pour satisfaire aux

hors; car, pour la faire changer de système, c'est moralement impossible. Le bonheur est que, par impuissance, elle ne saurait faire grande chose, et comme le dérangement des finances doit augmenter de jour à autre, cette cour deviendra toujours moins redoutable. Voilà, Sire, comme je crois devoir penser sur le système de la Saxe, qui, selon toutes les apparences, ne changera pas tant que le roi de Pologne restera en vie; car après avoir vu comment le premier ministre, par la grande confiance [du Roi son maître], se sait tirer d'affaire dans les moments les plus critiques, je ne saurais croire qu'il saurait jamais être disgracié."

Nach dem Concept.

demandes de leur cour. Mon attention à cet égard se fonde principalement pour voir s'il n'y aurait pas moyen de faire obtenir, à cette occasion, à ceux de mes sujets qui ont encore à prétendre de la caisse des *Steuern*, le remboursement des dettes qui leur en est dû encore.

Federic.

3756. AU MINISTRE D'ÉTAT COMTE DE PODEWILS, ENVOYÉ EXTRAORDINAIRE, A VIENNE.

Graf Otto Podewils berichtet, Wien 9. Juli, über das, was ihm Blondel von einer Unterredung mit Ulfeld mitgetheilt habe. Ulfeld hat danach zu Blondel gesagt: „Qu'il était moralement sûr que la Russie n'attaquerait pas la Suède cette année, mais qu'il était sûr qu'elle était fortement alarmée des préparatifs qu'on faisait de nouveau en Suède ... Qu'il fallait absolument rassurer la Russie; qu'on pourrait le faire au moyen d'un instrument de notoriété publique par lequel la Suède déclarât formellement qu'elle ne changerait rien à la forme de son gouvernement. ... Qu'on se contenterait que cet acte fût donné par le Comité Secret, et signé par le Roi et le Sénat; que pour sauver la délicatesse de la Suède, on engagerait la Russie à faire la demande dans les formes; qu'il sentait bien les difficultés de tout cela, mais qu'il n'y avait point d'autre moyen de tranquilliser la Russie ... qu'il [Blondel] devait mander ses idées là-dessus au marquis de Puyzieulx, et que ce ministre pourrait, de concert avec la Suède, chercher quelque expédient propre à cet effet."

Potsdam, 18 juillet 1749.

Je vous remercie de l'intéressante relation que vous venez de me faire du 9 de ce mois, et je trouve que les circonstances dont le chancelier d'Ulfeld a accompagné les propos qu'il a tenus au sieur Blondel, sont de nature que, si ce dernier les a rapportés, comme vous le dites, à sa cour, celle-ci ne tardera guère à s'apercevoir du but que peuvent s'être proposé la Russie et ses alliés; car la prétendue déclaration qu'on voudrait que donnât la Suède, leur doit servir sans doute de prétexte, afin de pouvoir, quand ils y croiront le moment favorable, rompre avec la Suède, jugeant, du reste, que quand même la Suède, comme il n'y a nul doute, serait sérieusement intentionnée de ne rien changer à sa présente forme de gouvernement, elle ne voudra ni ne pourra cependant faire pour cela l'humiliante démarche de la déclaration en question, et il est à observer que, dès qu'on demande que cette déclaration se fasse par les États, dans une Diète à convoquer à cet effet, pareille demande ne butte qu'à se mettre d'autant plus à portée d'exécuter une désunion en Suède, pour y brouiller totalement toute chose. Brief de l'affaire, j'y rencontre encore tant de mauvaise volonté que je ne vois pas moyen de pouvoir y prendre la moindre confiance. Pour ce qui est des grandes démonstrations que fait actuellement la Russie, quoiqu'elles ne sauraient point être de dangereuse conséquence à l'heure qu'il est, elles peuvent cependant le devenir après la mort du roi de Suède, de sorte que le feu de la guerre pourrait s'allumer et éclore alors tout d'un coup, avant qu'on s'y serait attendu.

Nach dem Concept. Federic.

3757. AU CONSEILLER PRIVÉ DE GUERRE DE KLINGGRÆFFEN A LONDRES.

Potsdam, 19 juillet 1749.

J'ai reçu votre dépêche du 8 de ce mois et je serai bien aise d'apprendre avec certitude de vous si le ministère anglais a fait passer sous main des sommes en argent en Russie,[1] pour l'aider dans ses démonstrations guerrières. De plus, votre principale attention doit être de découvrir si l'Angleterre se prêtera à l'accession au traité entre les deux cours impériales et si elle fournira de nouveau des subsides en argent à la Russie. Je vous recommande d'ailleurs d'employer tout votre savoir-faire afin d'être exactement informé de quoi il s'agit dans les articles secrets qu'il y a au traité entre les deux cours impériales,[2] et auxquels, à ce que l'on dit, l'Angleterre ne veut point accéder.

Quelque bonne et raisonnable que soit l'idée que vous me communiquez par rapport à la diminution des gros intérêts à sept pour cent de la dette de Silésie, elle ne me convient pas dans les circonstances du temps où nous sommes, et je vous ai déjà dit que, si je n'avais qu'à regarder du côté où il y a le plus de profit pour moi, je paierais à la fois tout le capital avec les intérêts, afin d'en être tout-à-fait quitte. Mais dans des circonstances aussi critiques que sont actuellement celles du Nord, et où la cour de Londres marque tant de partialité, je ne serai point si malavisé que de faire sortir d'aussi fortes sommes de mes coffres, dont en cas de troubles je saurais faire un meilleur usage que de les jeter aux Anglais. Au reste, vous pouvez insinuer aux intéressés de cette dette que je n'agirai jamais en chicaneur avec eux, et qu'ils seront satisfaits et des intérêts et du capital, selon que le bon droit le demande.

Nach dem Concept. Federic.

---

[1] Vergl. S. 3. 5. — [2] Vergl. Bd. V, 187.

3758. AU CONSEILLER BARON LE CHAMBRIER A PARIS.

Potsdam, 19 juillet 1749.

L'on ne se trompe point en France quand on s'attend, comme vous dites dans votre dépêche du 7 de ce mois, que la Saxe finira par accéder au traité que les deux cours impériales ont fait, et je viens de savoir par un canal très sûr que lorsqu'en dernier lieu la Russie a réclamé de la cour de Dresde le secours stipulé par les traités qui subsistent entre celle-ci et la Russie, dès que les troubles au Nord commenceraient, celle de Dresde venait de répondre qu'elle remplirait ses engagements avec la Russie quand celle-ci serait attaquée sur ses frontières par la Suède. L'on ajoute que cette réponse de la Saxe n'avait point paru satisfaisante au chancelier Bestushew; aussi est-il à présumer que la cour de Dresde se laissera mener plus près et se conformera entièrement aux désirs de la Russie. Au surplus, je vous permets de communiquer ces particularités au marquis de Puyzieulx.

Nach dem Concept.   Federic.

3759. AU CONSEILLER PRIVÉ DE LÉGATION DE ROHD A STOCKHOLM.

Potsdam, 19 juillet 1749.

En vous adressant ci-close une lettre pour ma sœur, la Princesse-Royale,[1] que vous lui rendrez le plus tôt le mieux, je trouve nécessaire de vous communiquer une nouvelle des plus fâcheuses que je viens de recevoir de mon ministre en Russie, qui me marque, en date du 30 du juin passé, qu'un ministre étranger à la cour de Russie[2] avait donné à un de ses amis[3] un avis qui, s'il était fondé, comme l'on n'avait presque pas lieu de douter, jetterait la Suède dans le plus grand embarras du monde, savoir que la cour de Russie avait expédié le 8 ou le 9 du juin dernier un courrier au sieur de Panin, chargé d'un assez ample mémoire signé des deux Chanceliers, portant en substance la déclaration suivante:

Que l'impératrice de Russie, vu la situation critique et périlleuse où la Suède se trouvait présentement, et en vertu des engagements pris avec cette couronne, mais principalement pour la garantir du danger imminent qui la menaçait, avait pris la résolution de faire entrer un corps de ses troupes dans la Finlande suédoise, tout comme elle avait secouru le royaume de Suède en 1743 à l'occasion des troubles qui l'agitaient dans ce temps-là, protestant néanmoins que ces troupes ne viendraient pas comme ennemies, mais comme amies, qu'elles paieraient tout argent comptant, qu'on leur ferait garder une discipline des plus exactes et qu'elles ne molesteraient personne; enfin, qu'on retirerait ces troupes du territoire suédois aussitôt que les conjonctures auraient changé de face.

[1] Dieses Schreiben liegt nicht vor. Vergl. Bd. V, 354, Anm. 1. — [2] Der holländische Gesandte van Swart. — [3] Der preussische Legationssecretär Warendorff.

Le susdit ministre a lu à son ami le précis de cette déclaration et lui a fait entendre en même temps qu'on faisait monter ce corps de troupes jusqu'à 30,000 hommes, qu'on en embarquerait bon nombre sur les galères, et que ladite déclaration se faisait sur les instances et la réquisition d'une partie de la nation suédoise. Mon dit ministre ajoute qu'il avait lieu de douter d'autant moins de cette fâcheuse nouvelle qu'il avait toujours craint que le dessein du Chancelier ne fût de renverser le ministère présent de Suède, dessein qu'il se flattait, selon toutes les apparences, d'exécuter moyennant la susdite démarche, et qu'il y avait engagé sa souveraine sous prétexte que sans cela on ne serait jamais à l'abri de l'appréhension qu'on ne portât atteinte à la forme présente du gouvernement de Suède. Il remarque encore que sans doute ce plan avait été concerté avec les cours de Londres, de Vienne et, comme il croit, de Danemark, et que pour en faciliter l'exécution d'autant plus aisément, la cour de Russie tâchait de se faire autant d'alliés qu'il lui était possible, et d'attirer surtout la Saxe dans la ligue, en quoi elle ne manquerait pas de réussir.

Mais ce qui surprend le plus mon dit ministre, c'est que le Chancelier n'avait communiqué mot de tout ce que dessus au baron Hœpken.

Vous ne manquerez pas de communiquer tout ceci d'abord aux ministres de Suède, afin qu'ils puissent prendre leurs mesures là-dessus, et comme vous êtes à même de savoir au juste si actuellement le sieur Panin a reçu le courrier qui lui porte la déclaration susdite, j'attends avec bien de l'impatience ce que vous me manderez sur toutes ces nouvelles très fâcheuses et ce que l'on pourra espérer de la négociation avec le Danemark dans une situation aussi glissante et où la guerre paraît aussi bien que déclarée.

Federic.

Nach dem Concept.

3760. AU MARQUIS DE VALORY, ENVOYÉ DE FRANCE, A BERLIN.

[Potsdam], 19 juillet 1749.

Monsieur le Marquis de Valory. Voilà enfin le dénouement de la pièce qui nous a tenus jusqu'ici tous en suspens; car mon ministre en Russie, le sieur de Goltz, vient de me mander, par une dépêche datée du 30 du juin dernier, qu'un certain ministre d'une cour étrangère venait de lui confier, d'une manière à ne pouvoir douter de la réalité de l'avis, que la cour de Russie avait expédié le 8 ou le 9 de juin un courrier au ministre de Russie à Stockholm, le sieur Panin, chargé d'un assez ample mémoire signé des deux chanceliers de Russie et portant en substance la déclaration suivante:

Que l'impératrice de Russie, vu la situation critique et périlleuse où la Suède se trouvait présentement, et en vertu des engagements pris avec cette couronne, mais principalement pour la garantir du danger imminent qui la menaçait, avait pris la résolution de faire entrer un corps de ses troupes dans la Finlande suédoise, tout comme elle avait secouru le royaume de Suède en 1743 à l'occasion des troubles qui l'agitèrent dans ce temps-là, protestant néanmoins que ces troupes ne viendraient pas comme ennemies, mais comme amies, qu'elles paieraient tout argent comptant, qu'on leur ferait aussi garder une discipline des plus exactes, et qu'elles ne molesteraient personne; enfin, qu'on retirerait ces troupes du territoire suédois aussitôt que les conjonctures auraient changé de face.

Le susdit ministre qui a fait cette confidence au mien, lui a lu tout le précis de cette déclaration et lui a fait entendre en même temps qu'on faisait monter ce corps de troupes jusqu'à 30,000 hommes; qu'on en embarquerait bon nombre sur les galères, et que ladite déclaration se faisait sur les instances et sur la réquisition d'une partie de la nation suédoise.

Mon dit ministre ajoute qu'il avait d'autant moins lieu de douter de la réalité de cette fâcheuse nouvelle qu'il avait toujours craint que le dessein du Chancelier ne fût de renverser le ministère présent de Suède, dessein qu'il se flattait, selon toutes les apparences, d'exécuter moyennant la susdite démarche, et qu'il y avait engagé sa souveraine sous prétexte que sans cela on ne serait jamais à l'abri de l'appréhension qu'on ne portât atteinte à la forme présente du gouvernement de Suède. Il continue à dire qu'il était persuadé que ce plan avait été concerté avec les cours de Londres, de Vienne et de Danemark, et que pour en faciliter l'exécution d'autant plus aisément, la cour de Russie tâchait de se faire autant d'alliés qu'il lui était possible, et d'attirer surtout la Saxe dans la ligue, en quoi elle ne manquerait point de réussir. Mais ce dont on avait lieu d'être surpris, c'était que le chancelier Bestushew n'eût communiqué le moindre mot de tout ce que dessus au baron Hœpken.

Comme il m'importe fort que votre cour soit informée au plus tôt de cette désagréable nouvelle, je vous prie instamment d'envoyer d'abord un courrier à M. de Puyzieulx pour l'en informer, et pour le prier de vouloir bien nous aider de son conseil, ce qu'il y avait à faire dans des circonstances aussi scabreuses que celle-là. Au surplus, on a tout lieu de supposer que l'Angleterre a fourni à la Russie des sommes en argent, pour la mettre en état de faire cette démarche.[1] Sur quoi, je prie Dieu etc.

F e d e r i c.

Voilà donc la guerre autant que déclarée.

Nach der von Valory eingesandten Abschrift im Archiv des Auswärtigen Ministeriums zu Paris.

---

[1] Vergl. S. 3. 5. 18.

3761. AN DEN GENERAL VON DER INFANTERIE VON LEHWALDT IN KÖNIGSBERG.

Potsdam, 19. Juli 1749.

Mein lieber General von der Infanterie von Lehwaldt. Ich finde nöthig, Euch hierdurch bekannt zu machen, dass nach Meinen heutigen Briefen aus Russland der russische Hof ohngefähr den 9. vorigen Monates einen Courier nach Stockholm gesandt haben soll, welcher dem russischen Minister allda eine Declaration des ohngefährlichen Inhalts überbringen müssen, dass nämlich die russische Kaiserin in Erwägung der critiquen und gefährlichen Umstände, worinnen Schweden sich gegenwärtig befände, und kraft derer Bündnisse, so sie mit dieser Krone hätte, hauptsächlich aber wegen der instehenden Gefahr, wovon Schweden bedrohet wäre, und auf Requisition eines Theiles der schwedischen Nation, die Resolution gefasset habe, ein Corps ihrer Truppen in Schwedisch-Finnland einrücken zu lassen, so wie sie dem Königreich Schweden in anno 1743 zu Hülfe gekommen wäre, als es dermalen von allerhand Troubles beunruhiget worden; wobei sie jedoch protestirete, dass ihre Truppen nicht als Feinde, sondern als Freunde kämen und vor ihr baares Geld leben, die allerexacteste Disciplin beobachten und niemanden molestiren sollten, und dass endlich diese Truppen aus dem schwedischen Territoire zurückgezogen werden würden, sobald die Conjoncturen eine andere Gestalt genommen haben würden.

Dieses Corps russischer Truppen soll man an 30,000 Mann ausgeben, auch intentioniret sein, einen guten Theil dererselben mit Galeeren dahin transportiren zu lassen. Ich habe um so nöthiger gefunden, Euch von diesen Umständen, jedoch ganz im Vertrauen und sonder Euch davon etwas entfallen zu lassen, zu avertiren, da, wenn diese russische Démarche, wie fast nicht zu zweifeln, realisiret werden sollte, sodann der Krieg fast ohnvermeidlich sein dörfte. Inzwischen, da wir aller Apparence nach in diesem Jahre nicht daran Theil nehmen dörften, so finde Ich auch vor der Hand noch nicht nöthig, dass Ihr, wie Euch sonsten in der Euch ertheileten geheimen Instruction[1] aufgegeben worden, die junge Mannschaft vom Lande einziehen, noch das königsbergische Garnisonregiment zum Ablösen in denen Festungen zusammenkommen lasset oder aber sonsten einige Veränderungen mit denen dortigen Regimentern machet; vielmehr sollet Ihr noch alles in statu quo bleiben lassen und nur allein sehr vigilant sein auf alles, so in Kurland oder Livland und sonsten auf den Grenzen vorgehet, davon fleissig sichere Nachrichten einziehen und Mir solche communiciren. Was Ich sonsten weiter erfahre, werde Euch sogleich communiciren; sollte Ich auch finden, dass es weiter gehen wollte, so werde Ich Euch sofort den Capitain und Flügeladjutanten von Goltz[2] zusenden, um Euch in allem benöthigten an die Hand zu gehen.

[1] Vergl. Bd. VI, 407. 481. — [2] Vergl. Bd. VI, 485.

Im Uebrigen danke Ich Euch vor die in Eurem Schreiben vom 15. dieses gebotene Nachrichten wegen der zu Danzig liegenden russischen Flotte; da aber das Ungewitter in diesem Jahre nicht der Orten entstehen dörfte, so habt Ihr Euch durch Kaufleute oder auch durch Leute aus Kurland, oder durch welche Ihr es sonst faisable findet, fleissig zu erkundigen, was in Finnland passiren möchte.   Friderich.

Nach dem Concept.

3762. AU PRINCE DE PRUSSE A BERLIN.

Potsdam, 19 juillet 1749.

Mon très cher frère. Comme vous prenez fait et cause avec mon frère Henri,[1] je ne vous parlerai plus de cette affaire-là; je vous prie, expliquez littéralement les choses que je vous écris et ne cherchez point de sens figuré dans la simplicité de mes paroles.

Le comte de Saxe a été ici,[2] mais un jour de naissance de je ne sais quel prince ou quelle princesse l'a fait retourner à Dresde; il m'a tant tourmenté que je n'ai pu lui refuser le plaisir de contenter sa curiosité sur notre cavalerie. Voilà les Russes qui vont entrer en Suède, et par conséquent la guerre qui va commencer; je recommence à calculer et à faire mes dispositions; si nous gagnons encore cet hiver, ce sera le tout du monde. Je suis avec bien de l'amitié, mon très cher frère, votre fidèle frère et serviteur   Federic.

Nach der Ausfertigung. Eigenhändig.

3763. AU CONSEILLER PRIVÉ DE LÉGATION BARON DE GOLTZ A MOSCOU.

Potsdam, 22 juillet 1749.

Je vous sais bon gré de l'avis intéressant de la déclaration que le sieur Panin a eu ordre de faire en Suède et que vous me rapportez par votre dépêche du 30 de juin dernier.[3] On ignorait cependant encore en Suède vers la fin du mois passé la déclaration en question, de manière qu'il sera à voir si le sieur Panin la fera effectivement et si le chancelier Bestushew voudra la réaliser; en ce dernier cas, l'affaire pourrait bien avoir des suites, et, quant à vous, vous ne feriez point de vieux os en Russie.

[1] Bezieht sich auf die Fürsprache, die der Prinz von Preussen für den Prinzen Heinrich einlegte, nachdem der König den Obersten von Kohr für die Abstellung der Unregelmässigkeiten im Regiment Prinz Heinrich verantwortlich gemacht hatte. Vergl. Œuvres de Frédéric le Grand XXVI, 156. — [2] 13.—16. Juli. Vergl. den undatirten Brief des Königs an den Marschall von Sachsen, Œuvres de Frédéric le Grand XVII, 308. — [3] Vergl. S. 19—21.

Les bruits qu'on a répandus là où vous êtes, que le comte Finckenstein était revenu de son voyage de France à Berlin accompagné du fils du Prétendant,[1] sont tout des plus absurdes, et tel serait un grand ignorant sur ce qui se passe dans le monde, qui en pourrait prendre quelque impression. Aussi démentirez-vous, si vous le jugez nécessaire, hautement ces bruits, en les traitant de mensonges insignes qui méritaient un souverain mépris et qui ne valaient pas la peine d'être relevés, à cause de leur grand ridicule.

Nach dem Concept.

Federic.

3764. AU CONSEILLER PRIVÉ DE LÉGATION DE ROHD A STOCKHOLM.

Potsdam, 22 juillet 1749.

Il est bon que les Suédois aient fait ces dispositions en Finlande que vous me marquez par votre dépêche du 11 de ce mois; il ne laissera cependant que d'être fort convenable, vu les raisons et les circonstances que je vous ai mandées dans ma dépêche immédiate du 19 de ce mois, laquelle je vous ai envoyée par un courrier exprès, que le ministère de Suède instruise positivement et avec précision le général Rosen sur ce qu'il aura à faire et sur la conduite qu'il devra tenir, en cas que les Russes voulussent entreprendre de faire entrer un corps de troupes dans la Finlande suédoise ou d'en débarquer sur les côtes de cette province, selon que je vous ai écrit par le susdit courrier, puisqu'alors pareilles représentations que celles d'un manque d'instruction, et qu'il enverrait à Stockholm pour savoir les intentions de sa cour, ne seraient pas d'un grand usage et ne feraient point d'impression sur les Russes. Vous en parlerez sur ce pied-là au comte Tessin et vous donnerez d'ailleurs la plus grande attention que possible aux circonstances présentes, qui sont si critiques, pour m'en faire souvent vos rapports.

Nach dem Concept.

Federic.

3765. AU MINISTRE D'ÉTAT COMTE DE PODEWILS A BERLIN.

Potsdam, 22 juillet 1749.

Comme ce sont toujours les mauvaises nouvelles qui s'accomplissent plutôt que les bonnes, je crains bien que celles que le sieur de Goltz vient de nous donner,[2] ne se vérifient que trop. Le mois prochain d'août en décidera; si alors l'événement les confirme, voilà la guerre commencée, dont apparemment nous ne serons pas mêlés cette année-ci, mais dans laquelle nous serons inévitablement impliqués dans l'année qui vient, à quoi je me prépare.

[1] Vergl. Bd. VI, 548. 559. 572. — [2] Vergl. S. 19—21.

Je vous adresse, à la suite de celle-ci, la réponse que je fais à la lettre du marquis de Valory, que vous luis ferez tenir. Au surplus, comme je viens d'être informé que le jeune comte Schlieben, conseiller d'ambassade,[1] fréquente journellement la maison du comte Chotek, vous devez lui faire des reproches sur l'incongruité de son fait et l'avertir sérieusement qu'il se garde bien d'agir plus aussi inconsidérément. Sur quoi, je prie Dieu etc.

Federic.

Nach der Ausfertigung.

3766. AU MARQUIS DE VALORY, ENVOYÉ DE FRANCE, A BERLIN.

Potsdam, 22 juillet 1749.

Monsieur le Marquis. Je reconnais, comme je dois, que vous vous êtes prêté à ma demande pour enovoyer un courrier à votre cour, afin de lui porter la nouvelle qui m'a été mandée par rapport à la déclaration que le ministre de Russie à Stockholm est chargé de faire à la Suède. Cette nouvelle m'a tant frappé que je n'ai pu me dispenser de vous la communiquer telle que je l'ai reçue, et, si elle est confirmée par l'événement, elle vaudra autant qu'une déclaration de guerre formelle.

J'ai cru devoir cette attention à votre cour de ne lui laisser ignorer une nouvelle aussi fâcheuse qu'il en fût jamais, afin que, si elle se constate, comme j'ai lieu de n'en douter presque pas, votre cour puisse aviser là-dessus et du moins assister de ses bons conseils la cour de Suède sur le parti qu'elle aura à prendre dans le cas que la Russie voudra exécuter ce dessein. Comme il n'est pas à douter que le ministre de Russie n'ait déjà reçu son courrier, et que malgré cela il n'en a parlé encore, je suis de votre avis que ses ordres sont de ne pas procéder à faire la déclaration avant qu'il n'ait appris que les troupes russes soient entrées dans la Finlande, afin que la menace aille d'un pas égal avec sa réalité.

Quant à la nomination d'un ministre de ma part à la cour de Danemark, M. de Podewils saura vous dire que je m'y suis déterminé du premier moment que j'eus la nouvelle de la nomination que cette cour-là avait faite du sieur Rosenkrantz,[2] et qu'il n'y a que le choix de la personne que j'y pourrais employer utilement, qui m'a embarrassé jusqu'ici, en quoi cependant je me déciderai. Sur ce, je prie Dieu etc.

Federic.

Nach der von Valory eingesandten Abschrift im Archiv des Auswärtigen Ministeriums zu Paris.

---

[1] Vergl. Bd. V, 340. — [2] Vergl. Bd. VI, 465.

3767. AU PRINCE DE PRUSSE A BERLIN.

Potsdam, 23 juillet 1749.

Mon très cher frère. Je ne saurais vous écrire grande chose d'ici, sinon que je prends les eaux et que cette vie est fort ennuyeuse. Goltz, qui est encore un peu novice dans les affaires, m'a donné un faux avis de Pétersbourg, de sorte que jusqu'à présent on peut encore se flatter de voir toutes les choses tranquilles. Je vous embrasse, mon très cher frère, en vous assurant de la tendresse avec laquelle je suis, mon très cher frère, votre fidèle frère et serviteur

Federic.

Nach der Ausfertigung. Eigenhändig.

3768. AU SECRÉTAIRE DIESTEL A CHRISTIANIA.

Potsdam, 23 juillet 1749.

Les avis que vous me mandez par votre dépêche du 28 de juin dernier, semblent laisser plus d'espérance d'un bon succès de l'affaire de la négociation en question que je n'avais lieu de pouvoir m'en flatter par votre rapport précédent. Aussi m'est-il assez probable, au moment présent, que l'intention du ministère danois n'est que de se roidir et de se rendre un peu difficile, croyant peut-être obtenir de la sorte de meilleures conditions.

Si cette conjecture que je vous fais, pouvait se trouver fondée, vous insinuerez en ce cas convenablement aux ministres de France et de Suède de vouloir bien apporter de leur côté toutes les facilités possibles, afin que l'affaire pût être conclue le plus tôt le mieux, et vous leur représenterez, à cet effet, que, plus elle traînerait, plus aussi les cours de Londres et de Pétersbourg trouveraient occasion à tâcher de remuer ciel et terre pour faire échouer ladite négociation, dont cependant la réussite importait tant aux cours de France et de Suède pour qu'on pût dire que ce serait un grand coup de partie que de l'avoir conduite à une heureuse et prompte fin.

Federic.

Nach dem Concept.

3769. AN DEN OBERSTEN VON SEYDLITZ IN STOLPE.

Potsdam, 24. Juli 1749.

Nachdem Mir gemeldet werden wollen, wie dass jüngsthin die russische Flotte auf der danziger Rhede gelegen, einige zu Danzig angekommene Schiffe versichert hätten, wie sie auf ihrer Fahrt unterschiedene Scheerboote mit Russen besetzt angetroffen hätten, welche hinter Putzig weg an den pommerschen Küsten die Tiefe der See sondiret, so befehle Ich Euch hierdurch, dass Ihr Euch längst dem Strande Eurer Orten genau erkundigen lassen sollet, ob die Aussage gedachter

Schiffer wahr sei oder nicht, und dafern ersteres wäre, an was Orten sich dergleichen russische Boote sehen lassen, was selbige allda vorgenommen und ob sie die Tiefen der Orten sondiret haben, auch wie die Tiefen der See an solchen Orten herum beschaffen seien, inmaassen Ich der Orten gar nicht bekannt bin, noch von dem dortigen Strande einige Kenntniss habe. Wovon Ihr mir alsdann zu seiner Zeit Euren Bericht erstatten sollet.

Friderich.

Nach dem Concept.

3770. AU MARQUIS DE VALORY, ENVOYÉ DE FRANCE, A BERLIN.

Potsdam, 25 juillet 1749.

Monsieur le Marquis de Valory. Je suis sensible à l'attention que vous m'avez marquée, en me communiquant le précis de la réponse que vous avez eue de M. le marquis de Puyzieulx, tant par rapport aux présents à faire à la Porte, que touchant les chevaux que je suis intentionné d'envoyer au Roi votre maître. Quant aux premiers, j'attendrai les informations que M. de Puyzieulx veut bien me donner encore en quoi ces présents doivent consister pour être agréables. Sur ce qui regarde les chevaux, je mettrai tous mes soins pour en trouver d'aussi beaux qu'il sera possible, afin que Sa Majesté Très Chrétienne ait lieu d'en être contente.

Je suis bien fâché de ce que je vous ai donné une fausse alarme par la communication que je vous fis des premières nouvelles qui me furent mandées de Russie. Je vous les donnais telles que je les avais reçues, et si elles s'étaient confirmées, il aurait trop importé à la France d'en être bientôt informée. Quoique les dernières que j'en ai eues et que je vous ai fait communiquer d'abord, paraissent plus consolantes, je ne saurais pas vous cacher qu'elles ne me rassurent pas encore tout-à-fait, et que je crois qu'il faut attendre jusqu'à ce que le mois d'août soit passé, avant que de pouvoir juger si tout se passera tranquillement au Nord.

Federic.

Nach dem Concept.

3771. AU CONSEILLER PRIVÉ DE LÉGATION BARON DE GOLTZ A MOSCOU.

Potsdam, 26 juillet 1749.

Sur ce que vous me dites, dans votre dépêche du 3 de ce mois, de l'embarras où vous vous trouvez sur le rapport que vous m'avez fait un peu précipitamment, touchant la prétendue résolution que l'impératrice de Russie devait avoir prise de faire entrer un corps de ses troupes dans la Finlande suédoise, je vous réponds que vous avez, nonobstant de cela, très bien fait de me marquer l'avis qui vous en était parvenu tel que vous l'aviez reçu, et d'ailleurs la nouvelle était d'une trop grande importance pour que vous eussiez pu prendre sur vous de me la laisser ignorer, parcequ'elle aurait pu être aussi vraie qu'elle s'est trouvée altérée par quelques circonstances un peu trop fortes.

Il m'a été fort agréable d'apprendre que les liaisons entre l'ami connu et le frère du favori[1] continuent malgré les jaloux. Si le premier pouvait encore parvenir à gagner également l'amitié et la confidence du favori, il ne serait point impossible qu'il pourrait porter un coup funeste à son adversaire; aussi ne manquerez-vous pas d'insinuer délicatement à l'ami connu que, s'il ne fallait pour y réussir que quelque somme en argent, j'en offrais de bien bon cœur à sa disposition, afin de l'aider à parvenir à son but.

Nach dem Concept.

Federic.

3772. AU CONSEILLER PRIVÉ DE LÉGATION DE ROHD A STOCKHOLM.

Potsdam, 26 juillet 1749.

N'ayant rien à ajouter à tout ce que je vous ai fait mander par la dépêche du département des affaires étrangères qui vous parviendra avec celle-ci, je m'y réfère, et accuse d'ailleurs celle que vous m'avez faite du 15 de ce mois, sur laquelle il ne me reste, aussi, qu'à vous dire que je ne puis qu'applaudir à tous les soins que le ministère de Suède prend relativement à sa négociation avec le Danemark, et que je souhaite seulement que la Russie ne nous donne pas quelque nouveau sujet d'inquiétude; car quoique les dernières nouvelles qui me sont parvenues de Russie relativement à la déclaration que le sieur Panin doit faire, sont moins fortes que les antérieures que je vous ai fait communiquer dans la dépêche que le courrier vous aura apportée, je suis cependant toujours de l'opinion qu'il faut attendre que le mois prochain d'août soit passé, avant que de pouvoir juger si la tranquillité du Nord sera troublée dans le courant de cette année ou non.

Nach dem Concept.

Federic.

3773. AU SECRÉTAIRE DIESTEL A COPENHAGUE.

Potsdam, 26 juillet 1749.

Tout ce que vous continuez à me mander par votre dépêche du 19 de ce mois par rapport à la négociation entamée entre les cours de Suède et de Danemark, me sont des nouvelles fort agréables; aussi chose au monde ne me sera-t-elle plus satisfaisante que d'en apprendre l'accomplissement et d'être informé par vous que cette négociation est enfin parvenue à sa conclusion entre les deux susdites cours.

Nach dem Concept.

Federic.

[1] Vergl. S. 6. 12.

3774. AU MINISTRE D'ÉTAT COMTE DE PODEWILS, ENVOYÉ EXTRAORDINAIRE, A VIENNE.

Potsdam, 26 juillet 1749.

La longue conférence qu'on a tenue à la cour où vous êtes et qui a été suivie de l'envoi du capitaine Duranti au comte Bernes, n'a apparemment roulé sur autre chose que sur le secours en troupes que la Russie a réclamé de la cour de Vienne tout comme de ses autres alliés, pour donner d'autant plus de poids à la déclaration qu'elle va faire à la Suède et dont je vous ai fait instruire amplement par la dépêche du département des affaires étrangères qui vous parviendra avec celle-ci. Je suis cependant persuadé que la cour de Vienne aura refusé ce secours et qu'elle aura déhorté encore celle de Russie de ne point commencer mal à propos des troubles, puisque la cour de Vienne voit bien que la partie entre la France, moi et la Suède est présentement trop liée pourqu'elle n'eût à craindre que, s'il s'élève des troubles au Nord, la guerre n'en devint générale, ce que cette cour voudrait cependant éviter dans le moment présent, voyant bien qu'elle n'y gagnera rien. Il faut ajouter à cela que la cour de Vienne ne saurait ignorer la déclaration que la Porte Ottomane a faite au ministre de France, le comte Desalleurs, qu'aussitôt que la Russie attaquerait la Suède, la Porte ne manquerait pas, en conséquence de son alliance avec la Suède, de tomber avec toutes ses forces sur la Russie.

Si la cour de Vienne était sage, elle devrait souhaiter que le comte Brühl fût culbuté le plus tôt le mieux. Je me trouve, au moins, fort bien de sa mauvaise administration des revenus de la Saxe,[1] et je souhaiterais bien que l'Impératrice-Reine eût encore un ministre tel que Brühl. Au reste, vous devez continuer à être fort attentif sur les arrangements que la cour de Vienne fait dans l'intérieur de ses provinces et m'en faire exactement vos rapports.

Federic.

Nach dem Concept.

3775. AU CONSEILLER PRIVÉ DE LÉGATION DE VOSS A DRESDE.

Potsdam, 26 juillet 1749.

J'ai reçu vos dépêches du 19 et du 21 de ce mois de juillet. Quoique les circonstances dans lesquelles se trouvent encore actuellement les affaires dans le Nord, soient jusqu'ici fort critiques, et que l'on soit fondé à craindre que l'événement de la mort du roi de Suède ne donne, lorsqu'il viendra à exister, occasion à de nouveaux et grands troubles, il se pourrait cependant qu'il y eût des circonstances, lors de cette mort, de nature à empêcher ces mêmes troubles.

Vous jugez très bien quand vous dites qu'en cas que la cour de Dresde dût recevoir de nouveaux subsides de la France, et que celle-ci

[1] Vergl. Bd. VI, 552.

voulût se prêter à prolonguer son traité à cet égard avec ladite cour, elle ne quitterait cependant jamais pour cela son attachement pour les cours de Vienne et de Pétersbourg. C'est pourquoi aussi je suis bien aise de vous dire, une fois pour toutes, qu'il ne m'importe absolument en aucune façon que la cour de Dresde reçoive de nouveaux subsides de la France, d'autant plus que je suis de l'opinion qu'il vaut toujours mieux connaître son ennemi à découvert que d'en avoir sous cape, ces derniers étant souvent beaucoup plus nuisibles que ne le sont ceux de la première espèce.

Nach dem Concept.   Federic.

3776. AN DEN GENERALFELDMARSCHALL FÜRST VON ANHALT-DESSAU IN DESSAU.

Potsdam, 29. Juli 1749.

Durchlauchtiger Fürst, freundlich geliebter Vetter. Da die Umstände zwischen Russland und Schweden wiederum von neuem sehr critique zu werden anfangen, indem der russische Hof sich mit der bekannten bereits geschehenen Declaration des schwedischen Ministerii,[1] dass nämlich nach Absterben des jetzigen Königs von Schweden keinesweges eine souveraine Regierungsform introduciret werden würde — um so weniger, als kein Mensch in Schweden dergleichen proponiren dörfe, ohne sich der in denen Gesetzen des Landes darauf geordneten Strafe schuldig zu machen — nicht contentiren, sondern mehrere Sicherheit desfalls fordern will, auch zu dem Ende entschlossen sein soll, dem schwedischen Hofe die Declaration mit nächstem thun zu lassen, dass die russische Kaiserin entschlossen sei, vorangeführter Ursachen halber ein in Bereitschaft habendes Corps d'armée von ohngefähr 30,000 Mann in Schwedisch-Finnland einrücken zu lassen, welches dann nicht als Feind, sondern als Freund kommen und nicht anders als vor sein eigenes Geld leben, auch niemanden molestiren, vielmehr die genaueste Disciplin halten würde, jedennoch bis zu dem über kurz oder über lang erfolgenden Todesfall des jetzigen Königs von Schweden in gedachtem Finnland einquartieret bleiben solle — so habe Ich nicht anstehen wollen, Ew. Liebden von solchen Mir zugekommenen Nachrichten ganz vertraute Communication zu thun, jedoch mit dem Ersuchen, alles dieses noch zur Zeit bei Sich bestens zu secretiren und davon niemandem etwas zu eröffnen. Sollte diese Nachricht continuiren und der russische Hof sothane Declaration thun und realisiren wollen, so kann der Krieg in Norden nicht anders als ohnvermeidlich sein, welches sich dann in den nächstbevorstehenden beiden Monaten August und September developpiren muss und davon Ich das nähere Ew. Liebden vertrautest zu communiciren nicht ermangeln werde. Ich bin übrigens Ew. Liebden freundwilliger Vetter

Nach der Ausfertigung.   Friderich.

[1] Vergl. Bd. VI, 375.

3777. AU MARQUIS DE VALORY, ENVOYÉ LE FRANCE,
A BERLIN.

Potsdam, 29 juillet 1749.

Monsieur le Marquis de Valory. J'ai bien voulu vous donner une nouvelle marque de la confiance particulière que j'ai mise en vous, en vous communiquant la copie ci-close d'une pièce assez intéressante qui m'est tombée en mains, mais dont il est de la dernière conséquence que vous soyez en garde que vous usiez du plus religieux secret, et que vous n'en touchiez mot à âme qui vive à Berlin, pas même à mon ministre, le comte de Podewils.

Nous pourrez bien envoyer cette pièce à votre cour, mais la prudence demande, et je l'exige de vous, que vous ne l'envoyiez absolument pas autrement que lorsque vous aurez trouvé une occasion où vous pourrez le faire en toute sûreté et où vous n'aurez aucunement à risquer par rapport au secret, en quoi je me fie sur votre discrétion. Cependant vous pourriez bien marquer, en attendant, à M. le marquis de Puyzieulx que je venais de vous communiquer encore une pièce qui m'était parvenue par un canal très sûr et qui confirmait les premières nouvelles que vous aviez mandées, par le courrier que vous aviez envoyé en dernier lieu,[1] mais que vous étiez obligé de garder encore cette pièce auprès de vous jusqu'à ce que vous sachiez trouver quelque occasion pour l'envoyer en toute sûreté à votre cour. Et sur ce, je prie Dieu

Federic.

An die Römische Kaiserin.

Berlin, 28. Juli 1749.

Die seit wenigen Tagen, nach meinem am 22. dieses an Grafen von Ulfeld erlassenen Schreiben, an dem schwedischen Minister bemerkte besondere Activität beginnt sich aufzudecken, indem mir der russische Minister gestern dem hergebrachten Vertrauen zu Folge eröffnet hat, dass die russische Kaiserin den Entschluss gefasset habe, in Schweden declariren zu lassen, welchergestalt sie ein Corps d'armée nach Schwedisch-Finnland aufbrechen zu lassen in Bereitschaft stehe, welches für baar Geld leben, die schärfste Mannszucht halten und zur Maintenirung der Freiheit der schwedischen Nation, so bei dem über kurz oder lang erfolgeten Ableben des jetzigen Königs in Schweden betroffen zu werden Gefahr liefe, allda einquartiret bleiben solle. Gross hat keine Ordre, gegen den hiesigen Hof davon einigen Gebrauch zu machen. Vermuthlich aber hat Wulfwenstjerna und dessen Anhang schon davon Licht und ist sonder Zweifel dieserhalb gestern nach Potsdam zum Könige berufen worden. Hier lässet man, wenigstens bis nun zu, keine Unruhe merken, es kann aber ohnmöglich lange verborgen bleiben, was man für Massregeln zu

[1] Vergl. S. 25.

ergreifen gedenke, falls Russland diese Declaration zu realisiren wirklich gemeinet sein sollte. Ich empfehle mich etc.

Graf Chotek.

<small>Nach der von Valory eingesandten Abschrift im Archiv des Auswärtigen Ministeriums zu Paris; die Beilage nach Abschrift der preussischen Cabinetskanzlei, ebendaselbst.</small>

3778. AU CONSEILLER BARON LE CHAMBRIER A COMPIÈGNE.

Potsdam, 29 juillet 1749.

Il m'a fait plaisir de voir que le marquis de Puyzieulx juge à présent aussi sainement des vues secrètes des cours de Vienne, de Londres et de Russie par rapport à la Suède et à ses amis, qu'il le fait selon le rapport que vous m'en avez fait par votre dépêche du 17 de ce mois.

Comme il m'est revenu encore, depuis la dernière que je vous ai faite, un avis par un très bon canal que la Russie n'a point encore abandonné son plan de vouloir faire entrer un corps de ses troupes dans la Finlande suédoise, même pendant la vie du roi de Suède, sous prétexte de vouloir maintenir par là la liberté de la nation, j'ai bien voulu vous en faire part.

Au surplus, on vient de me mander de Vienne qu'il y avait des lettres de Constantinople touchant les différends qui subsistent entre la Porte Ottomane et la Russie, qui disent qu'il n'y avait nulle apparence que ces bisbilles eussent des suites, et que les deux cours impériales comptaient beaucoup sur l'humeur pacifique du Sultan qui règne, et qu'elles se tenaient assurées de l'amitié du Grand-Visir. Vous ne manquerez pas d'en parler au marquis de Puyzieulx, en lui demandant de vouloir bien m'éclaircir là-dessus et m'en dire ses sentiments.

<small>Nach dem Concept.</small>

Federic.

3779. AU MINISTRE D'ÉTAT COMTE DE PODEWILS, ENVOYÉ EXTRAORDINAIRE, A VIENNE.

Potsdam, 29 juillet 1749.

Puisque vous êtes déjà assez instruit dans quels termes sont actuellement les affaires entre la Suède et la Russie, et ce qui regarde la déclaration que la dernière va faire à celle-là, je veux bien vous dire encore, quoique pour votre direction seule, que j'ai conseillé à la Suède que, lorsqu'on lui fera la déclaration en question, elle ne saurait mieux faire que d'y prêter les mains. Reste à savoir si, quand même le successeur à la couronne de Suède se sera prêté à donner cette déclaration que la cour de Russie lui demande, celle-ci n'en deviendra pas plus impertinente et continuera à demander de nouvelles déclarations, que la Suède ne saura nullement donner. En attendant, je ferai tout de mon côté pour prévenir au possible une nouvelle guerre.

Pour ce qui est des différends entre la Porte Ottomane et la Russie, ne vous imaginez pas que la cour de Vienne les regarde aussi indifféremment qu'elle le voudrait bien faire accroire aux autres, et il se pourrait bien arriver des choses qui ne laisseraient pas de lui causer bien de la peine. Quant au sieur Blondel, je connais depuis longtemps la légéreté de son esprit; aussi ferez-vous bien d'agir prudemment avec lui.

Comme j'ai reçu depuis peu encore un avis par un très bon canal que la cour de Russie n'avait point encore abandonné son plan de faire entrer un corps d'armée dans la Finlande suédoise, sous le prétexte de maintenir par là la liberté de la nation suédoise, vous devez être bien vigilant sur ce que la cour de Vienne voudra faire dans le cas que les troupes russiennes entreraient dans la Finlande, et si alors elle voudra envoyer ces troupes auxiliaires que la Russie a réclamées d'elle; et, au cas que cela arrivât, vous devez alors m'en avertir par un courrier, que vous m'enverrez expressément à ce sujet-là.

Federic.

Nach dem Concept.

3780. AU CONSEILLER PRIVÉ DE LÉGATION DE ROHD A STOCKHOLM.

Potsdam, 29 juillet 1749.

J'ai bien reçu les deux dépêches que vous m'avez faites à la date du 18 de ce mois. Comme depuis ma dernière que je vous ai faite, il m'est entré de nouveau un avis, par un très bon canal, qui me donne tout lieu de présumer que les premières nouvelles que mon courrier vous a apportées relativement à la résolution que l'impératrice de Russie doit avoir prise pour faire déclarer à la Suède qu'elle ferait entrer incontinent un corps de ses troupes dans la Finlande suédoise, qui y devra prendre ses quartiers jusqu'à l'événement de la mort du roi de Suède, quoiqu'en y subsistant à ses propres frais, sous prétexte de maintenir la liberté de la nation suédoise, ne sont point du tout mal fondées ni exagerées, — je vous ordonne d'en avertir d'abord encore la Princesse ma sœur et le Prince-Successeur, de même que le comte Tessin et le sieur Rudenschöld, afin qu'ils ne négligent point d'y avoir égard et d'aviser sur la réponse qu'on donnera au sieur Panin, quand il ferait la déclaration susdite, de même que sur les arrangements à prendre dans la Finlande, en cas que la Russie voudrait réaliser ces menaces, afin de n'y être point surpris. Le cas me paraît trop important pour que la cour de Suède ne doive pas penser à se préparer sur un événement d'une si grande conséquence, et je ne saurais nier que je ne sois encore dans l'appréhension que le mois d'août qui vient ne nous amène encore des événements très fâcheux à la tranquillité du Nord.

Federic.

Nach dem Concept.

3781. AU CONSEILLER PRIVÉ DE GUERRE DE KLING-GRAEFFEN A LONDRES.

Potsdam, 29 juillet 1749.

Votre dépêche du 18 de ce mois m'a été rendue. Comme il m'est revenu de nouveau un avis qui me donne tout lieu de soupçonner que la nouvelle que j'ai déjà eue de la résolution que la cour de Russie doit avoir prise de faire entrer un corps d'armée dans la Finlande suédoise, qui y doit prendre quartiers, quoiqu'à ses propres dépens et sans agir hostilement, jusqu'à l'événement de la mort du roi de Suède, sous prétexte de maintenir la liberté de la nation suédoise, [ne soit point mal fondée] — je vous le communique pour votre direction et vous recommande d'être extrêmement vigilant sur tout ce qui pourra l'intriguer à la cour où vous êtes dans un moment aussi critique que le présent. Au surplus, vous pouvez être d'autant plus assuré de l'existence d'un nouveau traité fait entre les deux cours impériales dans le mois de février passé, que j'en ai une copie en mains.[1]

Nach dem Concept.

Federic.

3782. AU SECRÉTAIRE DIESTEL A COPENHAGUE.

Potsdam, 29 juillet 1749.

La dépêche que vous m'avez faite du 22 de ce mois, m'a été rendue. J'ai tout lieu d'être satisfait de la conduite que vous avez tenue tant à l'égard des ministres de France et de Suède que par rapport à la commission dont je vous ai chargé[2] relativement à ce qui se négocie entre eux et la cour de Danemark. Continuez d'agir sur le pied que vous avez commencé; mais, s'il arrivait que cette cour voudrait chicaner le terrain, et que les deux ministres susdits s'avisent de vous presser à parler au ministre de Danemark dans des termes plus forts, gardez-vous bien d'outre-passer les ordres que je vous ai donnés à ce sujet, et n'expliquez vous alors précisément que dans les termes que je vous ai prescrits.

J'attends avec impatience le rapport que vous me ferez sur le dénouement de la négociation de ces ministres. J'ai trop bonne opinion des lumières et du savoir-faire que je connais au sieur Lemaire, pour ne pas être assuré qu'il mènera tout à une heureuse issue et qu'il ne doive empêcher que le Danemark ne soit escamoté à la France pour se lier avec l'Angleterre, et en conséquence avec la Russie, en quoi je crois qu'il trouvera assez de facilité, puisque je ne saurais m'imaginer que le Danemark veuille oublier ses vrais intérêts au point de préférer les offres de l'Angleterre[3] pour jouer gros jeu, aux avantages que la France lui offre sans faire la guerre,[4] qui le livrait à des hasards qui pourraient ne lui être aussi favorables qu'il aurait cru peut-être.

Nach dem Concept.

Federic.

[1] Vergl. Bd. VI, 470. — [2] Vergl. S. 8. 9. — [3] Vergl. S. 36. — [4] Vergl. S. 9 Anm. 1.

3783. AU CONSEILLER PRIVÉ DE LÉGATION DE ROHD
A STOCKHOLM.

Potsdam, 2 août 1749.

Votre dépêche du 22 de juillet dernier m'est bien entrée, et je suis fort sensible à l'attention que le Prince-Successeur vient encore de me témoigner.[1] Ce que je souhaite au moment présent, c'est que le sieur de Panin ne soit point chargé de faire de mauvaises déclarations à la Suède de la part de sa cour. Il est sûr cependant qu'il en fera de deux une, ou pour avoir des assurances formelles du Prince-Successeur de ne point vouloir se prêter au rétablissement de la souveraineté en Suède lors de son avènement au trône, ou pour annoncer l'entrée d'un corps de troupes russiennes dans la Finlande suédoise.

Au premier cas, il y aurait encore de quoi espérer pour la conservation de la tranquillité du Nord; mais au second, la guerre serait inévitable.

Je me flatte que le ministère suédois aura pris des mesures convenables pour obvier à l'un et à l'autre, ne pouvant d'ailleurs guère manquer d'arriver que les affaires se développeront dans le courant du mois présent, de manière qu'on verra plus clair sur le pli qu'elles voudront prendre.

Federic.

Nach dem Concept.

3784. AU CONSEILLER BARON LE CHAMBRIER A COMPIÈGNE.

Potsdam, 2 août 1749.

Mes dépêches précédentes vous auront appris combien je suis encore incertain sur le parti que la Russie prendra relativement à la déclaration qu'elle veut faire à la Suède par son ministre à Stockholm.

Si elle fait déclarer qu'elle n'exige qu'une assurance de la part du successeur à la couronne de Suède que, lorsqu'il ira monter au trône, il ne donnera nullement les mains à ce qu'il se fasse aucun changement à la forme présente du gouvernement, alors la tranquillité du Nord pourra se conserver. Mais si, au contraire, la Russie fait déclarer qu'elle ne saurait se dispenser de faire entrer un corps d'armée dans la Finlande suédoise, aucun homme raisonnable ne saurait envisager autrement cette démarche que comme une infraction de paix et une hostilité ouverte.

Je conviens avec M. de Puyzieulx qu'il serait très désirable pour la tranquillité du Nord que l'accommodement entre la Suède et le Danemark se puisse conclure; aussi, pour faciliter cet ouvrage salutaire,

[1] Durch eine verbindliche Antwort, Stockholm 28. Juni a. St. (im Original verschrieben 28. Juli), auf den Bd. VI, 574 erwähnten Brief des Königs.

le Prince-Successeur a condescendu à tout ce que le Danemark a demandé de lui. Malgré cela, je ne suis pas tout-à-fait tranquille sur le succès de cette négociation, vu les grands efforts que le ministre anglais à Copenhague, le sieur Titley, fait pour la traverser et pour faire entrer le Danemark dans les vues du roi d'Angleterre, et qui vont si loin qu'il a un plein-pouvoir où on lui a donné carte blanche pour sa négociation, déclarant en même temps qu'on n'avait qu'à parler et que sa cour accorderait tout ce qu'on pourrait raisonnablement demander. Au surplus, vous direz à M. de Puyzieulx que je ne trouvais rien de plus simple et de plus naturel que ce traité entre moi et le Danemark dont il a fait mention envers vous, et que je m'y acheminerais, dès que l'accommodement de la Suède et du Danemark serait venu à sa perfection. Vous finirez en disant à M. de Puyzieulx que j'envisageais absolument le mois où nous venions d'entrer comme celui où il serait décidé du sort que le Nord aurait, et qu'il nous développerait si la tranquillité du Nord continuera ou non.

Nach dem Concept.   Federic.

3785. AU CONSEILLER PRIVÉ DE GUERRE DE KLINGGRÆFFEN A LONDRES.

Klinggräffen berichtet, London 22. Juli: „Il m'est revenu de bon lieu qu'il a été question de faire entrer le Danemark dans toutes les mesures à prendre et que cette puissance y a paru à la fin assez disposée, moyennant 50,000 livres sterling par an. La chose a été mise au tapis dans le Conseil du Roi. Le duc de Newcastle a représenté avec force qu'il ne fallait point balancer à fournir cet argent, étant un coup de partie pour ce pays-ci, qui devait par là s'attacher des puissances étrangères, à moins qu'on ne voulût donner cause gagnée à la France et à ses alliés, et être entièrement exclus des affaires du Continent, où l'Angleterre avait jusqu'ici été à la tête. Le Roi a pensé de même, mais le duc de Bedford, secondé par le sieur Pelham et le Grand-Chancelier[1] et autres du Conseil, ont représenté à leur tour fort énergiquement que la vraie considération d'un État consistait par commencer à remettre les finances, afin d'être à même de s'attacher solidement les puissances étrangères, et que l'Angleterre n'était point en état de faire dans la situation où se trouvent actuellement ses finances: enfin, tous les

Potsdam, 2 août 1749.

Quoique je vous sache bon gré de l'anecdote intéressante que vous m'avez communiquée par le post-scriptum de votre relation du 22 du mois passé, par rapport au chipotage avec le Danemark pour le faire entrer dans les vues du roi d'Angleterre, il faut cependant que je vous dise que l'avis du duc de Bedford et du sieur Pelham n'ont point su empêcher le duc de Newcastle qu'il n'ait fait offrir par le sieur Titley à la cour de Danemark un subside de 600,000 écus par an, en demandant un corps de 6,000 hommes que celle-ci devait toujours tenir prêt à la disposition du roi d'Angleterre. Aussi le sieur Titley a-t-il fait tous les efforts imaginables pour avancer sa négociation, jusque là qu'il a fait voir au ministre de Danemark, le sieur

[1] Lord Hardwicke.

trois ont insisté sur leur redressement préalable, et la demande pour le Danemark a été déclinée pour cette fois." de Schulin, un plein-pouvoir où on lui donne carte blanche pour sa négociation, et qu'il a déclaré en conséquence au sieur Schulin qu'on n'avait qu'à parler et que sa cour accorderait tout ce qu'on pourrait raisonnablement demander. Il s'en est expliqué dans le même sens au roi de Danemark dans une audience particulière qu'il lui a demandée tout exprès, et quoiqu'on ait voulu m'assurer que, malgré toutes ces offres éblouissantes, la cour de Danemark préférait de renouveler son traité de subsides avec la France, j'avoue cependant que je ne suis pas hors de toute appréhension que l'Angleterre ne l'emporte sur celle-ci.

Enfin, les affaires du Nord se trouvent, au moment qu'il est, dans une aussi grande fermentation et à un point tellement critique qu'il faut qu'un temps de quinze jours ou de trois semaines nous développe clairement le fond des vrais intentions des deux cours impériales et de celle de Londres relativement à ces affaires, et si la paix s'y conservera cette année-ci ou non. Car, si la Russie persiste de vouloir faire entrer des troupes dans la Finlande suédoise, la guerre en sera inévitable, au lieu que, si elle n'exige de la Suède qu'une déclaration de la part du Prince, successeur à la couronne, que lorsqu'il sera vis-à-vis de monter au trône, il ne voudra donner les mains à aucun changement de gouvernement, le repos du Nord se pourra conserver encore.

Nach dem Concept. Federic.

3786. AU SECRÉTAIRE DIESTEL A COPENHAGUE.

Potsdam, 2 août 1749.

J'ai reçu votre rapport du 25 de juillet dernier, et c'est avec beaucoup d'impatience que j'attends celui que vous me ferez sur la réponse définitive qui aura été donnée, là où vous êtes, aux ministres de France et de Suède; car je ne saurais vous cacher qu'il me naît diverses appréhensions sur ce que le sieur de Schulin n'a point d'abord fait ouverture au ministre de France du résultat en question du Conseil danois, mais qu'il l'a appointé à cet égard pour quelques jours après à sa maison de campagne.

Les autres circonstances, d'ailleurs, que vous me touchez par votre susdit rapport, savoir les nouvelles attentions qu'on témoignait au ministre de Russie, et que la Reine a recommencé a paraître en public au même jour que le Conseil danois s'est décidé sur l'affaire de la négociation entamée avec la Suède, ces circonstances, dis-je, quoique peu importantes et presque indifférentes en elles-mêmes, ne me paraissent aucunement de bonne augure pour en pouvoir inférer une heureuse issue de cette négociation.

Federic.

Nach dem Concept.

3787. AU MINISTRE D'ÉTAT COMTE DE PODEWILS, ENVOYÉ EXTRAORDINAIRE, A VIENNE.

Potsdam, 2 août 1749.

J'ai reçu la dépêche que vous m'avez faite du 22 de ce mois passé de juillet. N'envisagez point les arrangements militaires que la cour où vous êtes pourra prendre, comme des indices peu propres pour juger de ses intentions secrètes, et considérez que, quoique l'Impératrice-Reine ne voudra pas se déclarer d'abord quand la guerre s'élèvera au Nord, elle ne saurait s'empêcher de fournir, malgré cela, des troupes auxiliaires à la Russie, vu les engagements qu'elle a contractés avec celle-ci, puisque sans cela la situation où la Russie se trouve présentement ne lui saurait pas permettre d'entreprendre quelque chose de considérable du côté de la Courlande. Ainsi je n'ai nul lieu de douter que, dès que la Russie voudra venir à des éclats de ce côté-là, elle ne réclame le secours de l'Impératrice-Reine, qui ne saura que fort difficilement se soustraire de l'en aider; aussi m'a-t-on appris qu'elle a effectivement fixé le nombre de 14,000 hommes, partie cavalerie, partie Croates, qu'elle enverra par la Pologne vers la Courlande, dès que les troubles y commenceront, et voilà les raisons qui vous doivent mouvoir d'avoir une attention particulière sur ce que la cour de Vienne fait d'arrangements militaires.

Au surplus, si cette cour-là réussit à duper le sieur de Blondel par ses prétendus sentiments pacifiques, elle ne parviendra point à en imposer au marquis de Puyzieulx. Comme d'ailleurs les affaires du Nord sont actuellement dans la plus grande fermentation, il faut qu'elles se décident dans le mois où nous venons d'entrer, pour qu'on puisse juger si la paix durera ou non. C'est pourquoi vous devez redoubler d'attention et m'informer bien exactement de tout ce qui viendra à votre connaissance relativement à mes intérêts.

Federic.

Nach dem Concept.

3788. AU CONSEILLER PRIVÉ DE LÉGATION BARON DE GOLTZ A MOSCOU.

Potsdam, 2 août 1749.

Si le capitaine Stackelberg est effectivement ce prisonnier qu'on garde dans la maison du Chancelier de la façon que vous le marquez dans votre rapport du 10 du mois passé de juillet, j'avoue que je ne saurais comprendre quelles dépositions il saurait faire relativement à moi dont on pourrait faire usage pour m'en noircir encore dans l'esprit de l'Impératrice, puisque je n'ai jamais été en quelque relation particulière avec cet officier ni ne l'ai chargé d'aucune commission ni affaire de ma part et d'ailleurs, je le crois encore trop honnête homme pour qu'il voudrait se prêter à des mensonges indignes.

Au surplus, dans les circonstances critiques où les affaires du Nord ont été jusqu'ici, il faut que le mois où nous venons d'entrer décide s la Russie en veut réellement à la Suède, ou si les démonstrations guerrières de celle-là n'ont été que pour en imposer à celle-ci ; car si la cour de Russie reste à ne vouloir qu'une nouvelle assurance de la part du successeur au trône de Suède que, lorsqu'il montera sur le trône, il ne veuille point donner les mains à quelque changement de gouvernement, je crois que la paix pourra se conserver ; mais si la Russie continue dans le dessein de vouloir faire entrer des troupes dans la Finlande suédoise, alors la guerre en sera inévitable. Comme toutes ces circonstances ne vous sont point inconnues, je me persuade que vous aurez redoublé d'attention sur tout ce qui se passe là où vous êtes, pour m'en informer avec toute l'exactitude possible.

Federic.

Nach dem Concept.

3789. AU CONSEILLER PRIVÉ DE LÉGATION DE VOSS A DRESDE.

Potsdam, 2 août 1749.

J'ai reçu vos dépêches du 26 et du 29 de juillet dernier, et je suis fort curieux d'apprendre de vous la suite du détail de ce qui se passe à la Diète de Dresde et quels seront les résultats qui y seront pris, de sorte que vous devez m'en faire souvent vos rapports.

Je devrais presque juger que ce ne sera qu'à grande peine que le maréchal de Saxe sera entièrement satisfait sur ses prétentions[1] de la cour où vous êtes. Pour ce qui est de mes sujets créanciers de la *Steuer*, je ne saurais rien vous dire à leur égard au moment présent, si ce n'est que vous ayez à faire le possible et tout ce que les circonstances voudront permettre, pour leur procurer leur payement.

Quant au renouvellement du traité de subsides entre la France et la Saxe, mon intention est que vous vous teniez tout boutonné là-dessus et ne vous en mêliez ni en blanc ni en noir. Je veux bien que vous sachiez confidemment que je souhaiterais que ce renouvellement du traité en question ne se fît point, par raison que la Saxe, à cause de sa grande impuissance, ne se trouve point en état de rendre réellement service à la France et qu'ainsi la France ne ferait au fond, en lui prolongeant ses subsides, que jeter son argent, et que d'un autre côté le premier ministre saxon n'en resterait pas moins attaché et dévoué aux deux cours impériales, au point même de tâcher de rendre sous main tout mauvais service à la France et aux amis de cette dernière.

Federic.

Nach dem Concept.

---

[1] Voss giebt in seinem Bericht vom 26. Juli die Höhe der Schuldforderungen des Marschalls auf 100,000 Reichsthaler an.

3790. AU CONSEILLER PRIVÉ DE GUERRE DE KLING-
GRAEFFEN A LONDRES.

Potsdam, 4 août 1749.

Je vous dois beaucoup de remercîments des mémoires intéressants que vous m'avez fait parvenir, joints à votre dépêche du 25 de juillet dernier, lesquels j'ai trouvés très instructifs.[1]

Je me flatte d'être à même de vous communiquer par l'ordinaire prochain de bien bonnes nouvelles. Ce que je puis vous dire, en attendant, c'est que la Russie continue toujours ses armements et ses démonstrations guerrières sans relâcher et qu'elle fait transporter encore un plus grand nombre de troupes en Finlande que celui qui y a déjà été auparavant. Au reste, j'ai ordonné à la caisse de légation de vous faire payer les trois postes en question, conformément à la demande que vous m'en avez faite.

Nach dem Concept.

Federic.

3791. AU MINISTRE D'ÉTAT COMTE DE PODEWILS, ENVOYÉ
EXTRAORDINAIRE, A VIENNE.

Graf Otto Podewils berichtet, Wien 26. Juli: „Blondel persiste fort et ferme dans l'opinion que la cour d'ici travaille sérieusement à prévenir les troubles dans le Nord et il m'a dit . . . qu'il soupçonnait que la Russie n'était rien moins que satisfaite de la cour d'ici et que c'était la raison de la retraite de l'Ambassadeur [Michel Bestushew] à la campagne; qu'il avait aussi, à l'heure qu'il est, des notions assez précises que c'était le roi d'Angleterre qui excitait la Russie. . . . Je ne rapporterais pas ces propos du sieur Blondel, s'il ne m'avait paru clairement qu'ils sont l'effet des insinuations qui lui ont été faites par le ministère d'ici, qui cherche, même aux dépens de ses alliés, à se justifier et à se rendre innocent aux yeux de la France."

Potsdam, 4 août 1749.

J'ai reçu votre dépêche du 26 de juillet dernier, à laquelle je vous dirai, au sujet du sieur Blondel, que, quelque prévenu qu'il puisse être en faveur de la cour de Vienne, il ne manquera pas, au bout du compte, d'ouvrir les yeux sur la conduite de cette cour; car on ne sera pas longtemps sans voir le dénouement des vues de la cour de Russie, de manière que, si les Autrichiens accusent juste au sieur Blondel en ce qu'ils lui rapportent au sujet de la Russie, cela ne saurait guère rester caché encore pendant bien longtemps, mais que, si au contraire ils en imposent audit sieur Blondel, il faudra, aussi, s'en apercevoir bientôt.

Quant à l'affaire concernant le tarif des douanes entre la Silésie et les États autrichiens,[2] j'attendrai fort tranquillement d'en voir la fin,

---

[1] Idée générale du fonds d'amortissement; Observations sur les dettes nationales et sur la brochure qui a pour titre: L'état de la Nation etc.; Extrait des dépenses ordinaires de la Grande-Bretagne sur le pied de celles de 1749; Précis de la situation de la nation anglaise; Sommes payées entre le 31 décembre 1747 et le 31 décembre 1748; Dépenses de la dernière guerre en Flandre. — [2] Vergl. Bd. VI, 474.

et je ne m'impatienterai en aucune façon à cet égard. Cela n'empêche pourtant pas que vous n'ayez très bien fait d'avoir présenté un mémoire pour demander le redressement de l'impôt extraordinaire que les Autrichiens ont exigé sur la cire de Silésie, quoique ce soit là une affaire propre à nous fournir matière à récrimination, dès qu'un jour nous pourrions le juger à propos.

Federic.

Nach dem Concept.

3792. AU CONSEILLER BARON LE CHAMBRIER A COMPIÈGNE.

Potsdam, 4 août 1749.

J'ai été content de la dépêche que vous m'avez faite du 24 de juillet dernier, bien que ce serait avec peine que je verrais rappeler d'auprès de moi le marquis de Valory,[1] lequel, étant un bon et digne homme, plein de la meilleure intention, s'est acquis une certaine confiance de ma part qui ne saurait être donnée de prime abord, mais seulement par l'usage et le temps. Si, nonobstant de cette considération, le marquis de Valory devait effectivement être rappelé d'ici, il faudra que vous ayez surtout soin de diriger ainsi l'affaire pour qu'il soit remplacé par un homme d'esprit qui d'ailleurs ne soit point enclin à s'emporter ou à prendre feu facilement, mais doué d'un caractère tout propre pour que je puisse prendre confiance en lui.

Federic.

Nach dem Concept.

3793. AU SECRÉTAIRE DIESTEL A COPENHAGUE.

Diestel berichtet, Kopenhagen 29. Juli: „Le conseiller privé de Schulin se rendit hier chez l'abbé Lemaire pour lui déclarer la résolution que Sa Majesté Danoise avait prise de renouveler ses alliances avec la France et la Suède, et les deux ministres mirent d'abord la main à l'œuvre pour ajuster les traités."

Potsdam, 5 août 1749.

Vous n'auriez pu me donner une nouvelle plus agréable et réjouissante que celle que vous m'avez marquée par votre dépêche du 29 du mois dernier de juillet, et j'espère d'apprendre par la première dépêche que j'aurai de vous, que la signature du traité aura été effectivement faite. La conduite que le ministre de Suède a tenue à cette occasion, a été admirable, et je suis persuadé que sa cour approuvera tout ce qu'il a fait à cet égard, puisqu'il est sûr qu'un plus long délai aurait pu exposer la négociation.

Au surplus, je viens de donner mes ordres à ce que les frais de voyage que vous avez été obligé de faire et dont vous m'avez envoyé les comptes, vous soient bonifiés.

Federic.

Nach dem Concept.

[1] Vergl. Bd. VI, 188. 209.

3794. AU CONSEILLER PRIVÉ DE LÉGATION DE ROHD A STOCKHOLM.

Rohd berichtet, Stockholm 25. Juli:
„Avant-hier le ministre de Russie, ayant été voir le comte Tessin, lui a insinué qu'il avait ordre de sa cour, en cas qu'on lui demandât ici quelque éclaircissement sur l'apparition de l'escadre russienne dans la Baltique, de déclarer qu'elle n'y avait été envoyée que pour exercer les matelots dans la manœuvre et en même temps pour la conservation du repos dans le Nord, en cas qu'il vînt à être troublé. Le président de la chancellerie m'a fait part ensuite de cette insinuation-là."

Potsdam, 5 août 1749.

J'ai reçu votre dépêche du 25 du juillet passé. Mes vœux sont que le sieur de Panin ne fasse d'autre déclaration que celle que vous venez de m'apprendre qu'il a faite au comte Tessin.

J'espère que, lorsque celle-ci vous arrivera, vous aurez déjà appris la bonne nouvelle que je viens de recevoir de Copenhague que la négociation des ministres de France et de Suède est parvenue à une heureuse conclusion, le roi de Danemark ayant préféré les avantages solides qui sont attachés à l'alliance avec la Suède et avec la France, aux offres éblouissantes de l'Angleterre. Comme cet événement ne saurait que changer la façon de penser de plusieurs cours, il est à souhaiter que la cour de Russie en soit bientôt informée, afin qu'elle se puisse s'aviser de ne point faire quelque démarche violente, si tant est qu'elle en ait résolu. En attendant, vous observerez la contenance que le sieur Panin tiendra quand il apprendra cet événement, qui ne saura que déranger le système de sa cour.

Nach dem Concept.

Federic.

3795. AU PRINCE DE PRUSSE A BERLIN.

Potsdam, 5 août 1749.

Mon très cher frère. Je suis charmé de voir par votre lettre que vous jouissez d'une parfaite santé et que vous vous amusez. J'aurai pour cette fois des nouvelles à vous mander qui, je crois, vous seront agréables toutes ensemble. La paix à été conclue et ratifiée entre Henri et moi.[1] Les Danois ont signé leur alliance avec la France et la Suède, à laquelle nous accéderons, et hier Balby a remporté le prix de la course à pied contre Creutz;[2] si vous aviez vu ce spectacle, je crois qu'il vous aurait diverti. Les Balbistes lui donnèrent du vin et un œuf frais pour l'animer à la course, les Creutzistes ne s'avisèrent pas de l'expédient qui aurait le plus provoqué leur champion à la course; aussi ont-ils perdu la gageure. Cette importante course fait à présent ici la nouvelle du jour. Daignez, mon cher frère, me continuer votre précieuse amitié

---

[1] Vergl. S. 23. — [2] Sic. Gemeint ist vermuthlich des Königs Flügeladjutant von Kreytzen.

et soyez persuadé de la tendresse avec laquelle je suis constamment, mon très cher frère, votre très fidèle frère et serviteur

Federic.

Nach der Ausfertigung. Eigenhändig.

3796. AN DEN GENERALFELDMARSCHALL FÜRST VON ANHALT-DESSAU IN DESSAU.

Potsdam, 6. August 1749.

Durchlauchtiger Fürst, freundlich geliebter Vetter. Ew. Liebden Schreiben vom 3. dieses habe erhalten, und thun Dieselben Mir vollenkommen Justice, wann Ew. Liebden persuadiret sein, dass Ich an allem, so Derselben vergnügtes oder ohnangenehmes begegnet, wahren Antheil nehme, in Folge dessen Ich dann sehr bedaure, dass Dieselbe einen so considerablen Schaden und Verlust durch ein der Orten gewesenes Hagelungewitter erlitten haben. Ich hoffe und wünsche aber aufrichtig, dass solcher auf andere Weise wiederum ersetzet werden möge.

Was die auswärtigen Umstände anlanget, so kann Ich noch nicht sicher davon sagen, sondern erwarte vielmehr tagtäglich die Nachricht, was denn endlich die Russen vor eine Declaration an die Schweden werden thun lassen. Sollte solche von der Art sein, als Ich Ew. Liebden jüngsthin gemeldet,[1] so ist der Krieg dorten ohnvermeidlich; woferne aber der russische Hof sich borniret, eine Versicherung von dem Thronfolger in Schweden zu verlangen, dass, wenn er wirklich zum Thron succediret, er alsdann zu keiner Änderung in der jetzigen Regierungsform von Schweden die Hand bieten wolle, so ist endlich die Sache noch dahin einzuleiten, dass die Ruhe im Norden conserviret bleibe. Welches alles sich dann nächstens ausweisen und klar zeigen muss, was man sich endlich von Russland und dessen Alliirten zu versehen habe.

Was die verschiedene österreichische Campements anlanget, welche in diesem Monat noch formiret werden sollen, so wird es damit vor dieses Mal wohl nichts zu sagen haben, da diejenige Leute sowohl, welche Ich deshalb der Orten gehabt, als alle Meine andern Nachrichten einhellig bekräftigen, dass die Truppen nur zum Exerciren in die Lagers rücken, auch keine Magazins formiret werden, sondern ihnen das nothwendige vom Lande zugefahren werden soll. Ich werde aber dennoch einige von Meinen Officiers hinsenden, um zu sehen, was in solchen Lagern eigentlich manövriret werden wird. Ich bin übrigens Ew. Liebden freundwilliger Vetter

Friderich.

Nach der Ausfertigung im Herzogl. Archiv zu Zerbst.

[1] Vergl. Nr. 3776 S. 30.

3797. AN DAS DEPARTEMENT DER AUSWÄRTIGEN AFFAIREN.

Potsdam, 7. August 1749.

Podewils und Finckenstein berichten, Berlin 5. August, über ein von dem Grafen Chotek überreichtes Memoire in Sachen der weimarer Vormundschaftsfrage.¹ „Ce mémoire porte en substance que les ministres des deux parties sont maintenant convenus presque de tous les points essentiels, à la réserve d'un seul, qui est que, quoique le duc de Cobourg abandonne à celui de Gotha la curatèle privative du jeune prince de Weimar pour ce qui regarde son éducation, le duc de Gotha ne s'en contente point, mais qu'il prétend se gérer comme curateur unique du Prince dans toutes les affaires qui le concernent judiciairement, aussi bien que extrajudiciairement, ce que la cour impériale trouve également contraire à l'équité et au sens des dix-huit articles fournis par la cour de Gotha même. Le comte de Chotek recherche donc Votre Majesté, par ordre de sa cour, de vouloir bien faire des représentations nerveuses au duc de Gotha, pour l'engager de se rendre à la raison sur le point en question."

Das Departement der auswärtigen Affairen muss in dieser Vergleichssache wohl observiren und hauptsächlich zu seinem But setzen, dass der Vergleich dergestalt gefasset werde, damit der kaiserliche Hof sich nachher nicht wiederum zu jeder Stunde und Woche in die Vormundschaftsaffairen meliren und wegen der Administration neuen Lärm anfangen könne. Woferne dieser Point de Vue durch das verlangte Schreiben an den Herzog von Gotha erreichet werden kann, welches jedoch vorher wohl examiniret werden muss, so bin Ich davon zufrieden; wo aber nicht, so muss das Ministère sich wohl in Acht nehmen, zu etwas die Hände zu bieten, wodurch der kaiserliche Hof Gelegenheit haben kann, sich tagtäglich in die Vormundschaft zu mischen.

Mündliche Resolution. Nach Aufzeichnung des Cabinetssecretärs.

3798. AU CONSEILLER PRIVÉ DE LÉGATION DE VOSS A DRESDE.

Potsdam, 8 août 1749.

Je n'ai point encore reçu d'avis que la cour de Russie ait fait faire aucune déclaration en Suède par son ministre y résidant qui eût quelque rapport à celle dont vous continuez de faire mention dans votre dépêche du 2 de ce mois; du moins mes lettres de Suède ne m'en ont-elles rien touché jusqu'à présent. Il est ainsi encore à savoir si la Russie fera une nouvelle déclaration en Suède et ce qu'en ce cas cette déclaration portera en substance.

Le Danemark venant en attendant de renouveler son état de subsides avec la France et ayant aussi conclu son traité d'alliance avec la Suède, il sera à voir présentement quelles impressions en résulteront sur la Russie et sur ses alliés, et si la Russie en changera de mesures ou non.

¹ Vergl. Bd. VI, 605. 607.

Pour ce qui regarde la copie en question de l'état des dettes de la *Steuer*, ma grande curiosité n'est point simplement d'avoir tout le détail de ces dettes, mais je trouve nécessaire que vous tâchiez de m'en procurer copie, afin que je sache par là à quoi m'en tenir là-dessus avec la Saxe pour les mesures qu'il faudra que je prenne par rapport aux prétentions qui reviennent encore à mes sujets de ladite *Steuer*. C'est pourquoi vous y emploierez tout et ferez votre possible afin d'avoir la copie en question bien exacte et détaillée de l'état des dettes saxonnes.

Mon conseiller privé de guerre Eichel aura soin, au reste, au remboursement qui vous sera fait des 100 ducats que vous avez dépensés selon le contenu de votre post-scriptum, et il se concertera à cet égard avec le sieur Splitgerber.

P. S.

Federic.

Potsdam, 9 août 1749.

Ayant aussi vu, par votre dépêche du 5 de ce mois, ce que vous y rapportez au sujet des affaires du Nord, je veux bien vous y dire en réponse que le plus grand service que vous puissiez me rendre pendant la crise présente où en sont lesdites affaires, est que vous me mandiez fidèlement tout ce qui pourra vous en revenir par la suite.

C'est bien au reste un grand indice que la cour de Dresde est entièrement épuisée en fonds d'argent, que cette cour n'ait pu contenter le maréchal de Saxe sur ses prétentions,[1] car le comte de Brühl n'aurait sans doute pas laissé que de vider très volontiers même jusques au fond toutes les caisses, seulement pour en être quitte.

Federic.

Nach dem Concept.

3799. AU CONSEILLER BARON LE CHAMBRIER A COMPIÈGNE.

Chambrier berichtet, Compiègne 27. Juli, über eine Unterredung mit Puyzieulx, der ihm u. A. gesagt habe: „La Suède ne saurait faire mieux que de mettre ses forces dans le meilleur état qu'il lui est possible, et tâcher qu'il ne sorte rien de son intérieur, par les sentiments et la conduite de ses concitoyens, qui donne un motif à la Russie de rompre la glace pour l'exécution de ses projets contre la Suède ... J'ai dit [moi, Puyzieulx] clairement et positivement à M. de Yorke que je pénétrais trop bien ce qu'on voudrait que nous fissions, qui est que nous donnassions par écrit que les Suédois ne changeront pas la forme de leur gouvernement, quand le roi de Suède sera mort; que, si nous avions bien voulu en donner des assurances verbales,[2] pour ôter tout prétexte de

Potsdam, 9 août 1749.

J'ai tout lieu d'applaudir aux sentiments que le marquis de Puyzieulx vous a témoignés relativement aux affaires de la Suède, comme aussi à ceux qu'il a déclarés au colonel Yorke, selon ce que vous m'en avez rapporté dans votre dépêche du 27 du mois dernier de juillet.

Comme il m'est revenu de bon lieu que la cour de Dresde, après qu'elle vient d'être refusée de l'Angleterre, à qui elle a fait offrir par son ministre à Londres[3] 12 à 15,000 hommes de ses troupes

[1] Vergl. S. 39. — [2] Vergl. Bd. VI, 494. 547. — [3] Flemming.

guerre dans le Nord, on devait en être content . . . mais nous ne nous lierons pas sur cela par écrit, et l'on doit nous en croire ce que nous avons dit sur cela, de même que la Suède." contre des subsides, mais que l'Angleterre n'a pas voulu accorder en temps de paix, commence à rechercher la France, pour que celle-ci lui continue le traité de subsides qui va finir, et qu'elle doit avoir chargé le maréchal de Saxe, en partant de Dresde, d'un mémoire en conséquence, j'ai bien voulu vous en faire part, en vous ordonnant expressément que, s'il arrivait que le marquis de Puyzieulx ou tel autre qui que ce soit vous dût parler du renouvellement du traité de subsides avec la Saxe, vous devez vous tenir tout clos et boutonné et ne vous en mêler en aucune manière. Cependant, pour vous mettre au fait de ma véritable façon de penser à cet égard, je veux bien vous dire, quoiqu'en confidence et uniquement pour votre direction, que j'aimerai toujours à voir que la continuation de ces subsides ne se fasse point, puisqu'il est sûr que la France ne ferait que jeter les sommes qu'elle y dépenserait, et qu'il est constaté qu'aussi longtemps que le comte Brühl sera en place, la France ne saura jamais compter sur la Saxe. D'ailleurs, si la paix dure, personne ne voudra de la Saxe en lui payant des subsides; mais dans le cas que la guerre se renouvelât, il est hors de doute qu'à la première occasion favorable la Saxe plantera la France et laissera à celle-ci le regret d'avoir mal employé son argent avec elle et sans en avoir retiré aucun fruit; pour ne pas dire ici combien les amis et alliés de la France seraient embarrassés alors sur la manière dont ils auraient à se gouverner avec une cour aussi double que celle de Saxe.

Au surplus, comme l'alliance entre la Suède et le Danemark vient d'être constatée, et que le marquis de Puyzieulx vous a déjà fait sentir qu'il serait nécessaire alors que je fisse aussi mon traité avec le Danemark,[1] vous devez sonder le marquis de Puyzieulx sur ce que la France souhaite que je fasse à cet égard-là, si ce sera moi qui dois entamer cette négociation à la cour de Danemark, ou si elle aimerait mieux de l'entamer elle-même et d'en faire la proposition à la cour de Copenhague; et, au premier cas, si elle ne voudrait instruire son ministre à cette cour de seconder de son mieux la négociation qu'on en fera; de plus, s'il vaudrait mieux que cela se fît par forme d'accession au traité d'alliance qui vient de constater entre la Suède et le Danemark, ou par un traité séparé entre celui-ci et moi. Sur quoi j'attendrai votre rapport à son temps, afin de me pouvoir décider là-dessus. Du reste, quand vous saurez quelque nouvelle à l'égard des affaires de Turquie,[2] vous ne laisserez pas de m'en informer.

F e d e r i c.

Nach dem Concept.

---

[1] Vergl. S. 36. — [2] Vergl. S. 10.

3800. AU SECRÉTAIRE DIESTEL A COPENHAGUE.

Potsdam, 9 août 1749.

Je ne me suis point attendu à la nouvelle que vous venez de me donner par votre rapport du 2 de ce mois que la signature des traités respectifs entre le Danemark, la France et la Suède n'était pas encore faite; je comptais avec d'autant plus d'assurance qu'on ne différerait pas de procéder incontinent à cette signature, que non seulement le baron de Fleming avait écarté la difficulté qui l'aurait pu suspendre encore, mais que l'abbé Lemaire avait déclaré que, nonobstant que les dernières instructions de sa cour ne lui fussent pas encore arrivées, cela ne l'empêcherait pas qu'il ne signât en même temps que le baron de Fleming. Comme je ne saurais juger avec justesse des causes de ce retardement, j'applaudis fort aux insinuations que vous avez faites au sieur Lemaire à ce sujet, et j'attends à présent avec impatience ce que vous me manderez relativement à cette affaire intéressante.

Nach dem Concept.

Federic.

3801. AU CONSEILLER PRIVÉ DE LÉGATION DE ROHD
A STOCKHOLM.

Potsdam, 9 août 1749.

J'ai reçu votre rapport du 29 juillet passé. Quelque juste et bonne que soit la déclaration qu'on va faire imprimer en Suède relativement aux bruits qu'on y irait changer la forme du gouvernement, je crains cependant que la Russie ne s'en contente pas et qu'elle ne veuille demander encore d'autres sûretés. Mais ce que je souhaiterais bien de savoir de vous, c'est si le ministère de Suède, après qu'il est convenu du traité d'alliance avec le Danemark, ne pense pas à envoyer plus de troupes encore dans la Finlande suédoise, pour ne pouvoir être pris là au dépourvu; car il me semble que la prudence exige qu'à proportion que la Russie renforce les troupes qu'elle a dans sa Finlande, la Suède devrait renforcer les siennes, pour être en état de faire tête à ceux qui la voudraient insulter là. Ce que vous ne manquerez pas d'insinuer convenablement au comte de Tessin et au sieur de Rudenschöld, en ajoutant qu'il me semblait que c'était dans le moment présent la chose la plus pressante qu'on devrait faire.

Nach dem Concept.

Federic.

3802. AU CONSEILLER PRIVÉ DE LÉGATION BARON
DE GOLTZ A MOSCOU.

Potsdam, 9 août 1749.

A l'occasion de ce que vous me marquez, dans votre dépêche du 17 du juillet dernier, d'une conférence que milord Hyndford a eue avec le comte Bestushew et d'où il s'est rendu tout de suite chez le ministre hollandais, je veux vous dire qu'il m'est parvenu un avis d'un assez bon endroit, selon lequel le sieur de Swart doit avoir reçu dans les premiers jours dudit mois un ordre de ses maîtres, portant qu'il doit présenter un mémoire à la cour de Russie, en conformité d'une résolution secrète que les États-Généraux ont prise le 18 de juin, et qui doit porter en substance qu'on doive inspirer des sentiments pacifiques à la cour de Russie et la détourner de toutes voies de fait contre la Suède. L'on ajoute dans cet avis-là que les mêmes ordres étaient parvenus alors au lord Hyndford, d'agir, en conséquence de la résolution mentionnée et de présenter un mémoire à la cour de Russie dans le même sens. J'ai bien voulu vous communiquer ces particularités, afin que vous puissiez diriger vos recherches là-dessus. Si cet avis-là est fondé dans toutes ses circonstances, je présume que la cour de Vienne fait aussi travailler auprès de celle de Russie pour qu'elle suspende encore sa résolution prise d'entrer hors de saison en guerre ouverte contre la Suède. Comme c'est à présent le moment critique pour voir à quoi la Russie se déterminera, vous devez être extrêmement attentif sur tout ce qui se passe à ce sujet et m'instruire des moindres circonstances qui parviendront à votre connaissance; car c'est dans le mois où nous sommes et dans celui qui va suivre, où il faut absolument que la Russie développe ses intentions.

Nach dem Concept.

Federic.

3803. AU CONSEILLER PRIVÉ DE GUERRE DE KLING-GRÆFFEN A LONDRES.

Potsdam, 9 août 1749.

Je ne veux point douter qu'il ne se soit agi d'un concert entre la cour où vous êtes et celle de Russie pour faire à la Suède une déclaration pareille à celle dont on vous a averti et dont vous me rendez compte dans votre dépêche du 29 du mois dernier; mais ce qui m'en rassure en quelque façon et me fait espérer encore qu'on voudra garder quelque ménagement, c'est un avis qui m'est parvenu d'assez bon endroit et que je veux bien vous communiquer pour votre direction seule, selon lequel le ministre de Hollande à Moscou, le sieur de Swart, doit avoir reçu un ordre de ses maîtres, portant qu'il doit présenter de nouveau un mémoire à la cour de Russie, en conformité d'une résolution secrète que les États-Généraux ont prise le 18 du mois de juin de cette année-ci, et que le ministre anglais Hyndford doit avoir reçu en même temps des ordres de sa cour pour présenter également un mémoire dans le sens de ladite résolution secrète. Or, comme on a voulu m'assurer que la résolution mentionnée porte qu'on doive inspirer des sentiments pacifiques à la cour de Russie et la détourner de toutes voies de fait contre la Suède, il faudra voir présentement si la cour de Russie voudra réfléchir sur ces représentations, et si d'ailleurs l'alliance qui vient de se constater entre la France et la Suède et entre le Danemark, n'opérera pas quelque changement dans le système de la Russie et de ses alliés. Ce qu'il faut qu'il se développe dans le mois où nous sommes, ou au plus tard dans celui qui va suivre.

Federic.

Voici la réponse que j'ai faite au prince de Galles,[1] touchant son portrait qui vient d'arriver ici.[2]

P. S.

Ayant pris de plus près en considération l'affaire touchant les dettes hypothéquées sur la Silésie, et trouvé bonne et avantageuse l'idée que vous m'avez fournie à ce sujet par le post-scriptum de votre dépêche du 11 de juillet dernier, j'ai fait former en conséquence un plan sur la manière dont tout le capital et les intérêts de cette dette pourront être entièrement acquittés entre ici et le 10 juillet de l'année 1753, à condition que les intéressés de la dette veuillent se contenter de quatre pour cent d'intérêt au lieu de ces énormes intérêts de sept pour cent,[3] que je leur passe néanmoins jusqu'au 10 de juillet de cette année-ci. A cette fin-là, je vous adresse, à la suite de celle-ci, le plan susdit, qui vous démontrera en détail de quelle manière et à quels termes je pense de m'acquitter de toute la dette, et ma volonté est que vous devez entrer d'abord en conférence là-dessus avec les intéressés de la dette et employer tous vos soins, afin de leur faire agréer ce plan, qu'ils ne sauraient trouver que juste et raisonnable.

Je n'attends que votre rapport sur le bon succès que j'espère que vous en aurez eu, pour vous envoyer alors les pleins-pouvoirs nécessaires afin de faire une nouvelle convention à ce sujet, et pour donner en même temps mes ordres à ce que les 22,075 écus qu'il faut encore ajouter aux 200,000 que j'ai actuellement dans la banque de Londres pour le payement du premier terme des intérêts restants jusqu'au 10 de juillet dernier, soient remis au sieur Spellerberg. Au surplus, vous pouvez bien faire quelque tentative pour voir s'il n'y a pas moyen de réduire les intérêts à trois pour cent; mais en cas que vous ne voyez point jour d'y pouvoir réussir, vous tâcherez de les stipuler au moins à quatre pour cent et de régler tout en conséquence du plan susdit. J'attends, le plus tôt qu'il se pourra faire, votre rapport à ce sujet.

Nach dem Concept. Der Zusatz zu dem Haupterlass nur in der Ausfertigung.

---

[1] Das Schreiben liegt nicht vor. — [2] Vergl. Bd. VI, 19. — [3] Vergl. S. 18.

3804. AU MINISTRE D'ÉTAT COMTE DE PODEWILS, ENVOYÉ EXTRAORDINAIRE, A VIENNE.

Potsdam, 9 août 1749.

Je n'ai rien à vous répondre par cet ordinaire à votre dépêche du 30 juillet dernier, sinon que, le sieur Blondel étant prévenu au point que vous le dites en faveur de la cour où vous êtes et de son ministère, vous devez aller à pas comptés dans les insinuations et ouvertures que vous lui aurez à faire, que vous ayez à y observer certaines mesures et que vous vous en absteniez même pendant un temps entièrement, pour voir si à la fin il ne pourrait revenir de ses grands égarements. Quant au reste, je ne saurais assez vous recommander d'être fort attentif sur toutes les démarches que pourra vouloir faire la cour où vous êtes, tout ainsi que sur les arrangements qu'elle continuera à prendre dans son militaire.

Nach dem Concept.

Federic.

3805. AU MARQUIS DE VALORY, ENVOYÉ DE FRANCE, A BERLIN.

Potsdam, 10 août 1749.

Monsieur le Marquis de Valory. Ayant reçu par un bon canal des mémoires assez intéressants par rapport au vrai état des finances de l'Angleterre,[1] j'ai bien voulu vous en adresser une copie, en vous priant de les vouloir communiquer de ma part à M. le marquis de Puyzieulx, quoique point du tout par la poste ordinaire, mais lorsque vous aurez nécessaire d'envoyer un courrier à votre cour, ou quand vous trouverez quelque autre occasion pour les lui faire parvenir sûrement et sans qu'il y ait du risque. En me remettant sur votre discrétion à ce sujet, je prie Dieu etc.

Nach dem Concept.

Federic.

3806. AU MINISTRE D'ÉTAT COMTE DE PODEWILS, ENVOYÉ EXTRAORDINAIRE, A VIENNE.

Potsdam, 10 août 1749.

Pour vous répondre à ce que vous m'avez marqué par votre dépêche du 2 de ce mois, je vous dirai que mes lettres de Russie et d'Angleterre m'annoncent des chipotages sans relâche entre les ministres des cours de Vienne et de Londres avec le chancelier Bestushew, dont jusqu'ici je ne saurais dire positivement sur quoi ils roulent, mais dont j'espère d'être bientôt instruit; en attendant, j'ai lieu de présumer qu'il s'agit principalement de se concerter sur une déclaration à faire de la Russie à la Suède. Comme j'apprends qu'il y en a trois de différentes

[1] Vergl. S. 40 Anm. 1.

façons sur le tapis, il sera à voir laquelle on en adoptera; mais telle qu'elle sera adoptée, elle nous éclaircira toujours sur le dénouement des affaires du Nord. Je voudrais cependant parier que ce ne sera point celle qui vous est revenue, parceque je ne saurais point m'imaginer que le chancelier Bestushew serait aussi imprudent que d'avertir les Suédois d'avance de ce qu'il leur voudrait faire du mal à l'événement de la mort du roi de Suède. Après cela, je ne jurerais pas qu'il ne s'agisse encore parmi ce chipotage d'un concert secret entre les deux cours impériales, afin de s'entre-aider dans les différentes vues qu'elles ont, l'une peut-être pour attraper la Finlande, et l'autre pour reprendre la Silésie. Avec tout cela, il se peut fort bien que la cour de Vienne, dont les arrangements ne sont pas encore faits, déhorte celle de Russie de ne point précipiter les choses.

Comme les troupes autrichiennes dans les pays héréditaires vont entrer dans les différents campements qu'on formera pour les exercer, je voudrais bien savoir de vous qui paiera les frais de ces campements, si c'est l'Impératrice-Reine qui les portera, ou si l'on en chargera les États des provinces, sans leur en tenir compte.

Au surplus, vous ne manquerez pas de remercier poliment de ma part l'évêque de Waitzen de l'attention qu'il a eue pour moi en me faisant communiquer le plan qu'il a fait lever de la montagne qui s'est affaissée en Hongrie.[1]

Federic.

Nach dem Concept.

3807. AU CONSEILLER PRIVÉ DE GUERRE DE KLING-GRÆFFEN A LONDRES.

Potsdam, 12 août 1749.

J'ai bien reçu votre dépêche du 1er de ce mois. Comme mes dernières lettres de Russie m'annoncent des chipotages sans relâche entre les ministres des cours de Vienne et de Londres avec le chancelier Bestushew, et que les courriers entre les deux cours impériales vont et reviennent sans discontinuation, il n'est point à douter qu'il ne s'y agisse de nouveaux arrangements relatifs aux affaires du Nord, et principalement de la forme à donner à la déclaration que la Russie ira faire à la Suède. Parcequ'aussi tout s'y traite avec un grand secret, il faut attendre le temps où l'on pourra développer quel a été le résultat de ces chipotages; mais ce qui m'en présage rien de bon, c'est que la cour de Londres vient de nommer le sieur Guy Dickens pour aller relever le lord Hyndford, et qu'elle presse même son départ, d'où je crois tirer avec raison la conséquence qu'elle a sa part dans ce que le chancelier Bestushew médite de faire de mal à Suède, puisque sans cela elle n'aurait point envoyé en Russie un homme aussi fougueux, et très mal intentionné à l'égard de la Suède, que ce Guy Dickens.

[1] Vergl. Bd. VI, 341.

Par toutes ces circonstances-là, et vu l'état extrêmement critique et compliqué où les affaires du Nord se trouvent dans le moment présent, je me vois nécessité de vous ordonner par la présente que vous ne deviez nullement vous presser dans la négociation dont je vous ai chargé à l'égard du payement des dettes de la Silésie, mais traîner l'affaire au possible.

Je vous ai envoyé avec ma précédente dépêche un plan selon lequel j'ai pensé de m'acquitter de cette dette; je m'y tiendrai aussi et je satisferai honnêtement aux intéressés de cette dette, pourvu que la tranquillité du Nord ne soit point troublée; mais dans la grande incertitude où je suis encore par rapport au dénouement des affaires du Nord, je ne pourrais pas me décider tout-à-fait sur le payement de ces dettes, ni me dépouiller de sommes aussi fortes qu'il y faut, avant que de voir clair s'il y aura moyen d'éviter la guerre au Nord ou non; ainsi donc, vous ne devez point conclure avec les intéressés de la dette en question, jusqu'à ce que je puisse juger du dénouement des affaires du Nord.

Nach dem Concept. Federic.

3808. AU CONSEILLER PRIVÉ DE LÉGATION DE ROHD A STOCKHOLM.

Potsdam, 12 août 1749.

J'ai reçu votre dépêche du 1er de ce mois, sur laquelle je n'ai cette fois-ci qu'à vous dire que mes vœux sont que les bonnes nouvelles de la Finlande continuent et que tout y reste tranquille. Comme je n'ai point assez de connaissance sur ce que la Suède a de troupes dans cette province, et encore à combien peut aller le nombre des troupes que la Russie entretient actuellement dans sa Finlande et ses provinces voisines, quel est le général en chef qui les commande, combien il pourrait mettre de ces troupes en campagne si lui revenait des ordres de tenter quelque entreprise, vous satisferez fort à ma curiosité quand vous m'en informerez aussi exactement que vous le sauriez. Je souhaiterais d'ailleurs de savoir de vous si on a des nouvelles en Suède, comme il en a couru ici,[1] que la Russie fait défiler ou transporter encore des troupes dans sa Finlande, pour y renforcer celles qu'elle y a déjà eues.

Nach dem Concept. Federic.

3809. AU CONSEILLER PRIVÉ DE LÉGATION BARON DE GOLTZ A MOSCOU.

Potsdam, 12 août 1749.

Vous vous donnerez bien de garde pour ne point ajouter croyance à ce que vous paraissez insinuer, par votre dépêche du 20 de juillet

[1] Vergl. S. 14. 15.

dernier, que tous les arrangements militaires de la Russie n'étaient à regarder que comme de simples ostentations, et vous éviterez de donner dans l'opinion, comme quoi l'impératrice de Russie ne pourra jamais être disposée à entrer dans une guerre offensive contre aucun de ses voisins. La mauvaise volonté, l'emportement, les ruses enfin du comte Bestushew doivent ne vous être que trop connus, pour que vous puissiez jamais vouloir tabler sur l'opinion que l'impératrice de Russie ne saurait être entraînée, même contre son gré, par son chancelier dans des démarches les plus préjudiciables à ses propres intérêts. Aussi ma façon de penser à cet égard ne saurait-elle point vous être inconnue par mes dépêches antérieures. C'est pourquoi vous devez persuader le baron de Hœpken d'instruire soigneusement le sieur Lagerflycht de ne point négliger de faire son rapport des moindres circonstances de ce qui se passait à Pétersbourg et dans ces contrées, mais de nous communiquer toutes celles qui parviendraient à sa connaissance, puisqu'il se pourrait très bien que telles choses qui ne lui paraîtraient que bagatelle, nous donnassent grand jour sur les desseins et sur les vues de la cour de Russie.

Federic.

Nach dem Concept.

3810. AU MINISTRE D'ÉTAT COMTE DE PODEWILS A BERLIN.

Potsdam, 13 août 1749.

J'ai vu tout ce que vous m'avez mandé dans votre rapport du 12 de ce mois touchant les dépêches que le marquis de Valory vient de recevoir de sa cour. Quelque spécieuse que paraisse l'offre de la cour de Vienne de vouloir, de concert avec la France, travailler à terminer les différends qu'il y a entre la Russie et la Suède, je ne saurais cependant la regarder que comme une leurre de cette cour pour flatter et amuser la France, sans que sa vraie intention soit de s'y employer sérieusement.

En attendant, vous remercierez fort obligeamment de ma part le marquis de Valory de la communication amicale et confidente que sa cour avait bien voulu nous faire relativement à la dépêche du sieur Blondel, et vous lui donnerez les assurances les plus fortes que nous en garderions le secret le plus absolu et n'en ferions rien communiquer à aucun de mes ministres aux cours étrangères.

Vous lui témoignerez encore la satisfaction particulière que j'avais de ce que tout était encore tranquille dans la Finlande, et de ce que jusqu'au moment présent nous n'avions rien entendu que le sieur Panin avait fait usage des ordres que, selon nos avis, sa cour doit lui avoir envoyés par rapport à cette déclaration menaçante à faire à la Suède; que j'espérais d'ailleurs que la médiation de la France, jointe à celle de la cour de Vienne, ne manquerait pas de l'effet qu'on s'en promet, pour terminer une affaire aussi importante que celle-là, et que l'alliance qui était sur le point d'être constatée entre la Suède et le Danemark ne laisserait pas d'y contribuer et de mettre l'équilibre du Nord sur un bon pied; qu'au reste, comme nous attendions d'un jour à l'autre la nouvelle de la signature de cette alliance, et que M. de Puyzieulx avait déclaré au baron Le Chambrier combien la France souhaitait que, dès que cette affaire serait réglée, je pusse me lier avec le Danemark par quelque alliance,[1] je demandais à M. de Valory de vouloir bien marquer au marquis de Puyzieulx que je le faisais prier de vouloir bien faire en sorte que, quand je ferai entamer la négociation pour me lier avec le Danemark, le ministre de France à Copenhague eût ordre d'appuyer et de seconder cette négociation, et que je souhaitais d'ailleurs d'avoir l'avis de M. de Puyzieulx si la France aimerait mieux qu'elle entamât elle-même cette négociation, ou si je la devais faire entamer, puisque je voudrais bien me régler sur ce qui pouvait être agréable là-dessus à la France.

Au surplus, j'entrevois bien, dans tout ce que la France vient de marquer, qu'elle pose toujours pour base dans ce qu'il y aura à faire, au cas que la Suède fût attaquée par la Russie, que je doive envoyer en Suède le nombre des troupes auxiliaires stipulé dans le traité d'alliance qui subsiste entre moi et la Suède.

J'avoue que c'est une chose qui ne laisse pas que de m'embarrasser, de façon que, si jamais le cas de l'alliance devait exister, je ne verrais d'autre moyen pour m'en tirer que d'engager des troupes étrangères contre des subsides, pour les y envoyer. Et sur ce, je prie Dieu etc.

Nach der Ausfertigung.

Federic.

3811. AN DEN ETATSMINISTER GRAF PODEWILS IN BERLIN.

Potsdam, 14. August 1749.

Des Königs Majestät haben mir heute befohlen, an Ew. Excellenz zu melden, wie Höchstdieselbe vor nöthig fänden, dass zuvorderst dem p. von Goltz zu Moskau dasjenige extractsweise in einem Rescript communiciret werde, was nach des Herrn Grafen von Podewils zu Wien letzterer Relation der Graf von Ulfeld sich gegen M. Blondel über das Sujet der Declaration, so Russland an Schweden thun wollen und was der wienersche Hof deshalb gegen den russischen vor Sentiments bezeiget, umständlich gemeldet hat,[2] damit der p. von Goltz seine weitere Recherches dortiger Orten darnach dirigiren könne.

Demnächst finden Se. Königl. Majestät vor nöthig, dass weil es fast schiene, als ob das französische Ministerium in den Gedanken stehe, dass Russland durch einen Articul des Nystädtschen Friedenstractats ein gewisses Recht erhalten habe, sich von der schwedischen Regierungsforme zu meliren,[3] dem Baron von Chambrier ein umständliches Eclaircissement über gedachten Articul des Nystädtschen Tractats ge-

[1] Vergl. S. 36. 46. — [2] Vergl. S. 57. — [3] Vergl. Bd. VI, 375.

geben und ihm kürzlich gezeiget werden sollte, wie Russland aus solchem gar kein Recht erhalten, sich jemalen von den schwedischen domestiquen Affaires zu meliren, sondern dass, was darunter conveniret, lediglich zum Faveur der schwedischen Nation geschehen sei und dass übrigens etliche wenige missvergnügte oder vielleicht gar in russischen Pensions stehende schwedische Individua niemalen den Namen einer ganzen Nation führen noch sich anmassen könnten, russischen Beistand zu reclamiren, sonder als Verräther des Vaterlandes angesehen zu werden und sich des Crime de lèse Majesté theilhaftig zu machen.

Nach der Ausfertigung. Eichel.

3812. AU MINISTRE D'ÉTAT COMTE DE PODEWILS A BERLIN.

Potsdam, 15 août 1749.

C'est avec beaucoup de satisfaction que j'ai appris, par votre rapport du 13 de ce mois, la nouvelle de la déclaration sérieuse que la Porte Ottomanne a fait faire au ministre de Russie à Constantinople.[1] Je ne doute point qu'elle n'ait fait bien de l'impression à la cour de Russie, à moins qu'elle n'en ait été informée assez à temps pour révoquer les ordres qu'elle a apparemment donnés pour procéder à quelques démarches violentes contre la Suède.

Au surplus, voici la réponse que je viens de faire à la lettre du marquis de Valory que vous venez de m'adresser. Et sur ce, je prie Dieu etc.

Nach der Ausfertigung. Federic

3813. AU MARQUIS DE VALORY, ENVOYÉ DE FRANCE, A BERLIN.

Potsdam, 15 août 1749.

Monsieur le Marquis de Valory. La voie que vous avez choisie, en conséquence de votre lettre du 13 de ce mois, pour faire parvenir à votre cour les pièces anecdotes que je vous ai adressées pour elle,[2] a toute mon approbation, et je vous sais bon gré des mesures justes que vous avez prises, afin que le secret n'en soit point risqué.

Je ne saurais qu'applaudir parfaitement à la réponse que M. de Puyzieulx a faite au sieur de Blondel sur ce que la cour de Vienne a proposé relativement à une négociation à entamer entre la Russie et la Suède, et je vous suis bien obligé de la communication confidente que vous avez bien voulu m'en faire. En attendant, je présume que, si la cour de Russie n'a pas actuellement commis quelque hostilité contre la Suède, elle pourra bien laisser tomber son dessein cette fois-ci et se ménager quelque autre temps pour le réaliser.

Nach dem Concept. Federic.

[1] Neplujew. — [2] Vergl. S. 50.

3814. AN DEN ETATSMINISTER GRAF PODEWILS IN BERLIN.

Podewils berichtet, Berlin 14. August: „J'ai insinué au marquis de Valory tout ce que Votre Majesté m'a ordonné de lui dire par Sa lettre d'hier[1]... J'ai glissé aussi dans ma conversation avec ce ministre ce que Votre Majesté m'a fait la grâce de me mander par rapport à la nature du secours qu'Elle serait en état de fournir à la Suède, le cas existant. Il me répliqua qu'il fallait espérer qu'il n'en serait pas besoin, si les affaires dans le Nord et avec le Danemark continuaient à prendre le pli avantageux qu'on s'en promet, mais surtout depuis la déclaration mâle et nerveuse que le Grand-Visir avait faite à la Russie sur les affaires du Nord, selon mon très humble rapport d'hier."

Potsdam, 15. August 1749.

Wegen dieses Punktes habe eben nicht gewollt, dass er dem Marquis de Valory davon sprechen sollte, weil solches eine Confidence gewesen, die Ich ihm nur alleine gemachet habe. Im übrigen fange Ich an zu hoffen, dass die Sachen wenigstens vor dieses Jahr still und ruhig bleiben werden.

Mündliche Resolution. Nach Aufzeichnung des Cabinetssecretärs.

3815. AU SECRÉTAIRE DIESTEL A COPENHAGUE.

Potsdam, 16 août 1749.

L'avis que vous venez de me donner, par votre dépêche du 9 de ce mois, de la signature de la convention préliminaire entre le Danemark et la Suède,[2] m'a été tout des plus agréables, et j'attends avec impatience vos rapports ultérieurs à ce sujet.

Federic.

Nach dem Concept.

3816. AU CONSEILLER PRIVÉ DE LÉGATION DE ROHD A STOCKHOLM.

Potsdam, 16 août 1749.

Les nouvelles que vous me mandez par vos dépêches du 5 de ce mois d'août,[3] n'auraient guère pu m'être plus agréables qu'elles l'ont été. Je veux cependant ne point vous cacher que, selon moi, le comte de Tessin commet de grandes fautes en la présente occurrence, en ce qu'il néglige de faire ce que, pourtant, le salut de la Suède semble exiger indispensablement. Car dès le moment même qu'il a pu se tenir assuré du Danemark, il aurait dû par ses représentations faire en sorte qu'un plus grand nombre de troupes eût été envoyé dans la Finlande suédoise,[4] pour y renforcer celles qui y sont déjà. Le sénateur Rosen qui commande en chef dans cette province, aurait, aussi, dû être muni d'ordres suffisants pour savoir la conduite qu'il aurait eu à tenir selon les

[1] Nr. 3810 S. 53. — [2] Die Unterzeichnung hatte am 7. August stattgefunden. — [3] Ueber die Verhandlungen zwischen Schweden und Dänemark. — [4] Vergl. S. 47.

occurrences des cas différents, puisque, supposé que les troupes russiennes lui fussent tombées sur le corps, ce général aurait été dans l'incertitude pour savoir que faire ou ne pas faire.

Quoique, au reste, nous apprenions ici que les bruits d'une déclaration menaçante à faire de la Russie en Suède soient tombés, vous pouvez néanmoins vous tenir bien assuré que la cour de Russie a effectivement été intentionnée de faire faire semblable déclaration en Suède sur le pied que je vous l'ai écrit par le courrier que je vous ai envoyé en dernier lieu,[1] les avis qui m'en étaient entrés s'étant vérifiés de plusieurs bons endroits, et le chancelier autrichien, comte d'Ulfeld, l'ayant avoué sans le moindre détour au ministre de France, le sieur de Blondel.

Aussi mon intention est-elle que vous vous expliquiez à ce sujet confidemment envers le sieur de Rudenschöld, homme de grande pénétration, et que vous lui disiez qu'il me paraissait que la Suède devait prendre ses mesures pour être prête à tout événement, puisque tant que les Russes ne retireraient leurs troupes de la frontière de la Finlande, mais qu'au contraire ils les y tenaient rassemblées, la Suède ne pouvait se tenir assurée de n'être en butte à quelque entreprise de la part de la Russie.

Federic.

Nach dem Concept.

3817. AU MINISTRE D'ÉTAT COMTE DE PODEWILS, ENVOYÉ EXTRAORDINAIRE, A VIENNE.

Potsdam, 16 août 1749.

J'ai vu très volontiers, par votre dépêche du 6 de ce mois, que le sieur Blondel a enfin pu se détromper par lui-même sur la façon d'agir de la cour de Vienne, et je suis persuadé que le rapport qu'il en a fait à sa cour, ne servira pas peu à lui ouvrir encore davantage les yeux sur les comportements de la susdite cour de Vienne. Pour ce qui est de la déclaration en question de la Russie, nous savons positivement, à l'heure qu'il est, qu'elle n'en a point encore fait usage en Suède; il est même à espérer qu'elle n'y voudra point insister, d'autant plus que, la saison propre à faire quelque opération militaire en Finlande étant déjà passée,[2] il ne pourrait qu'être très difficile aux Russes d'y faire quelque chose d'efficace qui pût tourner à leur avantage. Cela n'empêche cependant pas que les circonstances ne soient d'ailleurs si critiques qu'il devra se manifester en peu si la Russie en voudra faire tant que d'obliger la Suède à en venir à une guerre avec elle, ou bien si la tranquillité pourra encore se conserver dans le Nord.

Federic.

Nach dem Concept.

[1] Vergl. S. 19. — [2] Vergl. Bd. VI, 473.

3818. AU CONSEILLER PRIVÉ DE LÉGATION DE VOSS
A DRESDE.

Potsdam, 16 août 1749.

J'ai reçu vos deux dépêches du 9 et du 12 de ce mois. J'approuve la conduite que vous vous êtes proposé de tenir relativement aux prétentions de mes sujets sur la *Steuer* de Saxe, et je vois bien, quant aux subsides que la cour de Dresde serait bien aise de pouvoir se procurer, que l'Angleterre n'est point disposée à lui en donner pendant la paix; je ne saurais non plus trouver la moindre raison qui dût mouvoir la France à donner les mains au renouvellement de son traité de subsides avec ladite cour et à jeter ainsi son argent à pure perte, si ce n'est qu'elle voulût bien en faire un sacrifice à la Dauphine.

L'imputation qu'on fait au maréchal de Saxe qu'il aurait parlé au roi de Pologne en faveur du comte Brühl, pour engager celui-ci à faire son possible pour le faire élire duc de Courlande, ne me paraît point digne de foi, et je serais assez porté à croire que ce n'est simplement qu'une mauvaise fiction, inventée par quelque envieux dudit maréchal.

Je m'étais imaginé que les États de Saxe ne laisseraient pas de faire leurs conditions avec la cour de Dresde avant la conclusion de la présente Diète; aussi m'est-il jusqu'à présent assez incompréhensible qu'ils dussent avoir manqué cette occasion si favorable, sans avoir su se les procurer.

Toutefois le comte Brühl agit-il prudemment et en homme prévoyant quand il tâche de s'établir de plus en plus en Pologne.[1] Au reste, vous pouvez compter que je vous fournirai l'argent qu'il faudra pour amorcer les canaux que vous vous êtes procurés là où vous êtes, dès que l'occasion en vaudra la peine, quoique d'ailleurs, comme nous avons d'autres bons canaux pendant les circonstances présentes, il pourrait bien ne point être tant nécessaire d'y employer de l'argent au moment présent.

Nach dem Concept.

Federic.

3819. AU CONSEILLER BARON LE CHAMBRIER A PARIS.

Chambrier berichtet, Compiègne 31. Juli, Puyzieulx habe ihm gesagt: „Si l'Angleterre est de la partie, la guerre commencera présentement par le Nord, et le printemps prochain elle sera en Flandre, parceque le Roi votre maître réclamera notre secours en vertu du traité d'Aix-la-Chapelle; je viens de le dire à M. d'Albemarle, qui sort d'ici, je l'ai dit à M. de Yorke, et je le ferai répéter en Angleterre assez fortement, pour qu'ils

Potsdam, 16 août 1749.

C'est avec une vraie satisfaction que j'ai appris, par vos dépêches du 31 du juillet dernier et du 3 de ce mois, la bonne intention où la France est actuellement à mon égard et à l'égard de la Suède. Persuadé que je suis de la droiture des sentiments du mar-

[1] Vergl. S. 1. 5.

puissent croire que nous n'abandonnerons pas le roi de Prusse ni la Suède. Il est certain que, si cette guerre a lieu, me dit le marquis de Puyzieulx, ce sera l'opinion où l'on est que la France restera tranquille, qui aura déterminé l'Angleterre . . . Pourquoi les Anglais et leurs alliés se sont-ils mis dans l'esprit que nous ne ferions rien pour le roi de Prusse, s'il venait à être attaqués? Parcequ'ils ont cru que la conduite qu'il avait eue pendant la guerre, nous avait laissé un mécontentement secret qui nous ferait regarder indifféremment ce qui serait entrepris pour lui. Mais le Roi ne pense pas comme cela."

Compiègne 3. August: „Il m'est revenu, depuis ma dernière dépêche, que, lorsque le marquis de Puyzieulx avait rapporté dans le Conseil la situation dans laquelle se trouverait la Suède, en cas qu'elle fût attaquée par la Russie, on y avait arrêté que, si Votre Majesté Se trouvait attaquée en haine du secours qu'Elle donnerait à la Suède, la France entrerait dans les Pays-Bas, parceque cette nation ne devait pas regarder le Rhin comme ses frontières, mais la Silésie. Quelque justes que soient ces paroles, quand la France regardera ses intérêts comme elle doit le faire, pour ne pas se faire illusion il sera cependant toujours nécessaire, si on en venait à une rupture contre Votre Majesté, de faire ici les plus grands efforts pour établir entre tous les ministres de France qui composent le Conseil de conférence, l'unanimité nécessaire dans les sentiments pour le soutien des grands principes qui obligent la France à en montrer les effets en faveur de Votre Majesté, aussitôt que Votre Majesté sera dans le cas de réclamer le secours de cette couronne."

Nach dem Concept.

quis de Puyzieulx, je tiens pour assuré que, si le malheur voulait que l'orage qui menace le Nord ne saurait point être conjuré, on pourrait alors espérer au moins quelque chose de la France et compter sur elle qu'elle n'abandonnera ses amis et alliés. C'est pourquoi je veux aussi que vous deviez entretenir le ministère de France par toutes les flatteries possibles dans de si bons sentiments et remercier en particulier le marquis de Puyzieulx le plus obligeamment de ma part des assurances amicales qu'il avait bien voulu me donner à ce sujet. Ajoutez-y qu'il saurait compter que mes vœux les plus sincères étaient que la tranquillité se conserve et que la paix puisse durer sans aucune altération.

Au surplus, vous m'avez rendu un véritable service en ce que vous m'avez mis au fait, d'une manière sincère et toute naturelle, sur la façon de penser du ministère de France, et je vous en sais d'autant plus de gré qu'il est difficile de remarquer ces choses quand on est de loin; aussi vous pouvez compter que je suis tout-à-fait sensible de l'attention que vous avez eue à ce sujet pour moi. Je vous adresse deux lettres,[1] que je vous recommande fort, pour que vous les fassiez sûrement parvenir à leur direction.
Federic.

3820. AN DEN ETATSMINISTER GRAF PODEWILS IN BERLIN.

Potsdam, 17. August 1749.

Ew. Excellenz habe auf allergnädigsten Befehl Sr. Königl. Majestät hierdurch ganz gehorsamst melden sollen, dass da Höchstdieselbe aus

[1] Diese Schreiben liegen nicht vor.

denen Aeusserungen, so der Marquis de Puyzieulx gegen den Baron Chambrier nach Inhalt dessen letzteren Dépêchen ‚Paris 7. August] gethan, urtheilen müssen, es stehe derselbe in den Gedanken, als ob Se. Königl. Majestät in dem letzteren Kriege légèrement von der dermaligen Alliance mit Frankreich abgegangen wäre und deshalb einiges Ressentiment von dieser Krone zu besorgen habe, Sie deshalb vor nöthig fänden, dass Ew. Excellenz gedachten Baron Chambrier dahin instruireten, wie derselbe, wenn er einmal eine sehr bequeme Gelegenheit dazu habe und auf eine Art thun könne, ohne den Marquis de Puyzieulx zu chagriniren, noch dass es einen üblen Effect auf ihn thäte, demselben ganz délicatement expliciren sollte, wie Sr. Königl. Majestät dermalige Alliance mit der Kron Frankreich conditionnelle gewesen, nämlich dass Russland auf ein oder die andere Weise zurückgehalten werden sollte, sich nicht von dem Spiele zu meliren, wie dann Se. Königl. Majestät alle Dero dermalige Engagements darauf ausgesetzet hätten.[1] Nachdem aber die Sachen zu der Zeit darauf gestanden hätten, dass die Russen der Königin von Hungarn zu Hülfe kommen wollen und der ersteren Truppen so zu sagen auf Sr. Königl. Majestät Grenzen gestanden hätten,[2] so wären Höchstdieselbe gezwungen gewesen, auf Mittel zu denken, dergleichen grossen Embarras zu evitiren, welches auch die Kron Frankreich dermalen selbst nicht ganz in Abrede sein können, und da vielleicht dem Marquis de Puyzieulx diese Umstände nicht allerdings bekannt sein möchten, so habe er, der Baron Chambrier, nicht Anstand nehmen können, ihm solche zu expliciren, in der Hoffnung, dass der Marquis de Puyzieulx daraus sehen werde, wie man Sr. Königl. Majestät deshalb nichts Hauptsächliches zur Last legen könne.

Weil es auch nach der heutigen Relation des von Chambrier geschienen, als ob gedachter Marquis de Puyzieulx über das erstere Avertissement[3] von der russischen Declaration gegen Schweden etwas piquiret sei, so sollte ermeldetem Baron Chambrier rescribiret werden, dass er sich zwar gegen den Marquis de Puyzieulx nichts von nachstehendem Avis merken lasse, zu seiner Direction aber wissen sollte, dass letzterer durch den Blondel zu Wien selbst die Zeitung von der Wahrheit der auf dem Tapis gewesenen Declaration der Russen erhalten und vernommen haben würde, dass der Graf Ulfeld gegen diesen die Realität der Sache selbst zugestanden habe. Im Uebrigen‘ wären Se. Königl. Majestät von allem demjenigen, so er nach seiner heutigen Dépêche dem Marquis de Puyzieulx geantwortet, sehr zufrieden, wie er dann demselben versichern könnte, dass bei allem dem Lärm und Ostentationes, so die Russen gemachet, Se. Königl. Majestät geschienen hätten, als ob Sie Sich deshalb nicht im geringsten inquietiret noch einiges Feuer deshalb gefasset hätten. Welches das stärkeste Argument des Baron Chambrier sein sollte, um dem Marquis de Puyzieulx die

---

[1] Vergl. Bd. III, 132 Anm., 210. — [2] Vergl. Bd. IV, 328. 340. — [3] Vergl. S. 20.

Gedanken zu benehmen, als ob Se. Königl. Majestät Sich mal à propos allarmiret und durch Dero Ministres Sturm läuten lassen.

Nach der Ausfertigung.

Eichel.

3821. AU CONSEILLER BARON LE CHAMBRIER A PARIS.

Potsdam, 19 août 1749.

Pour vous répondre à la dépêche que vous m'avez faite du 7 de ce mois, je vous renvoie à ce que je vous ai fait mander aujourd'hui par un post-scriptum à la dépêche du département des affaires étrangères relativement aux insinuations à faire au marquis de Puyzieulx, pour le désabuser des fausses impressions qu'il s'est peut-être faites relativement à ce qui s'est passé entre la France et moi du temps de la dernière guerre, vous recommandant encore que vous ne deviez faire ces insinuations que quand vous y trouverez l'occasion tout-à-fait propre, et encore d'une manière extrêmement délicate, sans en donner le moindre chagrin au marquis de Puyzieulx et sans risquer de l'aigrir, et que, du reste, vous devez vous donner toutes les peines du monde pour lui ôter tous les soupçons qui, à ce que je vois, lui restent encore dans l'esprit des insinuations qu'on lui a faites, comme si je ne visais qu'à brouiller de nouveau les affaires. Je me remets en tout ceci sur votre prudence.

Au surplus je crois que la déclaration énergique que la Porte a fait faire au ministre de Russie à Constantinople,[1] du contenu de laquelle mes ministres du département des affaires étrangères vous ont déjà instruit, fera passer l'envie au chancelier de Russie à mettre en exécution ses mauvaises desseins contre la Suède, au moins cette année-ci; mais quand même la Russie voudrait continuer dans ses démonstrations guerrières, il ne saurait être indifférent, et elle ne laissera de s'en épuiser d'autant plus, de sorte que, quand le cas de la mort du roi de Suède arrivera, elle se trouvera hors d'état de mettre en exécution ses projets.

Si vous le trouvez à propos, vous pourrez faire usage de mon post-scriptum de main propre.

Federic.

Je serais bien fâché que nous perdissions Valory,[2] pas à cause que je sois en doute d'une infinité de sujets aimables par lesquels on pourrait le remplacer à choix, mais à cause que c'est un très honnête homme et qui est déjà connu.

Nach dem Concept. Der Zusatz nach Abschrift der Cabinetskanzlei. Der Erlass selbst wurde wie immer Wort für Wort in Chiffern ausgefertigt.

---

[1] Vergl. S. 55. — [2] Vergl. S. 41.

3822. AU CONSEILLER PRIVÉ DE GUERRE DE KLING-GRÆFFEN A LONDRES.

Potsdam, 19 août 1749.

J'ai reçu à la fois vos dépêches du 5 et du 8 de ce mois. Si la Russie a changé de résolution par rapport à la déclaration fulminante qu'elle s'était proposé de faire à la Suède, je l'attribue principalement à la déclaration énergique que la Porte Ottomane a faite au ministre de Russie à Constantinople,[1] du contenu de laquelle mes ministres du département des affaires étrangères vous auront déjà instruit par la poste précédente. Déclaration qui, avec ce qui s'est passé à Copenhague,[2] a apparemment rompu la mauvaise volonté et les desseins que le chancelier de Russie avait contre la Suède.

J'apprends avec satisfaction que vous avez tout lieu d'être content jusqu'ici de l'ambassadeur de France,[3] et que vous comptez de le mettre sur la bonne voie. Cependant, il faut que je vous dise pour votre direction que vous devez agir là-dessus avec beaucoup de prudence et bien mesurer vos expressions, afin qu'il ne saurait paraître comme si vous visiez à vouloir aigrir la France contre l'Angleterre, pour les commettre entre elles; car il faut que vous sachiez que le ministère de France est extrêmement délicat et soupçonneux à ce sujet et qu'il n'est pas encore tout-à-fait revenu des soupçons qu'on lui avait inspirés que je ne cherchais qu'à brouiller de nouveau les affaires et entraîner la France malgré elle dans une guerre.

Au surplus, quelque envie que j'aie de vous faire plaisir et de vous aider autant qu'il m'est possible, il faut néanmoins que je vous dise qu'il est impossible que la caisse de légation vous puisse faire une avance de mille écus sur vos appointements, vu qu'elle ne s'est point encore acquittée des dettes qui sont à sa charge et qu'elle en est encore en arrière de plus de dix mille écus. Au reste, dès que je verrai que l'orage qui a menacé le Nord passera encore cette fois-ci, je me tiendrai au plan que je vous ai envoyé pour l'acquittement de la dette de Silésie.[4]

Federic.

Nach dem Concept.

3823. AU CONSEILLER PRIVÉ DE LÉGATION DE ROHD A STOCKHOLM.

Potsdam, 19 août 1749.

Si le comte de Tessin est dans l'opinion, comme il le paraît être par ce que vous m'en marquez dans votre dépêche du 8 de ce mois, que l'avis que je vous ai donné relativement à la déclaration menaçante que la Russie a voulu faire par le sieur Panin, ait été prématuré ou non fondé, il en sera désabusé par la première lettre qu'il aura de Vienne,

[1] Vergl. S. 55. — [2] Vergl. S. 56. — [3] Mirepoix. — [4] Vergl. S. 49. 52.

ou, à ce que j'espère, le comte de Barck lui expliquera assez nettement la réalité du susdit avis, et que le chancelier Ulfeld a avoué ingénument au ministre de France à Vienne que la déclaration mentionnée a été résolue du chancelier Bestushew et toute prête à être faite, et que celui-ci n'en a changé de résolution que sur le refus que l'Angleterre a fait de payer des subsides, sur les déhortations que le ministre de Hollande a faites, par ordre de sa République, et sur les instances de la cour de Vienne, qui n'a pas trouvé convenable que celle de Russie éclatât mal à propos. Quoi qu'il en soit, la déclaration que la Porte Ottomane a fait faire au ministre de Russie à Constantinople, dont je vous ai déjà fait informer, et le renouvellement de l'alliance entre la Suède et le Danemark, me font espérer que l'orage qui a tant menacé le Nord, passera cette fois-ci. Ce qu'il a de fâcheux encore, c'est que des gens mal intentionnés en Suède continuent encore à mander aux cours de Vienne et de Russie que, nonobstant tout ce que le ministère de Suède déclarait publiquement de ne vouloir point à un changement de gouvernement, il ne laissait pas d'y travailler sous main. Quoique la fausseté de pareils avis soit assez connue, ils ne laissent cependant pas de tenir lesdites cours en alarme, ne sachant pas jusqu'où ils s'en peuvent fier ou non.

Federic

Nach dem Concept.

3824. AU CONSEILLER PRIVÉ DE LÉGATION BARON DE GOLTZ A MOSCOU.

Potsdam, 19 août 1749.

J'ai reçu votre dépêche du 28 du juillet dernier. Vous faites très bien de continuer à observer attentivement les démarches du premier ministre de la cour où vous êtes, et les mouvements que les ministres des cours de Vienne et de Londres s'y donnent. Continuez à me communiquer tout ce que vous apprenez de nouvelles de Pétersbourg: malgré l'absence de la cour, elles me sont toujours importantes et m'éclairent sur les desseins que celle-là peut avoir ou non. Au surplus, la déclaration énergique que la Porte Ottomane a fait faire au ministre de Russie à Constantinople, le renouvellement de l'alliance entre la Suède et le Danemark, l'éloignement où l'Angleterre est de se mettre en frais pour une nouvelle guerre dans le Nord, et le peu d'envie que la cour de Vienne témoigne de vouloir se rembarquer dans une nouvelle guerre, me font espérer que l'orage qui a menacé jusqu'ici le Nord, passera encore cette fois-ci.

Federic.

Nach dem Concept.

3825. AU MINISTRE D'ÉTAT COMTE DE PODEWILS, ENVOYÉ EXTRAORDINAIRE, A VIENNE.

Potsdam, 19 août 1749.

Il s'en faut beaucoup que la cour de Vienne soit déjà arrangée de façon qu'elle puisse tenir ses troupes prêtes à agir, dès le moment qu'elle aurait l'occasion convenable pour recouvrer la Silésie, comme vous le marquez dans votre dépêche faite à moi seul du 9 de ce mois; il est sûr que la moitié de sa cavalerie est sans chevaux et qu'il manque à chacun de ses régiments d'infanterie cinq à six cents hommes pour être sur un état complet. Ce sont pourtant des choses qu'il faut que cette cour arrange, avant que de pouvoir passer outre.

Je conviens qu'elle aimerait bien à me voir embarrassé du côté du Nord, mais l'embarras ne serait pas aussi fort qu'on le croit peut-être, vu les liaisons où je suis avec des puissances respectables, et que la cour de Vienne ne saura jamais me voir entamé sans qu'elle eût à craindre d'être enveloppée elle-même dans une guerre générale, où elle aurait bien à risquer et peut-être rien à gagner. Quant aux mouvements présents qu'elle se donne et aux campements qu'elle fait former, je sais à quoi me tenir là-dessus et que je n'en ai rien à craindre.

Federic.

Nach dem Concept.

3826. AU SECRÉTAIRE DIESTEL A COPENHAGUE.

Potsdam, 19 août 1749.

J'ai été fort content du détail contenu dans votre dépêche du 12 de ce mois, et, la convention préliminaire venant d'être signée entre la Suède et le Danemark, on en peut juger sans craindre de se tromper qu'il faut que l'abbé Lemaire soit bien assuré du renouvellement du traité de subsides,[1] mais que, comme vous pensez très juste, il ne veut point le signer avant qu'il ne voie consolidé l'accommodement entre la Suède et le Danemark.

Federic.

Nach dem Concept.

3827. AU CONSEILLER PRIVÉ DE LÉGATION DE VOSS A DRESDE.

Voss berichtet, Dresden 16. August: „Un homme attaché au premier ministre ... qui a été envoyé de cette cour à Copenhague, me trouvant en compagnie, vint me parler du choix que Votre Majesté ferait pour envoyer un ministre en Danemark,[2] et, lui ayant répondu que

Potsdam, 21 août 1749.

Vous vous êtes très bien tiré d'affaire dans l'entretien que vous me marquez, par votre dépêche du 16 de ce mois, avoir eu avec cette personne que vous soupçonnez vous

[1] Es handelt sich um den französisch-dänischen Subsidienvertrag vom 15. März 1742, Bd. II, 110. Vergl. auch Bd. VI, 266. — [2] Vergl. S. 25.

j'ignorais si Votre Majesté y enverrait un ministre accrédité, il me répondit que le tout dépendrait de la résolution que cette cour prendrait, et comme il n'y avait point à douter que cette cour acceptât des subsides de la France, il était naturel que Votre Majesté y enverrait un ministre. Il me fit entrevoir en même temps qu'on pourrait peut-être encore y accepter les offres de l'Angleterre. Je me bornai à lui dire simplement que les nouvelles du Nord me venaient fort tard ici. Quoique son discours était fort étudié et peut-être même dicté par le comte de Brühl, je remarquai assez par sa façon de s'énoncer qu'on ne sera guère charmé ici de cette alliance."

avoir été détachée par le comte Brühl.

Vous aurez pu suffisamment vous instruire, par mes dépêches précédentes, sur la façon dont j'envisage le renouvellement du traité de subsides de la France avec la cour de Dresde. Il faudra voir à présent quel sera le succès des peines que l'ambassadeur de France à Dresde se donne à cet égard auprès de sa cour.

En attendant, je puis vous dire pour votre direction que le ministre de Saxe en France, le comte de Loss, ayant en dernier lieu parlé au ministère français des troubles dont pourrait être agité le Nord, et lui ayant entre autres insinué que, si la guerre avait lieu et que le roi de Prusse vînt à se jeter sur la Saxe, sa cour comptait bien que la France l'assisterait, la réponse dudit ministère y a été que sa cour comptait mal dans ce cas-là; que le roi de Prusse était le principal allié de la France, qui le secourrait par préférence à tout autre, et que la France n'irait pas donner de l'argent à la cour de Dresde pour qu'il serve même contre la première; ainsi que c'était à la dernière de se conduire de manière à ne pas se trouver engagée dans ce qui pourrait arriver, puisque le roi de France n'assisterait pas la cour de Dresde contre le roi de Prusse. Je vous communique cette circonstance pour votre unique direction, avec défense expresse de n'en rien donner à connaître ou même laisser entrevoir seulement à qui que ce soit, là où vous êtes.

Federic.

Nach dem Concept.

3828. AU CHAMBELLAN D'AMMON A LA HAYE.

Potsdam, 22 août 1749.

Comme selon votre rapport du 15 de ce mois les choses en sont dans une telle fermentation là où vous êtes qu'on a même lieu d'en appréhender un soulèvement général, je suis curieux de savoir de vous quel vous pensez que serait l'effet, le cas existant, qu'un pareil soulèvement produirait dans l'état de la République, et de quelle nature pourraient bien être proprement les suites qui lui en résulteraient.

Nach dem Concept. Federic.

3829. AU CONSEILLER PRIVÉ DE LÉGATION DE ROHD
A STOCKHOLM.

Potsdam, 22 août 1749.

Le chasseur Krause m'a bien rendu les lettres que vous lui avez confiées, et je viens de recevoir presque en même temps la dépêche que vous m'avez faite du 12 de ce mois. J'approuve les assurances que vous avez données au comte Tessin de la satisfaction particulière que j'ai eue de l'heureux succès de la négociation avec le Danemark, et elle vient d'être augmentée encore par l'avis qui m'est revenu aujourd'hui que le nouveau traité de subsides entre la France et le Danemark vient d'être signé encore.[1]

Mais pour ce qui regarde les affaires de Russie, relativement à la déclaration que celle-ci s'est proposé de faire faire à la Suède, il faut que je vous dise qu'il me paraît que le ministère de Suède prend un peu trop à la légère une chose qui serait cependant de la dernière conséquence pour la Suède, si la Russie s'opiniâtrait de la vouloir réaliser encore; au moins aurais-je fort souhaité que les ministres de Suède auraient pris leurs mesures [sur] ce qu'ils auraient à faire, le cas supposé que la Russie voudrait faire une pareille démarche. Il est bon qu'ils aient lieu de se reposer sur l'activité et la vigilance du sénateur Rosen; mais fallait-il négliger pour cela de lui donner des instructions sur la manière dont il eût à se conduire à tout événement? Et comptent-ils pour rien l'embarras où, faute d'instruction, cet honnête et brave homme serait, si la Russie s'avisait de vouloir faire entrer de ses troupes dans la Finlande suédoise, comme elle a menacé? Autant qu'il me paraît, ce n'est qu'une illusion que de croire que la Russie ne saurait y faire passer un corps de troupes parcequ'elle ne saurait les faire subsister là. Ne pense-t-on pas que la Russie a des magasins formés en derrière et peut faire charrier ce qu'il faut pour la subsistance de ses troupes là où elle voudra? Ignore-t-on en Suède que la Russie peut faire transporter en trois ou quatre jours un nombre assez considérable de troupes en Finlande? Mon sentiment est donc qu'on ne devrait nullement négliger de penser et de réfléchir sur ce qu'on aurait à faire, en cas qu'un pareil malheur arrivât. S'il n'arrive pas, il n'y aura rien de perdu; au lieu que, s'il arrive, ce serait bien trop tard que de vouloir alors y aviser.

Ce qui m'a donné à penser sur cette affaire-là, c'est le dernier entretien que le comte Ulfeld à Vienne a eu avec le ministre de France, le sieur Blondel,[2] où le premier a positivement dit à celui-ci que la nouvelle de la déclaration de la Russie n'était pas destituée de fondement; et je ne saurais m'imaginer qu'il en eût parlé d'une manière aussi positive et circonstanciée qu'il a fait au ministre de France, si la chose avait manqué de réalité. Qu'on ne m'objecte pas que c'est peut-

[1] 14. August. — [2] Vergl. S. 57. 60. 63.

être un tour de finesse de la cour de Vienne, pour avoir, du consentement de la France, la médiation des différends entre la Suède et la Russie. Cette médiation est encore trop éloignée, et avant que la cour de Vienne puisse savoir si la France voudra disposer la Suède d'accepter cette médiation, il faut absolument qu'il se développe si la Russie veut frapper le coup ou non. Enfin, pour combiner tout ce que j'ai à dire, je conseille toujours à la Suède de ne point se fier trop aux apparences, de penser de bonne heure sur tous les cas qui sauraient arriver, et d'y aviser sans éclat ni fausse démarche, afin de ne pas être prise au dépourvu.

Federic.

Nach dem Concept.

3830. AU CONSEILLER PRIVÉ DE LÉGATION BARON DE GOLTZ A MOSCOU.

Potsdam, 23 août 1749.

Votre dépêche du 31 de juillet dernier m'est bien entrée, et vous ne sauriez mieux faire que de ne point vous fier aus gens du pays où vous êtes, et de donner une attention bien grande à leurs menées et chipotages, pour vous mettre autant qu'humainement possible au fait du but où ils peuvent tendre. Je présume cependant que, vu les circonstances d'à présent, vous vous trompez dans vos conjectures, en soupçonnant les ministres autrichien et anglais de travailler actuellement à embrouiller de plus en plus les affaires du Nord, puisque, selon toute apparence, il ne répondrait point aux convenances ni des Anglais ni de la cour de Vienne que la Russie fît quelque acte contre la Suède qui se ressentit, ou eût même seulement l'air, de violence. C'est pourtant vous qui, étant présent sur les lieux, jugerez le mieux de ce qui se passe à la cour où vous êtes.

Federic.

Nach dem Concept.

3831. AU MINISTRE D'ÉTAT COMTE DE PODEWILS, ENVOYÉ EXTRAORDINAIRE, A VIENNE.

Potsdam, 23 août 1749.

La demande que le sieur Blondel vous a faite de vous informer auprès de moi d'où l'avis que j'avais reçu, m'était parvenu, est trop impertinente et indiscrète pour que je ne dusse pas lui faire apercevoir que j'en ai été choqué, et c'est à cette fin que j'ai trouvé bon de vous faire une lettre un peu forte, mais ostensible, que vous trouverez à la suite de celle-ci et qui est chiffrée du chiffre dont le sieur von der Hellen s'est servi autrefois, dont je vous avertis cependant qu'elle ne vous regarde aucunement et qu'elle n'est que pour la laisser lire au sieur de Blondel, après que vous l'aurez déchiffrée. Au surplus, pour vous répondre à ce que vous me demandez par rapport à la manière dont vous devez vous conduire avec ce ministre relativement aux informations à lui donner, ou à ce que vous aurez à lui cacher, je vous dirai que vous pouvez bien continuer à le rectifier sur des impressions qu'on voudra lui donner contre mes intérêts, quoique toujours avec prudence et autant que vous le trouverez convenable, mais que vous devez vous garder bien, vu son mauvais caractère, de lui faire d'autres insinuations que celles que je vous ordonnerai moi-même par mes dépêches immédiates, en ne lui disant alors ni plus ni moins que ce que je vous prescrirai. Vous observerez d'ailleurs que, quand même il arriverait qu'il vous fût enjoint de la part de mes ministres du département des affaires étrangères de faire au sieur Blondel quelque ouverture ou quelque insinuation, vous ne devez pas l'exécuter, puisqu'il n'y a plus moyen de se fier à un homme d'une sprit tel que celui-là, aussi faible que prévenu, qui gâterait plutôt mes affaires, moyennant de pareilles ouvertures, qu'il ne les aiderait.

Pour ce qui regarde le secours que la cour de Vienne pourrait prêter à la Russie, en cas qu'une guerre eût lieu, je présume ou que cette cour se voudra tenir tout-à-fait derrière le rideau et laisser agir seule la Russie, jusqu'au moment ou elle croira qu'elle pourrait se déclarer, ou qu'elle voudra, plutôt, agir au commencement en auxiliaire de la Russie et se déclarer à la suite hautement, si les choses succédaient à leur gré.

Au reste, je ne comprends pas comment la cour de Vienne pourrait jamais se vanter de s'être offerte à remplir les engagements qu'elle avait pris par le traité de Dresde, aussi longtemps qu'elle refuse ouvertement de satisfaire à l'article principal, qui est de vouloir procurer la garantie de l'Empire sur mes possessions de la Silésie.

Nach dem Concept. Federic.

3832. AU MINISTRE D'ÉTAT COMTE DE PODEWILS, ENVOYÉ EXTRAORDINAIRE, A VIENNE.

Potsdam, 23 août 1749.

J'ai été bien surpris de voir, par la dépêche que vous m'avez faite, l'empressement que M. de Blondel vous a témoigné de savoir de moi le canal d'où j'avais reçu l'avis de la déclaration que la Russie a été intentionnée de faire à la Suède; mais ma surprise a été plus grande encore de ce que vous avez osé prendre sur vous de m'en faire votre rapport. Sachez qu'il doit vous suffire quand je vous fais part de mes nouvelles, et qu'il ne vous reste que d'en faire l'usage que je vous prescris; mais passez-vous de la curiosité de vouloir vous informer du canal par où ces nouvelles me parviennent. Dites à M. de Blondel que vous ne sauriez point le contenter à ce sujet et que je m'étais déjà suffisamment expliqué avec sa cour sur la réalité de l'avis en question.

Nach dem Concept.   Federic.

3833. AU CONSEILLER BARON LE CHAMBRIER A PARIS.

Potsdam, 23 août 1749.

J'ai bien reçu la relation que vous m'avez faite du 10 de ce mois avec la copie de la dépêche intéressante que vous m'aviez envoyée par le courrier du marquis de Valory, dont cependant l'original m'avait été déjà fidèlement rendu, comme vous l'aurez vu par la réponse que je vous y ai faite à la date du 16 de ce mois. Ce que le marquis de Puyzieulx a répliqué au ministre saxon sur les demandes captieuses que celui-ci lui a faites et dont vous venez de me rendre compte,[1] m'a fait infiniment de plaisir. L'on s'aperçoit cependant par ces demandes du comte Loss que la façon de penser de la cour de Saxe n'est point du tout nette, parcequ'on y voit clairement qu'elle voudrait bien me nuire en cas que la guerre eût lieu, sans avoir à risquer que je m'en prisse là-dessus à elle. Ce que je ne vous dis pourtant que pour votre direction.

Au reste, je viens de donner mes ordres au banquier Splitgerber à ce qu'il vous fasse payer par son correspondant à Paris les 72 livres que vous avez déboursées au sujet de la consultation de médecins relativement à la maladie du maréchal Keith.[2]

Nach dem Concept.   Federic.

3834. AU CONSEILLER PRIVÉ DE LÉGATION DE VOSS A DRESDE.

Voss berichtet, Dresden 19. August: „Quoique le comte de Brühl affecte d'être charmé de l'alliance faite à Copenhague, je sais pourtant qu'il en est aussi étonné que peu satisfait. Il a dit à l'Ambassadeur [des Issarts] qu'après que la France avait été si facile à accorder des subsides au Danemark, il se flattait qu'on ne ferait plus de difficulté à renouveler le traité de subsides avec le Roi son maître. Le marquis des Issarts est du même sentiment, et ce ministre ne me parle d'autre chose que de ce renouvellement, étant persuadé qu'il ne peut rendre de meilleur service à sa cour qu'en s'employant à cette affaire ... Je n'entre

Potsdam, 23 août 1749.

La réponse contenue dans votre dépêche du 19 de ce mois que vous avez donnée au marquis des Issarts lorsqu'il vous a parlé touchant le renouvellement du traité de subsides entre sa cour et celle de Dresde, est bonne et a, par conséquent, mon approbation. Quand, à une autre occasion, cet ambassadeur viendra encore à vous parler de ce renouvellement, vous lui répondrez, en lui jetant pour

[1] Vergl. Nr. 3827. — [2] Durch einen Immediaterlass vom 26. Juli war Chambrier beauftragt worden, den geschicktesten Aerzten von Paris einen Bericht über den Zustand des an einem Brustleiden erkrankten Feldmarschalls Keith vorzulegen.

point dans cette matière, et lorsque dernièrement l'Ambassadeur voulut me sonder si Votre Majesté ne voudrait point faire quelque démarche pour cela, je lui répondis, conformément aux ordres de Votre Majesté, que j'étais persuadé qu'Elle ne se mêlerait pas d'une affaire qui paraissait Lui être fort indifférente."

ainsi dire, que je ne concevais aucune bonne raison qui dût mouvoir la France à jeter son argent dans l'eau. Je compte au reste de voir arriver les pièces qui doivent me servir d'éclaircissement sur le véritable état de la *Steuer*.

Federic.

Nach dem Concept.

3835. AU CHAMBELLAN D'AMMON A LA HAYE.

Potsdam, 26 août 1749.

Quoique je convienne avec vous, comme vous le dites dans votre dépêche du 19 de ce mois, que le traité d'alliance qui vient d'être conclu entre la Suède et le Danemark, ne contribuera pas peu à retenir la République d'entrer dans les vues des deux cours impériales, il n'en est cependant pas moins constant qu'aucune puissance de l'Europe ne fait à l'heure qu'il est grande attention aux Hollandais, puisque, ne pouvant faire rien ni en bon ni en mal, ils ne sauraient contribuer à faire pencher la balance de l'Europe.

Federic.

Nach dem Concept.

3836. AU MINISTRE D'ÉTAT COMTE DE PODEWILS, ENVOYÉ EXTRAORDINAIRE, A VIENNE.

Potsdam, 26 août 1749.

Le contenu de votre dépêche du 16 de ce mois qui roule encore sur le caractère singulier et sur la façon toute particulière de penser du sieur Blondel, me porte à me remettre ici à ma précédente dépêche que je vous ai faite à son sujet, et à vous avertir derechef d'être bien sur vos gardes avec cet homme, de conserver les dehors avec lui, mais, pour le reste, de vous comporter fort prudemment dans les insinuations que vous aurez à lui faire, en mesurant le tout de manière que cet étrange homme n'en puisse prendre occasion de vous blâmer auprès de sa cour comme si vous cherchiez à aigrir la cour de Vienne pour tâcher de la commettre avec la France, article sur lequel le ministère de France est extrêmement délicat. Il vous sera permis, au reste, et je serai bien aise que vous vous procuriez par vos bonnes manières envers le sieur Blondel toutes les connaissances qu'il vous sera possible d'acquérir par le canal de ce ministre de France.

A ce qu'en disent mes dernières lettres de Suède, le ministre russien n'y doit pas encore avoir fait de déclaration ni même touché préalablement la moindre chose qui y fût relative. Si ce silence est encore de durée, je serais assez tenté de croire que le comte d'Ulfeld ne fait envisager les affaires du Nord au sieur Blondel que sur un pied à le persuader que la cour de Vienne faisait de son mieux, afin de s'emparer de la médiation entre la Russie et la Suède, et qu'il voudra le faire prendre ensuite à la Russie comme un service qui devait lui importer autant que si elle avait réellement été assistée en guerre par la cour de Vienne, qui de son côté s'en croirait d'autant plus en droit à lui demander, à son tour, des services, alors que des occasions s'y présenteraient.

Nach dem Concept.   Federic.

3837. AU CONSEILLER PRIVÉ DE LÉGATION DE ROHD A STOCKHOLM.

Potsdam, 26 août 1749.

J'ai reçu votre dépêche du 15 de ce mois, à laquelle je n'ai cette fois qu'à vous dire que, quand même le courrier que le sieur Panin a reçu en dernier lieu, ne serait que son valet de chambre qui est venu de retour de Russie, il ne s'en suit point de là qu'il n'ait pas pu lui porter des dépêches de la cour de Russie relatives à la déclaration que celle de Vienne continue à assurer qu'elle sera faite encore de la part de la Russie. Aussi faut-il que je vous avoue [que je ne serais pas surpris] d'apprendre tout d'un coup que la Russie ait pris le mors aux dents et poussé à quelque démarche violente contre la Suède.

Nach dem Concept.   Federic.

3838. AU CONSEILLER BARON LE CHAMBRIER A PARIS.

Potsdam, 26 août 1749.

J'ai trouvé très solides et excellentes les réflexions que le marquis de Puyzieulx vous a encore faites relativement aux affaires du Nord, selon votre relation du 15 du mois courant, et j'avoue que je suis si satisfait de la façon de penser de ce ministre que je ne la saurais souhaiter meilleure.

La cour de Vienne continue d'assurer que celle de Russie est au point de faire faire en Suède la déclaration dont on a parlé depuis bien du temps, et comme les lettres de Suède marquent que le ministre de Russie à Stockholm, Panin, a reçu en dernier lieu un courrier de sa cour — quoiqu'on ajoute que ce soit un valet de chambre de ce ministre, lequel, passé quelque temps, il avait envoyé en Russie et qui en venait de retourner — il faudra voir à présent si ce courrier lui a porté des instructions relativement à la susdite déclaration, et, dans ce cas, il faut qu'on sache par le contenu de la déclaration ce que l'on doit espérer ou craindre par rapport à la tranquillité du Nord. Il est vrai que la saison est déjà trop avancée pour que l'on dût présumer que la Russie voudrait encore faire quelque démarche violente contre la Suède, mais quand on a à faire avec des gens passionnés et du caractère du chancelier Bestushew, l'on ne sait point calculer ce qu'ils sauront faire raisonnablement, puisque leur passion leur fait souvent entreprendre des choses diamétralement opposées à la raison et à leur propre intérêt; enfin, il faut que nous voyions bientôt le dénouement de l'affaire. Au reste, j'attends à présent votre tableau du caractère du sieur de Hautefort que la France a destiné pour être son ministre à la cour de Vienne et que je vous ai demandé il y a quelque temps.

<small>Nach dem Concept.</small> Federic.

3839. AU CONSEILLER PRIVÉ DE GUERRE DE KLINGGRÆFFEN A LONDRES.

Potsdam, 26 août 1749.

Vos dépêches du 12 et du 15 de ce mois me sont parvenues à la fois. Comme, selon que le portent mes lettres de Vienne, le ministère autrichien s'explique au ministre de France sur les affaires du Nord presque sur le même pied que l'a fait le duc de Bedford envers vous, il ne saurait presque être douteux qu'il n'y ait un concert de pris entre les deux cours impériales et celle d'Angleterre relativement à ces dites affaires, dont il se pourrait peut-être que le duc de Bedford ne fût pas entièrement au fait. Toutefois, je sais que la Russie est intentionnée de faire faire une déclaration de sa part par son ministre de Panin en Suède; je compte même que ce dernier s'en sera déjà acquitté, et j'attends à tout moment d'en recevoir la nouvelle, pour savoir sur quel pied elle aura été faite. Dès que j'en aurai été informé, je vous en ferai communication. Vous ne devez, au reste, point douter que les offres que le ministre anglais Titley a faites à la cour de Danemark, et dont je vous ai averti en son temps,[1] ne soient fondées, et vous pouvez être très persuadé que ce n'a point été une nouvelle qui s'est vu destituée en suite de fondement, mais que la vérité en est constante et avérée.

<small>Nach dem Concept.</small> Federic.

3840. AU CONSEILLER PRIVÉ DE LÉGATION BARON DE GOLTZ A MOSCOU.

Potsdam, 26 août 1749.

Nonobstant tout ce que vous me dites de bon dans votre dépêche du 4 de ce mois, à l'occasion de l'aversion de l'Impératrice pour une guerre, et que je souhaite que la suite du temps justifie les assurances

[1] Vergl. S. 36.

que vous me donnez à ce sujet, je ne saurais pourtant presque me figurer que les affaires du Nord, vu l'état compliqué dans lequel elles se trouvent, dussent être composées aussi tranquillement; car, quoiqu'il pût arriver que l'Angleterre ne voulût fournir à la Russie les frais nécessaires pour une guerre contre la Suède, je vous donne à considérer si le Chancelier pourrait se voir empêché par là de faire entrer un corps de troupes dans la Finlande suédoise, en vue de l'y faire subsister à discrétion, pour diminuer ainsi fort considérablement les frais de la guerre.

Ce qui, outre cela, me donne à penser, c'est que l'Impératrice, comme le portent les avis que je vous fais communiquer par mon département des affaires étrangères,[1] a tout-à-coup, et sans que personne s'y attendît, pris la résolution de retourner à Pétersbourg, et je me souviens que dans la convention secrète qui a été signée au commencement de la présente année entre les deux cours impériales,[2] il se trouve un article qui porte expressément qu'en cas que l'importance des conjonctures le demande, l'impératrice de Russie voulait retourner alors à Pétersbourg, pour être ainsi plus à portée de recevoir les communications nécessaires, afin de pouvoir donner ses ordres en conséquence. Vous ne sauriez donc mieux faire que de redoubler d'attention de tâcher de vous mettre au fait de tout et de m'en faire souvent vos rapports.

Au surplus, le sieur de Panin, à ce que disent mes lettres de Suède, ayant reçu un courrier de Moscou, j'attends à savoir si, comme le bruit en a couru depuis longtemps, il aura enfin fait une déclaration de la part de sa cour à celle de Suède, et ce qu'elle aura porté en substance.

Federic.

Nach dem Concept.

3841. AU CONSEILLER PRIVÉ DE LÉGATION DE VOSS A DRESDE.

Potsdam, 28 août 1749.

J'attends cette spécification exacte et détaillée des dettes de la *Steuer* de la Saxe que vous m'avez fait espérer par votre dépêche du 23 de ce mois, et, comme vous me marquez d'ailleurs que les États assemblés à la Diète avaient été assez mécontents de leurs députés *des Engeren Ausschusses*, de ce que ceux-ci avaient accordé avec trop de facilité les demandes de la cour, je désire que vous m'expliquiez le problème suivant, savoir, quand la cour de Dresde saurait mener les États à ce que ceux-ci lui accordassent toutes ses demandes, si alors ces États seraient à même de remplir ces engagements, et si le pays, assez chargé déjà d'impôts, saurait fournir les grandes sommes qu'il faudrait pour

[1] Das petersburger Postamt hatte das zu Memel aufgefordert, die Briefschaften für Bernes, Hyndford und Funcke nicht mehr nach Moskau, sondern nach Petersburg zu senden. — [2] Vergl. Bd. VI, 470.

tirer la cour hors d'affaire et pour rétablir le crédit de la *Steuer*, ou si le pays ne saurait plus fournir à de nouveaux impôts sans être exposé à sa perte totale et sans voir ruiné son commerce. Sur quoi j'attends vos éclaircissements bien exacts.

Federic.

Nach dem Concept.

3842. AU MINISTRE D'ÉTAT COMTE DE PODEWILS, ENVOYÉ EXTRAORDINAIRE, A VIENNE.

Potsdam, 29 août 1749.

La déclaration énergique que la Porte Ottomane a fait faire au ministre de Russie à Constantinople,[1] a fait grande impression sur la cour de Russie, après qu'elle en a été avertie par son dit ministre, dès les premiers jours de ce mois d'août. Comme d'ailleurs la tranquillité commence à se rétablir de tous côtés, vous pouvez vous en tenir fondé à regarder avec des yeux d'indifférence toutes ces menées et faiblesses du sieur Blondel que vous me rapportez par votre dépêche du 20 de ce mois, d'autant plus que le séjour de ce ministre de France à la cour où vous êtes n'y sera plus de fort longue durée. Ma curiosité principale est présentement de savoir de vous, touchant le militaire de la cour de Vienne, quelles peuvent être les dispositions et les règlements que cette cour a faits sur les manœuvres de ses troupes dans leurs différents campements, et en quoi doivent consister à l'avenir leurs nouveaux exercices.

Vous n'oublierez pas non plus, outre cela, de me parler fréquemment dans vos rapports de tout ce que vous pourrez déterrer des arrangements que continue à prendre la cour de Vienne pour l'intérieur de ses États.

Nach dem Concept.

Federic.

3843. AU CONSEILLER PRIVÉ DE LÉGATION DE ROHD A STOCKHOLM.

Potsdam, 30 août 1749.

J'ai lieu d'être content des nouvelles contenues dans votre dépêche du 19 de ce mois; aussi serai-je satisfait, autant qu'elles continueront sur le même pied; mais il faut que je vous dise que je ne suis point encore sans toute appréhension sur la déclaration que pourra vouloir faire la Russie à la cour où vous êtes, puisque mes dernières lettres de Russie assurent que la cour de Moscou était encore intentionnée de demander une déclaration à la Suède, quoiqu'elle le ferait en termes plus modérés que l'on ne s'était pris à tâche de le débiter il y a quelque temps.

Nach dem Concept.

Federic.

[1] Vergl. S. 55.

3844. AU CONSEILLER BARON LE CHAMBRIER A PARIS.

Potsdam, 30 août 1749.

Je joins mes vœux aux vôtres pour la conservation du comte de Saint-Séverin et pour le rétablissement de sa santé. Ce que vous m'en marquez dans votre dépêche du 18 de ce mois, me confirme dans l'idée où j'ai été à son égard, qu'il a des sentiments favorables à mon égard et à l'égard de l'union de la France avec moi.

Comme le traité entre la Suède et le Danemark est venu à sa consistance et qu'en même temps le nouveau traité des subsides entre la France et le Danemark a été actuellement signé,[1] il ne nous reste à présent que de savoir le sentiment de la France de quelle manière elle aimerait le mieux que j'entrasse en négociation avec le Danemark pour me lier aussi avec lui, tout comme je vous l'ai déjà marqué par mes dépêches précédentes,[2] avec ordre de sonder le marquis de Puyzieulx là-dessus; ainsi donc je n'attends que votre réponse, afin de me décider sur ce sujet.

Les dernières lettres de Russie m'assurent de nouveau que la cour de Russie exigera encore une déclaration formelle du ministère de Suède, et particulièrement du Prince-Successeur, de ne vouloir jamais rien changer à la forme présente du gouvernement de Suède. L'on ajoute que, quoique cette demande mettrait le ministère de Suède dans un grand embarras, il serait cependant à espérer qu'il s'en tirerait par sa sagesse. Il n'est pas à douter que la déclaration énergique que la Porte Ottomane a faite en dernier lieu au ministre de Russie à Constantinople, n'ait fait bien de l'impression sur la cour de Russie, et quand j'y joins le renouvellement de l'alliance entre le Danemark et la Suède, ces événements, pris ensemble, me font juger que la Russie se verra à la fin obligée de changer de mesures et de suspendre au moins ses mauvais desseins.

Federic.

Nach dem Concept.

3845. AU SECRÉTAIRE DIESTEL A COPENHAGUE.

Potsdam, 30 août 1749.

J'ai été charmé de voir par votre rapport du 23 de ce mois que les affaires entre les deux cours de Suède et de Danemark continuent de prendre le meilleur pli qu'on saurait imaginer, et je souhaite tout ainsi que je l'espère que les liens de cette amitié et de cette harmonie, si heureusement établis entre ces deux cours, se resserrent de jour en jour de façon à en devenir absolument indissolubles.

Federic.

Nach dem Concept.

---

[1] Vergl. S. 56 Anm. 2; 66 Anm. 1. — [2] Vergl. S. 36. 46.

3846. AU CONSEILLER PRIVÉ DE GUERRE DE KLING-
GRÆFFEN A LONDRES.

Potsdam, 30 août 1749.

J'ai reçu votre dépêche du 19 de ce mois. Me remettant sur ce que vous je vous ai fait mander de particularités intéressantes par la dépêche d'aujourd'hui que vous recevrez à la suite de celle-ci du département des affaires étrangères,[1] je n'ai qu'à y ajouter encore que vous pouvez compter que jusqu'au moment présent la Russie n'a point reçu de nouveaux subsides en argent de l'Angleterre, et que plutôt le chancelier de Russie, Bestushew, est bien mécontent de la dernière réponse de l'Angleterre et qu'on est sur le 'point d'y répliquer, de sorte qu'il n'est pas impossible que cette affaire causât à la fin quelques brouilleries entre les deux cours.

Au surplus, ma curiosité est de savoir de vous [quelle contenance] les ministres anglais et en particulier le duc de Newcastle tiennent à l'occasion de la nouvelle des nouveaux traités constatés entre la Suède et le Danemark et entre celle-ci et la France, et s'il n'en pourra arriver des brouilleries entre les ministres anglais.

Federic.

Nach dem Concept.

3847. AU CONSEILLER PRIVÉ DE LÉGATION BARON
DE GOLTZ A MOSCOU.

Potsdam, 30 août 1749.

Je suis bien aise de pouvoir vous témoigner la satisfaction particulière que j'ai eue de la dépêche intéressante que vous m'avez faite à la date du 7 de ce mois,[2] de sorte [que j'attends] avec quelque impatience ce détail plus circonstancié que vous m'en avez promis.

En attendant, pourvu que le mécontentement de la favorite et de son mari contre le ministre soit bien ménagé, l'on en pourra tirer tout l'avantage désirable, et en conséquence vous ne sauriez me rendre un service plus grand et plus signalé que quand vous vous emploierez à travailler sous main et sans pouvoir être remarqué à lier partie entre l'ami connu et entre le comte Rasumowski et la susdite favorite et son mari, pour qu'ils travaillent d'un concert commun à écarter celui qui fait l'objet de leur haine. Je regarde ce concert comme indispensable; car, si chacun n'agit que séparément, ils ne feront que de l'eau claire. Je vous autorise même d'insinuer à l'ami connu, quoique d'une manière convenable et adroite, que, s'il croit de pouvoir réussir dans le dessein

---

[1] Ueber ein Memoire, das nach O. Podewils' Bericht, Wien 20. August, der wiener Hof in London sollte haben übergeben lassen, des Inhalts: „Que l'Impératrice-Reine, bien loin de se trouver dans un état d'épuisement et d'impuissance, comme le public se l'imaginait, était, par les arrangements qu'elle avait pris, plus en état que jamais d'assister ses alliés et de seconder leurs desseins." — [2] Vergl. die folgende Nummer.

en question et qu'il ne s'agit que des faux-frais qu'il y faut employer, je serai toujours prêt de l'en soulager. Je me remets, en tout ce qui concerne cette importante affaire, sur votre prudence et savoir-faire et vous le répète encore que ce sera le plus grand service que vous sauriez jamais me rendre, quand vous saurez la mener à une fin désirable.

Au surplus, vous direz à l'ami connu que depuis [bien] du temps je n'avais d'autre nouvelle du ministre de la Russie à Vienne,[1] sinon qu'il se tient retiré dans une maison de plaisance auprès de Vienne, et qu'il ne vient en ville que quand les affaires le demandent absolument.

Nach dem Concept.
Federic.

3848. AU CONSEILLER BARON LE CHAMBRIER A PARIS.

Potsdam, 1er septembre 1749.

Je viens de recevoir votre dépêche à la date du 22 d'août passé. Autant que j'ai lieu d'être content des sentiments du marquis de Puyzieulx et de sa façon de penser bonne et solide, autant en ai-je d'être mécontent du ministre de France à Vienne, le sieur Blondel, qui se gouverne là si pitoyablement que cela surpasse l'imagination; car non seulement donne-t-il dans toutes les pièges que la cour de Vienne lui tend, mais se conduit encore plutôt en ministre de Russie que de France. Je vous en épargne le détail, puisque ma volonté est que vous deviez bien vous garder d'en parler au marquis de Puyzieulx ni à qui que ce puisse être.

Au lieu de cela, vous direz à ce ministre qu'il me paraissait que le feu des Russiens commençait à se ralentir et qu'il venait d'ailleurs d'arriver en Russie un incident qui pourrait bien tirer à conséquence et dont je voudrais bien faire part à M. de Puyzieulx, toutefois en le suppliant de vouloir bien m'en garder le secret, pour ne pas me faire perdre le bon canal dont j'avais eu ces particularités. Il s'agit d'une forte brouillerie qui vient de s'élever entre le grand-chancelier Bestushew et le comte Schuwalow, sénateur de Russie et mari de la première favorite de l'Impératrice. Le chancelier Bestushew ayant pris le dessein de vouloir opprimer et perdre un des plus riches particuliers étrangers de ce pays-là, nommé Müller, à l'occasion d'un excès où les gens de celui-ci s'étaient portés contre un des valets de chambre de Bestushew, le sieur Müller, voyant l'orage qui le menaçait, a cru ne pas devoir tarder à implorer l'assistance de plusieurs personnes de la cour de Russie, et surtout à se mettre sous la protection du comte Schuwalow, lequel, irrité déjà contre le Chancelier par l'affront qu'il croyait lui avoir été fait par l'arrêt d'un de ses domestiques, impliqué dans l'affaire du valet de chambre, a pris chaudement le parti du nommé Müller — qui apparemment ne lui aura pas caché la demande exorbitante et injuste

[1] Graf Michael Bestushew. Vergl. Bd. VI, 553.

que le Chancelier lui avait fait faire de lui payer à l'instant 30,000 roubles pour faire cesser ses poursuites. Ce Schuwalow ne s'est pas borné à porter à l'Impératrice des plaintes amères contre le Chancelier, il est allé plus loin et a présenté par écrit à la souveraine plusieurs chefs d'accusations très graves contre celui-ci, dont l'Impératrice a marqué son ressentiment au Chancelier dans des termes bien forts, de façon que, si cet incident n'entraine pas la ruine de celui-ci, elle lui pourra faire perdre au moins pour longtemps la confiance que la souveraine lui a marquée jusque là.

Au surplus, si cet incident baisse le crédit du Chancelier à sa cour, mon espérance augmente de plus en plus que tout pourra se passer encore tranquillement au Nord, surtout quand j'y combine l'impression que le renouvellement de l'alliance entre la Suède et le Danemark, la déclaration de la Porte Ottomane faite au ministre de Russie à Constantinople, et, après tout, le manque d'argent en Russie doit naturellement faire sur cette cour-ci.

Nach dem Concept.

Federic.

3849. AU CONSEILLER PRIVÉ DE LÉGATION BARON DE GOLTZ A MOSCOU.

Potsdam, 1er septembre 1749.

Avant que d'entrer en matière sur toutes les particularités intéressantes que vous me mandez dans votre relation ordinaire, cotée numéro 62, et surtout dans celle que vous y avez ajoutée pour moi seul, je veux bien vous dire que j'en ai été très content et que je suis bien satisfait de la manière dont vous entrez présentement dans le détail des affaires qui m'intéressent. Les conjectures que vous faites sur les desseins du Chancelier, par la demande que le sieur Panin a été chargé de faire à la cour de Suède, et sur les artifices qu'il y cache, me paraissent bien solides; mais, quoi qu'il en soit, je me persuade presque que l'événement de l'alliance renouvelée entre la Suède et le Danemark, la déclaration que la Porte a faite au sieur Neplujew à Constantinople, la fermeté avec laquelle la France se déclare envers l'Angleterre au sujet des affaires du Nord, et le chagrin que le Chancelier doit naturellement ressentir de l'affaire avec le sénateur Schuwalow, l'arrêteront dans sa fougue et le feront réfléchir à ce qu'il ne doit point entamer une affaire qui, selon toutes les apparences, ne saurait qu'entraîner sa perte totale. Ainsi que je présume que, si la déclaration en question n'est pas encore faite, il n'en sera peut-être rien, ou au moins la fera-t-on dans des termes modérés, afin d'avoir lieu de se contenter de la réponse telle que la Suède la donnera.

Quant à l'affaire du Chancelier avec ce sénateur, je suis bien curieux d'apprendre de vous quelles en auront été les suites. Il serait bien à souhaiter qu'elle pourrait disposer le président de l'académie des sciences[1] d'épouser leur querelle et de se rendre par là favorable le grand-veneur. Mais quelle que soit l'issue de cette brouillerie, j'estime cependant que, si le Chancelier n'en est pas culbuté, il en perdra au moins la grande confiance dont sa souveraine l'a honoré jusqu'ici et qu'il ne la regagnera peut-être jamais au point qu'il l'a eue.

Nach dem Concept.   Federic.

3850. AU CONSEILLER PRIVÉ DE GUERRE DE KLINGGRÆFFEN A LONDRES.

Potsdam, 1er septembre 1749.

La dépêche que vous m'avez faite du 20 du mois passé m'est bien parvenue. Mes lettres de Russie continuent à m'assurer que jusqu'ici le roi d'Angleterre n'avait point accordé de subsides, et que la nouvelle que le comte Tschernyschew avait commencé à en toucher une partie, était prématurée. Ces lettres m'assurent d'ailleurs qu'il était constaté que le sieur Panin, ministre de Russie à Stockholm, était chargé de faire la demande à la cour de Suède relativement aux sûretés qu'on prétend d'avoir à ce que le gouvernement présent de Suède ne serait pas changé; l'on regarde cette demande comme un nouvel artifice que le chipotage perpétuel entre les deux cours impériales avait fait éclore. L'on marque encore que les ordres au sieur Panin étaient de commencer sa demande en exigeant simplement du Prince-Successeur la déclaration en question, sans faire aucune mention du Comité Secret, et que le chancelier Bestushew ne s'était, d'abord, porté à cette démarche que par le motif d'une manigance, pour sonder les sentiments du Prince-Successeur, se flattant de trouver, dans la manière dont ce Prince s'expliquerait, de quoi autoriser l'injuste imputation d'avoir formé le dessein de rétablir la souveraineté en Suède après la mort du Roi, et de pousser alors sa pointe en demandant un tel acte du Comité Secret, signé par le Roi et le Sénat, et d'acheminer ainsi insensiblement les choses à une convention des États en Diète. L'on remarque, de plus, que le Chancelier n'espérait pas moins de pouvoir, par cette voie de moyens, augmenter les appréhensions de la cour de Londres, en lui insinuant qu'après la preuve peu équivoque que le Prince-Successeur venait de donner en cette rencontre de ses dangereux desseins, il n'était plus temps de temporiser, et qu'il fallait de bonne heure songer à prévenir l'orage — et de porter par là la cour de Londres à se prêter à ses desseins et à offrir des subsides à la Russie.

Quoi qu'il en soit, je crois que l'alliance conclue entre la Suède et le Danemark, la déclaration que la Porte Ottomane a fait faire à la

---

[1] Graf Cyrillus Rasumowski (vergl. S. 6. 28), Bruder des Grossjägermeisters und Günstlings. Der letztere hatte nach Goltz' Bericht vom 10. August in dem Streit zwischen Schuwalow und Bestushew für den Kanzler Partei genommen.

Russie, et la fermeté avec laquelle la France continue à se déclarer, détourneront la cour de Londres de se prêter aux idées du chancelier de Russie et [la feront] changer de sentiments à cet égard, supposé qu'elle y soit encore.

Nach dem Concept.

Federic.

3851. AU MINISTRE D'ÉTAT COMTE DE PODEWILS, ENVOYÉ EXTRAORDINAIRE, A VIENNE.

Potsdam, 1er septembre 1749.

Quoique je sois assez mal édifié du comportement du sieur Blondel, et de ce qu'il donne aussi lourdement dans toutes les piéges que la cour de Vienne lui tend, le plus souvent assez grossièrement, je ne vois cependant aucun moyen pour y remédier, ne voulant point m'en plaindre à sa cour, pour ne pas paraître comme si je me mêlais de son domestique. Si vous le saviez faire rectifier encore par le ministre palatin ou par celui de Suède, j'en serais bien aise; si cela est encore sans succès, il faut le laisser aller son train, et je ne saurais prétendre de vous des choses impossibles.

Ce que je vous recommande toutefois, c'est que vous deviez être fort vigilant sur tous les arrangements que la cour où vous êtes prend dans l'intérieur de ses provinces et de l'éclaircir surtout de bien près dans ce qu'elle fait et dispose dans son militaire, afin de m'en pouvoir instruire bien exactement et de me mettre par là en état de pouvoir juger de ses desseins.

En attendant, il est sûr que son jeu n'est plus si beau qu'il était il y a six mois passés, et s'il avait été de sa convenance d'exécuter alors ses projets formés, le moment est à présent passé. Notre parti est devenu pendant ce temps-là plus fort que le sien, et si elle voulait à présent procéder à des démarches violentes, elle nous trouverait arrangés, et nos batteries toutes prêtes à la recevoir comme il faut.

Nach dem Concept.

Federic.

3852. AU MINISTRE D'ÉTAT COMTE DE PODEWILS A BERLIN.

Potsdam, 1er septembre 1749.

Comme il y a presqu'une année qu'il n'y a plus de ministre de Hollande à ma cour, et que je m'aperçois bien que l'on veut se contenter d'y laisser seulement un homme d'affaires, et que d'ailleurs je n'ai rien d'important à négocier avec la République dans le temps où nous sommes, j'ai résolu à mon tour de rappeler le sieur d'Ammon et de lui substituer quelque secrétaire d'ambassade, uniquement pour me marquer ce qui s'y passe dans le public. Ma volonté est donc que vous devez faire expédier les lettres de rappel du sieur d'Ammon et les lui envoyer, en lui enjoignant de se congédier convenablement et de revenir sans délai à Berlin. Vous me proposerez en même temps quelque sujet que je pourrais accréditer à sa place comme secrétaire d'ambassade, avec des appointements modiques.¹ Et sur ce, je prie Dieu etc.

Nach der Ausfertigung. Federic.

3853. AU CONSEILLER PRIVÉ DE LÉGATION DE ROHD A STOCKHOLM.

Potsdam, 2 septembre 1749.

Il est sans contredit nécessaire que la nouvelle alliance qui vient d'être conclue entre la Suède et le Danemark, commence à s'ébruiter, pour que la Suède en ressente les effets qu'elle doit. C'est aussi à cette fin que j'ai trouvé expédient d'en parler moi-même, toutefois avec un air de secret, afin qu'on en pût soupçonner davantage que l'affaire n'est réellement.

Pour ce qui est du sentiment de ce sénateur qui, comme vous me le rapportez par votre dépêche du 22 d'août dernier, vous a entretenu sur ce nouveau traité, je le trouve très fondé en raison; je ne doute cependant nullement que les Danois ne puissent être attirés dans le jeu, en cas qu'il en fût besoin et que les mal intentionnés envers la Suède ne voulussent entreprendre quelque chose d'ennemi contre elle.

Nach dem Concept. Federic.

3854. AN DEN ETATSMINISTER GRAF PODEWILS IN BERLIN.

Potsdam, 4. September 1749.

„Se. Königl. Majestät haben mir befohlen, an Ew. Excellenz hierdurch zu vermelden, wie Höchstdieselbe es nunmehro von der rechten und besten Zeit zu sein erachteten, dass der Herr Geheime Rath Cagnony seine Reise nacher Spanien anträte und die bekannte Commission wegen der Forderungen, so des Königs Majestät an die Kron Spanien hätten,² übernähme, auch nach Höchstderoselben vorhin schon genugsam bekannten Intention bestmöglichst auszurichten suchen sollte" . . . .

Auszug aus der Ausfertigung. Eichel.

3855. AU MARQUIS DE VALORY, ENVOYÉ DE FRANCE, A BERLIN.

Potsdam, 6 septembre 1749.

Monsieur le Marquis de Valory. Une pièce secrète, mais très intéressante, étant encore³ tombée par un effet d'hasard entre mes mains,

---

¹ Die Wahl des Königs lenkte sich demnächst auf den bisherigen Legationssecretär Ammon's, Hofrath Du Commun. — ² Vergl. Bd. IV, 101. — ³ Vergl. S. 31.

j'en ai bien voulu vous confier une copie exacte et fidele, quoique sous le dernier sceau d'un secret le plus absolu et sous les mêmes conditions sous lesquelles je vous ai communiqué la dernière que vous eûtes de moi. D'ailleurs, vous voudrez bien user de la précaution de ne la point faire sortir de vos mains, avant que vous n'ayez une occasion bien sûre pour la faire parvenir à M. de Puyzieulx. Sur ce, je prie Dieu etc.

Federic.

An den Grafen von Sternberg in Dresden.

Moskau, 14. August 1749.

Ew. Excellenz erstatte für die mir unter dem 18. Julii zu ertheilen beliebte Nachrichten hiermit den verbindlichsten Dank. Solche sind des Grafen von Keyserlingk Berichten, welche mir der Grosskanzler Graf von Bestushew zum Theil communiciret, allenthalben ziemlich gleichlautend; und wie die von Ew. Excellenz dabei gemachte Reflexiones und Betrachtungen alle Aufmerksamkeit verdienen, so ist insonderheit die nach des Keyserlingk Projet zwischen uns, Russland und dem chursächsischen Hof zu machende Convention die allergegründetste, und der Graf von Keyserlingk hätte gewiss am besten gethan, wann er seines Hofes Gedanken über die Chursachsen zu machende Convenienzen vorher eingeholet hätte, als dass er vor der Zeit den Grafen von Brühl hierüber schon gesprochen hat; allein es zeiget dieses seine übermässige Neigung an Sachsen anzuschmieden. Übrigens ist Keyserlingk schon unter dem 17. Julius alten Styli der gemessene Befehl zugeschicket worden, mit denen übrigen alliirten Ministres dahin bedacht zu sein, dass der sächsische Hof eines Theils von Erneuerung des Subsidientractats mit Frankreich auf alle Art abgehalten werde, anderntheils aber er, Keyserlingk, trachten solle, Chursachsen zur Accession der zwischen den beiden kaiserlichen Höfen getroffenen Defensifallianz zu vermögen, und endlich Graf von Brühl in seinem Credit und Ansehn zu erhalten trachten [solle]. Der Chevalier de Williams hat neulich dem Mylord Hyndford geschrieben, dass sich Graf von Brühl gegen ihn vernehmen lassen, dass sie die englische denen französischen Subsidien allezeit vorziehen wollten; es ist aber ganz zuverlässig weder Frankreichs noch Englands Intention, sich hierzu verstehen zu wollen. Dem Grafen Keyserlingk wird ebenfalls der Befehl zukommen, das Liberum Veto keinesweges zu unterstützen, sondern sich diesfalls an der seinem Vorfahren aufgegebenen Instruction genau zu achten, und ich habe schon gesorget, dass zwischen Ew. Excellenz und ihm kein Missvergnügen entstehen möge. Wegen Kurland hat der dortige Hof durch den Funcke wegen des unglücklichen Herzoges, vormaligen Grafen von Biron, Loslassung und Restitution in sein Herzogthum die nachdrücklichsten Vorstellungen thun lassen; es stehet aber zu erwarten, was solche nach sich ziehen werden; welche Nachricht aber nur zu Dero geheimen Wissenschaft zu behalten bitte.

Ew. Excellenz wird übrigens unverborgen sein, dass Russland unsern Hof mit Gewalt in einen schwedischen Krieg zu verwickeln suche; daher man russischerseits anfänglich die mir unterm 8. Maji zugeschickte Rückantwort auf das mir hier zugestellte Reclamationspromemoria nicht annehmen wollen. Da aber Ihro Kaiserl. Majestät nude und crude, ohne zu wissen ob der Casus Fœderis existiren werde, nicht sich in einen neuen Krieg einlassen wollen, auch nach wie vor darauf bestehen, dass Allerhöchstdieselben zwar Dero allianzmässigen Obliegenheit nach dem buchstäblichen Sinne eine getreue Genügeleistung thun wollen, nicht aber den Casum Fœderis (wie man es hier prätendiret hat), anders als wann Russland von Schweden attaquiret werden sollte, erkennen könnten, so hat endlich doch der Grosskanzler vor vier Tagen unsere Antwort anzunehmen sich nicht mehr zu entziehen vermöget.

Schliesslich kann nicht umhin, noch Ew. Excellenz anzumerken, dass nicht allein in Berlin, sondern auch hier ein gewisser Mann sich befunden, welcher fast alle Ziffern aufzulösen weiss. Es ist also höchst nöthig, dass die unserm Ziffer angefügte Information fleissig in Obacht genommen werde. Wer weiss, ob man meine Briefe nach Hofe, welche in eben diesem Ziffer geschrieben sind, hier nicht auflösen könne. Ich bitte Ew. Excellenz angelegentlich, dem Herrn Generalmajor von Frankenberg nebst meiner gehorsamsten Empfehlung occasionaliter zu vermelden, dass weil sein Brief mir gewiss nicht durch den bewussten Canal zugekommen, ich in Verlegenheit gesetzet worden seie, denselben nicht beantworten zu können. Womit verharre etc.

Graf von Bernes.

Nach der von Valory eingesandten Abschrift im Archiv des Auswärtigen Ministeriums zu Paris; die Beilage nach Abschrift der preussischen Cabinetskanzlei, ebendaselbst.

3856. AU CONSEILLER BARON LE CHAMBRIER A PARIS.

Potsdam, 6 septembre 1749.

J'ai bien reçu votre dépêche du 25 d'août passé. Pour ce qui regarde la négociation de l'abbé Lemaire qui a été heureusement terminée, je vous renvoie à ce que je vous fais mander sur ce sujet par le rescrit qui vous va venir, à la même date que cette dépêche, du département des affaires étrangères. Comme le traité d'alliance entre la Suède et le Danemark est conclu et les ratifications échangées et la négociation du traité des subsides entre la France et le Danemark terminée, et que je suis au point de faire partir le sieur de Voss[1] pour la cour de Danemark, afin d'entamer l'alliance à faire entre cette dernière et moi, je me conformerai exactement aux conseils bons et sages que le marquis de Puyzieulx m'a fait inspirer par vous à ce sujet, et dont vous

[1] Friedrich von Voss, Bruder des Gesandten am chursächsischen Hofe.

ne laisserez pas de le bien remercier en mon nom. Mais comme je ne voudrais pas m'exposer à quelque refus de la part de la cour de Danemark, qui, peut-être par un ménagement, quoique hors de saison, pour les cours d'Angleterre et de Russie, voudrait hésiter d'y donner les mains, je regarderais comme surcroît de la bonne volonté du marquis de Puyzieulx à mon égard, s'il voulait bien y contribuer et qu'il fût ordonné à l'abbé Lemaire d'en tâter préalablement le pouls à la cour de Danemark et la sonder si elle est disposée d'entrer en liaisons avec moi, pour voir ce qu'il y en aura à espérer, afin que je puisse me décider là-dessus. Vous ne manquerez d'en parler au marquis de Puyzieulx, au plus tôt, et de marquer la réponse que vous en aurez eue.

Quant aux deux étrangers dont vous m'avez envoyé le mémoire par rapport à une manufacture de porcelaine qu'ils souhaitent de pouvoir établir dans mes États, vous leur direz que, pourvu qu'ils veuillent faire cet établissement à leurs propres frais et dépens, ils n'ont qu'à venir à Berlin, pour y faire leurs conditions, et que je leur tiendrai compte alors des frais de leur voyage et les favoriserai en tout ce qui sera possible, la seule condition exceptée qu'ils ne demandent pas que j'y doive mettre du mien.

Federic.

Nach dem Concept.

3857. AU CHAMBELLAN D'AMMON A LA HAYE.

Potsdam, 6 septembre 1749.

Selon la façon que vous vous exprimez par votre dépêche du 29 d'août dernier, il me paraît que les suites qui pourraient résulter d'un soulèvement là où vous êtes, n'aboutiraient sans doute qu'à y augmenter la confusion, et que le peuple, quand même il tenterait d'entreprendre quelque chose, s'y trouve trop impuissant pour le soutenir par la suite.

Federic.

Nach dem Concept.

3858. AU MINISTRE D'ÉTAT COMTE DE PODEWILS, ENVOYÉ EXTRAORDINAIRE, A VIENNE.

Graf Otto Podewils berichtet, Wien 27. August, nach den Mittheilungen des schwedischen Gesandten Graf Barck über eine Conferenz des letzteren mit dem Hofkanzler Grafen Ulfeld, in welcher Barck demselben die in Schweden veröffentlichte Erklärung[1] übergeben und ein begleitendes Schreiben des Grafen Tessin vorgelesen hat. Barck hat hinzu-

Potsdam, 6 septembre 1749.

J'applaudis parfaitement à la réponse que le comte de Barck a donnée au comte d'Ulfeld dans l'entretien qu'il a eu avec celui-ci, selon le compte que vous m'en avez rendu dans votre relation du 27 du mois dernier d'août. Le

[1] Vergl. S. 47.

refügt: Que, s'il [Ulfeld] voulait qu'il [Barck] hasarderait son sentiment particulier, il doutait infiniment que la Suède lt rien au delà de ce qu'elle avait fait usqu'ici. Le comte d'Ulfeld repartit qu'il loutait, de son côté, que la Russie se contenterait de cet acte, et qu'il croyait qu'elle exigerait une déclaration particulière pour elle, si l'on voulait qu'elle en donnât une à la Suède de ne pas troubler l'ordre le succession qui y était établi. Le comte le Barck répondit que la Suède n'avait amais demandé une pareille déclaration à la Russie, qui serait contraire à son indépendance; ... que, si la Russie, malgré tout ce que sa cour voulait faire, voulait pourtant l'attaquer, la Suède aurait a consolation de n'y avoir donné aucun sujet; à quoi il ajouta d'un ton ferme qu'elle trouverait, dans le besoin, des alliés pour la défendre et qu'elle se tenait assurée de l'assistance de la Porte. Le comte l'Ulfeld parut fort frappé à ce propos."

récit que vous m'en avez fait, avec d'autres particularités qui me sont revenues du depuis, m'ont donné beaucoup de lumières par rapport à la façon de penser de la cour de Vienne relativement aux affaires du Nord. On a voulu tâter le pouls à la Suède jusqu'où on aurait pu pousser avec elle, pour s'en faire un mérite auprès de la cour de Russie; mais dès qu'on s'aperçoit que la Suède parle d'un ton ferme, l'on baisse de ton; et comme d'ailleurs le comte d'Ulfeld est connu pour être fort altier, et qu'il a parlé d'abord d'un ton assez haut quand le comte de Barck a commencé de lui lire sa dépêche du comte Tessin, mais qu'il en a fort rabaissé quand ledit comte de Barck lui a répondu avec fermeté, l'on s'en aperçoit assez que la cour de Vienne n'a nulle envie de pousser les affaires à l'extrémité, et que la Russie n'est pas sans appréhension que la Porte Ottomane ne se mêle de la querelle.

Quant au sieur Blondel,[1] j'estime que ses préventions pour la cour de Vienne seront de peu d'effet; sa cour est à présent trop éclairée sur toutes les manigances de celle-ci et de ses adhérents pour qu'on ait lieu de craindre que les rapports du sieur Blondel lui puissent faire de l'impression. Au surplus, la cour de Vienne n'a point lieu de trouver étrange quand mes officiers vont voir leur campements,[1] puisqu'il n'y a eu presque aucune revue en Silésie où ne se soient trouvés de ses officiers, auxquels on a toujours permis d'être du nombre des spectateurs.

Nach dem Concept. *Federic.*

3859. AU CONSEILLER PRIVÉ DE LÉGATION BARON DE GOLTZ A MOSCOU.

Potsdam, 6 septembre 1749.

Je n'ai rien à vous répondre par cette présente dépêche, si ce n'est que, selon votre rapport du 14 d'août dernier, il ne me semble pas qu'il y ait rien de dangereux à craindre pour la Suède. Je me fortifie d'ailleurs dans l'appréhension où j'ai été jusqu'ici, que l'ami connu pourrait bien ne pas avoir la résolution nécessaire pour vouloir profiter

[1] Vergl. S. 43. 87.

de l'incident du sénateur Schuwalow[1] de façon à donner à l'affaire une heureuse issue et la faire tourner à l'avantage de la bonne cause.

Nach dem Concept.

Federic.

3860. AN DEN ETATSMINISTER GRAF PODEWILS IN BERLIN.

Potsdam, 7. September 1749.

„Ew. Excellenz gnädiges Schreiben vom gestrigen Dato habe heute früh die Ehre gehabt zu erhalten, worauf ganz unterthänig vermelde, wie dass, als ich heute occasione gewisser schlesischer Handlungsangelegenheiten halber nicht umhin gekonnt, bei Sr. Königl. Majestät anzufragen, ob Dero allergnädigste Intention nicht sei, dass der Herr Geheime Rath Cagnony bei Gelegenheit der ihm aufgetragenen Commission[2] auch chargiret und autorisiret werden sollte, bei dem madrider Hofe einen Commercientractat zu negociiren, Höchstdieselbe darauf in Antwort ertheilet, wie allerdinges solches Dero Willensmeinung sei, dass der Herr Cagnony zugleich mit eine secrete Negociation über einen zwischen Deroselben und der Kron Spanien zu schliessenden reciproquen Commercientractat zu entamiren und allen Fleiss und Adresse anzuwenden, um solche Negociation reussiren zu machen".....

Auszug aus der Ausfertigung.

Eichel.

3861. AU MINISTRE D'ÉTAT COMTE DE PODEWILS, ENVOYÉ EXTRAORDINAIRE, A VIENNE.

Potsdam, 9 septembre 1749.

Ce que vous marquez encore dans votre dépêche à la date du 30 du mois dernier, au sujet du sieur Blondel, me confirme dans l'opinion où je suis que c'est le plus misérable négociateur, imbécile au dernier point, ainsi que je vois bien que toutes les peines qu'on se donnerait pour le rectifier, seraient à pure perte.

Je viens de savoir par un canal bien sûr que le comte Bernes s'est amèrement plaint à un de ses amis intimes,[3] qu'il paraissait que la cour de Russie voudrait entraîner la sienne presque par force dans la guerre que la Russie voulait susciter à la Suède, et qu'il lui était arrivé que, quand il avait voulu présenter au chancelier Bestushew la réponse que sa cour lui avait envoyée au mémoire de la cour de Russie par lequel celle-ci avait réclamé de la reine de Hongrie le secours stipulé dans les traités entre les deux cours impériales, ledit chancelier avait refusé tout [plat] de vouloir accepter cette réponse. Mais comme, depuis, l'Impératrice-Reine avait fait déclarer énergiquement par lui, Bernes, qu'elle ne saurait point s'engager dans une nouvelle guerre, avant que d'être exactement

---

[1] Vergl. S. 76 ff. — [2] Vergl. S. 83. — [3] Vergl. S. 82. Dieselbe Mittheilung erhält unter gleichem Datum Klinggräffen in London.

instruite s'il y avait le cas de l'alliance, et quoiqu'elle persistât dans la résolution qu'elle voudrait remplir fidèlement ses engagements avec la Russie au pied de la lettre des traités, néanmoins elle ne saurait reconnaitre le *casus fœderis* pour donner le secours prétendu de la Russie, hormis que quand la Suède l'attaquerait, et que cette déclaration du comte Bernes avait à la fin tant opéré sur le chancelier Bestushew qu'il n'avait plus refusé d'accepter la réponse en question de la cour de Vienne — particularité que je ne vous marque cependant que pour votre direction seule et dont vous ne toucherez le mot que dans les rapports que vous me ferez immédiatement.

Il s'en faut beaucoup que cet officier de mes troupes dont vous me marquiez dans une de vos dépêches antérieures qu'il était arrivé dans le campement autrichien de Bisentz, y ait été [traité] aussi poliment que vous me le disiez, car j'ai appris depuis qu'on en a été bien jaloux et que le général Saint-Ignon, à qui il s'était adressé fort poliment pour avoir la permission de voir manœuvrer les troupes, après l'avoir fait attendre presque deux heures dans son antichambre, lui a déclaré fort grossièrement que tout officier prussien était suspect dans le campement où les troupes autrichiennes manœuvraient, et qu'ainsi il n'avait qu'à rebrousser chemin. Si un jour l'on traite de la même façon des officiers autrichiens, à qui on fait jusqu'ici toutes les politesses quand ils sont venus voir manœuvrer mes régiments, ils ne sauront point s'en plaindre.

Au surplus, comme il y a quelque temps qu'un ci-devant capitaine déserté de mes troupes, nommé Thoss, a été à Vienne pour y chercher emploi, et que je n'ai plus entendu parler de lui, vous satisferez à ma curiosité si vous m'apprenez ce qu'il est à la fin devenu.

<small>Nach dem Concept.</small> Federic.

3862. AU CONSEILLER PRIVÉ DE LÉGATION BARON DE GOLTZ A MOSCOU.

<small>Goltz berichtet, Moskau 18. August:
„Le sieur Warendorff a eu, vendredi passé,[1] occasion de sonder de nouveau[2] le sieur Swart ... et celui-ci lui a dit que les ordres expédiés au ministre russien pour faire la nouvelle déclaration à la cour de Suède, étaient partis le 16 juin, mais qu'il n'était pas surprenant que celle d'ici n'ait pas encore reçu ladite réponse, puisqu'on avait enjoint au courrier, chargé de ces ordres, de passer préalablement en Norvége, pour faire part au roi de Danemark, avec qui on allait de concert dans cette</small>

Potsdam, 9 septembre 1749.

Je ne doute nullement que tout ce que le sieur de Swart a dit au sieur Warendorff, et dont vous m'avez rendu compte par votre relation du 18 du mois passé d'août, n'ait été conforme aux idées que le comte Bestushew s'est faites et au système qu'il s'est bâti, quand il a pris la résolution de faire faire cette déclaration à la Suède dont

<small>[1] 15. August. — [2] Vergl. S. 19.</small>

affaire, de la résolution que l'impératrice de Russie venait de prendre; qu'en attendant il faudrait voir de quelle manière les Suédois s'expliqueraient sur les demandes de Sa Majesté Impériale, justes et raisonnables selon le sentiment du ministre de Hollande, et qu'alors, suivant les circonstances, les troupes russiennes entreraient dans la Finlande; que si on ne les y avait déjà fait filer, on avait eu pour cela ses raisons, et que les mois de septembre et d'octobre étaient les plus propres à une pareille expédition."

vous faites mention; mais comme il est arrivé du depuis bien des circonstances qui ne favorisent point son projet, il est raisonnablement à croire qu'il y pensera deux fois, avant que d'user de violence contre la Suède, à moins que la tête ne lui tourne.

En attendant, vous pouvez compter que les cours de Vienne et de Londres n'aiment nullement que celle de Russie veuille pousser les affaires à l'extrémité, et que celles-là désapprouvent la conduite que la dernière tient à cet égard. Je sais même, à n'en pouvoir douter, que la cour de Vienne a fait déclarer par Bernes que, quoiqu'elle accomplirait religieusement ses engagements envers la Russie en cas que la Russie fût attaquée de la Suède, elle ne saurait regarder comme un cas de son alliance si la Russie attaquait la Suède, ni se mêler alors de cette guerre, particularité cependant que je vous ne dis que pour votre direction seule. Reste à savoir si tout cela sera suffisant à retenir la fougue du comte Bestushew et pour faire faire à la cour de Russie ce que l'on demande avec autant de raison qu'elle doive faire.

Federic.

Nach dem Concept.

3863. AU CONSEILLER BARON LE CHAMBRIER A PARIS.

Potsdam, 9 septembre 1749.

J'ai bien reçu la relation que vous m'avez faite du 29 d'août passé. J'approuve parfaitement le conseil que vous avez donné à M. de Puyzieulx de vouloir bien inspirer à la cour de Copenhague des sentiments qui puissent contribuer à rendre mutuelle la confiance entre elle et la Suède et à établir une parfaite intelligence entre ces deux cours. Mes lettres de Suède m'apprennent que le ministre de Russie, le sieur Panin, est venu demander une conférence avec le ministère de Suède; comme on a assez d'indices que la conférence qu'il demande a pour objet de faire aux ministres de Suède la déclaration dont on a tant parlé jusqu'ici, on en verra à la fin ce que la Russie demande et où ses desseins pourront aller.

Au surplus, quoique j'approuve que vous ayez pris l'occasion de parler au marquis de Puyzieulx au sujet du marquis de Valory,[1] vous observerez cependant de ne pas trop pousser cette affaire-là et de garder de certaines mesures là-dessus; car si une fois la cour de France est

[1] Vergl. S. 61.

déterminée de rappeler absolument le marquis de Valory, je ne saurais pas m'ingérer de bonne grâce de la vouloir en empêcher et le lui défendre.

Nach dem Concept.

Federic.

———

3864. AU CONSEILLER PRIVÉ DE LÉGATION DE ROHD A STOCKHOLM.

Potsdam, 9 septembre 1749.

Les dépêches que vous m'avez faites à la date du 26 et du 29 du mois passé d'août, me sont bien parvenues. Quoique je convienne de ce que l'ambassadeur de France vous a dit relativement à la déclaration que le sieur Panin doit faire au ministère de Suède, et que le sieur Ekeblad ne fasse point mal de ne pas trop se presser d'accorder au ministre russien, autant que décemment se pourra faire, la conférence qu'il a demandée, cependant je ne saurais point vous cacher que j'ai été frappé quand j'ai vu ce que le sieur Rudenschöld vous a répliqué aux insinuations que vous lui avez faites par mon ordre sur la situation de la Finlande[1] et dont vous m'avez rendu compte par le dernier de vos rapports susmentionnés, puisque je ne saurais point comprendre comment et par quelles raisons bonnes et fondées les ministres de Suède pourront s'imaginer que la Russie ne fera rien contre la Suède, et il faut que je vous avoue que je trouve les ministres de Suède un peu trop assurés sur cet article-là.

Ce que vous ne leur cacherez, aussi, point du tout, en les priant de vouloir bien m'ajouter foi là-dessus. Vous ajouterez que je leur donnais à cette occasion un avis militaire, que je leur demandais avec instance et pour le vrai bien de la Suède de ne point négliger, et que vous leur direz tout nettement: c'est qu'il n'y avait point de pays au monde qu'on saurait défendre avec 9,000 hommes — comme il y a effectivement de troupes suédoises en Finlande, et des troupes peu exercées encore, puisqu'elles n'ont été employées, à ce que j'ai appris de bon lieu, qu'à travailler aux fortifications qu'on a fait faire en Finlande — contre un ennemi de 20,000 hommes. Vous leur direz, de plus, qu'autant qu'il me paraissait, ils comptaient sur les gens qu'ils voudraient assembler de leurs paysans pour renforcer les troupes en Finlande, comme si ceux-là y étaient déjà actuellement; mais qu'ils pourraient bien risquer d'avoir mal compté; car, si une fois les troupes russiennes entraient dans ce pays-là, il n'y aurait plus temps d'assembler et d'y transporter ces gens-là, pendant un temps où l'ennemi poussait ses opérations, et que je les priais en conséquence de se bien imprimer que des choses qui sont possibles et praticables aujourd'hui, pourront devenir inpraticables le jour qui suit. Que je n'ignorais point que la Suède

[1] Vergl. S. 47. 56.

était présentement pourvue de fort bonnes alliances, mais que je les priais que, malgré toutes ces alliances, ils devaient se reposer le plus sur leurs propres arrangements et sur les bonnes dispositions qu'il leur convenait de faire pour une bonne défensive; et comme la guerre, si elle venait à s'élever, regardait principalement la Suède, il faudrait aussi que celle-ci fît les premiers arrangements pour se défendre contre l'ennemi qui venait l'insulter. Qu'ils devaient penser qu'ils avaient à faire avec un ministre tel que Bestushew, dont il était assez connu qu'il ne suivrait pas ce que la raison lui pourrait dicter, mais qu'il se laissait emporter par la fougue de ses passions, sans penser aux suites qui en pourront résulter, et qui apparemment serait fortifié dans ses desseins lorsqu'il savait la Finlande point assez fournie de troupes pour pouvoir faire résistance à ses entreprises; que cette facilité de pouvoir parvenir à ses desseins, serait peut-être un nouvel appas pour lui pour envahir toute la Finlande, et qu'enfin il n'était que trop avéré que la méfiance était la mère de la sûreté, et que je savais par un bon canal que le chancelier Bestushew travaillait actuellement pour vouloir entraîner presque par force la cour de Vienne dans une guerre contre la Suède.[1] Vous tâcherez de votre mieux pour insinuer tout ce que dessus, dans des termes convenables quoique énergiques, aux ministres de Suède et me ferez votre rapport de l'impression qu'il a faite sur eux.

Nach dem Concept. *Federic.*

3865. AU MARQUIS DE VALORY, ENVOYÉ DE FRANCE, A BERLIN.

Potsdam, 10 septembre 1749.

Monsieur le Marquis de Valory. La pièce secrète que je vous ai envoyée,[2] n'est pas si pressante qu'elle demande une diligence extraordinaire pour être envoyée à votre cour; elle demande plus de secret que de célérité. Mais comme il y a de certains points là-dedans qui me paraissent être intéressants à votre cour et dont j'estime qu'elle aimerait bien d'en être instruite, je veux de bien bon cœur me prêter à votre demande et vous communiquer à la suite de celle-ci une traduction que j'ai fait faire au pied de la lettre de la pièce, afin que vous la sauriez insérer chiffrée avec soin dans le corps d'une de vos lettres que vous ferez à M. de Puyzieulx, en attendant quelque occasion sûre par laquelle vous sauriez lui faire passer l'original.

Federic.

Nach der von Valory eingesandten Abschrift im Archiv des Auswärtigen Ministeriums zu Paris.

---

[1] Vergl. S. 83. — [2] Vergl. Nr. 3855.

3866. AU CONSEILLER PRIVÉ DE LÉGATION DE ROHD
A STOCKHOLM.

Potsdam, 13 septembre 1749.

Il m'a été très agréable d'apprendre, par votre dépêche du 2 de ce mois, que tout s'est passé tranquillement jusqu'ici là où vous êtes et que le ministère de Suède a trouvé moyen de traîner d'une bonne et décente manière à donner la conférence, demandée en dernier lieu par le ministre de Russie, de Panin, et qu'il tâche d'éloigner cette conférence autant que la bienséance le peut permettre, puisque la Suède ne laisse toujours que de gagner au temps qui s'écoule de cette manière en sa faveur.

Federic.

Nach dem Concept.

3867. AU CONSEILLER PRIVÉ DE LÉGATION BARON
DE GOLTZ A MOSCOU.

Potsdam, 13 septembre 1749.

Votre dépêche en date du 21 d'août m'est bien parvenue. Comme le sieur de Panin à Stockholm est sur le point, à ce qui m'en revient, d'y faire la déclaration russienne à la cour de Suède, j'espère que je serai en état alors de pouvoir former un jugement assuré et solide de la nature des prétentions contenues dans ladite déclaration. S'il se rencontrait que la cour de Russie pût n'être point satisfaite par la déclaration que vient de faire la Suède en dernier lieu,[1] et que cette cour continuât à chicaner la Suède de point en point, je devrais presque croire, en ce cas, que le chancelier Bestushew se serait formé une idée pour arracher la Finlande entière à la Suède, afin de l'incorporer à la Russie.

En attendant, il ne m'est point concevable que la Russie voulût encore pendant la présente année réaliser quelque entreprise de sa part contre la Suède, et je pense que, si le roi de Suède pouvait vivre encore une couple d'années, la Russie ne laisserait que de se trouver par là à la fin rassasiée de toutes ses ostentations guerrières.

Federic.

P. S.

Venant d'être informé qu'un certain gentilhomme polonais, nommé Gurowski, est parti de Dresde il y a quelques jours, chargé de lettres du ministre Brühl au chancelier Bestushew, j'ai bien voulu vous en avertir, afin que vous puissiez l'éclairer à son arrivée à Moscou et l'observer sur ce qui pourra être l'objet de sa mission. L'on en a voulu dire comme s'il pouvait être chargé des intérêts du maréchal de Saxe relativement à la Courlande, mais comme cela est peu vraisemblable et que l'on m'assure que le comte de Brühl fait assez grand cas de ce

[1] Vergl. S. 84.

cavalier, il se pourrait bien que l'objet de son envoi regarde d'autres points intéressants.

Nach dem Concept.

3868. AU MINISTRE D'ÉTAT COMTE DE PODEWILS, ENVOYÉ EXTRAORDINAIRE, A VIENNE.

Potsdam, 13 septembre 1749.

Autant que j'ai compris par tous les avis secrets qui me sont parvenus par de bons canaux, la cour où vous êtes n'a nulle envie de faire présentement quelque démarche d'éclat en faveur de la Russie, à moins que la Suède ne fasse effectivement quelque changement dans la forme présente de son gouvernement. Quoi qu'il en soit, ce que vous me marquez dans votre dépêche du 3 de ce mois, me confirme de plus en plus qu'il n'y a que duplicité et mauvaise volonté qui règnent dans tous les procédés de la cour de Vienne; aussi, pour en faire convenir le sieur Blondel, vous lui ferez observer que toutes les fois que cette cour parle aux Français, elle affecte de relever son impuissance à se mêler de nouvelles troubles et l'impossibilité où ses arrangements domestiques la mettent de rien entreprendre, au lieu que, quand elle fait parler aux Anglais, elle ne fait que prôner ses nouveaux arrangements qui, à ce qu'elle déclare, la doivent mettre en état de ne plus être tant à charge à ses alliés et de les assister bien plus efficacement que par le temps passé. Ce qui est cependant une contradiction formelle.

Au surplus, j'approuve fort la façon dont vous vous conduisez maintenant avec le sieur Blondel; très sensée qu'elle est, vous ferez bien d'y continuer. Je me suis aperçu ici qu'il faut que le chancelier Ulfeld soit extrêmement piqué contre vous;[1] j'en ai des preuves assez claires. Mais que cela ne vous embarrasse en aucune manière, puisque je sais trop à quoi me tenir là-dessus. Quand celui-ci a dit au sieur Blondel qu'il devrait être fort douloureux à sa souveraine de voir de jour en jour se multiplier les engagements entre la France et moi, le sieur Blondel aurait dû naturellement réfléchir d'abord qu'il faudrait bien que la cour de Vienne eût des raisons cachées pourquoi elle était aussi piquée de voir régner la bonne intelligence entre la France et moi, et qu'en conséquence les intérêts de la France, autant que les miens, demanderaient de rester bien unis ensemble. Mais comme je juge le sieur de Blondel autant imbécile que dangereux, le meilleur pourra être toujours de n'en toucher rien envers lui et de vous tenir bien sur vos gardes à son égard.

Federic.

Nach dem Concept.

[1] Vergl. Bd. V, 579; VI, 534.

3869. AU CONSEILLER PRIVÉ DE LÉGATION DE VOSS A DRESDE.

Potsdam, 13 septembre 1749.

Les dépêches que vous m'avez faites des 2, 6 et 9, m'ont été bien rendues, chacune à son temps, et je suis très satisfait de l'exactitude avec laquelle vous m'avez instruit de tout ce qui s'est passé à l'égard de la déclaration que le roi de Pologne a faite lui-même aux députés des États de la Diète assemblée qui ont été obligés de comparaître devant lui.

Quoique les espérances que le comte Hennicke a données par rapport au payement de mes sujets qui ont à prétendre à la *Steuer*, ne soient pas tout-à-fait consolantes, je vois bien que ceux-ci seront obligés de faire vertu de nécessité, et je conviens avec vous que vous ne saurez faire mieux que de continuer à employer tous vos soins et peines pour tirer tant qu'il y aura moyen. Au surplus, j'attendrai le rapport que vous me promettez sur ce sujet, après que la Diète sera finie.

Puisque vous n'avez pu rien découvrir là où vous êtes, du contenu des dépêches que le comte de Keyserlingk a reçues par l'estafette qui lui est arrivée en dernier lieu, je crois pouvoir vous mettre assez au fait de ce qu'elles ont pu contenir, par des avis qui me sont parvenus de très bon lieu, et que je ne vous communique que pour votre direction seule et sous le sceau d'un secret absolu.

Il s'agit d'un plan que le comte de Keyserlingk a projeté et envoyé à sa cour pour faire une convention particulière entre les deux cours impériales et celle de Dresde. Il ne m'a pas été possible d'apprendre jusqu'ici quels sont proprement les articles de cette convention que le comte Keyserlingk a proposée; j'espère pourtant de l'apprendre encore. En attendant, je sais qu'elle roule principalement sur l'accession de la cour de Dresde au traité définitif fait et conclu entre les deux cours impériales l'année 1746, et que le comte Keyserlingk a joint à son projet plusieurs convenances particulières que les deux cours doivent faire à celle de Saxe, qui ont même excité quelque jalousie aux Autrichiens, en sorte que ceux-ci se plaignent d'un trop grand attachement du comte de Keyserlingk à celle de Saxe, et de ce qu'il s'en est ouvert au comte Brühl avant que d'avoir su les sentiments de sa cour là-dessus.

L'on a, de plus, enjoint au comte Keyserlingk de travailler de tout son mieux pour retenir la cour de Dresde qu'elle renouvelle le traité de subsides avec la France, quoique l'Angleterre ne voulût point se prêter à lui en fournir. L'on a encore ordonné au comte Keyserlingk de travailler de son mieux pour le soutien du crédit et du pouvoir du comte Brühl, et, au reste, de ne point soutenir le *liberum veto* en Pologne, quand cette affaire pourrait être mise sur le tapis.

Voici ce que j'ai bien voulu vous apprendre pour votre direction, en vous en recommandant encore une fois le dernier secret, avec défense de faire mention de tout ceci dans vos relations ordinaires, mais seulement dans celles que vous faites à mes mains propres et dont vous n'envoyez pas de duplicata au département.

Au surplus, je sais par un bon canal que le comte Brühl a donné des assurances assez fortes au chevalier Williams, avant son départ de Dresde, que sa cour préférait toujours les subsides de l'Angleterre à ceux de la France, et que d'ailleurs la cour de Dresde a fait présenter un mémoire à celle de Russie par lequel elle a fait des instances bien pressantes à ce que le comte Biron soit relâché de son arrêt et remis en possession du duché de Courlande, anecdote dont je vous recommande encore le secret.[1]

- Quant au paquet dont j'ai fait prier le ministre de Suède de vouloir bien se charger pour le rendre au baron de Goltz,[2] je vous dirai que cela ne demande pas autant de célérité que de sûreté, et que je serai bien obligé audit ministre, quand il voudra rendre ce paquet au baron de Goltz dès qu'il verra lui-même celui-ci.

Nach dem Concept.

Federic.

3870. AU CONSEILLER BARON LE CHAMBRIER A PARIS.

Poisdam, 13 septembre 1749.

Je suis assez content de la dernière conversation que vous avez eue encore avec le marquis de Puyzieulx, selon le rapport que vous m'en avez fait du 1er de ce mois. Pour ce qui regarde cependant ce qu'il vous a touché relativement à mes ministres dans les cours étrangères, vous lui direz que je les envisageais comme des sentinelles qui doivent m'avertir des mauvais desseins que mes voisins brassent contre moi, et que, dans cette supposition-là, M. de Puyzieulx savait bien qu'on aimait plutôt à une sentinelle d'avoir donné une fausse alarme que d'avoir manqué de vigilance et de s'être laissé surprendre. Que d'ailleurs lui, le marquis de Puyzieulx, pouvait sûrement compter que, quoique je serais bien fâché de voir éclore un nouveau feu de guerre, et quelques soins que je me donnasse, autant que mes forces me le permettraient, pour empêcher qu'une nouvelle guerre ne fût suscitée, malgré tout cela je ne faisais point apercevoir de l'inquiétude, et qu'au surplus M. de Puyzieulx n'ignorait pas que, quand on m'accusait d'une chose, ce n'était pas de la timidité qu'on m'imputait, mais qu'on me peignait plutôt comme un homme plus remuant que je ne l'étais effectivement.

Comme la cour de France est déjà informée que le ministre de Russie à Stockholm, le sieur Panin, est sur le point de faire de la part

---

[1] Vergl. S. 82. 83. — [2] Der schwedische Gesandte in Dresden von Greiffenheim war im Begriff, sich als Nachfolger des verstorbenen Freiherrn von Höpken nach Russland zu begeben.

de sa cour la déclaration dont on a tant parlé, nous sommes à présent dans l'attente d'apprendre à la fin les vraies intentions de la Russie à l'égard de la Suède, et si les bons offices de la France et de ses amis pourront composer la querelle ou non.

En attendant, je compte pour un grand avantage que la Suède et moi ayons gagné au moins cette année-ci sans avoir été enveloppés dans des troubles.

Federic.

Nach dem Concept.

3871. AU MINISTRE D'ÉTAT COMTE DE PODEWILS, ENVOYÉ EXTRAORDINAIRE, A VIENNE.

Potsdam, 16 septembre 1749.

J'ai reçu votre dépêche du 6 de ce mois. Puisque la proposition dont le sieur de Lilien, conseiller du prince de Thurn et Taxis, vous a pressenti, par rapport à un chariot de poste à établir entre Neisse et Jægerndorf, pour en faciliter le commerce de la Silésie, me paraît assez acceptable, vous n'avez qu'à l'adresser au ministre d'État comte de Münchow, auquel je fais savoir mes intentions là-dessus, avec qui il pourra correspondre à ce sujet et prendre les arrangements nécessaires pour cet établissement-là.

C'est un homme bien ridicule que le sieur Blondel, mais avec tout cela d'un caractère bien dangereux, qui se mêle de bien des finesses, quoique fort mal à propos, et avec qui il faut user de beaucoup de circonspection. Il est sûr, comme vous dites, que toute la prudence dont on use à son égard, ne saura mettre quelqu'un qui a à faire avec lui, à l'abri de ses faux rapports, et ce que mon ministre à Paris, Chambrier, m'a marqué en dernier lieu, savoir que le marquis de Puyzieulx lui avait donné à entendre que mes ministres dans les cours étrangères pourraient satisfaire à tout ce que le bien de mes intérêts demandait, sans marquer d'inquiétude ni vouloir exciter les esprits ni les aigrir, confirme assez les soupçons où vous êtes à l'égard de Blondel, qu'il fait tenir aux gens des discours auxquels ils n'ont jamais pensé. Ainsi encore une fois, gardez tous les dehors avec lui, mais agissez avec bien de la circonspection à son égard.

Au surplus, comme l'on dit que l'Impératrice-Reine continue à faire argent de tout et à amasser de grandes sommes, pensez un peu s'il n'y a pas moyen de savoir jusqu'où peuvent aller à présent les sommes qu'elle a pu assembler et le lieu où elle met ses épargnes, de même ce qu'elle y peut mettre par an. Comme l'on ne saurait cacher cela tout-à-fait au public, vous m'obligerez particulièrement si vous savez me donner quelques informations là-dessus.

Federic.

Nach dem Concept.

3872. AU CONSEILLER BARON LE CHAMBRIER A PARIS.

Chambrier berichtet, Paris 5. September: „La première chose que le marquis de Puyzieulx me dit, la dernière fois que je l'ai vu, est que le bruit courait ici depuis peu, à ce qu'il lui était revenu le même jour, d'une quadruple alliance entre le Roi son maître, Votre Majesté, la Suède et le Danemark; et ce qui a donné lieu à ce bruit, m'ajouta le marquis de Puyzieulx, est un discours qu'a tenu M. le maréchal de Saxe. Il a dit à quelqu'un que, lorsqu'il s'était congédié du Roi votre maître, le roi de Prusse lui avait dit: Je m'en vais signer mon traité avec le Danemark."

Potsdam, 16 septembre 1749.

J'ai été très frappé de voir, par votre dépêche du 5 de ce mois, ce que l'on a bien voulu m'attribuer par rapport à un propos confident que je dois avoir tenu au maréchal de Saxe relativement à l'alliance à faire entre moi et le Danemark.

J'ai de la peine à m'imaginer qu'un pareil discours soit venu de la part du maréchal, à qui de pareils propos ne me sont point sortis; mais en supposant qu'il se soit effectivement énoncé de la sorte, il faudrait qu'il entrât de la malice dans son fait pour vouloir nuire au marquis de Valory, après avoir su peut-être tirer de lui quelque confidence à cet égard. Car de ma part, vous pouvez hardiment assurer au marquis de Puyzieulx qu'il n'en est rien sorti de moi, et que je ne me suis entretenu autrement avec le maréchal qu'en présence du marquis de Valory, à qui, il est vrai, il m'est échappé un jour, étant en compagnie avec le maréchal, que, autant que j'apprenais, les affaires en Danemark prenaient un assez bon train, et voilà les seuls termes dans lesquels je me suis expliqué, puisqu'aussi on changea d'abord de discours.

Je suis très content de ce que vous avez répondu au marquis de Puyzieulx quand il vous a informé de la demande que la cour de Vienne s'avisait à former par rapport à ma garantie pour ses États que je ne lui avais pas garantis par le traité de Dresde. Quand ce ministre vous en parlera encore, vous devez lui dire que, comme je me réglais toujours avec plaisir sur les bons et sages conseils que la France voulait bien me donner, je voudrais bien me prêter à donner encore cette garantie à la cour de Vienne, si la France le trouvait à propos, mais que je priais M. de Puyzieulx de réfléchir un peu sur les deux cas suivants, savoir qu'en premier lieu la cour de Vienne pourrait être attaquée par les Turcs en Hongrie et qu'il me serait impossible de l'aider alors; qu'en second lieu il se pourrait arriver à divers événements que la cour de Vienne fût embarquée dans quelque nouvelle guerre en Italie, et comme elle ne laisserait pas alors de réclamer ma garantie, je serais, encore, hors d'état de la lui prêter, et quoique je n'ignorasse pas tout ce que je pourrais alors lui dire, elle ne laisserait pas d'en crier plus fort et de m'accuser de mauvaise foi, ce qui ne saurait que m'embarrasser encore.

Comme il me paraît, par tout ce que le marquis de Puyzieulx vous a répondu à la nouvelle insinuation que vous lui avez faite en faveur du marquis de Valory, que le parti des ministres de France est pris là-dessus, vous ferez prudemment de ne plus toucher cet article envers eux. Au surplus, je vous recommande toute l'attention imaginable pour le marquis de Puyzieulx, afin de lui conserver les sentiments favorables où il est relativement à mes intérêts.

Federic.

Nach dem Concept.

3873. AU CONSEILLER PRIVÉ DE LÉGATION BARON DE GOLTZ A MOSCOU.

Potsdam, 16 septembre 1749.

Je ne doute nullement que vous n'ayez pu vous mettre au fait de différentes particularités intéressantes, dans cet entretien avec l'ami connu que vous espériez avoir avec lui, selon que vous le marquez par votre dépêche du 25 d'août dernier, et je suis présentement à en attendre votre rapport.

Le sieur Panin vient enfin de faire à Stockholm, le 3 de ce mois, la déclaration dont la Russie avait menacé depuis si longtemps.

Comme le temps ne permet pas de vous transcrire le détail de cette déclaration d'une manière circonstanciée, je me bornerai à vous dire que, selon que le portent mes nouvelles, elle doit avoir consisté dans un rescrit d'environ six feuilles entrelardées d'expressions grossières et odieuses et dont la conclusion avait été que la Russie aurait à la vérité trouvé assez satisfaisantes les assurances que la Suède lui avait données, si l'expérience du passé ne lui eût donné à connaître sa mauvaise foi; qu'en conséquence la Russie serait obligée de prendre des mesures plus efficaces, afin de remplir ses engagements par rapport au traité de Nystad;[1] qu'à la vérité la Russie n'y avait rien à craindre durant la vie du roi de Suède, mais qu'après sa mort, si elle voyait qu'on voulût introduire la souveraineté sans le consentement unanime des quatre ordres de l'État, elle ne pourrait s'empêcher de faire entrer alors un corps de ses troupes en Finlande, qui y resterait sur le pied de l'année 1743, en payant argent comptant et en gardant une exacte discipline, et que ce corps n'en reviendrait qu'après que le nouveau Roi aurait confirmé par serment la capitulation et la présente forme du gouvernement et qu'après que l'on aurait passé une nouvelle garantie du septième article du traité de Nystad, moyennant quoi la Russie promettrait de son côté de ne jamais troubler la succession établie en Suède.

Voici le précis en raccourci de la déclaration en question, sur laquelle je suspends de porter mon sentiment jusqu'à ce que j'aie vu la réponse qu'y aura faite le ministère de Suède.

Federic.

Nach dem Concept.

[1] Vergl. S. 54.

3874. AU CONSEILLER PRIVÉ DE LÉGATION DE ROHD A STOCKHOLM.

Potsdam, 16 septembre 1749.

Ce que vous m'avez appris dans votre dépêche du 5 de ce mois, par rapport à la déclaration que le sieur Panin vient, à la fin, de faire par ordre de sa cour au ministère de Suède, m'a rendu content et bien aise, parceque j'en suis à présent moralement assuré que ce n'est point tout de bon que la Russie en veut à la Suède et qu'elle se contentera de menacer. J'attribue ce changement inopiné principalement à la déclaration énergique que la Porte Ottomane a fait faire au ministre de Russie à Constantinople, qui l'a bridée, et, en second lieu, à la nouvelle qu'elle a eue de l'alliance conclue contre la Suède et le Danemark, qui a fort dérangé ses batteries. Tout ce que je désire maintenant, est que la réponse que les ministres de Suède rendront à la déclaration faite du sieur Panin, ne soit ni trop altière ni choquante, afin de ne pas donner prise sur eux aux ennemis de la Suède en Russie. Si d'ailleurs, par un surcroît de bonheur, le roi de Suède continuait à vivre encore une couple d'années, la Russie s'affaiblirait tant, par ses démonstrations, qu'elle serait bien aise, à la fin, de pouvoir sortir avec quelque bienséance hors du jeu.

En attendant, comme je souhaiterais fort d'avoir une copie de la déclaration de la Russie, vous devez tâcher de votre mieux de m'en procurer une, *in extenso*, ou, dans le cas qu'il n'y eût moyen d'en avoir, vous en ramasserez au moins tout ce que vous saurez trouver, afin de pouvoir l'envoyer à moi immédiatement. Au surplus, je vous sais fort bon gré de ce que vous vous êtes servi de l'occasion, pour insinuer aux ministres de Suède le besoin indispensable de pourvoir à la sûreté de la Finlande.

Federic.

Nach dem Concept.

3875. AU CONSEILLER PRIVÉ DE GUERRE DE KLINGGRÆFFEN A LONDRES.

Potsdam, 20 septembre 1749.

J'ai trouvé bien raisonnable tout ce que l'ambassadeur de France vous a dit en conséquence du rapport que vous m'en avez fait du 5 de ce mois. Puisqu'aussi je vous ai fait communiquer, par un rescrit du département des affaires étrangères,[1] le précis de la déclaration que la cour de Russie a faite par son ministre à Stockholm, je crois que vous en aurez vu que la grande ardeur de la Russie de venir à des ex-

---

[1] Eichel schreibt am 19. September an den Grafen Podewils in Berlin: „Haben des Königs Majestät sehr approbiret, dass Ew. Excellenz denen Ministres zu Wien, Paris, London, Moskau und wo es sonsten mehr nöthig gewesen, das erforderliche wegen der Paninschen Declaration zu Stockholm bekannt gemachet haben."

trémités avec la Suède, s'est ralentie, et que, selon toutes les apparences, l'orage passera sans crever.

L'avantage que j'en ai retiré, en attendant, est que j'ai reconnu clairement la mauvaise volonté du roi d'Angleterre à mon égard et de ceux qui lui sont attachés, et combien j'ai lieu de ne point me fier aux Anglais.

Quant à la lettre du chancelier Janssen que vous m'avez envoyée, je crois vous avoir déjà suffisamment instruit par ma dépêche antérieure[1] sur tout ce qui fait son sujet principal et du post-scriptum que vous avez fait en conséquence. Et comme vous savez d'ailleurs que, quand vous ne verrez nul jour à pouvoir réussir de stipuler les intérêts à trois et demi pour cent, vous devez faire l'accord moyennant un intérêt de quatre pour cent, je n'attends à présent que le rapport que vous me ferez sur la réussite de votre négociation à ce sujet-ci.

Nach dem Concept.
Federic.

3876. AU CONSEILLER PRIVÉ DE LÉGATION BARON DE GOLTZ A MOSCOU.

Potsdam, 20 septembre 1749.

J'ai vu, par le contenu de vos dépêches du 28 d'août dernier, le détail que vous m'y faites de la conversation que vous venez encore d'avoir avec l'ami important, et, quant à moi, je vous ai déjà tracé par ma dernière dépêche immédiate un précis en quoi consistait proprement la déclaration que le sieur Panin a eu ordre de sa cour de faire et qu'il a faite effectivement à celle de Suède, de laquelle je vous ai fait mander un plus long détail par la chancellerie du département des affaires étrangères.

Je ne saurais d'ailleurs assez m'étonner que notre ami en question ait pu proposer que le prince-successeur de Suède fît encore une déclaration spéciale de sa part, pareille à celle que souhaite la cour, ou plutôt le chancelier, de Russie, et il faut que je vous dise que je doute fort que la Suède, après la dernière déclaration qu'elle vient de faire,[2] veuille encore se prêter à semblable déclaration spéciale sur le pied que la demande la Russie, d'autant plus qu'on ne saurait guère approfondir les raisons qui peuvent mouvoir la Russie de la demander, la Suède étant reconnue indépendante, et dont la Russie n'a jamais prétendu être supérieure, considération que vous insinuerez à l'ami connu, pour la faire valoir auprès de lui, à la première occasion que vous y trouverez.

Au reste, je suis entièrement persuadé que la Russie, ayant laissé passer cette année sans entreprendre quelque chose, et ayant accroché l'exécution de toutes ses menaces à des événements futurs, l'on s'en peut

---

[1] D. d. Potsdam 16. September, enthält nur Einzelheiten für die Abmachungen wegen Tilgung der schlesischen Schuld. — [2] Vergl. S. 47. 84.

tenir fondé, pour se rassurer à l'égard de l'incertitude où l'on était sur les intentions de la Russie.

Nach dem Concept. Federic.

3877. AU MINISTRE D'ÉTAT COMTE DE PODEWILS, ENVOYÉ EXTRAORDINAIRE, A VIENNE.

Potsdam, 20 septembre 1749.

La dépêche que vous m'avez faite du 10 de ce mois, m'a été rendue. Mes dépêches de France me font assez sentir que, quoique les ministres de France connaissent assez la faiblesse du sieur Blondel, malgré cela sa présence à Vienne ne me convient guère, mais comme je n'y saurais rien changer, il faut que vous traîniez encore l'hiver avec lui et que vous tâchiez à vous en accommoder, aussi bien que vous pourrez, jusqu'à ce que son successeur viendra le relever.

Quant aux affaires du Nord, on vous aura déjà instruit du département des affaires étrangères en quoi a consisté proprement la déclaration que la cour de Russie a fait faire par son ministre à Stockholm. Quelle qu'elle soit, on s'en aperçoit bien que la Russie a ralenti de sa première ardeur, et puisque ses menaces ne portent que sur des événements éloignés, je crois en pouvoir conclure que l'envie de venir à des extrémités envers la Suède lui est passée, et qu'elle se veut ménager une retraite honorable pour ne point faire trop apparaître qu'elle a fait gratuitement ses démonstrations.

Pour ce qui regarde les nouveaux exercices des troupes autrichiennes, mes officiers qui s'en sont informés,[1] m'en ont mis assez au fait, mais je les trouve très différents des nôtres. Ma curiosité principale est à présent de savoir les arrangements domestiques de la cour de Vienne et surtout combien on lui donne de revenus après ses nouveaux arrangements faits, ainsi que vous devez vous appliquer pour vous en faire une idée juste et exacte, afin de pouvoir m'en informer.

Nach dem Concept. Federic.

3878. AU CONSEILLER BARON LE CHAMBRIER A PARIS.

Potsdam, 20 septembre 1749.

L'on ne saurait être plus surpris que je l'ai été, quand j'ai vu tout ce que vous m'avez marqué par votre dépêche du 8 de ce mois concernant la lettre que le marquis de Puyzieulx vous a dit avoir reçue de M. des Issarts à Dresde au sujet d'une indiscrétion que mon ministre là, le sieur de Voss, doit avoir commise. J'avoue sincèrement que je n'entends rien de toute cette tracasserie-là, ni de ce qui l'a pu occasionner; car, pour ce qui est du discours qu'on m'attribue avoir tenu au maréchal de Saxe,[2] je vous l'ai déjà dit et je l'ai confirmé

[1] Vergl. S. 43. 87. — [2] Vergl. S. 23. 96.

encore qu'il ne m'en est rien de pareil échappé, ni que je lui ai parlé mot des affaires qui concernent ce sujet-là, et qu'enfin je ne me suis entretenu là-dessus qu'avec le marquis de Valory.

Pour ce qui regarde mon ministre à Dresde, le sieur Voss, je puis vous dire que, supposé pour un moment qu'il se soit expliqué de la façon que M. des Issarts le doit avoir mandé, il aurait absolument agi sans mon ordre; d'ailleurs je ne saurais comprendre d'où il aurait pu tirer une nouvelle aussi apocryphe que celle que j'avais signé un traité avec la Suède et le Danemark, ni comment il aurait osé la débiter, sans m'en avoir informé préalablement et sans demander mon aveu là-dessus. Comme je viens de lui ordonner de la manière la plus énergique de s'en expliquer et de m'en faire sa justification, je n'attends que son rapport, pour vous en instruire fidèlement.

Mais ce qui me persuade presque qu'il faut qu'il y ait absolument du malentendu, c'est ce qu'il me marque encore, par une dépêche à la date du 16 de ce mois,[1] et avant que mon ordre par où je demande sa justification ait pu partir, en termes exprès que l'ambassadeur de France lui avait raconté que, le maréchal de Saxe ayant débité à Paris que j'avais conclu un traité défensif avec le Danemark, sa cour lui marquait son étonnement de ce que lui, Voss, ne lui avait parlé que d'un accommodement entre la Suède et le Danemark; qu'il lui avait répondu qu'il ne savait rien d'un traité défensif conclu avec moi et que ce n'avait été uniquement qu'en confidence qu'en ce temps-là il lui avait parlé d'un accommodement entre la Suède et le Danemark. Voilà un rapport difficilement à accorder avec ce que la lettre de M. des Issarts a voulu mettre à sa charge.

En attendant, pour en assurer le marquis de Puyzieulx, j'ai commandé à mes ministres du département des affaires étrangères de faire lire au marquis de Valory la relation du sieur Voss en original et d'un bout à l'autre, afin d'en pouvoir faire son rapport à sa cour. Mais plus j'envisage cette affaire, plus j'y crois entrevoir de la manigance du comte de Brühl, que je soupçonne d'avoir artificieusement controuvé toute cette affaire, dans la vue de mettre par là de la tracasserie entre la cour de France et moi. J'emploierai tous mes soins pour en développer l'artifice et j'espère de parvenir à même de convaincre à la fin le marquis de Puyzieulx que je ne me suis point trompé dans mes soupçons.

Au surplus, quand vous aurez l'occasion de parler à ce ministre de tout ce que dessus, vous ne laisserez pas de lui insinuer convenablement que je ne saurais pas comprendre avec quelle raison l'on pourrait nous imputer des sentiments que ni la France ni moi n'avons, lorsque nous faisons des alliances pendant un temps où d'autres puissances, qui ne pensent nullement bien sur nous, tâchent de s'en fortifier partout où elles peuvent. Encore auraient-elles lieu de le relever si c'étaient des alliances offensives; mais comme il ne s'agit que d'alliances défensives, qui

[1] Vergl. S. 105.

jusqu'ici ont passé chez tout le monde pour innocentes, je n'y vois aucun sujet d'ombrage pour elles. Vous lui ferez faire encore la réflexion qu'en considérant naturellement les liaisons que la Suède avait prises avec le Danemark, l'on trouverait aisément qu'il y avait peu de réalité là-dedans et que la Suède en aurait retiré peu d'avantage si l'on n'en avait fait une certaine ostentation, afin d'en imposer aux autres, de façon que j'étais presque assuré que la déclaration ferme que la France avait faite relativement aux affaires du Nord, et ce que la Porte Ottomane avait fait déclarer si énergiquement au ministre de Russie à Constantinople, avec la nouvelle qu'on a eue de l'alliance renouvelée entre la Suède et le Danemark, ont été les seuls motifs qui ont inspiré au chancelier Bestushew des sentiments plus modérés, au point qu'il a bien radouci les termes de la déclaration que le sieur Panin a faite à Stockholm — à ce que vous aurez vu par ce que je vous en ai fait communiquer — à proportion de ce qu'elle a été selon le premier projet qu'on en avait couché, et que nous en avons retiré au moins cet avantage que nous sommes sûrs que la tranquillité du Nord sera conservée aussi longtemps que le roi d'à présent de Suède restera en vie, et qu'en gagnant du temps nous avons peut-être gagné tout le reste.

Nach dem Concept.

Federic.

3879. AU CONSEILLER PRIVÉ DE LÉGATION DE VOSS A DRESDE.

Voss berichtet, Dresden 13. September: „La noblesse est fort mécontente ici et ne peut revenir de son étonnement comment le comte de Brühl a pu engager le Roi à signer un rescrit tel que celui que ce ministre a lu aux États dans la dernière audience. C'est la pièce la plus intéressante de toute la Diète. Le Roi y témoigne son mécontentement contre la noblesse en général, promet de soutenir le *Engeren Ausschuss*, et, monant[1] qu'il savait fort bien les dettes de la *Steuer* et qu'aucun capital n'avait été emprunté sans sa volonté, il donne, pour ainsi dire, pleine quittance au comte de Brühl comme directeur de la *Steuer* . . . La comtesse de Sternberg, sous prétexte d'aller aux noces de sa sœur,[2] partira en peu pour Vienne. Comme elle est aimée de toute la cour et du premier ministre et aime se mêler d'affaires, il se pourrait bien qu'elle se charge de quelque commission ou chipotage."

Potsdam, 20 septembre 1749.

J'attendrai la relation détaillée avec les pièces intéressantes concernant les affaires de la Diète que vous me faites espérer dans votre dépêche du 13 de ce mois.

Le tour dont le comte de Brühl s'est servi pour se tirer de toute recherche de son administration de la *Steuer*, sent son homme adroit et qui sait ce qu'il faut pour son avantage et pour se mettre en sûreté.

Il ne me paraît point que le voyage que la comtesse Sternberg va faire, dût renfermer du mystère, ne connaissant point d'affaire importante sur laquelle la cour de Vienne saurait négocier avec celle de Dresde dans le moment présent.

[1] Sic = rappelant. — [2] Gräfin Josepha Starhemberg.

Si, en tout cas, il s'agissait de l'accession de la Saxe au traité d'alliance défensive entre les deux cours impériales, fait l'année 1746, je regarderais ce chipotage fort indifféremment.

Il y a une affaire qui m'embarrasse un peu plus que tout le reste, et sur laquelle il faut que vous vous expliquiez avec toute la clarté et exactitude possible. Il s'agit d'une dépêche que je viens de recevoir de mon ministre en France, le baron Le Chambrier,[1] par laquelle il me marque qu'après que le marquis de Puyzieulx l'avait invité pour lui parler d'une affaire intéressante, il lui avait dit que, comme il courait présentement un bruit en France d'une quadruple alliance conclue entre la France, la Prusse, la Suède et le Danemark, et que ce bruit était fondé peut-être sur un discours qu'on disait que le maréchal de Saxe devait avoir tenu un peu légèrement à son retour en France, le ministère de France n'avait pas fait grande attention là-dessus, mais que lui, marquis de Puyzieulx, venait de recevoir une lettre de Dresde, de M. des Issarts, par laquelle il lui marquait que vous étiez venu le voir pour lui dire que j'avais signé mon traité avec la Suède et le Danemark, et que d'ailleurs le dernier avait renouvelé son traité de subsides avec la France; que M. des Issarts avait ajouté que vous aviez dit la même chose au comte de Brühl et à plusieurs autres, qui en avaient été extrêmement surpris et fâchés, par le peu de bien qu'ils me voulaient; que le comte de Brühl avait dépêché tout aussitôt deux estafettes, l'une à Vienne et l'autre à Copenhague, pour savoir la vérité de cette nouvelle; que les avis qui étaient venus de Vienne portaient que l'Impératrice-Reine ne savait pas un mot de ce prétendu traité entre moi, la Suède et le Danemark et qu'on écrivait de Copenhague que cette nouvelle était fausse.

Comme je ne vous ai point donné mes ordres pour faire une pareille déclaration ni à M. des Issarts ni au comte de Brühl, ni à qui que ce soit, et que je ne saurais croire que vous en eussiez jamais parlé de votre propre chef, je présume encore qu'il faut absolument qu'il y ait quelque malentendu de la part du comte des Issarts, ou que toute cette tracasserie soit encore un jeu du comte Brühl, pour causer des brouilleries entre la France et moi.

Mais comme l'affaire m'est importante, je veux que vous en fassiez votre justification et que vous vous expliquiez exactement si vous avez parlé à M. des Issarts et au comte de Brühl, et en quels termes propres vous vous êtes expliqué à l'un et à l'autre là-dessus. Ce que vous ne manquerez pas de faire le plus tôt le mieux, afin de me mettre par là à même de pouvoir désabuser la France sur les fausses insinuations qu'on lui a faites à ce sujet, et la tranquilliser des inquiétudes et des ombrages qu'elle a pris là-dessus. Vous ferez d'ailleurs votre justification à moi-même immédiatement.

[1] Vergl. S. 100.

Au surplus, je veux bien vous accorder la permission que vous me demandez d'aller faire, d'abord après la foire prochaine de Leipzig, un tour à Berlin et sur vos terres dans le Mecklembourg pour un temps de six semaines, et qu'en attendant le sieur Hecht ait soin de mes affaires.

Nach dem Concept.
Federic.

3880. AN DEN ETATSMINISTER GRAF PODEWILS IN BERLIN.

Potsdam, 21. September 1749.

Weilen Se. Königl. Majestät die heut eingelaufene Relation des p. von Chambrier [Paris 12. September] bereits dechiffriret gelesen haben, so haben Dieselbe darauf zu antworten befohlen, wie Sie die ganze Sache, so die Tracasserie occasionirete, dergestalt einsehen und dechiffriren, nämlich, dass als der Graf Saxe hier gewesen, er ganz par Hasard etwas von der dänischen und schwedischen Negociation müsste gehöret und gemuthmasset haben; dass derselbe darauf die Imprudence gehabt haben müsste, dem Grafen Brühl davon zu sagen, welcher dann der ganzen Sache eine malitiöse Tournüre gegeben und herumgedrehet, dem p. des Issarts davon gesprochen und alles Micmac gemachet haben würde, wie dann die ganze Sache das Ansehen einer Weiberplauderei habe; und bezögen Se. Königl. Majestät Sich übrigens auf das, so Sie ihm, Chambrier, gestern deshalb geschrieben.

Ausserdem aber, und die Sache an sich selbst genommen, so sähen Se. Königl. Majestät nicht ab, was der Marquis de Puyzieulx vor besorgliche Intentiones daraus ziehen könne, wann auch Höchstdieselbe eine Alliance mit Dänemark gemachet und alsdenn davon gesagt hätten, weil M. de Puyzieulx selbst conveniren dörfte, dass solches eher den Frieden conserviren, als solchen zu alteriren oder zu rompiren Gelegenheit geben würde. Ueberdem glaubten Se. Königl. Majestät, dass aller ausgesprengten Bruits ohnerachtet die Union zwischen Deroselben und Dänemark dennoch geschehen werde, weil beide Höfe ihr Interesse dabei fänden; sollten aber beide Höfe nicht ihr communes Interesse darin finden, so würde die Sache nicht zu Stande kommen, wann auch nie dergleichen Bruits divulgiret worden wären, sodass letztere zur Hauptsache weder hindern noch helfen könnten. Was der von Chambrier inzwischen dem Marquis de Puyzieulx geantwortet, solches habe Sr. Königl. Majestät Approbation; Sie glaubten auch, dass seine übrige Muthmassungen[1] fondiret wären. Man könnte ja aber Deroselben die-

---

[1] Chambrier sagt in seinem Berichte vom 12. September: „Je crois, par quelques mots qui m'ont été lâchés indirectement, être parvenu à démêler l'arrière-pensée qu'il [Puyzieulx] a dans l'âme et qu'il n'a pas voulu me dire. La voici. On craint ici que Votre Majesté ne veuille mettre la France dans le cas de rentrer en guerre contre l'Angleterre et la cour de Vienne, afin que Votre Majesté puisse en tirer le parti qui conviendra à Ses intérêts, et qu'Elle soit d'autant plus à couvert des entreprises de Ses ennemis pour Elle. Toutes les fois que Votre Majesté fera quelque chose qui

jenige Plaudereien nicht imputiren, welche Dero Feinde malitiöser Weise ausbrächten, und glaubten Sie, Frankreich sollte einmal die Malice derer Feinde von Sr. Königl. Majestät und was solche von Deroselben auszusprengen capable wären, kennen, dahergegen von Höchstderoselben Droiture und dass Sie mit Frankreich Ein Systéme, Interesse und Sentiments wegen Conservation des Friedens hätten, überzeuget sein und nicht so légèrement gegen Dieselbe neue Soupçons fassen.

Ganz maligner Weise hätten Deroselben Feinde in der Utrechtschen Gazette vom 12. September unter dem Article von Kopenhagen mit vieler Ostentation verschiedene Umstände setzen lassen, die man aber des Königs Majestät nicht zur Last legen könnte, ohne Deroselben gewiss grosses Unrecht zu thun.

Eichel.

Nach der Ausfertigung.

3881. AU CONSEILLER PRIVÉ DE LÉGATION DE VOSS A DRESDE.

Voss berichtet, Dresden 16. September: „L'ambassadeur de France m'a raconté que, le maréchal de Saxe ayant débité à Paris que Votre Majesté avait conclu un traité défensif avec le Danemark, sa cour lui marquait son étonnement de ce que je ne lui avais parlé que d'un raccommodement entre la Suède et le Danemark. Je lui ai répondu que je ne savais rien d'un traité défensif conclu avec Votre Majesté, et que ce n'avait été uniquement qu'en confidence qu'en ce temps-là je lui avais parlé du raccommodement entre la Suède et le Danemark."

Potsdam, 22 septembre 1749.

Ma dépêche précédente vous aura appris pourquoi je dois être bien content de ce que vous me marquez dans celle que vous m'avez faite du 16 de ce mois, au sujet de la réponse que vous avez donnée à l'ambassadeur de France, quand celui-ci vous a raconté ce que le maréchal de Saxe doit avoir débité à l'égard d'un prétendu traité défensif entre moi et le Danemark. Comme ces bruits-là ont alarmé bien des cours, et qu'on vous accuse d'avoir été le premier qui avait débité cette nouvelle indiscrètement, j'attends les explications et la justification que je vous ai demandées bien sérieusement sur ce sujet.

Quant au discours que le comte Hennicke vous a tenu pour vous insinuer que je ne devrais plus tant presser sur le payement de mes sujets créanciers de la *Steuer*, vu les arrangements qu'on avait pris pour leur payer les intérêts et peu à peu le capital, mon intention est que, quand le comte Hennicke reviendra à vous avec de pareils propos, vous devez lui dire tout naturellement que ce n'était point moi qui avais à prétendre de la *Steuer*, mais que c'étaient plutôt des particuliers, mes

inquiétera ce ministère, Votre Majesté peut compter, comme je le connais, qu'il l'envisagera d'abord dans cet esprit-là, et je tromperais Votre Majesté si je Lui parlais autrement."

sujets, qui demandaient leurs capitaux, parcequ'ils en avaient extrêmement besoin, quelques-uns, pour subsister avec leur famille, d'autres, puisqu'ils étaient pressés eux-mêmes par leurs créanciers, et d'autres encore pour soutenir leur commerce et leur crédit, et que ces bonnes gens ne prétendaient encore leur payement qu'après que le terme qu'on leur y avait stipulé fût échu; qu'en conséquence le comte Hennicke conviendrait lui-même que je ne saurais sans injustice ouverte empêcher ces gens d'insister à ce qu'on les satisfasse de ce qu'ils ont à prétendre, et dont ils ne sauraient se passer sans leur ruine, surtout après que je leur avais garanti le payement par un article exprès d'un traité solennel de paix.[1]

Au surplus, l'on me marque que le sieur Guy Dickens, ministre nommé de l'Angleterre à la cour de Russie, vient d'arriver de Londres à la Haye et continuera incessamment son voyage, en prenant sa route par Dresde, où, à ce qu'on prétend, il doit s'acquitter de quelques commissions. J'ai bien voulu vous en avertir, afin que vous le puissiez guetter à son arrivée à Dresde, pour voir s'il aura là quelques pourparlers avec les ministres, et pour l'éclairer s'il a des commissions pécuniaires à régler — parceque l'on a débité avec ostentation dans des gazettes publiques que la Saxe aurait un prêt de quatre millions des Anglais — ou s'il est chargé de renouer avec la cour de Dresde un traité de subsides, à ce que d'autres conjecturent.

Nach dem Concept.

Federic.

3882. AU SECRÉTAIRE DIESTEL A COPENHAGUE.

Berlin, 23 septembre 1749.

J'ai reçu à la fois vos relations du 13 et du 16 de ce mois. Très content que je suis de l'exactitude avec laquelle vous m'informez de tout ce qui concerne les affaires qui se négocient entre la France et la Suède avec la cour de Danemark, je serai bien aise quand vous me marquerez que tout est parvenu à sa consistance entière. Au surplus, vous devez dire au sieur Lemaire que je n'attendais que le départ du sieur de Rosenkrantz qu'on va envoyer à ma cour, pour faire partir le ministre que j'ai destiné d'envoyer à celle de Copenhague, qui sera instruit de proposer l'alliance entre le Danemark et moi.

Nach dem Concept.

Federic.

3883. AU CONSEILLER PRIVÉ DE LÉGATION DE ROHD A STOCKHOLM.

Berlin, 23 septembre 1749.

Les dépêches que vous m'avez faites le 8 et le 12 de ce mois, m'ont été rendues à la fois. J'ai trouvé la réponse faite de la part du

[1] Vergl. Bd. V, 503 Anm. 1.

ministère de Suède à la déclaration du sieur Panin,[1] fort ferme, mais j'appréhende qu'elle ne soit un peu trop forte. Dans la situation où la Suède se trouve, il me paraît qu'elle a à éviter soigneusement une nouvelle guerre; mais autant que je puis juger des circonstances qui me sont revenues par mes lettres de Russie, le chancelier Bestushew prendra la réponse de la Suède tout à travers et en fera une interprétation la plus maligne, pour avoir seulement l'occasion d'agacer sa souveraine à ce qu'elle parvienne à une rupture ouverte avec la Suède. D'un autre côté il faut que je dise, aussi, pour la justification du ministère de Suède que, si la Russie a absolument résolu de rompre avec la Suède, toutes les complaisances de celui-là ne lui serviraient de rien et que celle-ci trouverait toujours de nouveaux sujets pour chicaner la Suède.

Comme le ministre d'Espagne, le marquis de Grimaldi, qui va en Suède, vient d'arriver ici et qu'il partira demain pour poursuivre son voyage, je le chargerai d'une lettre à ma sœur, la Princesse Royale,[2] dans laquelle j'appuierai sur tout ce que je vous ai dit ci-dessus et insisterai sur la nécessité absolue qu'il y a que le gouvernement de Suède prenne plus de sûretés qu'il n'a fait jusqu'ici, pour la Finlande et contre les démarches que la Russie pourra tenter contre la Suède. Tout ce que je saurais faire en bon allié de la Suède, est de représenter au gouvernement les circonstances comme elles sont naturellement, et ce que la prudence exige qu'il fasse. Si, après cela, il ne veut point faire réflexion à ce que je lui insinue, j'ai la conscience nette et je ne saurais plus faire.

Federic.

Nach dem Concept.

3884. AU CONSEILLER PRIVÉ DE LÉGATION BARON DE GOLTZ A MOSCOU.

Potsdam, 23 septembre 1749.

Goltz berichtet, Moskau 1. September: „Il se pourrait que le Chancelier trouvât moyen d'engager sa souveraine à réaliser la menace de faire passer un corps de ses troupes dans la Finlande ... Le discours que le sieur Swart a tenu en dernier lieu au secrétaire Warendorff, y semble donner un nouveau degré de probabilité ... L'animosité dudit ministre de Hollande va si loin qu'il n'a pas fait difficulté de dire que les assurances du monde les plus fortes, données de la part de la Suède, ne seraient pas capables de calmer les appréhensions de la Russie, et que le général Lieven recevrait ordre de

En conséquence de tout ce que vous me mandez par vos dépêches du 1er de ce mois, je ne saurais point prévoir ce que le comte Bestushew voudra faire encore relativement à la Suède, un homme aussi fougueux et d'un caractère comme lui étant capable de faire des choses qui ne sont point du tout de saison. Nonobstant de cela, je crois que le moment propre où il aurait peut-être pu agir avec

---

[1] Vergl. S. 97. 98. Die Antwort wurde dem russischen Gesandten in der Conferenz vom 10. September erteilt; über den Inhalt vergl. den Erlass an Goltz vom 27. September, Nr. 3890. — [2] Das Schreiben liegt nicht vor.

faire embarquer à Reval un bon nombre de régiments sur les galères, pour faire une descente à Frédéricsham, nonobstant la mauvaise saison qui approche." succès, est perdu pour lui, et j'avoue que je ne sais pas démêler au juste comment il saura entreprendre quelque chose avec succès, ni dans cette année-ci ni dans celle qui suit, après avoir laissé échapper le moment favorable à lui. Comme nous avons le temps d'hiver devant nous, et qu'il ne sera pas aisé d'entreprendre quelque chose avant le mois de juin de l'année qui vient, nous aurons, je crois, en attendant, le loisir de voir et d'apprendre où il voudra porter ses vues. Il est étonnant qu'un ministre tel que le sieur de Swart puisse se comporter de la façon qu'il a fait envers la Suède, et je regarde tout ce qu'il a dit en conséquence au sieur Warendorff, comme prononcé par un motif de rage et de furie. Enfin, peu de temps développera ce qu'on pourra attendre de la Russie. En attendant, vous pourrez bien insinuer à l'ami connu, quand vous trouverez l'occasion de le faire convenablement, que, quand le Chancelier poussera les affaires aussi loin que le sieur de Swart l'a voulu dire, je croyais que la Russie jouerait un gros jeu.

Nach dem Concept.

Federic.

3885. AU CONSEILLER PRIVÉ DE GUERRE DE KLINGGRÆFFEN A LONDRES.

Potsdam, 23 septembre 1749.

J'ai reçu à la fois vos dépêches du 9 et du 12 de ce mois. Je suis porté à croire que c'est la déclaration que la cour de Russie a fait faire par son ministre Panin à Stockholm — dont vous êtes déjà informé — qui a causé cet air embarrassé que vous avez remarqué au duc de Newcastle, quand vous l'avez vu la dernière fois, et je crois avoir déjà observé à différentes fois que, lorsqu'il s'agit d'affaires d'une pareille sorte, il fait comme les enfants qui, après avoir fait quelque faux-pas, tâchent de cacher leur mauvaise honte et d'en éluder tout discours.

Tous mes avis, combinés ensemble, confirment unanimement que l'Angleterre n'a point fourni jusqu'ici de sommes en argent à la Russie. Si je n'ose pas vous soutenir cela comme une vérité, il y a pourtant toute la probabilité que jusqu'ici la Russie n'a point tiré d'argent de la cour de Londres. Au surplus, vous me rendrez un service signalé, si vous pouviez m'informer exactement et avec précision ce que les articles secrets du traité de 1746[1] renferment.

Nach dem Concept.

Federic.

---

[1] Vergl. Bd. V, 187.

3886. AU MINISTRE D'ÉTAT COMTE DE PODEWILS, ENVOYÉ
EXTRAORDINAIRE, A VIENNE.

Potsdam, 23 septembre 1749.

Quand vous dites, dans la dépêche que la dernière poste m'a apportée de votre part, que la cour où vous êtes a perdu pour le moment présent l'envie d'interrompre la tranquillité de l'Europe, mais que cela ne l'empêchera pas de guetter le temps favorable où elle estimera de pouvoir mettre en exécution ses desseins, je crois que vous avez rencontré fort juste. La nouvelle de la déposition du Mufti à Constantinople me paraît un peu sujette à caution et je la regarde encore comme de l'invention du comte d'Ulfeld, pour en imposer à la Suède. Au surplus, ce que vous me marquez au sujet du sieur Blondel, m'oblige de vous dire encore que vous devez agir avec cet homme aussi dangereux qu'étourdi et présomptueux avec tout le ménagement et toutes les précautions possibles.

Federic.

Nach dem Concept.

3887. AU MARQUIS DE VALORY, ENVOYÉ DE FRANCE,
A BERLIN.

Potsdam, 26 septembre 1749.

Monsieur le Marquis de Valory. Je vous communique derechef en grande confidence, et sous les mêmes conditions que j'ai déjà exigées de votre part, une pièce intéressante ci-jointe qui m'est tombée fortuitement entre les mains et dont vous pourrez vous informer du contenu par la traduction littérale que j'y ai fait ajouter.

Les remarques que je puis faire à cette occasion, sont qu'il paraît presque que les cours de Vienne et de Londres procèdent de bonne foi à déhorter la Russie de n'en pas venir à des troubles et encore moins à une rupture ouverte avec la Suède, mais que, ce nonobstant, le chancelier Bestushew serait très capable d'en venir à des extrémités envers la Suède, quand bien même la Russie ne pourrait point s'attendre d'abord à des secours efficaces des cours de Vienne et de Londres.

C'est, au reste, à votre prudence que je me rapporte sur l'usage que vous jugerez à propos de devoir faire de cette confidence auprès de votre cour; seulement exigé-je de vous que vous y apportiez toute la prévoyance et circonspection humainement possible, afin que le secret m'en soit gardé inviolablement.

Federic.

An den Grafen von Ulfeld.

Moskau, 4. September 1749.

Der Lord Hyndford ist heute gegen Mittagszeit bei dem Grosskanzler gewesen und hat sich bemühet, den Graf von Bestushew zu bewegen, damit hiesiger Hof in diejenigen Wege, so dem Keith proponiret, einschlagen möchte. Der Hyndford hat, um der Sache den rechten Nachdruck zu geben, noch beigefüget, dass er von Hofe aus zu Ueberreichung dieses Vorschlages angewiesen worden seie. Allein es hat ihm der Grosskanzler eben das, was ich bereits unter dem 30. August alleruntertha̋nigst angezeiget, geantwortet, dass man nämlich ohne ihr Wissen dergleichen Passum nicht hätte thun sollen. Der Mylord hat weiter alle gute und üble Folgen, welche aus der An- oder Nichtannehmung dieses unanständigen Vorschlages für Russland entstehen könnten, ernstlich vorgestellet, und da man morgen das bewusste grosse Conseil aus denen Collegiis in der russischen Kaiserin Gegenwart über die schwedische Sachen halten wird, so werde ich durch den Courier alleruntertha̋nigst das mehrere berichten. Künftigen Sonntag[1] hat der Mylord seine Abschiedsaudienz. Dänemark will der russischen zweiten Declaration[2] keineswegs beitreten, sondern hat sich nur anheischig gemacht, die erstere[3] in passu der Erhaltung des Friedens zu soutenieren. Womit den Empfang des gnädigen vom 13. August über Breslau gehorsamst accusire und mich empfehle etc.

Graf von Bernes.

<small>Nach der von Valory eingesandten Abschrift im Archiv des Auswartigen Ministeriums zu Paris; die Beilage nach Abschrift der preussischen Cabinetskanzlei, ebendaselbst.</small>

3888. AU DÉPARTEMENT DES AFFAIRES ÉTRANGÈRES.

Podewils und Finckenstein berichten, Berlin 26. September: „Votre Majesté nous ayant fait ordonner par le conseiller privé Eichel de préparer de bonne heure les instructions pour le conseiller privé de Voss, destiné à la mission de Copenhague,[4] nous ne pouvons nous dispenser, avant d'y mettre la main, de demander préalablement les intentions de Votre Majesté sur les points suivants:

1o Comme la négociation d'une alliance défensive, accompagnée de garanties réciproques, fait le principal objet de cette mission, et que nous sommes persuadés que, si c'est Votre Majesté qui en fait la première proposition, la cour de Danemark se fera beaucoup tirer les oreilles, avant que d'y entrer, nous soumettons aux lumières de Votre Majesté, au cas qu'Elle Se sentit de la répugnance d'y employer directement les bons offices de la France, si Elle ne juge pas à propos de Se servir du canal de la Suède et

Cela est déjà fait.[5]

<small>[1] 7. September. — [2] Vergl. S. 97. — [3] Vergl. Bd. VI, 375. — [4] Vergl. S. 83. — [5] Vergl. S. 46. 54. 75. 84.</small>

d'acheminer les choses de la sorte que l'ouverture en paraisse venir principalement de la cour de Stockholm, et que celle-ci ordonne au baron de Fleming de sonder, de concert et conjointement avec l'abbé Lemaire, les dispositions de celle de Copenhague par rapport à cette alliance, avant que le sieur de Voss fasse aucune démarche directe pour cet effet.

2° Si Votre Majesté souhaite qu'on stipule par le traité en question une garantie réciproque pour la totalité des États que les parties contractantes possèdent actuellement, ou si Elle aime mieux limiter la garantie de Son côté à la possession du duché de Sleswig, et, du côté du Danemark, à celle de la Silésie et de la comté de Glatz.

Cela est indifférent, car ce n'est qu'un.

3° Si l'intention de Votre Majesté est de conclure un traité formel avec Sa Majesté Danoise directement, ou si Elle juge plus convenable de tâcher de former cette liaison moyennant l'accession du Danemark au traité déjà conclu entre Votre Majesté et la Suède,[1] dans lequel la Silésie est également garantie, ou bien par l'accession de Votre Majesté au traité fait entre le Danemark et la Suède,[2] moyennant que le premier garantisse à Votre Majesté — comme les autres puissances, contractantes de la paix d'Aix-la-Chapelle, ont fait — le duché de Silésie et la comté de Glatz, tels que Votre Majesté les possède actuellement. En prenant ce dernier biais, on risquerait moins de se commettre avec la Russie. Par ce dernier moyen, et en stipulant de cette façon la garantie spéciale du Sleswig autrement qu'à l'égard du prince royal de Suède, sa postérité et ses frères, on désobligerait moins le grand-duc de Russie.[3]

Il y a trois moyens, qui me sont égaux:

1° Que le Danemark accède au traité que nous avons fait avec la Suède,

2° Que nous accédions à celui qu'ils viennent de renouveler,

3° Que nous en fassions un particulier avec le Danemark.

Tous les trois me sont indifférents, pourvu qu'on y mette les garanties de la Silésie.

4° Si Votre Majesté trouve à propos d'entamer et de terminer cette négociation à Copenhague, ou si Elle aime mieux, dès qu'on sera d'accord sur la question *an*, de la faire transférer ici et de conclure le traité sous Ses yeux, d'autant que, si l'on voulait l'achever à Copenhague, la reine de Danemark et les ministres d'Angleterre et de Russie trouveraient plus d'occasion d'intriguer contre et de la traverser."

Tout cela sont des choses indifférentes. Apprenons premièrement dans quelles dispositions sont les Danois, et le reste se fera selon le cas et les conjonctures.

F r.

Nach der eigenhändigen Aufzeichnung (praes. 27. September) am Rande des Berichtes.

---

[1] Vergl. Bd. V, 406 Anm. 1. — [2] Vergl. S. 56 Anm. 2. — [3] Vergl. Bd. VI, 476.

3889. AU CONSEILLER PRIVÉ DE LÉGATION DE ROHD
A STOCKHOLM.

Rohd berichtet, Stockholm 16. September: „Le comte Tessin n'a pas négligé l'occasion de la dernière conférence avec le ministre de Russie¹ pour lui donner à connaître qu'en cas que sa cour eût des preuves ou des indices qu'il y avait des gens ici qui travaillaient à faire changer la présente forme du gouvernement, la cour de Russie ne saurait agir plus amiablement envers celle de Suède qu'en l'informant du détail de ce qu'elle en pourrait savoir, afin que le gouvernement suédois, en étant averti, pût sur ces indices tâcher d'en découvrir davantage et prendre là-dessus les mesures les plus convenables pour éviter le danger d'un pareil changement, si en effet l'État en courait quelque risque, quoique le ministère n'en avait aucune connaissance. Le président de la chancellerie m'a dit lui avoir lâché cela exprès, après la conférence finie, par manière de conversation et sans dire qu'il lui en parlait par ordre, toutefois en lui insinuant qu'il ferait bien de se procurer sur cela les lumières de sa cour."

Potsdam, 27 septembre 1749.

Tout ce que le comte Tessin a dit encore au sieur Panin à l'occasion de la conférence tenue pour répondre à celui-ci, à la déclaration qu'il a faite de la part de sa cour, et dont vous me rendez compte dans votre dépêche du 16 de ce mois, est bon et bien pensé; mais j'appréhende fort que la réponse que le ministère de Suède a donnée à la déclaration en question, ne soit un peu trop forte et que le chancelier de Russie, Bestushew, ne la prenne fort haut. Heureusement nous voilà dans la saison où la Russie ne saura guère plus entreprendre quelque démarche violente contre la Suède.

Au surplus, je viens d'apprendre par un canal bien sûr² que le ministre anglais, lord Hyndford, va à présent d'assez bonne foi pour calmer le chancelier Bestushew, et qu'il lui a fait toutes les représentations possibles pour lui faire comprendre les suites qu'il y aurait s'il ne se prêtait à quelque accommodement avec la Suède, mais qu'il n'a guère pu réussir jusqu'à présent et qu'on a assemblé, le 5 de ce mois, un grand conseil de tous les collèges à Moscou, pour y délibérer en présence de l'Impératrice sur les affaires de Suède. Reste à apprendre quel en aura été le résultat; en attendant, je veux bien permettre que vous fassiez confidence à vos amis du ministère de Suède de cette circonstance, afin qu'ils s'en aperçoivent que la cour de Russie n'est pas encore décidée sur le parti qu'elle prendra vis-à-vis de la Suède, et qu'on a à appréhender encore qu'elle ne puisse procéder à quelque démarche violente, quand même elle ne saurait être trop assurée du secours des cours de Vienne et de Londres.

Federic.

Nach dem Concept.

---

¹ Vergl. S. 107 Anm. 1. — ² Vergl. S. 109. 110.

3890. AU CONSEILLER PRIVÉ DE LÉGATION BARON DE GOLTZ A MOSCOU.

Potsdam, 27 septembre 1749.

Votre relation du 4 de ce mois m'a été bien rendue. Puisque vous êtes déjà assez informé dans quels termes le sieur Panin a fait la déclaration au ministère de Suède dont il a été chargé par sa cour, je n'ai qu'à vous dire que celui-ci y a répondu avec un ton de fermeté que, le Prince-Successeur ayant de son propre mouvement renouvelé les assurances de ne vouloir en aucune manière s'écarter de sa capitulation, confirmée par serment, relativement à la présente forme du gouvernement, ni souffrir qu'il soit porté aucune atteinte aux droits de la liberté des États, toute crainte devait cesser et tout soupçon là-dessus devenait injurieux, et si d'ailleurs, contre les sentiments mêmes du Prince-Successeur, on s'apercevait dans la suite de quelque tentative contraire aux droits et à la liberté de la nation à cet égard, on trouverait suffisamment dans les forces de la couronne et dans la vigueur du gouvernement les ressources nécessaires dont un pareil cas était susceptible, pour y remédier; mais si, nonobstant ces considérations, la Russie faisait passer à ses troupes les frontières du royaume sans une réquisition préalable et formelle, l'on devait déclarer d'avance qu'une pareille démarche, en quelque temps qu'elle se fasse, ne pourrait être regardée que comme une violation du droit des gens et une rupture ouverte qui forcerait la Suède, malgré le désir qu'elle avait de cultiver une parfaite intelligence avec la cour de Russie, à employer pour sa défense tous les moyens que Dieu lui avait mis en mains et que la dignité et l'indépendance de la couronne exigeaient.

Voilà à peu près les termes dont cette réponse a été conçue, mais que je ne vous communique que pour votre direction seule, avec défense expresse de vous en ouvrir à personne. C'est à présent de savoir quel effet cette déclaration fera sur la cour de Russie, qui se verra obligée ou d'en acquiescer, ou qui la prendra fort haut et en jettera partout des cris furieux. Aussi tâcherez-vous de vous en bien orienter et de m'en faire votre rapport de la manière la plus exacte et de façon que j'y pourrais compter.

Au surplus, je viens d'être averti par un bon canal que milord Hyndford n'a point du tout été édifié de la conférence qu'il a eue le 4 de ce mois avec le Chancelier,[1] à qui il a voulu faire goûter le moyen dont la cour de Vienne est convenue avec celle de Londres pour raccommoder les affaires entre la Suède et la Russie, mais qui lui a répondu sèchement que les deux cours n'auraient point dû faire semblable pas sans en communiquer préalablement avec celle de Russie. Je sais, de plus, que milord Hyndford a fait toute sorte de remontrances au Chancelier, pour lui faire entrevoir les suites qui en résulteraient si

[1] Vergl. S. 109. 110.

la Russie refusait de se prêter à l'expédient proposé par les deux cours, pour accommoder les affaires avec la Suède. Toutes ces anecdotes-là ne doivent servir que pour votre direction seule et pour vous mettre sur des voies qui vous puissent mener à approfondir d'autant mieux les affaires, mais dont vous ne devez parler du tout d'ailleurs à qui que ce soit.

Au reste, comme l'on m'a averti qu'il y aura eu le 5 de ce mois un grand conseil de tous les colléges de Russie, en présence même de l'Impératrice, relativement aux affaires de Suède, j'attends que vous m'instruirez sur le résultat qui a été pris dans cette conférence extraordinaire. Quant à la cour de Danemark, je sais de bon lieu qu'elle n'approuve point la déclaration que la Russie a fait faire par le sieur Panin, et que ce ministre même n'a lu que contre son gré les termes indécents dont la déclaration a été conçue.

Comme l'on vient de m'apprendre encore que la récolte dans la Finlande russienne, de même que dans l'Ukraine, a été si chétive et que la cherté des vivres et du reste de ce qu'il faut pour subsister est si grande qu'on se voit obligé de nourrir les gens du pays des magasins qu'on y avait amassés, vous devez tâcher de bien approfondir si cet avis-là est fondé ou s'il est outré, et m'en faire votre rapport.

Federic.

Nach dem Concept.

3891. AU MINISTRE D'ÉTAT COMTE DE PODEWILS, ENVOYÉ EXTRAORDINAIRE, A VIENNE.

Potsdam, 27 septembre 1749.

Je n'ai cette fois-ci qu'à vous dire, sur tout ce que vous me marquez dans votre dépêche du 17 de ce mois, que vous avez bien fait de m'avertir de l'avis qui vous a été donné du nommé Heil,[1] et quoique cet avis ne me paraisse pas être tout-à-fait pour y pouvoir tabler, que je saurais nonobstant de cela en faire mon usage. Au surplus, j'ai de bons et sûrs indices que la cour de Vienne, de même que celle de Londres, agissent dans le moment présent de bonne foi, pour retenir la cour de Russie de ne point venir à des extrémités avec les Suédois et de lui faire accepter le tempérament que le sieur Keith, ministre d'Angleterre, a proposé pour concilier la Suède avec la Russie, mais que ces affaires deviennent si intricates qu'il est fort difficile de prévoir quelle en sera l'issue et de quelle façon elles se tourneront encore.

Federic.

Nach dem Concept.

---

[1] Ueber Spione in der Dienerschaft des Königs.

3892. AU CONSEILLER PRIVÉ DE GUERRE DE KLING-
GRAEFFEN A LONDRES.

Potsdam, 27 septembre 1749.

La dépêche que vous m'avez faite du 16 de ce mois, m'a été rendue. Autant que je sais pénétrer l'état présent concernant les affaires du Nord, je crois m'apercevoir que l'Angleterre n'aimera point que la tranquillité du Nord soit troublée et qu'on y parvienne à de l'éclat. J'ai des raisons fondées pour le croire, mais je vois en même temps que la fougue du chancelier Bestushew va si loin que ce méchant homme pourrait pousser les affaires à des extrémités, malgré qu'il ne soit pas trop assuré de tirer des secours des cours de Londres et de Vienne; et quoique la Russie n'ait reçu jusqu'ici des sommes en argent de l'Angleterre, je ne me fie cependant point aux fredaines dudit Bestushew.

Comme l'on est venu de me dire qu'il y a un mariage sur le tapis entre le prince héréditaire d'Ansbach et une des filles du prince de Galles, vous devez tâcher d'approfondir si cette nouvelle est fondée, et, en cas que si, quelles vues la cour de Londres saurait avoir en s'attachant ce Prince, de quoi vous me ferez immédiatement votre rapport.

Nach dem Concept. Federic.

3893. AU CONSEILLER PRIVÉ DE LÉGATION DE VOSS
A DRESDE.

Potsdam, 27 septembre 1749.

Je suis fort satisfait de tout le détail intéressant que vous me rapportez par votre dépêche du 20 de ce mois, qui a été fidèlement délivrée ici par votre domestique. Il n'y a aucune apparence qu'homme au monde tant soit peu raisonnable voulût se laisser éblouir sur les prétendus bons arrangements de la cour où vous êtes, pour se persuader que ces arrangements peuvent être suffisants pour rétablir le crédit de la *Steuer*. Aussi continuerez-vous d'aller toujours votre train, pour tâcher d'obtenir au possible l'acquittement des prétentions que mes sujets ont à la charge de ladite *Steuer*, et comme, au reste, on ménage si peu la Saxe, par l'augmentation et l'exhaussement des taxes, afin de procurer de l'argent à la cour de Dresde et pour soutenir le crédit de la *Steuer*, vous ferez bien d'être très attentif à savoir et à me marquer de temps à autre si les fabriques et manufactures du pays ne pâtissent par les impôts dont elles sont surchargées, et si elles n'en vont en décadence.

Federic.

Nach dem Concept.

3894. AU CONSEILLER BARON LE CHAMBRIER A PARIS.

Potsdam, 27 septembre 1749.

J'accuse votre dépêche du 15 de ce mois. J'ai trop bonne opinion de la pénétration du marquis de Puyzieulx et de sa façon de penser solide pour que je ne dusse espérer de lui qu'il reviendra de lui-même des idées fausses et irraisonnables qu'on a trouvé moyen de lui inspirer encore sur mon sujet, et qu'il reconnaîtra encore que toutes les appréhensions qu'on lui donne à mon égard et sur ma façon de penser, ne soient, comme elles le sont effectivement, que des insinuations malicieusement controuvées des cours de Vienne et de Dresde, uniquement forgées dans le dessein de brouiller la France avec moi et de nous séparer, s'il est possible, afin d'avoir l'un après l'autre à d'autant meilleur marché. Souvenez-vous qu'il y a plus de deux ans que je vous ai averti spécialement que c'est là-dessus que la cour de Vienne a établi tout son système de politique.[1]

Au surplus, vous devez faire remarquer à M. de Puyzieulx que le premier avis que je lui ai donné relativement à la déclaration de la Russie à la Suède,[2] n'a pas été autant destitué de fondement qu'on le croyait alors en France, et que l'événement a fait voir que ce sont à peu près les mêmes termes dont la Russie s'est servie pour faire sa déclaration à la Suède, que ceux dont je faisais avertir M. de Puyzieulx dans ce temps-là.

Au reste, ce que vous me marquez de la déclaration que le sieur Mareschal, ministre de l'Impératrice-Reine, a faite au marquis de Puyzieulx qu'il avait ordre de traiter seul[3] tout ce qui regardait les intérêts de l'Impératrice-Reine, ne m'a point surpris, puisque j'ai déjà su que cette Princesse traite tout séparément ses affaires d'avec celles de l'Empereur, ainsi que toutes les affaires de considération passeront indubitablement par les mains du sieur Mareschal.

Je suis bien satisfait du caractère que nous m'avez fait du ministre de France nommé pour aller à la cour de Vienne.[4]

Nach dem Concept.

Federic.

3895. AN DEN ETATSMINISTER GRAF PODEWILS IN BERLIN.

Potsdam, 28. September 1749.

Da in beikommendem Packete die Königliche allergnädigste Resolution[5] wegen des von dem sächsischen Minister Herrn von Bülow übergebenen Schreiben von des Königs von Polen Majestät[6] erfolget, welche Se. Königl. Majestät Selbst angegeben und von Worte zu Worte durchgelesen, auch solcher einige Höchsteigenhändige Marginalia beigefüget und selbige an Ew. Excellenz dergestalt zu senden mir befohlen

[1] Vergl. Bd. V, 452; Bd. VI, 360. 382. — [2] Vergl. S. 20. — [3] Ohne Mitwirkung des Vertreters des Kaisers, Marquis Stainville. — [4] Vergl. S. 128. — [5] Nr. 3896. — [6] D. d. Dresden 20. September 1749.

haben, so soll ich auf Höchstderoselben Specialbefehl noch dabei vermelden, wie Ew. Excellenz dahin sehen und darauf halten möchten, dass bei der Expedition des darauf auszufertigenden Antwortschreibens kein einiger von allen in der Königlichen Resolution angeführten Umständen ausgelassen, sonder alles nach Maassgebung dieser ausgefertiget werden möchte, indem Höchstdieselbe eine besondere Attention auf diese Expedition zu nehmen und solche vor der Unterschrift noch Selbst nachzusehen intentioniret wären, damit nicht etwas darin vergessen noch zur Unzeit adouciret werden möchte.

Nach der Ausfertigung.

Eichel.

3896. RESOLUTION
VOR DIE MINISTER VOM DEPARTEMENT DERER AUSWÄRTIGEN AFFAIREN, WELCHERGESTALT DAS SCHREIBEN DES KÖNIGS VON POLEN, BETREFFEND SR. KÖNIGL. MAJESTÄT UNTERTHANEN, WELCHE AN DER SÄCHSISCHEN STEUER ZU FORDERN HABEN, BEANTWORTET WERDEN SOLL.

Se. Königl. Majestät in Preussen, unser allergnädigster Herr, haben mit mehrerem ersehen, was Dero Ministres vom Departement derer Auswärtigen Affairen bei Gelegenheit des von dem sächsischen Minister von Bülow eingegebenen Schreibens von des Königs von Polen Majestät, betreffend die Capitalia, welche die hiesige Unterthanen aus der sächsischen Steuer zu fordern haben, berichten wollen.

Wenn gedachte Minister die üblen Folgen etwas reiflicher eingesehen hätten, welche ohnfehlbar entstehen müssten, wenn Se. Königl. Majestät Sich dem Verlangen des sächsischen Hofes hierüber fügen wollten, so würden selbige nicht so leicht angetragen haben, dass Höchstdieselbe in diese weitaussehende und inpracticable Sache entriren möchten.

Pour adoucir ce refus, il faut y ajouter que, si j'étais personnellement le créancier du roi de Pologne, je me ferais un plaisir de souscrire à tout ce qui lui ferait plaisir, mais qu'ici le cas est différent, qu'il s'agissait des mes sujets.

Maassen, da Se. Königl. Majestät nicht eigentlich der Creditor von der sächsischen Steuercasse, sondern solches vielmehr Dero Unterthanen, welche ihre Capitalia dahin geliehen, seind, so könne eines Theils Dieselbe solchen keineswegs anbefehlen, ihre ausstehenden Schulden nicht beizutreiben, als welches eine Art von Tyrannie wäre; andern Theils aber würde durch dergleichen Befehl aller Credit in Dero Landen gestöret und das Commercium in solchen auf verschiedene Art ruiniret werden, indem unter denjenigen, so an der Steuer zu fordern haben, Familien seind, welche, wenn sie ihre Capitalia auf so viele Jahre entbehren müssten, bei Erbschaften sich nicht würden auseinandersetzen können, andere aber, so Güter ankaufen und sich der Steuercapitalien dazu mit bedienen wollten, gehindert werden würden, auf einen Handel entriren zu können; Kaufleute und Negocianten aber, welche bei ihrem Handel auf ihre Steuercapitalia gerechnet haben, würden dadurch in ihrem Negocio behindert, und ihr Commercium sistiret werden.

Zu geschweigen, dass, wenn Se. Königl. Majestät Dero Unterthanen anbefohle, ihre Capitalia in der sächsischen Steuer binnen einer Zeit von elf Jahren (die ohnedem vielen Événements unterworfen) nicht einzufordern, diese wiederum mit allem Rechte verlangen könnten, dass Se. Königl. Majestät auch ihnen dagegen Indulte gegen ihre in sie dringende Creditores ertheileten, wodurch nothwendig ein totales Bouleversement alles Credits unter Dero Unterthanen entstehen müsste.

Nicht zu gedenken, dass, wenn Se. Königl. Majestät von der in einem solennen Friedenstractat versprochenen richtigen Bezahlung Dero Unterthanen, so aus der Steuer zu fordern haben, durch eine neuerliche Convention abgingen, solches zu vielem Préjudice hiernächst ausschlagen könnte, und dass, wenn der dresdensche Hof in der Stelle von Sr. Königl. Majestät wäre und von Dero Cassen oder Unterthanen dergleichen Forderung hätte, solcher gewiss mit vielmehr Aigreur und Heftigkeit auf seine Bezahlung dringen würde.

Bei welchen Umständen denn Se. Königl. Majestät Dero Ministres vom Departement der Auswärtigen Affairen hierdurch allergnädigst anbefehlen, das Schreiben des Königs von Polen nach Maassgebung aller vorangeführten Umstände zu beantworten und solchen annoch beizufügen, wie zwar Se. Königl. Majestät gegen die neugemachten Arrangements mit der sächsischen Steuer nichts zu sagen hätten, auch endlich aus personneller Freundschaft gegen den König von Polen wohl so viel thun und Dero bei der sächsischen Steuer interessirte Unterthanen nicht verhindern, vielmehr selbigen wohl zureden lassen wollten, dass, wenn ihre particuläre Umstände es litten, sie ihre Steuerscheine zur Verfallzeit mit ihrem eigenen und freien Willen prolongiren und ohne Noth nicht auf die Bezahlung dringen möchten; denselben aber solches aufzugeben und sie dazu zu obligiren, solches stünde nicht in Dero Vermögen, und wären Se. Königl. Majestät von des Königs von Polen Majestät Recht und Billigkeit liebendem Gemüthe persuadiret, dass, wann Dieselbe alle desshalb angeführte Umstände in reifliche Erwägung ziehen wollten, Sie von Sr. Königl. Majestät dergleichen nicht einmal praetendiren würden.

Friderich.

Il faut encore ajouter que le roi de Pologne ne pourrait rien plus prétendre de plus contraire au crédit de la *Steuer* que d'exiger que je forçasse mes sujets à prolonger malgré eux de pareilles obligations, à cause que rien ne marque si visiblement le mauvais état d'une banque que lorsqu'elle manque d'exactitude aux termes, et que j'étais trop ami de la Saxe, et comme voisin trop intéressé au maintien de leur crédit, pour vouloir leur rendre un aussi mauvais service.

<small>Nach der Ausfertigung (praes. 28. September). Die französischen Zusätze eigenhändig. Das auf Grund dieser Weisung im Ministerium ausgearbeitete, von Podewils und Finckenstein contrasignirte deutsche Kanzleischreiben an den König von Polen datirt von Berlin, 30. September 1749.</small>

3897. AU MARQUIS DE VALORY, ENVOYÉ DE FRANCE, A BERLIN.

Potsdam, 30 septembre 1749.

Monsieur le Marquis de Valory. Je suis satisfait des arrangements que vous me marquez dans votre lettre du 27 de ce mois d'avoir pris pour faire passer sûrement à votre cour les originaux des pièces que je vous ai communiquées. Quant aux chiffres dont je vous ai parlé,[1] l'on est après pour les copier exactement, et comme cela pourra être fait à la fin de cette semaine, je souhaiterais bien que vous voudriez passer ici le dimanche qui vient[2] pour les prendre vous-même et vous instruire en même temps sur la manière dont il faut se prendre pour en pouvoir faire usage.

Nach dem Concept. Federic.

3898. AU SECRÉTAIRE DIESTEL A COPENHAGUE.

Potsdam, 30 septembre 1749.

Je suis bien aise que vous m'ayez fait le portrait du sieur de Rosenkrantz dans votre dépêche du 23 de ce mois. Nous serons d'ailleurs à même ici, dès son arrivée à Berlin, de porter un jugement solide sur sa façon de penser et à quel point sa cour voudra se porter pour entrer dans ce qui pourra lui être proposé de notre part.

Nach dem Concept. Federic.

3899. AU MINISTRE D'ÉTAT COMTE DE PODEWILS, ENVOYÉ EXTRAORDINAIRE, A VIENNE.

Potsdam, 30 septembre 1749.

Vous pouvez compter là-dessus quand je vous ai dit que c'est la cour de Russie qui tâche d'entraîner en guerre la cour où vous êtes, et qu'il est avéré qu'elle travaille sérieusement de retenir la Russie des démarches indécentes que celle-ci voudra faire contre la Suède. Dans le moment présent, il n'est point l'intention de la cour de Vienne de s'embarquer dans quelque nouvelle guerre, parceque leurs nouveaux arrangements ne sont point encore achevés, qu'elle aimerait bien de voir faits et consolidés avant que d'entreprendre quelque affaire de conséquence. Ce que j'ai bien voulu vous dire en réponse de la dépêche que vous m'avez faite du 20 de ce mois.

Federic.

Nach dem Concept.

---

[1] Valory berichtet an Puyzieulx, Berlin 30. August: „Je ne sais comment il m'est échappé, l'ordinaire dernier, de ne vous point mander que le roi de Prusse m'avait dit qu'il était parvenu à avoir le chiffre du comte de Kaunitz, qui doit être ambassadeur de l'Empereur auprès de Sa Majesté [le roi de France]; qu'il me le donnerait, à condition, m'ajouta-t-il, qu'on me fera part de tout ce qui pourra m'intéresser. Je ne crois pas avoir mal fait de le lui promettre." (Archiv des Auswärtigen Ministeriums zu Paris.) — [2] 5. October.

3900. AU CONSEILLER PRIVÉ DE LÉGATION DE VOSS A DRESDE.

Voss berichtet, Dresden 23. September: „Je dois marquer à Votre Majesté qu'ayant suivi Ses ordres de faire des découvertes sous main, sans faire le curieux et en parlant peu d'affaires, on ne me croit guère dangereux, et comme dans les discours que j'ai eus avec le premier ministre et avec le comte de Hennicke, j'ai plutôt fait l'ignorant que de faire remarquer la connaissance que je crois avoir de leurs affaires, on s'imagine peut-être que je prends pour vrai tout ce qu'on me dit. Il paraît même que ces deux ministres commencent d'avoir quelque confiance en moi, et comme je crois de l'intérêt de Votre Majesté de me soutenir sur ce pied, je dois La supplier de garder le secret de tout ce que j'ai l'honneur de Lui rapporter, afin que M. de Bülow n'en remarque rien et qu'on ne commence pas à me soupçonner ici."

Nach dem Concept.

Potsdam, 30 septembre 1749.

J'ai reçu votre dépêche du 23 de ce mois, et vous pouvez fermement être assuré que je vous ferai garder le secret le plus impénétrable concernant toutes les affaires dont vous me faites votre rapport.

La lettre que vous dites qui me viendrait de la part du roi de Pologne, m'est effectivement entrée,[1] et je vous ferai adresser la réponse que j'y fais du département des affaires étrangères, qui d'ailleurs n'est point autre que celle dont je vous ai déjà marqué le précis.

Federic.

3901. AU CONSEILLER PRIVÉ DE LÉGATION BARON DE GOLTZ A MOSCOU.

Potsdam, 30 septembre 1749.

Je ne sais pas si le premier ministre de la cour où vous êtes est aussi alarmé de la déclaration faite par le Grand-Visir[2] que vous le pensez en conséquence de votre relation du 8 de ce mois, et, si mes lettres qui me viennent d'autre part, accusent droit, les deux cours impériales ne regardent cette déclaration que comme une démarche de pure ostentation et comme des menaces que la Porte ne voudra pas exécuter quoi qu'il arrive.

En attendant, tous les arrangements que la Russie continue de faire, indiquent quelque grand dessein; je présume cependant que cette année pourrait bien s'écouler encore sans qu'on parvienne à des éclats. Votre grande attention doit être, dans le moment présent, premièrement de vous instruire exactement du vrai objet des délibérations du grand conseil qu'on a tenu dernièrement en présence de la souveraine de Russie,[3] et quel en a été le résultat, et, en second lieu, quelle impression la réponse de la Suède à la déclaration du ministre Panin a faite sur la cour de Russie et quel parti elle prendra là-dessus. Deux points sur lesquels j'attends vos éclaircissements avec impatience.

Federic.

Nach dem Concept.

---

[1] Vergl. S. 116 Anm. 6 und Nr. 3896. — [2] Vergl. S. 55. — [3] Vergl. S. 110.

902. AU MINISTRE D'ÉTAT COMTE DE PODEWILS A BERLIN.

Potsdam, 1er octobre 1749.

Le sieur de Voss à Dresde ayant fait par la relation ci-close sa justification touchant l'indiscrétion qu'on lui a imputée,[1] je vous en dresse l'original avec ordre d'inviter le marquis de Valory de venir vous voir et de lui faire lire alors toute la relation d'un bout à l'autre, sans cependant lui en donner copie, afin qu'il en puisse faire son rapport à sa cour et la désabuser des fausses suggestions qu'on lui a malignement faites à cet égard. Vous ferez en même temps remarquer au marquis de Valory que, quant au propos qu'on m'attribue avoir tenu au maréchal de Saxe, quoique je n'aimerais point d'être commis avec le maréchal de Saxe, il fallait cependant absolument qu'il y eût du malentendu de sa part, puisqu'il ne m'était point échappé de dire pareille chose à lui, mais qu'il était absolument controuvé, comme le marquis de Valory le saura lui-même, ayant été présent à tous les entretiens que j'ai eus avec ledit Maréchal. Vous ne manquerez pas de me faire votre rapport sur ce qu'il vous aura répondu là-dessus, et de renvoyer l'original de la relation du sieur de Voss. Et sur ce, je prie Dieu etc.

Federic.

Copie de la relation du Conseiller Privé de Voss, de Dresde 27 septembre 1749.

Sire. Les ordres immédiats de Votre Majesté du 20 de ce mois m'ont été bien rendus. Votre Majesté m'y ordonne de me justifier et de m'expliquer exactement si, à l'occasion du traité d'alliance conclu entre la Suède et le Danemark, j'ai fait au marquis des Issarts et au comte de Brühl une déclaration telle que le premier doit avoir rapporté au marquis de Puyzieulx et que celui-ci a confiée au baron Le Chambrier. Je crois me pouvoir rapporter hardiment à mes dépêches qu'à ce temps-là j'ai eu l'honneur de faire à Votre Majesté. Car Elle verra par là que, bien loin de déclarer la moindre chose, j'ai été sur mes gardes lorsque l'homme attaché au comte de Brühl tâcha de me tirer les vers du nez. Ma dépêche du 16 août[2] montre ma réponse que je lui ai donnée, et dans mes dépêches suivantes j'ai rapporté à Votre Majesté que j'avais fait confidence au marquis des Issarts et au ministre de Suède du raccommodement en question et du renouvellement du traité de subsides avec la France, afin que ces deux ministres pussent observer avec moi quelle impression cette nouvelle ferait sur cette cour-ci.

Voilà, Sire, tout ce que j'ai fait, et je puis L'assurer, sur le serment que je Lui ai prêté, que jamais je n'ai parlé le mot de toute cette affaire au comte de Brühl. Je ne comprends donc point comment le marquis des Issarts a pu rapporter que j'avais déclaré à lui et au comte de Brühl que Votre Majesté avait signé Son traité avec la Suède et le Danemark, et comme jusqu'au moment présent je n'ai rien appris d'une

[1] Vergl. S. 100. 101. 103—105. — [2] Vergl. S. 64.

estafette envoyée à cette occasion à Vienne et à Copenhague, je ne sais que croire d'un tel rapport. Ce qui peut-être a donné lieu à ce discours et au rapport du marquis des Issarts, c'est que le maréchal de Saxe, à un dîner chez le premier ministre, doit avoir raconté après son retour de Berlin que Votre Majesté avait dit à table qu'Elle venait de signer un traité par lequel Elle croyait empêcher les troubles dans le Nord, d'où peu à peu le discours d'une quadruple alliance doit avoir tiré son origine. Personne ne m'en a jamais demandé des nouvelles, et même il n'y a pas longtemps que j'ai appris le discours du maréchal de Saxe. Le marquis des Issarts venant à me parler dernièrement de la nouvelle que ce maréchal avait débitée à Paris et dont j'ai fait mention dans ma dépêche du 16 de ce mois,[1] me dit qu'il avait causé par son discours un galimatias terrible, qu'il était l'auteur de tout, que le ministère de Versailles le savait bien, mais qu'on ne voulait pas entrer avec lui en discussion. Je ne me suis jamais mêlé de tous ces discours, n'étant guère accoutumé de parler beaucoup d'affaires, et c'est pour cela que je suis d'autant plus étonné qu'on me prête une déclaration à laquelle je n'ai jamais pensé. Si c'est le comte Brühl qui fait débiter de pareilles choses sur mon compte, je n'en dois pas être surpris, car je suis persuadé qu'il ne cherche pas mieux que de causer quelque brouillerie entre Votre Majesté et la France; mais si le marquis des Issarts a fait le rapport tel que le marquis de Puyzieulx a soutenu, j'avoue que je n'y comprends rien, ayant tout lieu de croire que ce ministre est de mes amis. Toutefois ai-je l'honneur d'assurer Votre Majesté qu'excepté ce que je viens de marquer, je n'ai pas fait la moindre chose. Je me flatte qu'Elle sera gracieusement contente de ma conduite. Conformément à Ses ordres je ne marque rien de tout ceci au département des affaires étrangères. J'ai l'honneur d'être etc.

Nach der Ausfertigung.

de Voss.

3903. AU CONSEILLER BARON LE CHAMBRIER A PARIS.

Potsdam, 4 octobre 1749.

La dépêche que vous m'avez faite du 22 du septembre passé, m'a été bien rendue. Le sieur de Voss, mon ministre à Dresde, ayant fait son exacte justification par rapport à l'indiscrétion qu'on lui a imputée, je vous la fais communiquer par le rescrit du département des affaires étrangères qui vous va arriver par cet ordinaire. Comme je m'y suis expliqué bien amplement sur tout ce qui regarde cette affaire, j'espère que les ministres de France verront par là que tout n'a été que malentendu et babil. J'ai fait lire au marquis de Valory la dépêche du sieur Voss en original, qui a promis d'en faire son fidèle rapport à sa cour et qui a reconnu que ce n'a été qu'une tracasserie que le comte

[1] Vergl. S. 105.

Brühl paraissait avoir faite par malice et à laquelle quelque mésentendu du maréchal de Saxe pourrait peut-être avoir fourni occasion. Voilà tout ce que j'ai pu faire pour faire revenir le ministère de France des préjugés dont il a été imbu contre ma façon d'agir et de penser.

Au surplus, vous pouvez être très assuré que je souhaite, plus que jamais le ministère de France ne le saura faire, la conservation de la paix, et qu'il n'y a rien de plus avantageux pour moi que sa durée, sur quoi vous pouvez compter hardiment.

Federic.

Nach dem Concept.

3904. AU CONSEILLER PRIVÉ DE LÉGATION DE VOSS A DRESDE.

Potsdam, 4 octobre 1749.

La justesse avec laquelle vous avez fait votre relation du 27 de septembre, et toutes les circonstances que vous y avez alléguées, vous ont justifié pleinement dans mon esprit à l'égard des imputations dont on a voulu vous charger relativement à une prétendue indiscrétion commise envers l'ambassadeur de France et envers le comte Brühl. Ainsi que je me confirme dans le sentiment où j'ai été que tout n'a été qu'une tracasserie de la façon du comte Brühl, faite par malice pour mettre de la mésintelligence entre la France et moi, mais dont j'espère de désabuser celle-là.

Pour ce qui est des affaires relatives à la *Steuer*, la dernière dépêche qu'on vous a faite de la part du département des affaires étrangères, en vous adressant ma réponse à la lettre du roi de Pologne,[1] vous aura instruit que ces affaires sont toujours sur le même pied où elles ont été auparavant, et qu'il faudra en conséquence que vous continuiez toujours à parler, à toute occasion, en faveur de mes sujets et tâchiez d'arracher autant que vous pourrez pour la satisfaction de ceux-ci.

Quant aux chipotages du sieur Guy Dickens dont vous faites mention dans un de vos post-scriptums de votre dépêche du 30 du mois passé, je pense comme vous qu'ils rouleront principalement sur un traité de subsides entre l'Angleterre et la cour de Dresde. Si cela se confirme, il m'importera peu que ce traité parvienne à sa consistance, auquel cas on saura, au moins, où l'on sera avec la Saxe, qui jusqu'à présent n'a été ni chair ni poisson. Il m'importe, en attendant, que vous soyez attentif, afin de savoir au possible de quoi il s'est agi dans les conférences avec ledit Guy Dickens. Au surplus, je suis content que vous profitiez de la permission que je vous ai accordée de faire un tour à Berlin et dans le Mecklembourg, dès que la foire présente de Leipzig sera finie.

Federic.

Nach dem Concept.

[1] Vergl. S. 117. 118.

3905. AU MINISTRE D'ETAT COMTE DE PODEWILS, ENVOYÉ EXTRAORDINAIRE, A VIENNE.

Potsdam, 4 octobre 1749.

Graf Otto Podewils berichtet, Wien 24. September, nach dem Mittheilungen des Grafen Barck, über eine Conferenz des letzteren mit dem Grafen Kaunitz, der dem schwedischen Gesandten gesagt hat: „Qu'on était persuadé que, si la guerre s'allumait dans le Nord, elle se communiquerait bientôt au reste de l'Europe; que c'étaient précisément ces notions qui faisaient souhaiter fortement à l'Impératrice-Reine de conserver la tranquillité dans le Nord ... mais qu'il s'en fallait beaucoup qu'elle eût assez de pouvoir sur la Russie pour la diriger à son gré; que, si cela était, elle l'employerait à persuader la Russie de se contenter de la déclaration publiée dernièrement en Suède,[1] mais que c'était une cour fort difficile à ménager, et qu'il doutait beaucoup qu'elle s'en contentât; qu'au reste, dès qu'une fois elle serait contente, son désarmement en serait une suite naturelle."

Quand le comte Kaunitz s'est expliqué au comte de Barck, par rapport aux affaires du Nord, de la manière que vous me l'avez marqué dans votre dépêche du 24 du mois passé de septembre, il a parlé vrai, et je sais que c'est à présent la véritable façon de penser de sa cour relativement à ces affaires. Je me confirme de plus en plus que le sieur Blondel est incorrigible et un homme qu'on ne saura mener à rien qui vaille. Quant au comte d'Ulfeld, vous pourrez aisément vous consoler de ce qu'il ne vous veut pas du bien;[2] cela doit être le dernier de vos soucis.

Federic.

Nach dem Concept.

3906. AU CONSEILLER PRIVÉ DE LÉGATION BARON DE GOLTZ A MOSCOU.

Potsdam, 4 octobre 1749.

Il s'en faut beaucoup que la cour de Vienne soit, comme vous paraissez le croire selon votre dépêche du 11 du mois passé, dans une espèce de dépendance de celle où vous êtes; la première voudrait au contraire gouverner plutôt celle-ci, dont cependant elle se plaint de ce qu'elle était fort difficile à ménager. Au reste, quand vous aurez parlé à l'ami connu, je compte que vous aurez tiré de lui les éclaircissements que je désire d'avoir relativement au grand conseil qui s'est tenu en présence de l'Impératrice, et sur l'impression que la réponse de la Suède à la déclaration de Panin a faite sur le Chancelier — deux points que je vous ai recommandés déjà comme les plus principaux sur lesquels vous devez diriger votre attention dans le moment présent, afin de pouvoir m'en instruire exactement.

Federic.

Nach dem Concept.

---

[1] Vergl. S. 84. — [2] Vergl. S. 92.

3907. AU CONSEILLER PRIVÉ DE GUERRE DE KLING-
GRAEFFEN A LONDRES.

Potsdam, 4 octobre 1749.

Je crois ne pas me tromper quand je n'attribue l'embarras du duc de Newcastle dont vous m'avez rendu compte par vos dépêches du 19 et du 23 du septembre passé, que principalement à deux causes, primo à ce que le chancelier de Russie, Bestushew, est mécontent de l'Angleterre, parceque celle-ci n'a pas voulu se laisser diriger à son gré, et, en second lieu, parceque la Russie a fait faire par son ministre à Stockholm la déclaration connue contre l'avis et le gré de l'Angleterre. A présent, il nous reste à voir quelle impression la réponse de la Suède aura faite sur la cour de Russie.

Pour ce qui regarde les affaires des dettes de Silésie et la nouvelle convention à faire sur ce sujet, vous vous trouverez à présent tout-à-fait instruit de mes intentions, par mes dépêches antérieures que je vous ai faites à cet égard, ainsi qu'il ne me reste que d'apprendre de vous jusqu'ou vous avez réussi.

Federic.

Nach dem Concept.

3908. AN DEN ETATSMINISTER GRAF PODEWILS IN BERLIN.

Podewils berichtet, Berlin 5. October: „Ayant écrit en conformité des ordres que Votre Majesté a bien voulu me donner de bouche pendant Son dernier séjour ici, au sieur d'Asseburg, ministre d'État de Hesse-Cassel, touchant les deux bataillons de troupes hessoises que Votre Majesté souhaiterait qu'on tienne en tout cas prêts pour passer à Son service, si Elle en peut un jour avoir besoin, moyennant de subsides convenables, il m'a répondu, comme Votre Majesté le verra par la lettre ci-jointe [Neuendorf 2 octobre 1749], d'une façon qui ne donne pas beaucoup d'espérance de réussir dans cette négociation, quoique la défaite dont ce ministre se sert, paraît assez faible, et que tout le monde sait que la cour de Hesse ne saurait se passer de subsides et qu'elle aurait mauvaise grâce d'en refuser, pendant que la Suède et le Danemark en prennent. Mais je crois que c'est par ménagement pour la cour de Londres et celle de Vienne qu'on voudra décliner à Cassel d'en prendre de Votre Majesté. Cependant, comme le sieur d'Asseburg demande s'il en doit faire la proposition

Potsdam, 6. October 1749.

Des Königs Majestät haben auf das hierein befindliche Schreiben von Ew. Excellenz zur mündlichen allergnädigsten Resolution zu melden befohlen, wie Ew. Excellenz zu Dero Direction dienen könne, dass wann Russland die letztere Antwort des schwedischen Ministerii auf die Paninsche Declaration hoch nehmen und Schweden darüber attaquiren wollte, sodass Se. Königl Majestät Sich nicht entbrechen könnten, das allianzmässige Contingent Truppen an Schweden zu geben, alsdann Höchstderoselben Intention sei, solches Contingent von einigen derer teutschen Fürsten gegen Subsides zu negociiren und zu übernehmen. Bevor aber auch dergleichen Ruptur zwischen Schweden und Russland nicht wirklich

dans les formes au Prince-Stathouder..., j'attends les ordres ultérieurs de Votre Majesté."

geschähe, so wären Se. Königl. Majestät nicht gemeinet, Sich mit dergleichen Auxiliärtruppen zu chargiren, noch deshalb in einige Negociation zu treten. Was Sie wegen des von Asseburg mit Ew. Excellenz gesprochen, wäre gewesen, um diesen nur vorläufig über ein paar Bataillons Hessen zu sondiren. Höchstdieselbe glaubten auch, dass es denen Hessen ein leichtes sein werde, wenn das quästionirte Evenement sich ereignen sollte, ein paar Bataillons zu rüsten und solche vor Subsides zu geben, und zwar auf eine Art, wie sonsten wohl mehr geschehen, ohne dass der wienersche und londensche Hof solches hoch nehmen könnten noch würden, als welche ohnedem von den violenten Démarches derer Russen gegen Schweden gar nicht zufrieden wären. Inzwischen wären des Königs Majestät versichert, dass wann die Noth an den Mann ginge, man in Kassel mit Geld schon etwas ausrichten werde. Bis dahin möchten Ew. Excellenz dem p. von Asseburg nur sehr obligeant antworten und ihm insinuiren, dem Statthalter noch nichts von der Sache zu sagen; bei welcher Gelegenheit aber Ew. Excellenz in ganz polien Terminis einige Erinnerung thun oder vielmehr nur hinwerfen möchten wegen derer Leute, so der Statthalter des Königs Majestät zu schicken versprochen hätte.

Nach der Ausfertigung.

Eichel.

3909. AN DEN ETATSMINISTER GRAF PODEWILS IN BERLIN.

Podewils berichtet, Berlin 6. October: „Le sieur de Greiffenheim, ministre de Suède pour la cour de Russie, étant arrivé ici hier à midi de Dresde, a continué aujourd'hui sa route pour Pétersbourg. Il a passé à ma porte, mais je n'étais point chez moi. Le comte de Finck l'a vu et m'a dit que c'était un homme fort doux et fort réservé, mais d'ailleurs pas encore assez rompu dans les affaires, quoique, avec tous les talents supérieurs qu'on pourrait avoir, il ne ferait que de l'eau toute claire en Russie, sur le pied que celle-ci est dans le moment présent avec la Suède."

Potsdam, 7. October 1749.

Ich bin sehr von seinem Sentiment, dass bei den jetzigen Umständen in Russland ein guter Minister so wenig als ein schlechter ausrichten wird; inzwischen ist es doch allemal gut, dass ein Minister von guter Conduite dahin gesandt wird, um wenigstens zu sehen, was der Kanzler vor hat, und wohin die russischen Absichten gehen.

Mündliche Resolution. Nach Aufzeichnung des Cabinetssecretärs.

3910. AU CONSEILLER BARON LE CHAMBRIER A PARIS.

Potsdam, 7 octobre 1749.

La réflexion que le marquis de Puyzieulx a faite sur la réponse que la Suède a faite à la déclaration que le ministre de Russie, le ieur Panin, a lue aux ministres de Suède, selon que vous me la marquez par votre dépêche du 26 du septembre passé, est bien judicieuse, et je crois tout comme M. de Puyzieulx que la Suède n'a qu'à en rester là, pourvu qu'elle ait pris des mesures justes, surtout en Finlande, de n'avoir à craindre quelque affront ou insulte de la part de la Russie. Cependant je souhaiterais bien que vous sondiez le marquis de Puyzieulx sur ce qu'il pense de la déclaration de la Russie et s'il ne la trouve pas fort impertinente; vous lui ferez observer, en même temps, qu'au moins la déclaration, telle que la Russie l'a fait faire actuellement par son ministre, ne diffère guère de celle dont j'ai fait avertir la France il y a quelque temps que la Russie voudrait faire alors, et qu'ainsi l'on ne saurait point m'accuser avec justice comme si j'avais donné alors de fausses alarmes à ce sujet-là.

Federic.

Nach dem Concept.

3911. AU CONSEILLER PRIVÉ DE GUERRE DE KLING-GRÆFFEN A LONDRES.

Potsdam, 7 octobre 1749.

Si l'ambassadeur de France ne parle pas toujours avec cette vivacité au ministère d'Angleterre, relativement aux affaires du Nord, comme il serait à souhaiter et que les circonstances le requerraient, il faut cependant que vous ne le releviez pas trop envers lui, mais que vous le dissimuliez plutôt et que vous le ménagiez extrêmement, pour que, par les rapports qu'il fait à sa cour, il ne fortifie pas les soupçons qu'on a déjà tâché d'inspirer à celle-ci comme si mes ministres dans différentes cours soufflaient le feu tant qu'ils pouvaient, et que leur conduite ne quadrait nullement avec le désir que je témoignais que le Nord restât tranquille. Ce que j'ai bien voulu vous dire sur la dépêche que vous m'avez faite 26 du septembre dernier.

Federic.

Nach dem Concept.

3912. AU CONSEILLER PRIVÉ DE LÉGATION BARON DE GOLTZ A MOSCOU.

Potsdam, 7 octobre 1749.

Votre dépêche du 15 du septembre dernier m'a été rendue. Ne doutant point que vous n'ayez eu occasion de vous informer exactement sur l'effet que la réponse du ministère de Suède à la déclaration du sieur Panin a fait à la cour de Russie, j'attends avec une sorte d'impatience le rapport que vous m'en ferez. Si tout reste tranquille à cette cour-là, il est à présumer qu'elle se contente de la réponse et dissimule le dépit qu'elle en a; mais si elle en fait du bruit et prend en même temps de certains arrangements militaires, alors l'on ne saura plus s'y fier. L'entrevue que vous aurez eue avec l'ami connu, vous en aura apparemment éclairci.

Nach dem Concept.

Federic.

3913. AU MINISTRE D'ÉTAT COMTE DE PODEWILS, ENVOYÉ EXTRAORDINAIRE, A VIENNE.

Graf Otto Podewils berichtet, Wien 27. September: „Je n'ai parlé à personne de la déclaration que le chambellan de Panin a faite à Stockholm et dont Votre Majesté a daigné me marquer le précis... Le sieur Blondel m'a dit que le comte Desalleurs n'avait réussi à obtenir de la Porte Ottomane la déclaration qu'elle a fait faire à la Russie, qu'en l'assurant que c'était le seul moyen de prévenir une guerre entre elle et la Suède, mais que, la réponse de la Russie ayant fait connaître à la Porte qu'elle s'était abusée, ceux qui avaient appuyé le conseil du comte Desalleurs, ont été déposés, savoir le Mufti, le Tefterdar ou Grand-Trésorier et le Kislar-Aga."[1]

Potsdam, 7 octobre 1749.

J'ai reçu votre dépêche du 27 septembre dernier. La réserve que vous avez observée vers le sieur Blondel à l'égard de la réponse que la Suède a faite sur la déclaration du ministre de Russie, Panin, a toute mon approbation, et vous ne sauriez mieux faire que de vous ménager bien avec lui; du moins éviterez-vous d'être le premier à lui donner des nouvelles qui ne sont pas conformes à sa façon de penser, et, au bout du compte, je conçois parfaitement bien la nécessité qu'il y a de prendre ses précautions avec lui.

Les nouvelles de Turquie que vous me marquez ne sont guère consolantes; en attendant, il faudra voir si l'humeur inquiète des janissaires, qui ont déjà révolté différentes fois pour vouloir avoir de la guerre, n'obligera pas, à la fin, la Porte d'entrer en guerre bongré malgré elle. J'ai observé à cette occasion — au moins me le paraît-il — que la cour de Vienne connaît bien mieux les Turcs que les Français ne les connaissent.

Federic.

P. S.

Soli. Ayant trouvé nécessaire de vous envoyer de nouveaux chiffres, dont vous vous servirez désormais tant pour les dépêches que vous ferez à moi immédiatement que pour celles que vous enverrez au département des affaires étrangères, vous les recevrez à la suite de celle-ci, qu'un exprès de Neisse vous rendra.

Au surplus, voici le portrait du marquis de Hautefort, ministre de la France destiné à être envoyé à la cour de Vienne, tel que je l'ai reçu par un assez bon canal[2] et que je vous ai promis[3] de vous communiquer, afin de pouvoir vous diriger là-dessus. C'est un homme entre cinquante et soixante ans, plus grand que petit, fort maigre, ayant

[1] Vergl. S. 109. — [2] Vergl. S. 116. — [3] Vergl. S. 4.

la physiognomie assez grêle et peu significative. Il est parvenu dans le service jusqu'au grade de maréchal de camp, qu'il a obtenu en 1740. N'ayant pas été employé pendant la dernière guerre, il n'a pas eu de réputation distinguée comme militaire, et on n'avait pas imaginé qu'il dût jamais être mis à portée à l'acquérir comme ministre. En effet, on ne lui connaît pas jusqu'à présent les talents estimés nécessaires pour ce métier. Il a très peu de connaissances des affaires publiques, il passe pour avoir l'esprit faux, il est altier et autant prévenu que gentilhomme de France en faveur de la noblesse, de son extraction, sur laquelle il aime à parler peut-être plus que sur aucune autre matière. Il a cependant la bonne qualité de ne pas avoir la même prévention sur sa capacité. Il avoue assez ingénument qu'il n'espère de réussir que par sa modestie et sa droiture. L'on dit qu'il appuie jusqu'à présent beaucoup sur ce dernier article, disant en toutes occasions qu'il croit la ruse, la finesse et la fausseté aussi inutiles dans les négociations qu'indignes d'un honnête homme négociateur. Il est parent du marquis de Puyzieulx par sa femme, qui est fille du maréchal d'Harcourt, et il n'aura jamais sur les affaires d'autres principes que ceux qui lui seront dictés par ce ministre. Il est à présumer qu'il ne se laissera pas subjuguer de la cour de Vienne à l'exemple du sieur Blondel, parceque les caresses et les distinctions qui ont pu séduire ce dernier, ne seront regardées par lui que comme des choses dues à son caractère et à sa naissance. Il est, au surplus, fort rangé dans ses affaires, il jouit de 60,000 livres de revenus et il dit ouvertement qu'il veut bien les manger à Vienne avec ce que le Roi son maître lui donnera, mais qu'il n'est point d'humeur à se ruiner pour faire parler de sa dépense.

Nach dem Concept.   Federic.

3914. AN DEN ETATSMINISTER GRAF PODEWILS IN BERLIN.

Diestel berichtet, Kopenhagen 30. September: „J'ai dit ce matin à l'abbé Lemaire ce que Votre Majesté a daigné me marquer par l'ordre de cabinet du 23 de ce mois ... Il m'a répondu qu'il importait extrêmement pour le succès de cette négociation d'attendre encore quelque temps avant que de l'entamer; qu'on avait à faire à une cour timide ... et que l'affaire pourrait échouer, si on la mettrait trop tôt en mouvement."

Potsdam, 8. October 1749.

Es haben Se. Königl. Majestät bei Gelegenheit dessen, so der p. Diestel in seiner Relation vom 30. vorigen Monates von denen Aeusserungen, so der französische Minister Lemaire gegen ihn gethan, berichtet hat, mir befohlen an Ew. Excellenz zu melden, wie zufolge dessen Sie also resolviret hätten, die Sache wegen der mit der Kron Dänemark zu errichtenden Alliance vor der Hand noch nicht zu pressiren, sondern den Insinuationen des Abbé Lemaire zu folgen; weshalb denn Ew. Excellenz besorgen würden, dem Herrn von Voss[1] in seinen Instructionen mit aufzugeben, dass er sich wegen solcher Alliance nicht pressiren, sondern das dänische Ministerium vorerst deshalb kommen sehen sollte[2]....

Da auch des Königs Majestät von ohngefähr der zwischen Ihro und dem wienerschen Hofe zu Dresden geschlossene Friedenstractat in die Hände gekommen und Dieselbe darin gelesen haben, was in dessen Articulo 7 wegen der Sr. Königl. Majestät von des verstorbenen Kaisers Karl's VII. Majestät bewilligten Prärogativen stipuliret worden,[3] so haben Höchstdieselbe befohlen, Ew. Excellenz zu melden, wie Dieselbe bei allen in der Investitursache vorkommenden Umständen darauf ohnbeweglich appuyiren möchten.

Eichel.

Auszug aus der Ausfertigung.

3915. AU MARQUIS DE VALORY, ENVOYÉ DE FRANCE, A BERLIN.

Potsdam, 10 octobre 1749.

Monsieur le Marquis de Valory. Je veux bien vous communiquer encore, quoique sous condition expresse que vous m'en gardiez le plus sacré et inviolable secret, une dépêche qui vient de me tomber par hasard entre les mains.[4]

Je vous l'adresse ci-close avec son déchiffré et une traduction littérale en français que j'en ai fait faire pour votre intelligence particulière, vous requérant de faire passer la dépêche même avec son déchiffré à M. de Puyzieulx par une occasion toute sûre, pour que d'un côté ce ministre soit en état d'informer votre cour des nouvelles intéressantes qu'elle renferme, et que d'un autre on puisse s'en instruire de la méthode que les ministres autrichiens mettent en usage en se servant de ce chiffre allemand qui vous a été communiqué en dernier lieu[5] et dont est chiffrée la susdite dépêche.

La méthode donc qu'ils pratiquent en chiffrant, est de se servir même de chiffres significatifs manquants de sens dans la connexion de la dépêche, uniquement pour envelopper et cacher d'autant mieux le véritable contenu de la dépêche, de sorte qu'on est obligé, après avoir achevé l'entier déchiffrement d'une dépêche, savoir de tous les mots, syllabes et lettres dont elle est composée, d'en déchiffrer alors de nouveau le vrai sens qu'elle renferme. La dépêche ci-jointe en pourra servir d'échantillon, et la personne de confiance qu'emploiera votre cour à travailler par le grand chiffre allemand qui vient de vous être communiqué, sera en état de s'en former un modèle pour savoir dé-

---

[1] Vergl. S. 83 Anm. 1. — [2] Durch einen Immediaterlass vom 11. October wird Diestel in gleichem Sinne beschieden. — [3] Vergl. Bd. V, 17. 82. — [4] Die Beilage, anscheinend ein Bericht des österreichischen Gesandten Graf Bernes, Moskau 15. September (vergl. Nr. 3920), liegt nicht vor, ihren Inhalt lassen Nr. 3916—3918 ersehen. — [5] Vergl. S. 119.

chiffrer ensuite elle-même selon ledit chiffre, de quoi je vous prie d'informer le M. de Puyzieulx en même temps que vous lui enverrez les chiffres qui vous ont été remis.

Federic.

Nach dem Concept.

3916. AU MINISTRE D'ÉTAT COMTE DE PODEWILS, ENVOYÉ EXTRAORDINAIRE, A VIENNE.

Potsdam, 11 octobre 1749.

Sachant de bon lieu que milord Hyndford se donne bien des mouvements afin de déhorter la cour de Russie à ne procéder à aucune démarche violente contre la Suède, j'ai bien voulu vous en faire part, quoique pour votre direction seule. Il est encore vrai que le comte Bernes a appuyé les remontrances que ledit milord a faites à ce sujet, mais avec beaucoup de ménagement, ainsi qu'on s'en est bien aperçu que la cour de Vienne veut ménager au possible celle de Russie. Quoi qu'il en soit, toutes les apparences sont que les affaires du Nord resteront tranquilles et que l'orage qui l'a menacé, se passera encore cette fois-ci.

Vous donnez, dans la dépêche que vous m'avez faite à la date du 1er de ce mois, vingt quatre millions d'écus de revenus à l'Impératrice-Reine; je trouve la somme un peu forte; mais pour savoir au juste le montant de ces revenus, je crois que vous y saurez parvenir quand vous tâcherez de vous instruire, peu à peu et avec le succès de temps, de province à province, à combien vont les revenus que la souveraine en retire. Au reste, je vous avertis qu'il y a actuellement un exprès en chemin qui vous apportera un nouveau chiffre.

Federic.

Nach dem Concept.

3917. AU CONSEILLER PRIVÉ DE LÉGATION BARON DE GOLTZ A MOSCOU.

Potsdam, 11 octobre 1749.

J'ai reçu votre dépêche du 18 du septembre dernier. Pour vous mettre au fait de tout ce qui m'est revenu par un très bon canal relativement aux affaires du Nord, je veux bien vous avertir que je sais, à n'en pouvoir douter, que milord Hyndford, en conséquence des ordres qu'il a eus de sa cour, a travaillé de son mieux pour retenir la cour où vous êtes des algarades à faire selon les intentions du comte Bestushew contre la Suède et qu'il a fait des déclarations énergiques à ce sujet au Chancelier. Que le comte de Bernes a des ordres de sa cour pour appuyer le lord Hyndford, mais que Bernes y procède avec tout le ménagement possible pour la cour de Russie et qu'il voudrait bien se mettre derrière les rideaux, en attendant que le lord Hyndford rompît la glâce. Que nonobstant cela les insinuations que le dernier a faites à ce sujet au chancelier de Russie, n'ont pas manqué de faire de l'impression à celui-ci, ainsi qu'il n'a pas pu empêcher que le résultat de la grande conférence tenue des membres de tous les collèges de Russie en présence de la souveraine,[1] ait été qu'il ne convenait point à la Russie de rompre avec la Suède. De tout cela, je présume que la cour de Russie restera armée et continuera ses démonstrations jusqu'à l'événement de la mort du roi de Suède, qu'elle verra alors quelle face les affaires relativement à la Suède auront, et que, quand celle-ci ne changera rien à la forme du gouvernement présent, elle restera coi et se lassera à la fin de ses démonstrations guerrières, ne sachant point tirer de subsides ni de secours de ses alliés.

Nach dem Concept. Federic.

3918. AU CONSEILLER PRIVÉ DE LÉGATION DE ROHD A STOCKHOLM.

Potsdam, 11 octobre 1749.

Vos dépêches du 26 et du 30 du mois dernier de septembre m'ont été bien rendues. Je veux bien vous dire par celle-ci que je viens d'être averti par un bon canal que la face des affaires commence à se changer à la cour de Russie; que, sur les remontrances sérieuses que le ministre anglais à ladite cour a faites au chancelier Bestushew, pour ne point rompre avec la Suède ni faire quelque démarche de violence contre elle hors de saison, il paraît que celui-ci commence de se prêter à entendre raison et que le résultat du grand conseil, assemblé en dernier lieu à la cour de Russie et en présence de la souveraine, a été qu'il ne convenait point à la Russie d'entrer présentement en guerre contre la Suède. Voilà des nouvelles qui font espérer que tout se passera encore tranquillement; aussi veux-je bien permettre que vous le pouviez communiquer confidemment de ma part aux ministres de Suède, en les assurant qu'ils peuvent compter sûrement là-dessus; mais vous leur insinuerez en même temps convenablement que la prudence exigeait qu'il ne fallait point pour cela qu'ils parlassent d'un ton trop haut à la Russie, mais qu'il serait toujours bon de tenir un juste milieu là-dessus; car de vouloir compter tout-à-fait sur la déclaration énergique que la Porte Ottomane a fait faire au ministre de Russie,[2] ce serait à pouvoir bien se mécompter et à donner lieu de le regretter à la fin.

Nach dem Concept. Federic.

3919. AU CONSEILLER BARON LE CHAMBRIER A FONTAINEBLEAU.

Potsdam, 11 octobre 1749.

La dépêche que vous m'avez faite en date du 29 du septembre dernier, m'a été bien rendue. Comme vous êtes en possession de toutes

---

[1] Vergl. S. 110. — [2] Vergl. S. 55.

les instructions qu'il vous faut relativement à l'indiscrétion qu'on a imputée faussement à mon ministre à Dresde, et en partie à moi-même, je ne saurais que vous y renvoyer, et comme le marquis de Valory a lu en original la dépêche justificative du sieur de Voss,[1] j'espère qu'il en aura fait son rapport à sa cour pour la désabuser. Et pour vous dire ce que je pense sur toute cette tracasserie, je crois qu'au fond il n'y a que la grande antipathie que le ministère de France a contre le maréchal de Saxe, qui leur fait soupçonner comme s'il s'était agi de quelques affaires entre moi et celui-ci, ce qui est cependant nullement fondé. Je ne puis pas, au moins, trouver aucune autre raison pourquoi ledit ministère fit tant de bruit d'une affaire qui, considérée en soi-même, n'est qu'une bagatelle toute pure. Ce que je ne vous dis cependant que pour votre direction seule.

Federic.

Nach dem Concept.

3920. AU MARQUIS DE VALORY, ENVOYÉ DE FRANCE, A BERLIN.

Potsdam, 14 octobre 1749.

Monsieur le Marquis de Valory. Toutes les occasions m'étant chères où je puis communiquer confidemment à votre cour des nouvelles qui lui sauraient être intéressantes, je vous adresse la pièce ci-close qui m'est parvenue encore et qui confirme en quelque façon les bons avis que je vous ai envoyés en dernier lieu relativement à la conservation de la tranquillité du Nord. Le précis de la pièce est que le ministre autrichien en Russie marque à sa cour que, sur le mémoire que le lord Hyndford a présenté le 19 du septembre dernier au chancelier Bestushew, pour déhorter la cour de Russie d'en venir aux extrémités avec la Suède, et sur les remontrances que le ministre de Hollande avait faites le même jour également, il paraissait que ledit Chancelier se prêtait de plus en plus aux instances qu'on lui faisait à l'égard du maintien de la tranquillité du Nord, et qu'il avait donné à entendre assez clairement que les troupes russiennes ne sortiraient pas de leurs quartiers et que la Russie ne procéderait à aucune hostilité contre la Suède, sans en avoir communiqué préalablement avec ses alliés.

Vous voudrez bien avoir soin que cette pièce passe à votre cour, quand vous saurez le faire en sûreté, et me garder, au reste, un secret impénétrable sur tout ce que je vous communique à ce sujet. Sur quoi, je prie Dieu etc.

Federic.

An den Grafen von Ulfeld.

Moskau, 22. September 1749.

Gleichwie ich Ew. Excellenz unterm 15. currentis[2] sowohl über Breslau als über Polen von denen schwedischen Angelegenheiten gebührende Nachricht gegeben, so soll ich Hochdenselben weiter gehorsamst

[1] Vergl. S. 121. — [2] Vergl. S. 130 Anm. 4.

anzeigen, dass sowohl der Mylord Hyndford das bewusste englische Memoire vom 28. Julius dem russischen Grosskanzler letzten Freitag[1] übergeben, als auch dass der holländische Gesandte von Swart den nämlichen Tag die dahin einschlagende Vorstellung bei dem Grafen von Bestushew angebracht habe. Nach des Mylord mir bezeugeten vertrauten Aeusserungen soll sich des hiesigen Grosskanzlers Neigung zu Beibehaltung der Ruhe im Norden nicht vermindern, sondern merklich vermehret haben, und sich der Grosskanzler ziemlich deutlich gegen ihn, Hyndford, verlauten lassen, dass die Russen auf ihren Grenzen bleiben und ohne Vorwissen ihrer Alliirten zu keinen Feindseligkeiten schreiten würden. Ich habe bereits bei dem Kanzler um eine Stunde Anfrage thun lassen; sobald ich die Conferenz werde gehabt haben, so werde ungesäumt gleich einen Courier abfertigen. Womit etc.

Graf von Bernes.

Nach der von Valory eingesandten Abschrift im Archiv des Auswärtigen Ministeriums zu Paris; die Beilage nach Abschrift der preussischen Cabinetskanzlei, ebendaselbst.

3921. AU CONSEILLER BARON LE CHAMBRIER A FONTAINEBLEAU.

Potsdam, 14 octobre 1749.

Je veux bien vous dire pour votre direction que mes derniers avis de Russie m'apprennent qu'après que les Anglais ont énergiquement dissuadé la cour de Russie par leur ministre Hyndford de ne point venir aux extrémités avec la Suède, la face de ces affaires commence à se changer assez favorablement, de sorte qu'il y a toute apparence que les nuages qui ont menacé le Nord d'orage, se dissiperont et que tout restera tranquille.

Quant à la dépêche que vous m'avez faite à la date du 3 d'octobre, je n'ai qu'à vous dire que, comme vous êtes assez au fait à l'égard de toutes les circonstances par rapport au caquet par où on a voulu causer de la tracasserie entre moi et les ministres de France, j'espère qu'à l'heure qu'il est vous les en aurez entièrement désabusés, en leur expliquant naturellement les circonstances tout comme nous les avons éclairées; aussi n'entrerai-je plus en aucun détail là-dessus.

Nach dem Concept.

Federic.

3922. A LA PRINCESSE ROYALE DE SUÈDE A STOCKHOLM.

[Potsdam, 14 octobre 1749].

Les Anglais ont dissuadé les Russes d'en venir aux extrémités avec la Suède, de sorte qu'il y a toute apparence à présent que tout restera tranquille. Je crois qu'on ne ferait pas mal en Suède de passer l'éponge

[1] 19. September.

sur le passé et d'envoyer un ministre en Angleterre. Mes nouvelles de Russie sont sûres, vous pouvez tabler là-dessus. Dès que j'apprendrai quelque chose qui vous intéresse, je ne manquerai pas de vous la faire parvenir.

<small>Nach dem eigenhändigen Concept. Das Datum bestimmt sich aus dem Begleitschreiben an den Gesandten von Rohd in Stockholm vom 14. October.</small>

3923. AU CONSEILLER PRIVÉ DE LÉGATION BARON DE GOLTZ A MOSCOU.

Potsdam, 14 octobre 1749.

C'est avec satisfaction que j'ai vu les détails intéressants que vous m'avez mandés par vos dépêches a la date du 22 de septembre. Je me remets cependant à ce que je vous ai marqué de particularités par ma lettre précédente, auxquelles je n'ai rien à ajouter sinon que vous pouvez compter que les Anglais ont fort dissuadé la cour de Russie, par leur ministre Hyndford, de ne point venir aux extrémités avec la Suède, et que les remontrances de celui-ci ont tant opéré sur le Chancelier qu'il a déclaré assez intelligiblement que la Russie ne commettrait aucune hostilité contre la Suède.[1] Ce que je ne vous dis cependant que pour votre direction seule, avec ordre de me garder le secret là-dessus, de même que sur ce que je vous ai déjà mandé sur ce sujet. En conséquence de tout ceci, je regarde comme une fanfaronnade toute pure la déclaration qu'on a fait faire aux ministres étrangers là où vous êtes relativement au voyage que l'Impératrice ferait à Pétersbourg, au cas que les affaires le demanderaient, avec une petite suite,[2] et je présume que — que l'événement de la mort du roi de Suède arrive ou non — la Russie n'entreprendra rien contre la Suède et se bornera aux ostentations. Dans toutes les choses du monde il y a un certain moment favorable ou l'heure du berger: si l'on s'en saisit dès qu'il se présente, l'on peut espérer de réussir, mais si l'on le laisse échapper, l'on ne le retrouve guère, et toutes les bonnes raisons qu'on a eues pour l'entreprise ne valent plus rien. C'est le cas où se trouve la Russie, et le moment qu'elle eut dû saisir pour réussir dans ses vues relativement à la Suède, est passé. J'ajoute encore qu'autant qu'il me parait à cette heure, et que tous les avis que j'ai d'ailleurs me le confirment, il y a eu dans tout le fait de la Russie plus de démonstration que de réalité.

Au reste, j'approuve fort que vous ayez déclaré à l'ami connu d'absurdes, de ridicules et de controuvés comme ils le sont effectivement, les bruits qui ont couru d'une nouvelle triple alliance entre la France, la Suède et moi[3] et les articles qu'on en a débités.

<small>Nach dem Concept.</small>

Federic.

<small>[1] Dieselbe Mittheilung erhält unter gleichem Datum Klinggräffen in London. — [2] Vergl. Bd. VI, 303. — [3] Vergl. S. 101 ff.</small>

3924. AU MINISTRE D'ÉTAT COMTE DE PODEWILS, ENVOYÉ EXTRAORDINAIRE, A VIENNE.

Graf Otto Podewils berichtet, Wien 4. October, dass Graf Barck den Grafen Ulfeld und Kaunitz vertrauliche Mittheilung von der schwedischen Antwort[1] auf die Erklärung des russischen Gesandten Panin gemacht habe. „Le premier l'a voulu engager à en donner une copie . . . mais le ministre de Suède s'en est constamment excusé et s'est contenté de lui faire comparer la modération de la réponse de Suède avec l'indécence des termes dans lesquels la déclaration de la Russie était conçue. Le comte d'Ulfeld a paru en convenir; mais, sans entrer en aucun détail, il s'est borné à lui dire que l'indécence de ces termes était même une preuve que la déclaration n'avait pas été concertée avec la cour d'ici. Le comte Kaunitz est entré plus avant en matière, et a insinué au comte Barck que l'affaire ne lui paraissait pas désespérée . . . que la Suède ne devait pas s'arrêter à l'indécence des expressions de la cour de Russie, que c'était l'effet d'un reste de la férocité de la nation, et que la cour d'ici s'en ressentait journellement."

Potsdam, 14 octobre 1749.

La modération que les deux ministres Ulfeld et Kaunitz ont marquée dans leur dernier entretien qu'ils ont eu avec le ministre de Suède, et dont vous m'avez rendu compte dans votre relation du 4 de ce mois, provient principalement de ce que les Anglais ne veulent absolument de nouvelles brouilleries, parcequ'elles sont tout-à-fait contraires au système présent qu'ils ont pris; aussi aurez-vous senti que les termes dont le chancelier Ulfeld s'est servi dans sa dernière conversation avec le comte Barck, sont bien plus adoucis en comparaison de ceux dont il se servit au commencement envers celui-ci. Toutes mes nouvelles de Russie confirment qu'il y avait toute l'apparence que la grande animosité de la cour de Russie contre la Suède et son désir à guerroyer se ralentissaient, et qu'on avait lieu d'espérer que tout resterait tranquille.

Quant à la nouvelle de la disgrâce du Mufti, je suis bien de votre sentiment que la cause à laquelle l'on a voulu l'attribuer,[2] est fausse et controuvée par la cour où vous êtes, pour en relever son parti. Pour ce qui est de Blondel, vous ne saurez mieux faire que de vous conduire envers lui avec toute la circonspection possible. Je comprends parfaitement toutes les difficultés qu'il y a de vous conduire de cette façon envers un homme de son caractère, mais il sera toujours glorieux pour vous si vous y réussissez, et, au bout du compte, vous gagnerez bien le temps jusqu'au mois d'avril avec lui, et jusqu'à ce que le marquis de Hautefort le relèvera. Comme je vous ai mis au fait sur ce qui regarde le caractère de celui,[3] vous vous en servirez pour votre direction afin de vous mettre sur un bon pied avec lui. Ce qui est à craindre encore, c'est que Blondel ne tâche de le prévenir contre vous, et alors il ne vous restera que de le faire rectifier sur votre sujet par les autres ministres avec qui vous êtes en liaison.

Nach dem Concept.

Federic.

---

[1] Vergl. S. 97. — [2] Vergl. S. 128. — [3] Vergl. S. 128. 129.

3925. AU CONSEILLER PRIVÉ DE LÉGATION DE VOSS
A LEIPZIG.

Potsdam, 14 octobre 1749.

Votre dépêche du 18 de ce mois m'est bien parvenue. Il faut que, dans l'état désespéré où se trouvent les fonds de la *Steuer*, vous assistiez de tout votre mieux mes sujets créanciers de ladite *Steuer* et que vous les appuyiez au possible, sans balancer là-dessus, d'autant plus qu'il est à présumer que le ministre de Hollande, le sieur Calkoen, quand il sera arrivé à Dresde, ne ménagera point les termes pour faire contenter ses compatriotes créanciers de cette *Steuer*. Vous ne devez non plus les ménager par cette raison, puisque dans une situation pareille à celle de la *Steuer* de Saxe et de sa mauvaise administration, il vaudra toujours mieux de prévenir que d'être prévenu par d'autres.

Federic.

Nach dem Concept.

3926. AU MINISTRE D'ÉTAT COMTE DE PODEWILS A BERLIN.

Potsdam, 16 octobre 1749.

Le comte de Podewils, mon ministre à Vienne, m'ayant mandé par la relation ci-close, combien le comte d'Ulfeld avait fait le revêche, quand il lui avait présenté un nouveau mémoire relativement à l'affaire du comte Lichnowsky,[1] mon intention est que, quand on viendra vous parler à ce sujet, vous deviez répondre en termes convenables que la cour de Vienne n'avait nulle grâce d'alléguer le traité de paix de Dresde, elle qui avait manqué jusqu'au moment présent de remplir les points les plus essentiels de ce traité-là.

D'ailleurs, comme je ne m'ingérais en aucune façon dans tout ce qui plaisait à l'Impératrice-Reine de disposer dans ses possessions à l'égard de ses sujets, je m'attendais qu'on voudrait bien user également de cette façon envers moi, pour ne pas donner lieu à soupçonner que l'on voudrait y ménager un parti et appuyer ceux-là de mes sujets dont, à juste raison, j'avais lieu d'être mécontent.

Federic.

Nach dem Concept.

3927. AU MARQUIS DE VALORY, ENVOYÉ DE FRANCE, A BERLIN.

Potsdam, 17 octobre 1749.

Monsieur le Marquis de Valory. Je vous adresse encore une pièce secrète qui vient de me rentrer, et qui à la vérité ne contient pas de

---

[1] Die Güter des Grafen von Lichnowsky waren, nachdem der Besitzer gegen seine Pflicht als preussischer Vasall ohne königliche Erlaubniss in österreichische Dienste getreten war, auf Befehl des Königs confiscirt worden, doch hatte der König die Strafe bereits in eine Geldbusse verwandelt. Zwei von Seiten des wiener Hofes in dieser Angelegenheit übergebene Promemoria vom 21. Juni und 9. August 1749 waren preussischer Seits unter dem 8. Juli und 27. September beantwortet worden.

choses intéressantes relativement aux grandes affaires, mais comme elle met clairement au jour la façon de penser arrogante et maligne du chancelier comte d'Ulfeld et combien peu il lui coûte de blâmer les ministres étrangers résidants à la cour de Vienne, de même que sa façon d'agir pour mettre de la méfiance entre ceux-ci, je n'ai pas pu m'empêcher de vous en faire communication et d'y faire joindre pour votre usage une traduction de la pièce. Je compte pour superflu de vous recommander encore une fois le secret de l'affaire, étant trop persuadé de votre discrétion et de l'amitié que vous me portez. Et sur ce, je prie Dieu etc.

Federic.

An den Grafen von Bernes in Moskau.

Wien, 8. October 1749.

Weil Ew. Excellenz Courier so lang aussen bleibet, so habe gestern Abend den Marcel abgefertiget, und zwar in der Stille, und zweifele nicht, dass wannehr Podewils es erfahren wird, er nicht abermals eine ganze Geschichte daraus componiren werde. Ew. Excellenz Schreiben vom 8. September ist noch vor Abgang des Couriers eingelaufen; nach dessen Erhalt sollte ich urtheilen, dass unter diesem Dato die schwedische Declaration zu Moskau noch nicht bekannt gewesen. Blondel und Podewils haben einander kennen lernen,' sodass man sie wenig mehr beisammen sehen wird. Letzterer verlieret auf drei Wochen den churpfälzischen Gesandten Beckers, der nach Danzig reiset und sonst auf die geschickteste Art ein doppelter Spion zwischen Blondel und Podewils ist, ohne dass es der eine oder der andere wahrnimmt. Ich empfehle mich etc.

Graf Ulfeld.

<small>Nach der von Valory eingesandten Abschrift im Archiv des Auswärtigen Ministeriums zu Paris; die Beilage nach Abschrift der preussischen Cabinetskanzlei, ebendaselbst.</small>

3928. AU MINISTRE D'ÉTAT COMTE DE PODEWILS, ENVOYÉ EXTRAORDINAIRE, A VIENNE.

Potsdam, 18 octobre 1749.

Vous pouvez tabler sur ce que je vous ai marqué que la cour où vous êtes se fait une occupation sérieuse pour maintenir à présent la tranquillité du Nord. C'est un fait constaté et dont il y a d'autant moins à douter, que le système présent de cette cour est de ne pas s'embarquer dans une nouvelle guerre, avant qu'elle n'ait consolidé ses nouveaux arrangements intérieurs. Si elle amasse des fonds en argent et prend soin de mettre ses troupes sur un meilleur pied, c'est pour se préparer à jouer à la suite du temps un meilleur rôle contre moi. Dans les vastes desseins qu'elle a conçus, et que vous connaissez trop sans qu'il soit nécessaire de vous en faire le dénombrement, elle croit devoir

y préparer de loin et, pour ainsi dire, reculer dans le moment présent,
in de pouvoir mieux sauter.

Pour ce qui est du nommé Thiede, comme c'est un grand vaurien
d'ailleurs grossier et stupide au suprême degré, vous ne devez point
ous mêler de lui, et les frais que vous dépenserez à son égard seraient
pure perte; aussi a-t-on trouvé pour la plus grande part entièrement
introuvées les premières découvertes qu'il a prétendu vous faire.

Federic.

P. S. en clair.

J'ai trouvé bien étrange la façon dont le comte Ulfeld s'est énoncé
ivers vous, quand vous lui avez présenté le mémoire concernant
imende à laquelle le comte Lichnowsky a été condamné.[1] Il me
mble que le traité de paix de Dresde a fort mauvaise grâce dans la
ouche du comte d'Ulfeld, pendant que sa cour n'a pas encore satisfait
: sa part aux points les plus essentiels auxquels elle s'y est engagée.
ussi les menaces qu'il fait ne m'empêcheront pas d'aller également
on train et de faire exiger du comte Lichnowsky l'amende qui lui a
é dictée selon toutes les règles du bon droit. Vous ne devez point
ésiter de vous expliquer de la sorte au comte d'Ulfeld sur ce sujet et
: lui faire lire même cette apostille, si vous le croyez nécessaire.

Nach dem Concept.

3929. AU CONSEILLER PRIVÉ DE GUERRE DE KLING-
GRÆFFEN A LONDRES.

Potsdam, 18 octobre 1749.

Les particularités dont je vous ai fait confidence par mes dernières
ttres,[2] vous auront levé sans doute les soupçons où vous paraissez être
icore dans la dépêche que vous m'avez faite du 3 de ce mois, comme
l'Angleterre n'agissait pas tout à fait de bonne foi dans les démarches
ie son ministre à la cour de Russie fait pour la conservation de la
anquillité du Nord. Pour le moment présent, je suis persuadé du
ontraire; aussi son système présent ne saurait être autre que d'éviter
être embarquée dans une nouvelle guerre, après qu'elle s'est tant
ouisée par celle dont elle est sortie. Quant à la cour de Vienne,
ielque envie qu'elle saurait avoir pour pêcher dans l'eau trouble, néan-
oins, ne voulant point se mêler de quelque nouvelle guerre avant que
s arrangements qu'elle fait dans l'intérieur de son pays ne soient con-
olidés, elle ne verrait qu'à regret que la Russie rompît hors de saison
rec la Suède. Ce qui me confirme encore plus dans le sentiment où
suis que la tranquillité du Nord sera conservée encore cette fois-ci,
est que je viens d'apprendre d'assez bon lieu que chancelier Bestushew

---

[1] Vergl. S. 139 Anm. 1. — [2] Vergl. S. 135 Anm. 1.

a donné assez clairement à entendre au ministre anglais que la Russie ne procéderait à aucune hostilité contre la Suède sans s'être communiquée préalablement là-dessus avec ses alliés. Ce que je ne vous dis que pour votre direction seule.

Pour ce qui est de la demande que les intéressés de la dette sur la Silésie vous ont faite que les trois termes d'intérêts qui sont à Londres soient payés immédiatement après la signature de la convention, je vous renvoie à la résolution que je vous ai faite à ce sujet par ma dernière lettre, qui vous sera parvenue avec le plein-pouvoir que vous m'avez demandé.

Nach dem Concept.

Federic.

3930. AU CONSEILLER PRIVÉ DE LÉGATION BARON DE GOLTZ A MOSCOU.

Potsdam, 18 octobre 1749.

Je compte que mes deux dernières dépêches vous auront désabusé des soupçons où vous paraissez d'être encore dans la vôtre du 25 du mois dernier, comme si le ministre anglais et celui de Vienne n'allaient pas de bonne foi dans les insinuations pacifiques qu'ils faisaient au chancelier de Russie, et qu'ils faisaient peut-être sous main des insinuations tout opposées. Comptez sur les avis que je vous ai donnés du contraire. Le système présent de l'Angleterre est de ne vouloir point de nouvelle guerre, après qu'elle s'est tant épuisée par la dernière dont elle vient de sortir, et la cour de Vienne n'a pas non plus envie de se voir embarquée dans quelque nouvelle guerre, avant qu'elle n'ait consolidé les arrangements qu'elle fait dans l'intérieur de son pays. Quoique cette cour agisse avec beaucoup de ménagement envers celle de Russie, elle verrait néanmoins à contre-cœur, si la Russie rompait avec la Suède hors de saison. L'on taxe en Angleterre la déclaration que le sieur Panin a faite à Stockholm, comme la plus fausse démarche que la Russie eût pu faire, et l'on déclare hautement que, quelque chose qu'il en pourrait arriver, l'Angleterre n'y entrerait pour rien. Mais quelque semblant que le chancelier Bestushew fasse comme s'il voulait pousser sa pointe, je sais de bon endroit qu'il se prête de plus en plus aux insinuations pacifiques qu'on lui fait, et qu'il a donné assez clairement à entendre que la Russie ne parviendrait à aucune hostilité avec la Suède, sans s'être préalablement communiquée avec ses alliés, et que les troupes russiennes ne sortiraient point des confins de la Russie; particularités dont je vous informe pour votre direction seule, et même avec défense d'en rien toucher dans les dépêches que vous ferez, sinon dans celles que vous m'adresserez immédiatement.

Au surplus, je m'aperçois de plus en plus que le digne ami n'est guère tout-à-fait bien instruit des affaires et que son antagoniste lui en dérobe la connaissance des plus importantes.

Comme l'on me marque que la cour de Dresde doit faire par le sieur Funcke des instances assez pressantes pour le rétablissement du comte Biron dans la dignité ducale de Courlande,[1] vous devez tâcher de vous orienter sur ce qui en peut être et me marquer si ce que l'on en débite est fondé ou non, et, au premier cas, quelles sauront être les vues de la Saxe à cet égard.

Federic.

Nach dem Concept.

3931. AU CONSEILLER BARON LE CHAMBRIER A FONTAINEBLEAU.

Potsdam, 18 octobre 1749.

J'ai reçu votre relation du 6 de ce mois. Je me persuade de la justesse de la pénétration du marquis de Puyzieulx qu'après tout ce que vous lui aurez dit en conséquence des instructions que je vous ai fournies pour le tranquilliser sur les ombrages qu'il a pris au sujet de quelques prétendus discours, il en sera entièrement désabusé. Mais si contre toute attente il continuait, nonobstant cela, de nourrir des doutes dans son esprit là-dessus, le meilleur sera que vous laissiez tomber cette affaire.

Federic.

Nach dem Concept.

3932. AU SECRÉTAIRE DIESTEL A COPENHAGUE.

Potsdam, 18 octobre 1749.

C'est avec satisfaction véritable que j'ai appris, par la relation que vous m'avez faite du 11 de ce mois, que l'ouvrage de l'accommodement entre la Suède et le Danemark est parvenu à sa conclusion et que le traité du renouvellement de l'alliance entre les deux cours a été actuellement signé.[2] Quant à la convention particulière entre la cour où vous êtes et le Prince-Successeur, je ne doute nullement qu'on n'y mette aussi bientôt la dernière main, vu la convenance que le Danemark y trouve, et ce sera à voir alors comment les ministres de France et de Suède se concerteront à l'égard de l'alliance à faire entre moi et le Danemark.

Federic.

Nach dem Concept.

3933. AU CONSEILLER PRIVÉ DE LÉGATION DE ROHD A STOCKHOLM.

Potsdam, 18 octobre 1749.

J'ai reçu votre dépêche du 7 de ce mois. Comme la dépêche du 12 du septembre dernier dont vous aviez chargé le courrier suédois,

---

[1] Vergl. S. 82. — [2] Nach dem Präliminarabkommen vom 7. August, vergl. S. 56 Anm. 2.

m'est heureusement entrée, je suis fâché des inquiétudes qu'on vous a données là-dessus. Mes lettres de Copenhague viennent de me marquer que l'accommodement entre la Suède et le Danemark était parvenu à sa conclusion, que le traité du renouvellement de l'alliance entre les deux couronnes avait été signé le 9 de ce mois, et qu'il était nullement à douter que la transaction entre le Danemark et le Prince-Successeur ne soit pareillement terminée dans peu de jours. Au surplus, comme je vous ai averti par mes lettres antérieures du changement de face des affaires à la cour de Russie, et que les plus grandes apparences étaient que tout resterait tranquille, la circonstance exige que vous ne deviez plus presser le ministère de Suède sur les arrangements qu'on aurait dû prendre, sans cela, dans la Finlande.

Federic

Nach dem Concept.

3934. AU CONSEILLER PRIVÉ DE LÉGATION BARON DE GOLTZ A MOSCOU.

Potsdam, 20 octobre 1749.

Si les forces de Russie dans sa Finlande ne vont pas au delà de ce que vous me marquez dans votre relation du 27 du mois dernier de septembre, la Suède n'aura guère lieu d'en être fort ombragée. Deux régiments d'infanterie qu'on a fait marcher de la Livonie à Wiborg, n'auront pu que donner un bien faible poids à la démarche du sieur Panin, ce que l'événement a justifié.

Je ne crois point me tromper quand je présume, par tout ce qui m'entre d'avis, que la cour de Russie se verra obligée de baisser de ton à l'égard de la Suède.

Federic.

Nach dem Concept.

3935. AU CONSEILLER BARON LE CHAMBRIER A FONTAINEBLEAU.

Potsdam, 20 octobre 1749.

J'ai reçu votre rapport du 9 de ce mois. Je comprends fort bien les raisons que vous m'indiquez pourquoi la France souhaite tant la paix, et vous pouvez être assuré que, de mon côté, rien ne me sera plus désirable que de pouvoir éviter la guerre, et que c'est le plus grand objet de mes vœux. Autant que je puis juger par tout ce qui m'est revenu jusqu'ici par rapport aux affaires du Nord, j'ai tout lieu de présumer que pour cette fois-ci les différends entre la Suède et la Russie se pourraient bien apaiser, et il me semble d'ailleurs que, quand même le roi de Suède viendrait à décéder, tout pourrait se passer tranquillement.

En attendant, le ministère de France ne saura faire rien de mieux que de tenir en haleine la Porte Ottomane contre la Russie et de l'animer à être attentive sur les affaires du Nord. Car vous pouvez compter sûrement que, si entre ici et cinq ans la cour de Vienne ne se trouve embarrassée de quelque incident et qu'elle garde les bras libres, elle m'entamera indubitablement alors et tâchera d'allumer un nouveau feu de guerre, ce dont tous les arrangements qu'elle fait actuellement me sont de sûrs garants. Mais quoi qu'il en soit, je crois que dans le moment présent une nouvelle guerre convient aussi peu à la France qu'à toute l'Europe.

Federic.

Nach dem Concept.

3936. AU MINISTRE D'ÉTAT COMTE DE PODEWILS, ENVOYÉ EXTRAORDINAIRE, A VIENNE.

Potsdam, 20 octobre 1749.

Votre dépêche du 11 de ce mois m'est bien parvenue. La conduite que vous marquez de tenir à l'égard du sieur Blondel, est sage et bonne et d'autant plus nécessaire que son caractère dangereux demande que vous soyez sur vos gardes avec lui, quoiqu'il soit indispensable que vous gardiez en même temps tous les dehors avec lui, pour confondre vos envieux; car je veux bien vous dire, quoique sous le sceau du dernier secret, qu'il est échappé au chancelier Ulfeld de dire à un de ses amis intimes[1] que vous et Blondel aviez appris à vous connaître l'un l'autre et qu'on ne vous verrait guère plus ensemble, et qu'il a même poussé son effronterie là-dessus aussi loin que de taxer le baron de Beckers de double espion entre vous et Blondel; particularités que je ne vous communique absolument que pour votre direction seule, et dont vous ne devez faire jamais aucune mention dans vos relations ordinaires, comme de toutes autres confidences que je vous fais dans mes dépêches immédiates, ce que je vous enjoins de bien observer. Pour revenir encore une fois au sieur Blondel, il faut qu'il soit bien stupide, si les discours étudiés et les confidences affectées que l'Impératrice-Reine lui fait, font de l'impression sur lui, dans le même temps qu'on montre tant de jalousie contre la Bavière de ce qu'elle prend des subsides de la France.

Si l'Impératrice-Reine s'attache à payer ses dettes hors du pays, je doute que ce soit tant par un motif à regagner du crédit que plutôt parcequ'elle ne peut plus s'en dispenser, se voyant fort pressée là-dessus. J'aurais, de plus, bien souhaité que vous fussiez entré dans quelque détail qui sont donc ceux pour lesquels elle s'empresse de leur acquitter ce qu'elle leur doit. Quoi qu'il en soit, je crois que, malgré qu'elle s'attache à acquitter ses dettes hors du pays, elle met cependant chaque année deux millions d'écus dans son épargne, vu les dépenses considérables qu'elle a retranchées dans son économie. Au surplus, vous ne sauriez croire combien il m'intéresse d'être exactement informé

[1] Vergl. S. 138.

du montant annuel de ses revenus actuels; et comme je connais la difficulté qu'il y a d'en être exactement instruit, vous ne sauriez mieux faire que vous informer séparément sur chaque branche de ses revenus, à combien ils sauront monter, et de m'en instruire, afin que je puisse tirer mon calcul là-dessus, en rassemblant tous ces provenus.

Nach dem Concept. Federic.

3937. A L'ENVOYÉ DE SUÈDE DE WULFWENSTJERNA A BERLIN.

Berlin, 21 octobre 1749.

Monsieur de Wulfwenstjerna. J'ai bien reçu la lettre que vous m'avez adressée en date du 18 courant, pour me rendre compte des dispositions de votre cour pour acheminer une liaison plus étroite entre celle de Danemark et la mienne. N'étant pas moins sensible à votre promptitude à seconder mes désirs qu'à l'attention obligeante de votre cour à les remplir, je n'ai pas voulu différer de vous en témoigner ma reconnaissance, vous en assurant que je saisirai avec plaisir les occasions de vous donner des marques de mon affection et de mon estime.

Nach dem Concept. Federic.

3938. AU SECRÉTAIRE DIESTEL A COPENHAGUE.

Potsdam, 25 octobre 1749.

J'ai lieu d'être satisfait de ce que je vous me marquez par votre rapport du 14 de ce mois, relativement à la notification qu'on a faite, là ou vous êtes, au ministre de Russie de la conclusion de l'alliance du Danemark avec la Suède.

Vous ne discontinuerez cependant pas d'être toujours fort attentif, quoique sous main et sans vous faire remarquer, à la contenance et aux menées du baron de Korff, afin qu'en y remarquant quelque chose qui fût digne de mon attention, vous puissiez m'en faire chaque fois votre rapport par le premier ordinaire.

Nach dem Concept. Federic.

3939. AU SECRÉTAIRE DIESTEL A COPENHAGUE.

Potsdam, 25 octobre 1749.[1]

Quoique j'approuve bien les insinuations que vous avez faites à l'abbé Lemaire par rapport à la communication qu'il conviendrait au Danemark de me faire de son alliance conclue avec la Suède, je me persuade néanmoins que le sieur de Rosenkrantz qu'on va envoyer à ma cour, sera apparemment chargé de m'en faire la notification, le ministère

[1] Antwort auf einen Bericht Diestel's vom 18. October.

de Danemark n'ignorant pas que la nouvelle de cette alliance et de la transaction qui vient d'être constatée entre le Prince-Successeur et le Danemark, ne me saurait être que bien agréable. Au surplus, quand l'abbé Lemaire aura parlé au sieur Schulin en conséquence des insinuations que vous lui avez faites à ce sujet, je serais bien curieux d'apprendre de vous de quelle manière celui-ci se sera expliqué envers lui.

Federic.

Nach dem Concept.

3940. AU CONSEILLER PRIVÉ DE LÉGATION DE ROHD A STOCKHOLM.

Potsdam, 25 octobre 1749.

Je suis tout content du compte que vous m'avez rendu, dans votre dépêche du 14 de ce mois, de l'entretien que vous avez eu avec les ministres de Suède par rapport à la situation présente de la Finlande. Dans le temps que je vous enjoignais de faire des instances pour qu'on devrait prendre des mesures efficaces pour pourvoir à sa sûreté, les circonstances paraissaient encore si critiques que j'avais tout lieu d'appréhender que la Russie ne tentât de s'en emparer par un coup de vivacité. Mais comme du depuis la face des affaires s'est bien changée, et que je sais à présent, à n'en pouvoir presque plus douter, que la Russie s'abstiendra à entreprendre quelque démarche violente contre la Suède, vous ne devez plus insister à ce qu'on augmente les forces de la Suède en Finlande.

D'ailleurs, je veux bien vous dire que je viens d'apprendre de très bon lieu que la déclaration du sieur Panin a fait un effet bien contraire sur les Suédois que la cour de Russie s'en était promis, et que les partisans de la Russie entre les Suédois se plaignent amèrement de ce que celle-là ait laissé tout le temps au ministère de Suède qu'il avait pu s'arranger avec le Danemark, de sorte que le parti de la Russie en Suède s'en voyait ruiné presque sans ressource. Vous pouvez bien communiquer ces avis-là à la Princesse Royale, ma sœur, en l'assurant qu'ils m'étaient parvenus d'un lieu très impartial.

Federic.

Nach dem Concept.

3941. AU CONSEILLER PRIVÉ DE GUERRE DE KLINGGRÆFFEN A LONDRES.

Potsdam, 25 octobre 1749.

Votre dépêche du 10 de ce mois m'a été bien rendue. Mes dépêches antérieures vous auront dû apprendre que pour cette fois-ci les doutes que vous avez formés sur la sincérité des ministres anglais sur ce qu'ils ont dit à vous et à l'ambassadeur de France, concernant les dépêches qui leur sont revenues du lord Hyndford, ne sont pas justes, et je vous le confirme encore qu'il est tout-à-fait vrai qu'on a tenu à Moscou un grand conseil sur les affaires du Nord,[1] dans lequel il a été resolu qu'il ne convenait point à la Russie de se commettre avec la Suède ni d'entrer en guerre offensive avec elle. Il est encore vrai que les Anglais ont agi de bonne foi dans tout ceci, qu'ils n'ont été nullement contents, tout comme la cour de Vienne, de la démarche que le chancelier Bestushew a faite, à l'égard de la déclaration faite par le sieur Panin à Stockholm, et qu'ils ont taxé celle-ci d'indécente et de mal avisée, et que d'ailleurs ces affaires-là sont dans un train qu'on en peut espérer qu'elles prendront un tour favorable et bon. Ce que vous ne manquerez pas de confirmer de ma part au marquis de Mirepoix.

Quant à la personne dont vous faites mention dans votre dépêche que je la doive gratifier pour les confidences qu'elle vous fait, vous n'avez qu'à vous expliquer en quoi je puis lui témoigner ma reconnaissance.

Au reste, comme le général autrichien, comte Lucchesi, vient de passer par ici pour aller à Londres, et que je soupçonne qu'il pourrait bien être chargé par sa cour de quelque commission secrète — quoiqu'on assure qu'il ne fait ce voyage que de son propre chef, pour profiter de ce temps de paix, afin de voir quelques cours d'Europe, et que surtout il voudra tenter la fortune au jeu à Londres — vous devez le faire observer de près, quoique sans vous faire remarquer, afin de pénétrer s'il peut être chargé de quelque commission secrète de la part de la cour de Vienne ou non.

Federic.

Nach dem Concept.

3942. AU PRINCE DE PRUSSE A BERLIN.

Potsdam, 25 octobre 1749.

Mon très cher frère. J'ai vu le général Lucchesi, qui est tel que vous me l'avez dépeint; quoiqu'il parle français, j'ai été obligé de le deviner. Il a une langue ou plutôt un baragouin inintelligible. Il est reparti cette nuit pour l'Angleterre.

Nous avons eu un nouvel intermezzo qui s'appelle *L'Écolier maître à son tour;* ce sont des polissonneries à l'italienne dont le jeu du théâtre rend les paroles supportables. Le mauvais temps me retient à la maison, je souhaite que vous vous divertissiez bien, en vous priant de me croire avec toute l'estime et toute la tendresse, mon très cher frère, votre fidèle frère et serviteur

Federic.

Nach der Ausfertigung. Eigenhändig.

---

[1] Vergl. S. 132.

3943. AU MINISTRE D'ÉTAT COMTE DE PODEWILS, ENVOYÉ
EXTRAORDINAIRE, A VIENNE.

Potsdam, 25 octobre 1749.

J'ai reçu votre dépêche du 16 de ce mois. Puisque je me suis suffisamment expliqué envers vous au sujet du sieur de Blondel, je n'en parlerai plus et me bornerai à ce que je vous en ai dit dans mes dépêches précédentes. Je comprends fort bien que ses façons d'agir bizarres vous doivent extrêmement gêner, parceque vous vous trouvez obligé de vivre avec lui. Quant à moi, qui ne suis pas dans ce cas, j'aimerais mieux que vous vous appliquiez désormais à approfondir plus les menées et les intrigues de la cour à laquelle je vous ai accrédité, pour m'en instruire et pour en rendre les dépêches que vous me faites immédiatement, plus intéressantes qu'elles n'ont été depuis du temps, ce qui m'affecte bien plus que toutes les sottises que le sieur Blondel puisse faire. Je connais son caractère, cela me suffit. S'il est aussi bête que de croire tout ce dont la cour de Vienne lui voudra imposer, à la bonne heure! J'espère, au moins, que son successeur ne l'imitera pas et qu'il se prendra mieux, pour ne pas donner dans tous les pièges qu'on voudra lui tendre.

Federic.

Nach dem Concept.

3944. AU CONSEILLER BARON LE CHAMBRIER
A FONTAINEBLEAU.

Potsdam, 26 octobre 1749.

J'ai reçu votre dépêche du 12 de ce mois. Quoiqu'au fond il me serait assez indifférent que le prince Frédéric de Hesse-Cassel, ou bien le général Donop qui l'a accompagné en France, y chipotât sur quelque matière, je suis néanmoins bien sûr que le voyage dudit Prince en France n'est simplement qu'un voyage qu'il a entrepris de faire pour voir ce royaume, d'où, à ce qu'on dit, il ira en Italie, uniquement par un motif de curiosité.

Federic.

Nach dem Concept.

3945. AU CONSEILLER PRIVÉ DE LÉGATION BARON
DE GOLTZ A MOSCOU.

Potsdam, 26 octobre 1749.

Votre dépêche du 2 de ce mois m'est bien parvenue, et je m'aperçois, de plus en plus, par toutes les circonstances qu'il n'y a aucun doute que le sieur de Swart, ministre de Hollande, n'ait été détaché par le chancelier Bestushew pour insinuer ces choses menaçantes sur le pied qu'il le fait,[1] pour tâcher s'il était possible d'intimider par

[1] Vergl. S. 19. 87. 107.

là la Suède. Aussi ne devez-vous pas vous y arrêter, mais compter qu'il y a présentement plus d'apparence que jamais que les affaires entre la Russie et la Suède pourront être apaisées et conduites à une fin désirable, vu que la cour de Vienne, et principalement celle d'Angleterre, ne veulent, à l'heure qu'il est, point de guerre entre la Suède et la Russie, et que l'Angleterre, quoi qu'il en pût arriver, est bien résolue de ne s'en mêler en aucune façon.

Nach dem Concept.

Federic.

3946. AU SECRÉTAIRE HECHT A DRESDE.[1]

Potsdam, 27 octobre 1749.

La relation que vous m'avez faite en date du 21 de ce mois, m'est bien parvenue. Parceque mes lettres de Pologne prétendent que le roi de Pologne ne pourrait se dispenser de venir en Pologne pour calmer les troubles qui doivent être sur le point d'éclater, à l'occasion de ce qui s'est passé relativement à la rupture du tribunal de Petrikau, vous devez m'avertir si le roi de Pologne se prêtera aux désirs des députés du clergé en Pologne, arrivés à Dresde, ou s'il trouvera moyen d'esquiver encore ce voyage et de le remettre à un autre temps. Quant à moi, je suis presque de l'opinion que dans les conjonctures présentes le Roi pourrait bien entreprendre ce voyage, vu qu'il est d'ailleurs obligé de se rendre en peu à Fraustadt pour y signer les Universaux pour la convocation des Diétines.

Nach dem Concept.

Federic.

3947. AU CONSEILLER PRIVÉ DE GUERRE DE KLING-GRÆFFEN A LONDRES.

Potsdam, 28 octobre 1749.

Vos dépêches du 14 et du 17 de ce mois me sont parvenues à la fois, et vous pouvez être très assuré que le duc de Bedford vous a non seulement accusé juste sur la situation présente des affaires russiennes — bien entendu néanmoins que vous en exceptiez le désarmement prochain de la Russie, lequel je ne m'imagine pas qu'il ait lieu aussitôt que le duc de Bedford semble le croire — mais; aussi, que ce que le duc de Newcastle vous a donné à entendre sur ces affaires, est vrai au pied de la lettre et mot pour mot selon qu'il vous l'a dit, de sorte que je ne saurais me dispenser de croire que les Anglais ont agi de bonne foi à cette occasion, dans leurs insinuations et représentations qu'ils ont fait faire à la Russie.

Je m'attends, au reste, de recevoir votre rapport sur le succès de la nouvelle convention concernant les dettes anglaises hypothéquées sur la Silésie.

Nach dem Concept.

Federic.

[1] Vergl. S. 104.

3948. AU CONSEILLER PRIVÉ DE LÉGATION BARON
DE GOLTZ A MOSCOU.

Potsdam, 28 octobre 1749.

La dernière poste m'ayant apporté votre relation ordinaire du 6 de ce mois, je veux bien vous dire comme je m'aperçois de plus en plus — en combinant ce que vous me marquez dans vos dépêches des entretiens que vous avez avec l'ami connu sur les affaires présentes, avec ce qui m'en revient d'autre part -- que vous ne sauriez plus vous fonder tout-à-fait sur les éclaircissements qu'il vous donne, puisque je vois bien qu'il se borne à ne vous communiquer qu'une partie de ce qui se passe, et que sa timidité naturelle fait qu'il vous cache le reste. Ce que je ne vous dis cependant que sous le sceau du plus grand secret et pour votre unique direction. Quant aux Anglais, vous pouvez compter, et je le sais à n'en pouvoir douter, qu'ils ont agi à cette occasion de bonne foi, et que le lord Hyndford a travaillé de son mieux afin d'adoucir la cour de Russie et son ministre à l'égard de la Suède, et qu'il a tout fait pour contenir celle-là à ce qu'elle n'éclatât pas contre la dernière. Si l'on lui a fait des présents extraordinaires à son départ, c'est apparemment en reconnaissance des subsides qu'il avait procurés à la Russie à l'occasion de la guerre passée contre la France. Pour ce qui concerne les démonstrations de la Russie je crois qu'elles continueront jusqu'à ce que le roi de Suède décédera, et que ce sera à l'occasion de cet événement que le Chancelier éclatera, s'il reste déterminé de pousser sa pointe contre la Suède.

Federic.

Nach dem Concept.

3949. AU CONSEILLER BARON LE CHAMBRIER
A FONTAINEBLEAU.

Potsdam, 28 octobre 1749.

J'ai été bien édifié de tout ce que le marquis de Puyzieulx vous a dit relativement aux affaires du Nord, en conséquence du rapport que vous m'en avez fait à la date du 16 de ce mois. Tout y est exactement conforme à la façon dont je pense sur ces objets, et j'ai été charmé de ce que je m'y suis rencontré si heureusement avec ce ministre.

Vous pouvez lui dire qu'autant que je saurais juger du train que les affaires prenaient à présent, j'estimais que la cour de Russie pourrait bien s'arrêter à ne point user de violence contre la Suède, jusqu'à la mort du Roi qui y règne, et quand le chancelier Bestushew verrait à cet événement que la Suède ne changerait effectivement rien à la forme présente de son gouvernement, il faudrait qu'il cherchât alors d'autres prétextes plus frivoles encore que l'autre-là, s'il voulait encore donner essor à la haine extrême qu'il porte contre elle.

Vous ajouterez à cette occasion les réflexions suivantes: que la véritable raison pourquoi le chancelier Bestushew est aussi animé contre la Suède, s'origine principalement de ce qu'il souhaite du fond de son âme à voir la Suède dans la même subordination de la Russie que celle où la Pologne se trouve, à laquelle il avait cru déjà avoir jeté les fondements, du commencement du règne de l'Impératrice sa souveraine. Mais quand il a vu que, depuis le temps que la Suède a fait cette alliance avec moi à laquelle la France accéda, elle a voulu se soustraire à la domination russienne, il en a été furieusement irrité, et sentant bien alors que la Suède lui était échappée et qu'il n'était plus aisé d'y pouvoir regagner la supériorité, il s'est avisé de se servir du prétexte de la crainte d'un prétendu dessein de changer la forme du gouvernement en Suède, principalement dans la vue qu'il pourrait par là s'y former un parti assez considérable d'entre les Suédois et le maintenir, afin de profiter de l'occasion de quelque Diète tumultueuse en Suède pour y culbuter le ministère présent. Voilà, à ce que je comprends, le vrai fond de toute l'affaire, et les motifs de tout les ressorts que le Chancelier a fait jouer jusqu'à présent.

Au surplus, la France ne saurait rien faire de plus avantageux et de plus efficace pour conserver la Suède de la domination de la Russie, que de se gouverner avec la Porte Ottomane de la manière qu'elle le fait actuellement, à laquelle je ne saurais que fort applaudir.[1]

Nach dem Concept.   Federic.

3950. AU MINISTRE D'ÉTAT COMTE DE PODEWILS, ENVOYÉ EXTRAORDINAIRE, A VIENNE.

Potsdam, 28 octobre 1749.

Vous avez sagement fait de ne rien communiquer au baron de Beckers de tout ce que je vous ai fait marquer concernant les sentiments du ministère de France touchant l'affaire des investitures[2] des Princes de l'Empire.

La grande sécurité où la cour de Vienne paraît être à l'égard de la Porte Ottomane, lui pourra être fort nuisible. Je conviens avec vous que ladite cour est assez bien au fait par rapport aux affaires de la Turquie. Cependant, il m'a paru fort singulier que depuis quelques jours presque toutes les gazettes annoncent hautement des armements, en ce qu'elle faisait de grands amas de vivres dans ses forteresses

---

[1] Puyzieulx hatte dem Baron Chambrier gesagt: „Nous avons réveillé la Porte Ottomane pour qu'elle se montrât et fît connaître à la Russie qu'elle ne pourrait pas voir tranquillement que la Suède fût inquiétée par elle, qu'elle avait des traités avec la Suède et qu'elle y satisferait, si elle [la Suède] était attaquée. Mais il ne faut qu'entretenir la Porte Ottomane dans ces dispositions, sans lui donner le soupçon qu'on veut la mener plus loin; autrement on courrait risque de la mettre sur ses gardes et de perdre sa confiance." — [2] Vergl. S. 130.

frontières, et particulièrement dans celles le plus voisines de la Russie, et qu'elle faisait revenir en Europe la plupart des troupes de celles qu'elle avait eues aux frontières de la Perse, pour les mettre en quartiers le long de la Mer noire. Comme ma curiosité est de savoir si ce que les gazettes annoncent là-dessus, a quelque fondement, et que je sais bien qu'il serait bien mal aisé à vous d'en apprendre quelque chose avec certitude là où vous êtes, étant connu que la cour de Vienne ne laisse rien transpirer des nouvelles qu'elle reçoit de la Turquie, sinon ce qu'elle trouve de sa convenance, la meilleure voie pour vous orienter là-dessus serait peut-être de vous adresser au ministre de Venise et, sans marquer quelque empressement ni faire remarquer trop de curiosité, le mettre adroitement et par manière de conversation sur le chapitre des nouvelles de Turquie, afin de vous mettre de cette façon-ci en état de m'en pouvoir mander quelque chose de certain à cet égard.

Nach dem Concept. Federic.

3951. AU SECRÉTAIRE DIESTEL A COPENHAGUE.

Potsdam, 28 octobre 1749.

Je veux bien vous dire par la présente dépêche, relativement au contenu de votre rapport du 21 de ce mois, que vous n'avez qu'à laisser faire actuellement aux ministres de France et de Suède ce qu'ils aviseront bon être pour l'affaire de la négociation de l'alliance en question, sans que de votre côté vous vous en mêliez directement.

Nach dem Concept. Federic.

3952. AN DEN ETATSMINISTER GRAF PODEWILS IN BERLIN.

Potsdam, 28. October 1749.

Se. Königl. Majestät haben zu melden befohlen, dass, da der Geheime Rath von Rohd in seiner letzteren Relation[1] einige Erwähnung von denen Bruits gethan, welche auch zu Stockholm von einer Alliance, so zwischen den schwedischen, dänischen und berlinischen Höfen gemachet worden sein sollte, herumgelaufen und welche Bruits das schwedische Ministère, der angeführten Ursachen halber, zu supprimiren gesuchet, Ew. Excellenz demnach gedachten Herrn Geheimen Rath von Rohd einigermassen und so viel ihm zu wissen nöthig sein dörfte, von dem eigentlichen Zusammenhang dieser Sache au fait setzen und ihm rescribiren möchten, wie ein Malentendu von dem, so der Maréchal

---

[1] In diesem Bericht, Stockholm 17. October, hatte Rohd gemeldet, das schwedische Ministerium sucht die Gerüchte von einer Allianz zwischen Schweden, Dänemark und Preussen zu unterdrücken: „de crainte que cela ne donne quelque embarras au Dannemark de se voir tant sur la scène avec des liaisons dont l'éclat pourrait lui faire de la peine, vu les ménagements qu'il voudrait garder avec d'autres puissances."

de Saxe bei seiner Retour nach Dresden gesaget, zu solcher Gelegenheit gegeben und dass der sächsische Hof davon allen möglich übelen Gebrauch gemachet und solches überall herum ausgestreuet habe; auf dass der p. von Rohd, wenn etwa das schwedische Ministère ihm darüber sprechen oder auch ombragiret sein sollte, er sich darüber expliciren könne. Im übrigen, da das schwedische Ministère verlangete, dass von dem zwischen Schweden und Dänemark gezeichneten Tractat nichts eher eclatiren möchte, bis die Ratificationes und Auswechselung derselben wirklich geschehen sei, so wollten Se. Königl. Majestät diese Complaisance gegen das schwedische Ministerium gerne haben, mithin bis zur geschehenen Ratification des Tractats alles menagiren lassen; welches dann Ew. Excellenz bei denen Rescripten an die auswärtigen Ministres observiren lassen möchten.

Nach der Ausfertigung. Eichel.

3953. AU CONSEILLER BARON LE CHAMBRIER A FONTAINEBLEAU.

Potsdam, 1er novembre 1749.

J'ai été tout content de voir, par la dépêche que vous m'avez faite du 19 du mois passé, que les mauvaises tracasseries au sujet des propos attribués au maréchal de Saxe vont finir une bonne fois, dont j'avoue qu'ils commençaient à m'ennuyer, d'autant plus qu'il me parut à la fin, de plus en plus, comme si l'on n'y visait qu'à me commettre avec ledit maréchal. S'il vous arrivait cependant quelque occasion encore où vous saurez vous expliquer amiablement avec le marquis de Puyzieulx à ce sujet, vous pourrez bien lui dire, quoiqu'en termes polis et nullement choquants, que je n'étais point de la jurisdiction de Messieurs les ministres pour leur être responsable de mes paroles et que, quelque estime que j'eusse pour leur sages avis et même de la déférence pour leurs remontrances, néanmoins il ne me saurait être que désagréable s'ils appuyaient par un trop grand détail et s'appésantissaient sur des choses qui, prises dans leur véritable étendue, ne signifiaient que peu de chose ou plutôt rien. Au surplus, j'accuse la reception de la lettre que vous m'avez faite du 19 du mois dernier, avec la boîte que vous y aviez jointe.

Nach dem Concept. Federic.

3954. AU MINISTRE D'ÉTAT COMTE DE PODEWILS, ENVOYÉ EXTRAORDINAIRE, A VIENNE.

Potsdam, 1er novembre 1749.

J'ai reçu votre dépêche du 22 d'octobre passé. Autant que je vois par les arrangements que la cour où vous êtes fait parmi ses troupes, l'on tâche de redresser du mieux plusieurs abus et désordres qui y ont autrefois régné et de les mettre sur un pied de guerre, ce qui ne peut que réveiller l'attention de leurs voisins, afin de faire la même chose. Je ne comprends pas ce que la cour de Vienne aurait pu gagner par ses intrigues en Suède et à quel but elle aurait voulu s'y former un parti, et, quant aux avis que le colonel Mejerhielm[1] fournit de beaucoup de dissension et mésintelligence en Suède, vous pouvez compter qu'ils sont absolument frivoles et controuvés.

Je ne puis gagner sur moi de croire juste le calcul du baron Beckers au sujet des revenus actuels de l'Impératrice-Reine. J'ai été assez exactement informé que tout ce que feu l'empereur Charles VI a eu de la totalité des pays qu'il possédait avant les fâcheuses guerres qu'il fallait soutenir après en Hongrie et en Italie, et quand ses provinces étaient dans l'état le plus florissant, n'est monté qu'à vingt-quatre millions d'écus.[2] Décomptez à présent les provinces considérables qu'il a été obligé de céder en Italie, comme Naples, Sicile, et d'autres encore; joignez la Servie et toute cette étendue du pays en Hongrie que les Turcs ont repris, et regardez-y alors s'il est possible que les revenus actuels de l'Impératrice-Reine peuvent aller au point que le baron Beckers les a marqués, surtout après la perte de la Silésie, qui diminue encore ce nombre. Mais pour parvenir à savoir au juste jusqu'où ces revenus peuvent à peu près monter, je crois que la meilleure voie sera de tâcher à vous informer séparément, et de province en province, ce qui en peut revenir. M'étant autrefois exactement informé ce que la Moravie a rapporté à l'empereur Charles VI, et même pendant le temps de la guerre contre les Turcs, où les provinces furent extrêmement chargées d'impôts, l'on en a tiré 800,000 écus, et de la Bohême quatre millions d'écus. Comme l'Impératrice-Reine tâche à présent de porter les charges de chaque province au point qu'elles doivent payer en temps de paix ce qu'elles ont autrefois contribué en temps de guerre, je crois qu'en vous servant de cette proportion, vous sauriez aisément parvenir pour savoir au juste ce que chaque province pourra payer à l'Impératrice-Reine.

Au reste, le général comte Lucchesi, venant de passer par ici pour aller par Hanovre à Londres, s'est fait soupçonner qu'il pourrait bien être chargé de quelque commission secrète de sa cour à celle de Londres. S'il y a moyen que vous sauriez vous orienter sur ce sujet, vous me ferez plaisir de m'en informer.

Federic.

Nach dem Concept.

3955. AU SECRÉTAIRE DIESTEL A COPENHAGUE.

Diestel berichtet, Kopenhagen 25. October: „Le ministre de Russie eut ces jours passés à la cour un entretien avec le Grand-Maréchal où il paraissait beaucoup d'affectation de la part du premier, à considérer le temps et le lieu qu'il avait choisi pour lui parler. M. de Moltke s'étant levé de table pendant le dîner, le baron de Korff saisit ce moment pour lui faire la lecture d'un écrit ... La réponse du Grand-Maréchal fut fort courte, et sa contenance indiqua assez que cet entretien l'embarrassait ... Il m'est revenu qu'on n'a choisi M. de Rosenkrantz pour l'envoyer à la cour de Votre Majesté que parcequ'on a été bien aise de l'éloigner, vu l'affection que le Roi lui a témoignée, qui a donné de la jalousie à ceux qui ont la direction des affaires."
Nach dem Concept.

Potsdam, 1er novembre 1749.

Je serai bien curieux de savoir de vous le sujet de l'entretien dans lequel le sieur de Korff a embarqué le Grand-Maréchal d'une manière aussi affectée que vous la marquez par votre rapport du 25 du mois passé d'octobre; aussi m'en instruirez-vous, dès que vous en serez informé avec précision. Je vous sais bon gré de la particularité dont vous m'avez informé relativement au sieur Rosenkrantz; elle m'a été intéressante pour me diriger en conséquence.

Federic.

3956. AU CONSEILLER PRIVÉ DE LÉGATION DE ROHD A STOCKHOLM.

Rohd berichtet, Stockholm 21. October: „Le sieur Antivari a eu une conversation assez ample avec l'ambassadeur de France, auprès duquel il a tâché de faire valoir ses arguments en faveur de la déclaration réciproque entre la Suède et la Russie, proposée par la cour de Vienne, et sur l'insuffisance de ce celle qu'on a publiée ici en dernier lieu¹ ... L'Ambassadeur m'a dit l'avoir réduit à rester sans réplique, en se servant contre lui de ses propres armes et en lui représentant l'inconstance de cette même raison qu'il venait d'alléguer; car, s'il était vrai que la plus grande partie de la nation redoutait le changement de gouvernement, comment donc pourrait-il avoir lieu, puisque c'est la nation même et les quatre Ordres qui la représentent qui doivent y donner leur consentement? Ou la nation le souhaiterait, ou elle ne le voudrait point: le premier cas n'est pas celui que le sieur Antivari suppose, et au second elle se suffirait elle-même pour l'empêcher."

¹ Vergl. S. 47. 84.

Potsdam, 1er novembre 1749.

Je vous sais bon gré du compte que vous m'avez rendu par votre dépêche du 21 d'octobre passé des pourparlers qu'il y a eu entre le sieur Antivari et l'ambassadeur de France, dont j'ai trouvé les réponses fort solides à tous égards. Comme il faut que nous soyons bientôt instruits de l'impression que la dernière réponse du ministère de Suède au sieur Panin aura faite sur la cour de Russie, nous verrons alors ce que l'on aura à attendre de celle-là, et si ceux-ci ont deviné juste qui présument que le chancelier Bestushew voudra continuer ses ostentations guerrières jusqu'à la mort du roi de Suède, employer après cet événement ruses et menaces pour avoir une Diète, faire faire alors quelque mouvement aux troupes russes pour intimider les États assemblés, et tâcher d'y semer des dissensions, afin de pêcher en eau trouble. Quant à moi, je crois encore d'avoir tout lieu de présumer que, malgré toute la mauvaise volonté de Bestushew, la Russie se lassera de ses démonstrations et les finira, ne se voyant point appuyée par d'autres puissances étrangères.

Nach dem Concept.   Federic.

3957. AU CONSEILLER PRIVÉ DE LÉGATION BARON DE GOLTZ A MOSCOU.

Potsdam, 4 novembre 1749.

Vous pouvez vous reposer entièrement sur ce que je vous ai transcrit pour votre direction, et croire que les Autrichiens, contre leur coutume, mais pour l'amour de leur propre intérêt, en ont agi cette fois-ci de bonne foi, en faisant tout ce qui a dépendu d'eux pour retenir la Russie de ne point assaillir la Suède.

Quoiqu'au reste les sentiments de haine que porte le chancelier Bestushew à la maison de Holstein, soient assez de notoriété pour que je ne puisse les ignorer, il y a cependant toute apparence, à l'heure qu'il est, qu'ils resteront sans effet, les conjonctures présentes n'étant point du tout favorables à l'exécution des desseins pernicieux dudit chancelier.

Comme d'ailleurs la Russie a laissé passer le temps sans rien faire, alors qu'elle le pouvait, et que les conjonctures politiques dans lesquelles nous nous trouvions, ont notablement changé de face depuis et continuent encore de tourner de plus en plus en faveur du bon parti, je me crois fondé pour pouvoir en espérer que toutes les mauvaises vues que peut avoir conçues le Chancelier, s'en iront peut-être en fumée, sans troubler aucunement la tranquillité du Nord. C'est ce que j'ai bien voulu vous donner en réponse à votre dépêche du 13 d'octobre dernier.

Nach dem Concept.   Federic.

3958. AU MINISTRE D'ÉTAT COMTE DE PODEWILS, ENVOYÉ EXTRAORDINAIRE, A VIENNE.

Potsdam, 4 novembre 1749.

L'augmentation des régiments de cavalerie autrichiens qui sont en Italie et dont vous me marquez par votre relation ordinaire du 25 du mois dernier passé qu'on les complètera de deux cents chevaux chacun, est de la façon du général Pallavicini, qui en a donné l'idée à la cour de Vienne et qui l'a arrangée; aussi je ne doute pas que celle-ci ne mette ses autres régiments de cavalerie sur le même pied, dès qu'elle se trouvera assez en fonds là-dessus; car sa première attention est à présent d'amasser des fonds en argent.

Quand le comte Ulfeld a dit au comte Barck que c'était par le conseil de la cour de Vienne que celle de Russie avait adouci les termes, qui avaient été couchés bien plus forts, dans le projet de sa déclaration, il a parlé tout-à-fait vrai, comme je le sais à n'en pouvoir douter. En attendant, toutes les apparences sont à présent que les affaires du Nord pourront se terminer sans qu'on vienne à des éclats. Après que la Suède et ses amis ont gagné du temps, il est à présumer qu'on aura tout gagné.

Il m'a été fâcheux d'apprendre par vous que Blondel doit rester à Vienne quelques mois encore après que le comte Hautefort y sera arrivé. Mais comme nous n'y saurions rien changer, il ne vous reste que de prendre votre parti tant bien que vous le saurez, et de vous arranger avec vos amis aussi bien que le cas le voudra permettre.

Nach dem Concept.

Federic.

3959. AU CONSEILLER PRIVÉ DE LÉGATION DE ROHD A STOCKHOLM.

Potsdam, 4 novembre 1749.

Il m'a été bien agréable d'apprendre par votre dépêche du 24 d'octobre passé que les nouvelles que je vous avais ordonné de communiquer au ministère de Suède[1] aient été bien reçues de la part de ce ministère et lui aient fait plaisir, et j'applaudis fort à ce qu'on est intentionné, là où vous êtes, de s'en tenir au bon milieu avec la cour de Russie, puisqu'autrement il se pourrait qu'il arrivât très facilement que, si la Suède parlait d'un ton trop haut à la Russie, cette dernière s'en servît de raison pour prendre occasion, de là, de dire dans le monde qu'elle se voyait absolument nécessitée de rompre avec la Suède.

J'espère, au reste, que le gouvernement de Suède voudra, aussi, se radoucir à cette occasion à l'égard de l'Angleterre et ne point l'aigrir sans nécessité, les Anglais ayant rendu de bonne foi des services très efficaces à la Suède dans la crise où en étaient ses affaires, et la Suède devant, selon moi, éviter avec beaucoup de soin d'accroître à présent le nombre de ses ennemis, dont elle en a sans cela déjà assez.

Nach dem Concept.

Federic.

3960. AU SECRÉTAIRE DIESTEL A COPENHAGUE.

Potsdam, 4 novembre 1749.

Votre dépêche du 28 d'octobre dernier m'est bien parvenue. Mon intention étant de savoir de vous quelles peuvent être les vraies et peut-être les secrètes raisons qui ont déterminé la cour de Danemark

[1] Vergl. S. 132.

à accélérer avec autant de précipitation qu'elle l'a fait le mariage de la présente duchesse de Meiningen[1] et de lui faire une dot aussi riche, je veux que vous m'en informiez par une dépêche de votre part bien chiffrée, que vous ne ferez qu'à moi seul immédiatement, sans en adresser des duplicata au département des affaires étrangères, vous enjoignant d'ailleurs encore très expressément de m'en garder indistinctement le plus grand secret.

Federic.

Nach dem Concept.

3961. AU CONSEILLER BARON LE CHAMBRIER A FONTAINEBLEAU.

Potsdam, 4 novembre 1749.

J'ai reçu votre dépêche du 23 du mois dernier passé. Les ministres de France s'apercevront encore plus clairement, par plusieurs autres circonstances que le temps développera, que les nouvelles que je leur ai fait donner confidemment, ne sont point du tout aussi mal avisées qu'ils les ont peut-être jugées d'abord. En attendant, il est fâcheux que ces ministres, d'ailleurs si clairvoyants, ne sachent pas revenir une bonne fois de l'illusion dont mes ennemis leur ont malignement imposé, comme si je ne cherchais qu'à aigrir les choses pour remettre les troubles. Si ces ministres voulaient y penser un moment sans prévention, ils trouveraient aisément qu'il faudrait bien que ce ne fût nullement mon affaire que de nouveaux troubles, parceque je tâche tant à les avertir des circonstances qui sauraient ramener la guerre, afin qu'ils puissent les écarter de loin, au lieu que je n'avais qu'à me taire et de laisser voguer le mal, qui de soi-même entraînerait à la fin la guerre, si j'avais cette envie dont on me soupçonne de voir le retour des troubles; réflexion que vous ne laisserez pas de faire observer un jour avec douceur aux ministres de France, quand vous le trouverez convenable.

Voici une lettre au sieur Cagnony,[2] que vous lui ferez parvenir, quand vous le croirez arrivé en Espagne.

Federic.

Nach dem Concept.

3962. AU SECRÉTAIRE HECHT A DRESDE.

Potsdam, 7 novembre 1749.

Ce que vous me mandez par la relation que vous m'avez faite à la date du 1er de ce mois, relativement à l'état présent des affaires de Pologne, me fait présumer que la Diète future en Pologne va être bien orageuse et que la cour de Dresde y trouvera plus d'opposition qu'elle ne se l'imagine peut-être pas encore. Vous ne laisserez pas de continuer

---

[1] Louise, geborne Prinzessin von Dänemark. — [2] Vergl. S. 81. 86. Das Schreiben enthält nur die Empfangsbestätigung eines Berichts von Cagnony, d. d. Paris 20. October.

votre attention sur le train que l'événement de Petrikau[1] prendra et sur les biais dont la cour de Dresde s'avisera pour se tirer d'affaire.

P. S.
Federic.

Votre dépêche du 4 de ce mois venant, aussi, de m'être rendue, je vous y donne en réponse que vous pouvez être très assuré qu'il ne parviendra rien à la connaissance de personne de ce que vous m'avez mandé par ladite dépêche, et qu'au reste je présume que les différends qui se sont élevés dans les affaires de Pologne, seront composés pour le présent de manière qu'ils n'auront point de suites fâcheuses, mais que je suis persuadé d'un autre côté que, quand on viendra à convoquer une nouvelle Diète en Pologne, ces mêmes différends ne manqueront pas d'être résumés pendant la tenue de cette Diète.

Quant à l'augmentation de l'armée de Pologne, il n'y aura rien de plus aisé que de la coucher sur le papier; mais dès qu'il sera question d'où l'on devra prendre les frais pour l'entretien de pareille augmentation, ce sera pour lors que personne ne voudra s'en mêler davantage, de sorte que la proposition qui en pourra être faite, viendra ainsi à tomber d'elle-même.

Nach dem Concept.

3963. AU MINISTRE D'ÉTAT COMTE DE PODEWILS, ENVOYÉ EXTRAORDINAIRE, A VIENNE.

Potsdam, 8 novembre 1749.

Quand je combine ce que vous m'avez marqué par vos relations précédentes des arrangements particuliers que l'Impératrice-Reine fait faire actuellement dans son militaire en Italie, avec ce que vous venez de me mander dans celle du 29 d'octobre dernier relativement à l'arrivée du sieur Krechtel et du général Pallavicini qu'on attend, je commence presque à croire que ceux qui ont soupçonné que le général Lucchesi pourrait bien être chargé de quelque commission secrète à la cour de Londres,[2] n'ont pas tout-à-fait mal jugé. Comme ce général doit être routiné dans les affaires d'Italie, y ayant presque toujours servi, et qu'il vient de passer par Brunswick et Hanovre sans s'y arrêter, pour continuer son voyage à Londres, il se pourrait bien qu'il y ait quelque projet important sur le tapis qui regarde les affaires d'Italie. Quoi qu'il en soit, je suis encore de votre sentiment qu'il paraît peu probable que la cour de Vienne voudra penser à quelque guerre offensive en Italie. Peut-être qu'il s'agit de quelque troc, soit du duché de Toscane contre Parme et Plaisance, ou de quelque autre troc de provinces, et que la cour de Vienne, pour rendre ses conditions meilleures, voudra faire

[1] Vergl. S. 148. — [2] Vergl. S. 146. 153.

uelque montre, en rassemblant des corps de troupes en Italie. Mais les
ues que cette cour saurait avoir à ce sujet, sont encore impénétrables;
en suspends mon jugement encore jusqu'à ce que vous aurez eu moyens
e vous orienter plus là-dessus. Au reste, quoique je ne doute nulle-
1ent de toute la mauvaise volonté de la cour de Vienne vis-à-vis de
10i, je suis cependant persuadé que ce n'est point son jeu de vouloir
1 réaliser présentement.

Federic.

Nach dem Concept.

3964. AU CONSEILLER PRIVÉ DE GUERRE DE KLING-
GRÆFFEN A LONDRES.

Klinggräffen berichtet, London 24.)ctober: „J'ai tout lieu d'être satisfait de 1 réponse du marquis de Puyzieulx, en ate du 19 de ce mois, aux deux courriers e l'ambassadeur de France; c'est une éritable instruction pour lui. Tout y est écapitulé avec les dates de ce qui s'est assé dans les affaires du Nord, depuis lanovre jusqu'ici, où le marquis de Puy- ieulx fait assez connaître qu'il n'est point ersuadé de la bonne foi de l'Angleterre, omme le duc de Newcastle l'a voulu in- .nuer à l'ambassadeur, et il n'attribue ullement la modération que la Russie emble témoigner après la tenue d'un rand Conseil, aux représentations de Angleterre et de la cour de Vienne, iais seulement à la déclaration du Grand- 'isir ... Enfin, la dépêche du marquis e Puyzieulx ... est d'autant plus utile l'ambassadeur, qu'il traitera, j'espère, s affaires moins superficiellement, quoique 'ailleurs bien intentionné, qu'il n'a fait asqu'à présent."

Potsdam, 8 novembre 1749.

Vous pouvez être sûr que je vous garderai le secret que vous me demandez à l'égard de l'avis intéressant que vous m'avez marqué dans votre relation du 24 d'octobre dernier. Il me paraît de là que le ministre de France montre à présent plus de vigueur qu'il n'a fait paraître autrefois, et qu'il se conduit dans ses négociations avec une fermeté qui lui fait honneur.

Mais pour ce qui regarde son désir que l'Angleterre doive faire en sorte que la Russie désarme ou qu'elle retire ses troupes, j'ai de la peine encore à croire que l'Angle- terre ait tant de pouvoir sur la cour de Russie qu'elle l'y saurait disposer, quand même celle-là aurait toute l'envie de le faire.

Federic.

Nach dem Concept.

3965. AU CONSEILLER BARON LE CHAMBRIER
A FONTAINEBLEAU.

Chambrier berichtet, Fontainebleau 6. October. „Quoique la France n'ait pas aru vouloir entrer dans la médiation que a cour de Vienne lui a fait proposer, elle ient d'avoir, sur ce qui en pouvait être e motif, une explication avec l'Angleterre

Potsdam, 8 novembre 1749.

Le récit que vous m'avez fait, dans votre relation du 26 d'octobre dernier, de ce qui s'est passé entre le marquis de Puyzieulx et le comte dont celle-ci n'aura pas manqué d'informer la Russie. Le comte d'Albemarle a dit au marquis de Puyzieulx que le lord Hyndford marque par le courrier qu'il a dépêché qu'après le grand Conseil qui s'était tenu à Moscou en présence de l'Impératrice, le chancelier Bestushew l'avait assuré que la Russie n'attaquerait pas la Suède, si celle-ci ne commençait pas les premières hostilités, mais que la Russie conserverait ses troupes telles qu'elle les avait et sur les lieux où elles sont. A quoi le marquis de Puyzieulx avait répondu que, si la Russie continuait d'avoir en Finlande autant de troupes qu'elle y en a actuellement, la Suède se verrait obligée d'y en avoir aussi beaucoup de son côté, ce qui lui causerait une continuation de grosse dépense; mais que, pour ôter tout prétexte à la Russie d'inquiéter la Suède sans raison, il pouvait, lui, marquis de Puyzieulx, assurer l'Angleterre que la Suède n'attaquerait pas la Russie et n'établirait point chez elle le pouvoir despotique. Tout ce discours entre le comte d'Albemarle et le marquis de Puyzieulx s'étant passé verbalement, ils convinrent de le mettre par écrit."

d'Albemarle relativement aux affaires du Nord, m'a été des plus satisfaisants, parceque j'ai vu par là que le ministère de France agit à présent avec constance et d'une manière suivie en ses négociations et qu'il y montre de la fermeté; mais quelque raisonnable que soit sa demande que la Russie doive retirer ce qu'elle a trop de troupes au voisinage des frontières de la Suède, cependant je ne crois pas que l'Angleterre sera à même d'effectuer que le chancelier Bestushew s'y prête, quand même elle aurait toute l'envie de le faire.

Puisqu'il est décidé à présent que le marquis de Valory doit être rappelé et que le lord Tyrconnell le relèvera, je vous saurai tout le gré du monde quand vous tâcherez de me donner sur celui-ci une idée exacte et bien juste de son caractère, pour que je sache comment je saurais me diriger avec lui. Vous n'oublierez pas de m'instruire également sur ce que c'est que son épouse, sur la famille dont elle est et sur son caractère. Au reste, j'espère au moins qu'on aura soin de la fortune du marquis de Valory, quand il sera rappelé, pour ne pas le rebuter tout-à-fait.

Federic.

Nach dem Concept.

3966. AU CONSEILLER PRIVÉ DE LÉGATION DE ROHD A STOCKHOLM.

Potsdam, 8 novembre 1749.

J'ai reçu votre dépêche du 28 d'octobre dernier et je me réfère ici à ce que je vous ai déjà écrit des apparences qu'il y a que l'orage qui semblait menacer la tranquillité du Nord, pourra se dissiper sans éclater encore; il est même fort à présumer, nonobstant toute la mauvaise volonté que peut avoir la cour de Russie contre la Suède, qu'en cas de mort du roi de Suède, pourvu qu'alors on ne veuille introduire aucun changement dans la forme présente du gouvernement, cette cour se verra privée de toute occasion à commencer des troubles, et qu'elle sera ainsi de rester tranquille sans intenter quelque chose contre le repos de la Suède.

Nach dem Concept.

Federic.

3967. AU MINISTRE D'ÉTAT COMTE DE PODEWILS A BERLIN.

Potsdam, 10 novembre 1749.

Je vous sais très bon gré du rapport que vous m'avez fait de ce que le sieur de Rosenkrantz vous a dit, quand il est venu vous voir pour la première fois, dont j'ai d'autant plus lieu d'être satisfait qu'il y a des choses obligeantes dont il n'a rien touché dans son audience.

Comme il est temps à présent que le sieur de Voss l'aîné[1] se rende sans plus de délai à sa destination, vous devez le presser là-dessus et lui enjoindre d'ailleurs qu'il vienne se présenter encore à moi ici à Potsdam, puisque je veux lui parler moi-même avant qu'il parte. Au surplus, je ne saurais me dispenser de vous dire que c'est avec bien de la surprise que j'ai appris que le ministre de Russie, le sieur Gross, est effectivement instruit des instructions expédiées pour le sieur de Voss, en sorte qu'il sait précisément que le sujet principal en roule sur une garantie des États et possessions réciproques. Ne doutez point de la réalité du fait, elle est trop constatée pour que vous ayez lieu d'y hésiter. Mais comme il faut absolument qu'il y ait eu quelque indiscrétion de la part des gens de la chancellerie à ce sujet, ma volonté est que, sans rien dire ou communiquer à qui que ce soit de tout ce que je viens de vous marquer, vous devez faire une perquisition très exacte, pour découvrir ceux qui, par indiscrétion ou par d'autres vues criminelles, ont pu avoir donné lieu à ce que le secret des susdites instructions ait pu passer jusqu'au ministre susmentionné.

Federic.

Nach dem Concept.

3968. AU CONSEILLER PRIVÉ DE GUERRE DE KLING-GRÆFFEN A LONDRES.

Potsdam, 10 novembre 1749.

Les dépêches que vous m'avez faites du 28 et du 31 du mois d'octobre dernier, me sont entrées à la fois. Quant aux affaires de Russie, je ne saurais que vous renvoyer à tout ce que je vous ai déjà dit là-dessus par mes dépêches antérieures, et à ce qu'encore le rescrit ordinaire qui vous va arriver à la suite de celle-ci, vous marquera à ce sujet. Ainsi qu'il ne me reste qu'à vous informer d'une nouvelle qui m'est parvenue de Vienne, et qui pourrait mériter attention. Car l'on en marque que dans le temps que les affaires du Nord semblaient rentrer dans la tranquillité, l'Italie paraissait menacée d'un nouvel orage, et que

[1] Vergl. S. 83.

les différents arrangements que la cour de Vienne prenait par rapport
a l'Italie faisaient présumer qu'on y appréhendait la guerre. Qu'effectivement cette cour faisait recruter les trois régiments de dragons qu'elle y
entretenait, chacun de 400 chevaux, qu'elle y envoyait directement tout
ce que l'on assemblait de recrues, et que l'on assurait que six régiments
de cavalerie avaient reçu ordre de s'y rendre, dont deux étaient
actuellement en marche. Comme d'un côté il n'est nullement à présumer que l'Impératrice-Reine voudrait dans le temps présent penser à
faire une guerre offensive en Italie, et qu'il n'y a non plus de l'apparence
qu'aucune puissance voudrait la troubler dans ses possessions-là, et que
d'un autre côté il faut bien que la cour de Vienne ait des raisons
pressantes pour faire ce remuement, la chose me paraît bien singulière.
C'est pourquoi vous devez y prêter votre attention et tâcher de pénétrer,
là où vous êtes, quel peut être le dessous des cartes dans tout ceci,
puisqu'il n'est point à douter que, s'il en est quelque chose, la cour
de Vienne n'aura pas laissé d'en communiquer avec celle de Londres.
Il se peut que la première ait appris quelque chose de la négociation
qu'on dit être sur le tapis entre la France et la cour de Turin, et que,
fort ombragée de là, elle ait pris des arrangements pour en faire montre;
mais telles quelles en peuvent être les raisons, vous devez tâcher de les
approfondir, sans vous faire cependant trop remarquer. Et comme,
aussi, je vous ai déjà averti des soupçons qu'on a eus à l'égard du voyage
du général autrichien comte Lucchesi qui va arriver à Londres, de ce qu'il
pourrait être chargé d'une commission secrète de la part de sa cour à
celle de Londres, et que ces soupçons, en combinant les circonstances
ci-dessus mentionnées, deviennent plus forts, vous devez guetter de bien
près ce comte Lucchesi, dès qu'il sera arrivé en Angleterre, pour être
précisément instruit sur le sujet qui l'y amène, et s'il négociera là avec
quelque ministre, de même quelles seront proprement les propositions
qu'il fera. En quoi vous tâcherez, si vous le trouvez convenable, d'être
secondé par l'ambassadeur de France et par vos autres amis.

Au reste, [je voudrais] apprendre de vous de quelle manière finira
l'affaire de la convention à régler pour les dettes de la Silésie.

Nach dem Concept.

Federic.

3969. AU MINISTRE D'ÉTAT COMTE DE PODEWILS, ENVOYÉ EXTRAORDINAIRE, A VIENNE.

Potsdam, 10 novembre 1749.

La dernière poste m'a apporté la relation que vous m'avez faite du
1er de ce mois. Vous pouvez tabler sur la réalité de l'avis que je vous
ai donné confidemment des propos que le chancelier comte Ulfeld a
tenus au sujet du sieur Blondel et du baron de Beckers,[1] et que c'est

[1] Vergl. S. 138. 143.

à un de ses amis intimes qu'il s'est expliqué de la façon que je l'ai marqué sans y entendre finesse. Au surplus, ses sentiments malignes ne diminueront en rien l'estime que j'ai pour le baron de Beckers.

Quant à l'appréhension qu'on attribue à la cour de Vienne relativement aux affaires d'Italie, je me réfère à ce que je vous ai mandé par ma dépêche précédente à ce sujet. Il se peut encore que ladite cour soupçonne quelque négociation entre celles de Turin et de la France, qui lui font ombrage et à raison desquelles elle veut faire quelque montre.

La cour de Vienne se prend bien avec adresse quand elle s'attribue à présent le mérite d'avoir apaisé, moyennant ses bons offices, la Russie, quoiqu'elle n'y ait rien contribué et que son ministre n'ait fait que garder le silence et laisser faire et agir seul le lord Hyndford, au mouvement duquel est dû tout le mérite. Au surplus, si vous pouvez trouver moyen d'avoir par de certains gens des états exacts et fidèles sur le montant de quelques branches des revenus de la reine de Hongrie, j'y dépenserai volontiers une centaine de ducats.

Federic.

Nach dem Concept.

3970. AU CONSEILLER PRIVÉ DE LÉGATION BARON DE GOLTZ A MOSCOU.

Potsdam, 10 novembre 1749.

J'avais déjà reçu les nouvelles de Perse, quand le rapport que vous m'en avez fait par votre relation du 20 d'octobre passé, m'est entré; aussi sont-elles entièrement conformes à ce que j'en avais appris. Mais pour ce qui est de celles de Turquie dont vous me faites part, il faut que je vous fasse remarquer que vous ne rencontrez pas juste en accusant le Mufti disgracié comme s'il avait été dévoué aux deux cours impériales; tout au contraire l'a-t-on toujours cru fort attaché aux intérêts de la Suède, et c'est aussi pourquoi le chancelier, comte d'Ulfeld, à Vienne, a prôné partout l'événement de la disgrâce de ce pontife comme très favorable aux deux cours impériales, quand la nouvelle lui en est arrivée.[1] Cela ne doit point vous empêcher de me donner le plus de nouvelles que vous pourrez sur ce qui se passe dans la Turquie et en ces contrées-là. Au reste, je crois que dans les circonstances présentes la Suède n'aura plus à craindre de la Russie, ainsi qu'il ne nous reste qu'à voir de quelle façon la cour de Russie s'y prendra, quand une fois l'événement du décès du roi de Suède viendra à exister.

Nach dem Concept.

Federic.

---

[1] Vergl. S. 109. 128.

3971. AU SECRÉTAIRE DIESTEL A COPENHAGUE.

Potsdam, 10 novembre 1749.

La dépêche que vous m'avez faite le 4 de ce mois, m'a été rendue. Vous faites très bien de guetter de près le sieur Korff, pour bien observer sa contenance et ses allures. Quelque indifférence qu'il affecte relativement aux nouvelles liaisons entre la Suède et le Danemark, il n'en a pas moins le cœur navré et plein de rage. Quoiqu'il lui plaise de dire que la Russie n'ira pas moins son train, nonobstant toutes les alliances que la Suède saurait faire, je suis cependant assuré que sa cour se verra obligée de se modérer, et la manière dont elle a actuellement relâché, sert de preuve convaincante que la nouvelle alliance entre la Suède et le Danemark n'a pas du tout été gratuite.

Nach dem Concept.

Federic.

3972. AU CONSEILLER BARON LE CHAMBRIER A FONTAINEBLEAU.

Potsdam, 10 novembre 1749.

Je vous sais très bon gré de ce que vous avez prévenu mon attente par rapport à l'histoire et au caractère du milord Tyrconnell que je souhaitais de savoir, et j'en ai eu d'autant plus de satisfaction que je crois pouvoir me promettre, en conséquence de tout ce que vous me marquez à son sujet dans votre dépêche du 30 d'octobre passé, que nous aurons affaire à un honnête homme qui ne brouillera rien. Je crois d'ailleurs que vous avez jugé bien juste sur les raisons que vous présumez qui ont pu déterminer le ministère de France de l'envoyer à ma cour; mais parceque vous me marquez qu'il est encore tout neuf dans les affaires, je voudrais bien savoir si sa cour laissera à lui seul le maniement des affaires ou si peut-être elle s'avisera de lui joindre quelque secrétaire ou quelque autre sujet subalterne, pour l'aider dans les affaires, auquel cas vous me rendrez encore un service particulier, quand vous m'informerez des circonstances et du caractère de celui-ci. J'attends d'ailleurs de vous que vous me fassiez l'histoire et le caractère de l'épouse du milord que je vous ai demandés.

Nach dem Concept.

Federic.

3973. AU CONSEILLER PRIVÉ DE LÉGATION DE ROHD A STOCKHOLM.

Potsdam, 11 novembre 1749.

Je suis très porté à croire que les choses avec la Russie en resteront sur le pied que le ministère de Suède se le représente, selon que vous m'en faites votre rapport dans votre dépêche du 31 d'octobre dernier, et je suis persuadé que ledit ministère est véritablement au fait de la façon de penser d'à présent du chancelier russien Bestushew.

Je ne saurais cependant point concevoir que la France, moyennant ses impulsions en Angleterre, et cette dernière, par ses remontrances à la cour de Russie, pourront la déterminer à se résoudre à désarmer. Je ne comprends guère davantage comment les frais que les Suédois sont obligés de faire pour leur armement, peuvent leur être si coûteux qu'ils se l'imaginent, pendant qu'ils n'ont rien fait jusqu'ici à cet égard que ce qu'ils auraient dû faire quand bien ils n'auraient eu rien à appréhender; car quant aux dépenses en amas de magasins qui peuvent avoir été formés en Suède, celle-ci y trouvera toujours son compte, sans qu'elle ait besoin d'y craindre des faux-frais et des pertes pour elle.

Nach dem Concept. Federic.

3974. AU MINISTRE D'ÉTAT COMTE DE PODEWILS A BERLIN.

Potsdam, 14 novembre 1749.

Comme je viens d'être averti en confidence, par une personne qui se trouve à Breslau, que le conseiller autrichien Seyferth s'y était laissé échapper envers un de ses amis que le comte de Puebla avait reçu ordre de sa cour de présenter à Berlin un mémoire conçu en termes menaçants, relativement à la répartition des dettes hypothéquées sur la Silésie,[1] et qu'il devait y mettre à la charge du ministère prussien et du comte de Münchow que les conférences qui ont été tenues là-dessus, avaient été sans succès, avec menace que, si l'affaire en question n'était terminée en six semaines au gré de la cour de Vienne, lui, Seyferth, recevrait ordre de quitter Breslau, la cour de Vienne étant résolue en ce cas de me décrier partout et de tâcher même à me rendre odieux tant dans l'étranger qu'auprès de mes propres sujets, — je veux bien vous dire que mon intention est de voir venir à ce sujet le ministre autrichien, comte Puebla; mais n'étant point douteux que la cour de Vienne ne fût pour lors principalement résolue de faire faire des insinuations à la cour de France, sous des couleurs les plus hideuses, sur ce que dessus, ma volonté est que par la première poste vous deviez mettre le baron de Chambrier à Paris entièrement au fait de toute la connexion de l'affaire de la dette particulière de Silésie, et que vous l'en informiez avec ordre à lui, Chambrier, de prévenir là-dessus le marquis de Puyzieulx et de l'avertir en même temps que les Autrichiens ne manqueraient sûrement pas de représenter par animosité les choses tout autres qu'elles n'étaient en effet, et de leur donner de fausses couleurs, uniquement dans la vue pour tâcher de me décrier et de me rendre odieux. Et sur ce, je prie Dieu etc.

Nach der Ausfertigung. Federic.

[1] Vergl. Bd. II, 238. 285. 374. 377. Die Verhandlungen über diese Angelegenheit waren nach dem dresdner Frieden wieder aufgenommen worden und wurden von Seiten des wiener Hofes seit Anfang Januar 1749 in Breslau durch den Königl. Böhmischen Deputationsrath von Seyferth (vergl. Bd. II, 374) geführt.

3975. AU MINISTRE D'ÉTAT COMTE DE PODEWILS, ENVOYÉ
EXTRAORDINAIRE, A VIENNE.

Potsdam, 15 novembre 1749.

La dépêche que vous m'avez faite du 5 de ce mois, m'a été rendue, sur laquelle je veux bien vous communiquer ce qui m'a été mandé depuis peu par des lettres de France, savoir qu'on prétendait là que la cour de Vienne avait fait assez connaître depuis quelque temps quelles étaient ses intentions sur les cessions que l'Impératrice-Reine a faites au roi de Sardaigne par le traité de Worms, qu'elle voudrait regagner le Pavisan, le comté d'Anghierra et le Haut-Novarois, que le roi de Sardaigne a gagnés par le traité d'Aix-la-Chapelle, lequel, sans confirmer nommément celui de Worms, a cependant confirmé au roi de Sardaigne les provinces ci-nommées. Que l'Impératrice-Reine avait commencé, avant la signature des préliminaires pour la paix, de déclarer nul ledit traité, comptant que par là les cessions qu'elle y avait promis de faire au roi de Sardaigne, n'auraient plus lieu, mais, comme elle a été obligée d'en passer par là, elle voudrait en revenir, si elle pouvait, en attaquant de nouveau le traité de Worms, disant que, n'ayant pas été nommé par celui d'Aix, c'était injustement que les cessions qui y étaient énoncées au profit du roi de Sardaigne, avaient eu lieu; que cela portait un grand préjudice au restant du Milanais, en le resserrant si fort de tous les côtés que ses sujets en sont très incommodés pour la vente de leurs denrées et pour ce qu'ils tirent du dehors. L'on ajoute que, quoiqu'on ne croyait pas que les difficultés que la cour de Vienne faisait à celle de Turin, puissent être suivies d'aucune satisfaction pour la première, parceque le roi de Sardaigne ne voudrait faire aucun sacrifice, et que, si la cour de Vienne voulait le pousser, les Anglais empêcheraient que les choses vinssent à une rupture — mais on regardait l'aigreur qu'il y avait comme un levain qui fermenterait à mesure que les conjonctures changeraient et que l'une ou l'autre de ces deux puissances croirait pouvoir prendre un parti favorable à ses vues.

Quoi qu'il en puisse être, je crois avoir lieu de présumer qu'il faut que la cour de Vienne soit actuellement occupée de brasser quelque dessein nouveau, et je suis confirmé dans cette créance par la nouvelle que j'ai eue, qu'elle a mandé le prince Louis de Wolfenbüttel de venir en toute diligence à Vienne, parcequ'il y avait des affaires de conséquence sur le tapis qui demandaient absolument sa présence. Bien que je sois persuadé que ladite cour ne porte pas encore ses vues contre moi, mais selon toutes les apparences plutôt contre l'Italie, vous devez cependant vous donner tous les soins et peines possibles pour savoir au juste quelles ont été les raisons pourquoi on a pressé le susdit prince Louis de revenir soudainement à Vienne, afin de m'en instruire exactement. Au surplus, quoique je conçoive bien les difficultés qu'il y a pour être instruit des intrigues de la cour où vous êtes, je suis cependant persuadé

qu'avec le zèle que je vous connais pour mon service, et votre savoir-faire, vous saurez écarter ces difficultés, en vous appliquant soigneusement pour y réussir.
Federic.

On va vous fournir dans peu foule de fausses nouvelles, mais on sait d'où elles viennent et ce qu'il en faut croire. Les Autrichiens me reviennent comme des enfants qui font les mutins, dès qu'ils ont oublié le fouet qu'ils ont eu.

<small>Nach dem Concept. Der Zusatz nach Abschrift der Cabinetskanzlei.</small>

3976. AU CONSEILLER BARON LE CHAMBRIER A PARIS.

Potsdam, 15 novembre 1749.

Je vous sais un gré particulier des ouvertures que vous m'avez données par la dépêche que vous m'avez faite du 2 de ce mois à l'égard des intentions de la cour de Vienne relativement au roi de Sardaigne, parcequ'elles m'ont donné des éclaircissements sur plusieurs autres avis qui me sont entrés depuis peu par rapport aux ombrages que ladite cour commençait de prendre sur les affaires d'Italie, que je ne savais point assez démêler. Ce n'était pas tant sur les avis qui me sont entrés que la cour de Vienne avait fait venir d'Italie le général Pallavicini pour se concerter avec lui sur des affaires d'importance, que parceque l'on continuait à me mander de là que, dans le temps que les affaires du Nord semblaient rentrer dans la tranquillité, l'Italie paraissait menacée d'un nouvel orage, et que les différents arrangements que la cour de Vienne y prenait à l'égard de l'Italie, en augmentant la cavalerie et en complétant avec toute la diligence possible les autres troupes qu'elle y entretenait, faisaient présumer qu'on y appréhendait la guerre; circonstance que je ne pouvais bien développer, parceque d'un côté je ne saurais pas présumer que l'Impératrice-Reine voudrait dans le moment présent penser à quelque guerre offensive en Italie, et que d'un autre côté il n'y a non plus aucune apparence que quelque puissance la voudrait troubler dans ces possessions-là. Mais comme presqu'en même temps un général major autrichien, comte Lucchesi, qui doit être fort routiné dans les affaires d'Italie, y ayant servi pour la plupart du temps, est venu passer par ici pour aller en droiture à Londres, lequel, quoiqu'il ait voulu faire accroire qu'il ne faisait son voyage en Angleterre que par un motif de curiosité et pour y voir la cour et le pays, s'est fait néanmoins soupçonner qu'il pourrait bien être chargé de quelque commission secrète de la part de sa cour à celle de Londres, et que d'ailleurs nous avons eu ici le général major de Schulenburg, natif de mon pays, mais en service du roi de Sardaigne, qui n'a point hésité de me dire qu'il avait des avis que sa cour était en negociation avec la France sur un traité d'alliance à faire — tous ces différents avis-là m'ont paru si compliqués que je n'aurais pu m'orienter là-dessus, si les circonstances que vous m'avez marquées par votre relation ne m'avaient pas éclairci à ce sujet, ainsi que je me persuade à présent que les soupçons qu'on a eus du général Lucchesi, ne sont pas tout-à-fait destitués de vraisemblance, et que la cour de Vienne pourra bien avoir pris jalousie sur l'alliance qu'on dit que le roi de Sardaigne médite de faire avec la France. Au surplus, je souhaiterais bien que cette alliance de la France avec le roi de Sardaigne pourrait réussir au gré de la France, puisque l'on escamoterait par là à l'Impératrice-Reine le seul allié qu'elle a eu en Italie, par laquelle elle se verrait dans de grandes appréhensions pour ses possessions en Italie et hors d'état de commencer de nouveaux troubles.

Pour ce qui est des instances que le roi de Pologne a fait faire à la cour de France, afin d'employer ses bons offices auprès de moi pour que j'ordonnasse à mes sujets créanciers de la *Steuer* de Saxe de ne pas presser le payement, je ne saurais qu'à me remettre sur la réponse que j'ai faite à la lettre que le roi de Pologne m'a écrite à ce sujet et dont j'ai fait communiquer la copie au marquis de Valory, qui sans doute l'aura fait passer à sa cour, et je me persuade que la cour de France aura reconnu la solidité des arguments que j'y ai allégués et la façon amiable dont je me suis expliqué envers le roi de Pologne.

Nach dem Concept.

Federic.

3977. AU CONSEILLER PRIVÉ DE LÉGATION BARON DE GOLTZ A MOSCOU.

Goltz berichtet, Moskau 23. October: „Si les conjectures dont l'ami connu m'a fait part dernièrement sont justes, les menaces du Chancelier ne se tourneront pas en réalité, et je ne saurais m'empêcher d'adopter les mêmes idées, aussi longtemps que l'Angleterre ne se prêtera pas d'une manière efficace à l'exécution des vues du comte Bestushew et que la Suède continue d'opposer une conduite ferme aux démarches violentes du premier ministre"...

... „Je ne saurais me persuader que, si la cour de Vienne se fût sérieusement employée à inspirer au comte Bestushew des sentiments plus modérés, celui-ci eût fait usage de la déclaration dont le sieur de Panin vient de s'acquitter à Stockholm, de sorte que, en combinant ces idées avec les ouvertures que certain ami m'a faites de temps en temps sur cette matière, il y a toute apparence qu'il y a eu là-dessus un concert parfait entre les deux cours impériales."

Potsdam, 15 novembre 1749.

Vous saurez par la présente dépêche pour votre meilleure direction que, comme toutes les conséquences que vous faites dans vos deux rapports du 23 d'octobre dernier, dérivent d'un principe faux et erroné, de sorte qu'elles viennent par là même à manquer de tout fondement, vous deviez à d'autant plus forte raison ajouter une entière croyance de votre part à ce que je vous ai écrit en grande confidence dans plusieurs de mes dépêches immédiates que je vous ai faites consécutivement en dernier lieu, sans douter en aucune façon de leur réalité, mais plutôt y compter de manière à diriger là-dessus vos recherches à la cour où vous êtes;

car ce que certain ami a pu vous dire de choses qui semblent y contredire, ne doit point vous abuser, étant très avéré que cet ami n'est point informé des affaires les plus importantes, desquelles son collègue ne permet pas qu'il parvienne rien à sa connaissance; sans dire qu'outre cela ce même ami ne s'est expliqué par timidité qu'à demi envers vous, en passant sur tout le reste sans vous en toucher le mot.

Nach dem Concept. Federic.

3978. AUX MINISTRES D'ÉTAT COMTES DE PODEWILS ET DE FINCKENSTEIN A BERLIN.

Potsdam, 16 novembre 1749.

Ayant vu tout ce que vous venez de me mander par le rapport que vous m'avez fait du 14 de ce mois, au sujet des différents mémoires que les ministres de l'Impératrice-Reine à ma cour vous ont présentés,[1] concernant la commission établie à Breslau pour régler les dettes des particuliers affectées sur la Silésie, je vous dirai que, n'étant nullement d'intention ni d'enfreindre les traités faits avec l'Impératrice-Reine ni de me refuser d'en remplir les stipulations, ma volonté est que les miens doivent agir de bonne foi dans les conférences qu'on aura à ce sujet et qu'ils doivent s'abstenir de toute chicane ou demande insoutenable. Et comme mon ministre, le comte Münchow, va venir à Berlin au commencement du mois prochain, vous pouvez entrer en conférence là-dessus avec lui et régler ensemble préliminairement tout ce qu'il faut de principes justes et raisonnables qui peuvent servir de base pour en décider le détail de l'affaire en question.

Mais parceque, selon les règles de tout bon droit, toute obligation provenant de traités solennels doit être réciproque entre les parties qui y sont intéressées, et qu'en conséquence, si l'Impératrice-Reine prétend l'accomplissement des engagements où je suis à son égard par les traités de Berlin et de Dresde, il faut qu'à son tour elle accomplisse également à quoi elle s'est engagée par ces traités, je vous déclare que rien de tout ce que l'on conviendra relativement à l'affaire des dettes particulières de Silésie, ne sera ratifié de moi, ni mis en exécution, avant que l'Impératrice-Reine n'ait satisfait à l'obligation où elle est par rapport à la garantie de l'Empire à me procurer sur mes possessions de la Silésie.

C'est à vous, à présent, de faire un bon usage de tout ce que je viens de vous dire, et de tourner d'ailleurs la réponse que vous ferez au comte de Puebla à ce sujet, de façon que ce soit la cour de Vienne qui soit mise dans tout son tort, si les engagements où je suis par les traités susmentionnés ne s'exécutent pas avec cette facilité que je suis

---

[1] Ein Memoire, d. d. Berlin 28. October und zwei, d. d. Berlin 11. November 1749; den letzteren beigeschlossen zwei dem preussischen Gesandten in Wien übergebene Memoires, d. d. Wien 1. November.

prêt d'y apporter pourvu que la cour de Vienne exécute avec la même fidélité et de pas égal les obligations où elle est par ces traités. Vous observerez encore que la réponse que vous ferez au comte Puebla, soit ajustée dans des termes honnêtes, mais qui cependant ne sentent aucunement craindre les menaces de la cour mentionnée. Sur quoi, je prie Dieu etc.

Voilà tout ce que nous pourrons faire dans la conjoncture présente; se relâcher davantage serait insensé, et ces gens sont obligés de remplir leurs engagements vis-à-vis de nous, comme nous le sommes vis-à-vis d'eux.[1]

Nach der Ausfertigung. Der Zusatz eigenhändig.

Federic.

3979 AU CONSEILLER PRIVÉ DE LÉGATION BARON DE GOLTZ A MOSCOU.

Potsdam, 18 novembre 1749.

J'ai reçu votre relation du 27 d'octobre dernier. Quand je vous mande des choses pour sûres et d'une manière positive, vous ne devez point faire l'incrédule, mais vous fier là-dessus. Quoi que l'ami connu vous ait pu dire de ce qui a fait le sujet des délibérations du grand conseil tenu dernièrement en présence de l'Impératrice, il n'est pas moins vrai que ces délibérations ont roulé sur les affaires de Suède, et que le résultat a été tel que je vous ai marqué par mes dépêches immédiates. On ne vous a point dit qu'il y a été question de la déclaration faite par le sieur Panin, mais bien si la Russie devait faire la guerre à la Suède en cas que sa réponse à la déclaration qu'on lui faisait faire, ne fût pas satisfaisante et telle qu'on la désirait, ainsi donc que la conséquence que vous voulez tirer de la date antérieure de la déclaration avec celle du grand conseil, ne porte point coup. D'ailleurs, vous devez savoir que la cour de Vienne déclare même à présent que, par les soins des cours qui s'intéressent pour la conservation de la tranquillité publique, les affaires du Nord commençaient à prendre une face avantageuse, en sorte qu'on pourrait espérer avec fondement que tout serait en peu aplani et la tranquillité raffermie sur un pied que même après la mort du roi de Suède il ne resterait plus de sujets qui puissent occasionner des troubles dans ces quartiers-là. Ce que j'ai bien voulu vous faire connaître, quoique absolument pour votre direction seule et avec défense expresse de n'en parler à qui que ce soit.

Au surplus, vous observerez bien que, quand je vous fais de pareilles confidences par mes dépêches immédiates, vous n'en devez rien toucher dans vos relations ordinaires, mais uniquement dans celles que vous me faites à mes mains propres.

Nach dem Concept.

Federic.

[1] Durch einen Immediaterlass vom 18. November wurde Graf Otto Podewils in Wien von dieser Verhandlung mit Puebla in Kenntniss gesetzt.

3980. AU CONSEILLER BARON LE CHAMBRIER A PARIS.

Potsdam, 18 novembre 1749.

La relation que vous m'avez faite du 6 de ce mois, m'est bien parvenue. Le jugement que le marquis de Puyzieulx a porté relativement aux affaires du Nord, est fort exact et bien juste; il y a du moins toute l'apparence, vu la face avantageuse que les affaires y prennent présentement, que les démonstrations de la Russie iront finir, que le repos du Nord sera maintenu et qu'il n'y en aura guère plus à craindre, même après le décès du roi de Suède. Quant aux deux régiments d'infanterie que la Russie avait fait passer tout nouvellement à Wiborg, mes dernières lettres de Suède marquent qu'on y avait eu avis que l'un de ces régiments avait depuis peu défilé sans bruit pour retourner dans l'intérieur de la Russie.

Mes lettres de Vienne disent que les appréhensions qu'on y avait eu d'un nouvel orage en Italie, diminuaient, et qu'on paraissait se tranquilliser là-dessus.

Au reste, comme je n'entends pas tout-à-fait ce que vous voulez dire proprement quand vous me marquez à la fin de votre relation que milord Tyrconnell vous paraissait se flatter que, si jamais la guerre recommençait, il aurait occasion de servir, quoique restant toujours auprès de moi comme ministre de France, j'attends que vous vous expliquiez un peu plus clairement là-dessus.

Federic.

Nach dem Concept.

3981. AU DÉPARTEMENT DES AFFAIRES ÉTRANGÈRES.

Podewils und Finckenstein berichten, Berlin 18. November: „En conformité et dans le sens des instructions que Votre Majesté nous a fait la grâce de nous envoyer en date du 16 de ce mois, par rapport aux dettes de la Silésie, nous avons fait dresser un projet de réponse aux trois mémoires du comte de Puebla. Comme la pièce, selon l'usage que la cour de Vienne en fera, pourra devenir de conséquence, nous avons cru de notre devoir de la présenter préalablement ci-jointe à Votre Majesté, en La suppliant de la lire avec attention et de nous faire savoir si Elle la trouve en tout conforme à Ses sentiments."

Cela est très bien, en termes mesurés, accompagné de décence et de fermeté, et de façon que vous ne m'engagez qu'à ce qui est juste et équitable.

Federic.

Nach der eigenhändigen Aufzeichnung (praes. 19. November) am Rande des Entwurfes zu dem Mémoire für Puebla, d. d. Berlin 17. November 1749.

3982. AU CONSEILLER PRIVÉ DE LÉGATION DE ROHD A STOCKHOLM.

Rohd berichtet, Stockholm 11. November: „Pour ce qui est de la cour de Vienne, quand même on ne prendrait pas au pied de la lettre tout ce qu'elle a fait sentir de son mécontentement par rapport à la déclaration russienne, on est néanmoins porté à la croire assez sincèrement persuadée, et qu'elle fixe présentement son point de vue sur le jeune Archiduc, pour le faire élire roi des Romains, et que par conséquent, cette affaire l'occupant tout entière, où d'ailleurs elle se flatte de pouvoir plus gagner qu'à celles de la Russie, on croit que c'est son tout de bon, du moins pour le présent, de ne point s'y mêler à dessein de les brouiller, mais plutôt d'en tirer quelque gloire, en les mettant par ses soins sur un pied de tranquillité plus stable avec la Suède. Dans cette supposition, on n'est pas en peine que la cour de Londres n'opère de son côté pour la même fin, puisqu'on la croit d'accord avec celle de Vienne pour l'élévation de l'Archiduc, et qu'ainsi elle n'aimera pas moins d'empêcher qu'il ne s'allume un feu de guerre dans le Nord capable de démonter ses machines, du moins pendant l'espace de temps qu'elle croira nécessaire à pouvoir gagner son but, pour une matière aussi intéressante que celle de la déclaration russienne et de la réponse qu'on y a donnée en Suède."
... Tessin „m'a fait confidence qu'on faisait jeter actuellement le plomb à la cour de Copenhague, pour voir si l'on y rencontrerait des dispositions à pouvoir la mener à un traité défensif avec la Suède plus étroit que celui que l'on vient de signer, son intention étant d'en poser un autre sur cette base, avec la clause *totis viribus*."

Potsdam, 22 novembre 1749.

Les idées que vous me marquez, par votre dépêche du 11 de ce mois, qu'a conçues le comte Tessin relativement à une alliance plus étroite entre la Suède et le Danemark, sont bonnes et me reviennent assez. Je m'imagine toutefois que, comme selon mes lettres de Copenhague le ministre russien de Korff y tramait sous main à inspirer des soupçons aux Danois sur ce que les Suédois et principalement le Prince-Successeur travaillaient au rétablissement du despotisme — en quoi ledit ministre russien avait pour but de raccrocher le Danemark avec la Russie — le comte Tessin pourrait bien ne pas rencontrer les Danois aussi disposés qu'il les souhaiterait à entrer dans une alliance défensive avec les Suédois plus étroite que celle qui subsiste actuellement entre les deux nations.

Sur ce qui est de la façon de penser du comte Tessin à l'égard du système autrichien, ledit comte rencontre très juste, et l'on a deviné on ne saurait mieux sur cela en Suède; mais ce qui regarde celui de l'Angleterre, il me paraît qu'on s'y méprend un peu là où vous êtes, m'étant assez inconcevable que l'Angleterre dût penser à rentrer si tôt en guerre. Au surplus, les projets que peut avoir la cour de Vienne en faveur de l'Archiduc aîné, ne sauraient tout au plus qu'être encore un objet fort éloigné, ce dit Archiduc ayant à peine atteint sa dixième année.

Nach dem Concept.

Federic.

3983. AU MINISTRE D'ÉTAT COMTE DE PODEWILS, ENVOYÉ EXTRAORDINAIRE, A VIENNE.

Potsdam, 22 novembre 1749.

J'ai reçu votre rapport du 12 de ce mois. Ceux qui prétendent d'être bien au fait des revenus que feu l'empereur Charles VI a tirés de tout ce qu'il possédait de provinces avant qu'on lui en arrachât des parties considérables, soutiennent que cela est allé tout au plus à vingt et quatre millions d'écus. Mais pour [savoir] avec justesse ceux dont l'Impératrice-Reine jouit à présent, vous n'avez qu'à suivre les traces que je vous ai indiquées par mes dépêches antérieures.[1]

Je pense que le comte Barck aurait mieux fait de ne point entrer dans des éclaircissements avec le comte d'Ulfeld sur les prétendus bruits de dissensions qui doivent régner parmi la nation suédoise: quel mal fera-t-il à la bonne cause, quand le dernier prend croyance aux illusions que des gens mal intentionnés lui ont faites à ce sujet?

Si la cour de Vienne envoie un homme d'esprit, comme vous me caractérisez le frère du comte Puebla, auprès de celui-ci pour l'assister dans son ministère, elle n'a pas tout-à-fait tort; quoiqu'il soit d'ailleurs bon et honnête homme, il est sûr cependant qu'il n'est pas du tout stilé à conduire des négociations.

Mes soupçons que ce sont plutôt des commissions secrètes de la part de la cour de Vienne qui l'ont fait passer le général Lucchesi en Angleterre, que toute autre raison, ne finiront point, malgré tout ce qu'on en dise, avant que je ne sois pas convaincu du contraire d'une manière à y pouvoir compter fermement.

Federic.

Nach dem Concept.

3984. AU CONSEILLER BARON LE CHAMBRIER A PARIS.

Potsdam, 22 novembre 1749.

C'est avec une vraie satisfaction que j'ai vu, par la relation que vous m'avez faite du 9 de ce mois, que le marquis de Puyzieulx pense avec tant de justesse qu'il fait sur les affaires du Nord et qu'il en a des informations aussi exactes. J'espère cependant que ces fâcheuses affaires se calmeront à la fin, et que nous en serons débarrassés d'une façon que nous l'avons désiré, quoique le chancelier de Russie ne cessera pas de brouiller tant qu'il saura les affaires de la Suède et de nous faire toutes les algarades dont il pourra s'aviser.

Au reste, ma curiosité est de savoir la façon de penser du ministre d'Angleterre en France et des autres Anglais qui s'y trouvent, sur ce que la cour de France m'envoie milord Tyrconnell, connu pour être attaché au parti du Prétendant; c'est pourquoi vous devez tâcher de vous en informer et de m'instruire sur l'impression que cela fait sur eux.

Nach dem Concept.

Federic.

[1] Vergl. S. 153.

3985. AU CONSEILLER PRIVÉ DE GUERRE DE KLING-
GRÆFFEN A LONDRES.

Potsdam, 25 novembre 1749.

J'ai reçu votre dépêche du 11 de ce mois. Puisque vous ne désespérez pas encore tout-à-fait de la réussite de l'affaire de la nouvelle convention sur les dettes de Silésie, j'attendrai que vous me mandiez l'ultimatum des propriétaires, afin de pouvoir m'arranger finalement d'une façon ou d'autre, pour sortir de cette dette onéreuse.

Pour ce qui concerne les affaires du Nord, il me semble que, selon le train qu'elles prennent, elles tirent à leur fin, en sorte que la Suède n'aura guère plus à craindre de la Russie, et je suis presque du sentiment du ministère de France, selon lequel la Russie ne dégainera pas tant qu'elle ne sera pas soutenue par l'Angleterre; qu'à la vérité le chancelier de Russie, Bestushew, ferait tout ce qu'il pourrait pour tenir les choses dans l'incertitude, afin que, si l'Angleterre change de sentiment, il puisse en profiter, mais qu'il était à croire que celle-ci ne se prêterait pas si facilement à donner des subsides aussi considérables que ceux qu'il faudrait pour nourrir un feu tel que celui qui s'allumerait dans le Nord; que l'Angleterre était lasse de s'endetter et qu'elle aimerait mieux laisser les choses comme elles sont, à moins que la Russie et la cour de Vienne ne voulussent se charger seules du soutien de cette nouvelle guerre, ce qu'elles ne feront pas apparemment, parceque le fardeau serait trop lourd pour elles.

J'ajoute à tout ceci que la cour de Vienne a d'autres objets en vue, qui lui touchent de plus près que l'autre là; c'est qu'elle commence à s'arranger sous main pour faire élire roi des Romains l'Archiduc aîné, dès qu'il aura atteint l'âge compétent à cela. Et comme il n'y a nul doute qu'elle veuille ne se concerter préalablement avec l'Angleterre là-dessus, vous devez tâcher de vous informer sur les intrigues et les ressorts qu'elle fait jouer là où vous êtes sur ce sujet-là, afin de pouvoir m'en avertir. Vous vous garderez cependant soigneusement de ne parler du tout sur cette affaire-ci avec l'ambassadeur de France, pour qu'on ne me soupçonne pas encore comme si je voulais leur donner de fausses alarmes, mais que vous vous informiez sous main et par autres connaissances de ce que la cour de Vienne peut intriguer à celle de Londres pour parvenir à ses desseins relativement à l'élection mentionnée.

Nach dem Concept. Federic.

3986. AU CONSEILLER BARON LE CHAMBRIER A PARIS.

Potsdam, 25 novembre 1749.

Il me paraît, par tout le détail que vous venez de me marquer par votre dépêche du 13 de ce mois, que les idées du marquis de Puyzieulx relativement aux affaires du Nord sont des plus justes et qu'il rencontre parfaitement bien. Mais ce que je désirerais bien de savoir, c'est la façon de penser des ministres de France par rapport à l'objet le plus important à la cour de Vienne, de faire élire l'archiduc aîné Joseph roi des Romains, dès qu'il aura atteint l'âge qu'il faut pour pouvoir être élevé à cette dignité. Il est vrai que le cas n'existe pas encore et que ce Prince est d'un âge encore trop tendre pour que la cour de Vienne saurait déjà développer ses vues à ce sujet, mais comme elle y pense déjà et qu'elle s'y arrange de loin et sous main, ma curiosité est de savoir de vous comment les ministres de France envisageront cette affaire quand elle existera; ainsi donc vous devez tâcher à démêler leur façon de penser à cet égard. Vous vous garderez cependant bien soigneusement de n'en faire sentir rien au marquis de Puyzieulx, pour ne point réveiller ses soupçons comme si je ne cherchais que de causer de nouveaux embarras à la France, mais de vous informer plutôt par la troisième ou quatrième main, afin de pouvoir me contenter là-dessus.

Federic.

Nach dem Concept.

3987. AU MINISTRE D'ÉTAT COMTE DE PODEWILS, ENVOYÉ EXTRAORDINAIRE, A VIENNE.

Potsdam, 25 novembre 1749.

Quoique je convienne parfaitement avec vous de tout ce que vous me marquez dans la dernière dépêche que vous m'avez faite immédiatement, par rapport à la mauvaise volonté de la cour de Vienne contre moi, il est cependant également constaté que l'objet le plus important que l'Impératrice-Reine a présentement devant les yeux, est de faire élire son prince aîné, l'archiduc Joseph, roi des Romains, dès qu'il aura atteint l'âge compétent. C'est là où elle vise principalement, et, selon les apparences, elle voudra voir cette affaire à sa perfection avant que de m'assaillir.

Federic.

Nach dem Concept.

3988. AU CONSEILLER PRIVÉ DE LÉGATION BARON DE GOLTZ A MOSCOU.

Potsdam, 25 novembre 1749.

J'ai reçu votre rapport du 3 de ce mois. Il me paraît que vos idées sur la conduite que le Chancelier observera vis-à-vis de la Suède, sont bien justes. Il est fort apparent qu'il ne voudra pas dégaîner contre la Suède, sentant bien que le fardeau serait trop lourd à la Russie, mais il voudra tenir les choses dans l'incertitude, pour profiter de l'occasion, si jamais l'Angleterre changeait du sentiment où elle est actuellement, et pousser alors sa pointe. Cependant, il faut se flatter que l'Angleterre, lasse de s'endetter, ne voudra pas se prêter facilement à donner des subsides aussi forts qu'il faudra à la Russie pour nourrir ce feu, et que la dernière se lassera également de fournir aux frais que ses ostentations lui coûtent, et laissera en conséquence les choses comme elles sont. Je viens d'apprendre par un bon canal que le courrier arrivé au comte Bernes, le 30 du mois dernier d'octobre, lui a apporté de la part de sa cour encore une quantité de ducats pour celle de Russie. J'ai bien voulu vous avertir confidemment de cette particularité, afin que, s'il y a moyen de vous informer sous main par quelle raison la cour d'Autriche fait ces remises à celle de Russie, vous ne négligiez pas de le faire et de me mander ce que vous en avez pu pénétrer.

Nach dem Concept. Federic.

3989. AU SECRÉTAIRE DIESTEL A COPENHAGUE.

Potsdam, 25 novembre 1749.

J'ai reçu votre dépêche du 18 de ce mois et je me crois assez fondé pour pouvoir juger des circonstances que vous m'y rapportez au sujet du baron Korff, qu'il faut que la cour de Copenhague, avant que d'être entrée en négociation avec la Suède, ait été en chipotage avec celle de Russie. Mais comme je suis incertain encore sur quoi ce chipotage peut avoir roulé, si c'est sur une alliance à conclure ou sur quelque autre objet d'approchant, je veux que vous preniez vos mesures pour voir si sous main et sans vous exposer vous ne sauriez en pénétrer quelque chose avec assurance, pour m'en informer ensuite.

Nach dem Concept. Federic.

3990. AU CONSEILLER PRIVÉ DE LÉGATION DE ROHD A STOCKHOLM.

Potsdam, 25 novembre 1749.

J'ai vu par votre rapport du 14 de ce mois ce qui s'est passé ultérieurement, là où vous êtes, entre le comte Tessin et le chambellan Panin relativement à l'explication que celui-ci a demandée au premier au sujet de la réponse de la Suède à la déclaration russienne. La réponse en question de la Suède ayant d'ailleurs été insérée dans les gazettes publiques, il n'y a rien d'étonnant, après cela, qu'elle soit parvenue à la connaissance de la Russie.

Nach dem Concept. Federic.

3991. AU SECRÉTAIRE HECHT A DRESDE.

Potsdam, 25 novembre 1749.

Je vois bien, par toutes les circonstances que vous venez de m'alléguer dans votre dépêche du 18 de ce mois, que les finances de la Saxe se trouvent dans une état entièrement désolé, et la conclusion que j'en tire est qu'on pourra peut-être, au moyen des palliatifs qu'on y emploiera, les soutenir encore une ou deux années, mais qu'après cela tout le pays se trouvera abîmé sans ressource.

Nach dem Concept.

Federic.

3992. AU SECRÉTAIRE DU COMMUN A LA HAYE.

Potsdam, 25 novembre 1749.

Je veux bien vous dire, sur le post-scriptum de votre relation du 18 de ce mois, que je m'imagine que le sujet principal des négociations dont est chargé le comte de Bentinck à Vienne, renferme aussi l'affaire des places de la barrière, que les Hollandais seraient bien aises de revoir fortifiées sur le même pied qu'elles l'étaient avant la dernière guerre, à quoi cependant la cour de Vienne ne voudra sans doute point entendre, à cause des grandes dépenses qui y seraient requises. Mais quoi qu'il en soit, vous ferez tout votre possible, sans néanmoins vous faire remarquer, pour tâcher de savoir sous main en quoi consistent proprement les sujets sur lesquels roulent lesdites négociations du comte de Bentinck à Vienne.

Nach dem Concept.

Federic.

3993. AU SECRÉTAIRE DU COMMUN A LA HAYE.

Potsdam, 29 novembre 1749.

J'ai été surpris de voir, par votre rapport du 21 de ce mois, que vous ayez pu vous laisser surprendre par des bruits aussi ridicules que ceux de divers campements que je songeais de faire et de continuer cet hiver, jusqu'à avoir voulu en donner des raisons. Gardez-vous bien de ne plus donner dans de pareils écarts et traitez plutôt ces sortes de contes, dès qu'ils parviendront jusqu'à vous, des plus sots et des plus visionnaires d'entre tous ceux qu'on a coutume de forger à mon égard, dont chaque homme raisonnable envisagera d'abord le grand ridicule, pour peu qu'il veuille y penser.

Nach dem Concept.

Federic.

3994. AU CONSEILLER PRIVÉ DE GUERRE DE KLING-GRÆFFEN A LONDRES.

Potsdam, 29 novembre 1749.

J'ai bien reçu votre dépêche du 14 de ce mois. Quant aux affaires du Nord, je continue de présumer que la bonace durera au moins jusqu'à la mort du Roi régnant en Suède, et que les circonstances du temps décideront alors s'il y en aura à craindre ou non. Sur ce qui regarde la froideur que le roi d'Angleterre continue à vous témoigner, et le silence du chevalier Williams par rapport à sa commission pour Berlin,[1] je vous dirai que je ne vous laisserai point languir, quand les choses concernant les dettes de Silésie seront réglées et que j'aurai vu plus clair encore sur le sort que les affaires du Nord auront, et que je pourrais bien vous rappeler alors.

Au surplus, je veux bien suivre le conseil que vous me donnez relativement au payement des trois termes d'intérêts des dettes de Silésie qui sont à la banque de Londres,[2] et vous confirmer en conséquence l'ordre que je vous ai déjà donné de faire payer aux propriétaires cet argent.

Federic.

Nach dem Concept.

3995. AU MINISTRE D'ÉTAT COMTE DE PODEWILS, ENVOYÉ EXTRAORDINAIRE, A VIENNE

Potsdam, 29 novembre 1749.

J'ai reçu vos dépêches du 19 de ce mois. Le colonel Hallasch ayant imploré mon assistance afin que ses terres en Hongrie lui soient remises, qu'on lui a, selon ce qu'il prétend, confisquées dans l'année 1744 et 1745 en haine de ce qu'il était entré en mon service, selon la copie ci-close qu'il m'a faite, ma volonté est que vous devez précisément vous informer et m'en faire votre rapport si ce qu'il avance relativement à cette confiscation, est fondé ou non. Le dérangement d'esprit où ce pauvre, mais d'ailleurs honnête homme a été depuis quelque temps et dont je ne sais pas s'il en est tout-à-fait revenu, m'oblige de prendre ces précautions pour être sûr de mon fait, quand je voudrais faire faire des remontrances à la cour de Vienne à ce sujet.

Sur ce qui regarde le présent que la cour de Gotha vous a fait offrir en considération des peines que vous avez eues dans l'affaire de l'accommodement,[3] je vous permets d'accepter ce que le sieur Rehboom vous en doit remettre. Au surplus, vous pouvez compter que je n'oublierai pas les bons services que vous m'avez rendus, et qu'il n'y a que de certaines circonstances qui m'arrêtent encore de vous aider de la sorte que je me le suis proposé.

Selon le train que les affaires du Nord prennent à présent, il y a tout lieu d'espérer que la Suède n'aura actuellement rien à craindre de la Russie et que tout se passera tranquillement, au moins jusqu'à l'événement de la mort du roi de Suède, ainsi qu'il ne nous reste qu'à voir le parti que la Russie prendra alors. Comme je viens d'apprendre de bonne main que l'ordre que l'Impératrice-Reine a donné au prince Louis de Brunswick-Wolfenbüttel pour son retour à Vienne,[4] a été

[1] Vergl. Bd. VI, 529. 549. 557. 575. — [2] Vergl. S. 140. 189. — [3] Vergl. S. 44. — [4] Vergl. S. 166.

accompagné de circonstances particulières, jusqu'à lui enjoindre de ne pas entrer à Vienne avant qu'il n'y ait envoyé son secrétaire pour savoir les intentions ultérieures de l'Impératrice-Reine, vous devez tâcher de vous informer au possible sous main ce que la cour où vous êtes peut avoir d'intentions à l'égard de ce Prince, pour m'en faire immédiatement votre rapport.

Federic.

Nach dem Concept.

3996. AU CONSEILLER PRIVÉ DE LÉGATION BARON DE GOLTZ A MOSCOU.

Potsdam, 29 novembre 1749.

Les conclusions que vous tirez dans votre dépêche du 6 de ce mois, sont encore bâties sur les mêmes suppositions fausses dont je vous ai déjà indiqué le peu de fondement par mes dépêches antérieures,[1] ainsi que je n'ai qu'à me remettre à ce que je vous en ai marqué par mes précédentes. Jugez sainement là-dessus et envisagez les affaires telles qu'elles sont effectivement, et vous trouverez alors que je ne vous ai point imposé par les avertissements secrets que je vous ai donnés, et desquels je n'aime pas que vous fassiez mention autrement que dans les dépêches que vous me ferez immédiatement. Sachez d'ailleurs que la Russie n'est pas si délabrée de finances pour qu'elle ne saurait faire quelque démarche d'éclat contre la Suède; mais ce qui l'en retient, ce sont les suites, et qu'elle ne voudrait entrer seule en jeu, sans être assurée de l'assistance réelle de ses alliés. Ne vous fiez pas seul aux avis de l'ami connu, son caractère timide opère qu'il agit avec retenue; entendez ses avis, mais agissez avec autant de prudence que d'activité, pour les comparer avec les circonstances qui vous reviennent d'autre part, afin d'en pouvoir faire un bon jugement.

Federic.

Nach dem Concept.

3997. AU CONSEILLER PRIVÉ DE LÉGATION DE ROHD A STOCKHOLM.

Potsdam, 29 novembre 1749.

Je vous sais très bon gré de l'avis confident que vous m'avez fait parvenir, par votre dépêche du 18 de ce mois, de l'entretien que vous avez eu en dernier lieu avec la princesse royale de Suède, ma sœur, et je suis bien persuadé qu'elle ne saurait faire rien de plus sage qu'en prenant de loin ses mesures sur la Diète prochaine en Suède, étant incontestablement vrai que ladite Diète influera beaucoup sur le salut de la Suède et que ce sera par elle qu'il faudra tâcher de consolider

[1] Vergl. S. 168.

tout ce que le ministère suédois a pu faire de bon et de convenable jusqu'à présent.

Je ne saurais cependant m'empêcher de vous dire confidemment, pour votre direction, que — ma situation présente étant telle que je ne sais à quoi devoir m'attendre d'une cour aussi ennemie que l'est à mon égard celle de Vienne, et, par ses trames continuelles, de la part de celle de Russie — je m'en trouve dans une impossibilité absolue d'employer quelque somme en argent du côté de la Suède, et que, quelque disposé que je sois d'ailleurs à contribuer de tout mon possible au bien-être du gouvernement suédois, ne pouvant guère me fier à la bonne volonté de mes voisins, je me vois par là les mains trop liées quant à l'article de l'argent.

En attendant, quoique je veuille bien croire que, quand on en sera venu à une nouvelle Diète en Suède, les débats ne manqueront pas de s'y manifester bientôt, je me flatte néanmoins que, le parti français étant aussi puissant et accrédité qu'il l'est, les mal intentionnés s'en verront réduits à ne pouvoir rien tenter avec succès contre lui, et il ne m'est point douteux que la France ne dût pas manquer alors de faire tous les efforts pour tâcher de conserver la supériorité dudit parti qu'elle se trouve avoir actuellement en Suède.

Nach dem Concept.

Federic.

3998. AU CONSEILLER BARON LE CHAMBRIER A PARIS.

Chambrier berichtet, Paris 17. November: „Il faut que le marquis de Puyzieulx ait eu une raison particulière pour me dire, il y a quelques jours, comme il fit: »Au bout du compte, le roi de Prusse est bien le maître de dire ce qui lui plaît, et ce que nous en avons fait à son égard, sur ce qui s'est dit à Dresde,¹ n'a été qu'une explication que, par des intérêts communs, comme ceux du Roi votre maître et les nôtres, il a paru nécessaire d'avoir.« Le marquis de Puyzieulx aura peut-être senti de lui-même ou par quelque chose qu'il aura reçue du marquis de Valory, que Votre Majesté n'était responsable de Ses discours à personne. Si je trouve une occasion de le faire convenir, de nouveau, de cela vérité, je tâcherai de le faire, en termes aussi polis et amiables que la chose peut le permettre, et sans le blesser."

Potsdam, 29 novembre 1749.

Ce que le marquis de Puyzieulx vous a déclaré à mon égard, en conséquence du rapport que vous m'avez fait du 17 de ce mois, me suffit, en sorte que, si l'occasion ne s'est plus trouvée jusqu'ici pour le faire convenir, de nouveau, de ce dont il s'agit, mon intention est que vous ne devez plus y toucher et laisser reposer tout ce qui y a du rapport.

Au surplus, vous devez m'informer si le crédit de la marquise de Pompadour influe dans les affaires étrangères ou si celles-ci sont hors de sa portée. Vous devez m'instruire d'ailleurs si les sieurs Monmartel et Pâris-Duverney la gouvernent encore, ou si elle a pris

¹ Vergl. S. 100 ff.

la bride sur le cou. Vous observerez que sur de pareilles particularités vous ne ferez votre rapport qu'immédiatement à moi, sans en envoyer des doubles à mon ministère.

Federic.

Nach dem Concept.

3999. AN DEN ETATSMINISTER GRAF PODEWILS IN BERLIN.

Potsdam, 29. November 1749.

Bei Gelegenheit der hierein befindlichen Dépêche[1] haben des Königs Majestät mir befohlen, an Ew. Excellenz zu vermelden, wie dass Höchstdieselbe nicht gerne gesehen hätten, dass der Herr Graf von Podewils zu Wien dem dortigen Grafen von Barck von den Umständen, so zwischen dem Marquis de Puyzieulx und dem Grafen Albemarle vorgekommen,[2] Confidence gemachet hätte, immaassen solches nur zu einem abermaligen Quiproquo Gelegenheit geben könnte, überdem der schwedische Hof, der von gedachtem Umstande gnugsam informiret sei, vermuthlich den Grafen Barck von demjenigen, so er deshalb zu wissen nöthig gehabt, selbst instruiret haben würde.

Eichel.

Nach der Ausfertigung.

4000. AU CONSEILLER PRIVÉ DE LÉGATION DE ROHD A STOCKHOLM.

Potsdam, 2 décembre 1749.

La relation que vous m'avez faite du 21 du novembre passé, m'est bien parvenue. Le comte de Tessin a tout lieu d'être satisfait de la position où les affaires relativement au Nord se trouvent par l'alliance qui a été heureusement constatée avec le Danemark. Mais je suis informé de très bon lieu que, malgré cela, le chancelier Bestushew tentera tout encore pour brouiller de nouveau les affaires, ou les tenir au moins dans un état d'incertitude. Je viens de communiquer au sieur Wulfwenstjerna à ce sujet un avis secret, qui m'est parvenu par un canal très sûr, pour en informer sa cour, selon lequel celle de Russie ne tardera pas d'envoyer un courrier au sieur Panin, chargé d'un mémoire pour offrir une convention à la Suède, portant en substance que celle-ci doive garantir à la Russie le traité de paix de Nystad et, en conséquence, la forme de gouvernement y alléguée; au lieu de cela, la Russie voudra se charger réciproquement de la garantie de la succession au trône établie en Suède.

J'ai bien voulu vous informer de cette particularité, quoique absolument pour votre seule direction, et avec défense d'en rien toucher dans vos dépêches, sinon dans celles que vous ferez à moi seul immédiatement, puisque la chose demande encore un secret le plus absolu.

[1] D. d. Wien 22. November. — [2] Vergl. S. 160.

Au reste, dans ces circonstances, toutes les gens raisonnables approuveront que la Suède continue ses précautions et qu'elle ne s'en relâche point du tout encore.

_{Nach dem Concept.}

Federic.

4001. AU MARQUIS DE VALORY, ENVOYÉ DE FRANCE, A BERLIN.

Berlin, 2 décembre 1749.

Trouvez bon, Monsieur, que je vous adresse encore la copie d'une pièce assez intéressante que le hasard a fait tomber heureusement en mes mains. La traduction que j'y fais joindre, vous servira pour vous décider sur la voie la plus sûre par laquelle vous la ferez passer à votre cour, et sur le temps où vous jugerez nécessaire de l'en informer. Quant au secret de la chose, je m'en tiens tout-à-fait assuré que vous le ménagerez au possible. Il ne me reste qu'à vous dire pour votre direction que ce que l'on marque dans cette pièce par rapport à un courrier que je devais avoir envoyé à mon ministre Rohd à Stockholm pour y porter quelque nouveau mémoire, est absolument faux et controuvé. Sur ce, je prie Dieu etc.

Federic.

An Antivari in Stockholm.

Moskau, 10. November 1749.

Ich accusire den guten Empfang des von Verlet Schreibens vom 12. September, so ich aber allererst den 20. passati empfangen. Der demselben beigefügte Anschluss an Graf Ulfeld ist den 27. ejusdem per Ordinari über Polen von mir richtig befördert worden. Da aber die dänische und preussische Briefeeröffnung vor der Hand ausgesetzet seind, so sehe nicht wohl ein, warum Ew. Wohlgeboren gedachten Anschluss nicht grade nach Wien laufen lassen.

Ew. Wohlgeboren habe bereits unterm 2. October von dem Stande der hiesigen Sachen Nachricht gegeben, und es ist weder mir noch dem von hier gereiseten englischen Gesandten auf die vom 31. Juli in Nr. 10 beigefügte Pièce[1] hier keine förmliche Antwort ertheilet, sondern uns beiden nur jenes, was erstbesagt mein letzteres enthält, zur Antwort gegeben worden, und ist merkbar, dass der russische Grosskanzler mir noch kein Wort von der dem Panin unterm 30. August gegebenen hochmüthigen und standhaften schwedischen Antwort[2] gemeldet. Es wird der hiesige Hof dem Panin durch einen Courier über Kopenhagen ein Promemoria zusenden und durch ihn der Kron Schweden eine Convention anbieten lassen. Diese Convention, soviel mir der Kanzler davon gemeldet, soll darin bestehen, dass Schweden dem russischen Reiche den Nystädter Frieden und die darinne festgesetzte schwedische Regierungs-

---

[1] Gemeint ist anscheinend die S. 134 erwähnte Note vom 28. Juli. — [2] Vergl. S. 107 Anm. 1.

forme, hiesiger Hof aber der Kron Schweden die Thronfolge auf ewig garantiren will. Diese Convention, als soviel ich bis nun zu davon weiss, wird mit dem von Ihro Kaiserl. Majestät gemachten Vorschlage [1] fast auf eins hinauslaufen. Der Panin soll diese Convention proponiren. Da man aber Denenselben sowohl als dem russischen Minister schon so hochmüthig geantwortet, so wird wohl auch aus dieser Convention nichts werden; daher Ihnen gar nicht leid sein darf, dass Sie keinen Antheil daran haben. Ihro Majestät die Kaiserin werden gar wohl zufrieden sein, wann Russland allein diese Sache ausmachen kann; ich wünsche viel Glück darzu und bin sehr frohe, dass man von eigenem Savoir-Faire hierunter praeoccupiret ist. Ich habe unserem Hof vorgestern durch einen Courier davon Nachricht gegeben und demselben angerathen, diese Sachen nunmehr in Statu quo sein zu lassen.

Uebrigens habe auf Ersuchen des Grosskanzlers Dieselben zu bitten, dem Herrn von Panin gleich nach Ankunft obbesagten Couriers durch einen dritten vertrauten Mann auf eine natürliche, und unmerkbare Art dass es von Deroselben herkomme, folgendes beibringen zu lassen: Herr Envoyé Rohd hätte einen Courier von seinem Hof über Kopenhagen erhalten, zweifels ohne würde er ihm ein neues Promemoria und den Vorschlag von derjenigen Convention mitgebracht haben, wovon der König von Preussen bereits informiret wäre und dem hiesigen Hof allschon Nachricht gegeben hätte. Was nun der Panin diesem gutgesinnten Tertio geantwortet haben wird, ersuche Dieselben mit ein Paar Worten in Ziffern zu melden.

Dass unser Hof, wie auch alle übrige, an denen geheimen schwedischen Entdeckungen zweifele, ist Ihnen ohnedem bekannt; nur muss ich zu Dero alleinigen geheimen Wissenschaft hier beifügen, dass der Panin anhero berichtet, mit der bekannten wichtigen Redepièce hintergangen worden zu sein. Womit ich beharre etc.

Graf Bernes.

Nach der von Valory eingesandten Abschrift im Archiv des Auswärtigen Ministeriums zu Paris; die Beilage nach Abschrift der preussischen Cabinetskanzlei, ebendaselbst.

4002. AU CONSEILLER BARON LE CHAMBRIER A PARIS.

Berlin, 2 décembre 1749.

Votre relation du 21 du mois passé de novembre m'a été bien rendue. Puisqu'il m'est revenu par un bon canal que le comte d'Ulfeld à Vienne avait fait confidence à un de ses amis là qu'il s'attendait, par la première poste de Constantinople qui arriverait, à des nouvelles bien intéressantes, dont, en attendant, il avait appris que la Porte avait pris en mauvaise part que le ministre de Suède s'était vanté de pouvoir se reposer sur l'assistance de la Porte; qu'on avait même fait connaître à

[1] Vergl. S. 154.

ce ministre quelque ressentiment de ce qu'il avait donné un tour et explication tout différents aux bons offices et remontrances que le ministère turc avait employés d'une manière amiable et égale tant envers le ministre de Russie qu'envers celui de Suède — j'ai bien voulu vous en informer, afin que vous en puissiez faire confidence au marquis de Puyzieulx, ajoutant que cet avis m'était revenu tel que je l'avais marqué à vous, et qu'il saurait juger, lui, s'il pouvait être fondé ou s'il était peut-être de la façon des ministres de Vienne.

Vous lui communiquerez, encore, confidemment qu'il m'était revenu par un canal bien sûr que le chancelier Bestushew était sur le point d'envoyer un courrier à Stockholm au ministre de Russie, le sieur Panin, afin de lui porter un nouveau mémoire à présenter au ministère de Suède, en conséquence duquel la Russie offrait une convention à la couronne de Suède par laquelle la Suède devait garantir à la Russie le traité de paix de Nystad et principalement la forme de gouvernement qui y a été établie, et que la Russie s'en chargerait également de garantir la succession au trône établie en Suède; particularité dont j'avais cru ne pouvoir point me dispenser de faire communication au ministre de Suède à ma cour, afin d'en prévenir la sienne, pour en être informée à temps et pour pouvoir prendre ses mesures là-dessus.

<small>Nach dem Concept.</small> Federic.

4003. AU MINISTRE D'ÉTAT COMTE DE PODEWILS, ENVOYÉ EXTRAORDINAIRE, A VIENNE.

Berlin, 2 décembre 1749.

Je suis dans l'attente d'apprendre de vous en quoi sauront consister les nouvelles intéressantes dont le comte Ulfeld a averti d'avance le sieur Blondel que la première poste de Constantinople en apporterait, selon votre dépêche du 22 du mois passé de novembre.

En attendant, je sais par un bon canal que le comte Ulfeld s'est déjà laissé aller de dire à quelqu'un de ses confidents qu'il en savait d'avance que la Porte avait pris en mauvaise part que le ministre de Suède à Constantinople s'était vanté de pouvoir se reposer sur l'assistance de la Porte, que celle-ci avait même fait connaître à ce ministre quelque ressentiment de ce qu'il avait donné un tour et une explication tout différents aux bons offices et remontrances que le ministère turc avait employés d'une manière amiable et égale tant envers le ministre de Russie qu'envers celui de Suède.

Comme je connais assez la manière dont le comte Ulfeld fait broder les nouvelles de Turquie, et qu'il n'en fait transpirer que ce qui lui en paraît convenable, je ne me fierai à celles-ci qu'à d'autres enseignes.

Pour ce qui concerne les états des différents branches des revenus de l'Impératrice-Reine que je désire d'avoir de vous, je ne trouverai point trop forte la somme de 100 ducats pour un état de chaque province, pourvu que ces états soient exacts et de façon à y pouvoir compter. Au reste, j'ai bien voulu vous avertir d'avance que j'aurai peut-être bientôt l'occasion de vous placer ici d'une manière avantageuse et que je pourrai en conséquence vous rappeler, quelques mois d'ici passés.

Nach dem Concept.
Federic.

4004. AU SECRÉTAIRE DU COMMUN A LA HAYE.

Berlin, 2 décembre 1749.

Je crois que vous avez deviné très juste, quand vous prenez ce que vous dites dans votre rapport du 25 novembre dernier, savoir que le comte de Bentinck avait marqué par son courrier au prince d'Orange que la cour de Vienne désapprouvait que Leurs Hautes Puissances réformassent leurs troupes, vu la situation présente des affaires du Nord, pour un tour dont s'est servi ledit Prince afin d'empêcher par là la réduction ultérieure des troupes hollandaises. Mais j'ai aussi mes raisons pour me persuader que les négociations du comte de Bentinck butent principalement à régler l'affaire concernant la barrière,[1] et que peut-être la cour de Vienne, tout aussi bien que le Prince-Stathouder, tâcherait de pourvoir, à cette occasion, à leurs convenances réciproques. Sur quoi vous ne manquerez pas de faire votre possible de vous orienter au juste, pour pouvoir m'informer des découvertes que vous aurez faites et qui y seront relatives.

Nach dem Concept.
Federic.

4005. AU SECRÉTAIRE DIESTEL A COPENHAGUE.

Berlin, 2 décembre 1749.

J'ai grande peine à croire que la nouvelle que vous me donnez dans votre rapport du 25 novembre dernier, concernant le comte de Loewendahl,[2] soit fondée. Si cependant elle pouvait se trouver réellement vraie, il serait à souhaiter alors, par les raisons que vous en alléguez, que l'affaire pût être contrecarrée, et qu'il fût encore temps pour le faire. Si, après tout, cette affaire a lieu pour être conduite à sa dernière perfection, je suis persuadé, en ce cas, que le général de Löwendahl ne laissera que d'être ennemi de profession de la Russie.

Nach dem Concept.
Federic.

---

[1] Vergl. S. 177. — [2] Es handelt sich um ein Gerücht wegen Uebertrittes des französischen Marschalls Löwendahl in dänische Dienste.

4006. AU MARQUIS DE VALORY, ENVOYÉ DE FRANCE,
A BERLIN.

Berlin, 6 décembre 1749.

Le hasard ayant conduit entre mes mains une nouvelle pièce secrète, depuis que je vous ai fait ma dernière lettre, qui confirme en partie les nouvelles que contenait celle que je vous communiquais alors, et comprend d'ailleurs des anecdotes dont la communication ne saurait être désagréable à votre cour, j'en ai fait tirer la copie ci-close, que je vous adresse pour qu'il vous plaise de la faire passer à votre cour avec ce secret et ces précautions que l'importance de la chose demande. C'est dans la dernière confidence et pour votre direction seule que j'y fais joindre une traduction de la pièce, en vous disant d'ailleurs que le nommé Gurowski dont on y fait mention, est un gentilhomme polonais, émissaire du comte Brühl, qui l'a envoyé depuis peu de temps[1] à Moscou avec des lettres de recommandation au chancelier Bestushew.

Federic.

An den Grafen von Sternberg in Dresden.

Moskau, 13. November 1749.

Ew. Excellenz erstatte für die mir unterm 20. September mitgetheilte beliebige Nachrichten hiermit den verbindlichsten Dank, und wird Ihnen der letzthin zwischen Frankreich, Schweden und Preussen geschlossen sein sollender Bund oder Convention von unserm Hofe schon zugekommen sein. Die unterm 23. August anhero gegebene chursächsische Antwort auf das letztere russische Promemoria ist, ungehindert sie an und für sich nichts saget, hier gleichwohl ziemlich gut aufgenommen worden. Unterdessen vermag ich Ew. Excellenz, jedoch nur zu Dero alleinigen geheimen Direction und Nachricht, in grösstem Vertrauen zu vermelden, dass mir der hiesige Grosskanzler declariret, dass die Russen auf ihren Grenzen verbleiben und auch nach allenfalls eingeführter Souveraineté in Schweden dennoch mit dieser Kron nicht zu Feindseligkeiten schreiten werden, bis sie sich mit ihren Bundesgenossen hierüber concertiret haben werden. Wer Zeit gewinnet, gewinnet hier alles.

Welchem ich unter gleichmässigem Secreto hier beifügen soll, dass der Grosskanzler durch den Panin in Schweden es auf eine Convention, welche mit der von unserm Hofe in Vorschlag gebrachten beinahe auf eins hinauslaufen wird, antragen lassen wolle. Da aber Schweden mittelst der publicirten Declaration seine Gesinnungsart sattsam an den Tag geleget, so wird wohl schwerlich aus dieser durch Russland angetragen werden wollenden Convention etwas werden. Ich hoffe, dass wir keinen Antheil daran haben werden.

Gurowski ist unpässlich und hat mir Dero Schreiben noch nicht behändiget. Ich weiss durch einen geheimen Canal, dass er dem Gross-

[1] Vergl. S. 91.

kanzler 1000 Dukaten, und 16,000 Dukaten in dem Fall offeriren sollen, wenn durch dessen Hülfe der Maréchal von Sachsen zum Herzogthum Kurland gelangen könnte. Ich weiss aber auch, dass er unverrichteter Sache von hier weggehen werde.

Wegen der chursächsischen Lehenempfangungsangelegenheit habe zu Folge allerhöchsten Kaiserlichen Befehls hier bereits die erforderlichen Passus gemachet. Der Grosskanzler hat mir versprochen, an den Grafen Keyserlingk mit nächstem dieserhalb das nöthige ergehen zu lassen. Ingleichen ist er bereits unter dem 26. October alter Zeit angewiesen worden, den mittelst seiner Relation vom 30. September von Frankreich angetragen sein sollenden Subsidientractat zu hintertreiben und hingegen mit Ew. Excellenz die chursächsische Accession zu unserer mit Russland habenden Allianz zu betreiben. Ich habe des Keyserlingk's Relation vom 30. September gelesen; es ist leider daraus abzunehmen, dass er mit Leib und Seele sächsisch sei,[1] er will halt noch immer beiden Höfen anrathen, Chursachsen einige Particulier-Convenienzien zu machen. Womit etc.

Graf von Bernes.

Nach der von Valory eingesandten Abschrift im Archiv des Auswärtigen Ministeriums zu Paris; die Beilage nach Abschrift der preussischen Cabinetskanzlei, ebendaselbst.

4007. AU CONSEILLER PRIVÉ DE LÉGATION BARON DE GOLTZ A MOSCOU.

Berlin, 6 décembre 1749.

J'ai été d'autant plus satisfait de votre rapport du 13 de novembre dernier et des circonstances intéressantes y contenues, que celles-ci confirment entièrement les avis qui m'étaient déjà entrés par un très bon canal de la convention que le sieur Panin proposerait en Suède.

Quant au reste, l'ami connu paraît désirer que je voulusse aider, en cela, aux vues de la Russie. Vous lui direz tout ouvertement, quoique d'ailleurs en termes convenables, que nous avions eu tous les ménagements et tous les égards pour la Russie que celle-ci avait toujours pu se souhaiter de notre part, autant que de son côté elle nous avait témoigné le réciproque, seulement par quelques égards pour nous; mais que, après que la Russie s'était conduite envers nous de manière à perdre presque de vue les bienséances les plus ordinaires et les plus usitées, je ne voyais pas la moindre raison qui dût me porter à conseiller à la Suède de faire quelque chose dans l'affaire en question, qui serait diamétralement contre sa dignité, indépendance et liberté, à quoi je ne pourrais jamais entendre.

Au surplus, il serait fort à souhaiter que ce que vous mandez au sujet de Bestushew,[2] pût s'accomplir enfin une bonne fois.

Federic.

Nach dem Concept.

---

[1] Vergl. S. 82. — [2] Vergl. S. 192.

4008. AU CONSEILLER PRIVÉ DE GUERRE DE KLING-
GRAEFFEN A LONDRES.

Berlin, 6 décembre 1749.

J'ai reçu vos dépêches du 18 et du 21 du mois dernier. Il est sûr, et des avis secrets que j'ai eus par de très bons canaux me le confirment, que le chancelier de Russie, Bestushew, a déclaré ministérialement tant à milord Hyndford qu'au ministre de l'Impératrice-Reine – quoique seulement de bouche et point par une réponse formelle par écrit – sur les mémoires qu'ils ont présentés à ce sujet, que la Russie n'attaquerait pas la Suède actuellement ni à la mort du roi de Suède, sans s'être consultée préalablement là-dessus avec ses alliés. Mais comme je vous ai déjà marqué par mes dépêches antérieures que nonobstant cela le susdit Chancelier ferait tout pour tenir, en attendant, les affaires du Nord dans une espèce d'incertitude, il vient de prendre la résolution de faire parvenir, par un courrier qu'il expédiera à l'instant, au ministre de Russie à Stockholm un mémoire pour proposer une convention à la Suède par laquelle la Suède doit garantir à la Russie le traité de la paix de Nystad et la forme présente du gouvernement qu'elle prétend y être confirmée, et que la Russie garantirait à son tour au royaume de Suède à perpétuité la succession à son trône. Voilà le nouveau biais que ledit Chancelier a pris pour tenir en suspens la tranquillité du Nord. Et comme il n'est pas du tout à présumer que la Suède voudra jamais goûter une telle proposition, qui la mettrait dans une dépendance entière de la Russie et lui fournirait [le prétexte] de se mêler, toutes et quantes fois elle voudrait, des affaires intérieures de la Suède, je crois que le ministère anglais, bien informé de tout ceci, fait semblant de n'avoir aucunes nouvelles de la Russie, afin de pouvoir tirer son épingle du jeu, selon la tournure que les affaires du Nord prendront. Ce que j'ai bien voulu vous dire pour votre direction.

Nach dem Concept. *Federic.*

4009. AU MINISTRE D'ÉTAT COMTE DE PODEWILS, ENVOYÉ
EXTRAORDINAIRE, A VIENNE.

Berlin, 6 décembre 1749.

J'ai reçu votre dépêche du 26 de novembre dernier. Je ne doute point du tout que la cour de Vienne n'ait effectivement plusieurs voisins auxquels elle ne souhaite pas grand bien, et que ce ne soit moi et le roi de Sardaigne qui soyons les principaux d'entre ceux. Vous pouvez cependant être bien persuadé que, si autrement il n'arrive quelque événement absolument imprévu qui paraisse être des plus favorables à la cour de Vienne, cette cour n'entreprendra rien d'éclatant, avant qu'elle n'ait pu exécuter les vues qu'elle a conçues de faire élire l'Archiduc aîné roi des Romains.

Nach dem Concept. *Federic.*

4010. AU CONSEILLER PRIVÉ DE GUERRE DE KLING-
GRÆFFEN A LONDRES.

Berlin, 7 décembre 1749.

Vos dépêches du 25 et du 28 du novembre passé viennent de m'être rendues à la fois. Quant aux négociations du roi de Sardaigne avec les cours de France et d'Espagne, je crois qu'il en pourrait bien être quelque chose, sans que celle de Londres en fût informée; au moins ferez-vous la justice audit Prince de croire qu'il est bien plus fin que le duc de Newcastle, et, comme il va marier le prince de Piémont avec une des infantes d'Espagne,[1] on a lieu de présumer qu'il cherche à s'entendre avec les cours de France et d'Espagne, afin de pouvoir faire quelque chose avec elles, quand il le trouvera convenable.

Au reste, comme vous aurez reçu les deux ordres que je vous ai envoyés consécutivement pour faire payer aux intéressés de la dette de Silésie les trois ans d'intérêts que j'ai fait déposer à la banque de Londres, j'espère que vous vous en serez acquitté, et que je saurais bientôt apprendre de vous l'effet qui en a été opéré.

Federic.

Nach dem Concept.

4011. AU CONSEILLER BARON LE CHAMBRIER A PARIS.

Berlin, 9 décembre 1749.

Je vous sais bon gré des informations que vous m'avez données au sujet des conférences fréquentes qu'il y a actuellement entre l'ambassadeur du roi de Sardaigne[2] et les ministres de France, et de tout ce que vous y avez ajouté de réflexions dans votre dépêche du 28 du novembre dernier. Il serait à désirer que la France saurait trouver moyen de s'attacher le roi de Sardaigne; ce serait un coup de partie pour elle. Si j'ose vous confier les idées particulières que j'ai à ce sujet, je présume que, si la France et l'Espagne trouvent nécessaire de s'attacher ce Prince, ils ne manqueraient pas d'en venir à bout en lui promettant la possession de ce qui reste à l'Impératrice-Reine du Milanais et du duché de Parme et Plaisance, qu'on échangerait contre la Toscane pour en satisfaire l'infant Don Philippe. Ce que je ne vous dis cependant que pour vous seul et comme une idée qui ne fait que de me passer par l'esprit.

Federic.

Nach dem Concept.

4012. AU MINISTRE D'ÉTAT COMTE DE PODEWILS, ENVOYÉ EXTRAORDINAIRE, A VIENNE.

Berlin, 9 décembre 1749.

J'ai reçu votre rapport du 29 de novembre dernier. Les affaires de la Russie avec la Suède peuvent, par ce qui nous en est revenu ici,

[1] Infantin Maria Antoinette. — [2] Graf von Saint-Germain.

être regardées tout comme assoupies, après que le chancelier de Russie, Bestushew, vient de déclarer ministérialement aux ministres autrichien et anglais que la Russie n'attaquerait pas la Suède, même après la mort du Roi, sans s'être concertée préalablement là-dessus avec ses alliés, et quoique le chancelier Bestushew ait mis sur le tapis une convention à conclure entre la Russie et la Suède, dont vous avez été instruit en dernier lieu du département des affaires étrangères, je sais cependant de très bon lieu que les Autrichiens ne se promettent point un succès bien favorable de cette négociation, étant au surplus intentionnés de ne point s'en mêler, mais de laisser faire seule la Russie à cet égard. Ces particularités-ci ne doivent vous servir que pour votre secrète et seule direction.

Vous faites très bien de donner de l'attention de votre part à l'affaire du commerce de la Silésie,[1] mais il ne faut pas que vous croyiez que la cour de Vienne produise à la Diète de l'Empire celle de la garantie de l'Empire de la Silésie,[2] étant tout au contraire persuadé moi, qu'elle se donnera bien des gardes de le faire.

Federic.

Nach dem Concept.

4013. AU CONSEILLER PRIVÉ DE LÉGATION BARON DE GOLTZ A MOSCOU.

Berlin, 9 décembre 1749.

J'accuse la bonne réception de vos dépêches du 17 du mois passé de novembre. Je n'ai jamais douté de la droiture des sentiments de notre ami connu, j'en suis trop convaincu, et mon grand estime pour lui n'en diminuera pas, quoique je sache que son antagoniste lui cache au possible tout ce qu'il y a d'affaires importantes, et qu'il ne lui en communique que ce qui lui paraît convenable. Je ne me fais point l'illusion de croire que c'est par un motif d'amitié envers la Suède, quand les cours de Vienne et de Londres ont insisté fortement auprès du chancelier Bestushew à ce que la Russie ne devait point rompre avec la Suède; peut-être qu'ils eussent agi bien différemment, si la France n'eût point parlé avec tant de fermeté qu'elle a fait en faveur de la Suède, si la Porte Ottomane n'avait pas fait une déclaration énergique au ministre de Russie, si le Danemark n'eût pris le parti de se concilier la Suède, si celle-ci n'avait agi avec autant de fermeté que de prudence, et si je n'avais pas tout fait pour l'aider; mais comme les cours susdites ont bien prévu qu'une rupture entre la Suède et la Russie entraînerait une guerre générale, qui, dans les circonstances présentes, ne leur con venait point, elles ont fait de nécessité vertu, pour inspirer plus de modération à la cour de Russie, et dans cette position-là je puis bien [croire] qu'elles sont actuellement dans une bonne disposition, quoique je

[1] Vergl. S. 40. — [2] Vergl. S. 169.

ne jurerais point qu'elles ne sauraient changer de sentiment, dès que les conjonctures leur paraîtraient plus favorables. Je ne vous remarque tout ceci que pour vous avertir d'envisager les choses dans leur vrai point de vue, et de former vos idées plutôt sur le vrai état des choses que sur des suppositions fausses.

Nach dem Concept.
Federic.

4014. AU SECRÉTAIRE DIESTEL A COPENHAGUE.

Berlin, 9 décembre 1749.

J'ai été bien aise d'apprendre par votre rapport du 29 de novembre dernier que l'abbé Lemaire pense pouvoir être moins inquiet qu'auparavant sur l'affaire concernant le comte de Loewendahl;[1] aussi est-il à souhaiter, pour plusieurs bonnes raisons, que l'affaire en question vienne à tomber entièrement.

Comme, au reste, je serais fort curieux de savoir sur quel pied le baron de Rosenkrantz parle, dans ses rapports à sa cour, des affaires d'ici, si c'est d'une manière favorable ou non, ce me serait un vrai plaisir si vous pouviez m'en mander quelque chose avec précision, en observant toutefois de n'en faire votre rapport qu'à moi seul immédiatement et sans en envoyer des duplicata au département des affaires étrangères.

Nach dem Concept.
Federic.

4015. AU MINISTRE D'ÉTAT COMTE DE PODEWILS, ENVOYÉ EXTRAORDINAIRE, A VIENNE.

Berlin, 13 décembre 1749.

Vous jugez bien quand vous n'envisagez les bruits qui vous sont revenus d'un nouveau orage qui s'apprête en Italie,[2] dont vous me parlez dans votre relation cotée du numéro 97, que comme des visions de quelque politique désœuvré; au moins me paraissent-ils tels. Nonobstant de cela, je veux bien vous dire, quoique pour votre seule et unique direction, qu'il m'est revenu d'assez bon endroit que le ministre sardinois qui est à Madrid,[3] doit être entré dans des ouvertures relatives aux affaires d'Italie avec le ministère espagnol, afin de porter la France, par l'impulsion de l'Espagne, à ne point s'opposer à ce que le roi de Sardaigne accrochât encore à ses possessions, aux dépens des Génois, le marquisat de Final, que l'Impératrice-Reine lui avait autrefois cédé par le traité de Worms. Mais comme la France ne voudra du tout permettre à ce qu'on usurpât sur les Génois, ni à ce que le roi de Sardaigne s'agrandit autrement qu'aux dépens de l'Impératrice-Reine, il est à présumer que cette affaire n'aura pas de suites, puisque je suis

[1] Vergl. S. 185. — [2] Vergl. S. 167. — [3] Osorio.

persuadé que dans le moment présent ni la France ni l'Espagne voudront rien faire qui fût contraire au traité de la paix d'Aix. En attendant, la cour de Vienne a raison de se méfier de la Sardaigne, qui ne laissera pas de continuer ses vues et les mettre en exécution, dès qu'elle y trouvera le moment favorable.

Nach dem Concept.

Federic.

4016. AU CONSEILLER PRIVÉ DE LÉGATION DE ROHD A STOCKHOLM.

Berlin, 13 décembre 1749.

J'ai été bien content de tout ce que vous me mandez par votre dépêche du 28 de novembre dernier. Quant aux affaires concernant la Turquie, il paraît qu'on a des avis à Vienne qu'il est arrivé de nouveau[1] quelque changement à Constantinople qui n'était point tout-à-fait avantageux aux intérêts de la Suède. En attendant, je n'en saurais encore rien dire avec certitude, mais je n'oublierai point de vous en avertir plus particulièrement, dès que j'en aurai pu apprendre quelque détail avec certitude.

Nach dem Concept.

Federic.

4017. AU CONSEILLER PRIVÉ DE LÉGATION BARON DE GOLTZ A MOSCOU.

Berlin, 13 décembre 1749.

J'ai reçu votre dépêche du 20 de novembre dernier. Je suis presque entièrement persuadé que le chancelier Bestushew ne pourra même jeter des cris, dès que les Suédois refuseront la convention qu'il vient de leur offrir, puisque, quand il commencerait à crier là-dessus, il s'en verrait obligé de se commettre plus loin, à quoi cependant, comme je crois, il n'est point porté actuellement.

Je trouve, au reste, dans votre dépêche susalléguée des choses qui semblent contrarier à ce que vous me mandez dans votre précédent rapport, puisque dans celui-ci vous dites que le crédit du comte Bestushew commençait à chanceler et que certain ami vous avait dit que le Chancelier risquait de donner du nez à terre, pendant que par votre dernière relation vous me marquez que ce même Chancelier avait trouvé moyen d'obliger le sieur Brewern à demander son congé et de se retirer, et qu'il avait employé deux Russes, ses créatures,[2] à remplir le vide qui en avait été occasionné dans la chancellerie. Vous voyez bien que ce sont là deux circonstances qui paraissent ne pouvoir être conciliées ensemble, et au sujet desquelles il faut que vous vous expliquiez encore, quoique immédiatement envers moi.

Nach dem Concept.

Federic.

[1] Vergl. S. 128. 135. 163. — [2] Iwanow und Simolin.

4018. AU CONSEILLER BARON LE CHAMBRIER A PARIS.

Berlin, 13 décembre 1749.

C'est avec satisfaction que j'ai appris par votre dépêche du 1er de ce mois que milord Tyrconnell est créature du marquis de Puyzieulx. Cela seul suffira pour qu'on ait ici pour lui toutes les attentions possibles et pour lui faire toutes sortes de politesses.

Federic.

Nach dem Concept.

4019. AN DAS DEPARTEMENT DER AUSWÄRTIGEN AFFAIREN.

Podewils und Finckenstein berichten, Berlin 15. December: „Le comte de Puebla vient de nous communiquer à la suite du mémoire ci-joint[1] quatre réponses que sa cour a fait remettre au ministre de Votre Majesté à Vienne,[2] pour se justifier du reproche de n'avoir pas rempli les engagements des traités de Berlin et de Dresde, tant sur l'article de la garantie de l'Empire[3] que par rapport au maintien du commerce *in statu quo*.[4] La première pièce roule sur la garantie de l'Empire. Elle est couchée à l'autrichienne, en des termes extrêmement obscurs et entortillés. ... Quant aux autres réponses, qui regardent le commerce et l'abolition des droits d'émigration, comme elles contiennent des particularités dont nous n'avons aucune connaissance et roulent sur des matières qui sont hors de notre sphère, nous espérons que Votre Majesté approuvera que nous les communiquions au comte de Münchow."

Berlin, 16. December 1749.

Gut. Sie müssen darauf antworten und den wienerschen [Hof] darin ad absurdum bringen.[5]

Mündliche Resolution. Nach Aufzeichnung des Cabinetssecretars.

4020. AU CONSEILLER BARON LE CHAMBRIER A PARIS.

Berlin, 16 décembre 1749.

Je vous remercie de tout le détail intéressant que vous m'avez marqué par votre dépêche du 5 de ce mois relativement au comte Tyrconnell. Je pense que nous le verrons bientôt ici; il ne me reste

[1] D. d. Berlin 13. December. — [2] D. d. Wien 28. November. — [3] Vergl. S. 169. 171. — [4] Vergl. S. 190. — [5] Schon vor Eingang des Berichts der Cabinetsminister hatte der Cabinetssecretär denselben am 15. December die dem Könige von dem Gesandten in Wien unmittelbar zugegangenen österreichischen Staatsschriften mit der Weisung übersendet: „Dass auf solche, so wie überall, als insbesondere auf die, die bisherige Verzögerung der Execution des Friedenstractats betreffend, mit aller Solidität, zugleich aber auch énergiquement und mit Dignité geantwortet werden müsse."

que de m'éclaircir encore par vous de quelle façon il faut se prendre pour gagner sa confidence, s'il a de la vanité et s'il aime à être flatté, ou de quel biais il faudra se servir pour avoir son amitié. Sur quoi vous ne laisserez pas de vous expliquer, dans une dépêche que vous m'adressez immédiatement. Quant aux affaires du Nord, j'ose me flatter que, selon le train qu'elles prennent, tout passera tranquillement.

Nach dem Concept.
Federic.

4021. AU CONSEILLER PRIVÉ DE LÉGATION BARON DE GOLTZ A MOSCOU.

Berlin, 16 décembre 1749.

Je vous renvoie encore par la présente, qui est en réponse à votre dépêche du 24 de novembre dernier, à ce que je vous ai déjà fait parvenir pas mes précédentes dépêches, et vous pouvez compter que ce que je vous y ai écrit, est très sûr et avéré. L'ambassade du général d'Arnim est, selon toutes les apparences, une ambassade de figure, étant fort probable que, comme le comte de Keyserlingk est sur un semblable pied, avec éclat, à Dresde, les Saxons aient de leur côté envoyé le général d'Arnim pour figurer de leur part à la cour où vous êtes, en vue de flatter par là l'impératrice de Russie.

Nach dem Concept.
Federic.

4022. AU CONSEILLER PRIVÉ DE GUERRE DE KLINGGRÆFFEN A LONDRES.

Berlin, 16 décembre 1749.

J'ai reçu à la fois vos dépêches du 2 et du 5 de ce mois. Pour vous mettre au fait de ma façon de penser sur le payement des dettes de la Silésie, je vous dirai que, pour sortir de cette dette onéreuse, je ferai payer, outre les trois années d'intérêts que, selon mes ordres antérieurs,[1] vous aurez actuellement fait payer aux intéressés de la dette susdite — je ferai payer encore, au mois de juillet de l'année qui vient, à peu près la somme de 500,000 écus, de façon que, inclusivement de cet argent qui a été payé de la banque de Londres, j'aurai acquitté alors en tout pour cette année-ci la somme de 700,000 écus. Quant à l'année qui suivra après, savoir l'année 1751, je ferai payer alors dans le mois de juillet un million d'écus à la fois, et ce qui saurait rester après ce payement, sera acquitté dans l'année 1752. Si, en attendant, vous sauriez me procurer quelques avantages encore par votre industrie et savoir-faire pour m'aider dans ce payement, je vous en saurai bon gré. Je suppose, en tout ceci, que la paix dure et qu'on ne me suscite point de troubles de quelque part.

Nach dem Concept.
Federic.

---

[1] Vergl. S. 140. 178. 189.

4023. AU MINISTRE D'ÉTAT COMTE DE PODEWILS, ENVOYÉ EXTRAORDINAIRE, A VIENNE.

Berlin, 16 décembre 1749.

Je ne douterai jamais de la mauvaise volonté de la cour de Vienne contre moi, et qu'elle ne voudrait pas profiter des conjonctures pour ravoir la Silésie. Mais je vous prie de n'oublier pas ce que je vous ai recommandé plusieurs fois sur ce sujet, savoir de ne point regarder seule ladite cour, mais de combiner en même temps les autres circonstances, et que, grâce au Ciel, la position où je me trouve ne permet point à l'Impératrice-Reine de m'attaquer de jour à d'autre et selon que la fantaisie la prend, que même ses arrangements ne sont pas encore au point où il faudrait pour qu'elle soit à même de commencer de nouveaux troubles, et qu'il lui faut des années encore pour y parvenir.

Au surplus, vous pouvez croire que ce que je vous ai dit des vues de la cour où vous êtes relativement à l'élévation de l'Archiduc aîné à la dignité de roi des Romains, est une chose constatée, et que c'est le premier point de vue où cette cour dirige tous ses arrangements, afin de n'y point manquer.

Nach dem Concept. Federic.

4024. AU CONSEILLER BARON LE CHAMBRIER A PARIS.

Berlin, 20 décembre 1749.

La guerre entre la cour de Vienne et la mienne ne cessera point sans doute encore de sitôt, si autrement on peut appeler guerre les coups de plume qui sont portés de part et d'autre. Mais quand j'ai fait informer par vous le marquis de Puyzieulx des circonstances en question[1] sur lesquelles roule votre dépêche du 8 de ce mois, ce n'a point été par l'appréhension d'une guerre réelle que les Autrichiens intentaient de me faire à ce sujet, ni que je craigne ces mêmes Autrichiens, mais uniquement en vue que, si le marquis de Puyzieulx venait à entendre parler de la susdite affaire, elle ne lui fût point entièrement étrangère, mais qu'il fût informé de sa véritable connexion.

Nach dem Concept. Federic.

4025. AU MINISTRE D'ÉTAT COMTE DE PODEWILS, ENVOYÉ EXTRAORDINAIRE, A VIENNE.

Berlin, 20 décembre 1749.

Je n'approuve point tout-à-fait que vous ayez parlé au ministre de France des particularités[2] dont vous faites mention, d'abord du commence-

---

[1] Vergl. S. 165. — [2] Conferenzen der englischen Minister mit den Grafen Tschernyschew und Riechecour, wovon Graf Otto Podewils durch ein Rescript aus dem Auswärtigen Ministerium vom 29. November unterrichtet worden war.

ment de votre rapport du 10 de ce mois, n'étant point à douter que ce ministre ne dût déjà en avoir été informé auparavant par sa cour. Je vous ordonne donc, et je veux que pour l'avenir ce vous soit une règle générale, que, quand même il vous serait enjoint par des rescrits du département des affaires étrangères de parler sur telles matières au sieur Blondel, vous ne deviez pas moins pour cela vous garder de le faire, mais vous tenir boutonné là-dessus.

Quant à ce que vous me mandez relativement au marquis de Pallavicini, est fondé, et je sais que l'affaire des fermiers dans le Milanais forme l'objet qui l'a fait appeler à Vienne.[1] Je n'oublierai point au reste le sieur von der Hellen; j'améliorerai son sort, mais comme cela ne saurait se faire au moment présent, il faudra qu'il prenne encore patience, pendant quelque temps, à cet égard.

Nach dem Concept.

Federic.

4026. AU CONSEILLER PRIVÉ DE CAGNONY A MADRID.

Berlin, 20 décembre 1749.

Les avis que vous m'avez fait parvenir par votre dépêche du 24 de novembre dernier, m'ont été fort agréables. Pour ce qui regarde un autre mariage du souverain d'Espagne qui pourrait avoir lieu après la mort de la Reine, vous jugerez vous-même qu'en ce cas rien ne saurait m'être plus agréable que si le choix venait à en tomber ou sur une princesse de France ou bien sur une autre princesse dont la maison serait attachée à la couronne de France, et qu'au contraire rien ne me ferait plus de déplaisir que si une princesse autrichienne, ou telle autre qui serait portée pour la cour de Vienne, pouvait être élevée à la dignité de reine d'Espagne. J'espère, au reste, que votre négociation concernant l'argent en question[2] ne sera point infructueuse, mais quelle aura le succès désiré.

Nach dem Concept.

Federic.

4027. AU CONSEILLER PRIVÉ DE LÉGATION DE ROHD A STOCKHOLM.

Berlin, 20 décembre 1749.

J'ai reçu vos deux dépêches du 2 et du 5 de ce mois et je trouve que pour le coup le comte Tessin prend le vol trop haut et donne trop d'essor à son imagination, de façon que j'en suis surpris; car la cour de Vienne craint si peu la Porte Ottomane qu'elle vient de retirer plusieurs régiments de cavalerie et d'infanterie pour en détacher en Italie, et ladite cour croit sa partie si bien liée avec ce qu'elle a d'amis à Constantinople, qu'elle ne redoute nullement la Porte, et c'est

[1] Vergl. S. 153. 167. — [2] Vergl. S. 81.

une pure vision que la médiation dont le comte Tessin vous a parlé.[1] Si d'ailleurs la Russie a retiré quelques régiments de ses possessions de la Finlande, ce n'a été que pour les mettre, comme à l'ordinaire, dans les quartiers d'hiver, ayant, avec tout cela, fait ses dispositions en sorte qu'elle pourra rassembler toutes ces troupes dans un temps de trois semaines. Il faudra donc attendre le mois de mai ou de juin, avant de pouvoir décider des vraies intentions de la Russie, si ce sera tout de bon qu'elle fera retirer ses troupes et si elle voudra finir ses ostentations.   Federic.

Nach dem Concept.

4028. AU CONSEILLER PRIVÉ DE LÉGATION BARON DE GOLTZ A MOSCOU.

Berlin, 22 décembre 1749.

Votre dépêche du 1er de ce mois m'est bien parvenue. Je suis très porté à croire que la cour de Russie, guidée par l'animosité du chancelier Bestushew, continuera ses démonstrations. La Suède et ses amis n'ont cependant laissé que de gagner beaucoup, en menant les choses au point que la Russie n'oserait entreprendre rien d'offensif contre elle. Or, plus il faudra que la Russie temporise à cet égard, et plus difficile en deviendra sa situation, par plus d'une raison, d'où il résultera à la fin que le Chancelier, avec toute sa mauvaise volonté et ses funestes projets, ne fera simplement que de l'eau claire.

Nach dem Concept.   Federic.

4029. AU CONSEILLER PRIVÉ DE GUERRE DE KLINGGRÆFFEN A LONDRES.

Berlin, 22 décembre 1749.

J'ai reçu votre dépêche du 9 de ce mois et vous ne devez pas penser que les Russes désarmeront; plutôt tâcheront-ils, tant à l'heure qu'il est que pendant l'année prochaine, d'inquiéter continuellement les Suédois, quoique d'ailleurs je veuille bien croire qu'il y emploieront plus d'ostentations que de réalités.

Pour ce qui est des dettes de Silésie, je me réfère à ma précédente dépêche de quelle manière j'ai résolu de les acquitter. Quand, au reste, je verrai que vous ne serez plus à même, là où vous êtes, d'y faire quelque chose avec succès, je suis décidé de vous en rappeler et de n'y laisser qu'un secrétaire d'ambassade à votre place, de façon que, si les

---

[1] Nach den letzten dem österreichischen Residenten Antivari zugegangenen Instructionen glaubte Tessin annehmen zu dürfen, dass der wiener Hof Schweden mit Rücksicht behandeln wolle, vielleicht um sich Schwedens gute Dienste in Konstantinopel für die Abwendung eines Türkenkrieges zu sichern.

Anglais ont à nous faire des propositions de leur part relativement aux dettes de Silésie, ils voudront bien s'arranger de sorte à nous les faire parvenir eux-mêmes ici.

Nach dem Concept.
Federic.

4030. AU CONSEILLER BARON LE CHAMBRIER A PARIS.

Berlin, 23 décembre 1749.

J'ai reçu votre rapport du 12 de ce mois. Le marquis de Puyzieulx ne se trompe point dans sa façon de penser relativement aux détestables intentions du chancelier Bestushew contre la Suède; tout assortit parfaitement avec le caractère double et fougueux de cet homme-ci et avec ses vues de perpétuer les tracasseries avec la Suède, pour profiter, s'il y a moyen, d'un moment favorable à rendre celle-ci tout-à-fait dépendante à la Russie. Le moyen le plus efficace pour l'en retenir, est sans contredit de faire bien comprendre à la Porte Ottomane combien il va de son intérêt à ce que la Suède ne soit ni attaquée ni opprimée par la Russie; mais ce qui me fait de la peine, c'est que je crains que les deux cours impériales, conjointement à celle de Londres, n'aient trouvé moyen de rendre infructueuses les insinuations de la France, par des corruptions faites aux ministres de la Porte, et de traverser par là toutes les affaires qui y avaient été mises en assez bon train.

Nach dem Concept.
Federic.

4031. AU MINISTRE D'ÉTAT COMTE DE PODEWILS, ENVOYÉ EXTRAORDINAIRE, A VIENNE.

Graf Otto Podewils berichtet, Wien 13. December: „L'Impératrice-Reine eut hier un assez long entretien avec le sieur Blondel, qui me parut trop sérieux et trop animé pour ne rouler que sur des choses indifférentes ... Immédiatement après avoir quitté l'Impératrice, Blondel alla chercher le comte de Kaunitz et s'entretint près d'une demi-heure seul avec lui. Je ne crois cependant pas qu'il s'agisse d'aucune négociation entre les deux cours, mais je soupçonne plutôt que c'est quelque insinuation relative aux affaires du Nord que l'Impératrice-Reine aura été bien aise de faire parvenir par son canal en France."

Berlin, 23 décembre 1749.

Je ne compte pas pour des choses de conséquence les sujets qui ont été traités dans cet entretien que l'Impératrice-Reine a eu avec le sieur Blondel, en conséquence de la relation que vous m'avez faite du 13 de ce mois, et je crois que vous n'avez pas lieu d'en être fort inquiet. D'ailleurs, il ne me paraît pas vraisemblable que cette Princesse se soit emancipée jusqu'à donner des conseils à la république de Hollande sur la réduction que celle-ci doive faire ou non parmi ses troupes.[1] Au surplus, comme il me revient des avis de différents lieux que la cour de Vienne fait

[1] Vergl. S. 185.

actuellement défiler quelques troupes de Hongrie dans la Bohême et la Moravie, vous devez me mander, au moins, les raisons et les prétextes que la cour de Vienne allègue par rapport à ce changement qu'elle fait des quartiers de ces troupes, et des autres arrangements qu'elle prend par rapport à son militaire en Bohême, dont même les gazettes publiques font mention.

Federic.

Nach dem Concept.

4032. AU MINISTRE D'ÉTAT COMTE DE PODEWILS A BERLIN.

Potsdam, 26 décembre 1749.

Une lettre que le sieur Gross, ministre de Russie, a faite à un de mes officiers ici,[1] venant de m'être présentée par celui à qui elle a été adressée, j'ai bien voulu vous la communiquer ci-close en original, avec ordre de chercher l'occasion d'en parler convenablement au ministre susdit, en lui expliquant le grand inconvénient qu'il y avait dans son procédé et combien une façon d'agir aussi extraordinaire que celle de sa part devait me surprendre, et qu'il comprendrait aisément qu'il ne saurait point être vu agréablement à ma cour, s'il voulait continuer d'entretenir de pareilles correspondances point du tout usitées. Et sur ce, je prie Dieu etc.

Federic.

Nach der Ausfertigung.

4033. AN DEN ETATSMINISTER GRAF PODEWILS IN BERLIN.

Berlin, 27. December 1749.

Se. Königl. Majestät haben mir befohlen, Ew. Excellenz, wiewohl ganz in Vertrauen und lediglich zu Dero alleiniger Direction, zu avertiren, dass Sr. Königl. Majestät heute von vertrauter Hand die Nachricht zugekommen, wie der zu Breslau befindliche österreichische Deputatus[2] von seinem Hofe die Ordre erhalten, dass, wofern die bekannte schlesische Schuldensache[3] nicht mit ihm in vierzehn Tagen reguliret sein würde, er abbrechen und von dar weggehen sollte.

Mehrhöchstgedachte Se. Königl. Majestät haben hinzugefüget, wie Sie zwar nicht wüssten, in was vor Terminis diese Sache jetzo stehe, noch woran sich deren Finalisirung accrochire; Sie überliessen auch Ew. Excellenz, in was vor glimpflichen Terminis Dieselbe mit dem österreichschen Minister Puebla von der Sache sprechen wollten oder nicht, jedoch sonder von dem gegebenen Avis Sich des geringsten zu

[1] D. d. Berlin 23. December 1749, mit einem Exemplar der russischen Avocatorien an die livländischen und esthländischen Vasallen (vergl. Bd. VI, 521); das Schreiben des russischen Gesandten enthält die Aufforderung, in der festgesetzten Frist bis zum 3./14. März 1750 den Abschied zu suchen und andere in preussischen Diensten stehende Livländer und Esthländer namhaft zu machen. — [2] Seyferth; vergl. S. 165. — [3] Vergl. S. 165. 171.

äussern. Sollte aber die Sache sich dadurch verzögert haben, dass man österreichscherseits gar zu impertinente Prétentions machen wollen und die Finalisirung der Affaire sich daran accrochire, so müssten Se. Königl. Majestät Sich endlich gefallen lassen, wenn der p. Seyferth von Breslau wegginge, und würden um so weniger etwas darnach fragen, als es alsdenn der wienersche Hof selbst wäre, der die Negociation in dieser Sache rompiret habe. Es würde aber alsdenn ganz ohnumgänglich nöthig sein, dass Ew. Excellenz besorgeten, damit eine deutliche Facti Species, worin die unbillige Praetensiones des österreichschen Hofes klar und verständlich gezeiget werden, abgefasset und fordersamst in Holland gedrucket, auch diensamer Orten publiciret werde, um denen Oesterreichern nicht die Zeit zu lassen, die Sache mit schwarzen Couleuren dem Publico vorstellig zu machen, Se. Königl. Majestät zu blamiren und das Public gegen Selbige zu präveniren.

Nach der Ausfertigung.

Eichel.

4034. AU CONSEILLER BARON LE CHAMBRIER A PARIS.

Chambrier berichtet, Paris 15. December: „Plus je tâche de connaître les véritables sentiments de ce ministère sur le dessein qu'a la cour de Vienne de faire élire l'archiduc Joseph, quand je le moment qu'elle croira favorable pour cela, sera venu, et plus je me persuade dans l'idée où je suis, que la France ne fera rien pour l'empêcher, par la conviction où elle est que ce serait une entreprise au dessus de ses forces et qu'elle y échouerait."

Berlin, 27 décembre 1749.

J'ai reçu votre dépêche du 15 de ce mois. J'ai bien présumé que les ministres de France, selon leur façon de penser que je n'ignore point, ne penseraient pas autrement sur le sujet de l'élection d'un roi des Romains que de la manière que vous le marquez dans votre susdite dépêche; mais l'effet qui en résultera, sera fâcheux, puisque les suites en seront que la cour de Vienne fera presque souverainement ses volontés en Allemagne et qu'elle deviendra de jour en jour plus impertinente.

Nach dem Concept.

Federic.

4035. AU MINISTRE D'ÉTAT COMTE DE PODEWILS, ENVOYÉ EXTRAORDINAIRE, A VIENNE.

Berlin, 27 decembre 1749.

Votre rapport du 17 de ce mois m'est bien parvenu. Le projet de l'Empereur d'amasser en temps de paix des fonds en argent pour ne pas en manquer en temps de guerre, n'est pas mal pensé; au moins pouvez-vous croire que nous travaillons ici sur le même sujet. Cependant ma curiosité extrême est de savoir jusqu'où peuvent aller à peu près les sommes que l'Impératrice-Reine entasse par an dans son trésor, et quoique je connaisse parfaitement la difficulté qu'il y a d'en savoir quelque chose avec exactitude, je vous aurai bien de l'obligation si, nonobstant de cela, vous sauriez parvenir à satisfaire ma curiosité là-dessus; d'ailleurs j'ai ouï dire à quelqu'un qui prétend être au fait des nouveaux arrangements de finance de la cour de Vienne, que la perception des revenus va assez mal et irrégulièrement, que les provinces en restent en arrière, en criant qu'on les a surchargées pour qu'elles sauraient jamais s'acquitter des taxes qu'on leur avait imposées.

Quant aux affaires du Nord, tant qu'on ne s'amusera qu'à demander des déclarations par écrit, cette guerre de plume ne m'importera pas beaucoup.

Federic.

Nach dem Concept.

4036. AU CONSEILLER PRIVÉ DE LÉGATION BARON DE GOLTZ A MOSCOU.

Berlin, 27 décembre 1749.

J'ai reçu votre dépêche du 4 de ce mois. Pour ce qui regarde la situation présente des affaires du Nord, je suis persuadé que, si la cour de Vienne continue de s'employer sérieusement à modérer les desseins violents du chancelier Bestushew contre la Suède, ce n'est point par affection pour celle-ci, ni que ladite cour veuille déraciner les semences de division entre les deux cours, mais parceque les affaires générales de l'Europe ne se trouvent pas dans une situation qu'une guerre dans le Nord puisse convenir à ses vues, et que son jeu exige plutôt de laisser sous la cendre le feu qui couve dans ces contrées-là, en entretenant la chicane entre la Suède et la Russie, de manière qu'elle puisse le souffler et faire éclater la flamme toutefois quand elle verra le moment propre pour en profiter et pour prendre part à la guerre, sans y hasarder trop du sien.

Federic.

Nach dem Concept.

4037. AU CONSEILLER PRIVÉ DE LÉGATION DE ROHD A STOCKHOLM.

Berlin, 27 décembre 1749.

J'ai reçu votre dépêche du 12 de ce mois, à laquelle je dois vous dire en réponse que vous ne sauriez mieux faire que de faire toutes les remontrances convenables au ministère de Suède, afin qu'il voulût bien ne point s'amuser à d'aussi pauvres conclusions que le sont celles qui se trouvent énoncées dans votre susdite dépêche: tout chacun qui connaît le chancelier Bestushew, saura combien peu il prend en considération la mortalité des bestiaux en Livonie et qu'il ne s'arrête point dans ses vues, quand bien même des provinces entières de la Russie s'en voient réduites à la plus grande misère.

Federic.

Nach dem Concept.

4038. AU CONSEILLER PRIVÉ DE LÉGATION FRÉDÉRIC DE VOSS[1] ET AU SECRÉTAIRE DIESTEL A COPENHAGUE.

Berlin, 27 décembre 1749.

J'ai reçu votre dépêche du 16 de ce mois. Ce n'est proprement que l'affaire du ministre de France résidant à Copenhague de retenir la cour de Danemark dans la situation où elle se trouve actuellement, n'étant point de mon côté encore assez lié avec ladite cour pour espérer d'y pouvoir faire quelque chose avec succès.

Pour ce qui est des courriers russiens dont vous faites mention, il est fort probable que les dépêches dont ils peuvent avoir été chargés, concernent davantage les affaires de Suède que celles du Danemark, puisque je sais que le chancelier Bestushew a envoyé un courrier au sieur de Panin à Stockholm,[2] avec ordre à lui de proposer une convention à la couronne de Suède au moyen de laquelle cette couronne devait garantir aux Russes la paix de Nystad et principalement le sixième article[3] de ce traité de paix, portant que la Suède n'introduirait jamais de nouveau la souveraineté absolue chez elle, et que la Russie garantirait de son côté à perpétuité la succession comme elle se trouvait actuellement établie en Suède.

Federic.

Nach dem Concept.

4039. AU CONSEILLER PRIVÉ DE GUERRE DE KLINGGRAEFFEN A LONDRES.

Berlin, 27 décembre 1749.

Votre dépêche du 12 de ce mois m'est bien entrée, et vous aurez déjà pu présentement vous informer par mes précédents ordres que j'ai pris mon parti pour me débarrasser le plus tôt le mieux des dettes anglaises sur la Silésie. Cependant, comme vous touchez quelques circonstances dans votre dépêche susalléguée sur lesquelles vous ne vous expliquez pas assez clairement, vous ne laisserez pas que d'y répandre plus de jour, pour marquer ce que vous entendez dire proprement par le passage où vous dites: *Son crédit sera solidement établi, et Elle Se mettra fort à Son aise vis-à-vis de la France, qui dès lors sera obligée de se prêter aux intentions de Votre Majesté.* Car, pour ce qui est de ces derniers termes, je ne comprends point du tout ce que vous voulez dire par là; et quant à mon crédit en Angleterre, je ne compte aucunement que je pourrai jamais le mettre à profit là où vous êtes.

Federic.

Nach dem Concept.

---

[1] Vergl. S. 83. 161. — [2] Vergl. S. 206. — [3] Artikel 7, vergl. Bd. VI, 375.

4040. AU CONSEILLER PRIVÉ DE CAGNONY A MADRID.

Cagnony berichtet, Madrid 1. December: „Le 27 novembre, selon la coutume d'ici, qui est de ne voir les ministres qu'à leurs bureaux, je me rendis à celui de M. de Carvajal, auquel je remis la lettre dont j'étais chargé pour lui... Il me demanda si je ne verrais pas Leurs Majestés. Je lui répondis que j'ambitionnais fort cet honneur, mais que, comme apparemment je ne serais pas de quelque temps en état de présenter mes lettres de créance, je souhaiterais, si cela se pouvait, de leur être présenté en qualité de particulier... On m'a averti d'une chose qui du moins retardera beaucoup ma négociation, si elle n'y apporte d'autres préjudices; c'est que, tant que je ne serai régalé que comme simple particulier, je ne saurais espérer que de voir rarement et avec difficulté les ministres."

Berlin, 27 décembre 1749.

Quoique je ne saurais que m'en rapporter à ce que vous jugerez être le plus convenable à mon service pour obtenir mes vues, sur ce que vous me mandez par votre dépêche du 1er de ce mois, relativement à vos lettres de créance, si d'ailleurs vous êtes bien assuré de pouvoir réussir dans vos négociations, je ne laisse pas, pour cela, d'être assez du sentiment que le moment propre à produire vos crédentiales au roi d'Espagne et de prendre le caractère public, n'est point encore venu et qu'il ne le sera pas, avant que vous n'ayez sondé le terrain là où vous êtes, si aussi vous pourrez réussir dans les commissions dont je vous ai chargé. Tout ce que vous pouvez faire jusque là, est de produire au ministère d'Espagne les lettres qui vous ont été remises par mes ministres audit ministère et de lui faire lire confidemment la copie de vos autres lettres de créance; mais de les leur remettre et de prendre le caractère public, me semble être matière à devoir y penser, avant que d'être bien assuré du bon succès de votre négociation.

Federic.

Nach dem Concept.

4041. AU CONSEILLER PRIVÉ DE LÉGATION ERNEST-JEAN DE VOSS A DRESDE.

Berlin, 29 décembre 1749.

J'ai reçu votre dépêche du 23 de ce mois, et, quant au discours que vous a tenu le comte de Brühl, vous avez toute mon approbation de ne point vous fier à ses assurances emmiellées et de n'y pas compter davantage qu'il ne le faut; car nous savons ici comment il pense sur notre sujet et à quel point la cour de Dresde est mal intentionnée contre nous.

Federic.

Nach dem Concept.

4042. AN DEN ETATSMINISTER GRAF PODEWILS IN BERLIN.

Podewils berichtet, Berlin 27. December: „Je me suis acquitté d'abord des ordres que Votre Majesté m'a donnés par Sa lettre du 26 de ce mois à l'égard du sieur de Gross . . . Il me répondit qu'il était au désespoir d'apprendre d'avoir déplu à Votre Majesté, mais que ce n'était pas sa faute, qu'il ne faisait qu'exécuter les ordres de sa cour, quoiqu'ils ne regardassent point les seuls vassaux livoniens et esthoniens qui étaient dans le service de Votre Majesté, mais tous ceux qui se trouvaient dans celui de toutes les autres puissances de l'Europe, que tous les ministres de la Russie aux cours étrangère avaient été expressément chargés de s'adresser à eux etc. . . . Je lui répliquai qu'on trouverait fort à redire en Russie, si le baron de Goltz en voulait agir de même à l'égard des vassaux de Votre Majesté, qui se trouvaient en très grand nombre dans le service de l'impératrice de Russie . . . et qu'on avait également fait émaner, de la part de Votre Majesté, des lettres avocatoires, peut-être avec plus de fondement que la Russie, qui, par la disposition de la paix de Nystad, ne pouvait pas défendre à ses sujets et vassaux de Livonie et d'Estbonie de servir d'autres puissances qui étaient en paix et en bonne harmonie avec la Russie."

Berlin, 29. December 1749.

Er soll es nur dabei lassen; es ist genug, dass der p. Gross fühlet, dass er eine fausse Démarche gethan und dass die Sache so klar nicht ist. Dass er sonsten dem p. von Goltz von der Sache Communication thut, ist recht gut.

Mündliche Resolution. Nach Aufzeichnung des Cabinetssecretars.

4043. AU CONSEILLER PRIVÉ DE LÉGATION FRÉDÉRIC DE VOSS A COPENHAGUE.

Berlin, 29 décembre 1749.

J'ai lieu d'être satisfait du rapport que vous me faites, par votre dépêche du 20 de ce mois, de l'insinuation que vous a faite l'abbé Lemaire, d'autant plus qu'en effet nous ne sommes pas si pressés pour conclure un traité d'alliance avec le Danemark que nous ne dussions pouvoir attendre que cela se fasse trois mois plus tôt ou plus tard. Ce sera, au reste, le ministre de France que vous laisserez maquignonner sur l'affaire en question.

Federic.

Nach dem Concept.

4044. AU CONSEILLER BARON DE CHAMBRIER A PARIS.

Berlin, 30 décembre 1749.

Votre dépêche du 19 de décembre m'a été fidèlement rendue. Comme j'ai tout lieu d'être satisfait de ce qu'elle contient, j'attends votre rapport de quelle manière le marquis de Puyzieulx se sera expliqué envers vous relativement aux dernières lettres que la cour de France a eues de Constantinople. Au surplus, quand je vous ai marqué les discours que le comte d'Ulfeld a tenus touchant le prétendu changement des sentiments de la Porte Ottomane,[1] je ne vous les ai donnés que comme des nouvelles que ce ministre a prétendu d'avoir, sans être tout-à-fait persuadé de leur authenticité.

Nach dem Concept.

Federic.

4045. AU MINISTRE D'ÉTAT COMTE DE PODEWILS, ENVOYÉ EXTRAORDINAIRE, A VIENNE.

Berlin, 30 décembre 1749.

Toutes les nouvelles particulières qui me sont revenues relativement aux affaires de la cour de Vienne, me confirment ce que vous me marquez par votre dépêche du 20 de ce mois, sur ce que le mécontentement des sujets de l'Impératrice-Reine doit être presqu'universel contre elle par rapport à ses nouveaux arrangements de finance. Comme l'on y ajoute que d'un côté la cour où vous êtes n'était nullement sortie de ses inquiétudes à l'égard des affaires d'Italie, et que d'un autre côté elle avait fait marcher quelques régiments de la Hongrie vers la Bohême pour y soutenir à mains fortes ses arrangements de finance, contre lesquels les paysans s'étaient révoltés en différents endroits de la Bohême, qui, à ce qu'on marque, se sont retirés avec leur bétail dans les forêts, mais dont on enlève de temps en temps quelques-uns qu'on envoie d'abord prisonniers à Vienne, vous devez tâcher à démêler tout ceci et m'en faire votre rapport là-dessus.

Nach dem Concept.

Federic.

4046. AU CONSEILLER PRIVÉ DE LÉGATION BARON DE GOLTZ A MOSCOU.

Berlin, 30 décembre 1749.

J'ai tout lieu d'être satisfait de ce que vous me marquez par la dépêche que vous m'avez faite du 8 de ce mois. Il est vrai que, pour le moment présent, j'envisage les affaires du Nord comme calmées; reste à voir ce que le Chancelier fera jouer d'intrigues dans cet hiver, tant à la cour de Copenhague, pour brouiller de nouveau, s'il est possible, les cartes, que dans la Suède, pour y fortifier sous main son parti et y

[1] Vergl. S. 183. 184.

disséminer de la zizanie, et si d'ailleurs la Russie continuera, au printemps qui vient, à faire les mêmes ostentations qu'elle a faites du temps passé.

Nach dem Concept.

Federic.

4047. AU MARQUIS DE VALORY, ENVOYÉ DE FRANCE, A BERLIN.

Berlin, 2 janvier 1750.

Monsieur le Marquis de Valory. Deux pièces secrètes, également curieuses qu'intéressantes, venant de tomber encore entre mes mains, je n'ai pas pu m'empêcher de vous en communiquer dans la dernière confidence les copies ci-closes que j'en ai fait tirer, en vous priant de les faire parvenir à votre cour par quelque occasion convenable et point sujette à des inconvénients qui sauraient toucher le secret. Et sur ce, je prie Dieu etc.

Federic.

1. Au Comte d'Ulfeld.

Berlin, 30 décembre 1749.

La lettre ci-jointe, que j'ai reçue hier par un courrier russien qui va à Copenhague et à Stockholm, est d'une nature que je crois indispensable d'en envoyer copie à Votre Excellence, avant que d'en exécuter la moindre chose de son contenu. Le pas est glissant, comme Votre Excellence en conviendra avec moi; car outre que je ne saurai pas trop par qui faire mettre la puce à l'oreille de M. Gross, je ne sais non plus à qui confier les desseins prétendus du parti dominant en Suède contre la personne de l'impératrice de Russie, et comment lui donner assez de vraisemblance pour engager ce ministre à en faire usage envers sa cour. Toute considération faite, je me suis proposé de ne rien faire sans avoir réponse de Votre Excellence. Si Elle l'approuve, je tenterai l'impossible pour satisfaire au contenu de la lettre, qui, si elle venait à être exécutée, n'augmenterait pas peu les méfiances qui règnent entre les deux cours de Moscou et de Stockholm. Le ministre de Russie m'a communiqué dans le plus grand secret le mémoire que Panin a ordre de présenter à Stockholm, dans lequel il doit proposer une nouvelle convention pour lever tout le levain qui pourrait causer des troubles dans le Nord. Je ne m'étends pas sur cette matière, sachant que M. de Bernes a écrit amplement en cour, et que M. de Bestushew à Vienne doit présenter un mémoire pour engager Sa Majesté Impériale à vouloir faire goûter cette convention à la Suède et à vouloir reconnaître le *casus fœderis*, en cas que celle-ci ne voulût y donner la main. Gross a ordre d'employer tous ses soins pour découvrir de quel côté la résolution penchera ici, dès que la connaissance de la nouvelle convention sera parvenue au roi de Prusse. Il m'a prié d'y veiller, mais il paraît qu'on s'accoutume que la Russie donne les avis à cette cour. J'ai l'honneur etc.

Comte de Puebla.

Bernes à moi, Puebla.

[Moscou], 12 décembre 1749.

J'ose vous faire, dans le plus grand secret, la réquisition qui suit: On souhaite que vous fassiez glisser à l'oreille de M. de Gross, ministre de cette cour — mais cela avec tant de précaution qu'il ne puisse jamais soupçonner que la chose vienne de vous — qu'il se machine en Suède des choses contre la personne de l'Impératrice auxquelles la cour de Prusse a sa bonne part. Et comme ledit ministre ne manquera probablement pas de vous faire confidence de cette découverte, vous êtes prié de lui répondre que n'en sachant rien vous feriez des recherches, et de la lui confirmer en suite comme chose que vous auriez apprise par perquisition. Je m'en remets à tout ce que vous trouverez à propos de faire ou de ne pas faire sur une chose aussi délicate, n'ayant pu me dispenser de vous écrire la lettre, dont j'envoie copie en cour et à laquelle il me suffira, pour toute réponse, que vous m'en accusiez la reception tout naturellement par la voie de la poste.

* * *

2. An p. Bernes in Moskau.

Dresden, 23. December 1749.

Ew. Excellenz habe hierdurch ferner ohnverhalten sollen, dass da der Graf von Keyserlingk vormals von seinem Hof beordert gewesen, den hiesigen zur Accession zu dem im Jahre 1746 zwischen beiden kaiserlichen Höfen geschlossenen Tractat zu vermögen[1] (man offerirte sich auch damals gleich hierzu, soviel nämlich hiesiger Lande äusserste Unkraft es noch leidet) ihm, Graf von Keyserlingk, auf hierüber an seinen Hof erstatteten Bericht der fernere Befehl zugekommen, dermalen dieses Werk zu seiner Endschaft zu bringen, dabei aber mit mir zu gleichen Schritten zu gehen. Selbiger hält aber dafür, dass gleichwie der Haupttractat in Russland geschlossen worden, auch die Accession daselbst zu beschehen, von uns aber allhier bloss in Ueberlegung zu nehmen, damit von diesem Hofe jemand zu diesem Ende bevollmächtiget werde. Ich gewärtige hierüber allerhöchsten Orts meine Verhaltungsbefehle.

Ohnerachtet ich mir alle Mühe gegeben, hiesigen Hof zu Empfangung der Reichslehen nach dem alten Ceremoniell[2] zu bewegen, so will derselbe dennoch unter dem leeren Vorwand, als ob dieses Ceremoniell allzu niederträchtig, mithin der königlichen Würde zu nachtheilig wäre, sich hierzu nicht verstehen. Keyserlingk hat mich hierunter nachdrücklich assistiret und verschiedene Temperamente vorgeschlagen, wozu man sich aber hiesigen Orts, wegen verschiedener daraus entstehender Unanständigkeiten, nicht verstehen kann. Da ich nun aber genug abmerke, dass dieser Hof die meiste Rücksicht auf den russisch-kaiserlichen mache, so wäre es allerdings dienlich, wenn Ew.

[1] Vergl. S. 82. 187. — [2] Vergl. S. 130. 150. 187.

Excellenz an den Grafen Keyserlingk fernere nachdrückliche Ordre bewirken könnte, dass er mit seinen Vorstellungen nicht nachzulassen, bis der hiesige Hof sich der allerhöchsten kaiserlichen Intention conformiret. Der General Frankenberg hat mir sein Verlangen in kaiserliche Dienste zu treten eröffnet. Weil ich nun darüber gleich damals nacher Hofe geschrieben, bis daher aber keine Resolution erhalten, so glaube, man müsse allerhöchsten Orts nicht gemeinet sein, denselben anzunehmen. Ich bin begierig, zu vernehmen, was des vor einigen Monaten von hier abgegangenen Kammerjunkers Gurowski dasige Verrichtungen seind, zumal ich muthmaasse, dass er wegen des Grafen von Sachsen in den kurländischen Angelegenheiten etwas in Commission habe.[1] Der bei dem kaiserlichen Hof accreditirte churpfälzische Minister Baron Beckers ist dieser Tage von Danzig, wo er die dem Hause Pfalz vormals zugehörige Güter dem Fürst Radziwill übertragen, hier angekommen, wo er sich noch einige Tage aufhalten wird. Selbiger soll auf diese kurze Zeit mit Credentialien an diesen Hof versehen sein, um, wie vorgegeben wird, einige annoch unabgemachete Differenzien beizulegen. Ich muthmaasse aber vielmehr, dass selbiger wegen der Reichsbelehnung mit dem hiesigen Hofe Maassregeln zu nehmen instruiret seie.

Hiesiger Hof hat aus London Nachricht erhalten, dass man ihme keine Subsidien werde reichen lassen. Der Graf von Keyserlingk will seinem Hofe unmaassgeblich rathen, den englischen auf bessere Gedanken zu bringen, und hat mich auch ersuchet, unsern Hof dahin zu vermögen, dazumalen dem hiesigen nicht zu verdenken sein würde, wann selbiger mit Frankreich den Subsidientractat zu verlängern sich genöthiget sehen würde.

Graf von Sternberg.

<small>Nach der von Valory eingesandten Abschrift im Archiv des Auswartigen Ministeriums zu Paris; die Beilagen nach Abschrift der preussischen Cabinetskanzlei, ebendaselbst.</small>

4048. AU CONSEILLER PRIVÉ DE LÉGATION BARON DE GOLTZ A MOSCOU.

Goltz berichtet, Moskau 11. December: „Me trouvant avant-hier chez M. de Cheusses, qui m'a toujours témoigné beaucoup d'amitié ... je crus devoir profiter de l'occasion pour lui parler du renouvellement de l'alliance entre le Danemark et la Suède ... Il me répondit ... que le Chancelier avait reçu la notification d'une manière convenable et satisfaisante. ... M. de Cheusses me témoigna avec un air d'un homme qui tâche de persuader qu'il savait, à n'en pouvoir douter, et

Berlin, 2 janvier 1750.

J'ai reçu la relation que vous m'avez faite du 11 du décembre passé, de laquelle j'ai eu bien de la satisfaction, par le détail exact que vous y avez fait de votre conversation avec le sieur de Cheusses, et pour les réflexions justes que vous y avez jointes. Je crois cependant de pouvoir avec raison

[1] Vergl. S. 186. 187.

qu'il en avait même été convaincu y a un an et davantage, que la cour de Russie ne souhaitait pas moins que les autres puissances du Nord la conservation de la paix; que toutes les déclarations qu'elle avait fait faire de temps en temps en Suède, en faisaient preuve . . . Comme je suis persuadé du caractère de probité de M. de Cheusses, qui ne me permet pas de croire qu'il m'en ait voulu imposer, et que je sais d'ailleurs qu'il a toujours été assez bien dans l'esprit du Chancelier, je crois pouvoir inférer de tout ce que dessus, premièrement que, quelle que soit l'animosité de Bestushew contre la Suède, il est trop avisé pour ne pas s'apercevoir qu'une guerre ne serait pas de son convenance . . . et, en second lieu, que par cette raison il a été obligé de faire bonne mine à mauvais jeu."

inférer de là que ledit sieur de Cheusses vous a fait envisager du meilleur côté toutes les démarches du chancelier de Russie relativement à la Suède, pour couvrir par là les chipotages où la cour de Copenhague a été avec celle de Russie relativement à la Suède, et qu'en second lieu la cour de Vienne a peut-être employé ses bons offices à ce que la Russie ne se soit pas commise ouvertement avec la Suède, mais que ladite cour entretient le feu sous les cendres, afin de le souffler dès qu'elle trouvera de sa convenance d'exciter des troubles au Nord; c'est aussi la raison qui me fait présumer que la Russie continuera ses ostentations tout comme auparavant. Federic.

Nach dem Concept.

4049. AN DAS DEPARTEMENT DER AUSWÄRTIGEN AFFAIREN.

Podewils und Finckenstein berichten, Berlin 31. December: „Votre Majesté voudra bien agréer que nous Lui présentions ci-joint un projet de réponse au dernier mémoire de la cour de Vienne, concernant la garantie de l'Empire pour la paix de Dresde.[1] Nous y avons pris à tâche de remplir le plan que Votre Majesté nous a prescrit, de relancer la cour de Vienne jusque dans ses derniers retranchements et faux-fuyants, de démasquer ses sophismes et d'en montrer la futilité d'une manière solide, sans sortir toutefois des bornes de la décence et de la modération."[2]

Berlin, 3. Januar 1750.

Gut. Ich halte aber vor gut und nöthig zu sein, dass die in der Sache zwischen Mir und dem wienerschen Hof insgesammt gewechselte Piecen,[3] und zwar die Meinige sowohl als die wienersche, insgesammt zusammen gedrucket und dem Publico zur Dijudication mitgetheilet werden, um zu sehen, wer Recht oder Unrecht hat, weil sonsten der wienersche [Hof] die Sache ganz anders vorstellig machen und seinen Gift darunter brouilliren dörfte, um das Publicum gegen Mich zu praeoccupiren.

Mündliche Resolution. Nach Aufzeichnung des Cabinetssecretars.

---

[1] Vergl. S. 193. — [2] Die Ausfertigung des preussischen Promemoria ist vom 6. Januar 1750 datirt und wurde an demselben Tage dem Grafen Puebla übergeben. — [3] Vergl. Bd. V, 166. 258. 316.

4050. AU CONSEILLER BARON LE CHAMBRIER A PARIS.

Chambrier berichtet, Paris 22. December, dass Puyzieulx in Bezug auf die Convention, die Russland voraussichtlich in Stockholm werde anbieten lassen, ihm gesagt habe, dass er über die Absichten Schwedens nicht unterrichtet sei. »Mais ce qu'il y a, ajouta le marquis de Puyzieulx, de certain, est que nous ne lui conseillerons pas de rien faire qui donne atteinte à son indépendance. Si elle croit la conserver, en se portant cependant à quelque chose, nous n'y contribuerons point. C'est à la Suède de voir ce qui lui convient. Il est toujours dangereux de contracter des engagements sans nécessité, et quand même on n'aurait nul dessein de faire le contraire de ce qu'on promettrait par lesdits engagements, c'est toujours se lier par une complaisance qui peut en exiger d'autres, capables de mener plus loin qu'on ne l'avait cru au commencement.«

„Voilà ce que le marquis de Puyzieulx me fit entendre. Comme on m'a dit qu'il envoyait un courrier au marquis d'Havrincourt, il y a apparence qu'il lui aura écrit dans le même esprit, la France n'ayant point intérêt que la Russie acquière un si grand ascendant sur la Suède que celle-ci en devienne en quelque façon dépendante. C'est pourtant là où paraît viser le chancelier Bestushew et tous ceux qui sont dans l'intimité de sa confiance, pour contrecarrer dans le Nord tout ce qui est contraire aux desseins de la Russie."

Berlin, 3 janvier 1750.

J'applaudis parfaitement aux sentiments que le marquis de Puyzieulx vous a marqués relativement à la convention que le ministre de Russie, le sieur Panin, doit proposer à la cour de Suède, et les réflexions que vous y joignez dans la dépêche que vous m'avez faite du 22 du décembre passé, sont bien judicieuses. Nous nous attendons d'apprendre au premier jour de quelle façon le sieur Panin aura exécuté ses ordres. Quant aux subsides que la Russie doit avoir tirés sous main de l'Angleterre, pour aider celle-là dans ses démonstrations guerrières, j'avoue que, malgré toutes les peines que je me suis données pour approfondir ce manège, tant en Russie qu'en Angleterre, je n'en ai pu rien découvrir avec fondement, bien qu'il me soit revenu que des courriers que la cour de Vienne a envoyés à différentes fois à son ministre à Moscou, ont été chargés de sommes assez considérables en ducats pour la cour de Russie.

Au surplus, mon maréchal Keith, qui a été autrefois en service de Russie, m'a assuré que la dépense que la Russie faisait pour former et entretenir des campements en Livonie ou en Finlande, n'était guère considérable, vu le bas prix de vivres qui était dans ces contrées, et quoique cela coûtât toujours à la Russie, que néanmoins celle-ci n'en était pas considérablement incommodée.

Federic.

Nach dem Concept.

4051. AU CONSEILLER PRIVÉ DE GUERRE DE KLING-GRÆFFEN A LONDRES.

Berlin, 3 janvier 1750.

La relation que vous m'avez faite du 19 de décembre dernier, m'a été bien rendue. Je tâcherai de vous aider sur les extraordinaires qui vous sont assignés à la caisse de légation, autant que l'état de cette caisse le voudra permettre.

Quant à l'affaire de l'élection d'un roi des Romains, je suis bien persuadé que la cour de Vienne dresse de loin ses batteries pour réussir sur ce point de vue, qui est actuellement le principal de tous ceux qu'elle embrasse; je présume cependant que cette cour ne tentera point au moment présent de s'en découvrir, parcequ'elle ne se trouve pas assez arrangée là-dessus et qu'elle ne voudra point hasarder d'en faire la proposition avant que d'être sûre de son fait.

Je me remets, au reste, à ce que je vous fais marquer par cette ordinaire par mon ministère du département des affaires étrangères.

Nach dem Concept. Federic.

4052. AU MINISTRE D'ÉTAT COMTE DE PODEWILS, ENVOYÉ EXTRAORDINAIRE, A VIENNE.

Berlin, 3 janvier 1750.

J'accuse la bonne réception de la dépêche que vous m'avez faite du 24 du mois dernier de décembre. Il serait bien à souhaiter que le chipotage qu'il y a entre la France et le roi de Sardaigne donnât encore plus d'inquiétudes à la cour où vous êtes qu'il ne fait actuellement; je crains cependant qu'il n'en résulte peu ou rien.

Le roi d'Angleterre et la cour de Dresde s'étant déterminés à ne vouloir rien entendre du vieux cérémoniel pour prendre l'investiture de l'Empereur,[1] il est à présumer que la cour de Vienne sera obligée de se relâcher là-dessus, ce qui lui sera toujours un grand crève-cœur.

Nach dem Concept. Federic.

4053. AU CONSEILLER PRIVÉ DE CAGNONY A MADRID.

Berlin, 3 janvier 1750.

Les dépêches que vous m'avez faites du 8 du décembre dernier, m'ont été heureusement rendues. Je laisse à votre dextérité de choisir les canaux que vous trouverez les plus convenables pour la réussite des commissions dont vous êtes chargé, et de dresser vos batteries telles que vous les trouverez bonnes. J'agrée d'ailleurs que vous puissiez prendre un caractère public, dès que vous le trouverez à propos et indispensable-

[1] Vergl. S. 207.

ment nécessaire; la distance entre ici et la cour où vous êtes est trop grande et la connaissance que j'ai des circonstances de cette cour-là trop peu suffisante pour que je saurais vous diriger là-dessus. Au surplus, j'ai parfaitement compris par vos rapports que vous m'avez faits jusqu'ici, que, dans la situation où la cour de Madrid est actuellement, l'on ne saura guère compter sur elle relativement aux grandes affaires. En attendant, vous ne négligerez point de vous procurer les égards qui vous sont dus de la part de la cour vous êtes, et je laisse à votre discrétion si vous trouverez convenable de vous plaindre de la façon d'agir envers vous du marquis d'Ensenade par rapport aux difficultés qu'il a faites pour vous donner audience, afin que dans la suite du temps il ne marque, encore, plus de mépris à l'égard de vous; au moins a-t-on agi d'une façon bien différente ici envers le sieur de la Cueva lorsqu'il séjourna ici.

Nach dem Concept.

Federic.

4054. AU CONSEILLER PRIVÉ DE LÉGATION ERNEST-JEAN DE VOSS A DRESDE.

Berlin, 3 janvier 1750.

Les relations que vous m'avez faites du 27 et du 30 du mois dernier de décembre, me sont bien parvenues, sur lesquelles je veux bien vous dire que, dans la désolation extrême où se trouvent actuellement les finances de la Saxe, j'attends d'apprendre de vous à son temps quelle en sera la fin. En attendant, j'approuve parfaitement la résolution à laquelle vous vous êtes déterminé, de rendre vos discours relativement à mes sujets créanciers de la *Steuer* toujours plus forts, afin d'arracher par là tout ce qui se pourra pour leur satisfaction; en conséquence de quoi je trouve nécessaire que, s'il arrivait que le roi de Pologne dût partir pour la Pologne avant le commencement de la foire de Pâques de Leipzig, vous y restiez une quinzaine de jours au delà, pour avoir soin de la satisfaction de mes sujets, ce qui me causera d'autant moins de préjudice à l'égard des affaires de Pologne, qu'en attendant le secrétaire Leveaux pourra avoir soin de mes affaires à Varsovie et que l'ambassadeur de France s'y trouvera apparemment à ce temps-là.

Si le cas existait que la cour de Dresde, pressée par le sieur Calkoen, ministre de Hollande, voulût s'aviser de payer préférablement les dettes hollandaises, il ne serait point convenable que vous vous y opposassiez directement, mais bien faudrait-il qu'alors vous vous répandiez en plaintes amères contre le ministère de Dresde, en les accusant de mauvaise foi et qu'ils agissaient directement contre ce qui était stipulé à cet égard dans le traité solennel de la paix de Dresde.

Pour ce qui regarde le sieur Bibiena,[1] je veux bien que vous

---

[1] Bibiena war mit dem Umbau des dresdner Theaters beauftragt gewesen.

tâchiez de le faire passer à Berlin pour quelque temps, pourvu qu'il ne fasse pas trop le renchéri; car dans ce cas-là, et s'il voulait mettre son savoir-faire à un trop haut prix, je saurais bien me passer de lui.

Nach dem Concept.   Federic.

4055. AU MINISTRE D'ÉTAT COMTE DE PODEWILS, ENVOYÉ EXTRAORDINAIRE, A VIENNE.

Berlin, 6 janvier 1750.

La relation que vous m'avez faite du 27 du décembre dernier m'est bien parvenue. N'ayant rien à ajouter à ce que je vous fais marquer par la dépêche du département des affaires étrangères qui vous parviendra par cette ordinaire, je vous ordonne par celle-ci que, pour des raisons particulières, vous devez faire partir la première dépêche ordinaire que vous me ferez, par un de vos domestiques, qui ira la porter en courrier jusqu'à Neisse, où il la rendra au général major de Treskow; après quoi ce domestique pourra d'abord retourner chez vous. Vous observerez d'ailleurs qu'il faut qu'après le départ de votre courrier vous gardiez un silence mystérieux sur le motif de son envoi, quoique vous le ferez partir de Vienne avec l'éclat dont on est accoutumé là où vous êtes en dépêchant des courriers, mais après avoir fait ce manége, vous continuerez à la suite d'envoyer vos dépêches ordinaires par la poste tout comme auparavant. Au surplus, ne soyez point embarrassé de ce que je vous ordonne en tout ceci; j'ai mes raisons là-dessus; et d'ailleurs n'en faites point mention dans les doubles de vos dépêches que vous envoyez au département des affaires étrangères.

Federic.

P. S.

Vous observerez de ne point faire remettre au général major de Treskow à Neisse, comme il vous est ordonné par la présente, la dépêche que vous m'enverrez par le domestique que vous ferez partir en courrier, mais plutôt instruirez-vous ledit domestique de continuer son chemin comme courrier pour me remettre lui-même votre dépêche, soit ici à Berlin où à Potsdam.

Nach dem Concept.

4056. AU CONSEILLER PRIVÉ DE LÉGATION BARON DE GOLTZ A MOSCOU.

Berlin, 6 janvier 1750.

J'ai reçu votre relation du 15 du décembre passé et je songerai à vous faire savoir mes intentions sur ce qui fait le dernier point de la dépêche que vous m'avez faite *ad manus*.[1] Au reste, comme les avis

[1] Betrifft den Wunsch der Grossfürstin Katharina, der König möge dem Grafen Brummer (vergl. Bd. V, 363. 369. 387) ein Gnadengehalt zuwenden.

qui me reviennent, me font presumer de plus en plus que le chancelier Bestushew continue de poursuivre ses projets contre la Suède, vous devez vous appliquer avec tout le soin possible, dès que vous serez de retour à Pétersbourg, pour bien approfondir tous les arrangements que la cour de Russie pourra faire relativement à son militaire: si l'on amasse des magasins et en quels endroits, quelles sont les dispositions qu'on fait par rapport aux troupes, et si l'on fait des préparatifs guerriers qui sauront dénoter de nouvelles démonstrations ou quelque chose de conséquence à exécuter dans le printemps de cette année-ci; choses qui doivent faire le premier objet de vos attentions, quand vous serez arrivé à Pétersbourg, et dont vous m'instruirez avec toute l'exactitude que vous le saurez faire. Au surplus, je vous sais bon gré de l'attention que vous m'avez marquée en m'adressant un tonnelet de bon caviar.

Nach dem Concept. Federic.

4057. AU CONSEILLER PRIVÉ DE LÉGATION DE ROHD A STOCKHOLM.

Berlin, 6 janvier 1750.

Tout ce que vous me rapportez en date du 23 de décembre dernier, est beau et bon; vous ne laisserez pourtant pas de dire de ma part aux ministres de Suède en confiance que je les faisais fort prier de ne point s'endormir à des dehors trompeurs, parceque je savais, à n'en pouvoir douter aucunement, que le comte Bestushew cachait encore des vues très dangereuses sous la convention que le sieur Panin devait offrir à la couronne de Suède; qu'eux, ministres de Suède, pouvaient se tenir assurés que la Russie ne manquerait sûrement pas de reprendre ses démonstrations ordinaires, tout comme auparavant, à l'approche du printemps prochain, et qu'elle ne discontinuerait pas de chicaner la Suède.

Qu'au reste ils pouvaient tenir comme très avérés les avis que je leur faisais communiquer[1] et qu'ils pouvaient compter que Panin leur ferait à coup sûr la déclaration en question sur une double convention.

Nach dem Concept. Federic.

4058. AU CONSEILLER PRIVÉ DE LÉGATION FRÉDÉRIC DE VOSS A COPENHAGUE.

Voss und Diestel berichten, Kopenhagen 27. December, über eine Unterredung mit Lemaire, der ihnen u. A. gesagt habe: „Que, sans l'appréhension du rétablissement de la souveraineté en Suède, on verrait bientôt régner une amitié cordiale entre les cours de Danemark et de

Berlin, 6 janvier 1750.

J'ai reçu votre dépêche du 27 de décembre. J'apprends volontiers que le ministre de France regarde avec tranquillité les mouvements extraordinaires que les sieurs Titley

[1] Vergl. S. 181.

Suède; qu'il était à souhaiter que Votre Majesté pût convenir avec le Roi son maître d'un expédient propre à tranquilliser le Danemark sur ce sujet, et qu'il était persuadé qu'en ce cas-là on ne ferait point de difficulté ici de garantir la Silésie. Nous lui répondîmes qu'autant que nous pouvions juger des intentions de Votre Majesté, l'événement de la souveraineté en Suède Lui était entièrement indifférent, mais que nous ne croyions pas qu'Elle prendrait des mesures à cet égard, à moins que cela ne se fît du consentement de la Suède."

et Korff se donnent pour ébranler la cour de Danemark par l'appréhension du rétablissement de la souveraineté en Suède, parceque je ne saurais que présumer par là que l'abbé Lemaire est bien sûr de son fait et qu'il peut sûrement espérer qu'il entretiendra cette cour dans la bonne disposition où elle a été mise. Au surplus, la réponse que vous avez faite à ce ministre, quand il vous a sondé sur le moyen le plus propre à tranquilliser le Danemark contre ces appréhensions, a toute mon approbation; aussi resterez-vous dans ces propos, jusqu'à ce que vous ayez mes ordres ultérieurs là-dessus.

Federic.

Nach dem Concept.

4059. AU CONSEILLER PRIVÉ DE LÉGATION ERNEST-JEAN DE VOSS A DRESDE.

Berlin, 8 janvier 1750.

Il me sera très agréable et je vous en saurai bon gré si, pendant les circonstances qui font actuellement gémir la Saxe et dont vous parlez dans votre rapport du 3 de ce mois, vous trouviez moyen d'engager des gens aisés, ou d'autres personnes utiles, à venir s'établir dans mes États.

Mais quant au payement de mes sujets de la *Steuer* de Saxe, vous saisirez toutes les occasions qui se présenteront, pour tâcher d'en arracher tout ce que vous pourrez, peu ou beaucoup n'importe, pourvu qu'au bout du compte mes sujets soient satisfaits.

Federic.

Nach dem Concept.

4060. AU CONSEILLER PRIVÉ DE LÉGATION BARON DE GOLTZ.[1]

Berlin, 10 janvier 1750.

Le jugement que vous faites par votre rapport du 18 du mois de décembre dernier, touchant les affaires relatives à la Suède, est sagement pensé, et je suis persuadé qu'à l'approche de la belle saison de la présente année les Suédois auront à soutenir de la part de la Russie tout ce même fracas d'ostentations guerrières qui les ont tant fatigués pendant plusieurs années de suite.

Federic.

Nach dem Concept.

[1] Goltz verliess am 9. Januar Moskau und traf am 16. Januar in Petersburg ein.

4061. AU MINISTRE D'ETAT COMTE DE PODEWILS, ENVOYÉ EXTRAORDINAIRE, A VIENNE.

Berlin, 10 janvier 1750.

Votre dépêche du 30 de décembre dernier m'est bien parvenue. Il me paraît, à en juger par ce qui m'en revient ici, que les arrangements de finances de la cour de Vienne souffriront un grand échec et qu'ils s'en ressentent même déjà. C'est qu'on ne savait pas, là où vous êtes, ce que signifient les dépenses pour les marches de troupes et ce qu'il y faut.

Vous continuerez, au surplus, d'aller toujours à pas mesurés avec le sieur Blondel, et je verrai plus volontiers qu'il vous accuse de trop de réserve envers lui, que si vous vous comportiez trop hardiment et trop à cœur ouvert à son égard, puisqu'en ce dernier cas vous ne feriez que vous exposer à des quiproquo imprévus et fâcheux avec ce ministre de France.

Federic.

Nach dem Concept.

4062. AU CONSEILLER BARON LE CHAMBRIER A PARIS.

Berlin, 10 janvier 1750.

J'ai reçu vos dépêches du 26 et du 29 de décembre dernier. Je suis tout porté à croire que le marquis des Issarts n'a entrepris son voyage en France que simplement pour ses propres affaires particulières, et que d'ailleurs il peut avoir été chargé de la part de la cour de Dresde de tâcher s'il y a moyen de faire en sorte auprès de sa cour, afin qu'elle renouvelle son traité de subsides avec la Saxe.

Vous ne devez cependant point vous donner le moindre mouvement à cause de cela, mais vous laisserez aller cette affaire comme elle voudra, étant persuadé que la France se décidera d'elle-même à ne point donner, à l'avenir, des subsides à la cour de Dresde.

Il me paraît, au reste, que le ministère de France parle présentement d'un ton beaucoup meilleur qu'il ne l'a fait avant que le marquis de Puyzieulx maniât les affaires étrangères, et je souhaite seulement que le comte de Saint-Séverin ne vienne point à mourir encore de sitôt.[1]

Quant à la réponse que vous avez donnée au comte Tyrconnell sur ce qu'il vous a dit de l'article qu'on avait mis sur son sujet dans une gazette de Hollande, je veux bien que vous sachiez qu'elle a toute mon approbation,[2] d'autant plus que j'avais effectivement déjà pris mon

---

[1] Vergl. S. 75. — [2] Die in Rede stehende Stelle des Chambrier'schen Berichts vom 29. December lautet: „Le comte de Tyrconnell me parla de l'article qu'on avait mis sur son sujet dans une gazette de Hollande, savoir qu'il avait demandé d'être dispensé d'accepter la nomination que le roi de France avait fait de sa personne pour aller à Berlin. Celui-ci qui assère cela, me dit le comte de Tyrconnell, a eu sans

parti de cajoler au mieux ce ministre de France, dès qu'il serait arrivé ici, pour ainsi lui inspirer des idées et des sentiments favorables.

Nach dem Concept. Federic.

4063. AU CONSEILLER PRIVÉ DE LÉGATION ERNEST-JEAN DE VOSS A DRESDE.

Berlin, 13 janvier 1750.

J'accuse la relation que vous m'avez faite du 6 de ce mois. La petite guerre entre Brühl et le comte Sternberg par rapport à l'investiture à prendre de l'Empereur, ne sera guère de durée, et je viens d'être averti par quelque lettre confidente de Vienne que la cour là avait pris la résolution de s'adresser sur ce sujet à la cour de Russie, afin qu'elle rectifiât là-dessus celle de Dresde par Keyserlingk et la fît plier aux désirs de la cour de Vienne;[1] circonstance qui fait craindre que le vrai intérêt de la cour de Dresde ne soit encore sacrifié dans cette occasion-là. En attendant, ce n'est que pour votre direction seule que je vous dis tout ceci, et sous le sceau du secret.

Federic.

Nach dem Concept.

4064. AU MINISTRE D'ÉTAT COMTE DE PODEWILS, ENVOYÉ EXTRAORDINAIRE, A VIENNE.

Graf Otto Podewils berichtet, Wien 3. Januar: Le comte de Barck „qui me parut du commencement fort étonné de la nouvelle de la prétendue ouverture faite par le marquis d'Havrincourt au sieur Antivari,[2] au sujet d'un concert à prendre entre les cours de France et de Vienne par rapport aux affaires du Nord, m'a dit qu'il revenait un peu de sa surprise et qu'il se persuadait à présent que la cour d'ici, sur quelques discours vagues que l'Ambassadeur pouvait avoir tenus audit résident, avait affecté exprès de les prendre pour une ouverture parfaite et de s'expliquer là-dessus comme sur un concert particulier, pris entre les deux cours, soit pour avoir un prétexte de se mêler directement dans cette affaire, soit pour inspirer à la Suède de la méfiance contre ses alliés, de façon qu'il croyait que ce mésentendu tomberait de soi-même."

Berlin, 13 janvier 1750.

Votre dépêche du 3 de ce mois m'est bien parvenue, et il faut que ce que les Autrichiens ont présumé dire des propos que le ministre de France en Suède, d'Havrincourt, y doit avoir tenus, selon eux, au sieur Antivari, ait été ou mal compris, ou bien qu'ils aient donné à l'explication de ces dits propos une étendue beaucoup plus grande que le ministre de France n'a dit ou pensé dire.

Mes avis portent, au reste, quant aux troupes que la cour de Vienne a fait marcher dernièrement en Bohême, qu'on s'était aperçu

doute ses raisons pour le faire; et pour que je sois mieux reçu, m'ajouta-t-il en riant. Je lui répondis que, si le gazetier y avait entendu finesse, il n'aurait pas sûrement satisfaction, parceque je pouvais l'assurer qu'il verrait par lui-même, quand il serait à Berlin, que le choix que Sa Majesté Très Chrétienne a fait de sa personne pour succéder au marquis de Valory, était très agréable à Votre Majesté."

[1] Vergl. S. 207. — [2] Vergl. S. 154.

par ci par là dans ce royaume de quelques émeutes parmi le peuple, ce qui était la raison pourquoi on y avait fait défiler quelques troupes de plus, dans la vue d'y contenir le peuple et d'y prévenir des séditions ouvertes.

Nach dem Concept.

Federic.

4065. AU CONSEILLER PRIVÉ DE LÉGATION DE ROHD A STOCKHOLM.

Berlin, 13 janvier 1750.

Tout ce que vous me rapportez, par votre dépêche du 30 de décembre dernier, que le comte de Tessin vous a dit sur une alliance encore plus étroite entre la Suède et le Danemark,[1] me paraît très juste et bien pensé, ne pouvant point m'imaginer quel serait le grand avantage qui reviendrait à la Suède de semblable alliance plus étroite, outre celui que cette dernière s'est déjà stipulé par son traité qu'elle vient de conclure avec le Danemark.

J'attends, au reste, présentement de vous que vous me mandiez de quelle manière le sieur de Panin aura continué de s'expliquer envers la cour de Suède relativement aux propositions qu'il a eu ordre, en dernier lieu, de sa cour de faire là où vous êtes.

Nach dem Concept.

Federic.

4066. AU CONSEILLER PRIVÉ DE LÉGATION BARON DE GOLTZ.

Goltz berichtet, Moskau 22. December, über den Stand der russischen Kriegsvorkehrungen und über neuerliche Truppenbewegungen. „Tout ceci me confirme dans la persuasion que le Chancelier ne songe encore à rien moins qu'à laisser tomber ses ostentations guerrières, et que par conséquent il ne discontinuera pas de chicaner et d'alarmer les Suédois aussi longtemps qu'il lui sera possible."

Berlin, 13 janvier 1750.

J'ai tout lieu d'être content des avis que vous m'avez fait parvenir par votre rapport du 22 de décembre dernier, et je trouve les réflexions que vous y ajoutez de votre part, bonnes et sensées. Au surplus aurez-vous toutes les raisons du monde d'être fort attentif, après votre retour à Pétersbourg,[2] puisque vous ne manquerez pas d'occasion d'y apprendre beaucoup et que le mystère d'iniquité va derechef présentement, comme vous en êtes persuadé vous-même à l'heure qu'il est.

Nach dem Concept.

Federic.

---

[1] Vergl. S. 172. — [2] Vergl. S. 215 Anm. 1.

4067. AU CONSEILLER PRIVÉ DE LÉGATION FRÉDÉRIC DE VOSS A COPENHAGUE.

Berlin, 13 janvier 1750.

Les assurances que vous m'avez données, par votre dépêche du 3 de ce mois, que les appréhensions qu'on a eu lieu d'avoir relativement aux nouvelles insinuations et offres de la Russie, à la cour où vous êtes, étaient entièrement dissipées, m'ont été un vrai sujet de satisfaction. Quant au point principal de votre instruction,[1] il faudra bien que vous laissiez faire aux ministres de France et de Suède ce que ceux-ci trouveront convenable à ce sujet, et que vous les laissiez faire jusqu'à ce qu'ils trouveront le moment favorable pour en parler.

Nach dem Concept. Federic.

4068. AU MINISTRE D'ÉTAT COMTE DE PODEWILS A BERLIN.

Potsdam, 15 janvier 1750.

Trouvant nécessaire que, pendant le séjour que fait actuellement milord Hyndford à Berlin,[2] vous lui parliez et lui disiez en termes polis et obligeants que, comme j'étais persuadé de lui, milord, qu'il aurait toujours retenu les sentiments de bon patriote, pour maintenir la bonne intelligence entre l'Angleterre et la Prusse,[3] je voulais bien lui donner à connaître que j'avais pris mes arrangements relativement aux dettes anglaises hypothéquées sur la Silésie, de façon que ces dettes pourraient être entièrement acquittées dans un temps tout au plus de trois ans, mais que, mes sujets ayant encore, comme personne ne l'ignorait, de considérables et très fondées prétentions à la charge de l'amirauté de la Grande-Bretagne qui provenaient des pirateries que quelques armateurs anglais avaient exercées, d'une manière à ne pouvoir être justifiée, pendant la dernière guerre contre la France sur mesdits sujets, — que je ne doutais aucunement que lui, milord Hyndford, vu les sentiments favorables que je lui connaissais, ne voulût bien faire tout ce qui dépendrait de lui en Angleterre, afin que mes sujets en question y soient dûment indemnisés de leurs pertes, d'autant plus que ce serait fort à regret, si je pouvais me voir obligé de les indemniser, au bout du compte, moi-même, en défalquant des dettes de la Silésie les sommes requises à cet effet, supposé que contre toute attente l'administration du bon droit leur fût refusée en Angleterre.

Ce sera au reste sans détour que vous parlerez à milord Hyndford sur cette indemnisation, mais vous lui direz nettement et crûment à cet égard ce que dessus. Sur quoi, je prie Dieu etc.

Nach der Ausfertigung. Federic.

---

[1] Vergl. S. 111. 161. — [2] Auf der Rückkehr von seinem russischen Botschafterposten. — [3] Vergl. Bd. II, 159 Anm. 1; III, 311.

4069. AU CONSEILLER BARON LE CHAMBRIER A PARIS.

Chambrier berichtet, Paris 2. Januar: „Comme le roi de France a toujours paru avoir bonne opinion de Votre Majesté et qu'il paraît L'estimer plus qu'aucun prince qu'il y ait en Europe, [je crois qu'il serait d'un bon effet] si Votre Majesté pouvait trouver le moyen, après l'arrivée du comte Tyrconnell et après que Votre Majesté croira le connaître, de saisir la première occasion favorable pour écrire au roi de France comme tout naturellement sur les affaires et lui dire sur icelles ce que Votre Majesté trouvera à propos, pour le confirmer dans ses sentiments pour Votre Majesté, sans qu'il parût en aucune manière qu'Elle sait qu'on n'a pas pour Elle en France la confiance qu'Elle mérite. Et, afin que cette démarche de la part de Votre Majesté ne donnât point de dégoût au marquis de Puyzieulx, parcequ'il est le seul ministre ici des affaires étrangères, Votre Majesté pourrait lui faire l'honneur de lui écrire une lettre en même temps et le renvoyer à la lettre de Votre Majesté pour le Roi son maître, pour les choses dont Votre Majesté ne lui ferait qu'une légère mention. Le marquis de Puyzieulx en serait flatté, et cela ferait un bon effet pour le comte Tyrconnell auprès de sa cour, en le mettant plus en état d'y faire recevoir les idées qu'il pourrait vouloir lui donner, à mesure que Votre Majesté Se l'attachera davantage et qu'il pensera pour Votre Majesté comme son prédécesseur, avec la différence que sa cour fera plus de cas de ce qu'il lui écrira."

Berlin, 17 janvier 1750.

Les dépêches que vous m'avez faites du 2 et du 5 de ce mois, m'ont été rendues à la fois, dont j'ai eu toute la satisfaction possible, par les matières intéressantes que vous y avez traitées. Je vous sais surtout bon gré de tout ce que vous me marquez dans le postscriptum de la première de ces dépêches, concernant le lord Tyrconnell; vous devez être assuré que, quand nous l'aurons ici, je tâcherai de faire tout ce qui convient pour le désabuser des malicieuses insinuations de mes ennemis et pour le convaincre par la suite du temps de la droiture et de la pureté de mes sentiments envers la France, et que je n'ai jamais finassé avec elle.

Ce qui ne m'a pas été assez aisé de comprendre, c'est ce que vous me dites par rapport à une lettre à écrire au roi de France après l'arrivée du lord Tyrconnell; car j'avoue que je ne saurais m'imaginer encore comment trouver alors une occasion assez favorable pour écrire alors cette lettre d'une manière assez naturelle et sans qu'il y paraisse de l'affectation; ainsi donc, j'ai résolu d'écrire une lettre au roi de France au départ du marquis de Valory, pour lui recommander celui-ci, et d'attendre après cela s'il se trouvera une occasion assez favorable et naturelle de faire encore une lettre au roi de France, quand le comte Tyrconnell aura séjourné quelque temps à ma cour.

Quant aux mouvements que les Saxons se donnent à la cour de France pour se faire valoir et obtenir de nouveaux subsides, vous n'en devez point être embarrassé. Quoique le marquis des Issarts puisse travailler à adoucir plusieurs choses relatives à la cour de Saxe, nonobstant cela le roi de France, autant que le marquis de Puyzieulx, sont également trop au fait de toutes les intrigues de cette cour-là pour qu'ils la prennent jamais que pour ce qu'elle vaut, et si, après cela, la France veut encore jeter son argent avec la Saxe, il ne me saurait être que fort indifférent.

Federic

Nach dem Concept.

4070. AU MINISTRE D'ÉTAT COMTE DE PODEWILS, ENVOYÉ EXTRAORDINAIRE, A VIENNE.

Berlin, 17 janvier 1750.

Dès que la cour où vous êtes ne se voit avancée davantage par les nouveaux arrangements que vous le rapportez par votre dépêche du 7 de ce mois, il en paraît suffisamment que ces arrangements ne l'ont pas rendue jusqu'ici bien formidable.

Pour ce qui regarde la Russie, je veux bien vous dire pour votre direction qu'il m'est revenu de très bon lieu qu'outre les cris qu'elle voudra jeter de toute espèce et les ostentations qu'elle pourra être intentionnée de continuer à l'approche du printemps de la présente année, elle n'entreprendra pour cela rien de réel contre la Suède.

Milord Hyndford vient d'arriver ici, il s'y tient néanmoins clos et couvert.

Au surplus, il vous doit être permis de donner à entendre, là où vous êtes, avec grâce, que j'étais intentionné de faire pendant l'été prochain un voyage en Prusse et qu'à l'approche de l'automne je ferais un tour en Silésie, ce que cependant vous direz sans affectation et uniquement pour y préparer les esprits.

Federic.

Nach dem Concept.

4071. AU CONSEILLER PRIVÉ DE LÉGATION BARON DE GOLTZ A SAINT-PÉTERSBOURG.

Berlin, 17 janvier 1750.

Je suis bien content du détail instructif que vous m'avez marqué dans votre dépêche du 25 du mois dernier au sujet de la conversation que vous avez eue avec l'ami connu, et j'applaudis en particulier à la réponse que vous lui avez donnée que je ne saurais appuyer auprès de la Suède une proposition qui blessait directement sa dignité et son indépendance.[1] Pour ce qui est des rapports qu'on a faits à l'Impératrice, comme si j'avais fait arrêter des officiers livoniens actuellement en mon service, parcequ'ils avaient voulu se congédier, vous pouvez les traiter envers le susdit ami comme absolument faux et controuvés. Au

[1] Vergl. S. 187.

surplus, je veux bien vous avertir, quoique sous le sceau du secret, que le Chancelier machine à présent plus que jamais à culbuter le comte Woronzow et qu'il épie toutes les occasions pour pouvoir charger celui-ci de quelque malversation, afin de le noircir dans l'esprit de sa souveraine et de le ruiner entièrement. Comme ces avis me sont parvenus d'assez bonne main, ainsi que je puis me fier là-dessus, je vous dis pour votre direction que vous devez user de toute votre sagesse et circonspection, afin que, si jamais le cas existait que le digne comte Woronzow fût le sacrifice de ses ennemis, vous ne soyez au moins pas enveloppé en sa perte, ni réputé d'y avoir donné lieu par votre conduite.

Federic.

Nach dem Concept.

4072. AU CONSEILLER PRIVÉ DE LÉGATION ERNEST-JEAN DE VOSS A DRESDE.

Berlin, 17 janvier 1750.[1]

Vos relations du 10 et du 13 de ce mois m'ont été bien rendues. J'applaudis surtout au jugement que vous faites relativement à l'état désolant où se trouvent les finances de Saxe, et au peu d'espérance qu'il y a à un redressement solide des affaires, tandis que le premier ministre conservera les rênes du gouvernement entre ses mains. C'est ce qui me fait toujours souhaiter ardemment que mes sujets créanciers de la *Steuer* fussent satisfaits de leurs prétentions avant qu'un bouleversement total du crédit de la Saxe arrive; aussi ne vous laisserez passer aucune occasion convenable de sommer le comte Hennicke pour accomplir les belles promesses qu'il vous a faites à ce sujet.

Au surplus, comme c'est le mois de janvier où nous sommes, où il faut que les sujets saxons s'acquittent des nouveaux taxes et impôts auxquels ils ont été chargés en conséquence des arrangements de la dernière Diète, ma curiosité est de savoir de vous comment le succès a répondu à l'attente qu'on en a eue, et quelles en seront les suites.

C'est un contre-temps assez fâcheux que la mort du comte Tarlo;[2] je crois néanmoins que malgré cela la Diète future en Pologne ne sera moins orageuse qu'elle aurait été si ce comte ne fût point décédé, et comme il ne saurait guère manquer qu'il n'y eût toujours en Pologne deux factions considérables contraires l'une à l'autre, j'ai lieu de présumer que bientôt quelque autre chef se mettra à la tête du parti opposé à la cour, pour barrer celle-ci dans ses vues.

Federic.

Nach dem Concept.

---

[1] In der Vorlage verschrieben: 27 janvier. — [2] Vergl. Bd. VI, 75. 206.

4073. AU MINISTRE D'ÉTAT COMTE DE PODEWILS A BERLIN.

[Berlin, 18 janvier 1750].

J'apprends que Gross veut aller à Potsdam demain. Je vous prie de lui écrire qu'après la conduite qu'il a tenue ici, je le priais de n'en rien faire. Il ne faut point qu'il y aille, et vous tâcherez de l'empêcher.[1]

Federic.

Nach der Ausfertigung („praes. 18 janvier 1750 à 11 et demie du soir"). Eigenhändig.

4074. AU MINISTRE D'ÉTAT COMTE DE PODEWILS, ENVOYÉ EXTRAORDINAIRE, A VIENNE.

Berlin, 20 janvier 1750.

J'ai reçu votre dépêche du 10 de ce mois, et vous pouvez croire véritables les avis qui me sont revenus qu'il y a eu en Bohême une émeute parmi le peuple et qu'il s'y est trouvé nombre de paysans qui se sont retirés dans les forêts pour se soustraire de la sorte aux nouveaux impôts; mais je suis bien persuadé qu'on prend toutes les précautions imaginables à Vienne pour que des affaires de cette nature ne puissent s'y ébruiter.

Au surplus, on dit que la cour de Vienne est intentionnée de faire marcher encore quelques troupes en Italie; ce sera toutefois vous qui saurez le mieux approfondir, là où vous êtes, pour combien les bruits qui en courent, peuvent être fondés ou non.

Federic.

Nach dem Concept.

4075. AU CONSEILLER BARON LE CHAMBRIER A PARIS.

Berlin, 20 janvier 1750.

J'ai été charmé d'apprendre par votre dépêche du 9 de ce mois que vous croyiez pouvoir juger que les nouvelles renfermées dans les lettres de Constantinople dont vous y parlez, aient été plus favorables que les envieux et jaloux de la France et de ses alliés s'étaient efforcés pendant un temps de vouloir le faire accroire.

J'en suis d'autant plus content que, si ces nouvelles n'eussent point été satisfaisantes, cela n'aurait pu manquer de former une circonstance assez dangereuse.

Federic.

Nach dem Concept.

---

[1] Podewils schreibt darauf an Gross, Berlin 18. Januar: „Comme le Roi a appris que vous aviez dessein d'aller demain faire un tour à Potsdam, Sa Majesté m'a fait entendre qu'après ce qui s'était passé à l'égard de votre correspondance avec plusieurs officiers de son armée et même avec ceux qui sont en garnison à Potsdam (vergl. S. 199) vous lui feriez plaisir de n'y point aller, pour ne point faire naître de nouveaux soupçons comme si c'était une suite de cette même correspondance."

4076. AU CONSEILLER PRIVÉ DE LÉGATION FRÉDÉRIC
DE VOSS A COPENHAGUE.

Friedrich von Voss berichtet, Kopenhagen 10. Januar: „M. de Schulin a dit au baron de Fleming que les insinuations du baron de Korff se rapportaient uniquement aux moyens de faire cesser la mésintelligence qui régnait entre sa cour et la Suède et de rassurer la Russie contre les appréhensions qu'elle avait du rétablissement de la souveraineté dans ce royaume; qu'on lui avait répondu que Sa Majesté Danoise verrait avec plaisir qu'elle pût contribuer par ses bons offices à aplanir les différends qui paraissaient subsister entre les deux cours, mais qu'elle n'entrerait en rien qui pût blesser l'indépendance de la Suède . . . Le ministre de Suède prétend que M. de Schulin lui a parlé avec tant de cordialité et de franchise qu'il ne pouvait pas se défier de cette cour."

Berlin, 20 janvier 1750.

Vos dépêches du 6 et du 10 de ce mois me sont bien entrées, et j'ai été très satisfait du détail que vous me faites, dans la dernière de ces dépêches, de la conversation en question qu'a eue le ministre de Suède avec le sieur de Schulin, étant bien aise de voir par là que la cour de Russie a échoué à cet égard dans ses pernicieuses vues.

Pour ce qui est de l'alliance à conclure entre la cour de Danemark et moi, l'abbé Lemaire venant de recevoir des ordres aussi positifs de sa cour à cet égard, mon intention est que vous laissiez uniquement à ce ministre de France le soin de diriger, de façon qu'il le jugera le plus convenable, l'affaire de la conclusion de ladite alliance, et que vous vous conformiez là-dessus en tout à ses sentiments. Au surplus verrais-je avec plaisir que vous puissiez occasionnellement approfondir encore en quoi peuvent proprement avoir consisté les propositions que la cour de Russie a fait faire en dernier lieu par son ministre de Korff à celle de Copenhague.

Federic.

P. S.

Comme la dépêche que vous m'avez faite du 13 de ce mois, vient de m'être rendue, je vous fais un gré particulier de l'avertissement que vous m'avez donné relativement aux bons sentiments de M. de Schulin, de même qu'aux insinuations malignes que mes ennemis ont tâché de faire à la cour de Danemark, en m'attribuant une façon de penser sur elle qui m'est tout-à-fait étrangère. Je m'aviserai là-dessus et j'espère de trouver l'occasion de parler moi-même au sieur de Rosenkrantz d'une manière qu'il aura lieu d'en être content et d'en faire un rapport favorable à sa cour.

Nach dem Concept.

4077. AU CONSEILLER PRIVÉ DE LÉGATION DE ROHD A STOCKHOLM.

Berlin, 20 janvier 1750.

J'ai reçu vos dépêches du 2 et du 6 de ce mois et je tiens pour très fondés les sentiments qu'elles renferment de votre part sur les vues que s'est formées la Russie à l'égard de la Suède; aussi ne laisserez-vous point que de bien insinuer aux ministres de Suède qu'ils voulussent se donner de garde de s'imaginer que l'intention de la Russie était de tâcher de sortir honorablement et de bonne manière du jeu qu'elle a joué jusqu'à présent; qu'ils devaient plutôt se tenir assurés que la cour de Russie, vu sa haine contre le Prince-Successeur et la rage dont elle était animée principalement contre le comte Tessin, n'omettrait point de rechercher avec ardeur toutes les occasions, pour continuer d'agacer la Suède et de lui faire toutes sortes de niches. Si, au reste, la Russie fait expédier pendant l'hiver des congés à ceux de ses officiers qui les lui demandent, il n'y a rien d'extraordinaire en cela et qui ne fût usité auprès de toute autre armée.

Federic.

Nach dem Concept.

4078. AU CONSEILLER PRIVÉ DE LÉGATION BARON DE GOLTZ A SAINT-PÉTERSBOURG.

Berlin, 20 janvier 1750.

Je suis très satisfait de votre rapport du 29 de décembre dernier, pouvant juger par son contenu que vous êtes présentement dans la bonne voie pour pénétrer les affaires comme elles sont naturellement.

Il est constant que le traité entre la Suède et la Porte Ottomane dont vous avez eu avis là où vous êtes, existe; la cour de Russie cependant semble être un peu trop présomptueuse d'en vouloir prendre ombrage et de prétendre que ses voisins ne dussent conclure des traités pendant un temps où elle, la Russie, tâche de se lier avec tout le monde.

Donc, il faut, selon moi, que chacun aille son train là-dessus et fasse ce que ses intérêts exigent de lui.

Federic.

Nach dem Concept.

4079. AU MARQUIS DE VALORY, ENVOYÉ DE FRANCE, A BERLIN.

Berlin, 23 janvier 1750.

Monsieur le Marquis de Valory. Un bon hasard m'ayant encore fait entrer la pièce dont il s'agit à la suite de la présente lettre, vous jugez sans doute que c'est avec un vrai plaisir que j'embrasse l'occasion qu'elle me fournit de donner par sa communication à votre cour une nouvelle marque de ma sincérité, tout ainsi que de ma confiance sans bornes envers elle.

Je me flatte que vous saurez toujours prendre vos mesures assez justes pour qu'en faisant passer à votre cour ladite pièce ci-jointe, il ne transpire rien du secret inviolable que je vous conjure de m'en garder.[1]

<small>Nach dem Concept.</small>

Federic.

4080. AU CONSEILLER PRIVÉ DE LÉGATION BARON DE GOLTZ A SAINT-PÉTERSBOURG.

Berlin, 24 janvier 1750.

J'ai reçu votre dépêche du 1er de ce mois. Je sais par les informations qui m'en sont revenues, que le chancelier Bestushew ne prend pas fort à cœur l'alliance qui vient d'être conclue entre la Suède et le Danemark, et que celle que la Suède peut avoir contractée avec la Porte Ottomane, ne lui donne pas assez d'ombrage pour l'empêcher de continuer une fois comme l'autre dans ses agaceries contre cette couronne. Aussi les ostentations guerrières de la part de la Russie ne cesseront-elles pas pour cela dans le courant de la présente année. Quant à moi, je suis résolu de faire un voyage en Prusse au printemps prochain, pour y voir en revue les régiments qui s'y trouvent en quartiers, et quoique je sache de bon lieu qu'on en a pris quelque ombrage là où vous êtes et que pour cet effet on s'y est déterminé de former un campement considérable de troupes sur la frontière, vers le temps desdites revues, cela ne m'empêchera pourtant pas de voir mes régiments en Prusse, et ce sera en tout cas avec indifférence que je pourrai regarder le campement des troupes russiennes en question.

<small>Nach dem Concept.</small>

Federic.

4081. AU CONSEILLER PRIVÉ DE LÉGATION DE ROHD A STOCKHOLM.

Berlin, 24 janvier 1750.

J'ai reçu votre dépêche du 9 de ce mois. Quand le sieur de Panin aura fait à la cour de Suède la déclaration qui lui a été enjointe en dernier lieu de sa cour, c'est alors que le ministère suédois verra qu'elle n'a pas été couchée en termes aussi ménagés qu'il se l'est imaginé jusqu'ici. Je soupçonne plutôt que Panin n'a glissé les propos relatifs à cette déclaration que pour d'autant mieux faire goûter la proposition qu'il en ferait. Enfin, le résultat des circonstances dans lesquelles la

---

[1] Die Beilage selbst liegt nicht vor. Der Inhalt derselben erhellt aus Valory's Bericht an Puyzieulx, Berlin 24. Januar: Le roi de Prusse „m'a écrit ce matin et m'a envoyé en original la lettre que M. de Puebla a reçue du comte d'Ulfeld en réponse à celle où il demandait s'il devait se conformer à ce que lui avait demandé le comte de Bernes (vergl. S. 207). La cour de Vienne a fort approuvé la réserve qu'a observée M. de La Puebla, et lui enjoint de ne déférer en rien à ce qui lui est venu de Moscou, et de ne prendre aucune part à ces sortes de manœuvres. Le roi de Prusse m'écrit pour me recommander les plus grandes précautions pour le secret. J'ai cru qu'il suffisait, Monseigneur, de vous envoyer le précis de cette lettre de Vienne." (Archiv des Auswärtigen Ministeriums zu Paris.)

Suède se trouve présentement, est, comme je crois, que la Suède est nécessairement obligée de cultiver avec soin l'amitié du Danemark et de tâcher de se concilier de plus en plus cette couronne.

Nach dem Concept.
Federic.

4082. AU CONSEILLER PRIVÉ DE LÉGATION ERNEST-JEAN DE VOSS A DRESDE.

Berlin, 24 janvier 1750.

Vos dépêches du 17 et du 20 de ce mois me sont bien parvenues. Il y a longtemps que nous connaissons ici le sieur Siepmann[1] pour un homme malicieux et pour un franc-coquin, de sorte qu'il n'est pas à croire que le ministère de Saxe mette présentement trop à sa charge, quoique d'ailleurs il soit fort probable que, plus on voudra mettre en œuvre là où vous êtes de ces procès à sorciers, plus, aussi, les affaires s'en trouveront en bredouille.

Il m'est très agréable de savoir que la cour de Dresde tient toujours ferme vis-à-vis de celle de Vienne concernant l'affaire de l'investiture,[2] et il est à espérer que l'Empereur se verra à la fin obligé par là de se relâcher sur cet article.

Nach dem Concept.
Federic.

4083. AU CONSEILLER BARON LE CHAMBRIER A PARIS.

Berlin, 24 janvier 1750.

J'ai bien reçu vos dépêches du 12 de ce mois. Pour ce qui regarde les offres que le sieur de La Touche vient de vous faire, vous pourrez lui dire de ma part que je tiendrais pour très agréable s'il voulait bien venir ici pour s'expliquer ultérieurement sur son système de commerce.[3] Vous devez lui insinuer en même temps que nous étions ici assez au fait sur ce qui regarde notre commerce, mais que nous étions principalement en défaut de gens qui voulussent s'associer pour établir une compagnie de commerce, et qu'ainsi il devait s'expliquer à vous s'il se croyait à même de pouvoir former une pareille compagnie et s'il avait connaissance avec des personnes qui seraient disposées à se charger de pareille entreprise; que c'était là la plus grande utilité que je saurais tirer de ses connaissances et de son savoir, puisque sans cela je n'ignorais point le commerce de mon pays et ce qui lui était convenable relativement à ses différentes branches.

Nach dem Concept.
Federic.

---

[1] Vergl. Bd. V, 287. 289. Voss hatte in seinem Bericht vom 17. Januar Siepmann's Verhaftung gemeldet. — [2] Vergl. S. 217. — [3] Vergl. Bd. VI, 126.

4084. AU MINISTRE D'ÉTAT COMTE DE PODEWILS, ENVOYÉ EXTRAORDINAIRE, A VIENNE.

Berlin, 26 janvier 1750.

J'ai reçu votre relation du 17 de ce mois. Nous m'avez fait un vrai plaisir par les informations que vous m'avez données à l'égard des changements que l'Impératrice-Reine se voit obligée de faire dans ses arrangements de finances. Vous pouvez compter qu'elle n'y saura rester, et que cela ira plus loin encore, de façon qu'elle en sera bien embarrassée encore.

Vous avez très bien fait de laisser tout-à-fait ignorer au sieur Blondel le vrai sujet qui vous a mené à m'envoyer votre courrier;[1] aussi devez-vous continuer à affecter le mystérieux là-dessus envers tout le monde qui vous questionnera. Ce sera demain que je ferai repartir ce courrier. Je vous saurai un gré infini quand vous sauriez me procurer un plan exact des nouvelles fortifications qu'on est intentionné de faire construire à Olmütz, et je vous tiendrai compte des dépenses que vous serez obligé de faire là-dessus.

Federic.

Nach dem Concept.

4085. AU CONSEILLER PRIVÉ DE GUERRE DE KLINGGRÆFFEN A LONDRES.

Berlin, 26 janvier 1750.

Vos dépêches du 13 et du 16 de ce mois m'ont été bien rendues. Je compte d'avance que pendant le séjour que le roi d'Angleterre fera à Hanovre, le printemps qui vient, l'on ne manquera pas de jouer force d'intrigues et qu'on y fabriquera bien des nouveaux projets. C'est aussi en conséquence de quoi je suis déterminé de vous laisser encore pendant tout ce temps-là dans le poste où vous êtes, et que je ne vous enverrai vos lettres de rappel que vers le temps que le roi d'Angleterre retournera d'Hanovre à Londres, mais qu'aussi alors vous les aurez sans faute, puisqu'il ne convient nullement à ma dignité de laisser plus longtemps un ministre à une cour qui ne m'en envoie point.

Pour ce qui regarde les affaires du Nord, je présume qu'elles resteront sur le même pied où elles ont été l'année passée, qu'il y aura bien des pourparlers, des négociations et des démonstrations, mais qu'on y restera, sans parvenir à des réalités.

Quant à la négociation par rapport à l'élection d'un roi des Romains, je suis persuadé, tout comme vous, que cette affaire se traitera principalement à Hanovre, pendant le temps que le Roi s'y trouvera. En attendant, je souhaiterais bien que vous sauriez trouver le moyen de faire avertir adroitement et sous mains, sans y paraître vous-même, l'ambassadeur de France de tout ce qui se passe et se chipote

[1] Vergl. S. 213.

à cet égard, et de lui ouvrir les yeux sur les conséquences qui en résulteront relativement à l'Empire et à la France même, quand les cours de Vienne et de Londres se verront par là à même de faire souverainement leurs volontés dans l'Allemagne. Cela servirait, au moins, que ledit ambassadeur ne négligeât pas tout-à-fait de diriger son attention sur cette affaire.

J'ai donné mes ordres aux ministres du département des affaires étrangères, afin de faire faire régler vos comptes avec la caisse de légation à votre satisfaction. Au reste, je veux bien vous dire que je ne saurais rien changer aux arrangements que j'ai pris par rapport aux termes et aux sommes que j'ai destinées pour payer les dettes de la Silésie et dont je vous ai déjà instruit par mes dépêches antérieures, sur quoi vous pouvez vous régler.

Federic.

Nach dem Concept.

4086. AU CONSEILLER PRIVÉ DE LÉGATION DE ROHD A STOCKHOLM.

Berlin, 26 janvier 1750.

Venant d'apprendre, par la relation que vous m'avez faite du 16 de ce mois, ce qui s'est passé relativement à la déclaration que le sieur Panin a faite au ministère de Suède, je vous sais bon gré de ce que vous m'en avez d'abord informé, en attendant que vous tâchiez de m'instruire de tout le détail du mémoire que Panin a présenté,[1] aussi bien que de la réponse qu'on fera là-dessus. Je présume que ledit ministère s'en concertera avec l'ambassadeur de France, à qui sans doute les ordres de sa cour seront arrivés à cet égard. Au surplus, cet événement doit justifier auprès les ministres de Suède la justesse des nouvelles que je leur ai fait communiquer;[2] aussi pourront-ils compter que tout ce que je leur fais communiquer de nouvelles, me revient de fort bonne main, ainsi qu'ils pourront toujours tabler là-dessus.

Federic.

Nach dem Concept.

4087. AU CONSEILLER BARON LE CHAMBRIER A PARIS.

Berlin, 26 janvier 1750.

Je suis tout-à-fait dans les mêmes sentiments que ceux que le marquis de Puyzieulx vous a déclarés relativement aux affaires du Nord, en conséquence de la relation que vous m'en avez faite du 16 de ce mois, et je suis persuadé que la Russie fera les mêmes bruits et les mêmes démonstrations envers la Suède pendant le cours de cette année qu'elle a faites l'année passée, sans qu'il en résultera quelque chose de réel.

[1] D. d. Stockholm 4. Januar a. St. 1750. — [2] Vergl. S. 181. 214.

Le ministre de Russie à Stockholm est venu faire la déclaration de sa cour aux ministres de Suède moyennant un mémoire par écrit qu'il leur a présenté; les expressions en doivent être plus modérées que celles des déclarations précédentes, mais on y doit appuyer que l'article 7 du traité de Nystad soit renouvelé et que la Suède doive faire une convention particulière là-dessus avec la Russie. J'espère que je pourrai vous informer de toutes les particularités sur ce sujet à l'ordinaire prochaine. Je présume que les ministres de Suède ne procéderont point à faire la réponse là-dessus, sans avoir consulté préalablement l'ambassadeur de France, et qu'on y répondra avec fermeté, quoique sans aigrir les affaires, et qu'on tâchera surtout à gagner du temps.

Nach dem Concept.

Federic.

4088. AN DAS DEPARTEMENT DER AUSWÄRTIGEN AFFAIREN.

E. J. von Voss berichtet, Dresden 24. Januar: „On n'ignore pas ici les dissensions qui règnent parmi les familles de Pologne, mais on se flatte qu'elles n'auront pas de suites fâcheuses et que la cour trouvera moyen d'y mettre ordre à son arrivée à Varsovie. Le départ reste toujours fixé au 25 avril ... La cour aura beau jeu cette fois-ci. Depuis longtemps il n'y a eu tant de bénéfices vacants qu'à l'heure qu'il est, et un chacun tâchera de ménager la cour, pour avoir part à la distribution de ces bénéfices. C'est sur ce pied qu'elle se flatte de parvenir à ses desseins."

Mündliche Resolution. Nach Aufzeichnung des Cabinetssecretärs.

Berlin, 27. Januar 1750.

Alle diese Umstände müssten dem p. Leveaux communiciret werden, damit er darauf Attention haben und zum voraus melden kann, wie die Sachen dorten gehen und was solche vor einen Pli nehmen. Dem p. von Voss aber ist zu antworten, dass er mit solchen seinen Berichten fleissig continuiren soll.

4089. AU MINISTRE D'ÉTAT COMTE DE PODEWILS A BERLIN.

[Berlin], 29 janvier [1750].

Je vous envoie ci-joint le projet de la réponse aux mémoires du marquis de Puyzieulx et du comte Desalleurs; écrivez-moi ce que vous pensez qu'on devrait retrancher, ou ce qu'il faudrait y ajouter. Je suis votre fidèle ami

Federic.

Réponse au mémoire du marquis de Valory.

Le Roi, après avoir lu le mémoire du comte Desalleurs et la lettre du marquis de Puyzieulx,[1] nous a chargé de vous marquer, Monsieur, la reconnaissance de tous les bons offices que la France a employés à la Porte pour faire réussir l'alliance projetée. Sa Majesté est sensible

[1] D. d. Konstantinopel 25. October 1749, bez. [Versailles] 18. Januar 1750. Vergl. Bd. VI, 538.

surtout à la manière dont le roi de France prend à cœur, dans toutes les occasions, les intérêts de la Prusse. Nous sommes chargés de vous assurer, Monsieur, de l'envie qu'a le Roi de rendre tous les services à la France qu'elle peut attendre d'un aussi bon allié que le Roi notre maître et de la résolution inviolable dans laquelle Elle [Sa Majesté] est de lui en donner des preuves dans toutes les occasions.

Le mémoire du comte Desalleurs que vous nous avez communiqué, contient les plaintes que le Grand-Visir lui a faites de ce que nous ne nous étions pas prêtés au désir de la Porte dans le temps qu'elle avait fait des avances pour nous offrir son alliance,[1] les insinuations que les ennemis de la France et de la Prusse ont faites à Constantinople, pour y calomnier ces deux puissances, en leur prêtant des intentions qu'elles sont bien éloignées d'avoir l'une et l'autre, et enfin le projet du traité tel que le propose M. Desalleurs et tel qu'il le croit faisable.

Nous répondons à ces trois points que ce n'a point été par mépris, dans un temps où la guerre se faisait avec bien de la vivacité, que le Roi a décliné l'alliance du Turc; que ce refus qu'il a fait en temps de guerre de s'allier à la Porte, doit bien servir à refuter les discours des Russes et des Autrichiens, car ç'aurait été alors le temps d'engager les Turcs dans les troubles de l'Europe, et si on ne l'a pas voulu alors, comment y penserait-on à présent que toute l'Europe est en paix? Les combinaisons différentes et les événements gouvernent la politique des Princes, d'où vient que ce qui n'est pas faisable dans un temps, l'est dans l'autre, et que, sans mépriser une puissance, on peut, sans la choquer, différer d'entrer dans ses vues.

L'article précédent répond en même temps aux imputations de nos ennemis; nous sommes cependant bien aises de remarquer en passant que les ennemis du Roi font les mêmes insinuations à Constantinople qu'ils ont faites auparavant à Paris, ce qui montre assez clairement qu'ils tiennent pour eux comme un point capital de rendre le Roi odieux à ses alliés et à ceux qui pourraient le devenir, mais principalement de brouiller ou de semer de la méfiance entre les Rois nos maîtres: ce qui leur donnerait gain de cause.

Nous en venons à présent au projet du traité, sur lequel nous observons qu'il est tout différent de ce que nous en avions espéré. Après avoir mûrement réfléchi sur sa teneur, nous ne pouvons pas apercevoir ce que le Roi ni ses alliés y gagneraient, parcequ'il n'engage la Porte Ottomane à rien de plus que ce qu'elle est déjà à présent par son traité avec la Suède. Supposons que la guerre s'allume dans le Nord: les Turcs ne sont-ils pas actuellement dans l'obligation d'assister la Suède et de rompre avec la Russie? Quand même notre traité fortifierait ces liens, les Turcs en feront-ils davantage?

Mais voici, autant qu'on en peut juger — supposé la guerre du Nord — quelle tournure les choses prendraient pour nous. En secourant

[1] Vergl. Bd. IV, 213. V, 306. VI, 307.

la Suède, nous devons nous attendre a une irruption en Prusse de la part de la Russie, qui serait suivie d'une invasion des troupes autrichiennes en Silésie. Contre d'aussi puissants ennemis nos forces divisées deviendraient trop faibles de tous les côtés, et nous ni nos alliés ne peuvent tirer davantage du traité avec le Turc qu'en le dirigeant contre la reine de Hongrie; ce serait un frein qui la retiendrait et qui bon gré mal gré l'obligerait à observer religieusement ses traités. Pour ne choquer la délicatesse de personne, nous n'avions fait mention d'aucune puissance dans le projet du traité qui a été envoyé au comte Desalleurs, et nous en avons jugé la teneur si innocente qu'on aurait pu le publier après sa signature, sans que personne aurait pu trouver à y redire. Il n'y aurait rien de plus facile que d'exclure les Polonais du cas de l'alliance. Comme les Turcs craignent de donner des secours contre cette République, ne pourrait-on pas en convenir par un article secret et séparé?

Au fond, nous ne regardons l'alliance du Turc que comme une affaire d'ostentation, et dès qu'elle ne sert pas de frein pour retenir la cour de Vienne, elle nous devient inutile. C'est notre véritable ennemie, et si quelqu'un nous fait la guerre, selon toutes les apparences ce ne sera que la reine de Hongrie. C'est donc pour nous garantir de ce côté-là que se doivent tourner tous nos soins, et l'alliance que la Suède a faite avec les Turcs contre la Russie, quoique très bonne pour la Suède, n'est point applicable pour nos intérêts.

Vous remarquerez encore, s'il vous plaît, que le projet de notre accession ne pourrait avoir lieu qu'après que les Turcs et les Suédois nous auraient invités, ce qui ferait transpirer le secret à coup sûr, au lieu qu'une nouvelle alliance ne serait pas sujette à tant d'inconvénients.

Nous sommes obligés d'ajouter à ceci que nous ne craignons point de faire une alliance avec le Turc, et que personne ne nous en pourrait faire des reproches. L'Empereur, comme duc de Toscane, n'a-t-il point fait un traité avec les barbares d'Alger et de Tunis? et nous pensons que le Roi, comme roi et comme duc souverain de Silésie, est tout aussi indépendant que l'Empereur.

Sa Majesté désire donc que, sous le bon plaisir du Roi Très Chrétien, le chevalier Desalleurs veuille employer ses soins à la Porte pour faire accepter le précédent projet de traité tel que nous l'avons fourni, avec la clause de l'exemption de la Pologne. Nous nous relâcherons sur la durée de l'alliance, que l'on peut stipuler pour trente ans et même pour davantage, et nous renverrons le traité de commerce après la conclusion de celui-ci.

Nous nous flattons qu'après que l'on aura vu nos raisons à la cour de France, l'on conviendra de leur validité, et qu'on voudra bien nous avertir du moment où le Roi doit envoyer un ministre à Constantinople avec espérance de conclure le traité sur ce pied-là.

Eigenhändig. F e d e r i c.

4090. AU MINISTRE D'ÉTAT COMTE DE PODEWILS A BERLIN.

[Berlin, 30 janvier 1750].

Podewils berichtet, Berlin 29. Januar, nach Empfang des Entwurfs zu der Antwort auf die Denkschrift Valory's: tout ce qu'on peut dire sur ce sujet, y si bien et si solidement épluché et taillé, et mis dans un si grand jour, e je ne vois pas ce qu'on y pourrait outer, à moins que Votre Majesté ne uve à propos de faire glisser encore à fin de cette réponse, par rapport à avoi d'un ministre de Sa part à Constantinople sur lequel la France paraît inter si fortement et dont elle croit nécessaire le départ dans le moment présent, e, vu le peu d'empressement que la rte témoigne maintenant d'entrer dans liaisons avec Votre Majesté, ce serait gmenter les soupçons de la Cour Ottone que de se presser tant d'y envoyer ministre, dans le temps où l'on paraît à craindre à Constantinople qu'on ne ille entamer la Porte dans des querelles angères, et que d'un autre côté on exserait trop le secret d'une négociation nt le succès paraît encore fort douteux fort indécis, si l'on voulait envoyer elqu'un, à l'heure qu'il est, à Constinople ...

Au reste, je crois que l'intention de tre Majesté sera sans doute qu'on rénde en Son nom à la lettre du comte salleurs, adressée à Elle, par une réise obligeante ... Je minuterai toutes pièces moi-même, mais comme ma in est devenue un peu tremblante des mes incommodités, [1] j'espère que tre Majesté voudra permettre que le seiller privé Vockerodt, de la discrétion fidélité duquel j'ose répondre comme moi-même, et dont le caractère est beau et la main plus lisible, puisse mettre au net, sans qu'aucun commis la chancellerie y mette la main."

On peut ajouter qu'on diffère l'envoi d'un ministre jusqu'au temps que nous verrons quelque chose de plus positif de la part des Turcs.

Vous pourrez de même faire dresser la lettre au comte Desalleurs,[2] mais comme vous ne sauriez l'écrire, il faut que Finck s'en charge, et vous aurez soin de faire expédier le tout en conséquence.

Federic.

Nach der eigenhändigen Aufzeichnung (praes. 30. Januar) in Dorso des Berichts.

4091. AU CONSEILLER BARON LE CHAMBRIER A PARIS.

Berlin, 30 janvier 1750.

J'ai reçu votre dépêche du 19 de ce mois et je suis presque porté croire que le ministère de France veut paraître plus content qu'il n'a

[1] Vergl. Bd. VI, 154. 161. — [2] Vergl. Nr. 4096 S. 236.

raison de l'être en effet relativement à la Porte Ottomane, dont on ne saurait point bonnement espérer que, vu la faiblesse de son gouvernement présent, elle voulût entendre à quelque acte de vigueur.

Les Autrichiens se rient des Turcs, les Russes s'en inquiètent peu ou point, et on ne saurait guère juger autrement si ce n'est qu'il faut que la France ait perdu beaucoup à la Porte Ottomane par le renversement du Mufti précédent, tout comme le chancelier d'Ulfeld s'en est expliqué, il y a quelque temps,[1] et que les deux cours impériales, conjointement avec les deux Puissances maritimes, aient une grande faction à la Porte Ottomane qui s'intéresse pour elles, et qu'ainsi le dernier offrant et le plus haut enchérisseur l'emporte auprès du Turc.

Nach dem Concept.
Federic.

4092. AU MINISTRE D'ÉTAT COMTE DE PODEWILS, ENVOYÉ EXTRAORDINAIRE, A VIENNE.

Berlin, 30 janvier 1750.

Vous avez raison, quand vous dites dans votre rapport du 21 de ce mois que la cour de Vienne n'était pas entièrement satisfaite de la commission dont le ministre russien à Stockholm, Panin, vient d'être chargé de sa cour. Mais la véritable raison de ce mécontentement de la cour où vous êtes, laquelle je veux bien vous confier pour votre seule direction, est que la cour de Russie, ayant formé son projet de manière que, si la Suède venait à refuser de se prêter aux conventions offertes, alors la Russie éclaterait là-dessus en plaintes envers ses alliés, en traitant ce refus de la Suède d'un *casus fœderis* qui la mettait à même de leur demander les secours qu'elle s'était stipulés par ses alliances. Or, la cour de Vienne ne trouvant point encore, au moment présent, semblable projet de la Russie de sa convenance, il en résulte qu'elle ne saurait regarder que de travers la proposition que Panin a été chargé de faire à la Suède, qui de son côté, j'espère, saura se tirer d'affaire, en y répondant d'un ton ferme, quoique d'ailleurs modéré.

Nach dem Concept.
Federic.

4093. AU CONSEILLER PRIVÉ DE LÉGATION BARON DE GOLTZ A SAINT-PÉTERSBOURG.

Berlin, 30 janvier 1750.

Votre dépêche du 8 de ce mois m'est bien entrée. Je crois fondées toutes les circonstances que vous m'y rapportez à l'occasion du major russien Rosen qui a été envoyé par sa cour comme courrier au sieur Panin à Stockholm.

[1] Vergl. S. 163.

Quant à la déclaration en question de la cour de Russie, le sieur Panin s'en est déjà acquitté à l'heure qu'il est auprès du ministère de Suède, qui de son côté sera autorisé d'y répondre avec fermeté, sans cependant s'écarter des bornes d'une juste modération.

Il me sera, au reste, agréable et je serai bien aise de vous savoir bientôt à Pétersbourg.[1]

Federic.

Nach dem Concept.

4094. AU ROI DE FRANCE A VERSAILLES.

Berlin, 31 janvier 1750.

Monsieur mon Frère. J'accepte avec autant de reconnaissance que de satisfaction le nouveau gage d'amitié que Votre Majesté m'offre par Sa lettre du 16 de ce mois, en m'envoyant de belles statues de marbre.[2] J'aurai soin de les placer d'une manière à me rappeler souvent le doux souvenir des nœuds d'amitié qui nous unissent. J'en connais parfaitement le prix et j'espère que Votre Majesté voudra bien être persuadée que je porterai toujours ma principale attention à les resserrer de plus en plus et à La convaincre de l'estime et de l'attachement avec lesquels je suis, Monsieur mon Frère, de Votre Majesté bon frère

Federic.

Nach der Ausfertigung im Archiv des Auswartigen Ministeriums zu Paris.

4095. AUX MINISTRES D'ÉTAT COMTES DE PODEWILS ET DE FINCKENSTEIN A BERLIN.

[Berlin, 31 janvier 1750].

Podewils und Finckenstein berichten, Berlin 31. Januar: „Nous avons l'honneur d'envoyer à Votre Majesté la réponse à la lettre du comte Desalleurs,[3] de même que celle au marquis de Valory,[4] ... et nous ferons délivrer incessamment l'une et l'autre à ce ministre, dès que Votre Majesté n'y trouvera plus rien à changer ou à ajouter. Nous soumettons pourtant à Sa considération s'il ne conviendra pas d'insinuer de bouche au marquis de Valory que l'article des présents dont on n'a point fait mention dans la réponse, ne sera pas ce qui arrêtera l'affaire, lorsqu'il sera temps de procéder à l'envoi d'un ministre à Constantinople."

Il est très bien de dire de bouche à Valory que le présent n'arrêtera point l'affaire, dès qu'il en sera temps, comme c'est effectivement mon intention de ne la point accrocher à cela, si nous pouvons réussir selon ce projet.

Federic.

Nach der eigenhändigen Aufzeichnung am Rande des Berichts.

---

[1] Vergl. S. 215 Anm. 1. — [2] Vergl. Bd. VI, 128. — [3] Nr. 4096. — [4] D. d. Berlin 31. Januar 1750. Vergl. Nr. 4089. 4090.

4096. AU COMTE DESALLEURS, AMBASSADEUR DE FRANCE, A CONSTANTINOPLE.

Berlin, 31 janvier 1750.

Monsieur le Comte Desalleurs. J'ai reçu la lettre que vous m'avez écrite le 25 du mois d'octobre de l'année dernière, et je n'ai pas eu de peine à y reconnaître les sentiments d'amitié de la cour que vous servez, et les talents qui l'ont engagée à vous confier le poste important que vous occupez. Votre zèle pour mes intérêts et votre dextérité à les faire valoir m'en fournissent de nouvelles preuves et m'assurent par là même le succès de la négociation que vous avez entamée.

Le mémoire que j'ai fait tenir à M. le marquis de Valory,[1] et qui sert en même temps de réponse à celui que vous m'avez envoyé, vous fera connaître mes idées sur le plan que vous me proposez; vous verrez que je l'adopte en partie et que, si je m'en écarte en quelques endroits, c'est par des raisons dont la justesse et la solidité ne sauraient échapper à votre pénétration.

Je suis bien aise, au reste, de vous marquer ma reconnaissance pour toutes les peines que vous vous êtes données, et je me flatte que la suite de cette négociation me procurera l'occasion de vous la témoigner plus amplement. C'est un ouvrage digne de vous et dont la réussite ne pourra que me confirmer dans les sentiments d'estime que vous avez déjà su m'inspirer. Je suis etc.

Federic.

Nach dem Concept.

4097. AU CONSEILLER PRIVÉ DE LÉGATION ERNEST-JEAN DE VOSS A DRESDE.

Potsdam, 31 janvier 1750.

J'ai reçu votre dépêche du 27 de ce mois, et comme je n'ai pu prévoir que le roi de Pologne ferait si tôt son voyage à Varsovie et qu'il a été impossible de pénétrer que les affaires en Pologne prendraient le pli que j'y remarque à l'heure qu'il est, mon intention est à présent que, dès que le roi de Pologne s'acheminera vers Varsovie, vous l'y suiviez incontinent sans perte de temps, étant résolu en ce cas de dénommer quelqu'un à votre place qui ait soin de ma part, pendant la foire prochaine de Leipzig, des affaires de mes sujets créanciers de la *Steuer* de Saxe.[2]

Federic.

Nach dem Concept.

---

[1] Vergl. S. 235 Anm. 4. — [2] Vergl. S 212.

4098. AU MINISTRE D'ÉTAT COMTE DE PODEWILS, ENVOYÉ EXTRAORDINAIRE, A VIENNE.

Potsdam, 2 février 1750.

Vous ne devez nullement douter de la réalité des avis que vous avez eus par un de vos confidents relativement à la déclaration que le sieur Panin est venu de faire à Stockholm; ils sont vrais et justes dans toutes leurs circonstances, comme je vous en ai déjà prévenu par mes lettres antérieures.

Il est d'ailleurs constaté qu'on fera travailler à augmenter les ouvrages de la forteresse d'Olmütz, et l'on me marque qu'on commence actuellement à assembler les matériaux qu'il faut pour cela. Quant au dessein de fortifier Prague, il ne m'en est rien revenu jusqu'ici, bien qu'on me marque qu'on fera fortifier encore la ville de Péterwardein en Hongrie et qu'on venait de s'arranger là-dessus avec le même entrepreneur qu'on avait engagé pour fortifier Olmütz. Vous ne manquerez pas de m'instruire exactement sur tout ce que vous pourrez approfondir à ce sujet.

Federic.

Nach dem Concept.

4099. AU MARQUIS DE VALORY, ENVOYÉ DE FRANCE, A BERLIN.

Potsdam, 2 février 1750.

Monsieur le Marquis de Valory. Ayant eu occasion de faire copier une lettre assez singulière, écrite de Vienne en clair et sans qu'il y ait eu des chiffres, sur un sujet qui me paraît demander quelque attention, j'ai trouvé bon de vous en confier la copie ci-jointe, afin que vous la fassiez parvenir à votre cour de la manière que vous croirez la plus sûre et point sujette à des inconvénients. Je me tiens d'ailleurs assuré que vous m'en garderez le secret le plus exact. Et sur ce, je prie Dieu etc.

Federic.

Copie d'une lettre de M. le comte d'Ulfeld à M. le comte de Puebla à Berlin.

Vienne, 24 janvier 1750.

Par des lettres qui ont passé des Indes à Constantinople et de là par un extraordinaire à Londres, on a appris que l'ambassadeur de France avait eu audience à la Porte et que le bruit s'en était répandu qu'il avait tâché de faire goûter la proposition pour faire un traité d'amitié entre la France et la Porte. Les premières lettres qui en arriveront, nous mettront au fait de ce qui en est, et des circonstances qui ont accompagné cette affaire.

Nach der von Valory eingesandten Abschrift im Archiv des Auswärtigen Ministeriums zu Paris.

4100. AU CONSEILLER PRIVÉ DE LÉGATION DE ROHD A STOCKHOLM.

Rohd berichtet, Stockholm 23. Januar: „Le ministre de Russie n'a pas encore eu sa réponse[1] et ne l'aura probablement que sur la fin de la semaine prochaine ... Quant à son contenu, le comte de Tessin m'en parla d'avance, en me disant ... qu'on se propose d'abord de faire sentir à la Russie qu'elle-même regarde le traité de Nystad comme aboli par une guerre postérieure, vu que, s'il subsistait encore, il ne serait pas nécessaire de faire revivre son septième article par la convention qu'elle vient d'offrir; que la première branche d'icelle, relative au maintien de la présente forme du gouvernement en Suède, paraissait superflue, parceque heureusement la liberté des Etats ne courait aucun risque, et si à l'avenir elle venait à être menacée de quelque danger, la Suède croyait devoir se flatter avec raison que la Russie, aussi bien que ses autres alliés, ne lui refuseraient pas leurs secours, quand préalablement ils auraient été dûment requis et en forme. Quant à l'autre branche de la même convention offerte, qui regarde la garantie de l'ordre de succession établi en Suède, on était si persuadé du zèle de toute la nation pour le défendre et le maintenir, qu'il n'y avait rien à craindre pour lui; mais si néanmoins et contre toute attente il venait à courir quelque hasard, et qu'alors on eût besoin d'un secours étranger, on était pareillement persuadé qu'en ce cas la Russie, de même que les autres alliés et amis de ce royaume, ne le lui refuseraient pas, lorsque la Suède ferait précéder une réquisition formelle."

Potsdam, 3 février 1750.

Je ne saurais refuser mon approbation à la manière dont le ministère de Suède s'est pris pour répondre au mémoire qui leur a été présenté du sieur Panin, en conséquence du détail que vous m'en avez fait par votre dépêche du 23 de ce mois, et la réponse que le ministère médite de lui faire me paraît bien modérée et fort sage, au moins n'en donneront-ils sur eux aucune prise qui pourrait avoir quelque air de réalité. Mais ce que je crains qu'il n'en arrive, c'est que le chancelier Bestushew tournera tout d'une autre façon cette réponse, pour avoir lieu de continuer ses chicanes et ses agaceries contre le ministère de Suède.

Avec tout cela, il est vrai que, pourvu que ce Chancelier ne soit pas tout-à-fait dépourvu du bon sens, il n'éclatera point réellement contre la Suède; mais s'il s'est abandonné à sa rage et furie contre elle, il ira toujours son train, quelle que soit la réponse du ministère de Suède, parcequ'il agira par un dessein prémédité.

Malgré cela, je crois que l'alliance de la Suède avec le Danemark, l'épuisement des Anglais et les circonstances délabrées de la reine de Hongrie pourront contribuer beaucoup à lui inspirer une certaine modération. Au surplus, je suis bien curieux d'apprendre de vous si l'ambassadeur de France n'a point fait des insinuations au ministère de Suède de se servir du biais, dans sa réponse à faire au sieur Panin, de remettre les différends entre la Suède et la Russie à la médiation de la Porte Ottomane. Et je veux bien vous dire, quoique pour votre direction seule et sous le sceau d'un secret absolu, que telle a été l'idée

[1] Vergl. S. 229.

du ministère de France que celui de Suède se dût servir de cet échappatoire, pour gagner seulement du temps et pour embarrasser le chancelier de Russie sur ses mauvais desseins.

Nach dem Concept.

Federic.

4101. AU CONSEILLER PRIVÉ DE GUERRE DE KLING-GRÆFFEN A LONDRES.

Potsdam, 3 février 1750.

La dépêche que vous m'avez faite à la date du 20 de janvier passé, m'a été fidèlement rendue. Dans les principes où est le premier ministre de Russie et en conséquence des instructions qu'il donne au comte de Tschernyschew, et par les suggestions que la cour de Vienne ne laisse pas de lui faire, il ne saura manquer que celui-ci ne donne à tous les mensonges et impostures qu'on lui fait parvenir relativement à la Suède, surtout dans la médiocrité de génie qu'on lui connaît et par où il donne légèrement dans tous les panneaux qu'on lui tend. Cependant les visions dont il en est imbu, sont trop ridicules pour qu'il en saurait imposer à quelque homme raisonnable et qui est tant soit peu à même de juger des affaires.

Je dois pourtant vous avertir qu'il m'est revenu de fort bon lieu, et d'une manière à y pouvoir presque compter, que les ostentations guerrières qui sont faites par la Russie ne sont pas soutenues par l'argent seul de cette puissance, et que l'Angleterre entre pour cette dépense et qu'elle en supporte sous mains une partie, soit que le roi d'Angleterre fournisse l'argent nécessaire pour cela de la liste civile, ou que son ministre trouve le moyen d'y suppléer par quelque autre endroit et sans que le Parlement soit obligé d'y donner son agrément d'une manière qui rende publique cette affaire. Bien que je connaisse toute l'étendue de la difficulté qu'il y a pour déterrer clairement un mystère tel que celui-ci, vous devez cependant tenter jusqu'à l'impossible pour vous en orienter, afin de me mander ce que vous en aurez découvert.

Au surplus, je dois vous dire pour votre direction que la France même est dans de forts soupçons que c'est le roi d'Angleterre qui, par l'argent qu'il fait fournir secrètement à la Russie, entretient sous mains les avanies que celle-ci a faites jusqu'au moment présent envers la Suède et ses alliés, et que dans cette supposition les ministres de France ont fait entendre assez clairement à l'Angleterre, de même qu'à la cour de Vienne, que ces deux puissances s'abuseraient grossièrement, si elles croyaient que la France demeurerait spectatrice de la guerre qui s'allumerait dans le Nord, ni qu'elle permettrait qu'elles fussent maîtresses de rester derrière le rideau, mais que la guerre, commencée dans le Nord, deviendrait générale peu de temps après, parceque la France entrerait dans les Pays-Bas et y pousserait aussi loin qu'elle le pourrait. Ce qui doit cependant vous servir pour votre unique direction et sans que vous deviez en faire apercevoir quelque chose à qui que ce soit.

Nach dem Concept.   Federic.

4102. AU CONSEILLER BARON LE CHAMBRIER A PARIS.

Potsdam, 3 février 1750.

La relation que vous m'avez faite du 23 du mois dernier, m'a été bien rendue. Mes ministres du département des affaires étrangères vous auront déjà instruit que la déclaration du sieur Panin, ministre de Russie à Stockholm, a été actuellement faite, quoique dans des termes assez modérés, que le principal objet de cette déclaration consiste qu'en conformité de l'article 7 du traité de paix de Nystad il soit expédié un acte solennel par les États de Suède par lequel ils doivent déclarer qu'ils ne changeront jamais la forme présente du gouvernement et qu'ils renoncent pour toujours au rétablissement de la souveraineté, en revanche de quoi la Russie voudra garantir par un autre acte solennel l'ordre de la succession à la couronne établi en Suède. J'ajoute à cela que je viens d'apprendre que la Russie, en communiquant cette déclaration à la cour de Vienne, a insisté en même temps que l'Impératrice-Reine s'expliquât catégoriquement sur combien de secours en troupes de sa part on pourrait compter en Russie en cas de besoin et en cas de refus de la part de la Suède, demande dont la cour de Vienne a paru être bien embarrassée.

Quant au soutien par argent que le ministère de France soupçonne qu'il a été fait à la Russie pour l'aider dans ses ostentations guerrières, j'avoue que, malgré toutes les peines que je me suis données jusqu'à présent pour en déterrer quelque chose, je n'ai pas pu y réussir; mais en supposant qu'il soit avéré que ce soit l'Angleterre qui en fournit à la Russie, je ne saurais m'imaginer que cela allât assez loin, parceque dans les circonstances désolées et embarrassantes où se trouve actuellement la nation anglaise, épuisée par les grands efforts qu'elle a faits dans la dernière guerre, elle ne voudra pas sans rime ni raison s'embourber dans une nouvelle guerre sur un sujet qui ne la regarde aucunement; et, quant au roi d'Angleterre, je doute presque que, quelque envie qu'il ait d'agrandir ses possessions en Allemagne, il veuille fournir du sien pour entrer dans une lice aussi hasardeuse, et dont ses provinces en Allemagne se pourraient fort ressentir. Malgré tout cela, il faut que j'avoue qu'il est fort difficile de deviner ce que dans la situation présente des affaires un ministre de Russie, entêté et furieux tel qu'il est le chancelier Bestushew, est capable d'entreprendre, et quoique je croie qu'il réfléchit beaucoup sur ce que l'Angleterre voudra faire dans ces occurrences, l'on pourra néanmoins se tromper avec un homme aussi enragé que ce Chancelier.

En attendant, je suis tout-à-fait persuadé que rien ne saura être plus convenable dans ces circonstances que le langage ferme que la France tient, à ce que vous me marquez, envers le ministre anglais, et que, quand même le roi d'Angleterre aurait envie de troubler la tranquillité de l'Europe et en particulier du Nord, la fermeté de la France seule pourrait l'en retenir. Voilà ce que j'ai à vous dire sur ce sujet, dont vous ne manquerez pas de faire un usage convenable.

Nach dem Concept. Federic.

4103. AU CONSEILLER PRIVÉ DE LÉGATION FRÉDÉRIC DE VOSS A COPENHAGUE.

Potsdam, 3 février 1750.

Vos dépêches du 24 et du 27 de janvier dernier me sont successivement bien entrées, et j'approuve parfaitement que vous vous conformiez en tout aux sentiments de l'abbé Lemaire, relativement à la négociation de l'alliance entre moi et le Danemark, et que vous ne vous engagiez pas plus loin qu'il ne le trouve à propos. Je suis, en attendant, fort curieux de savoir le biais que l'abbé Lemaire voudra tenir, pour réussir dans la négociation de l'alliance en question. Federic.

Nach dem Concept.

4104. AU CONSEILLER PRIVÉ DE GUERRE DE KLING-GRÆFFEN A LONDRES.

Potsdam, 6 février 1750.

Les soupçons que vous marquez d'avoir, en conséquence de votre dépêche du 20 du mois dernier passé, touchant les secours en argent que la cour de Londres fournit secrètement et sous main à la Russie pour la soutenir en quelque façon de continuer ses démonstrations guerrières, me paraissent des mieux fondés; au moins serait-il incompréhensible comment la Russie, dans l'état délabré de ses finances, aurait pu sans cela soutenir le fardeau des dépenses qu'elle a été obligée de faire pour l'entretien de ses ostentations.

Au surplus, les directeurs de la dette de Silésie ont craint bien frivolement que les actions que j'ai fait jadis acheter, ne retournassent dans le public; ils n'auraient eu qu'à voir une de ces obligations que j'ai fait déposer auprès du sieur Spellerberg, pour être convaincus de la droiture de ma façon d'agir à ce sujet, et ils se seraient d'abord aperçus que chacune de ces obligations a été signée de la main propre du sieur Andrié, pour les mettre hors du commerce et pour empêcher par là qu'elles ne sauraient jamais plus retourner dans le public.

Nach dem Concept. Federic.

4105. AU CONSEILLER PRIVÉ DE LÉGATION ERNEST-JEAN DE VOSS A DRESDE.

Potsdam, 6 février 1750.

Votre dépêche du 31 de janvier dernier m'est bien entrée. M'apercevant suffisamment que la France incline beaucoup à continuer quelques subsides à la cour de Dresde, vu le grand délabrement des affaires de cette cour et en considération de la Dauphine, je crois que de notre côté il ne nous reste rien à faire de mieux que d'abandonner l'affaire de la continuation de ces subsides au train qu'elle voudra prendre.

Vous ne ferez point le voyage de Leipzig pendant la foire prochaine, mais vous suivrez le Roi à Varsovie, dès qu'il se sera mis en route, tout comme je vous en ai déjà donné l'ordre par ma dernière lettre. Vous avertirez ainsi préalablement le comte de Hennicke, à la première occasion que vous y trouverez, que j'enverrais quelqu'un à votre place à la foire prochaine de Leipzig, qui serait accrédité à lui, comte Hennicke, uniquement pour pouvoir régler le nécessaire concernant mes sujets créanciers de la *Steuer*. Vous pousserez, en attendant, diligemment à la roue, afin que mes dits sujets soient satisfaits au possible par quelque somme bien considérable, que vous tâcherez de faire destiner d'avance à leur payement par la cour où vous êtes.

Vous pouvez être entièrement persuadé et assurer en conformité le ministère de Dresde que je ne savais absolument rien de l'affaire en question des fabricants de Zittau, que je ne connaissais même point de conseiller Menzel;[1] que cependant je ne laisserais que de m'en informer exactement, pour me mettre à même de faire administrer bonne justice sur ses prétendues démarches.

Quoique au reste je sois tout porté à vous subvenir dans la détresse de vos affaires dont vous faites mention dans un de vos post-scriptums, cela ne saurait cependant point être, vu que mes caisses ne sont point arrangées à pouvoir faire des prêts ou des avances, leur étant enjoint d'acquitter et de payer promptement les dépenses qui leur sont imposées, ce que vous ne sauriez manquer de reconnaître vous-même en les mettant un tant soit peu en comparaison avec celles de Saxe. Je vous conseille donc encore ici, dans la meilleure intention du monde, de vous borner dans vos dépenses et de n'en point faire d'autres que celles qui sont indispensablement nécessaires. Mais quant à votre prochain voyage en Pologne, il n'y a rien de plus juste que de vous accorder un extraordinaire à cet égard, qui aussi vous sera assigné en conséquence.

Nach dem Concept.

Federic.

---

[1] Ein preussischer Beamter dieses Namens sollte nach einer dem Gesandten übergebenen Denkschrift des sächsischen Ministeriums Versuche gemacht haben, zittauer Fabrikanten zur Ansiedelung in Preussen zu veranlassen.

4106. AU CONSEILLER BARON LE CHAMBRIER A PARIS.

Chambrier berichtet, Paris 26. Januar, über eine Unterhaltung mit dem Herzog von Noailles über die politische Lage. „Il passa aux affaires d'Italie et au roi de Sardaigne en particulier, pour qui il a toujours conservé de la prédilection depuis la guerre de 1734, et il me dit, à propos de cela, que c'était la faute du ministère de France, voulant désigner le marquis d'Argenson, de ce que la France n'avait pas terminé la négociation qu'elle avait entamée avec le roi de Sardaigne en 1746.[1] »L'agrandissement de ce Prince en Italie ne peut pas nous faire du tort, parceque les Alpes nous séparent naturellement, et il pourrait arriver des temps où sa Savoie lui deviendrait peut-être plus indifférente, pour s'en procurer la Savoie ailleurs.« Je lui répondis par un acquiescement qui me parut lui faire tant de plaisir que, reprenant la conservation, il me répliqua: »Le Roi votre maître et le roi de Sardaigne doivent être le frein qui doit contenir la cour de Vienne.« — »Et la France, Monsieur le Maréchal, lui dis-je, le principal soutien de ce système.« — »Sans doute, me répliqua-t-il.«

Potsdam, 7 février 1750.

Je suis très satisfait du contenu de votre dépêche du 26 de janvier dernier, qui renferme un récit que vous m'y faites de la conversation que vous avez eue en dernier lieu avec le maréchal duc de Noailles, et de votre réponse en particulier. Quoique je sache très bien que ledit Maréchal ne peut par lui ajouter un grand poids aux affaires, je trouve néanmoins bon et nécessaire que vous fassiez de temps en temps quelque politesse à ce Maréchal, et que vous lui disiez des choses obligeantes de ma part, pour le retenir dans de bons sentiments et grossir de la sorte mon parti dans le ministère de France.

Il est, au reste, très avéré que, si le ministère de France pouvait être disposé à s'employer à ce que la France tienne avec le roi de Sardaigne, ce serait là un coup désirable et décisif.

Vous recevez ci-jointe une lettre en réponse au sieur de Cagnony,[2] que vous aurez soin de lui faire parvenir ultérieurement.

Nach dem Concept.

Federic.

4107. AU MINISTRE D'ÉTAT COMTE DE PODEWILS, ENVOYÉ EXTRAORDINAIRE, A VIENNE.

Potsdam, 7 février 1750.

Quoique je serais bien aise d'avoir ces listes[3] dont vous faites mention dans votre dépêche adressée à moi immédiatement du 28 du mois dernier, je doute cependant encore de leur authenticité; mais, pour en être éclairci, vous devez m'envoyer celles dont vous êtes déja en possession, par un de vos domestiques jusqu'à Neisse, où il pourra remettre le paquet dont vous le chargerez, au général major de Treskow, afin que celui-ci me le fasse parvenir par la poste ordinaire.

[1] Vergl. Bd. V, 51. — [2] Enthält lediglich die Wiederholung früherer Weisungen. — [3] Listen über den Effectivbestand der österreichischen Infanterie- und Cavallerieregimenter am 1. December 1749.

Quant aux affaires du Nord, je suis tout-à-fait persuadé de la mauvaise intention de la Russie contre la Suède, en cas que celle-ci refuse de se conformer à ses désirs, j'ai pourtant de la peine à croire que la cour de Vienne voudra entrer aussi avant dans cette affaire que la cour de Pétersbourg paraît le désirer.

Nach dem Concept.

Federic.

4108. AU CONSEILLER PRIVÉ DE LÉGATION DE ROHD A STOCKHOLM.

Potsdam, 7 février 1750.

J'ai vu par votre dépêche du 27 du mois passé de janvier le précis[1] [de la réponse] que le ministère de Suède va faire au mémoire du sieur Panin, et je serai bien aise de l'avoir *in extenso*. Elle a mon approbation, et naturellement la cour de Russie devrait s'en contenter; mais comme ce sont des gens très inconsidérés, l'on ne saurait point compter s'ils en seront satisfaits; il y a plutôt à croire qu'ils en feront bien du bruit et qu'ils agaceront la Suède au possible.

Dites au comte de Tessin qu'il doit être fermement persuadé que l'intention de la cour de Russie n'est nullement de se procurer une retraite honorable, mais de pousser plutôt l'affaire aussi loin qu'elle le pourra, et que certainement elle reprendra ses ostentations tout comme auparavant, dès que la saison le permettra.

Federic.

Nach dem Concept.

4109. AU CONSEILLER PRIVÉ DE LÉGATION BARON DE GOLTZ A SAINT-PÉTERSBOURG.

Potsdam, 7 février 1750.

La façon désobligeante avec laquelle la cour où vous êtes agit envers la personne du sieur de Greiffenheim,[2] ne me surprend point, par l'insolence que je lui connais, et parcequ'elle est déjà accoutumée de n'avoir nul ménagement pour des gens qu'elle aurait bien raison de ménager.

Comme je sens très bien qu'il y aura, le printemps qui vient, bien des vacarmes encore, vous devez mettre votre principale attention à bien observer tous les arrangements que la cour de Russie fait faire à ce sujet, et surtout, par rapport à la Suède, si la Russie augmentera le corps de troupes qu'elle a dans sa Finlande, de même comment elle disposera de sa flotte. D'ailleurs vous ferez votre possible pour dé-

---

[1] Vergl. S. 238. Rohd's Bericht vom 27. Januar fügt über den Inhalt noch hinzu: „Qu'on y fait connaître à la Russie sans détour que non seulement le septième article, mais tout le traité de Nystad a été aboli par la guerre postérieure; que les protocoles des conférences d'Åbo montrent en évidence, par rapport audit article en particulier, que les commissaires russiens s'en sont désistés." — [2] Vergl. S. 126.

couvrir ce que je vous ai fait marquer dans la dépêche du département des affaires étrangères qui vous parviendra à la suite de celle-ci, relativement aux remises en argent qu'on soupçonne que l'Angleterre fait à la Russie.

Federic.

Nach dem Concept.

4110. AUX MINISTRES D'ÉTAT COMTES DE PODEWILS ET DE FINCKENSTEIN A BERLIN.

Potsdam, 8 février 1750.

Le triste état de santé du baron de Goltz, mon ministre à Pétersbourg, que vous venez de me marquer par votre relation du 7 de ce mois, m'oblige à vous ordonner de faire expédier sans plus de délai ses lettres de rappel et de les lui envoyer, afin qu'il en puisse faire usage et quitter promptement ces lieux dont l'air est si nuisible et accablant à sa santé. Mais comme il faut que ce poste soit d'abord rempli par quelque autre sujet, j'ai cru convenable d'y nommer le secrétaire d'ambassade Warendorff, à qui il faudra donner un caractère assortissant à peu près avec celui dont le sieur de Gross est revêtu à Berlin. Il jouira d'ailleurs des mêmes appointements dont le sieur de Goltz a été pourvu jusqu'à présent. Vous ne manquerez pas d'arranger tout ceci de la manière usitée et la plus convenable. Sur quoi, je prie Dieu etc.

Federic.

Nach der Ausfertigung.

4111. AU MARQUIS DE VALORY, ENVOYÉ DE FRANCE, A BERLIN.

Potsdam, 9 février 1750.

Monsieur le Marquis de Valory. Recevez encore à la suite de celle-ci la copie qu'on a su tirer d'une lettre écrite à Vienne sur le grand et intéressant événement qui vient d'arriver à Constantinople, touchant le changement de quelques-uns des premiers ministres de la Porte, et que j'ai cru nécessaire de vous communiquer dans la dernière confidence pour en faire usage auprès de votre cour.

Federic.

Copie d'une lettre de Vienne à M. de Puebla.

Vienne, 31 janvier 1750.

Nous apprenons de Constantinople que le Grand-Visir[1] a eu le sort de plusieurs de ses prédécesseurs et qu'il a été obligé de céder sa place éminente à son kihaja.[2] Le poste de kihaja a été occupé par Saïd-Effendi, qui a été autrefois en France et était revêtu de cette charge autrefois. Le traité dont l'ambassadeur de France et le chargé

[1] Abdullah Pascha. — [2] Muhamed Pascha.

d'affaires de Suède ont fait la proposition à la Porte,[1] ne doit pas avoir regardé seulement ces deux puissances, mais aussi leurs *alliés*.[2] L'intervalle entre l'audience que l'ambassadeur de France a eue à ce sujet et le départ de la poste a été trop court pour que la Porte ait pu prendre une résolution sur cette matière. Je suis etc.

Ulfeld.

Nach dem Concept. Die Beilage nach der von Valory eingesandten Abschrift im Archiv des Auswärtigen Ministeriums zu Paris.

4112. AU MINISTRE D'ÉTAT COMTE DE PODEWILS, ENVOYÉ EXTRAORDINAIRE, A VIENNE.

Potsdam, 10 février 1750.

Votre dépêche du 31 de janvier dernier m'est bien parvenue. La nouvelle de la déposition du Grand-Visir ne saurait être que fort désagréable aux deux cours impériales et avoir bien de l'influence sur les affaires du Nord, ayant été une chose avérée et constatée que ce Visir actuellement déposé a toujours fort penché du côté des susdites cours[3] et qu'il leur a même été vendu.

Cet événement inopiné opérera sûrement que, quand même la cour de Russie aurait eu de mauvaises intentions contre la Suède, elle se ravisera à présent là-dessus et y pensera plus d'une fois, avant que de procéder à des réalités contre la Suède; car il ne saurait manquer que ses projets ne dussent être furieusement dérangés par ce changement dans le ministère de la Porte.

Quant à l'envoi des troupes autrichiennes en Italie, il est à croire que la cour de Vienne ne voudra les faire marcher qu'au printemps qui vient et qu'elle se décidera, en attendant, sur les différents projets que le général Pallavicini a proposés.[4]

Federic.

Nach dem Concept.

4113. AU CONSEILLER PRIVÉ DE LÉGATION FRÉDÉRIC DE VOSS A COPENHAGUE.

Potsdam, 10 février 1750.

J'ai reçu votre relation du 9 de ce mois. Il est tout comme vous dites que les dépêches que le courrier du marquis d'Havrincourt a remises à l'abbé Lemaire et au baron de Fleming, ont roulé sur la communication préalable, avec la cour de Danemark, de la réponse que le ministère de Suède va donner au ministre de Russie, Panin. Mais comme il me revient d'ailleurs que, pour obvier de bonne heure au mauvais usage que la cour de Russie pourrait bien faire de cette réponse, auprès de ses alliés, quand elle l'aura eue, le gouvernement de Suède serait bien aise, si les cours de France et de Danemark voulaient concourir

[1] Vergl. S. 327. — [2] In der Vorlage in Folge falscher Dechiffrirung: vues. — [3] Vergl. S. 32. — [4] Vergl. S. 155. 158. 167.

avec moi à faire comprendre à celles de Vienne et de Londres, comme quoi il était impossible à la Suède d'aller plus loin qu'elle n'avait déjà fait, et que ses déclarations précédentes avaient de quoi rassurer pleinement des craintes imaginaires et non fondées auxquelles on donnait un accès trop facile — vous devez approfondir et m'apprendre de quelle façon le ministère de Danemark a envisagé cette idée du ministère de Suède et s'il la goûtera. En attendant, je veux bien vous dire, quoique pour votre direction seule, que je me réglerai simplement sur la résolution que la France prendra sur cet article, de façon que, si elle agrée cette demande du gouvernement de Suède, je n'hésiterai du tout de m'y conformer.

Federic.

Nach dem Concept.

4114. AU CONSEILLER PRIVÉ DE LÉGATION DE ROHD A STOCKHOLM.

Potsdam, 10 février 1750.

Votre dépêche du 30 du mois dernier passé m'a été heureusement rendue, et je vous sais bon gré de l'attention que vous avez eue pour me faire parvenir le mémoire du sieur Panin, avec la minute de la réponse qu'on y destine.[1] Vous remercierez dans des termes des plus obligeants en mon nom le comte Tessin de la confidente communication de ladite réponse et l'assurerez d'un secret inviolable qui lui en sera gardé, avant que je n'ai appris qu'elle a été remise au sieur Panin.

Quant à la minute même, je l'ai trouvée bien couchée et de façon qu'hormis les doutes que j'ai sur le prétendu anéantissement de l'obligation du traité de Nystad,[2] je ne trouve rien à redire. Il n'y a qu'une seule chose sur laquelle je voudrais qu'on eût réfléchi encore, c'est si l'on n'aurait pas bien fait d'ajouter, à la fin de la réponse, l'expédient que le ministère de France a cru être le meilleur pour embarrasser la Russie et que je vous ai déjà communiqué par ma dépêche du 3 de ce mois, savoir que, si la Russie continuait à presser la Suède sur une pareille négociation et que celle-là voulût continuer à établir pour principe qu'il y a entre la Suède et elle des objets de conciliation, la Suède offrait à la Porte Ottomane la médiation de ces différends par reconnaissance de l'intérêt qu'elle avait bien voulu prendre à sa situation, et par le droit qu'elle s'est acquis par le traité de 1739 de lui garantir son repos et sa sûreté.

Comme le ministère de France a compté cet expédient pour le seul moyen d'imposer silence à tous les ennemis du ministère suédois en dedans et de terminer cette affaire à la gloire de la Suède et à la honte de ses ennemis au dehors — quoique le ministère de France n'ait cru proposer cet expédient qu'au cas qu'on ne puisse absolument

[1] Vergl. S. 238. 244. 251. — [2] Vergl. S. 244 Anm. 1.

éluder par un refus honnête tel qu'il ne puisse entraîner avec soi quelque circonstance fâcheuse je serais surpris si le ministère de France ne s'en fût pas expliqué au marquis d'Havrincourt et si celui-ci n'en avait rien fait sentir au comte Tessin. C'est pourquoi je voudrais bien que vous sachiez pressentir encore le comte Tessin sur ce sujet, quoique d'une manière toute délicate et de façon que je ne sois pas exposé aux reproches de la part du ministère de France comme quoi j'avais abusé de sa confiance, quand il m'a fait communiquer tout ce que dessus.

Au surplus, si l'on convenait que la Suède dût se servir de cet expédient dans la réponse qu'on va donner au sieur Panin, il serait, à ce qui me semble, d'autant plus à propos dans le moment présent, où il y a eu un changement dans le ministère de la Porte Ottomane, en ce que le Grand-Visir à été déposé, que sa place a été occupée par son kihaja, et que Saïd-Effendi, autrefois ambassadeur de la Porte Ottomane en Suède et en France, a été revêtu du poste de kihaja; ainsi donc, que pendant ces occurrences le susdit expédient saurait faire d'autant plus d'impression sur la cour de Russie, et qu'au cas même que celle-ci voudrait s'aviser à réaliser ses menaces contre la Suède, l'on pourrait relever auprès de la Porte qu'on avait offert sa médiation à la Russie, mais qu'elle n'en avait fait aucun cas.

Pour ce qui regarde la demande du gouvernement de Suède de ce que je doive concourir avec les cours de France et de Danemark pour faire comprendre à celles de Vienne et de Londres que la Suède ne saurait aller plus loin qu'elle n'avait déjà fait à l'égard de la Russie, j'y consens de bien bon cœur, et, dès que la France s'avisera à faire de pareilles représentations, j'y concourrai également; ce que vous pouvez dire au comte Tessin.

Federic.

Nach dem Concept.

4115. AU CONSEILLER BARON LE CHAMBRIER A PARIS.

Chambrier berichtet, Paris 30. Januar, über eine Unterredung mit Puyzieulx, der ihm gesagt hat: „Comptez que, si les autres sont bien persuadés que la France, le Roi votre maître et la Suède sont si étroitement unis que quiconque attaquera l'un, se trouvera attaquer tous les trois, la cour de Russie et celle de Vienne ne feront rien qui puisse renouveler la guerre. Je crois qu'elles auraient bien voulu qu'il y en eût une dans le Nord qui ne s'étendît pas plus loin qu'elles ne voudraient, et dans laquelle la Russie pût faire contre la Suède ce qu'elle souhaite, aussi bien que la cour de Vienne contre le Roi votre

Potsdam, 10 février 1750.

J'ai bien reçu la dépêche que vous m'avez faite du 30 du janvier dernier, et je conviens parfaitement de tout ce que le marquis de Puyzieulx vous a dit, et approuve fort ce que vous lui avez répondu là-dessus. Comme il me revient par mes lettres de Suède que le marquis d'Havrincourt vient de dépêcher un courrier à sa cour, apparemment pour lui communiquer

maître. Car à vous parler franchement, m'ajouta le marquis de Puyzieulx, plus je réfléchis sur la situation du Roi votre maître, et plus je suis convaincu qu'il lui convient de tenir avec ce pays-ci longues années. Soixante ou quatre-vingt ans ne seront peut-être pas trop; la Silésie sera un objet continuel de convoitise pour les Autrichiens; plus leur puissance augmentera, et plus ils espéreront de reprendre la Silésie. En vous faisant cette observation, me dit le marquis de Puyzieulx, je ne prétends pas vouloir dire que ce ne soit pas aussi notre intérêt de tenir avec le Roi votre maître. Nous devons le faire, et le Roi en est persuadé."

„Je répondis au marquis de Puyzieulx que je pouvais l'assurer en toute vérité que Votre Majesté était entièrement dans ces principes, mais qu'Elle Se flattait, aussi, qu'on avait pour Elle en France les sentiments d'un juste retour, parcequ'il [Puyzieulx] savait mieux que personne qu'il fallait une sincère réciprocité pour conserver longtemps une union comme celle qui devait subsister entre Votre Majesté et la France."

la minute de la réponse que le ministère de Suède destine au ministre de Russie et sur laquelle il voudra bien se consulter avec la France avant que de la remettre audit ministre, j'ai bien voulu vous en avertir, afin que vous puissiez vous informer comment les ministres de France pensent là-dessus.

Parcequ'aussi le comte Tessin a insinué à mon ministre à Stockholm qu'il s'agissait d'obvier de bonne heure au mauvais usage que la cour de Russie pourrait faire de cette réponse auprès de ses alliés, qu'à cette fin-là le gouvernement de Suède serait bien aise que je voulusse concourir avec les cours de France et de Danemark à faire comprendre à celles de Vienne et de Londres comme quoi il était impossible à la Suède d'aller plus loin qu'elle n'avait déjà fait, et que ses déclarations précédentes avaient de quoi rassurer pleinement des craintes imaginaires et non fondées auxquelles on donnait un accès trop facile — mon intention est que vous en deviez communiquer d'abord avec le marquis de Puyzieulx, en lui déclarant de ma part que j'étais tout prêt à me concerter là-dessus avec la France, et dès qu'elle aviserait de satisfaire à cette demande du gouvernement de Suède et qu'elle ferait faire de pareilles représentations aux cours de Vienne et de Londres, j'y concourrais volontiers; que je me persuadais d'ailleurs qu'il serait de poids auprès de ces cours si nos ministres leur tenaient unanimement ces discours. Vous ne manquerez pas de me marquer de quelle façon le marquis de Puyzieulx se sera expliqué là-dessus envers vous.

Federic.

Nach dem Concept.

4116. AU CONSEILLER PRIVÉ DE LÉGATION BARON DE GOLTZ A SAINT-PÉTERSBOURG.

Potsdam, 10 février 1750.

La relation que vous m'avez faite du 24 de janvier dernier, m'a été heureusement rendue. Ç'a été à mon grand regret que je viens d'apprendre que l'etat de votre santé est devenu si critique qu'il y a tout à craindre pour vous si vous ne savez quitter promptement ce pays dont le climat est tout-à-fait nuisible à votre santé. Quoique j'eusse bien souhaité que votre santé eût permis de vous laisser plus longtemps sur un poste ou vos soins et services ont eu toute mon approbation, néanmoins dans la situation accablante où votre santé se trouve, je n'ai pu plus tarder d'ordonner à mes ministres du département des affaires étrangères de vous expédier vos lettres de rappel et de vous faire relever par le sieur Warendorff.

Pour ce qui regarde le sentiment où vous êtes que, malgré toute la mauvaise volonté du Chancelier, il n'osera pas porter les choses à l'extrémité, aussi longtemps que le Danemark et la Porte ne changeront pas de sentiment et que l'Angleterre ne voudra pas se mêler de la querelle, je le trouve bien juste et je crois qu'un événement qui vient d'arriver à Constantinople mettra encore un grand anicroche aux desseins du Chancelier, parceque nous venons d'apprendre que le Grand-Visir, toujours soupçonné de pencher pour les deux cours impériales, a été déposé, que son kihaja a occupé sa place, et que Saïd-Effendi, ci-devant ambassadeur de la Porte en Suède et en France, est nommé kihaja du nouveau Visir; changement qui ne laissera pas d'avoir beaucoup d'influence dans les affaires du Nord.

Federic.

Nach dem Concept.

4117. AU CONSEILLER PRIVÉ DE LÉGATION ERNEST-JEAN DE VOSS A DRESDE.

Potsdam, 10 février 1750.

Vous pouvez bien croire que la nouvelle que vous venez de me marquer par votre dépêche du 3 de ce mois, relativement à la résolution que la cour de Dresde a prise de faire une nouvelle réforme dans l'armée saxonne et de défendre tout enrôlement ultérieur, ne m'a point été désagréable; et pour ce qui est des propositions que la cour de Saxe fera à la Diète prochaine à Varsovie, il n'est point à douter que ce seront les mêmes points qu'on proposa à la dernière Diète, mais desquels je suis persuadé aussi qu'ils échoueront tout comme ils ont fait auparavant.

Federic.

Nach dem Concept.

4118. AU CONSEILLER PRIVÉ DE LÉGATION ERNEST-JEAN DE VOSS A DRESDE.

Potsdam, 13 février 1750.

J'ai reçu votre dépêche du 7 de ce mois. Le détour que vous ferez par Berlin, quand vous vous serez mis en voyage pour Varsovie, ne sera pas fort considérable; c'est pourquoi vous n'aurez qu'à vous rendre alors ici pour prendre votre chemin par Potsdam et Berlin.

J'approuve que le secrétaire d'ambassade Hecht aille aussi à Leipzig pendant la foire prochaine de Pâques, pour y donner les informations nécessaires et assister de son mieux celui que je suis intentionné d'y envoyer vers ce temps-là, afin d'y avoir soin, pendant ladite foire, des intérêts de mes sujets créanciers de la *Steuer*.

Pour ce qui est des affaires de Pologne, je vous parlerai moi-même de bouche sur ces dites affaires, quand, comme il vous est enjoint ci-dessus, vous passerez par ici pour vous rendre à Varsovie, et je verrai ce que les circonstances pourront alors exiger à cet égard.

<small>Nach dem Concept.</small>   Federic.

4119. AN DAS DEPARTEMENT DER AUSWÄRTIGEN AFFAIREN.

Podewils und Finckenstein berichten, Berlin 13. Februar, dass Wulfwenstjerna ihnen von dem Entwurf der dem russischen Gesandten Panin in Stockholm zu ertheilenden Antwort mit dem Ersuchen Kenntniss gegeben habe, der König möge seine Vertreter im Auslande, und namentlich in Wien und in London, anweisen, in Gemeinschaft mit den Gesandten Frankreichs und Dänemarks für eine günstige Beurtheilung der schwedischen Erklärung zu wirken.

„Votre Majesté nous ayant ordonné [1] de charger Son ministre à Pétersbourg de réclamer le capitaine de Puttkammer qui est au service de Russie, nous ne pouvons nous dispenser de Lui représenter en très profonde soumission que ce serait mettre Son ministre précisément dans le même cas où s'est trouvé le sieur Gross, en écrivant aux officiers livoniens, pour les sommer de se rendre aux avocatoires publiés par sa cour [2] . . . Le chancelier Bestushew saisira avec avidité cette occasion . . . pour en former une tracasserie qui pourrait entraîner des suites que Votre Majesté ne serait peut-être pas fâchée d'éviter."

Potsdam, 14. Februar 1750.

Ich bin ganz fertig dazu, wenn Frankreich es thun will, als auf welches Mich darunter reguliren werde.

Die russischen Ministres haben es schon so schlimm gemachet, als sie es machen können. Indess ist Meine Intention nicht, dass sie ihn so gerade und platt weg rappelliren, sondern da der Puttkammer selbst um seinen Rappell gebeten hat, solches mit einer recht guten und convenablen Art machen sollen.

<small>Mündliche Resolutionen. Nach Aufzeichnung des Cabinetssecretärs.</small>

---

[1] Durch eine Cabinetsordre vom 11. Februar, unter Beischluss eines Schreibens des Rittergutsbesitzers von Puttkammer, d. d. Gersdorf bei Bütow, 31. Januar 1750, in welchem derselbe die Intervention des Königs für seinen als Capitän in russischen Diensten stehenden Bruder anruft, dem trotz wiederholten Ansuchens in Russland der Abschied verweigert werde. — [2] Vergl. S. 199.

4120. AU MINISTRE D'ÉTAT COMTE DE PODEWILS, ENVOYÉ EXTRAORDINAIRE, A VIENNE.

Potsdam, 14 février 1750.

Dès que la nouvelle du changement arrivé dans le ministère à Constantinople m'est parvenu, je me suis d'abord douté que cet événement causerait des alarmes à la cour de Vienne, et qu'elle ne serait pas sans appréhensions par rapport à la disposition de la Porte en cas de guerre dans le Nord. Je me persuade d'ailleurs que cette nouvelle fera la même impression sur la cour de Pétersbourg et l'obligera bongré malgré elle de modérer ses emportements, et qu'en outre celle de Vienne se gardera bien à présent de lui fournir des auxiliaires. Vous continuerez en attendant de veiller de bien près sur la contenance que la cour où vous êtes tiendra à ce sujet, et de quelle façon elle s'en avisera.

Je vous sais un gré infini de l'attention que vous avez eue à me procurer ces plans des fortifications de Prague, d'Olmütz et de Kœniggrätz que vous m'accusez dans votre dépêche du 4 de ce mois, et vous permets de faire des gratifications convenables à celui qui vous les procure, dont je vous tiendrai compte, quand vous m'en marquerez le montant.

Federic.

Nach dem Concept.

4121. AU CONSEILLER PRIVÉ DE LÉGATION BARON DE GOLTZ A SAINT-PÉTERSBOURG.

Potsdam, 14 février 1750.

Je ne doute nullement que le chancelier Bestushew ne tente jusqu'à l'impossible pour parvenir, s'il est possible, à regagner le Danemark; mais, selon mes lettres de Copenhague, l'on est en droit de croire que toutes ses tentatives n'aboutiront à rien, et, à ce qu'on me marque, le ministère de Danemark vient de donner depuis peu une réponse par écrit au baron de Korff sur les propositions que le major Rosen y a apportées, qui n'est pas fort satisfaisante pour la Russie.

De plus, je sais de bon endroit que la cour de Vienne n'est pas médiocrement alarmée du changement arrivé dans le ministère de Constantinople et surtout de l'audience qu'on prétend que l'ambassadeur de France et le résident de Suède ont déjà obtenue du nouveau Grand-Visir. Comme je suis persuadé que cet événement ne laissera pas de faire la même impression sur la cour de Russie, je présume que, quand cette cour s'apercevra que les ressorts sur lesquels elle a compté, lui manquent partout, elle deviendra plus modérée, bon gré mal gré qu'elle en ait, quoique je ne doute pas de l'envie qu'elle ait de renouveler ses démonstrations guerrières.

Il serait superflu de vous recommander de tâcher d'approfondir au possible sur quoi il s'agit dans les chipotages entre le Chancelier et le sieur Guy Dickens, de même que dans le conseil de guerre qu'on va tenir là où vous êtes.

Nach dem Concept.

Federic.

4122. AU CONSEILLER PRIVÉ DE LÉGATION DE ROHD A STOCKHOLM.

Potsdam, 14 février 1750.

Votre rapport du 3 de ce mois m'est bien parvenu. Il n'y a aucun doute que, vu les circonstances où se trouve la Suède vis-à-vis de la Russie, on ne dût être fondé à compter le plus sur les dispositions favorables où sont actuellement la Porte Ottomane et le Danemark, de sorte que si, ces considérations nonobstant, la Russie pouvait encore en vouloir venir à une guerre contre la Suède, il faudrait, en ce cas-là, l'attribuer et s'en remettre uniquement à la volonté absolue de la Providence divine, sans quoi il paraît presqu'impossible qu'il puisse s'allumer une guerre dans le Nord.

Nach dem Concept.

Federic.

4123. AU CONSEILLER PRIVÉ DE GUERRE DE KLING-GRÆFFEN A LONDRES.

Klinggräffen berichtet, London 30. Januar: „Un ami qui a une bonne correspondance à Vienne, me confia hier que la Russie y avait communiqué un mémoire, portant en substance qu'elle va proposer une alliance à la Suède par laquelle ces deux puissances s'engagent, savoir la Suède à y donner une déclaration formelle qu'elle ne portera aucune atteinte à la forme du gouvernement présent en ce pays-là, et qu'alors la Russie par cette convention-là donnera à la Suède les assurances les plus fortes d'entretenir une bonne amitié avec elle. On finit le mémoire par déclarer qu'on attend en Russie la réponse de la Suède, et, au cas qu'elle ne réponde pas à son attente, on réclame les engagements pris avec les alliés et nommément avec l'Angleterre … Je prends la liberté de supplier Votre Majesté de vouloir bien ménager tout ceci, afin que la personne en question ne soit point perdue, par où je recevrais en même temps un tort dont je ne pourrais revenir. Cette personne est

Potsdam, 14 février 1750.

Vous pouvez sûrement compter que le secret relativement aux avis que vous m'avez communiqués par votre rapport du 30 du mois dernier, vous sera religieusement gardé de ma part, et qu'il n'en transpirera absolument rien. Je suis en droit de croire que les soupçons que les Anglais voudront inspirer à la France sur mon sujet, ne feront nulle impression sur elle. Le ministère de France y est trop préparé, et j'ai eu soin de lui faire remarquer dans toutes les occasions la fausseté de pareils propos et le venin qui y est caché, en sorte que ce ministère est trop persuadé que, si des troubles s'élèvent dans le Nord, ce n'est point de ma faute ni par mon impulsion.

aussi à même de me rendre quelquefois compte comment quelques ministres étrangers s'expliquent sur les affaires du Nord. J'ai appris que ceux de Russie, de Vienne, de Saxe et de Sardaigne sont tous persuadés que Votre Majesté cherche Son agrandissement. Ce sont surtout les premiers qui ont répandu ici ce système. Il ne faut point douter que le comte d'Albemarle ne fasse toutes ces insinuations en France."

Au reste, comme je vous ai déjà fait instruire sur le changement arrivé dans le ministère de Constantinople, je n'ai qu'à y ajouter qu'il m'est revenu de bon endroit que la nouvelle de ce changement n'a pas médiocrement alarmé la cour de Vienne, et qu'elle est dans des appréhensions sur la disposition de la Porte Ottomane en cas de guerre dans le Nord. Je crois avoir lieu de présumer que cet événement ne laissera pas de faire la même impression à la cour de Londres qu'il a faite à celle de Vienne et la fera indubitablement à celle de Russie.

Nach dem Concept.

Federic.

4124. AU CONSEILLER BARON LE CHAMBRIER A PARIS.

Potsdam, 14 février 1750.

L'attention et la grande partialité que, en conséquence de votre rapport du 2 de ce mois, les ministres anglais et autrichien marquent par rapport au vingtième que le Contrôleur général des finances demande avec raison de tous les biens-fonds du clergé en France, sont une marque peu équivoque de leurs intentions secrètes contre la France, et, pour ainsi dire, une preuve parlante de leur malin-vouloir. C'est pourquoi je souhaiterais fort que, sans y paraître vous-même, vous pussiez trouver moyen de faire faire remarquer cela aux ministres de France par des gens qui possèdent leur confiance, ce qui animerait peut-être ce ministère d'autant plus pour seconder les arrangements du Contrôleur général des finances relativement à ce sujet.

Comme, au reste, vous êtes déjà informé du changement arrivé dans le ministère de Constantinople, vous pourrez bien dire au marquis de Puyzieulx que, selon mes avis de Vienne, la cour de Vienne n'était pas médiocrement alarmée de ce changement et qu'elle témoignait assez d'appréhension sur les dispositions de la Porte Ottomane en cas de guerre dans le Nord.

Nach dem Concept.

Federic.

4125. AU CONSEILLER PRIVÉ DE CAGNONY A MADRID.

Potsdam, 14 février 1750.

Les compositions de musique de la façon du sieur Farinelli que vous m'avez envoyées de sa part jointes à votre dépêche du 19 de janvier dernier, m'ont été fort agréables; aussi ne manquerez-vous pas d'en faire mes remercîments audit sieur Farinelli en termes les plus convenables; je vous sais de même bon gré de cette graine de melons que vous avez voulu me procurer.

Pour beau et bon que tout cela soit, je n'en souhaite pas moins d'être informé à présent plus particulièrement de vous du succès que pourra avoir la négociation dont vous êtes chargé principalement à la cour où vous êtes, et comme, selon votre susdite dépêche du 19 de janvier dernier, vous avez entretenu le ministre d'Espagne, de Carvajal, sur les motifs qui m'avaient déterminé de vous envoyer à sa cour, et que vous lui en avez fait une ouverture plus précise, je crois pouvoir compter que, quand vous lui en aurez parlé une seconde fois, vous serez à même de juger si par vos représentations et par les offres auxquelles vous autorisent vos instructions, ou au moyen des ressorts et intrigues que vous aurez à mettre en œuvre, vous effectuerez quelque chose de favorable ou non, ne voulant point vous céler que mon intention est de ne pas vous laisser passer un temps de trois mois là où vous êtes, et qu'ainsi, en cas que vous vous aperçussiez que vous pourriez ne pas réussir dans votre négociation, vous deviez m'en faire incontinent votre rapport, pour qu'alors je puisse vous rappeler sans perte de temps.

Étant au surplus persuadé que vous pourrez voir clair dans le succès de votre négociation, avant que la cour d'Espagne aille à Aranjuez, il serait superflu et inutile de vous faire parvenir ma résolution spéciale pour ce qui vous regarde relativement à ce voyage.

Nach dem Concept. Federic.

4126. AN DEN ETATSMINISTER GRAF PODEWILS IN BERLIN.

Podewils berichtet, Berlin 15. Februar: „Le baron de Schroff, ministre de l'Électeur palatin à la cour de Bavière, m'a adressé la lettre ci-jointe[1] du cardinal de Bavière, évêque de Liège et frère de l'électeur de Cologne, pour Votre Majesté ... Je crois qu'il s'agit de demander la protection de Votre Majesté pour ce Prince dans les vues qu'il peut avoir de succéder un jour à l'électeur de Cologne, son frère, dans cet électorat et ses autres bénéfices considérables,[2] s'il y avait moyen de faire entendre raison à l'Électeur pour songer de bonne heure à conserver dans sa maison tant de beaux États, et dont la situation, aussi bien que la disposition des esprits des possesseurs, ne saurait être indifférente aux voisins, en cas de quelques nouveaux troubles."

Mündliche Resolution. Nach Aufzeichnung des Cabinetssecretars.

Potsdam, 16. Februar 1750.

Es muss ihm in Meinem Namen sehr obligeant darauf geantwortet werden.[3]

Ich werde es sehr gerne sehen, wenn er in dieser seiner Absicht reussiret, und will gerne dazu contribuiren, nur weiss Ich nicht, wie es anfangen und wie Mich dabei nehmen kann. Wenn es durch den französischen Hof geschehen könnte, so kann allenfalls der Etatsminister Graf von Podewils mit dem Marquis de Valory deshalb sprechen.

[1] D. d. München 24. Januar 1750. — [2] Vergl. Bd. VI, 346. — [3] Vergl. Nr. 4140.

4127. AN DEN ETATSMINISTER GRAF PODEWILS IN BERLIN.

Potsdam, 17. Februar 1750.

Auf allergnädigsten Befehl Sr. Königl. Majestät habe Ew. Excellenz vermelden sollen, wie Höchstdieselbe Sich fast vorstellen und muthmaassen, dass wenn der Herr Geheime Rath von Goltz zu Petersburg seine Lettres de rappel übergeben,[1] der Herr Legationsrath Warendorff seine Credentiales präsentiren wird, alsdenn der Kanzler Bestushew es dahin einleiten dörfte, dass der russische Minister Gross auch rappelliret und darauf gar kein russischer Minister, sondern etwa nur ein simpler Legationssecretaire zu Berlin gelassen würde. Da nun, wenn solcher Cas existiren sollte, des Königs Majestät Dero Ortes auch keinen accreditirten Minister zu Petersburg lassen könnten, sondern Sich auf solchen Fall genöthiget sehen würden, auch den Herrn Warendorffen, weil derselbe alsdenn schon einmal den Character eines accreditirten Minister geführet, gleichfalls zu rappelliren und nur einen Legationssecretaire dorten zu bestellen, so möchten Ew. Excellenz in Zeiten auf ein capables Subjectum, so Kopf und Kräfte genug hätte, des Königs Majestät Affaires dorten als Legationssecretaire vorzustehen, gedenken, damit wann es geschähe, was Höchstdieselbe von der Denkungsart und von dem besonderen Betragen des Kanzler Bestushew Sich fast vermutheten, alsdenn solches Subjectum erwähnte Function sogleich antreten und Sr. Königl. Majestät Dienst daselbst mit gutem Nutzen respiciren könne.

Nach der Ausfertigung.   Eichel.

4128. AU CONSEILLER PRIVÉ DE GUERRE DE KLINGGRAEFFEN A LONDRES.

Potsdam, 17 février 1750.

Votre dépêche du 3 de ce mois m'a été rendue. Dans l'état critique où la tranquillité du Nord se trouve actuellement encore par les avanies que le chancelier de Russie continue de faire à la Suède, rien ne saurait être plus favorable à elle et à ceux qui ont à cœur cette tranquillité, que cet épuisement des finances où l'Angleterre se trouve maintenant, et comme il n'y a guère d'apparence que le ministère anglais dût réussir dans l'affaire de la réduction des intérêts, l'on est en droit de croire que, nonobstant le grand acharnement de la cour de Pétersbourg contre la Suède et la forte envie de celle de Vienne de pêcher en eau trouble, la circonstance de ce qu'elles ne sauront compter sur l'Angleterre, le changement arrivé dans le ministère de Constantinople, la fermeté du Danemark à vouloir garder ses engagements pris avec la Suède, et outre cela la considération que les deux cours impériales doivent à d'autres puissances respectables qui prennent fait et cause de la Suède, les obligeront à renoncer à leurs vastes desseins.

[1] Vergl. S. 245.

Pour ce qui regarde la défalcation sur les dettes de la Silésie des prétentions que mes sujets commerçants ont à la charge de l'Angleterre,[1] je veux bien vous dire pour votre direction que mon intention n'a jamais été autre sinon que, quand je me verrai absolument obligé de venir à cette défalcation, je ne la ferai que vers la fin du payement des dettes de la Silésie.

Nach dem Concept.

Federic.

4129. AU CONSEILLER PRIVÉ DE LÉGATION DE ROHD A STOCKHOLM.

Potsdam, 17 février 1750.

La dépêche que vous m'avez faite du 6 de ce mois, m'a été bien rendue. J'applaudis bien à la réquisition que le ministère de Suède fera faire à Constantinople pour disposer la Porte Ottomane à faire de certaines insinuations à la cour de Pétersbourg, et je ne doute pas du bon effet que cela fera, surtout après le changement favorable qui s'est fait en dernier lieu dans le ministère de Constantinople.

Ledit ministère a également bien fait de ne point avoir passé les bons offices que l'Espagne lui a offerts. Plus des puissances respectables parleront, pour ainsi dire, d'une seule bouche et tiendront unanimement les mêmes propos, plus faut-il que cela opère de bien et fasse impression sur les autres.

Nach dem Concept.

Federic.

4130. AU MINISTRE D'ÉTAT COMTE DE PODEWILS, ENVOYÉ EXTRAORDINAIRE, A VIENNE.

Potsdam, 17 février 1750.

J'ai reçu vos relations du 7 de ce mois. Quoiqu'il n'y ait nul doute qu'il n'y ait quelque concert réglé entre les deux cours impériales et celle de Londres relativement à la déclaration de Panin, et que surtout celle de Vienne sera fâchée de manquer sa médiation, à laquelle elle aspirait, entre la Russie et la Suède, je crois cependant que le changement fait dans le ministère de Constantinople contribuera à ce que ces cours mettent de l'eau dans leur vin; au moins doit-on présumer que la bonne disposition où la Porte Ottomane se trouve actuellement à l'égard de la Suède, arrêtera absolument ces deux cours dans leurs projets. Et quoiqu'il ne soit point à douter que la cour de Pétersbourg ne veuille continuer à faire force de démonstrations guerrières au retour de la belle saison, je suis cependant persuadé que, nonobstant cela, elle se calmera à la fin, et l'épuisement de finances où l'Angleterre se trouve, et qui n'est pas du tout satisfaisant aux vues de la Russie, avec la considération qu'elle doit naturellement à tant de

[1] Vergl. S. 219; Bd. VI, 21. 25. 245. 280. 281.

puissances respectables qui se déclarent pour la cause de la Suède, obligera la cour de Russie d'abandonner ses desseins vastes, à moins que la tête ne lui tourne entièrement.

Nach dem Concept.

Federic.

4131. AU CONSEILLER PRIVÉ DE LÉGATION BARON DE GOLTZ A SAINT-PÉTERSBOURG.

Potsdam, 17 février 1750.

Votre relation du 31 du mois dernier m'est bien parvenue, et vous faites bien sagement que, dans l'état où vous savez que sont les affaires entre votre digne ami et son antagoniste, vous vous ménagez avec celui-là au possible, afin qu'on ne sache point trouver prise contre vous à cet égard.

Pour ce qui est du sieur Guy Dickens, je veux bien vous le caractériser tel que je le connais, savoir que c'est un homme très violent et emporté, qui n'a jamais agi dans les affaires d'une façon naturelle et aisée, mais toujours avec une extrême véhémence, vain, enthousiasmé de sa patrie, mais qui ne se soutient pas et où il y a toujours plus de bruit que d'effet. Au surplus, je suis bien persuadé de ce que vous dites à son sujet, savoir qu'il n'épargnera rien pour tâcher d'entretenir sa cour dans les vues de celle de Russie; mais par bonheur, et au grand avantage de ceux qui s'intéressent pour la conservation de la tranquillité du Nord, sa cour se ressent encore fort des dépenses qu'elle a été obligée de fournir dans la dernière guerre contre la France et ses alliés, ainsi qu'elle est presque dans l'impossibilité, par le dérangement où se trouvent ses finances, de donner des subsides à ceux qui sont accoutumés à en tirer. Tout ce que ceux-ci en pourraient espérer, se réduira à recevoir sous main quelques petites sommes; mais pour les subvenir dans quelque entreprise considérable par des sommes fortes, voilà ce que l'épuisement de ses finances ne saurait nullement permettre, à moins qu'elle ne voulût s'en ruiner sans ressource.

Au reste, vous devez tâcher au possible de bien approfondir et de me mander exactement l'impression que le dernier changement qu'il y a eu dans le ministère de Constantinople, fera sur la cour de Pétersbourg.

Nach dem Concept.

Federic.

4132. AU CONSEILLER BARON LE CHAMBRIER A PARIS.

Potsdam, 17 février 1750.

J'ai reçu votre dépêche du 6 de ce mois. J'aurais mieux aimé que vous n'eussiez point fait un sujet de conférence avec le marquis de Puyzieulx de ce que le chancelier Bestushew a fait répandre de faux bruits touchant un prétendu nouveau traité d'alliance conclu entre la

Suède et la Porte Ottomane. J'avais d'abord reconnu la fausseté de de ces bruits, sans que j'eusse besoin de m'y voir confirmé, et comme je ne vous fais communiquer ces sortes de choses que pour vous en informer et pour votre direction seule, et que je veux d'ailleurs ménager au possible le ministère de France des insinuations qui regardent des affaires de conséquence, pour ne point réveiller ses appréhensions, dont il n'est guère revenu à mon égard, vous observerez bien que, pour éviter tout malentendu et les tracasseries qui en reviennent, vous ne ferez plus aucune insinuation sur des affaires de conséquence au marquis de Puyzieulx, sans que vous n'y soyez autorisé par un ordre immédiat de ma part. J'en excepte néanmoins les affaires de moindre importance, où vous devez toujours exécuter ce que les rescrits expédiés du département des affaires étrangères vous ordonnent.

Pour ce qui regarde les investitures à prendre des Électeurs sur le pied que la cour de Vienne le désire, je vous dirai qu'il se pourrait peut-être que les Électeurs ecclésiastiques se conformassent à ce que ladite cour désire là-dessus, mais elle trouvera infiniment plus de difficultés auprès les Électeurs séculiers, surtout après que le roi d'Angleterre, comme électeur d'Hanovre, a déclaré hautement, et même contre le gré de ses ministres hanovriens, qu'il ne s'abaisserait jamais au point de prendre l'investiture de l'Empereur sur le pied du vieux cérémoniel, ainsi que la cour de Vienne pourrait bien se voir obligée de plier sur ce sujet.

Federic.

Nach dem Concept.

4133. AU CONSEILLER PRIVÉ DE LÉGATION ERNEST-JEAN DE VOSS A DRESDE.

Potsdam, 17 février 1750.

J'ai reçu votre dépêche du 10 de ce mois, et je suis du sentiment que le roi de Pologne a eu grande raison de décliner la proposition de mettre le prince Xavier du voyage de Pologne, puisque, s'il en eût pris la résolution, il n'aurait pu éviter d'irriter extrêmement par là la plus grande partie des Polonais.

Je suis convaincu, par ce que j'en sais, que Brühl et Keyserlingk sont tous les deux fondés en raison de faire un troc de leurs terres; car si les Russes n'ignoraient pas les liaisons qu'il y a entre Keyserlingk et le roi de Pologne et que celui-ci fût persuadé que Brühl est entièrement vendu aux Autrichiens, la Russie, tout ainsi que le roi de Pologne, se consoleraient sans doute facilement de leurs pertes.

Si les troupes saxonnes sont mises sur le pied de celles de la Russie, l'état complet de chaque compagnie se réduirait environ à sa quatrième partie, sans savoir jamais à combien le nombre s'en monte.

Nach dem Concept.

Federic.

4134. AU PRINCE DE PRUSSE A BERLIN.

Potsdam, 20 février 1750.

Mon cher frère. J'ai reçu votre lettre avec bien du plaisir; je vous vois tout occupé de finances; il est très bon que vous vous informiez de tout et que vous sachiez tout ce qui se passe, et vous me ferez même plaisir de vous y appliquer davantage; car un prince de cette maison qui, comme vous, est appelé à régner un jour, ne doit pas être novice dans ces matières. Il faut qu'il soit au fait de tout pour pouvoir travailler par lui-même, et toute l'étude que vous ferez à présent, vous abrégera autant de chemin dans l'avenir. Quoi que je puisse travailler, il restera encore après ma mort bien des bonnes choses à faire, et si vous êtes informé de l'intrinsèque des affaires, et que vous en connaissiez les combinaisons, vous pourrez avoir cette gloire. Ma lettre vous paraîtra trop sérieuse, mais, mon cher frère, il faut absolument faire des réflexions et vous préparer à l'emploi auquel le Ciel vous destine, et il ne faut jamais que le plaisir dérange les choses de devoir; elles sont les premières. On est aussi indifférent pour un homme mou que le monde estime l'homme utile, et quelque esprit qu'on peut avoir, on n'avance pas sans application. Mais il me semble déjà que ma morale vous ennuie très fort et que vous donnez le vieux frère au diable. Je n'en suis pas moins avec bien de l'estime, mon cher frère, votre fidèle frère et serviteur

Federic.

Nach der Ausfertigung. Eigenhändig.

4135. AU CONSEILLER PRIVÉ DE LÉGATION ERNEST-JEAN DE VOSS A DRESDE.

Potsdam, 21 février 1750.

Votre dépêche du 14 de ce mois m'est bien entrée. L'acquisition que fait la cour de Dresde en la personne du sieur de Rohwedel,[1] n'est sans contredit pas bien grande et ne lui servira pas à faire de grands progrès dans ses nouveaux arrangements, si autrement cette cour-là veut bien s'en reposer sur lui, ledit de Rohwedel étant un homme bizarre et ayant la cervelle embrouillée de grand nombre d'idées, sans pouvoir donner consistance à aucune d'icelles.

J'attends, au reste, que les sujets saxons en viennent effectivement à quitter leur pays, et ce sera pour lors que la cour de Dresde ne tardera pas davantage de se ressentir beaucoup des tristes suites de la mauvaise administration de ses finances.

Federic.

Nach dem Concept.

---

[1] Ehemaliger preuss. Geh. Rath, der jetzt zum Geh. Rath in der chursächsischen Finanzkammer ernannt worden war.

4136. AU CONSEILLER PRIVÉ DE LÉGATION BARON
DE GOLTZ A SAINT-PÉTERSBOURG.

Goltz berichtet, Petersburg 3. Februar: „Il m'est revenu que le sieur Funcke chipote plus que jamais avec le chancelier Bestushew, qu'ils se communiquent des cahiers entiers, et que le ministre saxon entretient une correspondance régulière avec le ci-devant secrétaire Gyllenstjerna qui fut arrêté à Stockholm en 1740 et qui se trouve actuellement en Courlande au service de la Russie. Ces intrigues ont apparemment pour objet de concerter ensemble les moyens d'exciter des troubles en Suède, en y grossissant le nombre des partisans de la cour d'ici, et il se pourrait fort bien que le comte Bestushew, voyant ses efforts employés inutilement pour vaincre la fermeté du ministère présent de Suède, eût pris la résolution de faire jouer tous les ressorts imaginables pour le culbuter."

Potsdam, 21 février 1750.

Je suis très persuadé que les conjectures que vous faites sur les vues pernicieuses du chancelier Bestushew contre la Suède et que vous me marquez par votre dépêche du 3 de ce mois, sont des plus fondées, et je ne saurais assez vous recommander à cette occasion, tant à vous qu'au conseiller d'ambassade Warendorff, de tâcher principalement de bien approfondir, pour m'en pouvoir faire votre rapport, quelles impressions le changement arrivé dernièrement dans le ministère de Constantinople a pu faire sur le chancelier Bestushew, et je vous enjoins en outre d'avoir un œil fort attentif à tous les arrangements militaires qu'on prend là où vous êtes.

Federic.

Nach dem Concept.

4137. AU CONSEILLER PRIVÉ DE CAGNONY A MADRID.

Potsdam, 21 février 1750.

Votre dépêche du 26 de janvier dernier m'est bien parvenue, et je ne saurais vous rien écrire de positif si vous deviez prendre caractère public et sur une augmentation de vos appointements, avant que vous ne m'ayez mandé avec plus de précision ce que le ministre d'Espagne de Carvajal aura dit à votre mémoire en question, comment il aura reçu l'affaire et s'il y veut entrer ou non.

Je trouve d'ailleurs qu'il serait bon que vous vous expliquiez envers ce ministre que vous prendriez caractère public, et que pour cela vous étiez déjà pourvu de lettres de créance, si seulement vous pouviez en quelque façon espérer un bon succès dans vos négociations.

Après quoi, si vous ne voyez absolument point jour de pouvoir réussir dans vos commissions, ma volonté est, pour lors, que vous vous donniez bien de garde de prendre de caractère.

J'attends, ainsi, que vous me fassiez en peu votre rapport sur ce que dessus, pour pouvoir vous satisfaire en conséquence. Aussi me marquerez-vous en même temps quel train les négociations de l'Angleterre prennent en Espagne, si elles s'y accrochent et à quoi, si après tout l'Angleterre pourra y réussir ou bien n'y faire que de l'eau claire.

Nach dem Concept.

Federic.

4138. AU MINISTRE D'ÉTAT COMTE DE PODEWILS, ENVOYÉ EXTRAORDINAIRE, A VIENNE.

Potsdam, 21 février 1750.

Les anecdotes que vous me rapportez en date du 11 de ce mois, m'ont été intéressantes et agréables à savoir, et je vous en sais bien bon gré.

Concernant les plans et les dénombrements que vous avez entre vos mains, ma volonté est que vous les confiez au même d'entre vos domestiques au sujet duquel je vous ai écrit, il n'y a pas longtemps,[1] que vous eussiez à l'envoyer, avec certaines listes de l'armée autrichienne, comme courrier jusqu'à Neisse, où il doit remettre le tout, bien empaqueté et cacheté, au général major de Treskow, afin que celui-ci puisse me le faire parvenir ultérieurement.

Je suis curieux de savoir de vous et vous me manderez en conséquence si la cour de Vienne ne commence point encore à s'ombrager des fortes augmentations que fait actuellement le roi de Sardaigne dans ses troupes, et si ladite cour sait déjà que le roi de Sardaigne a reçu de l'Espagne une remise de quatre à cinq millions de piastres.

Quant au compte que vous m'avez fait parvenir de la dépense du courrier que vous m'avez envoyé en dernier lieu, il sera payé dès ces premiers jours à votre commissionnaire à Berlin, lequel vous pouvez en avertir préalablement.

Nach dem Concept.

Federic.

4139. AU CONSEILLER BARON LE CHAMBRIER A PARIS.

Potsdam, 21 février 1750.

Quoique ce que vous me rapportez en date du 9 de ce mois, sur ce qu'on fait entendre de l'objet des chipoteries actuelles du ministre de Sardaigne à la cour où vous êtes, puisse être fondé, je crois cependant pouvoir me persuader qu'elles roulent encore sur tout autres choses que n'est l'affaire du rétablissement du bureau des postes de France à Turin.

La résolution que vous dites que le marquis de Puyzieulx a prise de quitter le département dont il est chargé, et qu'il en doit avoir fait la demande au Roi son maître, m'a été une nouvelle des plus desconsolantes; mais j'espère que les choses n'en viendront pas là, puisque

[1] Vergl. S. 243.

ce serait une véritable perte, tant pour la France elle-même que pour ses alliés et amis, si le marquis de Puyzieulx pouvait effectivement être déchargé de son poste d'à présent.

Pour ce qui concerne le sieur de La Touche,[1] vous me marquerez par le premier ordinaire quel homme ce peut être, savoir quelles sont les circonstances où il s'est trouvé jusqu'ici, sa condition, ses qualités, et enfin en quoi consiste proprement son savoir-faire.

Federic.

Nach dem Concept.

4140. AU CARDINAL DE BAVIÈRE A MUNICH.

Berlin, 21 février 1750.

Monsieur mon Cousin. J'ai reçu la lettre qu'il a plu à Votre Altesse de m'écrire en date du 24 janvier passé,[2] et je suis charmé des assurances qu'Elle m'y donne de Son affection et de Sa confiance. Mes sentiments pour Votre Altesse y répondent parfaitement, et je me flatte que l'expérience du passé[3] L'aura convaincue de la sincérité de mes dispositions à Son égard et avec combien d'empressement je me suis prêté à recommander à la cour de France les intérêts de Votre Altesse et Ses vues, aussitôt qu'il Lui a plu de me faire part de Ses intentions.

Quoique cette cour n'ait pas encore répondu d'une manière positive à mes instances, je ne laisserai point de revenir à la charge et de renouveler mes instances en faveur de Votre Altesse, d'autant plus que ma situation ne m'offre point d'autre ouverture pour m'intéresser avec succès à l'accomplissement de Ses désirs, et que je ne vois non plus d'autre cour qui soit plus intéressée à les seconder ou qui puisse travailler plus efficacement à inspirer des sentiments fraternels à Monseigneur l'électeur de Cologne et à lever les obstacles que ses préventions opposent aux vues de Votre Altesse. C'est aussi par cette raison que je compte que la France ne se refusera point à la recherche de Votre Altesse, surtout si les cours de Munich et de Manheim voulaient se joindre à Elle et appuyer Ses vœux. Au cas, toutefois, que Votre Altesse pût m'indiquer quelque autre voie pour les seconder, Elle peut être persuadée que je la suivrai avec plaisir, autant que la chose dépend de moi, et que je saisirai avidement toutes les occasions où je pourrai avancer Ses prospérités et Lui donner des marques réelles des sentiments d'amitié, de considération et d'estime avec lesquels je suis, Monsieur mon Cousin, votre très affectionné cousin

Federic.

Nach dem Concept.

---

[1] Vergl. S. 227. — [2] Vergl. S. 255. — [3] Vergl. Bd. III. 21.

4141. AN DEN ETATSMINISTER GRAF PODEWILS IN BERLIN.

Podewils berichtet, Berlin 21. Februar: „M. de Wulfwenstjerna a reçu un courrier de sa cour, qui, avec un passeport du marquis de Valory, a continué secrètement sa route par la Pologne pour Constantinople, afin d'y porter au sieur de Celsing, ministre de Suède, un ample détail de tout ce qui regarde la dernière déclaration que la Russie a fait faire en Suède par le sieur de Panin, et la réponse qu'on va lui remettre. Ce courrier est un officier suédois ... et le sieur de Wulfwenstjerna en a dérobé soigneusement la connaissance au public d'ici, en le faisant passer pour un officier qui était au service de la France."

Potsdam, 22. Februar 1750.

Ich habe es gleich errathen, dass es dergleichen sein müsste, sobald Ich die erste Nachricht von der Ankunft dieses Officiers erhalten. Inzwischen ist es sehr gut, dass man in Schweden diese Resolution gefasset hat.

Mündliche Resolution. Nach Aufzeichnung des Cabinetssecretärs.

4142. AU PRINCE DE PRUSSE A BERLIN.

Potsdam, 23 février 1750.

Mon cher frère. Je vous envoie avec bien du plaisir les passeports des chevaux que vous me demandez. Je ne doute pas, mon cher frère, que votre présence ne soit fort avantageuse à votre régiment et n'obvie à bien des négligences, qu'il est temps de redresser encore. Le proverbe dit que l'œil du maître engraisse le cheval, et le proverbe a raison, principalement dans le militaire, et chez nous l'exactitude et la grande discipline exigent un soin continuel; et si les premiers de l'État ne donnent pas le bon exemple, tous les autres se négligent dans leurs emplois.

Je souhaite que vous trouviez tout bien et en bon état, vous priant de me croire avec tendresse et estime, mon très cher frère, votre très fidèle frère et serviteur

Federic.

Nach der Ausfertigung. Eigenhändig.

4143. AU CONSEILLER PRIVÉ DE LÉGATION FRÉDÉRIC DE VOSS A COPENHAGUE.

Potsdam, 24 février 1750.

Les deux relations que vous m'avez faites, cotées sous numéro 18 et 19, m'ont été bien rendues; et je vous sais bon gré de ce que vous m'avez informé vous-même de la conversation qu'il y a eu entre M. l'abbé Lemaire et M. de Schulin relativement à ma situation et à mes forces. Ce que celui-ci a fait entendre au sieur Lemaire, comme quoi l'entretien de mon armée me serait trop onéreux pour que je saurais la maintenir longtemps dans cet état, lui a été sans doute inspiré par les partisans des cours de Vienne et de Pétersbourg, qui, par un motif d'envie contre moi, se sont avisés de disséminer de pareils bruits ridicules; car quant à moi, vous pouvez hardiment compter que mon armée, telle que je l'ai sur pied, est payée et entretenue régulièrement, sans me causer le moindre inconvénient ou embarras, et je me suis si bien arrangé que sûrement, pendant toute ma vie, je n'en diminuerai pas le nombre d'un seul homme. Tout au contraire, je me trouve, grâce à Dieu, dans une situation que je pourrais l'augmenter de vingt à trente mille hommes, si les places ne me manquaient où je saurais les mettre en quartiers.

Au surplus, si ce que vous est revenu touchant le rappel qu'on médite du sieur de Bernstorff, pour le placer dans le conseil, se devait vérifier, il n'y a nulle doute que cela ne soit que par une intrigue des Anglais qu'on y ait déterminé le roi de Danemark, dans la vue, comme vous dites, de contrebalancer par lui le crédit de M. Schulin. Car il est assez connu que le sieur de Bernstorff, né Hanovrien qu'il est, a toujours été fortement attaché à la cour de Londres, à qui il a tâché de rendre tous les services possibles, même pendant son ministère en France,[1] ce que je ne vous dis cependant que pour votre direction seule.

Nach dem Concept. Federic.

4144. AU CONSEILLER BARON LE CHAMBRIER A PARIS.

Potsdam, 24 février 1750.

J'ai appris avec satisfaction, par votre dernière dépêche, que ce n'est pas encore une affaire tout-à-fait décidée que le marquis de Puyzieulx quittera sitôt le département des affaires étrangères; je souhaite ardemment que sa santé et ses forces lui veuillent permettre de garder ce poste, puisque je compterai toujours un changement de sa part pour une véritable perte.

Pour ce qui regarde le sieur de Courteille, comme celui qui a les plus grandes apparences devant soi pour succéder au poste de secrétaire d'État, en cas que le marquis de Puyzieulx le dût quitter, vous devez me marquer exactement quelles charges il a occupées autrefois, quel est son caractère, et ce que je saurais me promettre de lui et de sa façon de penser, s'il venait jamais à être revêtu de la charge en question.

Nach dem Concept. Federic.

---

[1] Vergl. Bd. III, 385; Bd. V, 558.

4145. AU CONSEILLER PRIVÉ DE LÉGATION DE ROHD A STOCKHOLM.

Potsdam, 24 février 1750.

Les dépêches que vous m'avez faites du 10 et du 13 de ce mois, m'ont été bien rendues. Puisque je ne doute presque pas que le sieur Panin ait actuellement reçu la réponse du ministère de Suède sur son mémoire, je ne veux pas m'y arrêter, mais attendre seulement l'impression qu'elle fera sur la cour de Pétersbourg et quel en sera l'effet. En attendant, j'applaudis parfaitement à la résolution que le ministère de Suède a prise de prévenir la Porte Ottomane sur tout ce qui s'est passé à cet égard.

Federic.

Nach dem Concept.

4146. AU CONSEILLER PRIVÉ DE LÉGATION BARON DE GOLTZ A SAINT-PÉTERSBOURG.

Potsdam, 24 février 1750.

Le rapport que vous m'avez fait du 7 de ce mois, ne saurait, à cause des matières intéressantes qu'il contient, qu'avoir mon entière approbation. Vous faites très bien et vous en agissez conformément à ce qu'exige une scrupuleuse et exacte prudence, en ce que, vu la situation où se trouve actuellement l'ami connu, digne homme d'ailleurs, vous observez certains ménagements avec lui.

Je suis encore à attendre jusqu'ici que vous me satisfassiez, le plus tôt le mieux, sur ce que je souhaite savoir de vous, quelles impressions a faites sur la cour de Pétersbourg le changement arrivé en dernier lieu dans le ministère de Constantinople. Je me tiens en attendant fondé pour pouvoir croire que la cour de Vienne se gardera soigneusement pendant ces circonstances d'animer la Russie à quelque éclat de sa part dans les affaires.

Federic.

Nach dem Concept.

4147. AU MINISTRE D'ÉTAT COMTE DE PODEWILS, ENVOYÉ EXTRAORDINAIRE, A VIENNE.

Potsdam, 24 février 1750.

J'ai reçu votre relation du 14 de ce mois. Je suis bien aise d'apprendre que vous avez trouvé moyen d'avoir le plan de Sternberg, tout comme ceux des autres fortifications qu'on va faire en Bohême et en Moravie; je souhaite même d'avoir celui de Péterwardein. Quoiqu'il soit question encore si tous ces plans-là sont exacts, vous devez malgré cela les acheter; car comme je suis en possession des plans de toutes ces places dans l'état où elles sont encore, je pourrais bientôt démêler, en combinant ceux-ci avec les autres, s'ils sont authentiques ou non.

Au reste, comme il m'importe fort de savoir précisément et d'une façon à y pouvoir compter si le changement des ministres de la Porte qui est arrivé en dernier lieu à Constantinople, influera d'abord sur la cour de Vienne, vous n'oublierez pas de vous bien orienter sur ce sujet et de m'en faire votre rapport. Si la Porte Ottomane reste, malgré le susdit événement, dans la même inaction où elle a été jusqu'ici, on s'en apercevra d'abord par la façon d'agir de la cour de Vienne, qui continuera d'être hautaine et insolente; au lieu que, si les Turcs commencent à parler d'un ton plus haut que jusqu'ici, la cour mentionnée en sera inquiète et rabaissera son caquet, outre que dans ce cas-là elle tâchera de son mieux à apaiser la Russie, pour ne point être obligée d'entrer dans un jeu qui pourrait devenir trop fort et trop sérieux à son égard.

Nach dem Concept.
Federic.

4148. AU CONSEILLER PRIVÉ DE LÉGATION ERNEST-JEAN DE VOSS A DRESDE.

Potsdam, 24 février 1750.

Je suis assez content du détail de la conversation que vous avez eue avec le comte Hennicke, en conséquence de la relation que vous m'en avez faite du 17 de ce mois. S'il n'y a moyen, dans la conférence qu'on vous a promise, de pousser au delà de 50,000 écus la somme du capital qu'on paiera à la foire prochaine de Leipzig à mes sujets créanciers de la *Steuer*, ce que vous tenterez cependant au possible, il faut s'en contenter à la fin, parceque de mauvais payeur il faut toujours prendre ce que l'on peut.

J'ai trouvé dignes de mon attention les circonstances que vous me marquez à l'égard des affiches qu'on trouve l'une après l'autre; l'on en reconnaît clairement d'un côté la grande faiblesse où se trouve actuellement la cour de Dresde, et de l'autre côté le grand acharnement du public contre le premier ministre et contre son administration des affaires, qui n'aboutira cependant à rien, puisque le ministre trouvera assez de moyens pour dissiper ces nuées.

Je vous saurai bon gré, si vous savez vous procurer, avant votre départ de Dresde, une liste exacte de l'état effectif des troupes saxonnes.

Je viens de recevoir la lettre que vous m'avez faite du 16 de ce mois au sujet d'un nommé Ram.[1] Comme je pourrai me servir utilement de cet homme, vous devez lui dire qu'il n'a qu'à se rendre, au plus tôt, ici et s'adresser au conseiller privé Eichel, qui lui parlera de ma part; qu'il doit en même temps apporter les originaux des billets

[1] Ram wollte eine Erfindung zur Verbesserung der Tuchfabrikation gemacht haben.

de la *Steuer* dont il est en possession, et qu'on tâchera de faire en sorte qu'il en soit satisfait, tout comme on s'arrangera à la suite avec lui sur les autres propositions qu'il m'a faites. Vous me marquerez, en attendant, ce que vous savez des circonstances de cet homme-là.

<small>Nach dem Concept.</small>   Federic.

4149. AU CONSEILLER PRIVÉ DE GUERRE DE KLINGGRÆFFEN A LONDRES.

<small>Potsdam, 24 février 1750.</small>

Ayant épuisé par le rescrit du département des affaires étrangères qui vous parviendra à la suite de cette dépêche, ce que j'avais à vous dire concernant les affaires du Nord, j'ajouterai seulement que, quant aux fréquentes conférences qu'il y a entre les ministres anglais, Tschernyschew et Richecourt, j'ai tout lieu de présumer qu'il s'y agit principalement sur les engagements que la Russie réclame de ses alliés, en cas que la réponse de la Suède ne fût point satisfaisante, ainsi qu'il aurait été à souhaiter que votre ami[1] se fût avisé de tâtonner le duc de Bedford là-dessus.

Pour ce qui regarde le baron de Münchhausen,[2] je crois que le roi d'Angleterre se sert de lui pour gouverner le duc de Newcastle et pour inspirer au duc de Bedford les sentiments où il le voudrait bien voir. Quoi qu'il en soit, si l'Angleterre est aussi épuisée en finances que vous le marquez, je me persuade que le roi d'Angleterre n'arrivera point au but qu'il médite, et que la Russie sera obligée bon gré malgré elle de rester tranquille.

Je viens d'ordonner au banquier Splitgerber de vous faire payer par son correspondent à Londres les 30 guinées que vous me demandez pour en faire une gratification à votre ami. Quant au payement des dettes de la Silésie, je vous dirai pour votre direction que je ferai remettre, au terme du 10 juillet, dans la banque de Londres les sommes qu'il faut pour la somme de 700,000 écus que j'ai destinée de payer à raison des années de 1749 et de 1750, sur les dettes de la Silésie, exclusivement de ce que vous en avez déjà touché; qu'il sera libre à vous d'en disposer alors pour autant qu'il faudra pour faire un payement en sommes non rompues, et que le surplus pourra rester dans la banque de Londres à ma disposition ultérieure. Je vous répète cependant que ce payement ne se fera qu'à condition que la tranquillité dans le Nord ne soit point troublée cette année-ci.

Au surplus, c'est à mes ministres du département des affaires étrangères de vous instruire sur ce qui concerne les prétentions de mes sujets à la charge de l'amirauté d'Angleterre, ayant fait savoir à ceux-là mes intentions là-dessus.

<small>Nach dem Concept.</small>   Federic.

---

[1] Vergl. S. 253. — [2] Bruder des hannöverischen Grossvogts. Vergl. Bd. VI, 352.

4150. AN DEN ETATSMINISTER GRAF PODEWILS IN BERLIN.

Klinggräffen berichtet, London 10. Februar: „C'est avec une bien sensible douleur que j'ai vu par le rescrit du 27 janvier¹ que Votre Majesté me taxe de négligence dans l'affaire du dédommagement de Ses sujets . . . J'ai trouvé cette affaire décidée par les tribunaux, et j'ai fait les démarches nécessaires, dès ma première audience, chez les ministres. Les ordres immédiats que j'ai reçus, me mettent des bornes² . . . Mon devoir exige de représenter à Votre Majesté la véritable situation de cette affaire. Je m'en suis acquitté et tout a été épuisé ce que Votre Majesté me marque que je devais répondre ici; le refrain est que tout a été décidé par les tribunaux. Des sujets de Votre Majesté il n'y a que *Le petit David* qui en ait appelé; je souhaite qu'il s'en trouve bien par la sentence."

Potsdam, 26. Februar 1750.

Auf allergnädigsten Befehl Sr. Königl. Majestat habe Ew. Excellenz vermelden sollen, wie dass Höchstdieselbe vor nothwendig finden, dass der Geheime Rath Klinggräffen zu London wegen der Forderung und Indemnisation Dero Unterthanen, so durch die englischen Capereien gelitten, mit nächster Post nochmalen ganz umständlich aus dem Departement instruiret und derselbe bedeutet werde, dass es hier nicht auf Bagatellen, noch auf das Schiff *Der kleine David* genannt ganz alleine ankäme, sondern dass es ganz beträchtliche Summen wären, welche Sr Königl. Majestät Unterthanen wegen erlittener Gewalt und Unrecht zu fordern hätten. Es erachten Se. Königl. Majestät daher vor nöthig, dass dem p. von Klinggräffen die Liquidationes dererjenigen, so dieserhalb zu fordern haben, spécifiquement zugesandt werden, damit derselbe seine Mesures darnach nehmen könne. Vor das übrige müsste er wohl instruiret werden, wie die Sprüche der englischen Tribunaux von Sr. Königl. Majestät gar nicht als gültig angesehen werden könnten, da solche in ihrer eigenen Sache nicht Richter sein könnten, überdem des Königs Majestät nicht zugeben würden, dass man in Engelland Dero Kaufleute und Unterthanen als dortige Vasallen tractirete, sondern Sie verlangeten, dass man ihnen Justiz thun sollte, wie es das Recht der Völker mit sich brächte, da sonsten Se. Königl. Majestät ebenmässig durch Dero Tribunals über diese Forderungen würden urtheilen lassen und dann darauf denken würden, wie Sie deren Erkenntnisse zur Execution bringen könnten.

Im übrigen wäre es genug, wenn er, der p. von Klinggräffen, vor der Hand nur diese Sache in Bewegung erhielte und deshalb schriee, nicht, jetzo aber gleich drohete, dass Se. Königl. Majestät gedachte Forderungen gleich von der schlesischen Schuld defalquiren wollten. Dero Intention sei auch gar nicht, [dass Sie] die Forderungen quaestionis gleich jetzo von denen Geldern, so auf Abschlag der schlesischen Schulden [fällig würden], abziehen und compensiren wollten, sondern Sie würden damit bis gegen den letzten Termin anstehen und alsdann sehen, was zu thun sei, woferne man Dero Unterthanen dorten gar

¹ Rescript aus dem Ministerium. — ² Vergl. Bd. VI, 326.

keine Justiz thun noch auf alle Sr. Königl. Majestät Remonstrationes deshalb keinen Égard nehmen wollte.

Letztere Passage fänden Höchstdieselbe nöthig, dass solche in Ziffern gesetzet, sonsten aber das ganze deshalb zu expedirende Rescript recht wohl und solide ausgearbeitet und dadurch dem p. von Klinggräffen alle seine unrichtige Begriffe benommen würden.

Nach der Ausfertigung.   — — — —   Eichel.

4151. AU MARQUIS DE VALORY, ENVOYÉ DE FRANCE, A BERLIN.

Potsdam, 28 février 1750.

Monsieur le Marquis de Valory. Imaginez-vous jusqu'à quel point j'ai été surpris, lorsque mes dernières lettres de Vienne m'ont appris, d'une façon qui ne me laisse aucun doute de la réalité du fait, que le ministère autrichien n'ignore nullement la communication secrète que je vous avais faite en dernier lieu d'une des dépêches que le comte Puebla avait envoyée à Vienne à la date du 30 du janvier passé.[1] Jugez, Monsieur, de l'extrême embarras où cet avertissement m'a jeté, dont apparemment les suites seront que je verrai tarir la source d'où j'ai puisé jusqu'ici les confidences secrètes que j'ai fait passer à votre cour, et que je ne serais plus à même de lui en faire, et avisez, s'il vous plait, sur les voies par où cette indiscrétion a pu dériver, puisqu'il n'y a âme qui vive à qui j'aie fait la moindre confidence de ce qui regarde ce sujet, hormis qu'à vous seul. Je vous conjure, en attendant, de n'en éclater nullement, mais de me garder le secret le plus absolu sur cet avertissement. Songez plutôt d'approfondir, sans que personne s'en doute, par où le secret a pu sortir et être porté en si peu de temps à Vienne, et prenez désormais vos mesures là-dessus, sans vous en confier à personne. C'est par cet unique motif que je vous fais part de ce cas fâcheux.

Au surplus, soyez assuré de mes sentiments d'estime et d'amitié envers vous. Et sur ce, je prie Dieu etc.

Nach dem Concept.[2]   Federic.

4152. AU CONSEILLER PRIVÉ DE LÉGATION BARON DE GOLTZ A SAINT-PÉTERSBOURG.

Potsdam, 28 février 1750.

L'état de misère où la province [de Livonie][3] se voit aujourd'hui réduite, et qu'on ne saura point tirer des provisions de l'Ukraine, cette

---

[1] Unter den im Archiv des Ministeriums der Auswärtigen Angelegenheiten zu Paris aufbewahrten, von preussischer Seite dem französischen Gesandten mitgetheilten Abschriften österreichischer Actenstücke befindet sich ein Bericht Puebla's vom 30. Januar 1750 nicht, sondern nur das oben S. 245 abgedruckte Schreiben an Puebla, Wien, 31. Januar. — [2] Vergl. S. 280 Anm. 1. — [3] Ergänzt aus Goltz' Bericht vom 10. Februar.

année-ci, n'empêcheront point le comte Bestushew de continuer les démonstrations guerrières, et la seule différence qu'il y aura peut-être, sera que ces ostentations seront cette fois plus coûteuses à la cour de Pétersbourg qu'elles n'ont été ci-devant. De plus, tant qu'on prône les produits des mines de Sibérie, elles ne fourniront jamais assez de fonds pour soutenir une guerre. N'ayant d'ailleurs rien d'intéressant à vous dire sur votre dépêche du 10 de ce mois, je ne fais que l'accuser.

Nach dem Concept.   Federic.

4153. AU CONSEILLER BARON LE CHAMBRIER A PARIS.

Potsdam, 28 février 1750.

Votre rapport du 16 de ce mois m'a été bien rendu. Quelque extrême que soit la mauvaise volonté de la cour de Russie, je suis cependant en droit de croire que ses forces et ses facultés n'approchent que de fort loin le but qu'elle s'est proposé, si elle ne se voit pas aidée par les cours de Londres et de Vienne. Et comme le duc de Bedford a témoignée en dernier lieu à un de ses amis à Londres que la Russie se tromperait très fort, si elle se flattait de pouvoir entraîner l'Angleterre dans ses vues, et que la cour de Vienne ne se fie point aux Turcs depuis le changement arrivé dans le ministère à Constantinople, je juge par là, malgré tout le malin-vouloir de la Russie, qu'elle sera obligée d'en rester en arrière, et que l'Angleterre et même la cour de Vienne s'opposeront à ce que l'autre-là ne pousse les choses à toute extrémité.

Nach dem Concept.   Federic.

4154. AU CONSEILLER PRIVÉ DE LÉGATION ERNEST-JEAN DE VOSS A DRESDE.

Potsdam, 28 février 1750.

Le rapport que vous m'avez fait du 21 de ce mois, de l'état dans lequel se trouvent les affaires à la cour où vous êtes, renferme sans contredit les meilleures nouvelles qu'il se puisse, nous étant tellement avantageuses que nous saurions les désirer. Que sait-on si, après tout, le comte Brühl ne rend indirectement au Roi son maître le plus grand service possible, et si, par le délabrement ou plutôt la ruine totale de l'armée saxonne, il n'occasionne qu'il reste libre de toutes sortes d'embarras?

Je ne saurais, au reste, assez vous recommander d'avoir grand soin des prétentions de mes sujets, autant que les circonstances pourront toujours vouloir le permettre.

Nach dem Concept.   Federic.

4155. AU CONSEILLER PRIVÉ DE CAGNONY A MADRID.

Potsdam, 28 février 1750.

La dépêche que vous m'avez faite à la date du 2 de ce mois, m'est heureusement parvenue. Bien que j'aie été assez content de la façon dont vous avez débuté là où vous êtes, il faut cependant que je commence à languir sur plus de progrès que vous deviez faire dans votre négociation, et qu'il me semble qu'il est nécessaire à présent que vous vous employiez avec plus de chaleur que par le passé. Il ne me paraît pas suffire que vous voyez les ministres seuls, mais il faut que vous fassiez jouer d'autres ressorts encore, soit par quelque homme en crédit à la cour de la Reine, soit par quelque subalterne ou commis des ministres qui possède leur confiance, afin de leur inspirer par ce canal les sentiments où vous les voudrez voir, et d'arriver par là sans trop de détour au but où vous visez.

Je n'ignore pas que la Bavière a employé en négociations un temps de neuf ans, avant que de pouvoir retirer les arrérages que l'Espagne lui devait, mais je vous avoue qu'une négociation de si longue haleine ne m'accommoderait nullement, et que j'aimerais mieux de la rompre et de vous rappeler ici que de languir longtemps après une chose qui peut-être au bout du compte et après bien des dépenses ne mènerait à rien.

Nach dem Concept.

Federic.

4156. AN DEN ETATSMINISTER GRAF PODEWILS IN BERLIN.

Podewils berichtet, Berlin 27. Februar: „Le comte de Puebla a reçu un courrier aujourd'hui de sa cour qui lui a porté la réponse à la réplique qu'on lui a remise de la part de Votre Majesté touchant la garantie de l'Empire du traité de Dresde.[1] Il m'en a prévenu, en me disant en même temps que, comme elle était prolixe et qu'elle contenait plus de trente pages, il était occupé de la faire copier pour nous la remettre au premier jour.[2] Il m'a donné en même temps les deux mémoires que Votre Majesté a reçus par Son ministre à Vienne, touchant les plaintes que cette cour a faites tant par rapport à l'empêchement du mariage d'une nommée de Berne, que pour ce qui regarde l'enlèvement d'un sujet autrichien sur les frontières de la Pologne."

Mündliche Resolution. Nach Aufzeichnung des Cabinetssecretärs.

Potsdam, 28. Februar 1750.

Die Correspondance mit dem wienerschen Hofe wird nicht aufhören. Da dessen Antwort wegen der Reichsgarantie von dreissig Pages ist, so stehet leicht zu vermuthen, dass solche negative sein wird. Worüber dann das Departement sich weiter mit ihnen zanken und antworten muss. Was die andere Sachen anbetrifft, so muss erst darüber Bericht eingezogen werden, ehe deshalb etwas weiter veranlasset werden kann.

---

[1] Vergl. S. 209 Anm. 2. — [2] Vergl. S. 301 Anm. 1.

4157. AN DEN ETATSMINISTER GRAF PODEWILS IN BERLIN.

Potsdam, 2. März 1750.

Se. Königl. Majestät haben mir sogleich befohlen, von Höchstderoselben Ew. Excellenz wegen der von dem Baron von Chambrier mit der gestrigen Post eingelaufenen Relation vom 20. Februar halber zu vermelden, dass Se. Königl. Majestät auf das von dem Geheimen Rath von Rohd gemeldete Verlangen des schwedischen Ministerii,[1] dass Höchstdieselbe an ein und anderen Höfen durch Dero Ministres gewisse Insinuationes occasione der von dem schwedischen Ministerio dem p. Panin gegebenen Antwort thun lassen möchten, bereits dermalen dem Baron Chambrier durch ein Handschreiben[2] bekannt gemachet, wie Höchstdieselbe bereit wären, dergleichen Insinuationes in Engelland, Wien und Petersburg thun zu lassen, woferne der französische Hof zu gleicher Zeit durch seine Ministres solches thun lassen wollte, und dass Se. Königl. Majestät Sich hierunter lediglich nach dem französischen Hofe richten würden.

Da nun inzwischen das französische Ministerium von selbst des Königs Majestät um dergleichen Insinuation, nach mehrerem Einhalt der allegirten Chambrierschen Relation, requiriren lassen, so hätte es Deroseits gar keine Schwierigkeit damit, wenn der französische Hof dergleichen thun würde, und wollten Se. Königl. Majestät solche an den engelschen, wienerschen und endlich auch russischen Hof thun lassen, um einestheils dem König in Frankreich zu zeigen, mit wie viel Plaisir des Königs Majestät Sich employireten, um die Ruhe im Norden zu conserviren und allen besorglichen Inconvenienzien vorzubeugen, anderntheils aber, um der Kron Schweden zu weisen, wie gerne Höchstdieselbe Sich von Dero allianzmässigen Engagements acquittireten. Es wollten Se. Königl. Majestät aber, dass Ew. Excellenz nebst des Etatsministers Herrn Grafen von Finckenstein Excellenz zuvor mit dem fordersamsten ein Projet von einer dergleichen zu thuenden Declaration minutiren und zu Höchstderoselben vorgängiger Approbation einsendeten. In welchem Projecte einer Declaration dasjenige, was in der Chambrierschen Relation enthalten, extrahiret und gefasset werden könnte, und welches Projects Höchstdieselbe nächstens gewärtigen wollten.

Was insonderheit den petersburgischen Hof anlangete, so würde hiernächst der von Chambrier dahin zu instruiren sein, dass zwar Se. Königl. Majestät diesem Hofe dergleichen Declaration thun lassen würden; damit Höchstdieselbe aber solches nicht allein thäten, so soll er, Chambrier, dem Marquis de Puyzieulx convenablement insinuiren, wie Sie zu letzteres Einsicht überliessen, ob es nicht gut sein werde, wenn der französische Hof einen seiner an dem englischen, wienerschen oder andern Höfen befindlichen Ministres chargiren würde, dem an solchem Hofe subsistirenden russischen Minister eben dergleichen De-

[1] Vergl. S. 248. 251. — [2] Nr. 4115 S. 248.

claration ministerialement zu thun, als welches, dass es geschähe, Se. Königl. Majestät wünscheten.

Nach der Ausfertigung.

Eichel.

4158. AU CONSEILLER PRIVÉ DE LÉGATION ERNEST-JEAN DE VOSS A DRESDE.

Potsdam, 3 mars 1750.

Votre dépêche du 23 de février dernier m'est bien entrée. Personne ne saurait disconvenir que les circonstances dans lesquelles se trouve la Saxe, ne soient tellement impliquées qu'elles surpassent tout entendement et tout ce qu'on pourrait s'en imaginer. Quoi qu'il en soit, vous avez parfaitement raison de croire que, si à la foire prochaine de Leipzig le payement vient à cesser, il en sera fait du crédit de la Saxe, de façon à être perdu sans ressource pour elle.

Federic.

Nach dem Concept.

4159. AU MINISTRE D'ÉTAT COMTE DE PODEWILS, ENVOYÉ EXTRAORDINAIRE, A VIENNE.

Potsdam, 3 mars 1750.

Par toutes les particularités que vous m'avez marquées par la dernière dépêche que j'ai eue de vous, au sujet de l'entretien que le comte de Barck vient d'avoir avec le comte Ulfeld, relativement à la réponse de la Suède au mémoire de Panin, j'aperçois, d'un côté, que le dernier n'est pas sans appréhensions sur le parti que la Porte Ottomane prendra à ce sujet, et, en second lieu, que la cour de Vienne a été dans la croyance que la Suède n'aurait osé se refuser entièrement aux propositions qui lui ont été faites de la part de la Russie. Un temps de deux mois nous fera voir plus clair dans tout ceci, mais pour ce qui regarde la cour de Vienne, je crois pouvoir présumer par ses démarches que dans le fond elle ne souhaite point de voir dans le Nord le feu de guerre allumé, dans les circonstances où elle se trouve actuellement.

Federic.

Mandez-moi s'il y a quelque réalité dans la nouvelle qu'on m'a voulu dire que la cour où vous êtes fera marcher 14 bataillons et 20 escadrons vers l'Italie.

Nach dem Concept. Der Zusatz nach Abschrift der Cabinetskanzlei.

4160. AU CONSEILLER PRIVÉ DE LÉGATION DE ROHD
A STOCKHOLM.

Rohd berichtet, Stockholm 17. Februar: „Le sieur Verlet, adjoint du ministre autrichien, a fait valoir auprès du marquis d'Havrincourt ses arguments en faveur de la convention proposée,[1] et, pour tâcher de l'amener à quelque concert ou mesures à prendre entre eux relativement à cette matière, il lui a fait la lecture du rescrit impérial qu'on lui avait envoyé... La réponse que l'Ambassadeur m'a dit lui avoir faite, est des plus fermes."

Potsdam, 3 mars 1750.

Je vous sais bon gré des éclaircissements que vous m'avez donnés relativement aux propos que le sieur Verlet a tenus à l'ambassadeur de France, suivant votre dépêche du 17 du mois passé dernier. Autant que j'apprends par mes lettres de Vienne, la réponse que le ministère de Suède donnera sur le mémoire présenté par le sieur Panin, ne plaira pas également à la cour de Vienne qu'à celle de Russie; malgré cela, je suis persuadé qu'elles y penseront plus d'une fois, avant que pousser les choses à l'extrémité, quoiqu'il faudra s'attendre que les démonstrations guerrières de la Russie iront toujours le même train, dans cette année-ci, qu'elles ont fait par le passé, et que le chancelier Bestushew n'oubliera rien pour agacer la Suède au possible.

Federic.

Nach dem Concept.

4161. AU CONSEILLER PRIVÉ DE LÉGATION BARON
DE GOLTZ A SAINT-PÉTERSBOURG.

Potsdam, 3 mars 1750.

Vous faites très bien de me rapporter fidèlement, ainsi que vous le faites par votre dépêche du 14 de février dernier, toutes les circonstances telles qu'elles vous paraissent se manifester dans les affaires à la cour où vous êtes. Vous continuerez de la sorte, autant que vous serez encore à Pétersbourg, et vous recommanderez au sieur Warendorff de poursuivre, après vous, sur un pied égal.

En attendant, je crois presque comprendre que les chipoteries qui sont, à l'heure qu'il est, si fort en vogue entre le comte Bestushew et le sieur Guy Dickens, ont principalement pour objet que la Russie se propose de réclamer de ses alliés les secours stipulés par leur alliance, en cas que la réponse qu'elle attend de la Suède, sur le mémoire que le sieur Panin vient de présenter à Stockholm de la part de la Russie, n'agrée point à cette dernière, et que le comte Bestushew se flatte de pouvoir entraîner l'Angleterre à attaquer la Suède.

Le caractère fougueux du sieur Guy Dickens, joint à son animosité contre le ministère suédois, pourrait peut-être le pousser à se laisser

[1] Vergl. S. 154. 183. 217.

entraîner dans les vues du Chancelier russien; mais si de son côté il sera à même d'y entraîner sa cour, c'est là une chose qui ne pourra rester cachée pendant longtemps; quoique, à en juger selon les apparences, il n'y ait rien à craindre pour que cela arrive, l'état délabré des finances de l'Angleterre ne faisant point foi de le pouvoir permettre, quand même la cour de Londres le voudrait de bon cœur.

Il serait, au reste, fort à souhaiter que l'anecdote renfermée dans votre dépêche immédiate,[1] pût se vérifier; mais je crains bien que l'heure n'en soit pas encore si proche.

Nach dem Concept.

Federic.

—

4162. AU CONSEILLER PRIVÉ DE LÉGATION FRÉDÉRIC DE VOSS A COPENHAGUE.

Potsdam, 3 mars 1750.

J'ai été content d'apprendre par la dernière dépêche, que vous m'avez faite à la date du 24 du mois passé de février, que la cour de Danemark persiste dans les bons sentiments qu'elle a manifestés pour la conservation de la tranquillité du Nord, ainsi qu'on a tout lieu de se flatter que la Russie n'en aura rien à espérer qui puisse favoriser ses desseins.

Cependant, quelque abattement que le sieur de Korff fasse apparaître, je sais néanmoins que le chancelier de Russie, le comte Bestushew, se flatte encore de pouvoir faire refroidir le Danemark dans ses bonnes intentions vis-à-vis de la Suède, et mes lettres de Pétersbourg m'apprennent que ce chancelier se donne tous les mouvements possibles pour y réussir, et que dans cette vue-là on distingue à la cour de Pétersbourg le sieur de Cheusses d'une manière qu'on n'y est point accoutumé de pratiquer qu'envers des ministres des cours étrangères qui y sont les plus favorisées. Ce que je ne vous dis que pour votre direction seule, en vous recommandant, au reste, de veiller de bien près sur tout ce qui se passe là où vous êtes, et de continuer à m'en faire vos rapports.

Federic.

Nach dem Concept.

[1] Die in Rede stehende Stelle des Berichtes vom 14. Februar lautet: „S'il y avait moyen de former un jugement solide sur les événements qui arrivent quelquefois en cette cour, il y aurait maintenant tout lieu de croire que le Grand-Chancelier court risque de recevoir quelque échec dans la fortune brillante qu'il a fait éclater jusqu'ici. Le raccommodement qu'on dit avoir été fait entre lui et le comte Schuwalow, ne doit être que tout-à-fait plâtré, et l'on vient de m'assurer que ce sénateur, comblé d'ailleurs de bontés de la part de sa souveraine, s'est lié le plus étroitement avec le procureur général, knès Trubezkoi, de sorte que celui-ci, s'il peut faire fond sur les dispositions favorables de Schuwalow, en profitera sûrement et ne négligera rien pour tâcher de porter quelque coup funeste au Chancelier." Vergl. S. 76 ff. und Bd. VI, 82.

4163. AU CONSEILLER BARON LE CHAMBRIER A PARIS.

Potsdam, 3 mars 1750.

M'étant déjà offert, par une de mes dépêches antérieures que je vous ai faites,[1] de faire, conjointement à la France, cette déclaration aux cours de Londres et de Vienne dont la Suède vient de requérir la France, en conséquence de la dépêche que vous m'avez faite du 20 de février passé, je suis bien aise d'avoir prévenu la France à ce qu'elle me demande à ce sujet. Ainsi donc, vous devez dire au marquis de Puyzieulx, en accompagnant tout d'un compliment très obligeant de ma part, que je me conformerai avec bien du plaisir à ce que la France désirait de moi à cet égard, tant pour confirmer Sa Majesté Très Chrétienne sur la droiture de mes sentiments relativement à la conservation de la tranquillité du Nord et sur le désir sincère que j'avais de m'employer à tout ce qui saurait contribuer à ce but salutaire, que pour montrer à la Suède l'empressement où je suis de m'acquitter des engagements que j'ai pris avec elle par l'alliance faite entre nous. Qu'en conséquence je ferai parler mes ministres à Londres et à Vienne dans le même esprit que ceux de la France y parleraient, et conformément aux termes dont M. de Puyzieulx s'était avisé. Qu'outre cela, je donnerais mes ordres à mon ministre à Pétersbourg, pour qu'il ferait à la cour de Russie ces insinuations que la France souhaitait; mais qu'à ce sujet je laisserais à la considération de M. de Puyzieulx s'il ne conviendrait pas que la France chargeât aussi un de ses ministres, soit à Londres ou à Vienne ou à quelque autre cour, pour qu'il fît là au ministre de Russie qui y résidait, une déclaration de la part de la France conformément à celle que je ferai faire à la cour de Pétersbourg; que j'étais persuadé que cela ne laisserait pas de faire bien plus de l'impression à celle-ci, que si je lui parlais seul.[2]

Vous ne laisserez pas d'appuyer sur ceci auprès de M. de Puyzieulx, quoique en termes polis, et de me marquer alors de qu'elle façon il s'expliquera là-dessus.

Comme il court à présent des bruits, que même les gazettes publiques confirment en partie, qu'il se fait divers arrangements qui paraissaient indiquer quelque concert pris entre la France, l'Espagne et le roi de Sardaigne, relativement aux affaires de l'Italie, parcequ'il y avait en Dauphiné un corps de troupes françaises sous les ordres du comte d'Estrées, disposé de la sorte qu'au premier ordre il saurait avancer, auquel cas il y avait un autre général de rang nommé pour le commander; qu'en attendant le roi de Sardaigne faisait une augmentation considérable parmi ses troupes, qu'une pareille augmentation se faisait en Espagne, et qu'on avait des avis touchant une somme de quatre millions de piastres que la cour d'Espagne avait fait remettre à celle de Turin, j'avoue que je ne fais grand fond sur ces bruits;

[1] Vergl. S. 248. 249. — [2] Vergl. S. 273.

cependant pour satisfaire à ma curiosité, je souhaiterais que vous puissiez vous informer sous main s'il y a quelque réalité dans tout ou dans une partie de ceci, pour m'en faire votre rapport et me marquer ce que vous croyez qui a pu occasionner ces bruits.

Nach dem Concept.

Federic.

4164. AN DAS DEPARTEMENT DER AUSWÄRTIGEN AFFAIREN.

Podewils und Finckenstein legen, Berlin 3. März, den Wortlaut der in London, Wien und Petersburg abzugebenden Erklärungen zur königlichen Genehmigung vor. „Nous supplions en même temps Votre Majesté de vouloir bien nous donner Ses ordres sur les articles suivants:

1º Si la déclaration à la cour de Russie, que nous supposons, ainsi que les deux autres, devoir être simplement verbale, ne pourra pas être lue, et même dictée en cas de besoin, au Chancelier, puisqu'il n'y a rien dans cette déclaration qui ne puisse être soumis aux yeux de toute l'Europe, et qu'il serait peut-être dangereux de laisser un ministre de son caractère le maître d'en changer les expressions et d'y donner une tournure à sa guise.

2º Comme M. de Chambrier marque que la déclaration de la cour de France a déjà été faite aux ministres anglais et autrichien, il s'agit de savoir si Votre Majesté veut que Ses ministres fassent leur déclaration tout de suite, après en avoir cependant averti préalablement les ministres des cours intéressées, ou s'ils doivent attendre que celui de France ait parlé à Vienne et à Londres.

3º Si, pour marquer d'autant plus de confiance aux cours de France et de Suède, on ne doit pas lire au marquis de Valory et à M. de Wulfwenstjerna les susdites déclarations, après que Votre Majesté y aura fait les changements qu'Elle jugera convenables"...

Potsdam, 4. März 1750.

Ist ganz recht; die beiden Declarationes können sie zu London sowohl als zu Wien nur immer hinter einander weg thun lassen.

In Russland kann die entworfene Declaration verbalement geschehen, mit dem Beifügen, dass derjenige, so sie thut, eine Copie davon giebet, unter dem Schein, dass der eigentliche Einhalt nicht vergessen werden möge.

Was den dritten Punkt anlanget, so ist solches recht gut und kann beiden Ministres auch wohl eine Copie davon gegeben werden.

Déclaration verbale à faire à la cour de Russie.

Que le maintien du repos et de la tranquillité du Nord faisait un objet trop intéressant pour le Roi pour qu'il pût différer à s'expliquer amiablement avec la cour de Russie sur les nuages qui s'étaient élevés depuis quelque temps et qui semblaient menacer cette tranquillité; que Sa Majesté n'avait appris qu'avec peine les premières alarmes que Sa Majesté l'impératrice de Russie avait paru prendre d'un prétendu changement dans la forme du gouvernement suédois, et les discussions dans lesquelles on était entré avec la cour de Suède sur une matière aussi délicate pour toute puissance indépendante; que Sa Majesté avait cependant vu avec une véritable satisfaction qu'on écartait en Suède tout ce qui pouvait donner lieu au moindre soupçon, et qu'on prenait même pour cet effet toutes les précautions qui paraissaient tant soit peu compatibles avec la dignité de la couronne, précautions qui avaient fait d'autant plus de plaisir à Sa Majesté qu'Elle n'avait pas douté un seul instant qu'elles ne servissent à calmer entièrement toutes les appréhensions de la cour de Russie; mais que Sa Majesté S'était vue à regret trompée dans Son attente par le nouveau mémoire que le comte Panin avait remis à Stockholm au mois de janvier dernier, et dans lequel cette même matière avait été remise sur le tapis d'une manière que toute l'Europe avait pu prévoir la réponse que la cour de Suède avait été obligée d'y donner pour ne pas préjudicier aux droits de son indépendance et à la dignité de sa couronne; que dans cette situation des choses, Sa Majesté ne pouvait S'empêcher de requérir instamment et amiablement Sa Majesté l'impératrice de Russie de se désister de toute explication ultérieure et de laisser tomber une affaire dont les suites ne pourraient que plonger le Nord dans le trouble et dans la confusion; que Sa Majesté faisait ces instances avec d'autant plus de confiance qu'Elle y était autorisée par Son amitié personnelle pour Sa Majesté l'Impératrice, par l'intérêt qu'Elle prenait à la conservation de la paix, et enfin par les liaisons qui subsistaient entre Elle et la cour de Suède en vertu du traité de 1747 et dont Elle ne pourrait pas Se dispenser de remplir les engagements, de concert avec Ses alliés, dans le cas où la Suède, contre toute attente, serait attaquée, et que Sa Majesté Se flattait que toutes ces considérations engageraient la cour de Russie à se contenter de la réponse polie et convenable de la cour de Suède et à fournir ainsi une nouvelle preuve de la pureté de ses intentions pour l'affermissement de la paix et de la tranquillité dont Sa Majesté Impériale avait déjà donné des assurances si positives à toutes les cours intéressées au repos du Nord.

Déclaration verbale à faire aux cours de Vienne et d'Angleterre.

Que, la conservation du repos et de la tranquillité du Nord faisant un objet également intéressant pour toutes les puissances de l'Europe, le Roi n'avait pas voulu différer à S'ouvrir[1] confidemment à la cour de Vienne d'Angleterre sur les différends qui subsistaient depuis quelque temps entre les cours de Russie et de Suède et qui semblaient menacer cette tranquillité. Que Sa Majesté S'était flattée, après les assurances

---

[1] Auf Rande steht von der Hand des Geh. Raths Vockerodt: „Addatur in der nach England: *de nouveau.*" Vergl. Bd. VI, 445.

que les alliés de la Russie avaient données en dernier lieu à Sa Majesté Très Chrétienne, que cette cour, contente de tout ce que la Suède a fait pour la tranquilliser sur le prétendu changement de la forme de son gouvernement, ne témoignerait plus les mêmes appréhensions, et que les démonstrations qui s'en étaient ensuivies, n'auraient plus lieu; mais que le mémoire que le comte Panin avait remis à Stockholm au mois de janvier dernier, était non-seulement contraire à ces assurances, mais qu'il attaquait encore l'indépendance de la Suède, en lui proposant des conditions si humiliantes pour sa souveraineté qu'elle n'aurait pu y acquiescer qu'aux dépens de son indépendance et de la dignité de sa couronne, de sorte qu'à tous égards Sa Majesté ne pouvait qu'applaudir à la réponse également sage et convenable que la cour de Suède venait de remettre au ministre de Russie, et qu'Elle Se flattait que tous les alliés de cette puissance et en particulier la cour de Vienne (d'Angleterre) voudrait bien interposer ses bons offices et insister auprès d'elle de la manière la plus forte, pour l'engager à se contenter de la réponse de la cour de Suède et à laisser tomber une affaire dont les suites pourraient facilement plonger le Nord dans le trouble et dans la confusion, Sa Majesté ne pouvant pas Se dispenser de remplir les engagements qu'Elle avait contractés avec la cour de Suède en vertu du traité de 1747, dans le cas où la Suède, contre toute attente, serait attaquée par la Russie.

Die mündliche Resolution auf den Bericht der Minister nach Aufzeichnung des Cabinetssecretärs. Die Declarationen nach den von dem Könige approbirten Concepten.

4165. AU MARQUIS DE VALORY, ENVOYÉ DE FRANCE, A BERLIN.

Potsdam, 4 mars 1750.

Monsieur. Quand j'ai touché dans ma dernière lettre quelque chose au sujet du sieur Loise,[1] ce n'a jamais été pour vous rendre sa fidélité suspecte, mais j'ai cru que peut-être quelque zèle outré l'avait pu mener à ce que quelque indiscrétion lui fût échappée; toutefois, dès que la lettre que vous avez faite à votre cour relativement à l'affaire secrète que je vous ai communiquée, est passée par Hanovre, il n'est presque plus à douter que c'est là où le secret eût été trahi, puisque je sais — ce qu'aussi votre cour n'ignore pas — qu'on y a trouvé le moyen de s'emparer de quelques chiffres français. Il est à croire, en conséquence de cela, que c'est à Hanovre où le mystère a été trahi, et qu'on en a d'abord donné part à la cour de Vienne.

Federic.

Nach dem Concept.

[1] Das dem Abdruck von Nr. 4154 S. 270 zu Grunde liegende Concept nennt diesen Namen nicht; der König wird bei der Unterschrift eine Bemerkung hinzugefügt haben. Unter den im pariser Archiv aufbewahrten Abschriften aus dem Briefwechsel Valory's mit dem Könige fand sich Nr. 4154 nicht vor.

4166. AN DAS DEPARTEMENT DER AUSWÄRTIGEN AFFAIREN.

Podewils und Finckenstein berichten, Berlin 5. März: „Le marquis de Valory a reçu ce matin un courrier . . . et ce ministre nous a communiqué tout de suite le contenu de ses dépêches et nous a lu par ordre de sa cour la déclaration que le marquis de Puyzieulx a faite[1] aux ministres anglais et autrichien. Le sens de cette déclaration est déjà connu à Votre Majesté par la relation de M. de Chambrier . . . Nous y avons trouvé quelques expressions très énergiques . . . Le marquis de Puyzieulx ajoute qu'il espère que Votre Majesté voudra bien en faire autant de Son côté, en quoi Elle a déjà prévenu les désirs de la cour de France. Il y avait au bas de cette lettre un passage chiffré que nous nous sommes noté:
»Il est temps que ce grand Prince nous parle cordialement; nous sommes trop intéressés à sa gloire et à la conservation de ses États pour qu'il puisse rester la moindre défiance à notre égard. Cette affaire le regarde autant que la Suède, et sûrement bien plus que nous. Cependant nous en partagerons sûrement sans répugnance tous les dangers.«
Le marquis de Valory nous a dit, au reste, qu'il croyait que la cour de Danemark se trouverait fort flattée, si Votre Majesté lui faisait communiquer les déclarations qu'on va faire en Son nom à la Russie et à ses alliés, et si l'on se concertait avec elle sur les moyens de tranquilliser le Nord."

Potsdam, 6. März 1750.

Dass die Communication Meiner Declarationen nach Dänemark geschehe, ist recht sehr gut und nothwendig. Was den letzten Point der Dépêche von Monsieur Valory anbetrifft, so werde Ich abwarten, was dieser Mir deshalb mündlich sagen wird, und Michals dann darüber gegen ihn expliciren.

Mündliche Resolution. Nach Aufzeichnung des Cabinetssecretärs.

4167. AU MARQUIS DE VALORY, ENVOYÉ DE FRANCE, A BERLIN.

Potsdam, 6 mars 1750.

Monsieur le Marquis de Valory. Un avis secret que je viens de recevoir heureusement d'Hanovre, ne me laissant plus aucun doute que ce soit là où notre mystère a été trahi[2] et qu'on en a informé la cour de Vienne, j'ai bien voulu vous en faire part, en vous priant toujours de m'en garder le plus religieux secret.

Mais comme il apparait par là qu'il faut que la cour d'Hanovre ait trouvé moyen de développer le secret du chiffre dont vous vous êtes

[1] 17. Februar. Vergl. S. 278. — [2] Vergl. S. 280.

servi jusqu'à présent, je laisse à votre considération s'il ne convient pas que vous avertissiez M. de Puyzieulx de la nécessité souveraine qu'il y a de remettre un nouveau chiffre à votre successeur, M. de Tyrconnell. Il me semble d'ailleurs que la prudence exige qu'on change de chiffre avec lui de six en six mois, afin d'éviter par là toutes sortes d'inconvénients qui sans cela sauraient arriver. Et sur ce, je prie Dieu etc.

Nach dem Concept.
Federic.

— — —

4168. AU CONSEILLER PRIVÉ DE LÉGATION DE ROHD A STOCKHOLM.

Potsdam, 7 mars 1750.

Vos dépêches des 20 et 24 de février dernier me sont entrées à la fois, et il me serait agréable qu'à l'avenir vous ne fussiez plus tellement prolixe dans vos rapports immédiats relativement à différents petits détails, mais que vous n'y touchiez que les choses principales, d'une manière brève et convenable. Je suis d'opinion qu'il ne faut pas s'attendre, à l'heure qu'il est, à recevoir du côté de la Suède les nouvelles les plus intéressantes concernant la tournure que pourront prendre les affaires du Nord, après que la réponse au mémoire que le sieur de Panin y a présenté en dernier lieu, lui a actuellement déjà été remise de la part de cette couronne; mais il s'agira de voir présentement quelle impression cette réponse fera sur la cour de Russie et quel sera le parti qu'elle embrassera en conséquence.

Vous dirigerez votre attention de façon que vous puissiez m'informer si les arrangements qu'a faits la Suède pour se mettre, en tout cas, en état de bonne défense contre la Russie, continuent encore toujours, ou bien si ces arrangements se ralentissent, ou si même on les cesse entièrement.

Nach dem Concept.
Federic.

4169. AU CONSEILLER PRIVÉ DE LÉGATION BARON DE GOLTZ A SAINT-PÉTERSBOURG.

Potsdam, 7 mars 1750.

Votre dépêche du 17 du mois passé de février m'a été rendue. Puisque la cour de Suède a rendu à présent sa réponse au mémoire du sieur Panin d'une manière qu'elle n'a pu ni dû faire autrement, sur une proposition aussi contraire à son indépendance et à sa liberté, c'est le moment critique où vous devez redoubler toute votre attention, afin de pénétrer et de m'informer exactement quelle impression cette réponse aura faite sur le ministère de Russie et quel parti il aura pris là-dessus. En attendant, je crois que, pour ce qui regarde les alliés de la cour de Russie, sur les secours desquels elle compte apparemment, elle aura lieu de décompter; car, outre qu'il est fort à présumer que l'Angleterre ne voudra pas entrer dans les vues de la Russie, pour ne pas se ruiner gratuitement, les Autrichiens, dans la position où ils se trouvent, y penseront également plus d'une fois, avant que de dégainer pour l'amour de la Russie et que de partager avec elle des hasards dont la cour de Vienne se ressentira peut-être plus que l'autre. Dans ces occurrences, ce qui reste à vous de bien approfondir, c'est si la Russie est assez à même de se charger elle seule de l'affaire et si elle a assez de fonds en argent pour entreprendre et soutenir une guerre contre la Suède — circonstance dont vous devez bien m'éclaircir, et qui me fera juger sur ce que l'on pourra attendre de la Russie ou non.

F e d e r i c.

Nach dem Concept.

4170. AU CONSEILLER PRIVÉ DE GUERRE DE KLINGGRÆFFEN A LONDRES.

Potsdam, 7 mars 1750.

Votre dépêche du 20 de février passé m'a été bien rendue. Comme la cour de Suède a remis à présent au ministre de Russie à Stockholm la réponse au mémoire que celui-ci lui a présenté, et que cette réponse est conçue d'une manière que la Suède n'a dû ni pu faire autrement, sur une proposition également contraire à sa dignité et à son indépendance, c'est à présent que vous avez à redoubler votre attention, pour bien approfondir ce que la cour de Russie fera insinuer, à ce sujet, à celle de Londres, et le parti que celle-ci prendra là-dessus, puisqu'il n'est point douteux que la Russie ne remue au possible, pour entraîner l'Angleterre à se déclarer contre la Suède ou à fournir, au moins, à la Russie les secours stipulés dans l'alliance faite entre elles. En attendant, moi et tous ceux qui s'intéressent pour la conservation de la tranquillité du Nord, avons lieu d'être content de la fermeté que la France fait apercevoir sur ce sujet, et j'apprends qu'elle a fait parler d'une manière forte et positive sur cette matière au comte d'Albemarle, de même qu'au ministre autrichien à Paris, de façon que, si ces ministres en font le rapport à leurs cours, celles-ci ne douteront pas que la France ne prenne un véritable intérêt à la conservation de la paix du Nord, et que, si elle vient à être troublée par l'entrée de la Russie dans les États de la domination suédoise, il en résultera infailliblement une guerre générale. L'on m'ajoute que le marquis de Mirepoix a reçu ordre de se déclarer de la même façon à Londres.

Comme je sais, de plus, que quand on a eu à Pétersbourg la nouvelle du changement qu'il y a eu en dernier lieu dans le ministère de Constantinople, on en a été bien ébranlé, et que d'ailleurs la cour de Vienne a reçu cette nouvelle à son grand regret, il ne me reste pour bien juger sur le pli que les affaires du Nord sauront prendre, que de savoir si le ministère anglais, malgré l'épuisement où l'Angleterre se trouve actuellement, pourra trouver, par le grand crédit que celle-ci a, des fonds suffisants pour soutenir les frais de deux campagnes — article que vous devez prendre bien en considération, afin de pouvoir me mander votre sentiment là-dessus.

Federic.

Nach dem Concept.

4171. AU MINISTRE D'ÉTAT COMTE DE PODEWILS, ENVOYÉ EXTRAORDINAIRE, A VIENNE.

Potsdam, 7 mars 1750.

La dépêche que vous m'avez faite de 25 du février passé, m'a été rendue. L'espérance sur laquelle je me fonde que les deux cours impériales, malgré toute la mauvaise volonté qu'elles ont, seront obligées de laisser là leurs projets pernicieux, est le changement dans le ministère à Constantinople, l'épuisement en fonds d'argent où l'Angleterre se trouve, et la résolution ferme que la France fait éclater de ne voir point d'un œil indifférent que la tranquillité du Nord soit troublée de la Russie. Car pour ce qui concerne le dernier article, je sais que la France s'est expliquée d'une manière si forte et positive sur cette matière envers les ministres d'Angleterre et autrichien à Paris que, si ces deux ministres en ont fait le rapport à leurs cours, de la manière que la France leur a fait parler, celles-ci ne douteront pas que, si la paix du Nord vient à être troublée par l'entrée des Russes dans les États de la domination suédoise, il n'en résulte une guerre générale. L'on me mande d'ailleurs que l'ambassadeur de France à Londres, tout comme le sieur Blondel, ont reçu l'ordre de leurs cours de s'expliquer de la même façon sur ce sujet, afin que les Anglais et les Autrichiens sachent véritablement comment la France pense là-dessus. Parceque aussi mes nouvelles de Russie portent que la nouvelle du changement dans le ministère de la Porte Ottomane a fort frappé celui de la Russie, je crois qu'au moins cette année les affaires du Nord se passeront sans qu'elles parviennent à l'éclat. Sur quoi je pourrai juger plus décisivement, quand j'aurai appris quelles seront les suites de la réponse que la Suède vient de faire au mémoire du sieur Panin, et quelle impression elle aura faite sur le ministère de Russie.

Au surplus, vous devez être persuadé que l'abaissement du crédit du comte de Brühl est destitué de tout fondement.

Federic.

Nach dem Concept.

4172. AU CONSEILLER BARON LE CHAMBRIER A PARIS.

Potsdam, 7 mars 1750.

La résolution que la France s'est avisée de prendre relativement aux affaires du Nord, et la fermeté digne d'elle dont elle a fait parler aux ministres anglais et autrichien, en conséquence du rapport que vous m'en avez fait à la date du 23 de février passé, m'a causé toute la satisfaction imaginable; et quoique je sois de l'opinion que la cour de Russie, malgré toute la rage qu'elle a d'en vouloir à la Suède, n'osera cependant porter les choses à la dernière extrémité, vu l'état d'épuisement où se trouve encore l'Angleterre, qui ne permet que difficilement de lui donner l'assistance qu'elle en a espérée, et les suites qu'elle craint du changement arrivé en dernier lieu dans le ministère de la Porte Ottomane — je suis sûr cependant que la déclaration énergique que la France a fait faire aux ministres susmentionnés et à leurs cours respectives, contribuera beaucoup à la conservation de la paix et de la tranquillité du Nord. Pour ce qui regarde moi en particulier, vous devez dire aux ministres de France, quand ils vous en parleront, qu'en cas que la Suède fût attaquée de la Russie, je ne manquerais nullement de remplir exactement les engagements où je suis avec la Suède, et que je lui fournirais, sans manquer, le corps de troupes que je lui dois en conséquence de notre traité d'alliance; qu'en outre je prendrai de certaines précautions contre la Russie qui l'obligeront à partager ses forces, et que je verrai alors ce que les circonstances pourront demander ailleurs; qu'on saurait compter là-dessus, mais qu'au reste vous ignoriez le détail des dispositions que je pourrais faire alors selon les occurrences.

Nach dem Concept. Federic.

4173. AU CONSEILLER PRIVÉ DE LÉGATION ERNEST-JEAN DE VOSS A DRESDE.

Potsdam, 10 mars 1750.

J'ai trouvé dignes de mon attention toutes les considérations que vous m'avez faites relativement aux affaires de Pologne, dans vos dépêches du 28 du mois dernier et du 3 du courant. Il n'est point à douter que, si nous pouvons éviter que la Diète future ne parvienne à sa consistance, ce sera, dans la situation présente des affaires, une chose de bien de l'importance pour nous. Aussi faudra-t-il que nos prenions bien nos mesures pour y parvenir. Je connais parfaitement tout le poids des circonstances que vous alléguez dans la dernière de vos dépêches ci-dessus accusées, et je sens assez qu'il nous faudra avoir bien plus d'attention sur la Diète qui va venir qu'à celles du temps passé, et que nous aurons lieu de faire des efforts pour la rompre. Mais le grand point sera que nous n'y employions pas mal à propos notre argent et que nous ne le dépensions que justement au moment qu'il faut. Au surplus, j'ai tout lieu de présumer que, plus le parti de la cour ou celui des Czartoryski voudra primer, plus en aura-t-il des mécontents, ainsi qu'il ne saura manquer que, quand vous serez sur les lieux en Pologne, vous trouverez toujours un parti assez suffisant à l'opposer aux desseins pernicieux des Czartoryski et pour ruiner les espérances flatteuses dont la cour de Dresde se repaît relativement à cette Diète.[1]

Nach dem Concept.

Federic.

4174. AU MINISTRE D'ÉTAT COMTE DE PODEWILS, ENVOYÉ EXTRAORDINAIRE, A VIENNE.

Potsdam, 10 mars 1750.

Le sieur de Celsing s'est pris en ministre habile dans la réponse qu'il a donnée au Grand-Visir, en conséquence de la dépêche que la dernière poste m'a apportée de votre part. Ma grande curiosité est cependant de savoir exactement si effectivement nous avons gagné par la dernière révolution dans le ministère à Constantinople, et si l'on a lieu de croire que le nouveau premier ministre de la Porte Ottomane sera favorable à la bonne cause; ce que vous tâcherez de démêler habilement, pour pouvoir m'en avertir.

Ce que j'attends d'ailleurs de savoir de vous, c'est quelle aura été l'impression que ma dernière déclaration à la cour où vous êtes,[2] dont je vous ai chargé par mes ordres précédents, de même que celle de la France au même sujet, aura faite sur elle, et de quelle façon les ministres autrichiens se seront pris pour y répondre. Quant aux plans des fortifications, vous savez bien que je serai toujours bien aise de recevoir ceux que vous m'enverrez.

Nach dem Concept.

Federic.

4175. AU CONSEILLER PRIVÉ DE LÉGATION DE ROHD A STOCKHOLM.

Rohd berichtet, Stockholm 27. Februar: „Ayant eu occasion de parler au comte Tessin avant-hier, je n'ai pas manqué de la mettre au profit pour tâcher de m'en éclaircir au sujet de l'idée d'une médiation à offrir à la Porte[3] ... Le comte Tessin me dit, à la fin, qu'on avait eu cette idée, mais que ce projet était sujet à des inconvénients et aurait pu faire naître des incidents fort propres à commettre celle-ci avec la Suède, puisqu'à la Porte on n'entrait pas dans tout le detail de la forme du gouvernement établie ici, qu'ainsi on voudrait peut-être, en vertu de cette médiation, traiter avec la Suède ou en exiger des choses qui l'embarrasseraient beaucoup; que même il pourrait arriver que la Russie fît faire, à dessein,

Potsdam, 10 mars 1750.

Vos dépêches du 27 du février passé m'ont été heureusement rendues. Je suis content de la manière dont vous vous êtes pris pour sonder le comte Tessin sur l'idée d'une médiation à offrir à la Porte, pour rendre la Russie plus pliable et l'ajuster avec la Suède; mais comme je trouve bien pensé ce que ledit ministre vous a marqué à ce sujet, ma volonté est que vous devez laisser tomber tout-à-fait cette idée et n'en parler plus, d'autant plus qu'il faut que ce ministre sache

[1] Vergl. S. 222. 230. — [2] Vergl. S. 279. — [3] Vergl. S. 238. 247.

au ministère de Turquie quelque insinuation qui y menât."

Tessin hat dem preussischen Gesandten weiter mitgetheilt: Qu'on avait fait courir un bruit entièrement faux, comme si le Comité Secret de la dernière Diète avait donné une instruction secrète au Sénat par écrit, de la façon dont il fallait s'y prendre pour changer la forme du gouvernement; que, ce bruit s'étant détruit par sa fausseté même, on était présentement à fabriquer des pièces qui devaient traiter des différents moyens d'y parvenir, et que c'était dans l'intention d'en faire retomber les soupçons sur le gouvernement même; qu'il savait aussi et qu'il pouvait me le dire en confidence que l'atelier de cet ouvrage était chez le résident Antivari, et que de là il devait présumer que celui-ci avait ordre de sa cour de prêter son assistance au sieur Panin, parcequ'il n'était point probable qu'un homme tel qu'Antivari, qui avait été dans le pays depuis tant d'années et qui devait connaître combien pareilles démarches étaient critiques, voulût s'y prêter à moins d'y être autorisé."

Nach dem Concept.

ce qui en saurait être convenable ou non à la Suède, et qu'il connaît d'ailleurs mieux que moi la façon dont la Porte pourrait se conduire à cet égard.

Pour ce qui regarde cet ouvrage double dont le comte Tessin a accusé le sieur Antivari, je puis vous dire avec connaissance de cause que l'atelier de cet ouvrage n'est point chez ce résident, mais que c'est sûrement le chancelier Bestushew qui l'a manié, et le sieur Panin qui l'a mis en étalage.

Federic.

4176. AU CONSEILLER PRIVÉ DE GUERRE DE KLINGGRÆFFEN A LONDRES.

Klinggräffen berichtet, London 24. Februar: „Je sais par la personne en question[1] que le duc de Newcastle, en parlant il y a peu de jours à l'ambassadeur de France, lui a fait connaître s'il ne lui était pas possible de trouver un moyen pour faire désarmer la Russie avec l'honneur; à quoi ce dernier a répondu que le comte Bestushew l'ayant fait armer sans motif, il pourrait la faire désarmer de même. Je sais encore par la même voie que le duc de Bedford a avoué à l'Ambassadeur qu'il ne doutait point qu'il n'y eût eu du chipotage entre le duc de Newcastle et le baron de Münchhausen[2] qui pouvait avoir rapport à la façon de penser du Roi comme électeur d'Hanovre; mais que pour ce qui était de l'Angleterre, le duc de Newcastle n'oserait sûrement

Potsdam, 10 mars 1750.

J'ai reçu vos rapports du 24 et du 27 du mois passé de février, dont j'ai été satisfait, par les particularités intéressantes que j'y ai apprises du train que les affaires relativement au Nord commencent de prendre en Angleterre. La Russie pourrait bien se tromper dans son attente de trouver là de grandes ressources pour arriver à ses vues, et même tout ce que le roi d'Angleterre chipote avec les ministres d'Hanovre et ceux qui lui sont dévoués, n'aboutira à rien, dès qu'il n'y saura entraîner la nation.

[1] Vergl. S. 253. 268. — [2] Vergl. S. 268.

rien porter au Conseil pour lui faire prendre part, d'une façon coûteuse, dans les affaires du Nord. Je crois que ce secrétaire d'État accuse juste, et cela est entièrement conforme à ce que j'ai marqué plusieurs fois, qu'il y a eu de double cabinet jusqu'ici par rapport aux affaires du Nord. Le duc de Bedford le sent, et cela fera aussi que les instructions que l'on donnera au duc de Newcastle pour Hanovre, lui lieront plus les mains que par le passé."

London 27. Februar: „Le chipotage du duc de Newcastle et du baron de Münchhausen a souffert un grand échec . . . aussi le premier a-t-il condamné avec affectation à un membre du Conseil la démarche de la Russie, ce que je sais de bonne part."

Ajoutez qu'après la forte saignée qu'il a faite à son trésor d'Hanovre par la somme de cinq millions d'écus qu'il a avancés aux Saxons du temps de la dernière guerre passée et dont il n'a su se faire payer jusqu'à présent, il ne sera pas aisément à disposer d'en tirer encore pour l'amour de la Russie.

Au reste, je suis dans l'attente d'apprendre de vous l'impression que la déclaration dont je vous ai chargé par ma dépêche précédente,[1] aura faite sur le ministère anglais, et ce qu'ils ont répondu à l'ambassadeur de France, quand il leur a fait les mêmes insinuations de la part de sa cour.

Federic.

Nach dem Concept.

4177. AU CONSEILLER PRIVÉ DE LÉGATION BARON DE GOLTZ A SAINT-PÉTERSBOURG.

Potsdam, 10 mars 1750.

J'ai reçu votre dépêche du 21 de février dernier, et je n'ai cette fois-ci qu'à vous renvoyer à mes précédents ordres, me trouvant jusqu'à présent encore toujours dans l'attente que vous m'informiez de l'impression qu'aura faite sur la cour de Russie la réponse donnée par le ministère de Suède au dernier mémoire du sieur de Panin, et que vous me rapportiez quel effet a opéré sur ladite cour la déclaration que vous avez dû lui faire de ma part.[2]

Quand, au reste, vous êtes de l'opinion qu'il se pourrait que le chancelier Bestushew conçût l'idée de tâcher de disposer le Grand-Duc à céder, dès à présent même, ses droits sur les duchés de Sleswig et de Holstein à la couronne de Danemark, dans l'intention de détacher par ce moyen le Danemark de la Suède et de l'attirer dans ses vues, je suis persuadé que, si la pensée pouvait réellement en naître au comte Bestushew, il ne réussirait pas, pour plus d'une raison, auprès du Grand-Duc, à la lui faire agréer. Quoi qu'il en soit, vous auriez mieux fait de ne communiquer qu'à moi seul immédiatement votre appréhension à cet égard, et je vous défends très expressément de n'en faire plus aucune mention à âme qui vive, pour ne pas donner vous-même des

[1] Vergl. S. 279. — [2] Vergl. S. 278.

idées à gens au monde que sans cela ils n'auraient eues de sitôt ou qui même de leur chef ne leur seraient jamais venues dans l'esprit.

Nach dem Concept.

Federic.

4178. AU CONSEILLER BARON LE CHAMBRIER A PARIS.

Chambrier berichtet, Paris 27. Februar: J'ai dit au marquis de Puyzieulx „que les intentions de Votre Majesté de faire parler à Vienne et à Londres comme la France le désirait, s'étaient croisées avec la demande que la France en a faite à Votre Majesté par mon canal.[1] J'ajoutai que ce concours ne pourrait manquer d'être de poids, par l'unanimité des discours des ministres de part et d'autre, et que Votre Majesté en espérait un bon effet. Le marquis de Puyzieulx me répondit qu'il envoyait un courrier au marquis de Valory lequel lui porterait la copie de ce que le marquis de Mirepoix et le sieur Blondel auront ordre de lire aux ducs de Newcastle et de Bedford et au comte d'Ulfeld, sur la manière dont la France regarde le mémoire que la Russie a fait remettre à la Suède par le sieur Panin, et la réponse que la Suède a faite à ce mémoire."

Potsdam, 10 mars 1750.

Puisque mes dépêches précédentes que je vous ai faites, ont épuisé tout ce que je saurais vous dire sur votre dépêche du 27 du mois dernier, je ne saurais que vous y renvoyer et de vous dire, au surplus, que, quand le marquis de Valory viendra me parler au sujet que vous accusez, j'ai ma réponse toute prête et m'expliquerai envers lui de façon qu'on saura raisonnablement l'attendre de moi.

En attendant, je suis encore dans la ferme persuasion, par les raisons que je vous ai amplement développées dans mes dépêches antérieures, que, malgré la bile du chancelier de Russie, il n'osera porter les choses à une rupture ouverte avec la Suède. Ce que cependant ne m'endormira point, et j'espère que je saurai trouver moyen d'être informé à temps des desseins de la Russie et d'en avertir la France, surtout si la Russie voulait pousser à bout la Suède et parvenir à des extrémités envers elle.

Nach dem Concept.

Federic.

4179. AU MARQUIS DE VALORY, ENVOYÉ DE FRANCE, A BERLIN.

Potsdam, 10 mars 1750.

Monsieur le Marquis de Valory. Je vous ai déjà marqué les justes soupçons que j'ai conçus que vos lettres que vous faites passer par Hambourg et par Hanovre en France, sont ouvertes à Hanovre, et que le secret qu'elles renferment en est trahi.[2] Pour que cependant l'on puisse être entièrement assuré de la réalité de ces soupçons et savoir avec fondement si effectivement on a trouvé moyen à Hanovre de développer le secret de votre chiffre, il m'est venu la pensée qu'il serait

[1] Vergl. S. 277. — [2] Vergl. S. 281.

fort à propos à cet égard que vous écrivissiez, à peu près dans le sens du précis ci-joint, une feinte dépêche à M. de Puyzieulx, chiffrée de votre chiffre ordinaire, laquelle vous voudriez bien ensuite faire partir par la poste ordinaire par Hambourg et Hanovre. Je ne tarderai pas, après cela, d'être informé si on s'est mis à Hanovre au fait du contenu de votre feinte dépêche, et nous saurons ainsi, sans qu'on pourra plus en douter, si l'on y a effectivement le secret de votre chiffre.

Il sera néanmoins bon que vous employiez en même temps la précaution d'avertir M. de Puyzieulx par une route différente, et qui d'ailleurs soit sûre, des raisons qui vous ont engagé de lui envoyer par Hanovre la susdite feinte dépêche, laquelle, quoique le contenu en fût véritable et fondé quant aux insinuations malicieuses que la Russie avait mises en œuvre en Angleterre, vous n'aviez cependant fait partir par Hanovre qu'en vue d'approfondir si on y avait effectivement votre chiffre.

Federic.

Précis.

Que selon les lettres de Pétersbourg le comte Bestushew, chancelier de Russie, ne discontinuait point à faire jouer tous les ressorts imaginables pour porter les choses à l'extrémité contre la Suède; qu'il y avait à ce sujet des conférences sans fin entre lui et les ministres Bernes et Guy Dickens, dont les courriers ne faisaient qu'aller et venir; qu'après bien des pourparlers entre le Chancelier et le ministre autrichien on avait pris à tâche de travailler surtout à entraîner le roi d'Angleterre dans les vues de la Russie et que pour y parvenir on n'épargnait ni ruses ni mensonges; que parmi d'autres insinuations malicieusement controuvées on avait tâché de faire accroire à la cour de Londres qu'il y avait un concert formé entre la Prusse et la Suède en conséquence duquel le roi de Prusse favoriserait le changement du gouvernement de Suède, et que dès lors les Suédois attaqueraient la Russie pour en reconquérir les provinces cédées par les traités de paix antérieurs; qu'en même temps les possessions en Allemagne du roi d'Angleterre seraient également attaquées, pour en arracher les duchés de Brême et de Verde. Que, pour habiller d'autant mieux ces mensonges, on avait eu l'effronterie de forger un traité secret qu'on disait être fait entre la Prusse et la Suède, et quoique à la vérité le ridicule d'un tel traité supposé sautât d'abord aux yeux de chacun qui voudrait y regarder, qu'on avait cependant lieu de soupçonner que les Anglais avaient donné dans ce panneau et qu'ils avaient pris des ombrages là-dessus.

Nach dem Concept.

4180. AN DEN ETATSMINISTER GRAF PODEWILS IN BERLIN.

Potsdam, 13. März 1750.

Es haben Se. Königl. Majestät mir befohlen, an Ew. Excellenz zu vermelden, wie der Marquis de Valory bei seiner letzteren Anwesenheit allhier sich gegen Höchstgedachte Se. Königl. Majestät geäussert habe, dass wenn es Deroselben gefällig wäre, ihm ein ganz umständliches und detaillirtes Promemoria von der eigentlichen Beschaffenheit des Verlangens, so Höchstdieselbe an seinem Hofe gethan,[1] dass nämlich die stettinsche Handlung und Kaufleute in denen französischen Hafen- und Handlungsplätzen eben dieselben Bénéfices zu geniessen haben möchten, welche denen Hansestädten Hamburg, Lübeck und Bremen dorten accordiret worden, und dass erstere mit letzteren ratione der Imposten und Droits d'entrée et de sortie parificiret werden möchten, zu stellen und die dazu habende Gründe mit anzeigen lassen zu wollen, er sich Hoffnung machete, nach seiner Retour in Frankreich diese Sache bei dortigem Hofe zum Vergnügen Sr. Königl. Majestät zu Stande zu bringen.

Es möchten also Ew. Excellenz besorgen, dass dergleichen Promemoria sogleich aufgesetzet und gedachtem Marquis de Valory zugestellet werden müsste. Ew. Excellenz würden aber zugleich dahin sehen, dass dieses Memoire wohl ausgearbeitet und solchem zu Erreichung Sr. Königl. Majestät Absichten eine recht gute Tournure gegeben werden müsste, wobei Höchstdieselbe vor die convenableste [Tournure] mit zu sein erachteten, dass die Sache dahin gedrehet werde, dass nachdem die Kron [Frankreich] denen teutschen Hansestädten dergleichen Avantage in ihrem Handel nach Frankreich zugestanden habe, die Stadt Stettin mit zu solchen Hansestädten gehöre und ihr also gleich jenen solche Bénéfices zugestanden werden möchten.

Eichel.

Nach der Ausfertigung.

4181. AU CONSEILLER PRIVÉ DE LÉGATION ERNEST-JEAN DE VOSS A DRESDE.

Voss berichtet, Dresden 7. März: „Ayant appris que le comte Keyserlingk avait remis au comte Brühl une lettre de la Czarine, écrite au roi de Pologne, j'ai fait mon possible pour en savoir le contenu ... Je viens d'apprendre par un bon canal que par cette lettre l'Impératrice avait conseillé au Roi de se faire des créatures et amis en Pologne pour soi-même et la famille royale, sans en faire à d'autres qui ne pensaient qu'à eux-mêmes; que par cette raison il devait être sur ses gardes dans la distribution des bénéfices et ne pas tout donner à une famille seule. Toute la lettre doit être fort équivoque, sans nommer personne. Le comte Keyserlingk doit avoir été fort

Potsdam, 14 mars 1750

J'accuse la relation que vous m'avez faite du 7 de ce mois. Si tant est que l'avis que vous avez eu par rapport au contenu de la lettre que l'impératrice de Russie a faite au roi de Pologne, soit fondé, ce serait la plus belle occasion de bien brouiller les vues que la cour de Dresde peut avoir à l'égard de la Diète qu'on va assembler en Pologne, et il conviendrait alors que vous tâchiez à faire ébruiter le contenu de ladite lettre, quoique sans

[1] Vergl. Bd. V, 547; Bd. VI, 37. 81.

surpris lorsque le comte Brühl lui en a dit le contenu. Il a prétendu l'ignorer parfaitement, assurant qu'on lui avait envoyé la lettre, sans l'instruire de son contenu, pour la donner à lui, comte Brühl; mais qu'il aurait soin de donner d'autres idées à sa cour, ayant toujours regardé l'agrandissement de la famille de Czartoryski comme une chose qui devait faire plaisir à la Russie. Je ne comprends rien à ceci; cependant, je me souviens d'avoir entendu par hasard à Varsovie du comte [Michel] Bestushew que, tant ami qu'il était des Czartoryski, il ne pouvait approuver les idées ambitieuses de cette famille, et peut-être ses rapports ont occasionné cette lettre." que vous y apparaissiez en aucune façon, pour causer bien d'embarras à la grande famille en Pologne. Ce que je remets cependant à votre considération.

Federic.

Nach dem Concept.

4182. AU CONSEILLER PRIVÉ DE LÉGATION BARON DE GOLTZ A SAINT-PÉTERSBOURG.

Potsdam, 14 mars 1750.

J'ai reçu le rapport que vous m'avez fait à la date de 24 du février dernier. Dans la situation où sont actuellement les affaires du Nord, c'est principalement de vous que j'attends à présent les nouvelles qui doivent me mettre à même à vous donner des instructions ultérieures; aussi suis-je assez curieux d'apprendre le parti que la cour de Russie prendra par rapport à la réponse qu'on a donnée au sieur Panin, et quelle impression la déclaration que vous êtes chargé de faire, à la cour où vous êtes, relativement à ladite réponse, aura faite sur elle.

Au reste, j'attribue la façon indécente dont le sieur Guy Dickens s'énonce à l'égard de la Suède, plutôt à la passion personnelle qu'il a contre les Suédois, et à son humeur emportée et fougueuse, que de croire que sa cour y entre pour quelque chose et qu'il agisse en conformité de ses instructions.

Federic.

Nach dem Concept.

4183. AU CONSEILLER BARON LE CHAMBRIER A PARIS.

Potsdam, 14 mars 1750.

J'ai été satisfait de la relation que vous m'avez faite du 2 de ce mois et en particulier du post-scriptum que vous y avez joint. La bonne disposition où la France est à mon égard, et de soutenir la Suède contre l'oppression de la Russie, m'a fait surtout beaucoup de plaisir, et j'attendrai de quelle façon le comte Tyrconnell s'expliquera envers moi, quand il sera arrivé. En attendant, je continue encore d'espérer que, malgré la rage décidée du chancelier Bestushew contre la Suède, l'on ne voudra porter les choses à l'extrémité, parceque la situation de la Russie n'est plus si avantageuse qu'elle fut il y a un an passé, et, à moins que la tête ne tourne tout-à-fait audit Chancelier, il hésitera de pousser les choses jusqu'à une guerre ouverte, quoiqu'il ne laissera passer aucune occasion pour agacer au possible la Suède.

Ce qui m'a paru pourtant étrange, c'est l'avis que j'ai que le ministre anglais à Pétersbourg, Guy Dickens, se doit faire un plaisir de déclamer et de décharger hautement sa bile contre la Suède, aussi souvent que l'occasion s'en présente, ce qui ne serait nullement à combiner avec ce que les Anglais déclarent à la France au sujet des affaires du Nord. Il se pourrait bien être cependant que dans ces occurrences le sieur Guy Dickens, extrêmement piqué qu'il est contre les Suédois, se laisse emporter par la violence de son tempérament à jeter des propos dont sa cour n'a nulle part, et qui ne sont pas conformes aux instructions qu'il en a reçues.

Au reste, par tout ce que vous me marquez des déclarations énergiques que la France fait faire à l'égard des affaires du Nord, je crois presque entrevoir qu'elle n'a plus tant de répugnance pour une nouvelle guerre qu'elle témoignait autrefois et qu'elle aimerait de dégaîner plutôt dans ce temps-ci qu'à un autre, vu que l'Angleterre se ressent encore des grands efforts qu'elle a faits dans la dernière guerre, que la Hollande, par son état d'impuissance, ne saurait être d'un grand secours à ses alliés, que le roi de Sardaigne paraît être ébranlé, et que la France saurait se rendre maître dans peu de temps de tous les Pays-Bas autrichiens, les places de barrière étant encore presque toutes démantelées.

Federic.

Nach dem Concept.

4184. AU MINISTRE D'ÉTAT COMTE DE PODEWILS, ENVOYÉ EXTRAORDINAIRE, A VIENNE.

Potsdam, 14 mars 1750.

La déclaration que vous dites, dans votre rapport du 4 de ce mois, qu'a fait faire le roi de Sardaigne à la cour où vous êtes sur les bruits qui ont couru pendant quelque temps relativement aux engagements qu'on prétendait que lui, roi de Sardaigne, avait pris avec la France et l'Espagne,[1] ne doit sans doute, vu l'expérience qu'on a des temps passés, pas avoir coûté fort cher à ce Prince. Mais j'espère de recevoir des avis sûrs de France et d'autres endroits encore, pour pouvoir m'instruire à fond sur quoi roulent les chipotages qui subsistent entre les cours de Turin, de France et d'Espagne.

L'invention de forger des canons de bronze et de fer, ne nous est point inconnue ici; elle ne produit cependant pas l'utilité et l'avantage

[1] Vergl. S. 262. 277.

que l'on s'en était attendus, l'effet de ces canons forgés étant incontestablement beaucoup moindre que celui de ceux de fonte.

Nach dem Concept.

Federic.

4185. AN DEN ETATSMINISTER GRAF PODEWILS IN BERLIN.

Podewils und Finckenstein berichten, Berlin 16. März, in Betreff der im Interesse des stettiner Handels bei Frankreich zu beantragenden Gleichstellung Stettins mit den Hansestädten.¹ „La même proposition ayant été déjà faite aux ministres de France par le baron Le Chambrier, ² elle en a été si peu favorablement reçue qu'il n'a pas jugé de l'intérêt de Votre Majesté d'y insister davantage. On lui a déclaré nettement que le traité conclu avec les Villes Anséatiques regardait uniquement celles de Lübeck, de Hambourg et de Brême, à l'exception de toutes les autres qui avaient ci-devant appartenu à la Société Anséatique ... On lui a fait sentir, de plus, que de quelque façon que la France voudrait accorder aux sujets de Votre Majesté les faveurs et les exemptions qu'Elle demandait pour eux, la charge en retomberait toujours à la couronne, parcequ'elle serait obligée de bonifier aux fermiers généraux ce que les sujets de Votre Majesté y épargneraient."

Mündliche Resolution. Nach Aufzeichnung des Cabinetssecretärs.

Potsdam, 17. März 1750.

Der Etatsminister Graf von Podewils soll dem Memoire noch hinzufügen, dass durch die Acquisition von Schlesien das Commerce von Frankreich, sonderlich von seinen Weinen, notablement augmentiret worden, als welche jetzo stark dahin gingen, statt dass vorhin nichts als ungrische Weine allda consumiret worden. Und weil alle solche französische Weine über Stettin gingen, so würde dadurch das Négoce von Frankreich mit befördert werden, wann es die stettinsche Handlung beneficirte. Sonsten releviren alle dagegen angezeigete Schwierigkeiten wenig oder nichts, wenn sie recht eingesehen werden.

4186. AU MARQUIS DE VALORY, ENVOYÉ DE FRANCE, A BERLIN.

Potsdam, 17 mars 1750.

Monsieur le Marquis de Valory. Vous avez vu mon admiration et ma sensibilité à la réception des belles statues que le Roi votre maître a bien voulu m'envoyer.³ Un pareil présent répond également à sa magnificence et à la manière dont je ressens tout ce qui me vient de sa part. Vous savez mieux qu'un autre le cas infini que j'en fais, et combien mon amitié est flattée de tous les témoignages que je reçois de la sienne. Je ressens aussi, comme je le dois, la façon dont vous avez rempli dans cette occasion la commission dont vous étiez chargé, et le présent que je fais joindre à cette lettre,⁴ et que vous voudrez bien agréer de ma part, est autant une marque de la bienveillance et de

¹ Vergl. S. 291. — ² Vergl. Bd. VI, 404. — ³ Vergl. S. 235. — ⁴ Ein Ring mit dem Bilde des Königs.

l'estime particulière que j'ai pour vous, qu'un moyen de vous rappeler une époque dont je me souviendrai toujours moi-même avec un nouveau plaisir. Sur ce, je prie Dieu etc.

Federic.

Nach der von Valory eingesandten Abschrift im Archiv des Auswärtigen Ministeriums zu Paris.

4187. AU CONSEILLER BARON LE CHAMBRIER A PARIS.

Potsdam, 17 mars 1750.

Pour vous répondre à ce que le marquis de Puyzieulx vous a dit relativement aux affaires du Nord, en conséquence de la dépêche que vous m'avez faite à la date du 6 de ce mois, je vous dirai que mes ministres résidants aux cours de Londres, de Vienne et de Pétersbourg ont ordres de faire de ma part ces déclarations que la cour de France a désiré que je les fisse faire, et que j'estime que, quand celle-ci vous arrivera, M. de Puyzieulx sera peut-être déjà informé des réponses que les cours de Londres et de Vienne y ont données. Que pour ce qui regarde les mesures à prendre au cas que la Russie voulût pousser à l'extrémité la Suède, je vous ai déjà informé[1] que, ce cas existant, je remplirai exactement les obligations où je suis par mon traité d'alliance avec la couronne de Suède et lui fournirai le corps de troupes auxiliaires qui y est stipulé. Qu'au surplus, j'attends de quelle façon le comte Tyrconnell ou le marquis de Valory s'expliqueront envers moi sur les intentions de la France, pour me déclarer là-dessus. Ce que vous pouvez bien dire à M. de Puyzieulx, quand il reviendra avec vous à ces propos.

Au surplus, vous devez insinuer, à cette occasion-là, à ce ministre, bien que d'une manière très polie et convenable, que je n'étais pas aussi boute-feu que mes ennemis l'avaient voulu faire accroire à la France, et qu'on verrait clairement que je n'étais nullement celui qui soufflais le feu ni qui pensais à précipiter les choses. Aussi me flatté-je que la défiance envers moi dont le ministère de France a laissé entrevoir autrefois d'être imbu à ce sujet, aura présentement diminué de beaucoup.

Au reste, je vous ai déjà fait instruire de la nouvelle qui nous est venue d'un traité de subsides nouvellement conclu entre les Puissances maritimes et l'électeur de Cologne. Cette nouvelle s'est confirmée depuis, et l'on marque que ce traité a été signé pour le terme de quatre années, contre un subside annuel de 400,000 écus, dont le roi d'Angleterre comme électeur d'Hanovre payera la moitié, et la république de Hollande l'autre. Comme je ne doute pas que M. de Puyzieulx n'en soit plus amplement informé, vous devez lui faire observer, à quelque occasion convenable, que j'étais disposé à croire qu'il ne s'agissait peut-être pas dans ce traité autant des troupes que l'Électeur

[1] Vergl. S. 285.

devait fournir aux Maritimes, que de certaines mesures concertées relativement à l'élection d'un roi des Romains.

Je finis en vous ordonnant de faire un compliment bien flatteur de ma part à M. de Puyzieulx par rapport aux excellentes pièces de marbre dont Sa Majesté Très Chrétienne m'a fait régaler.

Nach dem Concept.
Federic.

4188. AU CONSEILLER PRIVÉ DE LÉGATION BARON DE GOLTZ A SAINT-PÉTERSBOURG.

Potsdam, 17 mars 1750.

J'ai reçu votre relation du 28 du mois dernier de février. Je n'ai jamais douté que la réponse donnée au sieur de Panin ne serait du tout du goût du comte Bestushew et qu'il n'y acquiescerait pas. J'attends le rapport circonstancié que vous me promettez à ce sujet, mais je suis surtout curieux d'apprendre l'impression que la déclaration que vous êtes chargé de faire de ma part, aura faite sur la cour de Russie et ce qu'elle avisera d'y répondre. Au reste, tant que le Chancelier ne fera que chicaner sur des mots, je le verrai faire tout ce qui lui plaira.

Nach dem Concept.
Federic.

4189. AU CONSEILLER PRIVÉ DE LÉGATION FRÉDÉRIC DE VOSS A COPENHAGUE.

Potsdam, 17 mars 1750.

C'est avec une satisfaction entière que j'ai vu tout ce que vous m'avez marqué par vos dépêches du 7 et du 10 de ce mois, par rapport à la bonne disposition où se trouve la cour de Danemark, et à l'égard de la fermeté de ses sentiments pour la conservation de la tranquillité du Nord, que je tâcherai, de mon côté, de cultiver au possible. La petite anecdote que vous me marquez au sujet du crédit où se trouve le comte de Schmettau[1] auprès les ministres de Danemark, m'a un peu surpris; je l'ai connu autrefois pour une bête assez légère, peut-être qu'il est revenu à présent et qu'il est devenu plus solide; mais avec tout cela, vous ferez bien d'être en garde avec lui, pour ne pas vous trop fier à lui. Ce que je ne vous dis cependant que pour votre direction seule.

Quant à l'ouverture à faire à la cour de Danemark, relativement à l'alliance à faire entre elle et moi, je m'abandonne au sieur Lemaire et au ministre de Suède, quand ceux-ci trouveront le moment convenable d'en pressentir les ministres de Danemark; et quand alors je serai informé de ce que ceux-ci demanderont, je verrai ce que j'y saurais faire.

Au surplus, il me paraît que par le crédit où M. de Cheusses se trouve auprès du chancelier de Russie, comte Bestushew, l'on pourrait

[1] Dänischer Oberst, der früher in preussischen Diensten gestanden hatte.

avoir l'occasion de découvrir beaucoup de souterrains par rapport aux procédés des cours de Vienne et de Londres auprès de celle de Russie, si ledit sieur de Cheusses fût bien instruit de s'orienter là dessus. Aussi en devez-vous faire des insinuations à M. Lemaire, pour voir s'il voudra faire usage de cet avis.

Nach dem Concept.

Federic.

4190. AU CONSEILLER PRIVÉ DE LÉGATION DE ROHD A STOCKHOLM.

Potsdam, 17 mars 1750.

Je viens de recevoir à la fois vos dépêches du 3 et du 6 de ce mois. J'applaudis fort à la résolution que la cour de Suède a prise de cultiver soigneusement les bonnes dispositions où se trouve celle de Danemark à son égard; aussi mes lettres de Copenhague m'ont confirmé, à ma satisfaction sensible, que ces dispositions sont telles qu'on ne saurait les souhaiter meilleures.

La nouvelle de l'Orient qu'on prétend avoir eue, relativement au motif de la déposition du dernier Grand-Visir,[1] me paraît apocryphe, au moins outrée; mais à l'occasion de celles qu'on a eues des frontières de la Finlande, savoir que tout y était tranquille et qu'on n'y remarquait aucun mouvement entre les troupes russes, je dois vous faire remarquer qu'il faut consulter à ce sujet les considérations militaires, en conséquence desquelles les troupes russes n'y sauront remuer que dans le mois de mai ou de juin, quand la saison leur permettra de se mouvoir, ainsi qu'on ne saura point compter sur cette tranquillité apparente.

Federic.

Nach dem Concept.

4191. AU CONSEILLER PRIVÉ DE GUERRE DE KLINGGRÆFFEN A LONDRES.

Potsdam, 17 mars 1750.

Vos dépêches du 3 et du 6 de ce mois me sont bien parvenues. La nouvelle que vous me marquez à l'égard de la faveur que la réduction des intérêts a reprise,[2] de façon que vous la regardez comme une affaire faite, m'a bien surpris; cependant je crois avoir lieu de douter encore que ceux qui sont hors de la domination de la Grande-Bretagne et qui sont intéressés dans cette affaire par rapport aux capitaux qu'ils y ont placés, se voudront accommoder à cette réduction, quand même ceux du pays anglais y voudraient souscrire, article sur lequel je voudrais bien que vous m'éclaircissiez.

[1] Vergl. S. 245. Nach Rohd's Bericht vom 6. März wollte man in Stockholm wissen, dass die Gleichgültigkeit des Grossveziers Abdullah gegen die nordischen Angelegenheiten die Ursache seines Sturzes gewesen sei. — [2] Vergl. S. 256. 303.

Puisque mes ordres au sujet de la déclaration à faire de ma part relativement aux affaires du Nord, vous seront déjà parvenus, j'attends à présent votre rapport sur la manière qu'on se sera expliqué là-dessus.

Au reste, mes ministres du département des affaires étrangères vous instruiront sur le vrai état des comptes que vous avez à la charge de la caisse de légation, après une recherche exacte qu'on en a faite, et les régleront de façon que vous n'aurez plus sujet de m'embarrasser par vos plaintes et doléances; à laquelle occasion je ne puis m'empêcher de vous dire que je suis un peu rebuté de tous les extraordinaires que vous mettez sans fin en compte et qui vont si loin que ladite caisse s'en trouve étrangement dérangée et qu'elle n'y saura plus suffire.

Nach dem Concept.

Federic.

4192. AU CONSEILLER PRIVÉ DE LÉGATION ERNEST-JEAN DE VOSS A DRESDE.

[Potsdam, 17 mars 1750].

Je vous sais bon gré de ce que vous continuez à me marquer exactement ce qui vous revient par rapport à l'état des finances de la Saxe. J'ai observé, sur ce que vous m'en dites dans votre dépêche du 10 de ce mois, que plus la cour de Dresde amasse des sommes en argent, plus elle dérange ses affaires et creuse son précipice.

Je dois vous avertir que le nommé Ram[1] a été ici. Quelque bonnes que puissent être les intentions de cet homme, je n'ai cependant pas pu goûter ses propositions, parcequ'elles n'ont roulé que sur une offre de vouloir donner de l'ouvrage aux faiseurs de draps qui sont ici et de les faire travailler pour lui, à condition qu'il les payerait en billets de la *Steuer* qu'il tâcherait de trouver auprès des particuliers en Saxe et dont je devrais faire alors maquignonner le payement; article que je n'ai point pu goûter, par des raisons que vous n'ignorez pas.

Au surplus, le comte de Mejerfeld m'ayant fait remettre le paquet contenant l'opéra que vous m'avez fait copier, je viens d'ordonner à mon trésorier Fredersdorf de vous remettre le montant de 25 écus 12 gros que vous en avez déboursé.

Federic.

Nach dem Concept. Das Datum ergiebt die Antwort, Dresden 23. Marz.

4193. AU CONSEILLER BARON LE CHAMBRIER A PARIS.

Chambrier berichtet, Paris 9. März.
„Ce ministère paraît attendre avec un peu d'impatience quel sera l'effet des insinuations qu'il a faites, pour que Votre Ma-

Potsdam, 21 mars 1750.

Je vous sais un gré particulier des bons avis que vous m'avez

[1] Vergl. S. 267.

jesté et la Suède Se concertassent sur les mesures qu'il Leur convient de prendre, si la guerre s'allume dans le Nord par l'entrée des Russes dans la Finlande suédoise. Cette cour a désiré que le baron de Scheffer envoyât à Stockholm son frère pour cela, et qu'il revînt ensuite à Berlin, pour faire connaître à Votre Majesté quels sont les sentiments de la Suède et voir s'ils peuvent convenir à Votre Majesté et si Elle croit à propos de prendre en conséquence les mesures qu'Elle croira nécessaires . . . J'ai tâché, sans commettre Votre Majesté et heurter de front lesdits ministres, de leur faire entendre que c'était la France qui devait commencer par dire quelles étaient ses intentions, si la paix vient à être troublée, et ce qu'elle fera dans ce cas-là. Comme je m'étais bien douté que ce discours déplairait, on l'a tenu avec toute la douceur et le ménagement possibles, pour qu'il n'indisposât pas les esprits. Cependant on s'en est cabré et on a toujours répondu que c'était à Votre Majesté et à la Suède de convenir de leurs faits . . . J'estimerais . . . qu'il conviendrait peut-être que Votre Majesté dise, quand Elle croira avoir vu le fond du sac du comte Tyrconnell: »Je demande que la France fasse telle et telle chose.«
. . . Sans vouloir leur faire tort par un jugement précipité, je crois qu'on peut hardiment conjecturer qu'ils tâcheront de se rendre cette guerre la moins à la charge pour eux qu'ils pourront."

Nach dem Concept.

donnés par votre relation du 9 de ce mois, dont j'ai été très satisfait, par les choses intéressantes et instructives qu'elle comprend, dont je ne laisserai pas de faire mon usage et dont je vous ai bien de l'obligation pour me les avoir fournis. J'attendrai en conséquence l'arrivée du comte Tyrconnell, qui, à ce que j'apprends, se fera dans peu de jours. Je le verrai venir et entrerai avec lui sur tout ce qu'il me fera de propositions, d'une manière tout naturelle et de façon que sa cour aura lieu d'être content de la droiture de mes sentiments.

Federic.

4194. AU CONSEILLER PRIVÉ DE LÉGATION ERNEST-JEAN DE VOSS A DRESDE.

Voss berichtet, Dresden 14. März: „Le ministre de Suède [Hœpken] a communiqué au comte de Brühl la réponse que sa cour a faite au mémoire russien, présenté par le sieur Panin . . . Réellement, Brühl n'a pas trop soutenu la thèse des Russiens . . . Selon moi, il n'a fait, cette fois-ci, que cacher ses sentiments; car son attachement pour les cours impériales, et principalement pour celle de Russie, est trop connu pour qu'on puisse se tromper à sa façon de penser, et il aurait beau m'assurer le contraire, sans

Potsdam, 21 mars 1750.

J'ai vu par votre dernière dépêche de quelle manière le comte de Brühl s'est expliqué en dernier lieu avec le ministre de Suède. Les réflexions que vous faites à cette occasion sur le système que le comte de Brühl s'est bâti, sont bien justes; il n'est rien de plus vrai qu'il ne cessera jamais d'être du côté de mes ennemis et qu'il

que j'y ajouterais jamais foi. Il ne saurait même changer de système sans risquer sa culbute. Son plus grand mérite est pour les intérêts de Votre Majesté, ayant trouvé moyen de déranger la Saxe au point qu'elle l'est aujourd'hui,¹ et pourvu qu'il reste encore quelques années en place, il y a toute apparence qu'il y mettra la dernière main ... Il y a longtemps que j'ai raffiné où donc l'argent restait proprement. Mais malgré toutes les peines, il n'y pas moyen de l'approfondir, et je suis sûr que, excepté les comtes Brühl et Hennicke, le reste du ministère l'ignore aussi bien que moi.

Le bruit de la ville porte que le sieur de Brand, autrefois major général des troupes saxonnes, avait reçu de Votre Majesté les patentes de lieutenant-général. On ajoute qu'étant revêtu de ce caractère, il avait demandé le premier ministre en duel, en lui écrivant une lettre des plus fortes, et on prétend que le comte de Brühl en est fort embarrassé ... Les Polonais souhaitent avec empressement de voir le prince Xavier et le prince Charles en Pologne."²

Nach dem Concept.

les favorisera au possible. Grâce cependant à sa bonne conduite, qu'il ne sera pas à même de me faire grand mal.

Les bruits que vous accusez, dans votre dépêche alléguée du 14 de ce mois, au sujet du général major de Brand, sont des mensonges tout purs, et vous devez donner hautement le démenti à ceux qui voudront dire qu'il est jamais entré en mon service.

L'empressement des Polonais de voir à Varsovie les princes Xavier et Charles, me paraît singulier; s'il n'y a quelque dessous de cartes de la part de ceux qui voudraient tendre quelque piége au roi de Pologne pour le rendre odieux à la nation, ou quelque jeu caché de la maison de Czartoryski, il se peut que ce soit quelque intrigue de la cour de Pétersbourg en conséquence de la lettre de l'impératrice de Russie au roi de Pologne dont vous m'avez instruit en dernier lieu.³

Federic.

4195. AU CONSEILLER PRIVÉ DE LÉGATION BARON DE GOLTZ A SAINT-PÉTERSBOURG.

Potsdam, 21 mars 1750.

Je veux bien encore vous réitérer par la présente dépêche, en réponse à celle que vous m'avez adressée en date du 3 de ce mois, qu'autant que le chancelier Bestushew se contentera de simples ostentations de guerre et qu'il n'escrimera que de la plume, je lui verrai faire tranquillement tout ce qu'il lui plaira, sans m'en embarrasser beaucoup.

Je suis cependant fort curieux d'apprendre quelle impression aura opérée sur la cour de Russie la déclaration que je lui ai fait faire en dernier lieu, et quel effet aura produit sur cette cour ce que le Danemark lui a fait déclarer en substance sur le même sujet.

¹ Vergl. S. 29. 271. — ² Vergl. S. 259. — ³ Vergl. S. 291.

Quand, au reste, vous viendrez à parler de nouveau à l'ami connu, vous devez lui dire d'une façon amiable, mais naturelle en même temps, que ce serait à mon plus grand regret, vu la considération toute particulière et la vraie estime personnelle que j'avais pour l'impératrice de Russie, si jamais je pouvais me voir brouillé avec cette grande Princesse; que c'était là le motif qui m'avait fait supporter jusqu'ici patiemment et avec indulgence nombre de mauvais comportements du chancelier Bestushew à mon égard; que néanmoins après tout je ne saurais permettre qu'on me sautât entièrement sur les pieds, ni qu'on fît des choses à mon égard qui n'étaient supportables à aucun souverain au monde; que je conserverais toujours une véritable estime et amitié pour l'Impératrice et que je me ferais un vrai plaisir de pouvoir lui témoigner toute déférence au possible, ni ne relèverais pas des choses de peu d'importance; mais qu'il ne fallait pas, aussi, que d'autre part on affectât des comportements envers moi qui au fond pouvaient être envisagés comme préjudiciables à ma dignité et tendants par conséquent à pousser ma patience à bout, malgré toute l'étendue de mes sentiments d'estime et d'amitié pour Sa Majesté Impériale.

Federic.

Nach dem Concept.

4196. AN DAS DEPARTEMENT DER AUSWÄRTIGEN AFFAIREN.

Podewils und Finckenstein berichten, Berlin 23. März: „Nous avons l'honneur d'envoyer ci-joint à Votre Majesté copie de la réponse que le comte de Puebla nous a remise en dernier lieu, par rapport à la garantie de l'Empire.[1] La pièce n'est guère susceptible d'extrait. C'est un verbiage ennuyeux, farci de protestations emmiellées d'amitié, de pureté d'intention, d'attention religieuse à remplir ses engagements, prodiguées à tout bout de champ, mais entremêlées de diverses imputations, que l'on proteste néanmoins de ne pas faire en guise de reproche, mais uniquement pour indiquer le mal et pour en attendre le redressement de la justice et de l'équité de Votre Majesté et de Sa religion à remplir les traités. Au lieu de répondre aux raisons solides que nous avons opposées dans le dernier mémoire aux prétentions de la cour de Vienne, on ne fait que battre la campagne, représenter sous une forme nouvelle et appuyer par de nouveaux sophismes les

Potsdam, 24. März 1750.

Dieses seind captieuse Dinge, die Mich nur mit anderen committiren und dem wienerschen Schriftsteller, auf die letzte, Gelegenheit geben, allerhand verfängliche und chicaneuse Conséquences daraus zu ziehen.

Sie sollen also simplement und einen Weg wie den andern bei der Stipulation des dresdenschen Friedenstractats bleiben und darauf lediglich appuyiren. Ich kann Mich nicht von Pilatus zu Herodes weisen lassen, noch Sachen darunter meliren, so nicht dahin gehören, sondern Ich bleibe bei der Disposition des dresdenschen Tractats. Was sie thun wollen, stehet ihnen frei. Wollen sie ihre Engagements nicht

---

[1] „Antwort auf die Königl. Preussische Schrift vom 6. Januarii 1750 (vergl. S. 209 Anm. 2), die Reichsgarantie betreffend," d. d. Berlin 2. März 1750, von Puebla unterzeichnet. Vergl. Nr. 4156 S. 272.

arguments déjà pleinement discutés et détruits... Mais ce qu'il y a de plus essentiel dans la pièce ci-jointe, c'est que la cour de Vienne y prétend indiquer à Votre Majesté un moyen de terminer promptement l'ouvrage de la garantie de l'Empire; c'est qu'il Lui plaise de faire faire les demarches nécessaires en Angleterre, pour obtenir de Sa Majesté Britannique une garantie pour le traité de Dresde dans toute son étendue de la manière qu'elle a été stipulée dans le neuvième article du même traité,[1] et en France, pour engager cette couronne à donner une déclaration qu'elle entend le vingtième article du traité d'Aix-la-Chapelle[2] par lequel la Silésie et le comté de Glatz ont été garantis à Votre Majesté, dans le sens de la déclaration du comte de Kaunitz,[3] c'est-à-dire que cette garantie s'étend pareillement sur le traité de Dresde dans toute son étendue; que les choses sont déjà tellement préparées en Angleterre que Sa Majesté Britannique ne fera nulle difficulté d'accorder la garantie en question, dès que Votre Majesté voudra la demander, et que le marquis de Puyzieulx, ayant été sondé par le sieur Mareschal sur la déclaration qu'on souhaitait de sa cour, ne l'a nullement refusée"[4]...

erfüllen, so ist die mauvaise Foi von ihrer Seite; uns aber können sie alsdann auch nicht verdenken, dass wenn sie von ihrer Seite ihre Engagements nicht adimpliren, wir unsererseits auch gewisse ihnen convenirende Punkte suspendiren.

Dieses müssen sie ihnen convenablement antworten und solches mit soliden und gründlichen Raisons ausführen, welche unser Procédé vor der ganzen Welt legitimiren, sie aber ihres Unfugs überzeugen.

Mündliche Resolution. Nach Aufzeichnung des Cabinetssecretärs.

4197. AU CONSEILLER BARON LE CHAMBRIER A PARIS.

Potsdam, 24 mars 1750.

Je viens de recevoir votre dépêche du 13 de ce mois. Depuis la dernière que je vous ai faite, j'ai reçu tant de différentes nouvelles qui me marquent une forte crise dans les affaires de l'Europe et qui réveillent mon attention sur le pli qu'elles sauraient prendre. En conséquence de celles qui me sont parvenues de Russie, l'on doit estimer que le chancelier Bestushew n'est pas encore aussi décidé pour la guerre qu'il le voudrait paraître, qu'il était sûr et constaté qu'il répliquera en termes arrogants et menaçants à la dernière réponse que la Suède a faite au sieur Panin, qu'il continuera ses agaceries à celle-ci et qu'il les appuiera par force de démonstrations, mais que jusqu'ici il n'y avait pas d'apparence qu'il voudrait pousser les affaires à une rupture ouverte avec la Suède et qu'au moins les apparences étaient qu'il commencerait

[1] Vergl. Bd. V, 166 Anm. 1. — [2] Vergl. Bd. VI, 225 Anm. 2; 270. — [3] Vergl. Bd. VI, 189 Anm. 1. — [4] Vergl. S. 96, 326.

par une nouvelle déclaration à faire à la Suède, avant que de pousser les choses à l'extrémité.

Mais pour ce qui regarde mes nouvelles d'Angleterre, elles sont que la cour de Londres continue à s'expliquer vaguement sur les affaires du Nord, en attendant qu'elle redouble ses démarches pour fortifier son parti par des alliances et nommément dans l'Empire. Que c'est une affaire faite que celle avec l'électeur de Cologne pour 12,000 hommes, à ce qu'on dit, qu'on veut renouveler avec celui de Mayence, qu'on traite actuellement avec le ministre saxon à Londres, et qu'on se flatte d'avoir aussi la Bavière.

De cela je juge que la cour de Londres vise à deux choses, ou de s'assurer du plus de suffrages qu'elle pourra, quand elle voudra mettre sur le tapis l'affaire de l'élection d'un roi des Romains en faveur du jeune archiduc aîné d'Autriche, ou que le ministère anglais croit qu'il y aura inévitablement de la rupture dans le Nord et qu'il voudra rassembler alors des armées, pour les opposer à la France.

Par mes nouvelles de Vienne, j'entrevois que cette cour-là ne serait point fâchée si un feu de guerre s'allumait dans le Nord, pourvu qu'elle saurait rester au moins au commencement spectatrice.

Mais parmi tout cela le changement le plus considérable qui s'est fait dans les affaires, c'est que le ministère anglais a su trouver moyen de réussir dans l'affaire de la réduction des intérêts des capitaux dans les fonds publics,[1] par où il gagne un fonds de huit millions qu'il pourra négocier là-dessus et duquel je crois qu'on payera les subsides stipulés aux princes de l'Empire; nouvelle qui me paraît si intéressante que vous la devez communiquer à M. de Puyzieulx.

Il ne me reste à présent que de savoir des nouvelles de la Turquie, que j'attends avec impatience, pour savoir ce que l'on en aura à espérer ou non en cas d'une guerre dans le Nord; aussi ne manquerez-vous de m'en instruire, dès qu'il en arrivera en France. J'attends d'un jour à l'autre l'arrivée du comte Tyrconnell, pour voir ce qu'il me proposera en conséquence de ses instructions; en attendant, plus les affaires deviendront critiques, plus je serai sur mes gardes pour ne pas m'avancer trop loin, quoique je tâcherais toujours à remplir religieusement mes engagements.

Federic.

Nach dem Concept.

4198. AU CONSEILLER PRIVÉ DE GUERRE DE KLINGGRÆFFEN A LONDRES.

Potsdam, 24 mars 1750.

Vos dépêches du 10 et du 13 de ce mois m'ont été bien rendues. Les démarches que la cour britannique fait pour fortifier son parti par des

[1] Vergl. S. 297.

alliances avec des princes de l'Empire, et les autres circonstances que vous me marquez, me font envisager les grandes affaires de l'Europe plus critiques actuellement qu'elles n'ont été du dernier temps passé, et vous aurez tout lieu de redoubler votre attention pour bien approfondir ce qui se chipote à la cour où vous êtes et pour pouvoir solidement juger sur le train que toutes ces affaires pourront prendre à la fin. Pour ce qui concerne les chipotages avec le ministre saxon, comte Flemming, je n'en suis guère ombragé, et, au bout du compte, j'aimerai toujours mieux d'avoir la cour de Dresde pour ennemie déclarée que de me voir exposé à ses souterrains sous le masque d'une amitié apparente et fausse.

Quant à toutes les autres batteries que l'Angleterre dresse, je suis dans la persuasion, encore, qu'il s'y agit principalement de fortifier son parti dans l'Empire, afin de ne point manquer l'élection d'un roi des Romains qu'on a en vue de faire dans la personne du prince aîné de l'Empereur. Il se peut d'ailleurs que le second but où la cour de Londres vise par ses alliances, soit d'avoir à sa disposition un corps de troupes, au cas que les choses parvinssent à une rupture ouverte entre la Russie et la Suède. Mais comme ce ne sont que des conjectures que je forme, vous devez être bien vigilant pour démêler tout ceci et faire d'ailleurs de votre mieux, afin que l'ambassadeur de France soit exactement informé de toutes les menées de la cour britannique et de ses alliés.

Sur ce qui regarde les prétentions de mes sujets à la marine d'Angleterre, je vous crois suffisamment instruit de mes intentions et des mesures que je prendrai à ce sujet; ainsi donc, tout ce qui vous restera à faire dans ceci, c'est d'en renouveler de trois en trois mois vos représentations au ministère anglais, nonobstant qu'il revienne toujours à la même réponse, afin que ce ministère s'aperçoive au moins que je ne veux point perdre de vue cette affaire. Au reste, vous avez parfaitement bien rencontré mon idée par rapport au payement des dettes de la Silésie; car, dans la crise présente des affaires de l'Europe, j'attendrai le temps où je pourrai voir clairement de quelle façon elles se développeront, avant que de me décider sur la continuation du payement de cette dette. Et comme je crois que je pourrais être à même d'en juger dans le mois de juin ou de juillet qui vient, je m'arrangerai alors selon les circonstances de la paix ou de la guerre.

Nach dem Concept.
Federic.

4199. AU MINISTRE D'ÉTAT COMTE DE PODEWILS, ENVOYÉ EXTRAORDINAIRE, A VIENNE.

Potsdam, 24 mars 1750.

Par tout ce que vous me marquez dans votre dépêche que la dernière ordinaire m'a apportée, je crois m'apercevoir clairement que la cour où vous êtes ne serait point fâchée de voir le feu de guerre allumé dans le Nord, pourvu qu'elle n'y soit pas d'abord mêlée et qu'elle sache rester derrière les rideaux; ce qui cependant ne saura se faire absolument, par la raison que la Russie n'agira pas sans être assurée du secours de la cour de Vienne, et particulièrement puisqu'il lui faut un corps de la cavalerie autrichienne, sans lequel elle ne saura jamais agir contre moi. Au surplus, mes ministres du département des affaires étrangères vous instruiront en détail sur les démarches que la cour britannique redouble pour fortifier son parti par des alliances avec des Princes de l'Empire. L'affaire est faite avec l'électeur de Cologne;[1] l'on parle de renouveler avec celui de Mayence; on chipote avec la Saxe, par laquelle l'on croit qu'on s'assurera de la Bavière.

Autant que je saurais juger jusqu'à présent de tout ce manége, je crois que le but principal en est de s'assurer du plus de suffrages qu'on pourra, pour être sûr de son fait dans l'élection d'un roi des Romains, qu'on médite de faire dans la personne de l'Archiduc aîné. J'estime, aussi, que les mesures sont si bien prises qu'on ne saura point mettre d'obstacle à cette affaire, dès qu'elle sera entreprise. En attendant, vous devez être bien vigilant pour approfondir si peut-être je me trompe dans mes conjectures et s'il y a quelque autre dessous de cartes à qui tous ces mouvements extraordinaires visent.

Pour ce qui est de mes lettres de Russie, elles ne me font entrevoir jusqu'ici que de nouvelles déclarations que le chancelier Bestushew médite de faire à la Suède, de même que des agaceries sans fin et des démonstrations guerrières, sans qu'on veuille pourtant pousser les affaires à une rupture ouverte. Reste à savoir si cela continuera.

Au surplus, mon attente particulière est d'apprendre de vous ce qui se passe dans la Turquie et jusqu'où la Porte Ottomane pourra influer dans les affaires d'Europe au cas de guerre dans le Nord; ainsi que vous devez tâcher de votre mieux de pouvoir m'en instruire.

Nach dem Concept. Federic.

4200. AU CONSEILLER PRIVÉ DE LÉGATION FRÉDÉRIC DE VOSS A COPENHAGUE.

Potsdam, 24 mars 1750.

J'ai été satisfait autant qu'on le peut du contenu de votre rapport du 17 de ce mois, et je ne doute pas moi-même qu'en cas que la cour de Danemark fasse faire des déclarations énergiques de sa part aux cours de Vienne, de Londres et principalement à celle de Pétersbourg, concernant les prétentions injustes dont cette dernière moleste la Suède — qu'en ce cas, dis-je, lesdites déclarations du Danemark ne fassent impression sur ces cours et ne produisent un bon effet.

[1] Vergl. S. 295. 303.

Vous avez, au reste, très bien fait, de lire et de communiquer à M. de Schulin l'article de vos ordres relatifs à la déclaration en question.[1]

Nach dem Concept.

Federic.

4201. AU CONSEILLER DE LÉGATION WARENDORFF A SAINT-PÉTERSBOURG.

Potsdam, 24 mars 1750.

Présumant à présent qu'au temps que cette dépêche vous arrivera, le sieur de Goltz pourra être déjà parti de Pétersbourg, je vous accuse celle qu'il m'a faite encore à la date du 7 de ce mois, en vous disant que j'ai toujours été dans la persuasion que le comte Bestushew n'acquiescerait nullement à la réponse de Suède, donnée au sieur Panin sur sa dernière proposition. Mais ma principale attention est à présent de savoir exactement s'il se contentera de répliquer à la réponse susdite et d'agacer la Suède par des démonstrations, ou s'il poussera plus loin et parviendra à des extrémités; ce que vous devez tâcher d'éclaircir par tous les moyens dont vous saurez vous aviser, afin de pouvoir m'en faire un rapport exact. Au surplus, la façon dont l'ami connu a parlé au sieur de Goltz par rapport au dernier changement dans le ministère de la Porte Ottomane,[2] fait assez voir qu'il a hésité de dire ses véritables sentiments à ce sujet.

Nach dem Concept.

Federic.

4202. AU CONSEILLER PRIVÉ DE LÉGATION DE ROHD A STOCKHOLM.

Potsdam, 24 mars 1750.

Je viens de recevoir la dépêche que vous m'avez faite du 10 de ce mois. Quoique les sentiments généreux que le comte Tessin vous a marqués au sujet du libelle infâme, forgé sous le titre de *Remarques sur ce qui s'est passé à la dernière Diète de Suède*, soient dignes de lui, cependant je ne le condamnerais pas, si dans de certains moments il n'envisageait pas tout-à-fait avec indifférence de pareilles calomnies. Dans un royaume tel que celui de Suède, les impressions du peuple importent beaucoup, puisqu'elles ont leur influence dans les grandes affaires, ainsi que par conséquence l'on ne saurait être assez vigilant pour écarter tout ce qui peut gâter l'esprit au peuple et lui inspirer des préjugés faux.

Nach dem Concept.

Federic.

---

[1] Vergl. S. 281. — [2] Woronzow hatte gegen Goltz geäussert: „Qu'on avait déjà vu tant d'autres révolutions de la même espèce en Turquie, et que d'ailleurs la Porte avait donné les assurances les plus fortes qu'elle entretiendrait soigneusement l'amitié avec l'impératrice de Russie."

4203. AU CONSEILLER PRIVÉ DE LÉGATION ERNEST-JEAN
DE VOSS A DRESDE.

Potsdam, 24 mars 1750.

J'applaudis à vos idées et aux réflexions que vous faites en conséquence, contenues dans votre dépêche du 17 de ce mois, relativement à la prochaine Diète de Pologne, et je suis bien du sentiment que la voie la plus sûre est incontestablement de se servir, pour la rendre infructueuse, de remèdes tout différents de ceux auxquels on a eu recours pendant les précédentes Diètes.

Mais comme je vous ai déjà instruit de diriger votre route ici par Potsdam pour y prendre mes ordres, quand vous irez à Varsovie, je me réserve de vous parler alors moi-même sur tout ce qui a du rapport à la susmentionnée Diète.

Federic.

Nach dem Concept.

4204. AN DAS DEPARTEMENT DER AUSWÄRTIGEN AFFAIREN.

Potsdam, 26. März 1750.

Podewils und Finckenstein überreichen, Berlin 25. März, den Auszug aus einem von Valory mitgetheilten Berichte des Marquis Mirepoix an den Marquis Puyzieulx, London 6. März, über eine Conferenz zwischen Mirepoix und den Herzogen von Newcastle und Bedford. Der Schluss des „Extrait" lautet: „Le marquis de Mirepoix conclut de tout cela et persiste à croire que l'Angleterre ne veut prendre aucune part dans les desseins violents de la Russie, pour l'empêcher d'allumer dans le Nord une guerre qui s'étendrait nécessairement dans le reste de l'Europe. Le marquis de Mirepoix ajoute qu'il a lieu de croire que le duc de Newcastle poursuit le projet qu'il a déjà laissé entrevoir, savoir s'il n'y avait pas moyen de trouver quelque expédient par lequel la France, l'Angleterre et la cour de Vienne pussent faire ensemble quelque condition efficace et satisfaisante pour la Russie et la Suède; qu'ainsi nous [la France] devons nous attendre que, soit par le comte d'Albemarle, ou par la voie de la cour de Vienne, il nous sera fait incessamment quelque nouvelle proposition."

Recht gut, und muss ihm vor die Communication sehr gedanket werden, obgleich die Nachricht nicht gar zu consolant ist, weil das double Ministère[1] wohl darunter spielen kann.

Mündliche Resolution. Nach Aufzeichnung des Cabinetssecretärs.

---

[1] Vergl. S. 288.

4205. AU MARQUIS DE VALORY, ENVOYÉ DE FRANCE,
A BERLIN.

Potsdam, 26 mars 1750.

Monsieur le Marquis de Valory. Mes dernières lettres de Pétersbourg, à la date du 10 de ce mois, m'ayant marqué qu'on venait de donner l'ordre à quatre régiments d'infanterie qui se trouvaient aux environs de la capitale, de joindre incessamment le corps de troupes russiennes en Finlande, où l'on avait fait transporter depuis quinze jours quelque nouveau train de pièces de campagne et des batteries, et que d'ailleurs on équiperait comme à l'ordinaire la flotte, afin de la mettre sous les voiles, dès que la saison le voudra permettre, j'ai bien voulu vous faire part de ce nouveau phénomène qui va paraître à l'horizon du Nord.

J'ai reçu la lettre de M. Desalleurs que vous m'adressez, dont je vous fais mes remercîments; je ne sais que dire des manœuvres du Bestushew: si ce ne sont que des ostentations, il faut avouer qu'on ne peut guère les pousser plus loin; si ce sont des préparatifs de guerre, la chose pourrait devenir sérieuse. Mais ce qui me rassure, c'est que je suis informé de très bonne part qu'on dresse à Pétersbourg un nouveau mémoire pour servir de réplique à la réponse de Suède, et il paraît que c'est pour appuyer les demandes ultérieures de la Russie que se font ces grands armements. Je dois me persuader que la cour de Vienne ne voit pas ces projets de bon œil; les troubles du Nord lui conviennent d'autant moins à présent qu'elle est occupée à faire passer l'élection de l'archiduc Joseph roi des Romains pour laquelle l'Angleterre a fait toutes les corruptions préalables dans le Collège électoral.

Federic.

Nach dem Concept. Die „Apostille de la main propre du Roi" nach Abschrift der Cabinetskanzlei.

4206. AU MARQUIS DE VALORY, ENVOYÉ DE FRANCE,
A BERLIN.

Potsdam, 27 mars 1750.

Monsieur. J'ai bien reçu votre lettre et la pièce qui y était jointe; vous connaissez tous les sentiments qui me lient au Roi votre maître, et avec combien d'empressement je saisis toujours les occasions de lui témoigner mon attention et la sincérité de mon amitié. Vous savez aussi que j'aime véritablement à vous donner des marques de la bonne volonté particulière que j'ai pour vous. Mais je ne puis me prêter à vous envoyer la badinerie que vous me demandez,[1] et pour laquelle vous avez fait naître une curiosité que l'ouvrage ne mérite pas, mais

[1] Das Palladion, Œuvres de Frédéric le Grand, Bd. XI.

dont l'auteur sent cependant tout le prix. Cette folie, vous le savez, n'a été que l'emploi de mon loisir, l'amusement d'un carnaval, et une espèce de défi que je me suis fait à moi-même; et le poème, si c'en est un, se ressent de ma gaieté et du temps où je l'ai composé. J'ai voulu peindre des grotesques; un peu de complaisance sans doute vous fait croire que j'y ai réussi, mais on juge injustement et malheureusement des auteurs par leurs ouvrages, et je craindrais que celui-là ne donnât trop mauvaise opinion de mon imagination. Je craindrais que l'on ne me taxât du peu de raison dont, de tous temps, on accusa les poètes, et vous m'avouerez que cette crainte n'est pas indifférente lorsque, par aventure, le poète se trouve être un souverain. Je sais bien que la prévention obligeante du Roi votre maître me doit garantir de cette terreur, et la confiance parfaite que j'ai dans son amitié et dans la bonté de son caractère, me rassure entièrement vis-à-vis de lui-même; mais plus d'un événement peut dérober le livre de ses mains, et combien ne crieraient pas alors les théologiens, les politiques, les puristes même? Un Roi écrire un poème de six chants, oser fabriquer un ciel, critiquer librement la terre, un Allemand rimer en français! C'est trop à la fois braver de prétendus ridicules, et je ne me sens point la résolution d'affronter aussi ouvertement l'empire des préjugés; je ne me pardonne cet ouvrage que par le peu de moments que j'y ai donné et par la persuasion où je suis de n'avoir cherché qu'à m'amuser, sans intéresser personne. Mais vous conviendrez que l'on sera fort éloigné d'entrer dans tous les motifs de mon indulgence. Je m'en rapporte au zèle que je vous connais pour moi, pour juger des conséquences, et je me confie entièrement à l'amitié du Roi votre maître, pour tolérer un manque de complaisance que je ne me permets que par une prudence qui, j'espère, aura son approbation. Soyez persuadé qu'il ne faut pas moins que des raisons aussi fortes pour m'empêcher de vous montrer dans cette occasion combien vous avez lieu de compter sur ma bienveillance et et mon estime. Sur ce, je prie Dieu etc.

Federic.

Nach der von Valory eingesandten Abschrift im Archiv des Auswärtigen Ministeriums zu Paris.

4207. AU CONSEILLER PRIVÉ DE LÉGATION ERNEST-JEAN DE VOSS A DRESDE.

Potsdam, 27 mars 1750.

J'ai bien reçu la dépêche que vous m'avez faite du 21 de ce mois. Parceque le temps approche où vous devez commencer votre voyage pour aller à Varsovie, je remets tout ce que je pourrais vous dire d'intéressant au temps que je vous entretiendrai ici vous-même. Et quoique je comprenne bien qu'il faut que vous devanciez le roi de Pologne pour être à temps à Varsovie, je voudrais cependant que vous ne vous éloigniez pas trop tôt de la cour où vous êtes, ainsi qu'il me paraît que, pourvu que vous partiez de Dresde huit ou dix jours devant le Roi, ce temps vous suffira pour venir prendre mes ordres ici et d'arriver après à temps encore à Varsovie.

Federic.

P. S.

Votre dépêche du 24 de ce mois vient de m'être rendue à l'instant. Ma réponse y est que vous ne deviez rien négliger de tout ce que les circonstances pourront vouloir vous permettre, pour rendre la plus forte que possible la somme du capital payable à mes sujets à la prochaine foire de Leipzig, mais qu'en cas qu'il n'y eût absolument rien à faire pour l'augmentation de la somme des 25,000 écus qui vient de vous être offerte à raison dudit payement, il faudra s'en contenter pour lors et croire qu'il vaut toujours mieux recevoir quelque chose que rien du tout.

Nach dem Concept.

4208. AU CONSEILLER PRIVÉ DE LÉGATION DE ROHD A STOCKHOLM.

Potsdam, 28 mars 1750.

Je viens de recevoir la dépêche que vous m'avez faite à la date du 13 de ce mois. Je ne saurais qu'applaudir à la façon dont le comte Tessin s'est pris pour corriger le sieur Verlet des faux et calomnieux bruits qu'on a disséminés et qui ont fait impression sur lui au point qu'il en a mêlé dans ses discours. Vous devez savoir cependant que tous ces mauvais bruits sont pour la plupart de la façon du chancelier Bestushew, qui en instruit le sieur Panin d'une manière si positive que celui-ci se voit obligé de les faire disséminer par ses suppôts. Au surplus, je veux bien vous dire, quoique dans la dernière confidence, qu'il m'est revenu par un fort bon canal qu'il y a des gens à Stockholm de la nation suédoise qui, pour attraper l'argent du sieur Panin, lui font accroire qu'ils sont à même de lui communiquer tout ce qui se passe de plus secret, non seulement dans le Sénat, mais encore auprès du ministère de Suède et partout ailleurs; que c'étaient ces gens qui avaient fait accroire comme s'il y avait été fait une nouvelle convention très secrète entre la France, moi et la Suède, et qui n'ont pas hésité de lui en imposer par une copie de cette prétendue convention qu'ils lui ont vendue assez cher. Je laisse à votre discernement si vous trouvez convenable de faire part au comte Tessin de cette circonstance, pour qu'il sache veiller sur ces gens et tâcher de les découvrir; ce que vous ne ferez cependant qu'en lui recommandant le dernier secret là-dessus, afin qu'une indiscrétion à cet égard ne fasse pas perdre le canal d'où j'ai tiré tout cela.

Mais ce qui m'est encore plus intéressant que tout cela, c'est de vous mander que mes lettres de Pétersbourg en date du 10 de ce mois m'apprennent qu'on y venait de donner l'ordre à quatre régiments d'infanterie qui se trouvent aux environs de cette capitale, de joindre incessamment le corps de troupes russiennes en Finlande, où l'on avait d'ailleurs fait transporter depuis quinze jours un nouveau train de pièces de campagne et de canons de batteries pour faire des siéges. L'on ajoute qu'on était après à équiper la flotte, pour la mettre en état de sortir des ports, dès que la saison le permettrait.

Si ce ne sont que des ostentations, il faut convenir qu'on ne saurait guère les pousser plus loin, mais comme ces armements pourraient devenir sérieux, vous devez avertir confidemment les ministres de Suède de ce que dessus, en leur représentant la nécessité qu'il y avait de penser également à renforcer les troupes suédoises en Finlande dans le temps que la Russie y renforce les siennes, et de s'arranger en sorte qu'on ne saurait être surpris et culbuté du premier coup que la Russie voudrait porter là à la Suède. L'avis me paraît être trop sérieux pour ne pas mériter qu'on y fasse toute l'attention.

Federic.

P. S.

Après avoir fini ma dépêche, je viens de recevoir encore celle que vous m'avez faite du 17 de ce mois. Comme vous y faites mention d'un lieutenant-colonel baron de Scheffer, arrivé à Stockholm, je veux bien vous dire pour votre direction que cet officier, frère du ministre de Suède en France, a été envoyé de celui-ci, à la réquisition de la cour de France, en Suède, pour y engager le ministère à prendre un concert avec moi sur la manière d'opérer contre la Russie, en cas que celle-ci s'avisât d'attaquer la Suède, afin que la France, connaissant quelles sont les mesures dont la Suède conviendra avec moi, puisse parler suivant cela à Londres et à Vienne et faire expliquer ces deux cours sur l'intérêt qu'elles prennent dans les différends qui subsistent entre la Suède et la Russie.

Nach dem Concept.

4209. AU MINISTRE D'ÉTAT COMTE DE PODEWILS, ENVOYÉ EXTRAORDINAIRE, A VIENNE.

Potsdam, 28 mars 1750.

J'ai reçu votre rapport du 18 de ce mois. N'ayant rien d'intéressant à vous mander cette fois-ci, et attendant encore la réponse qu'on vous fera de la part de la Reine-Impératrice à la déclaration que vous avez faite, je me borne à vous marquer que mes dernières lettres de Pétersbourg à la date du 10 du courant m'apprennent qu'on y avait donné l'ordre à quatre régiments d'infanterie qui se sont trouvés aux environs de cette capitale, de joindre incessamment le corps des troupes russiennes en Finlande, où l'on avait fait déjà transporter en dernier lieu quelque train de pièces de campagne et de batteries, et qu'au surplus on travaillait de nouveau comme à l'ordinaire à équiper la flotte, pour qu'elle puisse sortir des ports, dès que la saison le voudra permettre.

Si tout cela ne sont que des ostentations, il faut convenir qu'on ne saurait guère les pousser plus loin; en attendant l'on confirme qu'on dresse à Pétersbourg un nouveau mémoire pour répliquer à la dernière réponse de Suède, et il se peut que les susdits arrangements ne se font que dans la vue d'en appuyer les demandes ultérieures de la Russie et pour en intimider la Suède.

J'estime que la cour de Vienne ne saura voir ces armements de bon œil, les troubles du Nord ne lui convenant point dans un moment où elle est occupée à faire passer l'élection d'un roi des Romains. Quant aux Anglais, ils font au moins semblant comme s'ils voulaient travailler et joindre leurs bons offices à ceux de la cour de Vienne, pour amener la Russie à des résolutions pacifiques, et les ministres anglais continuent à déclarer à l'ambassadeur de France à Londres, le marquis de Mirepoix, que l'Angleterre ne veut prendre aucune part dans les desseins violents de la Russie, mais plutôt employer ses moyens auprès de celle-ci pour l'empêcher d'allumer dans le Nord le feu de guerre.

Nach dem Concept. Federic.

4210. AU CONSEILLER BARON LE CHAMBRIER A PARIS.

Potsdam, 28 mars 1750.

Je vous fais mes remercîments de toutes les choses intéressantes dont vous m'avez instruit par votre dépêche du 16 de ce mois et le post-scriptum que vous y avez joint. Si le marquis de Puyzieulx persistait de vouloir absolument quitter son département et que le choix tombât alors sur M. de Chauvelin, pour le ravoir,[1] nous n'y perdrions guère, puisque je connais celui-ci pour homme bien habile, ennemi de la cour de Vienne, et d'ailleurs hardi et capable de mener de grandes entreprises; et, dans la situation présente des affaires, tout ce que nous saurions souhaiter, est que la France montre de la vigueur et ne se laisse point supprimer par ceux qui sont du parti contraire.

Pour ce qui regarde les affaires du Nord et ce que je pourrais faire en cas que la Suède soit attaquée par la Russie, vous connaissez déjà mes sentiments à cet égard, par les dépêches antérieures que je vous ai faites;[2] aussi continue-je dans la résolution que je vous ai marquée, que, si la Suède est assaillie par la Russie, je remplirai les

[1] Chauvelin war 1737 von der Leitung der auswärtigen Angelegenheiten Frankreichs zurückgetreten. — [2] Vergl. S. 285.

engagements où je suis avec celle-ci et lui fournirai le corps de troupes auxiliaires, stipulé dans notre traité d'alliance défensive.

Quant à la Russie, il n'est point à douter qu'elle ne pousse cette année-ci ses démonstrations guerrières plus loin qu'elle n'a fait par le passé, et mes dernières lettres de Pétersbourg marquent qu'on vient de donner l'ordre à quatre régiments d'infanterie qui se trouvent aux environs de ladite capitale, de joindre incessamment le corps de troupes russes en Finlande; qu'on y a transporté depuis peu quelque train de pièces de campagne, auquel on a joint quelques canons de batteries, et qu'on équipera la flotte, pour la mettre en état de sortir à la première bonne saison. Cependant comme j'apprends en même temps qu'on travaille à Pétersbourg à un nouveau mémoire pour répliquer à la dernière réponse de la Suède, l'on présumerait que les armements mentionnés ne serviront proprement que pour intimider les Suédois et pour appuyer les demandes ultérieures de la Russie. Ce qui me confirme encore que la Russie ne voudra pas passer plus loin, c'est que les troubles du Nord ne conviennent guère à la cour de Vienne dans le moment présent, où elle voudrait travailler à faire passer l'élection d'un roi des Romains, et que l'Angleterre fait semblant, au moins, qu'elle ne veut prendre aucune part dans les démarches violentes de la Russie, qu'elle les désapprouve et qu'elle veut employer ses moyens pour empêcher celle-là de mettre le Nord en combustion.

Au surplus, le comte de Tyrconnell vient de nous arriver et s'est fait présenter à moi d'abord en simple particulier, puisque, à ce que j'apprends, il ne doit demander son audience et remettre ses lettres de créance que quand le marquis de Valory aura présenté celles de son rappel; ce que, par ordre de sa cour, celui-ci était obligé de faire seulement dans cinq ou six semaines après l'arrivée de son successeur. Apparemment sa cour l'aura instruit de cette façon pour qu'il apprenne auparavant à connaître le terrain, puisque je ne saurais m'en représenter d'autre raison que celle-là.

Federic.

Nach dem Concept.

4211. AU CONSEILLER DE LÉGATION WARENDORFF
A SAINT-PÉTERSBOURG.

Potsdam, 28 mars 1750.

Dans la supposition que le sieur de Goltz sera déjà parti de Pétersbourg quand cette dépêche vous arrivera, je vous dirai sur celle du 10 de ce mois que je viens de recevoir de sa part, que, parceque le Chancelier met tout en train pour recommencer de plus belle les démonstrations guerrières, je vous recommande fort de veiller extrêmement près sur tous les arrangements militaires qu'on prend là et d'en faire à présent votre principale occupation, afin de m'en informer le plus souvent et le plus exactement que vous pourrez, puisqu'il m'importe plus d'en être bien instruit que de tout le reste. Je dois vous dire encore qu'outre ce que le sieur de Goltz m'a mandé relativement à l'ordre qui a été donné à ces quatre régiments d'infanterie qui étaient aux environs de Petersbourg, d'aller joindre incessamment les troupes russes en Finlande, et au transport qu'on a fait là d'un train de pièces de canons de campagne, j'ai vu des lettres de Pétersbourg de fort bonne main qui marquent qu'on avait joint audit train d'artillerie encore de la grosse artillerie et qu'on travaillait à équiper la flotte, pour la faire sortir, dès que la saison le permettra.

Federic.

Nach dem Concept.

4212. AU CONSEILLER PRIVÉ DE CAGNONY A MADRID.

Potsdam, 28 mars 1750.

J'ai reçu votre dépêche du 2 de ce mois, et c'est avec satisfaction que j'en ai appris que vous avez à la fin rompu la glace, en commençant à vous éclaircir avec le ministre[1] sur ce qui fait le sujet principal de votre commission. Le meilleur conseil que je saurais vous fournir à présent, est que vous ne devez pas vous borner à parler seul aux ministres, mais que vous devez tâcher maintenant à gagner quelqu'un de leurs commis qui possède leur confiance, pour qu'il leur fasse goûter vos propositions et s'emploie adroitement pour vous. J'ai tout lieu d'être persuadé que par cette voie vous gagnerez en peu de temps bien plus de chemin que si vous continuez à vous borner aux seuls pourparlers avec les ministres mêmes. Au surplus, je dois vous avertir qu'il sera nécessaire que vous chiffriez désormais vos dépêches sur des affaires intéressantes d'un bout à l'autre et sans y mettre des passages en clair et non chiffrés, parceque je viens de m'apercevoir qu'on ouvre les dépêches que vous me faites, ainsi que vous aurez raison de prendre vos mesures là-dessus.

Federic.

Nach dem Concept.

4213. AU CONSEILLER PRIVÉ DE LÉGATION FRÉDÉRIC DE VOSS A COPENHAGUE.

Potsdam, 28 mars 1750.

C'est avec une satisfaction particulière que j'ai appris, par la dépêche que vous m'avez faite le 20 de ce mois, la manière dont la cour de Danemark a envisagé les déclarations que mes ministres ont faites à Pétersbourg, à Vienne et à Londres, et ma satisfaction a été d'autant plus entière que j'ai vu que les ministres de Danemark sont instruits de faire des déclarations conformes aux miennes aux cours mentionnées, dont je ne saurai que me promettre un bon effet, à

[1] Carvajal.

moins que le chancelier de Russie, comte Bestushew, n'ait opiniâtrement résolu de n'écouter plus aucune raison. Je suis d'ailleurs charmé d'apprendre que ce qui reste à régler entre la Suède et le Danemark, va être terminé aux premiers jours.

Nach dem Concept.

Federic

4214. AN DAS DEPARTEMENT DER AUSWÄRTIGEN AFFAIREN.

Podewils und Finckenstein berichten, Berlin 31. März, über einen durch Valory und Tyrconnell mitgetheilten Erlass des Marquis Puyzieulx, laut dessen Frankreich unter Voraussetzung der Betheiligung Preussens den dänischen Hof aufzufordern beabsichtigt, den Vertreter Dänemarks in Petersburg gemeinsam mit dem dortigen Vertreter Preussens folgende Erklärung abgeben zu lassen:

„Que les Rois leurs maîtres, étant alliés de la Suède et très intéressés au repos du Nord, ne peuvent se dispenser de faire observer que leurs engagements défensifs avec cette couronne les mettaient dans la nécessité de fournir les secours stipulés par leurs traités, si elle venait à être attaquée par la Russie, surtout pour un fait dont ils peuvent garantir la non-existence, par la connaissance qu'il sont que ni le roi de Suède ni le Prince-Successeur ni le ministère ni la nation ne songent à rétablir la souveraineté, ainsi que cela a été manifestement prouvé par la déclaration que le roi de Suède, à la réquisition du Prince-Successeur, a donnée publiquement à Stockholm le 20 juillet 1749."[1]

Berlin, 31. März 1750.

Ich bin ganz zufrieden davon und acceptire diese Proposition ganz gerne. Wann die Dänen werden ein Wort sagen, so ist die Sache richtig, Ich aber ganz präpariret dazu. Sie sollen es nur denen französischen Ministres gleich sagen, damit sie ihren Courier immer abschicken können.

Mündliche Resolution. Nach Aufzeichnung des Cabinetssecretärs.

4215. AN DEN ETATSMINISTER GRAF PODEWILS IN BERLIN.

Berlin, 31. März 1750.

Mein lieber Geheimer Etatsminister Graf von Podewils. Da bei denen mehr und mehr critiquer werdenden Umständen zwischen Schweden und Russland Ich vor nöthig finde, Mich darauf einzurichten, damit, wann es etwa zwischen beiden Puissances zu einem Bruch käme, Ich der Kron Schweden das allianzmässige Corps auxiliaire senden könne, Ich aber in solchen Umständen alsdann aller Meiner eignen Truppen zu Meiner eignen Defension Selbst nöthig habe, folglich nicht anders

[1] Vergl. S. 47. 84.

kann als mich bemuhen, um erwähntes Auxiliarcorps von ein und andern teutschen Prinzen gegen Subsides zu bekommen[1] — so ist Mein Wille, dass Ihr an den casselschen Präsidenten von Borcke[2] schreiben und durch denselben in besonderem Vertrauen sondiren lassen sollet, ob nicht der casselsche Hof einen Subsidientractat mit mir errichten und nach solchem gegen gewisse Subsides ein Corps von 3000 Mann jeder Zeit bereit halten wolle, um erforderlichen Falls nach Meiner Disposition marschiren und gebrauchet werden zu können; wobei Ich jedoch exprès versprechen will, dass solches niemalen gegen österreichische Truppen dienen soll. Ihr sollet gedachten von Borcke auch zugleich sondiren lassen, auf wie viel Jahre man solchen Tractat zu schliessen vermeine und wie viel man an jährlichen Subsides deshalb zu haben verlange. Wovon Ich denn hiernächst Euren Bericht gewärtigen will.

Auf gleiche Art sollet Ihr bei dem gothaischen Hofe im Vertrauen sondiren, ob Ich von demselben ein Corps von 1500 Mann erhalten könne.

Uebrigens habt Ihr mir nächstens zu melden, wie stark eigentlich das Corps Auxiliairtruppen ist, welches Ich bei existirenden Casu foederis der Kron Schweden zu Folge unseres Tractats stellen muss und was sonsten vor Umstände deshalb stipuliret worden. Ich bin etc.

Nach der Ausfertigung.   F.

4216. AU CONSEILLER PRIVÉ DE LÉGATION DE ROHD A STOCKHOLM.

Berlin, 31 mars 1750.

J'ai bien reçu votre dépêche du 20 de ce mois. Quant à la déclaration que le ministre de Saxe, le sieur de Suhm, a faite au président de la chancellerie, il est aisé de voir que la cour de Dresde n'a pas osé de s'expliquer à ce sujet de la façon que la Russie a désiré qu'elle devait faire et qu'elle aurait peut-être fait, si la considération pour la France ne l'avait retenue. Au surplus, je suis bien éloigné de croire, comme le comte Tessin, que la Russie voudrait s'apaiser peu à peu; tout au contraire, je sais par un canal bien sûr, et mes lettres de Russie m'en confirment, qu'il n'est que trop certain que le chancelier Bestushew redoublera ses agaceries et chicanes contre la Suède au point qu'il la mettra au pied du mur, pour l'engager, s'il est possible, à commencer, elle-même, la première le branle, de façon que le ministère de Suède aura besoin de toute la fermeté et de la modération imaginable pour éviter que, par les indignités que ledit Chancelier lui fera, les choses ne soient portées à quelque extrémité.

Federic.

Nach dem Concept.

---

[1] Vergl. S. 54. — [2] Bruder des preussischen Generaladjutanten von Borcke.

4217. AU MINISTRE D'ÉTAT COMTE DE PODEWILS, ENVOYÉ EXTRAORDINAIRE, A VIENNE.

Potsdam, 31 mars 1750.

La réponse que le comte d'Ulfeld vous a faite sur la déclaration que vous avez été obligé de lui faire de ma part en conséquence de votre rapport, a été précisément telle que je me la suis figurée d'avance, savoir égale, à peu près, à celle qu'on ferait au ministre de France.[1] Il nous restera à voir par le succès des affaires si l'effet répondra aux belles promesses que la cour de Vienne nous a données. Car mes dernieres lettres que j'ai eues de Pétersbourg, donnent plus d'ombrage qu'elles n'ont fait jusques là, puisqu'elles marquent que la Russie travaillait à une réplique à donner à la Suède sur la réponse faite au mémoire de Panin, mais qu'il n'était que tout-à-fait certain que le chancelier Bestushew redoublerait toute sorte de chicanes et d'agaceries contre la Suède, pour la mettre, pour ainsi dire, au pied du mur, afin de l'engager, s'il est possible, à commencer, elle, la première le branle. Quoiqu'il se puisse que tout ce que l'on fait d'arrangements militaires, n'aboutisse qu'à des démonstrations pour intimider la Suède, cependant la façon dont on commence à s'y prendre cette fois-ci, ne laisse pas de donner des soupçons comme si les affaires pourraient devenir sérieuses. C'est pourquoi je vous recommande extrêmement d'avoir une attention particulière à ce qui se fait en Hongrie, et si la cour fait des arrangements qui dénotent qu'elle voudra envoyer de la Hongrie quelque corps de troupes auxiliaires à la Russie. Je veux bien supposer que la cour de Vienne regarde de mauvais œil les démarches violentes et les agaceries du chancelier de Russie contre la Suède, mais je soupçonne en même temps qu'elle a déjà aigri à un certain point ledit Chancelier contre la Suède, qu'elle ne sait à présent plus comment le ramener et qu'elle se voit presque hors d'état de le tenir en bride.

Federic.

Nach dem Concept.

4218. AU CONSEILLER BARON LE CHAMBRIER A PARIS.

Potsdam, 31 mars 1750.

J'ai bien reçu votre dépêche du 20 de ce mois. Puisque la proposition que vous avez faite par mon ordre au marquis de Puyzieulx, pour que quelque ministre de France à une cour étrangère soit chargé de faire ministérialement à un ministre de Russie qui y réside une déclaration dans le même sens que je la fais faire à Pétersbourg,[2] n'a pas été goûtée, vous n'en parlerez plus et laisserez tomber cette affaire.

Quant aux nouvelles de Vienne et de Londres, je me réfère à ce que mes ministres du département des affaires étrangères vous en marqueront; j'ajoute seulement que mes dernières lettres de Londres

[1] Vergl. S. 338. — [2] Vergl. S. 273. 277.

m'ont appris que les ministres anglais avaient insinué à l'ambassadeur de France qu'il pourrait se dispenser du voyage d'Hanovre, sous prétexte de l'étiquette, mais qu'on savait d'ailleurs que le roi d'Angleterre n'avait pas envie qu'il y soit; qu'en attendant l'Ambassadeur en avait écrit à sa cour, pour avoir des ordres là-dessus. Quoique je ne me mêle point de ce qui regarde les affaires de la France qui lui sont propres, néanmoins je regarderais comme un des services les plus essentiels que vous sauriez me rendre, si vous pouvez vous prendre adroitement pour insinuer au marquis de Puyzieulx de quelle nécessité il serait que l'ambassadeur de France ne quittât point le roi d'Angleterre pendant le séjour qu'il ferait à Hanovre, dans un temps de crise tel que celui-ci. Vous conviendrez vous-même que j'ai bien des raisons pour souhaiter qu'un ministre de France fût du voyage d'Hanovre, puisqu'il n'est que trop connu que c'est toujours là où les projets les plus pernicieux sont mis sur le tapis et où l'on forme le plus de cabales et d'intrigues;[1] et quoique mon ministre à Londres sera du voyage d'Hanovre, néanmoins, seul et isolé qu'il y serait, il s'en faudra beaucoup qu'il sache rendre là d'aussi bonnes services que s'il était appuyé par un ministre de France; pour ne pas dire qu'il courrait les mêmes risques qu'il a fait autrefois, savoir qu'on lui imputerait qu'il avait outré ses rapports et mandé de fausses nouvelles, ce qui ne saurait pas se faire, si tout se passât sous les yeux de l'ambassadeur de France.

Je vous [dis] tout ceci pour votre direction et me remets, au reste, sur votre dextérité pour faire vos insinuations là-dessus de la manière la plus convenable.

Au reste, mes nouvelles de Russie sont que la cour de Pétersbourg voudra s'expliquer à la réponse de la Suède donnée au sieur Panin, que cependant il n'était que trop certain que le chancelier Bestushew redoublerait ses agaceries et chicanes contre la Suède au point qu'il la mettrait au pied du mur pour l'engager, s'il y avait moyen, à commencer, elle, la première le branle: enfin, que le ministère de Suède aurait besoin de toute la fermeté et de toute la modération possible, pour éviter que, par les indignités du chancelier Bestushew, les choses ne soient portées à quelque extrémité.

Federic.

Nach dem Concept.

4219. AU CONSEILLER PRIVÉ DE GUERRE DE KLINGGRÆFFEN A LONDRES.

Potsdam, 31 mars 1750.

Tout ce que vous me marquez par vos rapports du 17 et du 20 de ce mois, par rapport aux différentes façons de s'expliquer des ministres anglais sur les affaires du Nord, fortifie mes soupçons

[1] Vergl. Bd. VI, 562.

contre leur sincérité, et je soupçonne d'autant plus le double cabinet[1] par les insinuations qu'on a faites à l'ambassadeur de France qu'il pourrait bien se dispenser du voyage d'Hanovre. J'espère cependant que la cour de Versailles ne donnera point dans des panneaux aussi grossiers et palpables que ceux-là. Je dois vous communiquer à cette occasion mes nouvelles de Russie de la plus fraîche date, en conséquence desquelles la cour de Russie répliquera encore à la dernière réponse qu'elle a reçue de la Suède, mais que cependant il n'était que trop certain que le chancelier Bestushew redoublerait ses agaceries et chicanes contre la Suède, de façon qu'il voudra la mettre, pour ainsi dire, au pied du mur, afin de l'engager, s'il y a moyen, à commencer, elle-même, la première le branle.

Federic.

Nach dem Concept.

4220. AU CONSEILLER DE LÉGATION WARENDORFF A SAINT-PÉTERSBOURG.

Berlin, 31 mars 1750.

Le sieur de Goltz m'ayant fait rapport, en date du 14 de ce mois, d'un entretien que vous avez eu avec notre ami, je vous autorise par la présente dépêche — afin de tranquilliser notre dit ami sur son appréhension relativement aux papiers que vous avez entre vos mains et où il peut y être fait quelque mention de lui — de brûler sans exception tous ces dits papiers, dont d'ailleurs les minutes ou les expéditions se trouvent et sont gardées ici dans les archives secrètes.

Les circonstances que le sieur de Goltz me mande dans son susmentionné rapport au sujet de cet ami, ne me permettent presque plus de le regarder autrement que comme flambé et perdu auprès de sa souveraine et de me persuader que toute la différence dont il s'agit encore actuellement, est peut-être de quatre semaines plus tôt ou plus tard que son désastre éclatera.

J'en suis en effet mortifié, cependant n'y va-t-il point de ma faute, n'ayant laissé passer aucune occasion de l'en avertir; mais le proverbe: »Aide-toi, et Dieu t'aidera«, semble rencontrer juste et cadrer à son égard.

Au reste, quant à vous, je ne saurais assez vous recommander d'être extrêmement attentif sur tous les arrangements qu'on prend là où vous êtes pendant ce temps de crise. Vous ne vous épargnerez aucune peine au monde pour pénétrer et me marquer en conséquence si ces arrangements, qui d'ailleurs paraissent être assez sérieux, ne sont cependant réellement que de pures démonstrations, ou bien si la Russie en viendra à une rupture ouverte, et ce qu'en ce cas il pourrait y avoir à craindre de la part de la Russie.

Federic.

Nach dem Concept.

[1] Vergl. S. 288. 307.

4221. AN DEN ETATSMINISTER GRAF PODEWILS IN BERLIN.

Potsdam, 3. April 1750.

Se. Königl. Majestät haben auf einliegenden Bericht[1] von Ew. Excellenz zur mündlichen allergnädigsten Resolution ertheilet und mir zu melden befohlen, wie Höchstdieselbe ganz wohl zufrieden wären, dass Ew. Excellenz wegen des casselschen Hofes an den von Asseburg daselbst mit adressiren, wegen des Hofes von Gotha aber Sich mit dem Herrn Grafen von Gotter concertiren möchten, welchen letzteren Höchstdieselbe bei seiner Rückreise durch Potsdam auch Selbst deshalb noch sprechen würden.

Im Uebrigen haben des Königs Majestät mir befohlen, an Ew. Excellenz, jedoch nur vorläufig und im Vertrauen, von Höchstderoselben wegen eine Idee zu melden, so Ihro wegen des benöthigten Falls nach Schweden zu gebenden Auxiliärcorps gekommen wäre und welche darin bestände, dass, weil doch der französische Hof den Bruder des schwedischen Minister zu Paris, Baron von Scheffer, nach Schweden geschicket habe, um mit dasigem Senat ein Concert zwischen Schweden und Sr. Königl. Majestät zu arrangiren, Sie bei Ankunft dieses Baron von Scheffer zu Berlin die Proposition thun wollten, dass, weilen doch, wann Se. Königl. Majestät bei entstehender Ruptur mit Russland der Kron Schweden das alliancemässige Contingent von 9000 Mann geben würden, nicht zu zweifeln wäre, dass des Königs Majestät von Russland en haine dieses Succurses insultiret und attaquiret werden würden, da denn die Kron Schweden sich nicht würde entziehen können, Sr. Königl. Majestät ein gleichmässiges Auxiliärcontingent zu geben, mithin letzteres nur hin- und zurückgehen müsste — also Hochdieselbe vorschlagen und zu conveniren suchen würden, dass Sie gedachter Kron ein Corps Infanterie von 6000 Mann überhaupt gäben, welches beständig dorten bleiben könnte, da indess Se. Königl. Majestät Sich mit Dero eigenen Truppen defendiren würden. Gedachte 6000 Mann vermeinten Se. Königl. Majestät von einigen teutschen Höfen gegen Subsides zu negociiren, diese aber von denen Subsidien zu bezahlen, welche die Kron Frankreich sich verlauten lassen, an Se. Königl. Majestät zu Uebernehmung eines Corps Truppen in Teutschland geben zu wollen und wovon der Baron Chambrier schon etwas in seinen Berichten berühret habe.[2]

Nach der Ausfertigung. Eichel.

4222. AU CONSEILLER PRIVÉ DE LÉGATION ERNEST-JEAN DE VOSS A DRESDE.

Potsdam, 3 avril 1750.

Je n'ai pour cette fois-ci rien vous dire en réponse à votre rapport du 28 de mars dernier, si ce n'est que je me réserve de vous parler

[1] Bericht, d. d. Berlin 2. April, auf das Cabinetsschreiben vom 31. März, Nr. 4215 S. 315. — [2] Vergl. S. 327.

et de vous instruire ultérieurement de mes intentions sur les affaires de Pologne alors que vous serez arrivé ici à Potsdam.
Federic.

P. S.

J'accuse votre dépêche du 31 du mois dernier, qui m'est revenue encore. Je remets à vous parler sur les affaires de Pologne à votre arrivée ici. Pour ce qui concerne le concert que la cour de Dresde témoigne vouloir prendre avec moi relativement aux affaires de l'Empire, je regarde cela comme des contes en l'air, sachant trop ce que j'en dois croire.

Nach dem Concept.

4223. AU CONSEILLER DE LÉGATION WARENDORFF
A SAINT-PÉTERSBOURG.

Potsdam, 3 avril 1750.

Votre dépêche du 17 de mars dernier m'est bien parvenue, et je ne saurais m'empêcher de vous communiquer les étranges nouvelles qui me sont entrées tout récemment de Courlande, savoir que les Russes commençaient à se bâtir une nouvelle église à Mitau, et qu'on y disait pour sûr que le chancelier Bestushew viendrait en personne de Pétersbourg à Mitau, ce printemps-ci, pour y voir tout par lui-même; qu'outre cela les Russes prétendaient vouloir fortifier cet endroit, et que tous les juifs seraient expulsés du pays de Courlande et obligés à le quitter dans l'espace de huit jours, et que c'était là un objet auquel la régence de Courlande donnait actuellement toute son attention pour le mettre en exécution. Quoique je doute encore de l'authenticité de ces avis, j'ai cependant voulu vous avertir, afin que vous puissiez vous orienter là-dessus exactement, au possible, là où vous êtes, pour savoir ce qu'il y a de vrai à ce sujet, ou du moins ce qui peut avoir fourni occasion à en parler sur ce pied.

Je veux d'ailleurs ne point vous cacher que je ne suis point entièrement sans embarras sur les véritables vues que la cour de Russie peut s'être proposées proprement par ces démonstrations qu'elle a résolu de faire encore, puisqu'en cas que ce ne dussent être que de simples ostentations, ce serait les pousser aussi sérieusement et aussi loin qu'on se le saurait imaginer. Vous tâcherez donc de me tirer de cet embarras; mais je vous recommande fort de ne pas vous laisser endormir pendant ces moments si critiques par certaines réflexions vagues sur la façon de penser pacifique de l'impératrice de Russie et de la nation, de voir plutôt par vos propres yeux, d'être extrêmement attentif, et de mettre en œuvre tout votre savoir-faire pour vous informer sous main, sans cependant que vous paraissiez inquiet extérieurement, du vrai fond des affaires, desquelles vous me ferez ensuite des rapports solides sur lesquels je puisse tabler et me reposer entièrement.
Federic.

Nach dem Concept.

4224. AU CONSEILLER BARON LE CHAMBRIER A PARIS.

Potsdam, 3 avril 1750.

J'accuse la dépêche que vous m'avez faite à la date du 23 du mois dernier passé. Mes lettres de Copenhague me confirment ce que le marquis de Puyzieulx vous a dit relativement aux bons sentiments du Danemark pour la Suède, et les réflexions que ledit ministre vous a ajoutées sur ce sujet, sont des plus justes et des mieux pensées.

Ce que vous me marquez par rapport à la mission du lieutenant colonel de La Touche,[1] m'a été confirmé par le marquis de Valory. C'est une résolution aussi sage que nécessaire que la cour de France a prise à ce sujet, car depuis bien du temps j'ai fait remarquer en toutes occasions au gouvernement de Suède comme quoi il me paraissait qu'il ne prenait pas assez de précautions pour ne pas être exposé à quelque échec dans la Finlande, quand l'envie prendrait à la Russie de l'y assaillir, et que surtout ses forces en troupes n'y étaient point suffisantes pour faire tête à celles de Russie en cas d'une insulte.

J'attends de voir ici chez moi aux premiers jours[2] le comte Tyrconnell; jusqu'au moment présent, il s'est tenu fort réservé et boutonné, apparemment parcequ'il n'est pas encore dans l'activité de sa fonction ici; mais autant qu'on peut pénétrer de la façon de penser d'un nouveau arrivé chez nous, il me paraît être de bonne volonté, et qu'il ne nuira pas à la bonne harmonie entre la France et moi.

Les dernières nouvelles que j'ai eues de Pétersbourg par rapport aux desseins pernicieux du premier ministre de cette cour vis-à-vis de la Suède, ont été assez croustilleuses et confirment que le chancelier Bestushew pense de faire autant d'agaceries à celle-là afin de l'obliger à commencer elle-même le branle, de façon qu'avec toute la mauvaise volonté de celui-ci, il ne cherche qu'à endosser le nom d'agresseur à la Suède.

Federic.

Nach dem Concept.

4225. AU MINISTRE D'ÉTAT COMTE DE PODEWILS, ENVOYE EXTRAORDINAIRE, A VIENNE.

Potsdam, 4 avril 1750.

Quelque fortes que soient les assurances du sieur de Bartenstein relativement aux sentiments pacifiques de sa cour, en conséquence de votre rapport du 25 du mois dernier passé, je ne m'y fierai qu'à d'autres enseignes. Il est vrai qu'autant que je le comprends, le droit du jeu de cette cour n'est point dans le moment présent de tenter quelque entreprise, et qu'elle a peut-être du regret de ce qu'elle

[1] Der Zweck einer Sendung des Oberstlieutenant de La Touche nach Finnland war, sich von dem wahren Zustand der schwedischen Kriegsvorbereitungen daselbst zu überzeugen. — [2] Vergl. S. 328 Anm. 2.

n'est pas autant la maîtresse d'arrêter la fougue du chancelier de Russie, tout comme elle le voudrait; je veux même attribuer à un motif de prudence qu'elle veut hâter, autant que vous le marquez, la perfection des ouvrages de la fortification d'Olmütz, pour se mettre dans une meilleure posture: mais, avec tout cela, je suis parfaitement de votre sentiment qu'on a tout lieu de soupçonner un dessous de cartes, sur lequel vous veillerez au possible et avec une attention sans discontinuation.

Federic.

Nach dem Concept.

4226. AN DEN ETATSMINISTER GRAF PODEWILS IN BERLIN.

Potsdam, 6. April 1750.

Auf allergnädigsten Befehl Sr. Königl. Majestät habe von Höchstderoselben wegen an Ew. Excellenz sofort vermelden sollen, wie des Königs Majestät, als Dieselbe heute aus der dechiffrirten letzteren Relation des p. von Klinggräffen zu Londen die gleich im Anfange befindliche Passage gelesen, qu'il ne manquerait pas d'insinuer à l'ambassadeur de France, conformément aux ordres de Sa Majesté, que ce que les cours de Londres et de Vienne débitaient p. p., Sie darüber einigermaassen embarrassiret gewesen, da Sie dergleichen Insinuationes denen französischen Ministres thun zu lassen bekannter Ursachen halber [1] allemal vor bedenklich hielten und ohne die höchste Nothwendigkeit dazu nicht gerne resolvireten. Dahero Sie dann Deroselben allergnädigste Willensmeinung hierunter dahin declariren liessen, wie es zwar sehr gut und nothwendig wäre, dass von dem Departement aus denen von den königlichen Ministres an auswärtigen Höfen posttäglich einkommenden Relationen réciproquement dasjenige, so einem und dem andern dererselben zur Direction dienen könnte oder zu wissen nöthig wäre, auszugsweise communiciret würde, auf dass selbige in der Connexion blieben und von dem Zusammenhang der Affairen in der Totalité informiret würden: wenn aber denenselben committiret werden müsste, gewisse Insinuationes an andere, insonderheit an französische Ministres, zu thun, so möchten Ew. Excellenz auf solchen Fall jedesmal eine kurze Anfrage an Se. Königl. Majestät aufsetzen und einsenden lassen, um Dero Intention darüber vorhero zu vernehmen, damit nicht etwas geschehe, so Höchstdieselbe nicht gerne sehen möchten.

Eichel.

P. S.

Ich habe bei dieser Gelegenheit an Ew. Excellenz zu vermelden nicht ermangeln sollen, dass des Königs Majestät bei Lesung der Klinggräffschen Dépêche bei der Passage, dass der französische Ambassadeur, wenn er mit nach Hannover ginge, von seinem Hofe eine

[1] Vergl. S. 94. 95. 181.

Ordre bekommen möchte, sich mit ihm über alles zu communiciren, decláriret haben, dass solches nicht angehe.

Nach der Ausfertigung.

4227. AU MINISTRE D'ÉTAT COMTE DE PODEWILS A BERLIN.

Potsdam, 6 avril 1750.

Comme le sieur Warendorff à Pétersbourg vient de me marquer dans une des dépêches qu'il m'a faites immédiatement,[1] qu'il avait remarqué depuis peu de temps entre le ministre de Suède, le sieur de Greiffenheim, et le nommé Gurowski[2] certaines liaisons qui n'avaient pas laissé d'inspirer à lui, Warendorff, quelques soupçons; qu'il connaissait ce Gurowski homme fin et d'ailleurs espion du comte Bestushew, et qu'il ne croyait pas M. de Greiffenheim assez sur ses gardes, pour éviter d'en être la dupe; qu'il pouvait cependant se tromper, mais que ces liaisons l'empêchaient au moins, malgré lui, de ne pas prendre au dernier toute la confiance qu'il voudrait bien sans cela lui témoigner, et que par cette raison-là il avait balancé jusqu'ici de lui faire part confidemment de la déclaration que je lui avais ordonné de faire au ministère de Russie;[3] que c'était au surplus avec beaucoup de peine qu'il se trouvait dans le cas de me marquer cette circonstance — mon intention est que vous deviez mûrement délibérer sur le moyen le plus convenable de tirer le sieur de Greiffenheim de ces liaisons pernicieuses, et s'il convient de se servir pour cela du sieur de Rohd à Stockholm, ou si vous jugez qu'il vaille mieux d'en faire des insinuations confidentes à M. Wulfwenstjerna ou de les faire faire par le marquis de Valory, uniquement dans la vue pour dégager M. de Greiffenheim de toute connexion avec un homme aussi dangereux et aventurier que ce Gurowski. Je laisse à vos soins de conduire tout cela adroitement et de la manière que vous trouverez la plus propre à mes vues. Et sur ce, je prie Dieu etc.

Federic.

Nach der Ausfertigung.

4228. AU CONSEILLER DE LÉGATION WARENDORFF A SAINT-PÉTERSBOURG.

Potsdam, 7 avril 1750.

J'ai reçu votre dépêche du 21 du mois passé de mars. Je ne saurais qu'approuver les précautions que vous avez prises envers le sieur de Greiffenheim, et je vous sais bon gré de l'avis que vous m'avez donné sur les raisons qui vous y ont mu, dont je ne laisserai pas de faire un bon usage, quoiqu'avec tout le ménagement possible pour sa personne.

[1] Petersburg 21. März. Vergl. Nr. 4228. — [2] Vergl. S. 91. 186. — [3] Vergl. S. 278.

Selon mes lettres de Copenhague, le comte Lynar, ministre de Danemark, recevra bientôt des ordres de sa cour pour faire une déclaration à celle de Pétersbourg dans le même sens de celle que vous êtes chargé d'y faire; il n'est point à douter que le Chancelier sera également très fâché de l'une et de l'autre, mais qu'elles ne laisseront pas de lui causer des réflexions fort sérieuses, pourvu que la tête ne lui soit pas entièrement tournée.

Federic.

Nach dem Concept.

4229. AU CONSEILLER PRIVÉ DE GUERRE DE KLING-GRÆFFEN A LONDRES.

Potsdam, 7 avril 1750.

J'ai reçu votre dépêche du 24 du mois dernier passé. Quoique vous connaissiez ma façon de penser sur les sincérations ordinaires des ministres anglais, il me paraît cependant que pour cette fois-ci vous poussez un peu trop loin vos doutes sur la sincérité des déclarations que ces ministres font vis-à-vis de la France relativement aux affaires du Nord.

Quand je considère le vrai état où les affaires de l'Europe se trouvent dans le moment présent, j'avoue que j'ai de la peine à m'imaginer que le ministère anglais, après toutes les déclarations vigoureuses et énergiques que la France a faites, voudrait continuer à aigrir et pousser la Russie pour commencer des troubles dans le Nord, vu que ce serait agir diamétralement contre les intérêts de l'Angleterre, et que même les intérêts particuliers d'Hanovre n'en sauraient tirer aucun avantage. Je crois même de comprendre fort bien l'embarras qu'on remarque au duc de Newcastle, aussi souvent qu'il s'explique sur les affaires de Russie, puisqu'au fond il est vrai qu'il s'en faut beaucoup que l'Angleterre soit la maîtresse de conduire la Russie tout comme elle veut, et qu'en conséquence le duc de Newcastle a raison de craindre que la Russie n'attire plus d'embarras à l'Angleterre qu'elle ne voudra avoir.

Voilà comme je me représente naturellement les affaires, estimant de ne devoir pas chercher finesse là où il n'y en a peut-être point. Au surplus, je suis presque persuadé que le voyage du roi d'Angleterre à Hanovre regarde principalement l'élection d'un roi des Romains en faveur de l'archiduc aîné d'Autriche, affaire où aussi il réussira, malgré tout ce que la France et moi y pourrions opposer, dès qu'elle sera mise sur le tapis.

Federic.

Nach dem Concept.

4230. AU CONSEILLER PRIVÉ DE LÉGATION DE ROHD A STOCKHOLM.

Potsdam, 7 avril 1750.

J'ai reçu à son temps les rapports que vous m'avez faits du 24 et du 27 du mois dernier passé. J'approuve que, sur les instances de ma sœur, la Princesse Royale, vous lui ayez communiqué la lecture des déclarations que je vais faire faire à la cour de Pétersbourg, et de celles qui ont été actuellement faites à Londres et à Vienne.

Je vous sais bon gré de l'avis que vous m'avez donné du départ du colonel baron de Scheffer; j'attendrai le plan qu'il me portera, pour y aviser.[1]

Je suis bien aise que, selon les nouvelles qu'on a en Suède, tout est tranquille encore sur la frontière de Finlande; mes vœux sont que cela dure. En attendant, il est constant que la Suède doit s'attendre encore à force d'agaceries de la Russie, qui multipliera ses démonstrations en toutes façons cette année-ci, et c'est aussi pourquoi j'espère que la première prendra de bonnes précautions en Finlande, en sorte qu'on ait lieu d'être sûr qu'elle ne pourra nullement y être surprise.

Nach dem Concept. Federic.

4231. AU CONSEILLER BARON LE CHAMBRIER A PARIS.

Chambrier berichtet, Paris 27. März:
„Le sieur Mareschal m'a fait dernièrement une visite, pour me dire qu'il avait ordre de l'Impératrice sa maîtresse de me seconder auprès de cette cour, autant que cela pouvait intéresser l'Impératrice, pour m'aider à obtenir de la France la garantie du traité de Dresde par celui d'Aix-la-Chapelle.[2] ... Je répondis au sieur Mareschal que l'affaire dont il venait de me parler m'était entièrement étrangère, Votre Majesté ne m'ayant jamais donné aucun ordre sur cela; que je lui avouais que je n'avais cru jusqu'à présent qu'il restât autre chose à faire à l'égard du traité de Dresde, que la garantie de l'Empire que l'Impératrice a promis par ledit traité de procurer à Votre Majesté. Le sieur Mareschal répondit qu'il était naturel que l'Impératrice commençât par pourvoir à sa sûreté par la garantie du traité de Dresde par les puissances qui ont signé le traité d'Aix-la-Chapelle, puisqu'il y était dit que tous les contractants audit traité se garantiraient leurs États récipro-

Potsdam, 7 avril 1750.

J'ai trouvé assez extraordinaire le propos que le sieur Mareschal, ministre de la Reine-Impératrice, vous a tenu, en conséquence du rapport que vous m'en avez fait par votre dépêche à la date du 27 du mois dernier de mars; mais j'ai en même temps parfaitement applaudi à la réponse que vous lui avez faite, que j'ai trouvé aussi conforme à mes intentions qu'on ne la saurait jamais faire mieux.

Les particularités que vous m'avez marquées par le post-scriptum de votre dépêche, me font apercevoir que je ne me suis pas tout-à-fait trompé, quand je me suis douté que la France n'avait plus cette répugnance pour une nouvelle guerre qu'elle l'avait autrefois; ce-

[1] Vergl. S. 299. 311. 320. — [2] Vergl. S. 302.

quement, et que d'ailleurs ce n'était pas la faute de l'Impératrice, si elle n'avait pas pu obtenir jusqu'à présent la garantie de l'Empire pour la Silésie entre les mains de Votre Majesté." pendant le comte Tyrconnell continue jusqu'ici à se tenir clos et boutonné, ainsi qu'il faut que je le voie venir encore, pour juger de ce que ses instructions portent. Mais telles qu'elles seront, je veux bien que vous sachiez de ma part, quoique dans la dernière confidence et sous le sceau du secret le plus absolu, dont il faut même que vous ne touchiez rien dans les doubles de vos dépêches que vous adressez à mes ministres du département des affaires étrangères, que je resterai invariablement dans les alliances défensives où je suis, et que, le cas en existant, je remplirai au possible les engagements que j'y ai pris, mais que je n'entrerai point dans des liaisons offensives. En attendant, sur l'avis que vous m'avez donné en dernier lieu que M. de Tyrconnell me proposerait que, si je voulais prendre 20,000 Allemands en mon service, la France me les payerait, je fais actuellement des tentatives auprès de quelques princes d'Allemagne pour sonder si je puis avoir d'eux des troupes pour des subsides, quand le cas le demandera, que je payerai de ceux que la France me donnera.

Nach dem Concept. Federic.

4232. AU MINISTRE D'ÉTAT COMTE DE PODEWILS, ENVOYÉ EXTRAORDINAIRE, A VIENNE.

Potsdam, 7 avril 1750.

Votre dépêche du 28 du mois dernier m'a été bien rendue. On n'a plus lieu d'animer le ministère de France d'agir avec vigueur relativement aux affaires du Nord, et je veux bien vous dire confidemment et pour votre direction seule que la France y va à présent avec plus de vivacité, et sans se laisser amuser par les sincérations vraies ou feintes des cours de Vienne et de Londres, que je le voudrais quelquefois moi-même. Je crois pouvoir juger par là que le crédit du sieur Blondel n'est pas trop fort à sa cour, et qu'on n'a guère de confiance en lui.

Ce qui fait à présent l'objet le plus principal de ma curiosité, c'est d'avoir des nouvelles sûres de ce qui se passe à Constantinople, et de la façon dont la Porte Ottomane se décidera au sujet des affaires du Nord. Et comme c'est toujours de vous que j'ai été le mieux informé à cet égard, j'attends d'en avoir vos nouvelles.

Celles qui me viennent de Pétersbourg, continuent à me confirmer que la cour de Russie pense à mettre bientôt ses troupes en mouvement et qu'elle ajoutera à cette sorte d'ostentations bien d'autres, quoique des gens sensés soient toujours de l'opinion que toutes ces démonstrations ne seront suivies d'aucune réalité.

Je serai bien aise de voir ici le colonel de Schœnaich, et comme selon votre rapport c'est un officier de réputation, il sera toujours bon de l'engager, ne fût-ce que pour enlever aux Autrichiens un bon sujet.

Nach dem Concept. Federic.

4233. AN DEN ETATSMINISTER GRAF PODEWILS IN BERLIN.

Podewils berichtet, Berlin 7. April, auf das Cabinetsschreiben vom 6. April:[1] „Je crois que le meilleur serait d'en parler confidemment au sieur de Wulfwenstjerna, afin qu'il en avertisse sa cour et le sieur de Greiffenheim; mais, pour ne point commettre le sieur Warendorff dans tout ceci, il me semble qu'on pourrait insinuer à Wulfwenstjerna que Votre Majesté avait appris par un bon canal de Dresde que le sieur Gurowski se vantait de gouverner entièrement le sieur de Greiffenheim et de posséder sa confiance sans réserve, en ajoutant qu'on avait découvert encore à Dresde que le chancelier comte de Bestushew se servait de cet homme-là comme d'un espion."

Potsdam, 8. April 1750.

Recht sehr gut, er kann es nur so machen.

Mundliche Resolution. Nach Aufzeichnung des Cabinetssecretars.

4234. AU PRINCE DE PRUSSE A BERLIN.

Potsdam, 10 avril 1750.

Mon très cher frère. J'ai reçu votre lettre avec bien du plaisir. Les sentiments de votre amitié me sont chers et précieux; je vous assure, mon cher frère, que j'y répondrai de mon côté bien sincèrement. Nous avons eu ici[2] milord Tyrconnell, qui paraît fort aimable, mais dont l'âme n'est pas aussi heureuse que celle de Valory; il conserve un fonds de tristesse que je regarde comme un reste de sang anglais qui ne s'égayera que dans la seconde génération.

Nous exerçons ici vivement, et je compte que la semaine prochaine nous sortirons devant la porte de la ville, pour commencer petit à petit à manœuvrer ensemble.

Je vous embrasse, mon cher frère, en vous assurant de la tendresse parfaite avec laquelle je suis votre très fidèle frère et serviteur

Nach der Ausfertigung. Eigenhandig. Federic.

---

[1] Nr. 4227. — [2] 4.—7. April.

4235. AU CONSEILLER PRIVÉ DE CAGNONY A MADRID.

Potsdam, 11 avril 1750.

Votre rapport du 16 de mars dernier m'est bien parvenu. Quoique je ne disconvienne pas que la négociation dont vous êtes chargé à la cour de Madrid, puisse rencontrer ses difficultés, il ne m'est cependant point douteux que, pourvu que vous ayez une fois rencontré vos canaux et que votre négociation ait pris racine, elle ne prenne pour lors un pli qui lui soit plus favorable. En attendant, je ne juge pas qu'il soit convenable encore que vous preniez caractère public, avant que vous ne soyez en état de juger du succès de votre commission, et il ne saurait point nuire que vous donniez intelligiblement à entendre au ministre espagnol Carvajal que vous n'étiez point à même de prendre caractère public, avant que vous ne sachiez quelle serait l'issue de votre commission, puisqu'il me serait trop sensible si, après avoir envoyé en Espagne un ministre caractérisé pour y traiter de ma part sur une prétention légitime et fondée, je me voyais nonobstant de cela en butte d'y être refusé, de sorte que, si vous deviez prendre caractère, il fallait auparavant que vous fussiez assuré du succès de votre commission.

Nach dem Concept. Federic.

4236. AU CONSEILLER DE LÉGATION WARENDORFF A SAINT-PÉTERSBOURG.

Potsdam, 11 avril 1750.

J'ai reçu le rapport que vous m'avez fait du 24 du mois dernier. Comme je n'ai rien de plus intéressant à présent que de savoir précisément le parti que la cour où vous êtes prendra, à la fin, relativement à la Suède, vous devez tâcher au possible d'approfondir exactement si ladite cour voudra venir à des extrémités contre la Suède, ou si l'apparence est qu'elle se bornera à des ostentations et qu'elle ne fera qu'agacer la Suède.

Nach dem Concept. Federic.

4237. AU MINISTRE D'ÉTAT COMTE DE PODEWILS, ENVOYÉ EXTRAORDINAIRE, A VIENNE.

Potsdam, 11 avril 1750.

Je vous sais bon gré des nouvelles que vous m'avez communiquées, concernant les affaires de Turquie. Ce qui inquiète là-dessus, c'est que, dans l'habitude où on y est de changer à tout moment de ministres et de culbuter tour à tour l'un après l'autre, on ne saura jamais faire fond sur ces gens-là ni faire fond sur leurs déclarations.

Pour ce qui regarde les affaires du Nord, je suis dans la ferme persuasion que, si les choses se passent encore cette année-ci tranquillement et sans quelque rupture ouverte, comme il y a de l'apparence encore, alors tous les desseins pernicieux du chancelier de Russie et sa mauvaise volonté s'en iront en fumée.

Nach dem Concept.

Federic.

4238. AU CONSEILLER PRIVÉ DE LÉGATION DE ROHD A STOCKHOLM.

Potsdam, 11 avril 1750.

J'ai reçu votre rapport du 31 du mois passé de mars. Bien qu'il serait très fâcheux, si malheureusement le roi de Suède venait à mourir dans le moment présent, où les affaires sont dans la fermentation la plus forte, il n'est pas moins vrai qu'à quelque temps qu'il meure, sa mort nous arrivera toujours mal-à-propos, puisqu'elle causera toujours quelque embarras.

Nach dem Concept.

Federic.

4239. AU CONSEILLER BARON LE CHAMBRIER A PARIS.

Potsdam, 11 avril 1750.

Je crois que le marquis de Puyzieulx a rencontré fort juste dans tout ce qu'il vous a dit, selon votre rapport du 30 du mois dernier; mais quant à la nouvelle d'une jalousie et d'un mécontentement qui doit être intervenu entre le Prince-Successeur et le comte Tessin, j'ai de la peine à y ajouter croyance, n'ayant pas eu jusqu'ici la moindre nouvelle qui me saurait faire soupçonner seulement qu'il y ait eu quelque refroidissement entre le ministre et le Prince susdit; tout au contraire, tout ce qui m'en est revenu, m'a dénoté un parfait concert entre eux. Posé aussi le cas qu'il y avait eu quelque refroidissement de la part du Prince vis-à-vis du comte Tessin, il faudrait que cela soit arrivé à l'occasion de la renonciation de la succession éventuelle sur le Holstein que le Prince-Successeur a été obligé de faire en faveur du traité avec le Danemark, ce qui a coûté à celui-ci, avant que d'avoir pu s'y déterminer. Mais pour dire le vrai, je n'ai jamais appris que le Prince ait mis là-dessus quelque chose à la charge du ministre.

Au surplus, vous devez faire bien des compliments flatteurs à M. de Puyzieulx de ce qu'il pense et agit avec tant de fermeté à l'égard des affaires du Nord, en ajoutant qu'il aura l'honneur par là d'avoir conservé la paix et la tranquillité dans ces contrées, tout comme je présume qu'elle sera conservée encore.

Nach dem Concept.

Federic.

4240. AU CONSEILLER PRIVÉ DE LÉGATION FRÉDÉRIC
DE VOSS A COPENHAGUE.

Potsdam, 11 avril 1750.

J'ai reçu votre rapport du 4 de ce mois, et vous avez très bien fait de vous remettre simplement aux lumières du ministre de France, quand il croira le moment convenable pour faire des ouvertures à la cour de Danemark, concernant l'alliance à faire avec moi. J'approuve d'ailleurs la façon dont vous vous êtes expliqué, vis-à-vis de ce ministre, de ce que la cour mentionnée ne m'a pas réciproquement communiqué les déclarations dont ses ministres aux cours étrangères sont chargés relativement aux différends entre la Suède et la Russie; aussi avez-vous bien fait de laisser là cette affaire, qui n'est proprement qu'une bagatelle et qui ne vaut pas d'être relevée.

Federic.

Nach dem Concept.

4241. AU MARQUIS DE VALORY, ENVOYÉ DE FRANCE,
A BERLIN.

[Potsdam], 11 avril 1750.

Monsieur le Marquis de Valory. Un avis secret m'étant parvenu sur une découverte que la cour de Russie prétendait avoir faite qu'il y avait une nouvelle convention de réglée entre la France et moi, en conséquence de laquelle votre cour s'était engagée de me fournir, en cas de rupture dans le Nord, 20,000 hommes de ses troupes assemblées en Lorraine, tout comme je m'étais engagé de faire marcher alors mon contingent au secours de la Suède, dès que vos troupes auraient passé le Rhin — j'ai bien voulu me donner la satisfaction de vous en donner part, quoique sous le sceau d'un secret absolu, et que vous n'en parliez à personne, puisqu'il m'importe qu'on ne s'aperçoive pas de ce que j'en suis informé. Quoique vous connaissiez la futilité de cette prétendue découverte, je sais cependant que les deux cours impériales en sont extrêmement intriguées et qu'elles voudraient bien voir clair là-dessus, parcequ'elles craignent qu'un pareil concert, pris entre la France et moi, ne dérange considérablement les mesures déjà concertées entre elles au cas de guerre dans le Nord. Rien ne me paraît ainsi plus naturel et plus convenable pour nous que de les laisser dans cette erreur, par un silence affecté, si elles venaient à vouloir s'en éclaircir directement ou indirectement. Au moins, Monsieur, vous demandé-je avec instance de vouloir bien me garder un secret religieux sur la confidence que je vous fais à ce sujet. Et sur ce, je prie Dieu etc.

Federic.

Nach der von Valory eingesandten Abschrift im Archiv des Auswärtigen Ministeriums zu Paris.

4242. RÉPONSE DU ROI AU MÉMOIRE
QUE LE SIEUR DE WULFWENSTJERNA, MINISTRE DE LA SUÈDE, ET LE COLONEL BARON DE SCHEFFER LUI ONT PRÉSENTÉ DE LA PART DE LA SUÈDE.[1]

Potsdam, 12 avril 1750

Nous sommes sensibles autant que l'on peut l'être aux marques d'amitié et de confiance que Sa Majesté le roi de Suède nous témoigne dans toutes les occasions, et principalement dans celle-ci, où il s'agit d'un point si important pour la sûreté de son royaume et pour le maintien de la balance du Nord.

Si nous croyons avoir mérité en quelque manière cette confiance, par l'empressement que nous avons eu dans toutes les occasions de concourir aux mesures que Sa Majesté Suédoise a jugées les plus convenables à ce but, nous espérons de nous en rendre encore plus dignes par la sincérité et la cordialité de nos procédés.

Nous réitérons, comme nous l'avons fait souvent, les assurances de remplir religieusement la teneur de nos traités, en fournissant à la Suède le secours que nous lui devons au cas qu'elle soit attaquée; mais nous sommes en même temps de l'opinion que ni nous ni la Suède ne pouvons prendre jusqu'à présent d'autres mesures que celle d'une bonne défensive.

Ce qu'on avance ici, est si vrai que ceux qui connaissent la Finlande, conviendront des difficultés insurmontables qui se trouveraient de forcer Wibourg, place d'autant plus importante que, sans s'en être rendu maître, les opérations des Suédois ne se réduiraient à rien.

A l'égard de la Prusse, il se trouve des difficultés plus fortes encore qui empêchent l'offensive en Livonie, savoir la nature sèche du pays qu'il faut traverser, sans que le cours d'aucune rivière ne favorise le transport des subsistances, sans que les bêtes de charge et de somme dont on aurait besoin pour conduire ses vivres, puissent y trouver du pâturage suffisant; la nature des diversions que les Russes seraient en état de faire au moyen de leurs Tartares par la Pologne, qui empêcheraient toutes les subsistances des derrières de suivre l'armée.

Le seul moyen qui pourrait rendre cette entreprise possible, ce serait d'avoir suffisamment de vaisseaux pour transporter les vivres en rangeant les côtes; mais ce moyen exige lui-même pour préalable que la flotte suédoise se procure une entière supériorité sur celle des Russes.[2] Selon notre sentiment, ce n'est que par mer que l'on peut parvenir à porter des coups dangereux à cette puissance, et les opérations des armées de terre ne peuvent se régler solidement qu'après le succès qu'auront eu celles de mer.

Après avoir examiné les moyens qu'ont les alliés de rendre offensive une guerre qui de sa nature est défensive, il n'est pas hors de

---

[1] Vergl. S. 326. — [2] Das eigenhändige Concept des Königs zu dieser Denkschrift hat: Moscovites.

propos de faire quelques réflexions sur la position où se trouvent respectivement tous les alliés.

Les Suédois n'ont que 24,000 Russes[1] sur les frontières de la Finlande, et, s'ils portent le corps de troupes que commande le sénateur Rosen[2] à un nombre égal, il paraît qu'ils pourront se défendre avantageusement. Ils peuvent, de plus, par le moyen de leurs vaisseaux et galères, empêcher les Russes[3] de faire quelque débarquement à leur dos, de sorte que, s'ils ne font pas des fautes capitales et contraires aux règles de l'art militaire, il n'est point à craindre qu'ils essuient des revers.

Nous nous trouvons dans une situation plus embarrassante. Nous avons 40,000 Russes sur les frontières de la Prusse qui, dès que nous aurons fourni à la Suède les secours stipulés, nous attaqueront, selon que nous le savons avec sûreté. La Reine-Impératrice[4] rassemblera en même temps une armée de 60,000 hommes, à laquelle 20,000 Hongrois se joindront, afin de nous entamer du côté de la Silésie. Les Saxons, de plus, alliés ou, pour mieux dire, esclaves des Russes, seront obligés de se mettre de la partie, de sorte que nos forces seront occupées de tous les côtés, et que, bien loin de pouvoir nous engager dans de trop vastes projets, nous aurons bien de la peine à nous soutenir nous-mêmes contre des puissances aussi formidables qui nous attaquent; et nous en imposerions à la Suède et à nos alliés, si nous avancions des choses sur lesquelles ils ne pourraient réellement pas compter.

Quant à la France,[5] l'on pourrait désirer qu'elle fît la conquête de la Flandre, ce qui obligerait l'Impératrice-Reine d'envoyer des troupes pour la défense de ses États, effort que les Puissances maritimes exigeraient d'elle à tout prix. En supposant que les choses tournassent au plus mal en Suède, la France aurait un moyen assuré en mains pour rétablir les choses en Suède comme elles devraient être.

Après ces idées, que nous hasardons simplement, il paraît que ce que nous devrions tâcher d'effectuer avec le plus d'empressement, serait de tirer des secours du Danemark, qui, par le moyen de ses vaisseaux, pourrait nous procurer la supériorité sur mer et, par conséquent, sur terre; ce serait de nous assurer de l'assistance de la Porte, qui, par le moyen d'une diversion, nous donnerait le moyen de respirer; ce serait, de plus, d'entretenir la France dans les dispositions favorables dont elle nous a donné des marques si efficaces, nous en remettant toutefois à elle de la manière dont elle jugera à propos de soutenir ses alliés, dont les intérêts — du moins ceux de la Prusse et de la Suède — paraissent inséparables de ceux de cette monarchie.

La réflexion que nous faisons sur le corps d'auxiliaires de 9,000

---

[1] Im Concept: Moscovites. — [2] Vergl. S. 66. — [3] Im Concept: Moscovites. — [4] Im Concept: La reine de Hongrie. — [5] Statt des folgenden Absatzes stehen in dem eigenhändigen Concept des Königs nur die Worte: „NB. Article de la France, lettre à Valory (vergl. Nr. 4244). La conquête de la Flandre."

hommes[1] que nous sommes obligés de fournir à la Suède en conformité de notre traité, mais que la Suède serait obligée de nous renvoyer, dès que nous en aurions besoin pour notre propre défense, nous a fait venir l'idée[2] s'il ne valait pas mieux que nous donnions, une fois pour toutes, un corps de troupes auxiliaires à la Suède de 6,000, qu'elle garderait pendant tout le cours de la guerre, et que nous nous servions alors de ce que nous avons de troupes pour notre défense.

Nach Abschrift der Cabinetskanzlei. Das Concept „Réponse à la Suède" eigenhändig.

4243. AU MINISTRE D'ÉTAT COMTE DE PODEWILS A BERLIN.

Potsdam, 13 avril 1750.

Je vous adresse ci-clos la réponse que je viens de faire au marquis de Valory à la lettre que vous m'avez envoyée de sa part, et vous en communique la copie, afin que vous puissiez vous expliquer en conformité envers le baron de Scheffer, quand il vous parlera sur ce qui fait le sujet de son voyage, pendant que vous observerez partout ailleurs un secret impénétrable sur cette affaire. Et sur ce, je prie Dieu etc.

Federic.

Nach der Ausfertigung.

4244. AU MARQUIS DE VALORY, ENVOYÉ DE FRANCE, A BERLIN.

Potsdam, 13 avril 1750.

Monsieur le Marquis de Valory. La proposition que vous me faites par votre lettre du 11 de ce mois, est la même que vous m'avez faite déjà deux ou trois fois. Vous savez que je vous ai répondu alors que de notre côté nous serions exacts à remplir tous les engagements que nous avons avec la Suède; mais comme nous sommes d'ailleurs très sûrs d'être attaqués par la Russie, aussitôt que nous donnerons nos auxiliaires à la Suède, le projet de notre concert ne se réduira qu'à défendre chacun de son côté ses provinces et ses États.

Si l'on pouvait arranger les choses selon son bon plaisir, le préalable de la guerre qu'on aurait à soutenir contre la Russie, serait d'avoir une flotte supérieure à celle de cette puissance, par le moyen de laquelle la Suède pût aussi se procurer une supériorité sur ses ennemis. Vous savez d'ailleurs toutes les raisons que je vous ai déduites, qui me mettent hors d'état de rien entreprendre contre cette puissance, tant que nous ne pouvons avoir une supériorité sur mer. Il n'est pas inutile de vous faire faire encore une réflexion par rapport à la position

---

[1] Der Schluss lautet in dem eigenhändigen Concepte: „NB. La proposition de changer les auxiliaires de 9 à 6,000 hommes." — [2] Vergl. S. 320.

où je me trouve actuellement à l'égard de la Russie et de ses alliés. La Suède ne sera attaquée vraisemblablement que par la Russie, supposé que le chancelier Bestushew pousse les choses jusqu'à l'extrémité. Les Russes n'ont que 20 à 24,000 hommes sur les frontières de la Finlande; mais ces mêmes Russes ont une armée de 40,000 hommes dans la Livonie, et l'Impératrice-Reine peut assembler sans peine 50 à 60,000 sur les frontières de la Silésie. Je sais d'ailleurs à quoi je puis m'attendre de la Saxe en pareille conjoncture, et quoique cet État soit dans un délabrement prodigieux, ils ne laisseront pas de pouvoir mettre un corps formidable de troupes sur le pied, moyennant des subsides, de sorte que je suis menacé des plus grands dangers dans cette guerre, et que tout ce que je puis faire de mes forces, sera de me défendre contre tant d'ennemis puissants.

Si j'avais à dresser un projet de concert, je regarderais comme le point le plus important d'être bien assuré des bonnes intentions de la Porte et de la diversion qu'en cas de guerre elle voulût faire à la Russie. Et quant au roi de France, on ne saurait lui prescrire jusqu'à quel point il voudrait prendre part aux affaires du Nord; mais si je désirais là-dessus quelque chose en mon particulier, ce serait qu'il s'emparât de la Flandre, opération d'autant plus facile que les places rasées dans la dernière guerre ne sont pas encore rebâties. Je crois que cela obligerait l'Impératrice-Reine d'envoyer des troupes pour la défense de ses États, d'autant plus que les Puissances maritimes exigeraient ces efforts d'elle à tout prix. En supposant que les choses tournassent au plus mal pour la Suède, la France aurait un moyen assuré en mains pour rétablir les choses sur le point où elles devraient être, et quant aux Autrichiens, cette Flandre dont les Anglais sont si jaloux, est un moyen de quoi les obliger de rétablir les choses en Suède. Et supposant que la guerre prît une tournure plus heureuse, il me paraît que la France serait en droit de retenir cette province, qui, démembrée des États de la Reine-Impératrice, romprait à jamais la connexion et l'intérêt que les Puissances maritimes s'imaginent d'avoir pour la soutenir.

Je vous dis mes sentiments avec toute la franchise possible sur cette matière; mais si vous voulez examiner l'état des choses avec impartialité, vous et votre successeur conviendrez que je ne saurais m'engager qu'à faire des choses possibles, et que, bien loin de contribuer à l'avantage de mes alliés, en leur promettant plus que je ne saurais faire, je les tromperais effectivement par des espérances vaines dont je ne pourrais pas réaliser l'exécution.

Cependant, autant que je puis juger des affaires du Nord jusqu'à présent, je ne crois pas que nous ayons rien à craindre de la part de la Russie avant la Diète prochaine de Suède ou avant la mort du Roi.

Au reste, j'ai cru devoir vous communiquer confidemment ce que je viens d'apprendre par une voie secrète, touchant des lettres arrivées de Turquie à Vienne qui doivent avoir marqué que l'élévation de Saïd-Effendi à la dignité de Kihaja[1] n'avait guère été de durée, parcequ'il venait d'être démis de sa charge et exilé de Constantinople. L'on en a voulu tirer la conséquence que la Porte se confirmait de plus en plus dans les sentiments pacifiques qu'elle avait adoptés, et qu'elle ne voudrait pas souffrir dans le ministère des gens qui pensaient différemment. Sur quoi, je prie Dieu etc.

Federic.

P. S.

J'ai donné aujourd'hui à M. de Wulfwenstjerna un grand mémoire en réponse à celui qu'il m'a présenté; comme je ne doute point qu'il ne vous le communique, je vous y renvoie.

<small>Nach der von Valory eingesandten Abschrift im Archiv des Auswartigen Ministeriums zu Paris.</small>

4245. AN DEN ETATSMINISTER GRAF PODEWILS IN BERLIN.

Podewils berichtet, Berlin 12. April:
„Ayant écrit selon les ordres de Votre Majesté au sieur d'Asseburg et au président de Borcke à Cassel[2] . . . Asseburg vient de me répondre . . . à peu près dans le sens qu'il l'a fait il y a près d'un an[3] . . . Quelque grimace qu'on fasse à Cassel de ne pas vouloir prendre de subsides, je crois pourtant qu'on ne peut pas bien s'en passer; mais sous prétexte de ne pas vouloir séparer les troupes, on en voudra avoir pour 10 à 12,000 hommes peut-être à la place de 3,000 . . . Le président de Borcke ne m'a pas encore répondu sur ce sujet."

Potsdam, 13. April 1750.

Wir müssen unsere Netze auf allen Seiten auswerfen, um zu sehen, wo wir was kriegen können.

Er möchte indess aus Curiosité an den p. von Borcke oder Asseburg schreiben, ob sie denn wohl alle ihre Truppen gegen Subsides geben wollten, oder wie sonsten.

<small>Mündliche Resolution. Nach Aufzeichnung des Cabinetssecretars.</small>

4246. AU PRINCE ROYAL DE SUÈDE A STOCKHOLM.

Potsdam, 14 avril 1750.

Monsieur mon Frère et Cousin. J'ai reçu avec cette satisfaction que me cause toujours le bonheur d'avoir de vos nouvelles, la lettre de Votre Altesse Royale que m'a remise le colonel baron de Scheffer. Vous pouvez être persuadé qu'il n'y a point de recommandation qui puisse plus auprès de moi que celle de Votre Altesse Royale, et j'ai en conséquence donné toute mon attention aux choses que cet officier m'a rendues de la part de Sa Majesté Suédoise et de celle de Votre Altesse Royale. Il me paraît mériter par son zèle, son attachement et ses

<small>[1] Vergl. S. 245. — [2] Vergl. S. 320. — [3] Vergl. S. 125.</small>

qualités personelles toute la confiance dont le Roi et vous l'avez honoré, et je ne puis qu'approuver entièrement le choix qu'on a fait de sa personne, auquel il a si bien répondu. Votre Altesse Royale connaît combien je m'occupe sincèrement de tout ce qui peut L'intéresser, et l'amitié véritable avec laquelle je suis, Monsieur mon Cousin, votre très bon frère et cousin

Federic.

Nach dem Concept.

4247. AU MINISTRE D'ÉTAT COMTE DE PODEWILS A BERLIN.

Potsdam, 14 avril 1750.

Le sieur Warendorff vient encore de me marquer par une de ses dépêches qu'il m'a faite immédiatement, que le secrétaire d'ambassade de Suède à Pétersbourg, le sieur Lagerflycht, qui avait souhaité de pouvoir rester là en qualité de ministre de Suède, venait de demander la permission de voir ses parents en Suède. Il ajoute qu'il en était d'autant plus fâché que ledit Lagerflycht avait une connaissance exacte des affaires de ce pays-là, et qu'il lui avait d'ailleurs toujours témoigné une confiance sans réserve; qu'il estimait cependant que, si on voulait lui procurer quelques avantages, il retournerait à son poste et rendrait des services utiles à sa cour.

Mon intention est donc que vous deviez prendre l'occasion d'en faire part convenablement à M. de Wulfwenstjerna, en lui insinuant la nécessité qu'il y aurait de laisser un sujet tel que le sieur Lagerflycht à la cour de Russie, en lui faisant quelques convenances, pendant un temps aussi critique qu'il est à présent. Au surplus, j'ai bien voulu vous communiquer, quoique pour votre direction seule, la réponse que j'ai remise hier moi-même à M. Wulfwenstjerna au mémoire qu'il m'a présenté conjointement avec le colonel Scheffer. Sur quoi, je prie Dieu etc.

Federic.

Nach der Ausfertigung.

4248. AU CONSEILLER DE LÉGATION WARENDORFF A SAINT-PÉTERSBOURG.

Potsdam, 14 avril 1750.

Vos dépêches du 28 du mois dernier de mars m'ont été rendues. Je tâcherai de faire un bon usage de ce que vous me marquez au sujet du sieur de Lagerflycht, pour disposer les choses à ce qu'il soit conservé sur son poste, moyennant quelques avantages qu'on lui accordera. Pour ce qui regarde d'ailleurs les affaires à l'égard de la Suède, je me crois en droit de présumer que la bonne et étroite intelligence qui règne heureusement entre la France, la Suède, le Danemark et moi, pour conjurer tout orage dans le Nord, ne saurait que de faire de l'impression sur la cour où vous êtes et faire penser bien sérieusement au comte Bestushew sur ce qu'il voudra entreprendre; ce que vous tâcherez de bien approfondir. D'ailleurs je ne saurais assez vous recommander d'avoir une attention non interrompue sur tout ce qui se passe sur les lieux où vous êtes par rapport aux arrangements militaires.

Nach dem Concept.

Federic.

4249. AU CONSEILLER BARON LE CHAMBRIER A PARIS.

Chambrier berichtet, Paris 3. April, dass Puyzieulx ihn von der durch Ulfeld an Blondel ertheilten Antwort auf die Erklärung Frankreichs[1] in Kenntniss gesetzt habe, durch welche die Kaiserin-Königin jeden Antheil an dem Vorgehen Russlands gegen Schweden in Abrede stellt, ihre Bemühungen um die Aufrechterhaltung des Friedens betont und sich auf den im Interesse des Friedens früher gemachten Vorschlag zu einer Convention zwischen Russland und Schweden[2] beruft. „Quoi qu'il en soit, me dit le marquis de Puyzieulx, je crois que nous n'avons rien de mieux à faire que de nous point embarrasser du bruit, nous tenir toujours sur nos gardes avec fermeté et grande union entre nous, et que les autres en soient bien persuadés. En nous conduisant de la sorte, nous n'aurons rien à craindre, et vous verrez à la fin que tous ces nuages se dissiperont."

Nach dem Concept.

Potsdam, 14 avril 1750.

J'ai reçu le rapport que vous m'avez fait du 3 de ce mois, sur lequel je vous dirai que je suis en tout du même sentiment que le marquis de Puyzieulx, sur la façon de nous conduire relativement aux affaires du Nord, et que je pense tout comme lui qu'en nous conduisant de la sorte nous n'aurions pas à craindre pour la tranquillité du Nord; j'excepte le cas de la mort du roi de Suède, qui, quand il viendra à exister, pourra entraîner, comme je l'appréhende, des remuements et des troubles.

Federic.

4250. AU MINISTRE D'ÉTAT COMTE DE PODEWILS, ENVOYÉ EXTRAORDINAIRE, A VIENNE.

Potsdam, 14 avril 1750.

Il ne me paraît pas que la déclaration de la cour de Danemark, faite en dernier lieu[3] par son secrétaire d'ambassade à Vienne,[4] ait fait beaucoup de plaisir au comte d'Ulfeld, et je serai bien aise d'apprendre de vous l'impression que cette déclaration a faite sur la cour de Vienne.

L'on prétend ici qu'il y a eu des lettres de Turquie à Vienne selon lesquelles le fameux Saïd-Effendi doit être démis de sa charge de kihaja et éloigné de Constantinople.[5] Comme vous n'en faites aucune mention dans vos dépêches, j'hésite encore d'y ajouter foi, jusqu'à ce que j'aurai de vos nouvelles là-dessus.

Au reste, il me semble que la cour de Pétersbourg commence à modérer sa fougue, en sorte qu'il me paraît fort vraisemblable que cette

---

[1] Vergl. S. 289. — [2] Vergl. S. 85. 154. 183. — [3] Vergl. S. 314. — [4] John. — [5] Vergl. S. 336.

année passera encore sans que la Russie pousse les choses contre la Suède à l'extrémité. Du moins sais-je par différents avis que la bonne intelligence qui règne entre la France et moi, intrigue extrêmement les deux cours impériales et semble arrêter les mesures qu'elles ont prises entre elles au cas d'une rupture dans le Nord.

Federic.

Nach dem Concept.

4251. AU CONSEILLER PRIVÉ DE GUERRE DE KLINGGRÆFFEN A LONDRES.

Potsdam, 14 avril 1750.

J'ai reçu à la fois vos dépêches du 31 du mois dernier et du 3 du courant. Pour ce qui regarde l'accession au traité de 1746 dont vous faites mention, j'avoue que j'ai encore bien de la peine à m'imaginer et me représenter qu'il s'y agisse de quelques engagements offensifs, et, supposé qu'il y en ait, la proposition ne saura venir ni de la part de la cour de Vienne ni de celle de Londres, mais uniquement de celle de Russie, qui seule est dans l'extravagante opinion que ses amis sont obligés d'épouser ses querelles malgré que cela ne convienne aucunement à leurs intérêts. Et quant aux négociations des Puissances maritimes avec quelques princes de l'Empire, j'estime qu'elles n'ont pour but que principalement l'élection d'un roi des Romains.

Nach dem Concept.

Federic.

4252. AU MARQUIS DE VALORY, ENVOYÉ DE FRANCE, A BERLIN.

Potsdam, 14 avril 1750.

Monsieur le Marquis de Valory. J'ai reçu votre lettre du 14 de ce mois. Quand je vous ai demandé le secret sur les confidences que je vous ai faites en dernier lieu, je n'ai nullement pensé d'en vouloir exclure M. le comte de Tyrconnell, dont j'ai la satisfaction de connaître déjà les sentiments de droiture, pour ne pas être entièrement assuré que tout secret ne soit auprès de lui en très bonnes mains.

Vous me demandez d'ailleurs si je ne croyais pas qu'il convînt qu'il entrât en activité, en me remettant ses lettres de créance. Vous jugerez vous-même que je ne saurais nullement lui prescrire quelque chose là-dessus, et que c'est à vous et à M. le comte de vous concerter à cet égard, conformément aux instructions que votre cour lui a données, moi étant toujours prêt de lui donner son audience pour me remettre ses lettres de créance, dès qu'il lui plaira de me la demander selon ce qui est de l'usage.

Pour ce qui regarde M. le chevalier de La Touche,[1] je suis bien aise de le savoir arrivé chez vous; je le crois d'ailleurs suffisamment

[1] Vergl. S. 322.

pourvu des instructions de votre cour pour qu'il ne me reste rien à y ajouter, de sorte que tout ce que je pourrais faire encore, serait de le charger d'une lettre pour ma sœur, la princesse royale de Suède.

Nach dem Concept.   Federic.

4253. AU MARQUIS DE VALORY, ENVOYÉ DE FRANCE, A BERLIN.

Potsdam, 17 avril 1750.

Monsieur le Marquis de Valory. Le hasard ayant fait tomber entre mes mains une dépêche assez curieuse que M. de Puebla a faite en chiffres à sa cour, et qui me confirme dans l'opinion où je suis que les deux cours impériales sont bien intriguées des étroites liaisons qui règnent heureusement entre la France et moi, je n'ai pu m'empêcher de vous en communiquer la copie que vous trouverez ci-jointe. Vous jugerez cependant vous-même de quelle importance il me doit être que vous m'en gardiez le secret le plus absolu et que vous n'en fassiez apercevoir rien à qui que ce soit, puisque le moindre soupçon qu'on aurait de ce que vous étiez informé du contenu de la pièce, me ruinerait absolument le canal par où je l'ai eue. Je connais trop votre amitié pour moi pour que je ne dusse pas pleinement me rassurer là-dessus; aussi, si vous croyez nécessaire de me faire quelque réponse à ce sujet, je vous demande que vous me la fassiez de votre propre main.

Federic.

Copie d'une lettre que M. de Puebla écrit à sa cour.

MM. de Valory et Tyrconnell partirent samedi[1] pour Potsdam et en revinrent mardi, sans que depuis ce temps-là on soit devenu plus savant sur le sujet de leur voyage. En revanche, l'officier dont j'ai annoncé en son temps l'arrivée, nommé La Touche, aura occasion de déployer ses talents auprès du Roi, qui l'a appelé à Potsdam, où il s'est actuellement rendu. Il est impossible jusqu'ici de déterrer si réellement la convention dont j'ai parlé l'ordinaire passé selon les notions du ministre de Pétersbourg, et qui doit avoir été faite entre la France et la Prusse,[2] existe. On voit seulement que les ministres de cabinet, ceux de France et de Suède continuent à se témoigner beaucoup de confiance, sans pouvoir pénétrer au vrai ce qui peut être le véritable objet des peines qu'ils se donnent. Les dernières lettres de Paris et de la Haye marquent que le roi de Prusse était sur le point de faire une déclaration très forte à la cour de Pétersbourg, sans qu'aucune de ces lettres dise en quoi elle devrait consister, raison qui a engagé M. Bülow à sonder M. de Podewils sur cette matière, qui doit lui avoir répondu qu'il était vrai que le sieur Warendorff était chargé de faire

[1] 4. April. Vergl. S. 328 Anm. 2. — [2] Vergl. S. 331.

mutatis mutandis une déclaration à Pétersbourg conforme à celle que le Roi avait fait faire en dernier lieu à Vienne et aux alliés de la Russie. Quelques nouvelles de Pétersbourg, qui viendront peut-être dans peu de Pétersbourg, parleront sans doute le même ton, et il est à souhaiter qu'elles rassurent les bien intentionnés sur la peur où ils sont que la cour de Berlin versât plutôt de l'huile dans le feu qu'elle ne cherchât à l'éteindre. On ne voit et n'apprend rien encore des préparatifs que le Roi fait faire en Prusse et en Poméranie, que la construction des radeaux sur la Vistule destinés à des transports. Le Roi fait transporter par eau des boulets de toutes sortes de calibre et des munitions, qu'on fait partir pour Stettin et qui seront transportés de là sur des radeaux qui se conduisent près de Marienwerder en Prusse.

Nach dem Concept. Die Beilage nach der von Valory eingesandten Abschrift im Archiv des Auswärtigen Ministeriums zu Paris.

4254. INSTRUCTION SECRÈTE POUR LE CONSEILLER PRIVÉ ERNEST-JEAN DE VOSS, SUR CE QU'IL DOIT PRINCIPALEMENT OBSERVER PAR RAPPORT A LA DIÈTE EXTRAORDINAIRE QUI VA SE TENIR EN POLOGNE.[1]

Potsdam, 17 avril 1750.

Il mettra toute son attention pour empêcher par son savoir-[faire] la réussite de cette Diète, les intérêts du Roi exigeant absolument, dans la situation présente des affaires, qu'elle ne parvienne point à sa consistance, parcequ'il est à présumer que le parti saxon y proposera ou une alliance à faire entre la Russie et la république de Pologne, ou d'autres choses pernicieuses et préjudiciables, ne dût-il le faire glisser que dans les constitutions qu'on irait faire de la Diète, supposé qu'elle réussît.

S'il voyait moyen de faire échouer la Diète, sans qu'il soit obligé de recourir à des moyens extraordinaires, il s'y tiendra; mais s'il n'y avait point d'apparence d'effectuer la rupture de la Diète sans qu'il se serve de ressources en argent, Sa Majesté l'autorise d'y employer jusqu'à 3,000 ducats, somme pour laquelle Elle ordonnera qu'il lui soit fait crédit auprès d'un banquier à Varsovie ou à Breslau, pour qu'il en saurait tirer autant que les circonstances demanderont. Cependant le grand point dans ceci sera qu'il prenne ses mesures à ce qu'il n'emploie pas mal à propos son argent et qu'il ne le dépense qu'au moment qu'il faut.

Il se consultera avec les ministres de France pour aviser avec eux s'il conviendra de faire filer la Diète ou s'il faut recourir aux corruptions pour la rompre; mais de quelque façon que ce soit, il emploiera toute son industrie à ce qu'elle échoue absolument.

Federic.

Nach dem Concept.

---

[1] Vergl. S. 321.

4255. AU MINISTRE D'ÉTAT COMTE DE PODEWILS, ENVOYÉ EXTRAORDINAIRE, A VIENNE.

Potsdam, 18 avril 1750.

La dépêche que vous m'avez faite du 8 de ce mois, m'a été bien rendue. Je conviens avec vous du désir secret que la cour de Vienne a d'être spectatrice tranquille d'une guerre qu'elle aurait soufflée et à laquelle elle ne prendrait part que lorsqu'elle le trouverait de sa convenance; mais vous trouverez aussi vous-même combien elle se tromperait dans ses espérances, pourvu que vous réfléchissiez seulement que la France a déclaré nettement que, dès que la guerre éclaterait au Nord, elle commencerait d'abord à opérer pour faire diversion, et qu'en conséquence il serait impossible que l'Impératrice-Reine sût rester spectatrice. D'ailleurs, les affaires du Nord sont tellement compliquées que, dès que la Russie commence le branle, la France, l'Autriche et moi en serons absolument mêlés, et le feu de guerre éclatera tout d'un coup aux quatre coins de l'Europe.

Nach dem Concept.

Federic.

4256. AU CONSEILLER PRIVÉ DE LÉGATION DE ROHD A STOCKHOLM.

Potsdam, 18 avril 1750.

Je viens de recevoir votre dépêche du 7 de ce mois. Les nouvelles que vous m'y avez marquées, sont toutes d'une bonne apparence, pourvu qu'elles continuent. Car pour ce qui est des politesses que le chancelier Bestushew a faites au sieur de Greiffenheim,[1] j'avoue que je ne m'y fie pas trop et que je ne m'en laisserais jamais endormir; et pour ce qui regarde la nouvelle de la marche de quatre régiments russes vers les frontières de la Finlande, je puis vous dire qu'elle m'a été confirmée depuis peu par mes lettres de Pétersbourg, bien qu'on ne m'ait jamais marqué que ces régiments iraient précisément aux frontières de la Finlande, mais seulement qu'ils avaient ordre d'aller joindre les autres troupes russes qui étaient déjà en Finlande. Enfin, un temps de quatre à six semaines passées encore nous fera voir plus clairement sur les vrais desseins de la cour de Pétersbourg.

Nach dem Concept.

Federic.

4257. AU CONSEILLER DE LÉGATION WARENDORFF A SAINT-PÉTERSBOURG.

Potsdam, 18 avril 1750.

J'accuse la dépêche que vous m'avez faite du 31 du mois dernier de mars. Comme je ne doute nullement qu'à l'heure qu'il est vous

[1] Vergl. S. 352.

n'ayez eu occasion de faire cette déclaration dont vous avez été chargé,[1] je suis assez impatient d'apprendre de quelle manière la cour où vous êtes s'est expliquée là-dessus. En attendant, je sais, à n'en pouvoir douter, que les deux cours impériales sont assez inquiètes sur la bonne intelligence qui règne à présent heureusement entre la France et moi et entre le Danemark et la Suède; ainsi qu'il nous reste à voir si ces circonstances ne mettront pas quelque empêchement aux mauvais desseins du Chancelier.

Nach dem Concept.

Federic.

4258. AU CONSEILLER BARON LE CHAMBRIER A PARIS.

Chambrier berichtet, Paris 6. April:
„J'ai cru sentir, la dernière fois que j'ai vu le marquis de Puyzieulx, que l'ardeur pour la guerre[2] avait un peu baissé. Il est certain que le marquis de Puyzieulx et le comte de Saint-Séverin sont les deux ministres du conseil d'État ou de conférence du roi de France dans lesquels on peut trouver le plus de ressources pour le soutien du système de Votre Majesté avec la France, et qu'ils sont ceux qui paraissent penser le mieux; mais ils ont leurs inégalités, qui viennent des difficultés qu'ils trouvent avec leurs collègues, ou des différentes faces dont quelquefois les objets leur paraissent, ensuite de ce qu'on leur écrit du dehors, qui bigarre leurs idées, ou soit enfin par la situation particulière dans laquelle ils sont par rapport à leur santé, étant tous deux maladifs et vaporeux."

Potsdam, 18 avril 1750.

J'ai reçu votre dépêche du 6 de ce mois et vous sais bon gré des avertissements intéressants que vous m'y avez donnés sur différents sujets. Pour ce qui regarde les affaires du Nord, nous sommes ici encore dans l'incertitude de quelle manière elles tourneront à la fin; tantôt il paraît comme si les brouilleries étaient inévitables, tantôt les apparences sont qu'elles pourraient se calmer encore. En attendant, je ne suis pas trop fâché que l'ardeur des ministres de France pour la guerre baisse un peu, puisque sans cela ils engageraient peut-être un peu trop légèrement la guerre, à laquelle ils penchent bien plus dans le moment présent qu'ils ne faisaient il y a quelques mois, et je sais que le comte Tyrconnell a dit depuis en propres termes: Nous voyons que ces gens-là nous veulent faire la guerre, et puisqu'ils la veulent, il vaudra toujours mieux que nous la fassions dans le moment présent où ils ne sont pas encore préparés, que d'attendre jusqu'à ce qu'ils se soient arrangés pour la faire à nous. Ce que je n'aurais point aimé,[3] parceque de ma part je n'y aurais pas été tout-à-fait préparé et que je me ressens encore un peu de la dernière guerre que j'ai soutenue contre la cour de Vienne.

Nach dem Concept.

Federic.

---

[1] Vergl. S. 278. — [2] Vergl. S. 293. — [3] Vergl. S. 327.

4259. AU CONSEILLER PRIVÉ DE CAGNONY A MADRID.

Potsdam, 18 avril 1750.

J'ai bien reçu la dépêche que vous m'avez faite du 23 du mois dernier de mars. La réponse que le marquis d'Ensenada vous a faite, ne me laisse guère espérer que celle que vous aurez de M. de Carvajal, sera plus satisfaisante. Cependant, comme je voudrais tirer ou pied ou aile de ma prétention, d'ailleurs très légitime, je puis bien me prêter à l'idée que le marquis d'Ensenada vous a proposée, savoir que vous tourniez votre négociation sur l'autre affaire dont vous êtes chargé,[1] de façon que, quand vous vous verrez avancé au point d'y pouvoir voir clair, vous devez remettre alors sur le tapis ma prétention pécuniaire,[2] en insistant qu'au lieu de payement l'on me stipulerait, soit dans le traité soit par quelque article séparé, la permission d'envoyer pour une fois aux Indes un vaisseau d'un certain port, tout comme vous me le proposez dans votre dépêche. Vous me marquerez, en attendant, à la première ordinaire combien une telle permission saura importer, et si ce qui m'en reviendrait, quand je céderais alors cette permission à quelques négociants contre quelque somme en argent, balancerait celle que vous savez que je m'en serais, au bout du compte, contenté, si l'Espagne s'était mise à la raison pour me satisfaire sur mes prétentions pécuniaires.

Federic.

Nach dem Concept.

4260. AU CONSEILLER PRIVÉ DE LÉGATION FRÉDÉRIC DE VOSS A COPENHAGUE.

Potsdam, 18 avril 1750.

J'ai reçu votre rapport du 11 de ce mois. J'approuve fort le bon parti que vous avez pris de ne point faire l'insinuation qu'on vous avait ordonné de faire à M. de Schulin,[3] touchant les démonstrations guerrières de la Russie, sans vous être concerté préalablement là-dessus avec les ministres de France et de Suède, et je vous sais [bon gré] de ce que vous avez, en conséquence de leur bon conseil, différé de faire cette insinuation, qui n'aurait produit rien de bon et que vous ne ferez pas, aussi, sans y avoir mon ordre exprès là-dessus.

Federic.

Nach dem Concept.

4261. AU MINISTRE D'ÉTAT COMTE DE PODEWILS A BERLIN.

Potsdam, 18 avril 1750.

M'étant aperçu par la relation que le sieur de Voss à Copenhague m'a faite du 11 de ce mois, qu'il a été chargé de la part du départe-

---

[1] Vergl. S. 86. — [2] Vergl. S. 81. — [3] Vergl. die folgende Nummer.

ment des affaires étrangères de faire des insinuations au ministre Schulin relativement aux démonstrations guerrières de la Russie, ce qu'il a cependant différé de faire, sur les avis des ministres de France et de Suède, je me vois obligé de vous dire que je sais bon gré audit sieur de Voss de ce qu'il n'a pas exécuté ces ordres, et que je ne saurais point approuver que ledit département charge à mon insu mes ministres aux cours étrangères de faire de pareilles insinuations.

Aussi mon intention est-elle que, dans le moment critique où sont à présent les affaires publiques, le département des affaires étrangères doit s'appliquer principalement à bien instruire mes ministres aux cours étrangères sur ce qui se passe aux différentes cours, afin qu'ils soient instruits de la connexion des affaires générales et qu'ils soient par là à même d'observer judicieusement tout ce qui se passe aux cours où ils résident. Mais aussi souvent que le département croit être nécessaire pour le bien de mon service de donner quelque ordre, il faut absolument qu'il m'en fasse préalablement son rapport et qu'il n'ordonne point auxdits ministres de faire soit déclarations soit insinuations, sans avoir mon agrément exprès là-dessus. Je trouve cette précaution d'autant plus nécessaire, puisque, sans compter d'autres inconvénients qui en sauraient résulter, quand je ne suis pas exactement informé de ce que mesdits ministres déclarent et insinuent, je ne veux pas que la France doive nous reprocher que ceux-ci ne font que de verser de l'huile au feu et d'embrouiller les affaires. Et sur ce, je prie Dieu etc.

Nach der Ausfertigung. Federic.

4262. AU MINISTRE D'ÉTAT COMTE DE PODEWILS A BERLIN.

Potsdam, 20 avril 1750.

J'ai été bien fâché d'apprendre, par le rapport que vous venez de me faire, la mort subite du sieur de Schulin, perte qui ne saurait que faire bien de la peine à toutes les honnêtes gens dans le temps ou nous sommes.

Comme j'arriverai mercredi[1] qui vient à Berlin, pour donner les audiences aux ministres de France, je vous ferai avertir, dès que je serai dans ma chambre, où alors les deux ministres de France pourront entrer l'un après l'autre pour avoir leurs audiences. Et sur ce, je prie Dieu etc.

Nach der Ausfertigung. Federic.

4263. AU MARQUIS DE VALORY, ENVOYÉ DE FRANCE, A BERLIN.

Potsdam, 20 avril 1750.

Monsieur le Marquis de Valory. J'ai reçu la lettre que vous m'avez faite du 18 sur différents sujets. Pour ce qui regarde l'obser-

[1] 22. April.

vation qu'on vous a faite, que dans le cas où la Suède requît mon contingent auxiliaire pour le faire passer dans ce royaume, aucune autre espèce de troupes n'y saurait convenir que les miennes propres, j'avoue que je n'ai jamais entendu que dans le cas d'une alliance de la nature de celle où je suis avec la Suède, la partie requise n'osât fournir d'autres troupes que les siennes propres; au moins ce qu'on a observé du temps passé en pareil cas, y est contraire, dont on pourrait citer plusieurs cas, et je ne crois pas que la Suède soit fondée ni qu'elle s'avisât jamais de se récrier, lorsque, le cas existant, j'emploierais d'autres troupes que les miennes pour lui fournir mon contingent d'auxiliaires. Si les troupes de Cassel ne l'accommodent point, j'en saurai bien trouver d'autres qui au moins vaudront celles que la Suède a sur pied; mais quant aux miennes, toutes gens raisonnables conviendront que j'en ai besoin moi-même, ayant tant d'ennemis puissants sur les bras.

Quant à l'élection d'un roi des Romains que la cour de Vienne et ses alliés méditent de faire dans la personne de l'archiduc Joseph, il faut que j'entre dans quelque détail avec vous sur ce que les lois et les constitutions de l'Empire disposent dans un pareil cas, savoir que la Bulle d'Or ne distingue point l'élection d'un roi des Romains de celle d'un empereur; mais elle dispose qu'un roi des Romains doit être élu par la pluralité des voix du Collége électoral, sans entrer dans aucun détail ni pour l'âge ni pour la qualité du candidat ni sans distinguer l'élection de l'Empereur de celle d'un roi des Romains.

A la vérité, la capitulation de l'empereur Charles VII, à laquelle celle de celui d'aujourd'hui est presque conforme, dispose dans le troisième article, paragraphe 2, que les Électeurs ne doivent pas légèrement procéder à l'élection d'un roi des Romains, et spécifie même les cas où le Collége électoral saurait élire un roi des Romains, cas qui ne favorisent point l'intention de la cour de Vienne, quand elle veut insister dans le moment présent de faire élire l'archiduc Joseph; mais tout ce qu'on en saurait tirer d'avantageux, serait de disputer longtemps s'il est nécessaire ou non d'élire à présent un roi des Romains. Mais comme il est constaté que la cour de Vienne a par-devant elle la pluralité des voix dans le Collége électoral, je ne saurais point empêcher qu'on n'entreprenne cette élection et qu'on ne la fasse constater, de façon que, malgré tout l'empêchement que j'y voudrais mettre, il ne me resterait que de suivre l'exemple de l'électeur de Saxe du temps où il était question d'élire le frère de l'empereur Charles V, Ferdinand Ier, où cet Électeur s'y opposa hautement et tarda plus de trois ans à reconnaître Ferdinand pour roi des Romains, et ne se rendit même que par un traité solennel.

Voilà tout ce que je saurais faire dans le cas dont il s'agit. En attendant, s'il y a de l'apparence que les affaires de l'Europe resteront paisibles et tranquilles, il se trouvera toujours bien des occasions où je pourrai me relâcher sur mon opposition et m'accommoder avec la cour de Vienne à cet égard. Mais s'il arrivait qu'après l'élection d'un roi des Romains les affaires du Nord s'embrouillassent encore plus qu'elles ne le sont actuellement, et que la cour de Vienne, roidie par le succès de cette affaire, s'avisât de souffler le feu, cette élection saurait servir alors d'un prétexte excellent pour faire des ligues avec d'autres États de l'Empire sous le nom du maintien de la liberté et de la constitution de l'Empire.

Parmi tout cela, il faut que je vous avoue qu'il me paraît être un peu trop prématuré de faire actuellement des démarches à ce sujet. D'ailleurs je ne saurais point vous cacher que par tout ce que j'ai observé, depuis la dernière paix faite, à l'égard de la cour palatine, j'ai eu tout lieu de soupçonner qu'il faut qu'il y ait des traîtres à cette cour qui ne laissent pas d'avertir la cour de Vienne de tout ce que l'on insinue ou propose à celle du Palatin; j'ai même des raisons qui me font soupçonner que le baron de Beckers ne marche pas tout à-fait droit là-dessus. C'est pourquoi j'estime d'autant plus qu'il faut qu'on entre avec bien de la prudence et du ménagement dans de pareilles ligues, quand le cas l'exigera d'en faire. Outre cela je ne sais aucun prince d'Empire avec qui on saura se liguer, hormis l'Électeur palatin et le duc de Würtemberg, parceque la cour de Hesse-Cassel et le duc de Brunswick sont aux subsides des Anglais: les trois électeurs ecclésiastiques, vendus, pour ainsi dire, à la cour de Vienne, ne pensent qu'à faire ses volontés, le premier ministre de la Saxe est autrichien à brûler, de façon qu'il ne nous reste que Gotha, avec d'autres princes d'Empire qui ne sauraient nous être d'un grand usage.

Au surplus, il y a encore une chose sur laquelle il faudrait à cette occasion que je sois indispensablement informé, c'est si la France reconnaîtrait l'archiduc Joseph comme roi des Romains, dès que son élection serait faite, ou si elle fera encore des difficultés pour le reconnaître en cette qualité; circonstance qui me servirait de boussole pour y régler mes démarches, puisqu'il ne saurait nullement me convenir d'être le seul qui ne voudrait pas se prêter à cette reconnaissance. Et sur ce, je prie Dieu etc.

Federic.

Nach der von Valory eingesandten Abschrift im Archiv des Auswärtigen Ministeriums zu Paris.

4264. AN DAS DEPARTEMENT DER AUSWARTIGEN AFFAIREN.

Podewils und Finckenstein berichten, Berlin 19. April: „Le sieur Bossart vient de nous communiquer l'extrait d'une lettre du baron Wachtendonck [Manheim 13 avril 1750] . . . Wachtendonck y marque que la cour de Munich venait d'avertir celle de Manheim . . . qu'elle était sur le point de renouveler pour le terme de

Potsdam, 21. April 1750.

Ich weiss nichts anders dazu zu sagen, als dass, wenn die andern sich verkaufen wollen, er, der Churfürst von der Pfalz, solches nicht thun möchte. Könnte man Baiern noch davon abrathen, so wäre es

quatre ans le traité d'amitié et de subsides qu'elle a conclu en 1746 avec les Puissances maritimes[1] et qui va expirer dans le courant de cette année. La cour de Manheim fait les doléances les plus amères de ce que, ayant été déjà abandonnée par l'électeur de Cologne, par le traité qu'il a conclu en dernier lieu avec l'Angleterre et la Hollande,[2] elle se trouve actuellement dans le même cas à l'égard de l'électeur de Bavière, et par conséquent isolée malgré l'union qui subsiste entre les trois Électeurs issus de la maison de Bavière. L'Électeur palatin prie aussi Votre Majesté de l'assister de Ses conseils et de Ses lumières, sur ce qu'il aura à faire dans une situation aussi scabreuse."

Podewils und Finckenstein berichten, Berlin 20. April: „Le comte de Tyrconnell nous a fait la lecture d'une lettre du marquis de Puyzieulx, portant en substance que la Suède venait de faire une nouvelle proposition en France, qui tendait à ce que les alliés de la Suède et de la Russie se donnassent respectivement des garanties réciproques que la Russie et la Suède ne seraient point les agresseurs, et que, moyennant de pareils actes de garantie, l'impératrice de Russie fît retirer ses troupes des frontières de la Finlande suédoise . . .

Le marquis de Puyzieulx ajoute encore qu'on savait en France que la cour de Vienne est piquée au vif de la déclaration de Votre Majesté et que les ministres autrichiens disent publiquement que Votre Majesté ne S'était déterminée à faire cette déclaration, que depuis qu'Elle était bien informée que la cour de Russie n'avait nulle envie d'exécuter aucun des projets qu'elle a affecté de répandre dans le public l'année passée."

sehr gut. Wo nicht, so bleibe Ich doch mit Pfalz, wenn schon Baiern abgehen wollte.

Ich bin sehr wohl davon zufrieden; wenn wir durch eine mutuelle Declaration einem Krieg aus dem Wege gehen und diesen Stachel auf die Seite bringen können, so halte Ich davor, dass wir sehr glücklich seind und nichts besseres thun können. Was also Frankreich und die andern darunter thun werden, dazu werde Ich Mich ganz gerne verstehen. Was die Oesterreicher anlanget, so haben wir schon lange gewusst, dass sie böse auf uns seind, und zweifeln also nicht, dass sie es noch sein und uns calomniiren werden, wo sie können.

Mündliche Resolutionen. Nach Aufzeichnung des Cabinetssecretärs.

4265. AN DEN ETATSMINISTER GRAF PODEWILS IN BERLIN.

Potsdam, 21. April 1750.

Bei Gelegenheit der einliegenden Anfrage und der auf allergnädigsten Befehl dabeigesetzten mündlichen Resolution[3] haben des Königs Majestät mir befohlen, dass Ew. Excellenz den Grafen von

[1] Vergl. Bd. V, 156. — [2] Vergl. S. 295. 303. 305. — [3] Nr. 4264.

Tyrconnell noch sogleich und vor Sr. Königl. Majestät morgenden Ankunft zu Berlin von der allergnädigsten Resolution avertiren möchten, weil Höchstdieselbe gedachten Herrn Grafen morgen Selbst deshalb noch sprechen würden und es also nöthig sei, dass Ew. Excellenz denselben schon vorher von Sr. Königl. Majestät ertheileten Resolution benachrichtigen.

Eichel.

<small>Nach der Ausfertigung.</small>

4266. AU CONSEILLER BARON LE CHAMBRIER A PARIS.

Chambrier berichtet, Paris 10. April, dass die vorübergehende kriegerische Stimmung[1] des französischen Ministeriums die Folge eines allzu günstigen Berichts gewesen zu sein scheine, den Pâris-Duverney dem Marquis Puyzieulx über die Finanzlage abgestattet habe; die Abkühlung solle darauf durch die Vorstellungen Chauvelins[2] über den wahren Stand der Finanzen herbeigeführt sein. Puyzieulz hat dem preussischen Gesandten gesagt: „En mettant toute partialité à part, j'ai peine à croire que la cour de Vienne puisse désirer que la guerre s'allume présentement dans le Nord, pendant qu'elle travaille à faire dans l'intérieur d'Allemagne quelque chose de plus pressant pour elle, qui est de faire élire roi des Romains son petit archiduc, et que les Anglais doivent sentir que, s'ils nous forcent à rentrer en guerre, nous ne la ferons pas comme la dernière. Il est vrai qu'ils peuvent trouver de quoi faire de nouveaux emprunts . . . le crédit de l'Angleterre est grand, je l'avoue; mais s'il commençait à lui manquer, elle ne trouverait pas dans son intérieur ce que le Roi trouverait dans le sien, qui serait de suspendre le payement des intérêts des capitaux qu'il doit: Louis XIV l'a fait en 1709, et la guerre dura encore cinq ans malgré cela."

Potsdam, 21 avril 1750.

Je vous suis bien obligé de l'anecdote également intéressante qu'instructive que vous m'avez faite par la relation que la dernière poste m'a apportée de votre part, et je veux bien vous dire à mon tour que le marquis de Valory vient de m'écrire une lettre par laquelle il me rend compte d'une dépêche qu'il venait de recevoir de la part de M. de Puyzieulx, en conséquence de laquelle il témoigne de présumer que le roi d'Angleterre voudrait signaler son séjour à Hanovre par l'élection d'un roi des Romains et peut-être par l'accession des Puissances maritimes au traité de 1746 des deux Impératrices, de même que de quelques petites négociations avec des princes de l'Empire. Il croit que, pour traverser ces petits manéges, je pourrais exciter les cours palatine, Cassel, Stuttgard et autres, à former une union contre les mesures qui peuvent altérer la tranquillité de l'Empire. On me demande, d'ailleurs, quant à l'élection d'un roi des Romains, si je ne

pensais pas que, pour décider s'il y a nécessité d'élire, il faille l'unanimité du Collége électoral, et, cette nécessité une fois décidée, si ce serait le cas où la pluralité des suffrages suffise pour le choix et le lieu de la Diète. L'on croit d'ailleurs que mon intérêt était de mettre tous

---

<small>[1] Vergl. S. 343. — [2] Vergl. S. 312.</small>

les obstacles praticables, sans trop me commettre, à cette élection; l'on conçoit que je ne saurais seul m'y opposer, mais l'on est de l'avis que je doive chèrement [faire] acheter mon suffrage.

J'ai répondu à tout ceci que, selon les lois fondamentales de l'Empire, un roi des Romains doit être [élu] par la pluralité des voix du Collège électoral; que la Bulle d'Or n'entre dans aucun détail ni pour l'âge ni pour la qualité du candidat; qu'à la vérité la capitulation de l'empereur Charles VII et de celui d'aujourd'hui disposait que les Électeurs ne devraient pas procéder légèrement à l'élection d'un roi des Romains pendant la vie d'un Empereur, et qu'ils doivent decider dans ce cas-là préalablement s'il y a de la nécessité ou non d'élire un roi des Romains; mais comme la cour de Vienne avait devant soi la pluralité des voix dans le Collège électoral, je ne pourrais pas empêcher, par tous les obstacles que j'y voudrais mettre, qu'on n'entreprenne cette élection et qu'on la fasse constater, quoique je pourrais bien tarder quelque temps à reconnaître l'élu. Que quant aux démarches à faire pour exciter une ligue dans l'Empire, le sujet me paraissait être bien délicat; que j'avais remarqué depuis du temps combien mal le secret était ménagé auprès de la cour palatine, pour ce que la cour de Vienne ne dût être instruite d'abord de tout ce qu'on y dit et propose, et qu'au surplus la plupart des princes de l'Empire ou tiraient des subsides des Puissances maritimes ou étaient tout-à-fait dans les intérêts de la maison d'Autriche; qu'en conséquence il faudrait user de bien du ménagement au sujet d'une pareille ligue, mais qu'indépendamment de tout cela j'avais besoin d'être informé si dans le cas que le fils aîné de l'Impératrice-Reine fût élu roi des Romains, la France le reconnaîtrait d'abord dans cette qualité ou non.

J'ai bien voulu vous dire tout ceci, pour votre direction seule, quoique vous ne ferez aucunement semblant d'en être instruit.

Quant aux affaires du Nord, vous saurez bien dire à M. de Puyzieulx que les dernières nouvelles qui m'en sont arrivées, me faisaient présumer que dans le moment présent tout pourrait rester encore tranquille, et que j'estimais que du moins l'on ne parviendrait pas dans le cours de l'année présente à quelque rupture ouverte, quoique les chicanes et agaceries de la cour de Pétersbourg iront toujours leur train; reste à savoir si, dans le cas que les Anglais et les Autrichiens parviennent à constater l'élection d'un roi des Romains, ils ne monteront leur langage sur un ton plus haut, ou si, dans le cas de la mort du roi de Suède, le chancelier de Russie ne voudra pas mettre en exécution ses projets. Ce qu'il faut que le temps nous apprenne.

Ce sera demain que le comte Tyrconnell aura ses audiences de moi pour entrer en activité. Autant que j'ai su connaître jusqu'ici son caractère, il est à peu près tel que vous me l'avez dépeint; mais par tout ce que j'en ai pu pénétrer, il ne me plaît pas trop, puisque je crois qu'il s'est rempli la tête des intrigues et des manéges dont on est accoutumé à sa cour, et qu'il est de ces courtisans qui parlent d'un différent ton, blanc à celui-ci, et à l'autre noir. J'avoue que je ne le connais pas encore assez pour pouvoir juger si je me trompe dans mes sentiments ou non, mais vous me rendrez un service signalé quand vous saurez vous orienter sur la façon dont il s'expliquera dans les rapports qu'il fera à sa cour sur mon sujet, et quand vous étudierez sous main le marquis de Puyzieulx, pour pénetrer les sentiments que le comte Tyrconnell lui inspirera à mon égard.

Federic.

Nach dem Concept.

4267. AU MINISTRE D'ÉTAT COMTE DE PODEWILS, ENVOYÉ EXTRAORDINAIRE, A VIENNE.

Potsdam, 21 avril 1750.

J'ai bien reçu la relation que vous m'avez faite du 11 de ce mois. Mes lettres de Russie que j'ai eues en dernier lieu, m'assurent qu'il ne paraissait pas que les desseins du chancelier Bestushew fussent dans les circonstances présentes de rompre ouvertement avec la Suède, mais de la laisser dans l'incertitude à cet égard et de lui exciter une chicane après l'autre, et d'attendre ainsi le moment favorable à exécuter ses projets.

D'ailleurs un entretien assez singulier que le sieur de Guy Dickens a eu avec mon ministre à Pétersbourg, et dont mes ministres du département des affaires étrangères vous marqueront tout le détail, me fait présumer que l'Angleterre ne souhaite point que les choses entre la Suède et la Russie parvinssent dans le moment présent à une rupture ouverte, et ce qui me confirme dans cette idée, c'est que les cours de Vienne et de Londres pensent à présent de pousser l'affaire de l'élection d'un roi des Romains, où une guerre au Nord ne leur convient nullement. Quand j'ajoute à tout ceci la réflexion que je vous ai fait faire par ma dépêche antérieure au sujet de la déclaration que la France a faite que, si la guerre s'élevait au Nord, il n'y resterait pas, mais qu'elle deviendrait bientôt générale, je me crois en droit d'en pouvoir conclure que cette considération devrait bien arrêter la cour de Vienne et ses alliés de ne point s'engager mal à propos dans une entreprise qui ne leur conviendrait en aucun égard.

Federic.

Nach dem Concept.

4268. AU CONSEILLER DE LÉGATION WARENDORFF A SAINT-PÉTERSBOURG.

Potsdam, 21 avril 1750.

Je viens de recevoir la relation que vous m'avez faite du 4 de ce mois. J'apprends assez volontiers qu'il ne vous paraît pas que le dessein du Chancelier soit dans les circonstances présentes de rompre ouvertement avec la Suède; et quoiqu'il voudrait la laisser dans l'incertitude là-dessus, il me semble cependant que, si l'intention du Chancelier était de vouloir tout de bon passer à des réalités contre la Suède, il faudrait qu'on fît déjà plus de préparatoires relatifs à de pareilles vues.

D'ailleurs mes dernières lettres de Suède m'ont appris une circonstance qui m'a paru assez singulière: c'est que le chancelier Bestushew, ayant fait inviter le sieur de Greiffenheim à dîner chez lui et lui ayant fait force de politesses, l'avait assuré à cette occasion que sa souveraine était entièrement disposée à contribuer de son côté pour que la tranquillité soit conservée dans le Nord; qu'il n'avait cependant fait aucune mention ni du mémoire de Panin, ni de la réponse de la Suède. Si on a accusé juste dans ceci, il me paraît presque que le Chancelier, ayant été averti de la déclaration que vous êtes chargé de faire, de même que de celle que le ministre de Danemark lui fera, a voulu s'expliquer d'une manière aussi doucereuse qu'il a fait envers le ministre, pour qu'il ne paraisse pas comme s'il avait été intimidé par les déclarations mentionnées, mais que, séparément de celles-ci, il avait déjà pensé à ajuster les différends avec la Suède.

Quant aux propos que le sieur Guy Dickens vous a tenus, je crois avoir lieu de présumer que ses instructions portent, d'un côté, de tenir pareil langage envers vous, et d'un autre côté, d'empêcher, au moins dans les circonstances présentes, que les choses ne viennent pas à une rupture ouverte entre la Russie et la Suède, et ce qui me confirme dans cette opinion, c'est que les vues principales des cours de Vienne et de Londres vont à présent de faire élire roi des Romains le fils aîné de la Reine-Impératrice, l'archiduc Joseph; affaire qui dans le moment présent est l'objet principal de leur attention et qu'elles ne voudraient pas voir traversée par une guerre au Nord, avant que cette élection ne fût menée à sa perfection. Voilà tout ce que j'ai à vous dire pour votre direction, en vous recommandant toujours cependant de veiller de bien près à ce qui se passe sur vos lieux.

Federic.

Nach dem Concept.

4269. AU CONSEILLER PRIVÉ DE LÉGATION DE ROHD A STOCKHOLM.

Potsdam, 21 avril 1750.

La relation que vous m'avez faite du 10 de ce mois, m'a été bien rendue. Quelques favorables que paraissent les nouvelles que vous marquez, elles ne sauront pas encore me rassurer contre les appréhensions où je suis sur les mauvais desseins de la Russie vis-à-vis de la Suède, et rien me paraît plus mal fondé que la supposition dont le ministère de Suède se berce, comme si le chancelier Bestushew ne cherchait que des expédients pour sortir honorablement de la querelle qu'il a excitée à la Suède; tout au contraire, je suis assez informé, et mes lettres de Pétersbourg me le confirment, que lui, le Chancelier, quand même il ne voudrait pas rompre ouvertement dans le moment présent avec la Suède, ne laisserait de lui exciter une chicane après l'autre, de tâcher d'augmenter le nombre des mécontents dans ce royaume et d'attendre ainsi un moment favorable à l'exécution de ses projets. Ce que vous pourrez bien insinuer convenablement aux ministres de Suède. D'ailleurs, j'estime qu'il ne faut pas se trop flatter des ouvertures vagues que le ministre de Danemark[1] a faites à ceux de Suède, surtout après la mort du sieur de Schulin à Copenhague qui vient d'arriver subitement,[2] et par où il est à craindre que la bonne cause ne perde infiniment; aussi conviendra-t-il au ministère de Suède d'aller un peu à pas mesurés dans cette affaire et de prendre bien garde à ce qu'ils feront là-dessus, pour ne pas s'engager trop loin ni faire des démarches précipitées là-dedans, qui autrement les sauraient mener bien plus loin qu'ils n'ont pensé d'aller.

Federic.

Nach dem Concept.

4270. AU CONSEILLER PRIVÉ DE LÉGATION FRÉDÉRIC DE VOSS A COPENHAGUE.

Potsdam, 25 avril 1750.

J'ai reçu en son temps vos deux rapports du 14 et du 18 de ce mois d'avril. J'ai été fort sensible à la nouvelle que vous me mandez, par le premier de ces rapports, de la mort du ministre danois de Schulin, et il est fort à souhaiter que l'appréhension que la bonne cause n'ait fait une perte considérable par cette mort, puisse n'être pas fondée. Mais outre qu'il m'aurait été difficile d'entrer assez loin dans les affaires domestiques de la cour de Danemark pour pouvoir lui proposer tel ou autre sujet convenable à être déclaré ministre à la place de feu le sieur de Schulin,[3] tous les mouvements que j'aurais pu me donner à cet égard viennent de cesser absolument et seraient tout-à-fait inutiles à présent que le choix du roi de Danemark pour remplacer ce digne ministre, vient de se décider pour le baron de Bernstorff.

En attendant je serai ravi que la France ne se voie point déchue de la bonne espérance qu'elle a conclue de celui-ci, quoique je craigne encore, à l'heure qu'il est, qu'elle ne puisse bien ne guère tarder à s'en repentir,[4] ce que néanmoins je ne dis uniquement qu'à vous, pour votre direction seule.

Federic.

Nach dem Concept.

[1] Wind. — [2] Vergl. S. 345. — [3] Voss nennt in seinem Bericht vom 14. April als die drei für die Nachfolge in Betracht kommenden Persönlichkeiten den Marineminister von Holstein, den Geheimen Rath von Bernstorff und den Oberhofmarschall Graf Moltke, unter denen er dem letzteren den Vorzug geben würde. — [4] Vergl. S. 265.

4271. AU CONSEILLER DE LÉGATION WARENDORFF
A SAINT-PÉTERSBOURG.

Potsdam, 25 avril 1750.

Les nouvelles que vous me mandez par votre rapport du 7 de ce mois, m'ont été tout-à-fait agréables; je souhaite seulement qu'elles puissent toujours continuer à se soutenir sur le même pied, ne désirant rien davantage si ce n'est que la tranquillité dans le Nord y règne sans interruption.

Mais comme une sage défiance est en effet la meilleure mère de la sûreté, je ne saurais assez vous recommander de ne point vous endormir aux apparences, mais de donner toute votre attention aux affaires telles qu'elles sont en elles-mêmes, et d'avoir sans relâche les yeux bien ouverts sur tout ce qui se fait à la cour où vous êtes.

Nach dem Concept.

Federic.

4272. AU MINISTRE D'ÉTAT COMTE DE PODEWILS, ENVOYÉ EXTRAORDINAIRE, A VIENNE.

Potsdam, 25 avril 1750.

La dépêche que vous m'avez faite du 15 de ce mois, m'a été rendue. Nos lettres de Russie continuent à nous marquer que jusqu'à présent tout y était encore tranquille et qu'on ne remarquait aucun arrangement qui saurait dénoter quelque dessein extraordinaire, ainsi que je crois devoir présumer que les inquiétudes que le chancelier Ulfeld a paru marquer sur le parti que la Russie prendra, ne sont qu'un jeu pour intimider la Suède, afin qu'elle se prête à ce qu'on exige d'elle. J'avoue cependant qu'il est difficile de pénétrer ce que des gens aussi déraisonnables et bizarres que le chancelier de Russie et sa clique peuvent penser. En attendant, il est avéré que les deux cours impériales sont bien inquiètes sur la bonne et étroite intelligence qui règne entre la France, moi et la Suède, et qu'elles appréhendent que ce ne soit nous qui leur porteront quelque coup.

Nach dem Concept.

Federic.

4273. AU CONSEILLER PRIVÉ DE LÉGATION DE ROHD A STOCKHOLM.

Potsdam, 25 avril 1750.

Vos rapports du 14 de ce mois me sont bien entrés, et je ne saurais point vous cacher que les mesures que les Suédois ont prises en Finlande, ne me paraissent être point suffisantes pour empêcher, en tout cas, les Russes d'y mettre le pied, s'ils s'étaient proposé d'y pénétrer. La raison qu'ils allèguent en Suède pour laquelle ils ne sauraient se mettre sur une meilleure défensive dans cette province, n'est non plus tout-à-fait valable, puisque sur ce pied-là, et par leurs mauvaises dispositions et arrangements, ils restent toujours à la merci des Russes.

Mais je veux bien vous dire confidemment que je serais assez disposé à croire que c'est leur lésine en Suède qui en est la principale cause, et qu'on ne fait que grappiller les subsides de la France; sur quoi cependant je veux que vous ne vous expliquiez qu'à moi seul immédiatement.

Au reste le maréchal de camp chevalier de La Touche, qui est envoyé par la France pour examiner les arrangements défensifs de la Suède, s'y est acheminé actuellement, homme sage, raisonnable et expérimenté. Je lui ai parlé pendant qu'il s'est arrêté ici,[1] et vous ne laisserez pas non plus, en son temps, de lui parler confidemment sur tout ce qui regarde la situation présente de la Suède.

Nach dem Concept. Federic.

4274. AU CONSEILLER BARON LE CHAMBRIER A PARIS.

Chambrier berichtet, Paris 13. April:
„Il me parut que le marquis de Puyzieulx désirerait beaucoup qu'il lui vînt quelque chose de la Porte Ottomane de favorable, pour en imposer à la Russie et empêcher les mauvais desseins du chancelier Bestushew, dont on connaît ici toute l'étendue. Aussi lui rend-on bien le change."

Potsdam, 25 avril 1750.

J'ai reçu votre dépêche du 13 de ce mois. Ç'a été le 22 que le marquis de Valory m'a présenté ses lettres de rappel et que le comte Tyrconnell est entré en activité sur sa mission. Il m'a donné toutes les bonnes assurances que j'aurais su souhaiter. Je verrai à présent de quelle manière il cheminera, sans me prévenir en attendant ni pour ni contre lui.

J'attends avec quelque impatience quelles seront les nouvelles que la France recevra de Constantinople; celles qu'on en a disséminées jusqu'ici ailleurs, n'ont pas été trop satisfaisantes. Nos nouvelles de Russie continuent à nous assurer que jusqu'ici on n'y remue pas; l'on ajoute que les trois régiments à qui on avait ordonné de passer en Finlande se joindre là au corps de troupes russe, ne se sont pas mis encore en marche.

Je vous sais bon gré de l'anecdote que vous m'avez communiquée par rapport à la façon dont on pense là ou vous êtes sur la Russie. Je ne suis point fâché que la France soit aigrie contre celle-là; aussi faut-il convenir que les Russes ont tout fait pour donner du chagrin à la France et qu'ils ont pris expressément à tâche de la choquer ouvertement.

Federic.

Nach dem Concept.

[1] Vergl. S. 339. 340.

4275. AU MARQUIS DE VALORY, ENVOYÉ DE FRANCE, A BERLIN.

Potsdam, 27 avril 1750.

Monsieur le Marquis de Valory. J'ai bien reçu votre lettre du 24 de ce mois;¹ je reconnais avec plaisir votre zèle et votre attachement pour moi dans la manière dont vous ressentez les témoignages de ma bienveillance et de mon amitié. Soyez persuadé que je saisirai toujours avec la plus grande satisfaction les occasions de vous en renouveler les assurances; ce sera m'obliger que de les faire naître; je serai toujours charmé de vous donner des marques de l'estime particulière que vos qualités personnelles et la façon dont vous avez rempli les fonctions de votre ministère, vous ont si bien méritée de ma part.

Nach dem Concept.
Federic.

4276. AU MINISTRE D'ÉTAT COMTE DE PODEWILS A BERLIN.

Potsdam, 27 avril 1750.

Ayant trouvé bon d'agréer à la charge de conseiller et directeur de la chancellerie de Neufchâtel, qui vient de vaquer par la mort du sieur Montmolin, le nommé David Huguenin, sur le mémoire ci-clos qu'il vient de m'envoyer et sur l'éloge que le sieur Andrié m'a fait par rapport aux bonnes qualités de ce sujet, ma volonté est que vous devez faire expédier en conséquence ce qu'il faut, à ma signature.

Je vous adresse d'ailleurs ce que le sieur de Torck² à Unna vient de me mander au sujet des mouvements secrets de la cour de Vienne pour faire élire coadjuteur de Münster un des princes de la Reine-Impératrice. Comme il m'importe extrêmement que ladite cour échoue dans ce dessein, afin de ne pas se nicher là quelque part, vous devez au plus tôt bien instruire le sieur de Torck sur la manière dont il doit se conduire dans cette affaire importante et lui témoigner en même temps combien je suis sensible à la bonne volonté qu'il me marque à cet égard. Au surplus, vous observerez bien de lui faire parvenir la réponse qu'il aura, par des voies bien sûres, pour que le secret ne soit point risqué et que d'ailleurs toute l'affaire soit si bien ménagée que rien n'en saurait transpirer ni que les ministres impériaux et saxon à Berlin n'en sauraient soupçonner quelque chose. Et sur ce, je prie Dieu etc.

Nach der Ausfertigung.
Federic.

---

¹ Dankschreiben für das dem Marquis Valory überreichte Abschiedsgeschenk. —
² Vergl. Bd. VI, 307.

4277. AN DEN ETATSMINISTER GRAF PODEWILS IN BERLIN.

Podewils berichtet, Berlin 26. April:

„Votre Majesté verra par la ci-jointe réponse du sieur d'Asseburg [Cassel 23 avril] que la proposition de prendre tout le corps des troupes hessoises par une convention, telle que Votre Majesté m'a ordonné de lui proposer,[1] paraît être assez de son goût, mais qu'il n'a pas voulu la faire au prince-stathouder de Hesse sans y être autorisé, parceque dans toutes mes lettres je n'ai fait, suivant les intentions de Votre Majesté, que sonder le terrain auprès du sieur d'Asseburg, sans lui demander une réponse directe de la part du Prince."

Potsdam, 27. April 1750.

Er weiss bereits, dass Ich die hessische Truppen gerne haben wollen, auf den Fall, dass es mit Russland zu einer Ruptur kommen dörfte. Da aber die letzteren petersburgischen Briefe sehr favorable sein und hoffen machen, dass wenigstens dieses Jahr wiederum ruhig vorübergehen werde, so ist Meine Intention, dass er die Sache wegen der hessischen Truppen nicht pressiren dörfe, sondern vor der Hand antworten könne, dass es ihm sehr lieb wäre, die Information zu haben, wovon er gewiss sehr guten Gebrauch machen würde, im Fall, dass Ich ihn darnach fragen sollte, da er nunmehro wüsste, was er Mir darauf antworten sollte.

Mündliche Resolution. Nach Aufzeichnung des Cabinetssecretärs.

4278. AU CONSEILLER BARON LE CHAMBRIER A PARIS.

Potsdam, 28 avril 1750.

La dernière ordinaire m'a bien apporté votre dépêche du 17 de ce mois. La manière dont vous vous êtes acquitté de ce que je vous avais chargé d'insinuer à M. de Puyzieulx pour que le marquis de Mirepoix fît le voyage à Hanovre,[2] est tout-à-fait à mon gré, et la tournure dont vous vous êtes servi à ce sujet, a toute mon approbation, en sorte que je suis très content de la manière dont vous avez conduit cette affaire. Quoiqu'il soit décidé que le marquis de Mirepoix n'ira point à Hanovre, je crois cependant avoir lieu de présumer que ce sera le marquis de Valory qu'on nommera pour y aller.

Les dernières nouvelles que j'ai eues de Pétersbourg, ont été assez favorables pour pouvoir espérer que la tranquillité du Nord se conservera encore. L'on me marque que le ministre de Danemark, comte Lynar, venait d'exécuter la commission dont sa cour l'avait chargé en faveur de la Suède,[3] que le chancelier Bestushew avait paru en être fort piqué, que sa première réponse n'avait consisté qu'en des généralités, mais que, le comte Lynar l'ayant engagé enfin à s'expliquer plus précisément, il avait dit que l'impératrice de Russie aurait beaucoup mieux aimé que Sa Majesté Danoise eût suivi les conseils que cette Princesse lui avait donnés de temps en temps et qu'elle ne se fût pas liée si étroitement avec

[1] Vergl. S. 336. — [2] Vergl. S. 318. — [3] Vergl. S. 314.

la France et la Suède, puisque c'était cette union qui encouragerait la dernière à rejeter les propositions qu'on lui faisait du côté de la Russie; sur quoi le comte Lynar avait répliqué que le Roi son maître, se trouvant rassuré sur la crainte d'un prétendu changement dans la forme présente du gouvernement suédois, n'avait vu qu'avec peine les discussions qui subsistaient entre les deux empires, et que, pour en éviter les suites fâcheuses, Sa Majesté n'avait pu se dispenser de s'expliquer amiablement avec la cour de Russie; que Sa Majesté Danoise, uniquement attentive au bonheur de ses peuples, n'aspirait qu'à la tranquillité, qu'elle prenait particulièrement à cœur celle du Nord et que, pour ce qui était des conseils qu'on lui avait donnés, ils ne pouvaient que s'accorder avec les sentiments du Roi son maître, d'autant plus que lui, comte Lynar, était persuadé que le Chancelier n'avait d'autres vues que le maintien du repos.

Comme c'est le comte Lynar lui-même qui a fait cette confidence à mon ministre là, il a continué de lui dire dans la même confidence qu'il savait de science certaine et par le canal des confidents du Chancelier que le dessein de la Russie n'était point de rompre avec la Suède, et que Bestushew même n'osait pas porter les choses à l'extrémité, de peur de ruiner sa fortune; qu'on pourrait compter que la Russie ne répliquerait pas à la dernière réponse de la Suède, mais qu'elle resterait armée, parceque suivant l'opinion du Chancelier la gloire de sa souveraine y était intéressée, de sorte qu'on continuerait les ostentations guerrières jusqu'à la mort du roi de Suède, et que, si alors le Prince-Successeur prenait le parti, dès son avènement au trône, d'envoyer un ministre de marque à la cour de Russie en le chargeant de quelque assurance, on s'en contenterait. Ledit comte a poursuivi de dire que le sieur Guy Dickens avait fait au Chancelier la déclaration de l'Angleterre d'une manière si mâle et si ferme que celui en avait paru fort fâché. Vous rapporterez tout ceci à M. de Puyzieulx, en ajoutant par quelque compliment convenable de ma part que j'étais bien aise de pouvoir lui donner d'aussi bonnes nouvelles que celles-là.

Il ne me reste à présent qu'à vous dire que je trouve convenable pour le bien de mon service que vous vous répandiez en éloges sur le comte Tyrconnell, en déclarant en termes flatteurs à ses amis, et partout où vous le trouverez convenable, combien j'étais satisfait de son bon caractère et de son aimable personne, de même que des bons principes dans lesquels je l'avais trouvé. Vous ferez ceci sans affectation, mais en sorte que cela revienne aux ministres de France et que cela puisse être mandé à lui, comte Tyrconnell, soit par ceux-ci soit par quelquesuns de ses amis.

Federic.

Nach dem Concept.

4279. AU CONSEILLER PRIVÉ DE LÉGATION DE ROHD A STOCKHOLM.

Potsdam, 28 avril 1750.

Le plan qu'en conséquence de la dépêche que vous m'avez faite du 17 de ce mois, le ministère de Suède s'est proposé de suivre, de ne pas franchir les bornes de la modération non plus que de la fermeté et de veiller soigneusement sur tout ce qui se passera aux frontières de la Finlande, enfin de régler là-dessus les arrangements à prendre, a toute mon approbation et, pourvu qu'il soit bien exécuté, ne laissera pas de tirer la Suède de tout son embarras.

Mes dernières nouvelles de Russie sont assez favorables, et je viens d'avoir de fort bon lieu des assurances assez positives que la Russie, quelque grimace qu'elle fasse, n'avait pas envie de rompre, et que même le chancelier Bestushew n'oserait porter les choses à cette extrémité sans risquer de ruiner sa fortune. L'on ajoute qu'on pourrait compter que la cour de Pétersbourg ne répliquerait pas à la dernière réponse de la Suède, mais que la Russie resterait armée et que l'on continuerait les ostentations guerrières jusqu'à la mort du roi de Suède. Mais ce qui me console encore plus que tout cela, c'est que je tiens de fort bonne main que, quand le cas du décès du roi de Suède arriverait et que le Prince-Successeur prendrait le parti, dès son avènement au trône, d'envoyer un ministre de marque à la cour de Pétersbourg dont la personne ne lui serait pas tout-à-fait désagréable et qui serait chargé de quelque assurance de la part du Prince – qu'alors la cour de Pétersbourg s'en contenterait et prendrait le prétexte par là pour désarmer.

Federic.

Nach dem Concept

4280. AU CONSEILLER PRIVÉ DE GUERRE DE KLINGGRÆFFEN A LONDRES.

Potsdam, 28 avril 1750.

J'ai reçu votre dépêche du 14 de ce mois. J'ai eu tout lieu jusqu'ici de me louer de la façon droite et sincère dont la cour de Copenhague a agi pour la conservation de la tranquillité du Nord, et les déclarations qu'elle a fait faire vis-à-vis des deux cours impériales, n'ont pas laissé de faire impression.

Comme les dernières lettres que j'ai eues de Pétersbourg, m'assurent presque positivement que la Russie, malgré toutes les grimaces qu'elle faisait, n'avait guère plus d'envie de rompre avec la Suède et que même le chancelier Bestushew n'oserait porter les choses à l'extrémité sans exposer sa fortune, mais que la Russie resterait armée et continuerait les ostentations guerrières jusqu'à la mort du roi de Suède, il y a à espérer que tout se pourra calmer encore

Les lettres susdites me marquent encore que le sieur Guy Dickens avait fait, dans la dernière conférence qu'il avait eue avec le chancelier de Russie, la déclaration de l'Angleterre d'une manière si ferme et si mâle que celui-ci en avait été bien embarrassé et fâché en même temps, et que le comte Bernes venait de recevoir des instructions de sa cour pour faire des représentations au nom de la Reine-Impératrice en faveur de la Suède.

Quant au ministre que la France enverra à Hanovre, je suis tenté de croire, par de certaines apparences, que ce sera le marquis de Valory qui pourra être nommé pour résider de la part de la France à Hanovre pendant le temps que le roi d'Angleterre y séjournera, ce que je pourrai vous apprendre en peu de temps avec plus de certitude.

Nach dem Concept.

Federic.

4281. AU CONSEILLER DE LÉGATION WARENDORFF A SAINT-PÉTERSBOURG.

Potsdam, 28 avril 1750.

J'accuse la relation que vous m'avez faite du 11 de ce mois. Je vous sais infiniment gré du détail circonstancié que vous m'avez fait des propos que le comte Lynar vous est venu tenir, qui m'ont fait d'autant plus de plaisir qu'il vous a positivement assuré que la Russie n'avait point envie de pousser les choses à l'extrémité contre la Suède, et que même le Chancelier n'oserait pas les y porter. Comme tous ces avis partent d'un canal nullement sujet à caution, j'espère que ces bonnes nouvelles continueront. C'est aussi pourquoi je vous recommande de bien ménager ce canal et de cultiver au possible l'amitié et la confidence de ce ministre, qui, par les liaisons qu'il a avec les confidents du Chancelier, vous pourra être d'une grande ressource, afin de vous mettre au fait sur bien des choses intéressantes.

Nach dem Concept.

Federic.

4282. AU MINISTRE D'ÉTAT COMTE DE PODEWILS, ENVOYÉ EXTRAORDINAIRE, A VIENNE.

Potsdam, 28 avril 1750.

J'ai reçu votre dépêche du 18 d'avril. Quoique vous fassiez fort bien de vous méfier en tout de la cour où vous êtes, et que je vous sache bon gré de m'avoir averti des arrangements qu'on y fait relativement aux campements qu'on va former, je dois cependant vous dire que je n'ai point lieu de me douter de quelque dessein caché là-dessus; car toutes les apparences sont à présent que la paix du Nord pourra encore se conserver au moins cette année-ci. Ce qui me confirme dans ce sentiment, ce sont mes dernières nouvelles de Pétersbourg, qui m'apprennent que la déclaration que la cour de Danemark a fait faire au chancelier de Russie dans le même sens qu'elle l'a fait à Vienne, n'a pas laissé de faire bien de l'impression sur ce dernier; que le sieur Guy Dickens avait fait la déclaration de l'Angleterre d'une manière si mâle et si ferme que celui-ci en avait été également embarrassé que fâché. Et les dernières instructions qu'un courrier avait apporté au comte Bernes sur le même sujet, étaient pour faire au nom de la Reine-Impératrice des représentations aux ministres de Russie en faveur de la Suède; du moins le comte de Barck l'avait-il marqué sur ce pied-là au ministre de Suède à Pétersbourg, par une lettre que ledit courrier lui avait apportée. Enfin, j'apprends par un assez bon canal que la cour de Russie paraissait n'avoir plus d'envie de rompre avec la Suède, et que le chancelier Bestushew même n'oserait porter les choses à cette extrémité sans courir grand risque de ruiner entièrement sa fortune, mais que la Russie resterait armée et continuerait les ostentations guerrières jusqu'à la mort du roi de Suède; mais qu'elle tâchera d'obtenir son but plutôt par les intrigues que par les armes; circonstances qui toutes, prises ensemble, me font conjecturer que les affaires du Nord se composeront encore sans qu'on parviendra à des éclats.

Nach dem Concept. Federic.

4283. AU MINISTRE D'ÉTAT COMTE DE GOTTER A MOLSDORF.

Potsdam, 28 avril 1750.

J'ai bien reçu votre lettre du 24 de ce mois et je reconnais avec grand plaisir votre zèle pour moi dans la façon dont vous vous êtes acquitté de la commission dont je vous ai chargé à votre départ d'ici pour la cour de Gotha.[1] Je suis d'ailleurs très sensible à la manière attentive dont cette cour a reçu vos insinuations, et je lui en conserverai toute la reconnaissance possible; mais comme les circonstances des affaires publiques viennent de prendre tout d'un coup un tour assez favorable, pour que je ne me voie pas pressé d'avoir dès ce moment des troupes auxiliaires, vous insinuerez à ladite cour, de la manière la plus flatteuse pour elle, que, comme ma façon de penser avait été toujours d'être aussi peu à charge à mes amis que les circonstances le permettaient, pour ne point abuser de leur bonne volonté, j'éviterais encore de lui faire la proposition pour engager de ses troupes, jusqu'à ce que quelque circonstance urgente l'exigerait, et que je me tenais assuré alors que je ne serais point refusé.

Pour ce qui regarde le propos que vous avez tenu à votre bon voisin,[2] relatif aux troupes de Würtemberg, il serait bien acceptable dans un autre cas; mais dans celui dont il s'agit, la marche ruineuse que ces troupes seraient obligées de faire pour parvenir à leur destination,

---

[1] Vergl. S. 320. — [2] Der württembergische Geh. Rath von Keller auf Stetten.

et les hauts cris que les États de l'Empire jetteraient par où ces troupes auraient à passer, m'empêchent d'en pouvoir profiter. Je suis avec les sentiments que vous me connaissez, votre bien affectionné

Nach dem Concept. Federic.

4284. AU MINISTRE D'ÉTAT COMTE DE PODEWILS A BERLIN.

Potsdam, 1er mai 1750.

Je vous suis bien obligé du rapport que vous m'avez fait touchant l'entretien que vous avez eu avec le sieur de Cheusses au sujet des affaires de Russie.[1] Il m'en a paru assez clairement qu'il est fort porté pour le chancelier Bestushew, dont il a tout-à-fait adopté les sentiments. Il y a cependant à observer que les avis qu'on prétend qu'ils reviennent constamment au susdit Chancelier de ses partisans en Suède, ne sont que de l'invention de celui-ci, qui, comme je le sais par de bons canaux, se les fait mander par des gens apostés par lui en Suède, de façon qu'il le leur prescrit, pour colorer en quelque façon les avanies qu'il fait à la Suède. Il faut ainsi qu'il ait dupé le sieur de Cheusses, en lui imposant par ses fictions, ou que celui-ci soit extrêmement préoccupé lui-même contre la Suède, par les raisons que vous remarquez udicieusement.[2] Au surplus, mes occupations ne me permettent pas que je vienne à Berlin pour parler au sieur de Cheusses, à qui d'ailleurs je n'ai rien à dire; il me suffira que vous lui fassiez quelque compliment poli et convenable de ma part. Et sur ce, je prie Dieu etc.

Nach der Ausfertigung. Federic.

4285. AU CONSEILLER PRIVÉ DE GUERRE DE KLINGGRÆFFEN A LONDRES.

Potsdam, 2 mai 1750.

J'ai bien reçu la dépêche que vous m'avez faite du 17 du mois passé d'avril. Ce que vous m'apprenez de l'impression que les déclarations vigoureuses de la France ont faite sur le roi d'Angleterre et sur son ministère, m'a donné bien de la satisfaction; aussi tiens-je que, quand la Russie verra qu'elle n'aura aucun appui à espérer de ses alliés, elle se rendra à la raison.

Je ne m'étais point attendu que la cour de Londres s'aviserait tout d'un coup d'envoyer le chevalier Williams à ma cour; mais si elle persiste dans cette résolution et que celui-ci nous arrive, il faut bien que vous vous arrangiez à continuer encore sur votre poste, puisque je

---

[1] Cheusses war Gesandter Dänemarks in Berlin, dann in Russland gewesen. Vergl. S. 208. 276. 296; Bd. II, 366. 413. 472; Bd. VI, 203. — [2] Podewils bemerkt in seinem Berichte: „Le sieur de Cheusses paraît encore ce qu'il a été autrefois, c'est-à-dire bon Anglais et Autrichien, malgré le changement de système de sa cour."

ne saurais alors vous en rappeler, comme j'avais résolu sans ce nouvel incident.[1] Il pourra cependant arriver que, quand vous serez à Hanovre, je vous manderai de venir chez moi pour un temps de six jours, afin de m'entretenir moi-même avec vous sur le vrai état des affaires.

Nach dem Concept. Federic.

4286. AU CONSEILLER PRIVÉ DE LÉGATION DE ROHD A STOCKHOLM.

Potsdam, 2 mai 1750.

J'ai bien reçu votre dépêche du 21 d'avril. Mes lettres de Copenhague m'ont appris que le traité entre le roi de Danemark et le Prince-Successeur y a été actuellement signé le 25 du mois passé, ainsi que cette affaire en était entièrement terminée.[2] J'apprends d'ailleurs avec plaisir les bonnes nouvelles qu'en conséquence de votre rapport on a reçues de Constantinople, puisqu'il me paraît qu'il n'y a que la Porte Ottomane qui pourrait faire changer de conduite à la Russie par rapport à la Suède, si l'on peut porter la première à faire quelque déclaration vigoureuse à cet égard. En attendant, les nouvelles que je reçois de Pétersbourg, sont encore assez favorables, et quand je combine celles que j'ai reçues par l'ordinaire dernier de Londres et qui paraissent m'assurer que la Russie ne trouvera point d'appui de l'Angleterre pour réaliser ses desseins contre la Suède, je crois pouvoir présumer que la Russie se rendra, à la fin, à la raison, quoiqu'elle voudrait disputer encore au possible terrain.

Je vous adresse ci-clos la réponse que je viens de faire à ma sœur, Madame la Princesse Royale,[3] sur la lettre que vous m'avez envoyée de sa part.

Nach dem Concept. Federic.

4287. AU CONSEILLER DE LÉGATION WARENDORFF A SAINT-PÉTERSBOURG.

Potsdam, 2 mai 1750.

J'ai bien reçu votre dépêche du 14 du mois passé d'avril. Je croirais comme vous que le sieur Guy Dickens n'eût point parlé au Chancelier avec cette fermeté que le comte Lynar vous a dit, si les dernières lettres de Londres ne venaient de m'apprendre que le roi d'Angleterre et son ministère commençaient à appréhender les suites des déclarations fermes et vigoureuses que la France a faites relativement aux affaires du Nord, et que l'on n'était d'ailleurs pas sans inquiétudes au sujet de l'étroite intelligence qui régnait actuellement entre la France, moi et la Suède; que c'était en conséquence que la cour de Londres

[1] Vergl. S. 178. 228. — [2] Vergl. S. 141. — [3] Dieses Schreiben liegt nicht vor. Vergl. Bd. V, 354 Anm. 1.

venait de donner ordre au chevalier Williams d'aller incessamment résider à ma cour et me faire, à ce qu'on prétend savoir, directement des protestations pour la conservation de la tranquillité du Nord; que d'ailleurs le duc de Newcastle s'épuisait en protestations envers l'ambassadeur de France sur la sincérité du Roi son maître et sur la droiture de ses sentiments dans les affaires du Nord. Outre cela, les cours de Londres et Vienne paraissaient craindre que la guerre ne commençât dans le Sud, et j'apprends encore que la dernière est fort intriguée sur la déclaration que la cour de Danemark a faite[1] à l'égard des affaires du Nord.

Toutes ces circonstances, prises ensemble, me font croire qu'il se peut bien que le sieur Guy Dickens ait parlé d'un ton plus ferme qu'à l'ordinaire au Chancelier, et je crois pouvoir espérer que, puisque la Russie ne sait trouver aucun appui auprès de ses alliés, elle se rendra, à la fin, à la raison et tâchera de se tirer de l'affaire, quoiqu'elle ne laisserait pas de chicaner le terrain au possible.

Nach dem Concept.

Federic.

4288. AU MINISTRE D'ÉTAT COMTE DE PODEWILS, ENVOYÉ EXTRAORDINAIRE, A VIENNE.

Potsdam, 2 mai 1750.

J'ai reçu la dépêche que vous m'avez faite du 22 d'avril. Vous devez assurer de ma part au colonel de Schœnaich[2] que, quand il viendra ici, je l'agréerai en mon service, le connaissant pour un officier de mérite et de valeur, et que de cette façon-là il ne risquera point d'être au dépourvu, si on venait à lui donner son congé.

Les dernières lettres qui me sont arrivées de Londres, ont été assez intéressantes; elles m'apprennent que le roi d'Angleterre et son ministère commencent à être dans de fortes appréhensions sur les suites des déclarations vigoureuses que la France a faites au sujet des affaires du Nord, et qu'ils paraissaient être bien intrigués sur l'étroite intelligence entre la France, moi et la Suède; qu'on venait de prendre en conséquence la résolution d'envoyer incessamment le chevalier Williams à ma cour, pour y faire directement, dit-on, des protestations sur la forte envie qu'on avait pour conserver la tranquillité du Nord, et qu'en attendant le duc de Newcastle faisait toutes les assurances possibles au ministre de France sur la droiture des sentiments du Roi son maître à cet égard. L'on ajoute d'ailleurs que la cour de Londres n'était pas sans appréhensions que la guerre ne commençât dans le Sud.

Quand je combine tout ceci avec les nouvelles qui me reviennent de Pétersbourg et qui continuent d'être assez favorables, je crois pouvoir conjecturer que la Russie, ne trouvant aucun appui auprès de ses alliés

[1] Vergl. S. 338. — [2] Vergl. S. 328.

pour parvenir à ses vues, sera obligée de fléchir, et que du moins cette année-ci s'écoulera encore sans qu'il y aura quelque rupture ouverte.

Nach dem Concept. Federic.

4289. AU CONSEILLER BARON LE CHAMBRIER A PARIS.

Potsdam, 2 mai 1750.

J'ai bien reçu la relation que vous m'avez faite du 20 du mois passé d'avril. J'ai vu avec satisfaction que ma résolution de faire de concert et conjointement avec le roi de Danemark cette déclaration à la Russie que la France désire,[1] ait fait plaisir à M. de Puyzieulx. Celle que Sa Majesté Danoise a fait actuellement faire à la cour de Vienne,[2] a bien intrigué celle-ci et au point qu'elle n'a pas pu cacher le chagrin qu'elle en a, envers le chargé du Danemark, et, si j'ose pleinement ajouter foi à ce que mes dernières lettres de Londres m'apprennent, le roi d'Angleterre et son ministère commencent à appréhender les suites qui sauraient résulter des déclarations fermes et vigoureuses de la France, et d'être inquiets sur l'étroite intelligence qui règne heureusement entre la France et ses alliés. On a, dit-on, résolu de faire partir incessamment le chevalier Williams pour résider à ma cour, afin de faire, à ce qu'on prétend, des protestations sur l'envie qu'on a de maintenir la tranquillité du Nord, et le duc de Newcastle doit s'épuiser en assurances envers le marquis de Mirepoix sur la droiture des sentiments du roi d'Angleterre à cet égard, ainsi qu'il apparait de tout ceci et de ce que je vous ai déjà mandé par ma dépêche de l'ordinaire dernier, que la fermeté dont la France a agi à cette occasion, fera plier ses ennemis et anéantira tous les pernicieux desseins de la Russie et de ceux qui y étaient entrés.

Pour ce qui est du comte de Tyrconnell, je vous renvoie à ce que je vous ai ordonné à son sujet en conséquence de ma dépêche de l'ordinaire dernier, dont vous tâcherez de vous acquitter habilement. Et quant au marquis de Valory, je lui donnerai à son départ une lettre au roi de France, pour le lui recommander avec instance,[3] quoique je m'y prendrai de la façon que qui que soit n'en saura point être choqué.

Au surplus, je suis véritablement fâché de ce que je ne puis plus accorder la charge de chancelier de la principauté de Neufchâtel à celui pour lequel vous venez de vous intéresser.[4] J'aurais sûrement réfléchi, préférablement à tout autre, sur celui que vous m'avez proposé, si je n'avais pas disposé de cette charge,[5] avant que votre lettre me fût rendue, de façon que je ne saurais plus me rétracter. Vous devez cependant compter que, si quelques autres occasions s'offrent où je pourrai vous faire plaisir, je les embrasserai volontiers, pour vous marquer les sentiments que j'ai pour vous.

Federic.

Nach dem Concept.

---

[1] Vergl. S. 315. — [2] Vergl. S. 338. — [3] Vergl. S. 160. 220. — [4] Chambrier empfahl für diese Stelle einen entfernten Verwandten. — [5] Vergl. S. 356.

4290. AU ROI DE FRANCE A VERSAILLES.

Potsdam, 2 mai 1750.

Monsieur mon Frère. Le départ du marquis de Valory me fournit une occasion nouvelle d'assurer Votre Majesté de tous les sentiments d'amitié et d'admiration qu'Elle m'inspire. Le marquis de Valory connaît mon âme, il est depuis dix ans témoin de ma façon de penser sur Son sujet, et il pourra rendre compte à Votre Majesté de ce que mon cœur n'ose Lui dire de crainte de blesser Sa modestie. Le caractère du marquis de Valory m'a paru d'autant plus estimable que dans toutes les occasions je l'ai trouvé zélé pour les intérêts de Votre Majesté et pour ceux de Ses alliés, que sa candeur ne s'est jamais démentie, et que j'ai eu lieu de profiter de l'expérience que ses longs services lui ont donnée dans l'art militaire. Il m'a rendu des services à la bataille de Friedberg pour lesquels je lui conserverai sans cesse un cœur plein de reconnaissance. Je n'entrerais pas dans ce détail si ce n'est que l'excès de confiance que j'ai dans l'amitié de Votre Majesté, ne me flattait de la part qu'Elle daigne prendre à ce qui me regarde. Si le marquis de Valory avait été à mon service, je l'aurais récompensé certainement pour m'avoir été utile dans le jour le plus décisif de ma fortune; mais j'espère qu'il n'y perdra rien et que son maître, qui est le rémunérateur du mérite et des talents, étendra ses bontés jusques à lui, d'autant plus qu'il ne se rendra pas indigne des grâces dont Votre Majesté voudra bien l'honorer. Je La prie d'ajouter foi à tout ce qu'il Lui dira de ma part, et de me compter non seulement au rang de Ses plus fidèles alliés, mais encore de Ses plus sincères admirateurs. Je suis à jamais, Monsieur mon Frère, de Votre Majesté le bon frère et allié

Federic.

Nach Abschrift der Cabinetskanzlei.

4291. AU MARQUIS DE VALORY, ENVOYÉ DE FRANCE, A BERLIN.

Potsdam, 4 mai 1750.

Monsieur le Marquis de Valory. Je vous adresse ci-clos la lettre que je viens d'écrire de main propre à Sa Majesté Très Chrétienne et dont je vous remets aussi ci-jointe une copie. Comptez, Monsieur, que c'est du meilleur de mon cœur que je vous y rends témoignage de toutes ces qualités qui rendent un ministre vraiment estimable, et de toutes celles que vous avez mises en pratique pendant le temps de votre mission auprès de moi. Aussi me verrez-vous toujours m'intéresser avec plaisir à tout ce qui pourra vous donner de la satisfaction, et tâcher de vous prouver ma reconnaissance, qui sera à tout temps invariablement la même. Et sur ce, je prie Dieu etc.

Federic.

Nach der von Valory eingesandten Abschrift im Archiv des Auswärtigen Ministeriums zu Paris.

4292. AU CONSEILLER BARON LE CHAMBRIER A PARIS.

Chambrier berichtet, Paris 24. April, dass er sich gegen den österreichischen Geschäftsträger Mareschal im Sinne der königlichen Weisung vom 7. April[1] erklärt habe; derselbe habe ihm geantwortet: „Qu'ayant parlé, il y a quelques mois, au marquis de Puyzieulx du désir qu'avait l'Impératrice-Reine que le traité de Dresde fût garanti par celui d'Aix-la-Chapelle, ce ministre lui avait répondu qu'il ne croyait pas que Sa Majesté Très Chrétienne s'y opposât. Le sieur Mareschal finit par me dire que, dès que Votre Majesté ne trouvait pas à propos de faire à la France la demande de la garantie du traité de Dresde par celui d'Aix-la-Chapelle, l'Impératrice n'en parlerait point à cette couronne . . . Le marquis de Puyzieulx m'a dit qu'il trouvait fort singulière la démarche que le sieur Mareschal avait fait auprès de moi; qu'il y avait là-dessous quelque chose que lui, Puyzieulx, ne pénétrait pas encore; que, si le sieur Mareschal lui parlait de cette affaire, la réponse qu'il lui ferait, était toute prête, savoir que, le traité d'Aix-la-Chapelle étant une chose finie et consommée, la France n'en pourrait pas étendre la garantie sur des objets qui y étaient entièrement étrangers. Je demandai au marquis de Puyzieulx si le sieur Mareschal ne lui avait point dit que sa cour était dans l'intention de demander à la France que le traité de Dresde fût garanti par celui d'Aix. Il me répondit que le sieur Mareschal ne lui avait jamais parlé de cette garantie."[2]

Nach dem Concept.

Potsdam, 5 mai 1750.

Votre dépêche du 24 d'avril dernier m'a été bien rendue. Je suis parfaitement content de la façon dont vous vous êtes tiré de l'affaire avec le sieur Mareschal, et la réponse que vous lui avez donnée sur sa proposition également bizarre que captieuse, remplit tout ce que j'ai pu désirer de vous à ce sujet.

Mes nouvelles du Nord continuent à me donner des assurances que la Russie mettrait de l'eau dans son vin, et que la tranquillité pourrait être maintenue au moins jusqu'à la mort du roi de Suède. N'oubliez point, je vous prie, d'insinuer habilement aux ministres de France, quand vous le saurez faire de bonne grâce, que je n'attribuais qu'à leur fermeté et à la bonne conduite qu'ils avaient tenue relativement aux affaires du Nord, la conservation du repos dans ces quartiers. Au reste, j'applaudis de ce qu'on a choisi le marquis de Valory pour passer à Hanovre pendant le temps que le roi d'Angleterre y séjournera.

Federic.

4293. AU CONSEILLER PRIVÉ DE GUERRE DE KLINGGRÆFFEN A LONDRES.

Potsdam, 5 mai 1750.

J'ai reçu à la fois vos dépêches des 10, 21 et 24 du mois dernier d'avril. Selon toutes les nouvelles qui me reviennent des différents lieux, je dois présumer que l'Angleterre marche à présent assez droit relativement aux affaires du Nord. Il me paraît que les déclarations fermes que la France lui a faites à ce sujet, avec l'étroite intelligence où elle

[1] Vergl. S. 326. — [2] Vergl. S. 96.

a vu la France, moi et la Suède, lui ont fait comprendre qu'une rupture au Nord serait infailliblement suivie d'une guerre générale, et comme celle-ci ne saurait l'accommoder, on aime mieux d'étouffer le feu dans les cendres que de risquer une guerre générale.

Comme la France a résolu d'envoyer le marquis de Valory à Hanovre, pour y rester le temps qu'on croira qu'il sera nécessaire, je crois que vous serez content du choix qu'on a fait en sa personne, et que vous vous comporterez bien ensemble. A ce que j'apprends, ç'a été le duc de Newcastle qui a demandé lui-même s'il n'y aurait personne de la part de la France qui suivrait le roi d'Angleterre à Hanovre, parceque, à son dire, il serait bien aise que la France vît par elle-même que le séjour que ce Prince ferait en Allemagne, n'avait pour objet que la satisfaction de respirer un air qui convenait à sa santé et de contribuer autant qu'il pourrait au maintien du repos public. Quoi qu'il en soit, je suis persuadé que vous pénétrerez bientôt s'il s'y brassera de nouvelles choses ou non.

Comme j'ai fixé mon départ pour la Prusse vers le commencement du mois de juin, et que je serai en peu de retour, je pourrais bien à mon retour vous envoyer l'ordre pour venir me voir ici quelques jours, afin de pouvoir m'entretenir avec vous.

Federic.

Nach dem Concept.

4294. AU CONSEILLER DE LÉGATION WARENDORFF A SAINT-PÉTERSBOURG.

Potsdam, 5 mai 1750.

Il m'a été très agréable d'apprendre, par votre rapport du 18 d'avril dernier, que vous en êtes actuellement sur un aussi bon pied d'intelligence avec le comte de Lynar que vous me le marquez par ledit rapport, et le bien de mon service exige que vous tâchiez, autant qu'il dépendra de vous, de cultiver l'amitié de ce comte, de sorte qu'en cas même que la confiance se trouvât n'être pas entière et absolue entre vous, vous ayez toutefois à en conserver les dehors et à affecter une amitié intime pour le ministre danois, étant fort probable que pareille amitié, quoique affectée, ne laissera pas que de produire un bon effet, en tant que le Chancelier et sa clique présumeront de là que la cour de Danemark est d'intelligence avec moi.

Si, au reste, on était en quelque façon en peine, là où vous êtes, relativement à mon prochain voyage en Prusse, je n'en serais point fâché, mais je souhaiterais plutôt tout au contraire que ce voyage fît effectivement naître de l'appréhension en Russie.

Federic.

Nach dem Concept.

4295. AU MINISTRE D'ÉTAT COMTE DE PODEWILS, ENVOYÉ EXTRAORDINAIRE, A VIENNE.

Potsdam, 5 mai 1750.

Votre dépêche du 25 du mois passé d'avril m'a été rendue. Ce que l'on a répandu de bruit à Vienne, touchant la prétendue déclaration du comte de Bestushew au sujet de l'entrée d'un corps de troupes russes de 50,000 hommes dans la Finlande suédoise, n'a été qu'une franche bourde, qui apparemment sera aussi déjà tombée. Tout ce que la Russie a de troupes du côté de la Finlande, ne va pas au delà de 20,000 hommes, et, de plus, il faut bien des arrangements et des préparatifs, avant qu'on puisse mettre en mouvement un pareil corps de troupes.

D'ailleurs, mes lettres de Russie continuent à dire qu'on n'avait pas fait jusqu'à présent le moindre arrangement militaire qui donnât à penser, qu'on pouvait d'ailleurs se tranquilliser sur la crainte que cette puissance n'attaquât la Suède; tout au contraire l'on avait lieu de présumer que le Chancelier chercherait peut-être de tirer son épingle du jeu et de profiter du moment où tant de puissances respectables s'intéressaient au maintien du repos dans le Nord; que la Russie ne ferait plus aucune proposition semblable aux premières à la Suède, mais qu'aussi elle croyait de ne pouvoir désarmer, sans blesser la gloire de sa souveraine, et qu'apparemment l'on attendrait ainsi la mort du roi de Suède, et que, si alors le nouveau Roi donnait simplement quelques assurances, l'on s'en contenterait. L'on finit en marquant que le comte de Bernes venait aussi d'exécuter à la fin, quoique seulement de bouche, la commission dont sa cour l'avait chargé relativement au maintien du repos dans le Nord.

Au surplus, je crois que ce qui occupe à présent l'attention de la cour de Vienne, est principalement l'affaire de l'élection d'un roi des Romains.

Federic.

Nach dem Concept.

4296. AN DEN ETATSMINISTER GRAF PODEWILS IN BERLIN.

Warendorff berichtet, Petersburg 21. April: „La cour reçut ces jours passés un courrier de Constantinople. Les lettres particulières dont il a été chargé en même temps et qui sont du 11 mars passé, ne doivent porter autre chose, sinon que le Mufti avait été comblé de présents par les habitants de ladite ville, pour le dédommager de la perte qu'il y a faite dans le dernier grand incendie, et que d'ailleurs il régnait une parfaite tranquillité à la cour ottomane; mais je présume que le sieur Neplujew a

Potsdam, 6. Mai 1750.

Auf allergnädigsten Befehl Sr. Königl. Majestät habe Ew. Excellenz vermelden sollen, wie Dieselbe den französischen Minister Grafen Tyrconnell die letztere Passage aus der heut eingelaufenen ordinairen Relation des Herrn Warendorff, welche sich anfänget: „La cour reçut ces jours passés un courrier de Constantinople p.," bis zum Ende der

marqué par le même courrier un trait dont j'ai cru devoir faire mention ici; c'est que j'apprends qu'on débite ici que Votre Majesté faisait sonder la Porte Ottomane, par le canal des ministres de France et de Suède qui s'y trouvent, si cette cour ne jugeait pas à propos que Votre Majesté lui envoyât un ministre pour y résider de Sa part. Je n'ai pas marqué de traiter cette nouvelle comme entièrement fausse et controuvée."

Relation aus dem dechiffrirten Original selbst lesen lassen möchten. Wobei Ew. Excellenz melden soll, wie Se. Königl. Majestät solches in der Absicht thäten, damit der französische Hof sehen könne, wie weit die beiden kaiserlichen Höfe in die Sachen der Pforte penetrirten und wie viel Ascendant sie auf solche hätten.

Eichel.

Nach der Ausfertigung.

4297. AU CONSEILLER DE LÉGATION WARENDORFF A SAINT-PÉTERSBOURG.

Potsdam, 9 mai 1750.

Vous ne devez point vous opposer aussi positivement que vous mandez par votre rapport du 21 d'avril dernier l'avoir fait, aux bruits qui se sont répandus sur le trait en question duquel vous pensez que le sieur Neplujew l'ait fait passer à sa cour; mais vous direz, quand l'occasion s'en présentera, que vous n'en saviez rien; qu'il se pourrait que ces bruits fussent fondés, qu'il se pourrait aussi d'un autre côté qu'ils ne le fussent pas, et que vous n'aviez point été instruit à ce sujet.

Je suis, au reste, encore persuadé jusqu'ici que les confidences que vous a faites le comte Lynar relativement aux vues de la Russie, sont vraies et fondées; je vous recommande toutefois de n'en être pas moins très attentif sur tout ce qui se fait et ce dont il s'agit, de même que sur les avis qui entrent de temps à autre là où vous êtes.

Nach dem Concept.

Federic.

4298. AU CONSEILLER BARON LE CHAMBRIER A PARIS.

Potsdam, 9 mai 1750.

J'ai reçu la relation que vous m'avez faite du 27 d'avril passé. Je ne m'étonne point que la France [refuse] à donner un extraordinaire à la Suède, dans le moment où elle s'aperçoit que les affaires du Nord pourraient passer tranquillement, et qu'elle se persuade encore que la Suède ne saurait être encore aussi pressée à être aidée d'un subside extraordinaire; j'estime d'ailleurs que les ministres de France voudraient attendre préalablement le rapport que le brigadier La Touche leur fera[1] sur les arrangements que les Suédois ont effectivement pris en Finlande pour se mettre à la défensive contre les entreprises de la

[1] Vergl. S. 355.

Russie, avant que de se décider sur la demande que le baron de Scheffer leur a faite.

Nach dem Concept.

Federic.

4299. AU MINISTRE D'ÉTAT COMTE DE PODEWILS, ENVOYÉ EXTRAORDINAIRE, A VIENNE.

Potsdam, 9 mai 1750.

Il ne saurait être aucunement douteux que la cour où vous êtes ne soit informée de la déclaration de la France dont vous parlez dans votre rapport du 28 d'avril dernier, savoir qu'en cas de guerre dans le Nord elle opérerait aux Pays-Bas et par voie de diversion, la France ayant fait réitérer plus d'une fois ladite déclaration au ministre anglais à Paris, et c'est aux déclarations vigoureuses de la France que se rapporte l'embarras où se trouve la cour d'Angleterre et dont je vous ai informé d'une manière circonstanciée par mes dépêches et rescrits antérieurs.

Il peut au reste d'abord, ce me semble, nous suffire que l'Angleterre ait été mise dans une espèce d'appréhension par là.

Nach dem Concept.

Federic.

4300. AN DAS DEPARTEMENT DER AUSWÄRTIGEN AFFAIREN.

Potsdam, 9. Mai 1750.

Podewils und Finckenstein berichten, Berlin 8. Mai, über einen von Tyrconnell mitgetheilten Bericht Lemaire's aus Kopenhagen, laut dessen der dänische Minister Berckentin den Vorschlag Frankreichs zu einer preussisch-dänischen Collectiverklärung an Russland[1] nicht ganz von der Hand gewiesen, es indess als wünschenswerth bezeichnet hat, zuvor den Erfolg der Vorstellungen des Grafen Lynar in Petersburg abzuwarten: „Que, de plus, il lui paraissait, à lui Berckentin, que la nouvelle déclaration ne renfermait au fond rien au delà de ce que Sa Majesté Prussienne avait déjà fait déclarer à la cour de Pétersbourg;[2] qu'il ne convenait pas, selon l'avis de celle de Danemark, de multiplier les déclarations ni d'y rien glisser qui pût avoir l'air d'une menace."

Das ist ganz gut; das hat man uns schon aus Kopenhagen geschrieben. Im übrigen müssen dem p. von Voss zu Kopenhagen posttäglich die communicablen Nouvellen, so wir aus Russland kriegen, geschrieben werden, damit er dem Abbé Lemaire, wie solcher darum gebeten, davon Communication thun könne.

Mündliche Resolution. Nach Aufzeichnung des Cabinetssecretärs.

[1] Vergl. S. 315. — [2] Vergl. S. 278.

4301. AU CONSEILLER PRIVÉ DE LÉGATION FRÉDÉRIC DE VOSS A COPENHAGUE.

Potsdam, 9 mai 1750.

J'ai pu m'informer, par le contenu de votre rapport du 2 de ce mois, dans quel sens la cour de Danemark s'est expliquée sur la proposition en question que l'abbé Lemaire lui a faite par ordre de sa cour, et j'attendrai maintenant à savoir ce que la France jugera à propos de faire ultérieurement dans cette affaire. Quant au comte de Lynar, il est dans la ferme persuasion, en conséquence des ouvertures qu'il en a faites, que, quoique la Russie ne laisserait que de continuer ses démonstrations guerrières, elle se garderait cependant d'en venir par là à une rupture ouverte.[1]

Au surplus je vous ferai communiquer les avis qui me reviendront de Russie et j'aurais pour agréable que vous en fassiez part à l'abbé Lemaire.[2]

Je souhaite, après tout, que la France ne puisse jamais avoir raison de regretter de s'être portée pour le baron de Bernstorff,[3] quoiqu'à dire vrai, je ne laisse pas que d'être dans quelque appréhension à cet égard.

Federic.

Nach dem Concept.

4302. AN DEN ETATSMINISTER GRAF PODEWILS IN BERLIN.

Potsdam, 10. Mai 1750.

„Ew. Excellenz habe unterthänig vermelden sollen, wie bei Gelegenheit derer heute eingekommenen Dépêchen des Königs Majestät auf die von dem Herrn Warendorff resolviret haben, dass derselbe umständlich instruiret werden soll, was zeither zwischen Sr. Königl. Majestät und dem dänischen Hofe wegen der an Russland zu thuenden Declaration vorgefallen, und wie Höchstdieselbe dazu bereit gewesen und noch seind, was aber der dänische Hof zufolge der letzteren Relation des Herrn von Voss zu Copenhagen annoch vor Anstand deshalb zu nehmen vor gut gefunden. Welches dann Sr. Königl. Majestät Befehl zufolge an Ew. Excellenz zur beliebigen Verfügung melden sollen" . . .

Auszug aus der Ausfertigung.

Eichel.

4303. AU MINISTRE D'ÉTAT COMTE DE PODEWILS A BERLIN.

Potsdam, 10 mai 1750.

J'ai appris par le conseiller privé baron de Goltz même son arrivée à Berlin et le triste état où il se trouve;[4] j'en suis véritablement fâché

[1] Vergl. S. 360. 370. — [2] Vergl. S. 371. — [3] Vergl. S. 353 Anm. 2. 373. —
[4] Vergl. S. 245. 249. 250.

et souhaite bien volontiers qu'il se rétablisse bientôt parfaitement. J'attendrai ce temps-là pour lui parler moi-même. Il ne faut pourtant pas qu'il se presse trop ni fasse quelque effort qui lui pourrait être pernicieux, mais plutôt qu'il attende avec patience le retour de sa santé. Sur ce, je prie Dieu etc.

Nach der Ausfertigung.

Federic.

4304. AU MINISTRE D'ÉTAT COMTE DE PODEWILS A BERLIN.

Potsdam, 11 mai 1750.

Je vous sais bon gré de la communication des nouvelles que vous avez tirées du baron de Goltz, malgré son état malingre dont je le plains véritablement. Pour ce qui concerne le sieur de Gross, vous pouvez compter que je ne regretterai nullement son départ, quand sa cour viendra à le rappeler,[1] puisque tel que soit celui qu'on nous enverra à sa place, il ne saura jamais être dans de plus mauvaises dispositions que celles où celui-là a été à tous égards. Et sur ce, je prie Dieu etc.

Nach der Ausfertigung.

Federic.

4305. AU CONSEILLER DE LÉGATION WARENDORFF A SAINT-PÉTERSBOURG.

Potsdam, 11 mai 1750.

Pour ce qui concerne les ouvertures que le comte Lynar vous a faites au sujet d'une proposition à faire à la cour de Russie,[2] et dont vous m'avez fait votre rapport par votre dépêche du 25 d'avril dernier, c'est pour couper court à toute tracasserie que je viens d'ordonner à mes ministres du département des affaires étrangères de vous informer, quoique pour votre direction seule, de tout ce qui s'est passé depuis peu à cet égard entre la France, moi et la cour de Danemark, vous renvoyant à ce sujet à la dépêche qui vous viendra à la suite de celle-ci.

Nach dem Concept.

Federic.

4306. AU CONSEILLER BARON LE CHAMBRIER A PARIS.

Potsdam, 11 mai 1750.

J'ai reçu votre dépêche du 1er de ce mois. Je crains fort que les ministres de France n'aient sujet encore de se mordre aux doigts d'avoir appuyé le baron de Bernstorff, pour parvenir au poste vacant par la mort du digne Schulin, auquel le Roi son maître vient de le nommer.

S'il en arrive du mal à la bonne cause, cela ne sera point par ma faute, puisque vous avez assez averti les ministres de France d'être

---

[1] Vergl. S. 256. — [2] Vergl. S. 388 Anm. 3.

en garde sur le baron Bernstorff,[1] mais on a été trop prévenu à son égard pour pouvoir faire attention là-dessus.

Nach dem Concept.

Federic.

4307. AU MINISTRE D'ÉTAT COMTE DE PODEWILS, ENVOYÉ EXTRAORDINAIRE, A VIENNE.

Potsdam, 12 mai 1750.

Votre dépêche du 2 de ce mois m'est bien parvenue. Quant à l'élection d'un roi des Romains, il faudra que nous voyions bientôt clair là-dessus; en attendant, toutes les apparences y sont que c'est le sujet qui occupe principalement la cour de Vienne. Je crois, au reste, avoir tout lieu de regarder les affaires du Nord comme composées et finies, et que, quoique la Russie continuera encore de faire quelques ostentations, elle se gardera bien de pousser les choses à l'extrémité, mais qu'elle cherchera plutôt une porte honorable et un prétexte honnête pour sortir entièrement d'affaire.

Nach dem Concept.

Federic.

4308. AU CONSEILLER PRIVÉ DE LÉGATION DE ROHD A STOCKHOLM.

Potsdam, 12 mai 1750.

J'ai reçu votre dépêche du 1er de ce mois. Les apparences présentes sont telles qu'on a tout lieu d'espérer que la paix et la tranquillité seront encore conservées dans le Nord. Quant à la circonstance que vous marquez dans votre susdite dépêche, savoir que le comte Tessin ne vous avait pas parlé des dépêches dont le baron de Scheffer avait été le porteur,[2] comme ces dépêches ne roulent que sur des choses proprement militaires, je présume que le comte Tessin ne voudra pas s'en mêler trop.

Nach dem Concept.

Federic.

4309. AU CONSEILLER PRIVÉ DE LÉGATION ERNEST-JEAN DE VOSS A VARSOVIE.

Potsdam, 12 mai 1750.

J'ai été bien aise de voir par votre dépêche du 2 de ce mois votre bonne arrivée à Varsovie. Selon votre dite dépêche et celle que vous y avez jointe du sieur Leveaux, les choses paraissent être bien embrouillées et critiques, ainsi que je ne suis pas encore à même de vous donner des ordres plus précis et positifs que ceux dont vous êtes déjà muni,[3] avant que d'avoir vu par vos rapports à faire quel tour les

[1] Vergl. S. 265. — [2] Vergl. S. 332. — [3] Vergl. S. 341.

choses prendront désormais. Au surplus, vous ferez bien de numéroter les dépêches que vous me ferez, de même que celles au département des affaires étrangères, afin qu'on puisse être sûr qu'il n'y en ait aucune de perdue chemin faisant.

Nach dem Concept.

Federic.

4310. AN DAS DEPARTEMENT DER AUSWÄRTIGEN AFFAIREN.

Podewils und Finckenstein berichten, Berlin 15. Mai: „Nous avons l'honneur de présenter ci-joint à la censure de Votre Majesté un projet de réponse au dernier mémoire de la cour de Vienne, concernant la garantie de l'Empire pour le traité de Dresde.¹ L'auteur de ce mémoire y ayant glissé divers reproches de prétendues contraventions des traités de paix, relatives aux arrangements intérieurs de la Silésie, nous avons jugé nécessaire, pour nous assurer de l'exactitude des dates, de communiquer préalablement la réfutation de ces articles au comte de Münchow, qui l'a pleinement approuvée."

Potsdam, 16. Mai 1750.

Ganz gut. Die vornehmste Sache aber ist, dass dem österreichischen Hof unter die Nase gerieben werde, dass sie sich von schlesischen Sachen gar nicht mehr zu meliren haben, sondern erkennen müssen, dass solche lediglich von Meiner Souveraineté abhängen. Denn was den Artikel von der katholischen Religion anlanget, so setzet der Breslauer Friede nur allein darunter Maass und Ziel.²

Mündliche Resolution. Nach Aufzeichnung des Cabinetssecretärs.

4311. AU MINISTRE D'ÉTAT COMTE DE PODEWILS, ENVOYÉ EXTRAORDINAIRE, A VIENNE.

Potsdam, 16 mai 1750.

Comptez pour sûr que la cour où vous êtes est furieusement intriguée des liaisons étroites où nous sommes avec la France, et de la bonne intelligence qui règne entre nous. Je sais de très bon lieu que des ministres autrichiens en ont fait des plaintes bien amères à leurs confidents. Vous verrez d'ailleurs par le rescrit qui vous va venir à la suite de celle-ci, combien cette cour est chagrinée de voir que les brouilleries du Nord vont à être ajustées, comme elles le seront indubitablement.

Je vous saurais beaucoup de gré quand vous me procurerez un état exact et fidèle des revenus de la Reine-Impératrice, puisqu'il m'intéresse extrêmement d'en être bien instruit; vous n'épargnerez ni soins ni dépenses pour me satisfaire là-dessus.

Pour ce qui regarde votre rappel,³ je souhaiterais fort d'être à même de vous l'envoyer aussitôt que vous le désirez; mais comme le

¹ „Antwort auf die Schrift des Kaiserl. und Königl. Ungarischen und Böhmischen Hofes vom 2. Martii 1750 (vergl. S. 301 Anm. 1) die Reichsgarantie betreffend"; die Ausfertigung trägt das Datum Berlin 20. Mai 1750. — ² Bd. II, 237. — ³ Vergl. S. 185.

bien de mon service demande absolument que je vous laisse continuer jusqu'à trois mois encore sur votre poste, il faut que vous preniez patience là-dessus. Quelque envie que j'aie de vous voir revenir, il ne m'est pas possible de vous envoyer le rappel, avant que la Diète présente en Pologne ne soit tout-à-fait finie, et que mon ministre qu'il y a, le conseiller privé de Voss, n'en soit de retour, puisque c'est celui que je destine pour vous relever, ne sachant aucun autre sujet plus propre à cela. Ce que j'ai bien voulu vous dire pour votre direction seule.

Nach dem Concept. Federic.

4312. AU CONSEILLER DE LÉGATION WARENDORFF A SAINT-PÉTERSBOURG.

Warendorff berichtet, Petersburg 28. April: „Je devrais croire que les mouvements que tant de puissances formidables se donnent pour détourner tout orage, capable de troubler le repos du Nord, doivent naturellement donner à penser au comte de Bestushew et lui inspirer des sentiments pacifiques. Il ne rabattra, à la vérité, rien des armements qu'il a fait faire à sa souveraine, et il continuera ses ostentations guerrières, mais je ne saurais m'imaginer qu'il voulût porter les choses à des extrémités.. Je m'étais flatté d'avoir aujourd'hui mes audiences,[1] mais il n'en a été rien. On prétend cependant que cela se fera encore dans le courant de cette semaine."

Potsdam, 16 mai 1750.

J'ai reçu votre dépêche du 28 d'avril dernier et je sais à présent, à n'en pouvoir douter, que toutes les ostentations de la Russie n'aboutiront à aucune réalité, et que l'orage qui a paru menacer la tranquillité du Nord, se dissipera.

Si le chancelier Bestushew traîne à vous faire avoir vos audiences, ce n'est qu'une malice toute pure, ledit Chancelier étant informé de ce que vous êtes chargé de lui déclarer alors,[2] et tâchant ainsi d'empêcher que vous ne soyez à même d'exécuter votre commission, avant que les affaires ne soient déjà pacifiées d'une certaine manière, afin d'en imposer par là au public que ma déclaration n'y avait rien contribué.

Pour ce qui regarde le sieur Lagerflycht, j'ai fait faire à sa cour les représentations les plus favorables à son sujet;[3] il reste ainsi à voir quel en sera le succès.

Nach dem Concept. Federic.

4313. AU CONSEILLER PRIVÉ DE LÉGATION DE ROHD A STOCKHOLM.

Potsdam, 16 mai 1750.

Le chevalier de La Touche dont vous parlez dans votre rapport du 5 de ce mois, est le même officier qui a passé par Berlin et dont

[1] Vergl. S. 378. — [2] Vergl. S. 278. — [3] Vergl. S. 324. 328.

j'ai déjà fait mention dans une de mes dépêches antérieures que je vous ai faites.¹ Vous avez, au surplus, bien rencontré, quand vous avez présumé qu'il ne venait en Suède que pour y voir de près les arrangements militaires qu'on y avait faits au cas de rupture.

Nach dem Concept.   Federic.

4314. AU CONSEILLER BARON LE CHAMBRIER A PARIS.

Chambrier berichtet, Paris 4. Mai, über eine ihm und dem schwedischen Gesandten Scheffer durch den Grafen Saint-Séverin gemachte officielle Mittheilung des Inhalts: „Que le marquis de Mirepoix avait proposé de lui-même au duc de Newcastle, et sans y être autorisé par la France, que l'Angleterre se chargeât de proposer à la Russie qu'il serait donné par le roi de Suède et par le Prince-Successeur une déclaration par laquelle ils promettraient que la Suède n'attaquerait point la Russie, et des assurances qu'il ne sera donné aucune atteinte illégale contre la forme présente du gouvernement en Suède. Que cette déclaration serait garantie par les alliés de la Suède, et que la Russie donnerait aussi de son côté une déclaration qu'elle n'attaquera point la Suède ni ne ferait rien qui troublât l'ordre de succession qui y est établi, et que cette déclaration serait garantie par les alliés de la Russie. Que le marquis de Mirepoix écrivait que le duc de Newcastle avait goûté l'ouverture qu'il lui avait faite, et que, si la France l'approuvait, elle serait envoyée à Pétersbourg, pour que le ministre d'Angleterre la proposât au ministère de Russie. Le comte de Saint-Séverin m'ajouta que le marquis de Puyzieulx avait répondu au marquis de Mirepoix que la cour d'ici ne pouvait approuver ni désapprouver son idée, mais que, comme le ministère anglais l'avait regardée comme un expédient qui pourrait convenir à la Russie, la France la communiquerait à la Suède et à ses alliés."²

Nach dem Concept.

Potsdam, 16 mai 1750.

Vous pourrez dire à M. de Saint-Séverin en réponse à ce qu'il vous a donné à connaître dans l'entretien que, selon votre rapport du 4 de ce mois, il a eu avec vous, que, comme j'étais fermement intentionné de contribuer à tout ce qui pourra servir à la conservation de la tranquillité du Nord, j'agréerais très volontiers tout expédient que la France et le Danemark trouveraient convenable pour conduire à ce but-là, mais qu'il me paraissait cependant nécessaire qu'on pressentît préalablement les sentiments de la Suède là-dessus, pour savoir ce qu'elle en pense; qu'au surplus j'étais du sentiment que s'il ne nous coûtait qu'un coup de plume pour apaiser les brouilleries dans le Nord et pour rétablir la tranquillité, nous sortirions à bien bon marché de cette affaire.

Federic.

---

¹ Vergl. S. 355. — ² Vergl. S. 307. 348.

4315. AU CONSEILLER PRIVÉ DE CAGNONY A MADRID.

Potsdam, 16 mai 1750.

Ce que vous me marquez par votre dépêche du 20 d'avril dernier, me fait présumer que vous agissez avec trop de souplesse envers les gens avec qui vous avez à négocier; il conviendrait en conséquence que vous leur parlassiez, comme de raison, avec plus de fermeté et sur un ton un peu fier. Comme, au surplus, vous n'avez point travaillé jusqu'ici à l'autre affaire, dont le sujet fait cependant la moitié de vos instructions,[1] il faudra que vous y tourniez à présent votre attention et que vous employiez tout votre savoir-faire pour réussir, au moins, dans cette partie de vos commissions. Au reste, mes ordres vous seront sans doute déjà parvenus en conséquence desquels vous devez suivre la cour à Aranjuez, pour y continuer vos négociations, ayant d'ailleurs laissé à votre discrétion de prendre le caractère public ou non, selon les occurrences.

Nach dem Concept.

Federic.

4316. AN DEN ETATSMINISTER GRAF PODEWILS IN BERLIN.

Warendorff berichtet, Petersburg 5. Mai: „M. de Weselowski, maître des cérémonies, vint dimanche passé[2] chez moi pour me remettre la note ci-jointe. Votre Majesté y verra que, par une étiquette tout nouvellement établie ici, on trouve le caractère de ministre accrédité dont Votre Majesté m'a fait la grâce de me revêtir en cette cour, insuffisant pour avoir l'honneur d'être admis à l'audience de Sa Majesté l'Impératrice ... Le chancelier comte Bestushew me dit que l'Impératrice avait jugé à propos d'introduire cette nouvelle étiquette à l'exemple des cours de France et de Suède ... en me faisant entendre qu'il espérait que Votre Majesté ne prendrait pas en mauvaise part que ce changement de cérémonial fût justement arrivé dans ce temps-ci; que Sa Majesté Impériale, poursuivit-il avec un air riant et avec beaucoup de politesse, avait témoigné d'être satisfaite de ma nomination; que le tout tournerait à mon avantage, et qu'il se ferait un vrai plaisir de me faire un compliment de félicitation, quand il apprendrait que Votre Majesté aurait eu la grâce de me conférer le caractère d'envoyé extraordinaire."

Auszug aus der Ausfertigung.

Berlin, 17. Mai 1750.

... Se. Königl. Majestät „haben geantwortet, dass, da Dieselbe Sich nicht erinnern könnten, was dem Warendorff in denen Credentialen, so er erhalten, vor ein Charakter eigentlich beigeleget worden sei, so stelleten Sie solches zu Ew. Excellenz näheren Einsicht; daferne aber darunter einige Omission geschehen, so erachteten Se. Königl. Majestät, dass nichts anders zu thun sein dörfte, als dass man gedachtem Herrn Warendorff nächstens andere Credentialen zusendete und ihm darin den Charakter von Ministre plénipotentiaire beilegte; wohergegen man künftighin hiesigen Ortes eine gleiche Etiquette gegen die russischen Ministres, so hieher geschicket würden, auf das exacteste beobachten müsste.

Eichel.

---

[1] Vergl. S. 86. 344. — [2] 3. Mai.

4317. AU CONSEILLER BARON LE CHAMBRIER A PARIS.

Chambrier berichtet, Paris 8. Mai:
"On assure que le comte d'Albemarle s'en retournera à Londres en octobre, et qu'il ne reviendra plus. Le marquis de Mirepoix restera, dit-on, en France et ne retournera pas en Angleterre, où on croit que le sieur Durand sera de nouveau chargé des affaires de la France, pendant que le colonel de Yorke aura ici le soin de celles de l'Angleterre."

Berlin, 19 mai 1750.

J'ai trouvé assez curieux ce que vous me marquez par votre dépêche du 8 de ce mois, au sujet du retour du comte d'Albemarle à Londres et de ce que le marquis de Mirepoix restera en France; il faut qu'il y ait à cela une raison cachée que je ne saurais pas comprendre encore, et il en paraît au moins que les chiens de ces deux puissances s'ameutent encore assez mal et qu'il y a encore de grandes bisbilles à démêler entre elles.

En attendant, les affaires du Nord paraissent encore vouloir prendre un bon pli, de façon qu'on est en droit d'espérer que la tranquillité ne sera point troublée, au moins cette année-ci; mais c'est une chose constatée que, quelque grimace que la cour de Vienne fasse comme si elle s'était empressée à conjurer l'orage qui menaçait le Nord, son procédé n'a pas été bien légal à cet égard, puisqu'il est connu que le comte Bernes, ambassadeur autrichien à Pétersbourg, a empêché par ses persuasions le sieur Guy Dickens et le ministre de Hollande, Swart, de faire leurs représentations en faveur de la Suède de la manière qu'il leur a été enjoint par leurs cours respectives, de façon que, quoique ces instructions eussent été très positives et que surtout le sieur Guy Dickens eût eu ordre de délivrer au Chancelier sa déclaration par écrit et d'en faire part aux ministres étrangers à Pétersbourg et de leur en donner même un extrait, le comte Bernes a malgré cela obtenu d'eux, à force de persuasion, qu'ils ne s'en sont acquittés que fort légèrement auprès du Chancelier et simplement par manière de conversation, sans lui laisser le moindre mot par écrit.[1] Je reste, nonobstant tout cela, dans la persuasion que la Russie ne tentera rien contre la Suède.

Nach dem Concept.
Federic.

4318. AU CONSEILLER DE LÉGATION WARENDORFF
A SAINT-PÉTERSBOURG.

Berlin, 19 mai 1750.

Après vous avoir accusé la bonne réception de votre rapport du 2 de ce mois, je n'ai cette fois-ci qu'à vous dire que je suis sensible à la confidence que le comte Lynar vous témoigne, et que vous deviez cultiver soigneusement cette amitié et cette confidence, qui vous mettra

[1] Diese Mittheilungen an Chambrier beruhen auf Eröffnungen, die der Graf Lynar zu Petersburg dem Vertreter Preussens gemacht und die dieser unter dem 2. Mai dem Könige berichtet hatte. Vergl. Nr. 4318.

à même d'approfondir bien des choses qui, en défaut de cela, vous coûteraient bien de savoir.

Je conviens de la duplicité de la cour de Vienne,[1] et j'ai appris par plus d'un canal combien cette cour se voit mortifiée de ce que les troubles qui ont menacé le Nord viennent de s'apaiser, quoiqu'elle dissimulait le mieux qu'elle pouvait le chagrin qu'elle en ressentait. Tout cela ne doit point vous relâcher dans votre attention sur tout ce qui se passe et s'intrigue là où vous êtes.

Ayant, au surplus, été informé de la nouvelle chicane que le chancelier Bestushew vous a faite pour éloigner votre audience auprès de l'Impératrice,[2] j'y ai mis ordre et je vous renvoie sur cela au rescrit que vous recevrez du département des affaires étrangères.

Nach dem Concept.   F e d e r i c.

4319. AU MINISTRE D'ÉTAT COMTE DE PODEWILS, ENVOYÉ EXTRAORDINAIRE, A VIENNE

Potsdam, 19 mai 1750.

La relation que vous m'avez faite du 9 de ce mois, m'a été rendue. Malgré le sensible déplaisir que la cour de Vienne ressent de ce que les affaires du Nord se tournent tout d'une autre façon qu'elle l'aurait souhaité, et qu'elle manque par là le but qu'elle en avait espéré, je suis persuadé que tous les nuages qui menaçaient le Nord, seront dissipés. Pour ce qui regarde les campements qu'elle ira former au mois d'août, elle sera la maîtresse de faire à ce sujet ce qui lui semblera bon, et je n'en serai nullement embarrassé. En attendant, comme je suis assez curieux de savoir si l'on fera faire quelques nouveaux exercices ou manœuvres aux troupes qu'on assemblera, je souhaiterais bien que vous puissiez trouver quelque émissaire ou espion, vers le temps que ces campements se formeront, pour y observer les manœuvres que les troupes feront, afin que vous sachiez m'en faire un rapport exact.

Nach dem Concept.   F e d e r i c.

4320. AU CONSEILLER PRIVÉ DE LÉGATION DE ROHD A STOCKHOLM.

Berlin, 19 mai 1750.

J'ai reçu votre dépêche du 8 de ce mois. Vous pourrez hardiment assurer au comte Tessin que, si jamais les dépêches suédoises se trouvaient avoir été ouvertes en chemin, cela ne s'était nullement fait au passage par mes États, et que lui, comte Tessin, pouvait tout-à-fait compter là-dessus. Je crois avec tout cela qu'il y a du malentendu là-dedans, soit de la part du comte Tessin, soit de votre côté, et, pour vous

---

[1] Vergl. die vorige Nummer. — [2] Vergl. S. 378.

mettre mieux à même de pouvoir juger là-dessus, je veux bien vous dire que, sur de bons avis que j'ai reçus par des canaux bien sûrs, j'ai averti Madame ma sœur, la princesse royale de Suède, qu'il fallait qu'elle eût quelques domestiques infidèles auprès d'elle, puisque la cour de Pétersbourg était informée de bien des particularités qui regardaient la Princesse.[1] Il se peut donc que, la Princesse en ayant parlé au comte Tessin, celui-ci l'ait mal comprise, ou bien qu'il se soit mal expliqué à vous.

Quoi qu'il en soit, vous pourrez toujours assurer le comte Tessin que, s'il était constaté que les dépêches suédoises avaient été ouvertes en chemin, en ce cas-là les curieux impertinents n'avaient nullement été dans mes États.

Nach dem Concept.
Federic.

4321. AU CONSEILLER PRIVÉ DE LÉGATION ERNEST-JEAN DE VOSS A VARSOVIE.

Berlin, 19 mai 1750.

Votre dépêche du 9 de ce mois m'a été bien rendue, sur quoi je vous dirai que, comme vous savez vos instructions et que vous n'ignorez d'ailleurs pas mes intentions relativement à la Diète présente, je tiens pour suffisant de vous y renvoyer, d'autant plus que je ne saurais vous donner d'autres instructions que celles que vous tenez en mains,[2] avant que je ne voie plus clair sur le tour que les affaires de Pologne prendront, quoique en attendant je sois fâché que les intrigues du ministre saxon et la mollesse et la cupidité des principaux d'entre les Polonais vous rendent l'exécution de vos ordres également difficile et épineuse.

Nach dem Concept.
Federic.

4322. AU CONSEILLER PRIVÉ DE LÉGATION FRÉDÉRIC DE VOSS A COPENHAGUE.

Berlin, 23 mai 1750.

J'ai vu ce que vous m'avez marqué par votre rapport du 16 de ce mois, au sujet de l'entretien que M. de Berckentin a eu avec le sieur Lemaire, relativement aux affaires de Suède. Comme il m'a paru que le premier a fort biaisé dans ses propos, vous devez tâcher de bien pénétrer s'il n'y a pas du changement dans la façon de penser de la cour de Danemark, depuis que feu M. de Schulin est mort, sur quoi vous ne manquerez pas de m'instruire exactement.

Nach dem Concept.
Federic.

[1] Vergl. Bd. VI, 342. — [2] Vergl. S. 341.

4323. AU CONSEILLER DE LÉGATION WARENDORFF A SAINT-PÉTERSBOURG.

Berlin, 23 mai 1750.

La présente n'est que pour accuser les dépêches que vous m'avez faites du 5 et du 12 de ce mois, par lesquelles j'ai appris avec bien de la satisfaction les assurances que vous me donnez que la Suède ne court aucun risque, dans la situation présente des affaires, d'être attaquée de la Russie.

J'ai été d'ailleurs bien content du détail que vous m'avez fait de la conversation intéressante que vous avez eue avec l'ami connu, et des autres détails assez dignes de mon attention que vous y avez ajoutés et que je crois tous exacts et vrais, mais qui ne laissent guère espérer que le grand antagoniste serait culbuté du parti opposé à lui.

Au surplus, je ne saurais point goûter le conseil que l'ami connu vous a donné de suspendre la déclaration dont vous êtes chargé;[1] aussi ne veux-je point croire que vous vous serez laissé ébranler par cet avis, et je serais sûrement bien mécontent de vous, quand vous n'exécuteriez pas mes ordres là-dessus au pied de la lettre et tels que je vous les ai prescrits. Ce que vous ne manquerez pas de bien observer.

Nach dem Concept. Federic.

4324. AU CONSEILLER BARON LE CHAMBRIER A PARIS.

Chambrier berichtet, Paris 15. Mai, Saint-Séverin habe ihm gesagt: „Nous communiquerons toujours au Roi votre maître tout ce que nous croirons qui peut l'intéresser; mais nous espérons qu'il nous rendra le change, et que la réciprocité qui doit être entre amis et des alliés, aura lieu entre nous. Je ne vous cacherai pas que le Roi est touché de la confiance qu'on lui marque."

Potsdam, 26 mai 1750.

Votre dépêche du 15 de ce mois m'a été rendue. La façon de penser du ministère de France sur les affaires du Nord est également juste et solide. Rien de plus désirable que l'affermissement de la paix; mais quant à la Russie, je crois qu'il coûtera encore de disposer celle-ci à finir ses ostentations sur les frontières de la Suède, quoiqu'on ait tout lieu de croire qu'indépendamment de ces démonstrations la Russie ne veuille pas entamer la Suède.

Pour ce qui concerne le propos que M. de Saint-Séverin vous a tenu relativement à la communication confidente à entretenir entre la France et moi, je crois que jamais la France ne saura se plaindre comme si j'y avais manqué de ma part, et vous et le marquis de Valory me serviront de témoins que j'y ai agi toujours sans réserve.

Nach dem Concept. Federic.

[1] Vergl. S. 278.

4325. AU MINISTRE D'ÉTAT COMTE DE PODEWILS, ENVOYÉ
EXTRAORDINAIRE, A VIENNE.

Potsdam, 26 mai 1750.

J'ai reçu votre dépêche du 16 de ce mois. Il paraît assez, par toute la manœuvre que fait la cour de Vienne dans les affaires du Nord, pour qu'on en puisse juger que cette cour ne le croit pas être de sa convenance de souffler efficacement pour faire éclater, à l'heure qu'il est, la guerre dans le Nord, quoiqu'elle tâche de son mieux à en fomenter le feu sous les cendres jusqu'au temps qu'elle ait trouvé une occasion favorable à me séparer d'avec la France et de pouvoir pêcher en eau trouble; en quoi cependant je me confie qu'elle se trompera dans l'opinion pleine de bonne espérance dont elle se berce à cet égard.

Nach dem Concept. Federic.

4326. AU CONSEILLER PRIVÉ DE LÉGATION FRÉDÉRIC
DE VOSS A COPENHAGUE.

Potsdam, 26 mai 1750.

Dès qu'il plaira, selon que vous me le marquez par votre rapport du 19 de ce mois, à la cour de Danemark de rappeler d'ici le baron de Rosenkrantz pour l'employer ailleurs, toute personne que voudra nommer cette cour pour l'y envoyer à sa place, me sera toujours agréable.

Je souhaite, au reste, que l'avis qu'on vous a donné, que le voyage du baron de Bernstorff à Hanovre n'aurait point lieu, vienne à se confirmer. Mais quoi qu'il en soit, je vous ordonne que, dès que ce ministre arrivera à Copenhague, vous deviez veiller de bien près sur tous les pas qu'il fera, pour vous bien orienter sur sa façon de penser.

Nach dem Concept. Federic.

4327. AU CONSEILLER DU COMMUN A LA HAYE.

Potsdam, 26 mai 1750.

La réponse que vous avez faite, en conséquence de votre relation du 19 de ce mois, aux gens qui se sont informés auprès de vous de ce qui regarde les établissements dans mes États, n'est nullement dans le sens que je l'aurais souhaité; tout au contraire, vous auriez dû dire à ceux qui ont pris des informations de vous si l'établissement d'une compagnie de commerce aurait lieu à Emden, qu'on n'y refuserait personne et que, s'il y avait des personnes qui voudraient former là une compagnie de commerce, elles n'avaient que de m'adresser directement un mémoire sur les conditions qu'elles demandaient de former là une compagnie de commerce, en y qualifiant le négoce qu'elles se proposent d'y établir, et qu'elles sauraient s'attendre à des résolutions favorables là-dessus, autant que les circonstances le permettraient. Quant aux autres qui vous ont demandé quels moyens il y avait pour faire valoir avantageusement leur argent dans mes États, vous auriez dû leur répliquer qu'il y avait tout moyen pour le faire valoir, mais, pour les convaincre qu'on agirait honnêtement et de la façon la plus ouverte avec eux, on laissait à leur discrétion s'ils trouvaient bon d'y envoyer quelque personne de confiance de leur part pour prendre langue et pour voir par ses propres yeux si c'était de la convenance de ceux qui l'avaient envoyée d'y faire des établissements, et qu'au cas qu'elle s'en trouvait, on tâcherait à leur procurer toutes les aisances qu'ils sauraient raisonnablement prétendre, tout comme ils ne risqueraient jamais avec moi, quand même ils ne trouveraient point convenable de faire ici des établissements.

Voilà ce que j'ai bien voulu vous dire pour votre direction, en vous recommandant fort de ne négliger aucune occasion où vous sauriez faire usage de tout ce que dessus; aussi pouvez-vous compter que rien ne saura vous rendre plus recommandable auprès de moi que si vous savez réussir là-dessus à mon gré.

Federic.

Nach dem Concept.

4328. AU CONSEILLER PRIVÉ DE LÉGATION DE ROHD A STOCKHOLM.

Potsdam, 26 mai 1750.

J'accuse votre dépêche du 15 de ce mois. Comme le colonel baron de Scheffer vient de retour de Stockholm pour aller à Paris, il a témoigné à moi de la part de la cour de la Suède combien on y était sensible aux ouvertures confidentes que j'avais faites sur le concert d'opération[1] proposé par le ministère de Suède, en cas de guerre avec la Russie, et qu'on ne discontinuerait point d'employer tous les soins pour mettre la Finlande en bon état de défense et de se procurer la supériorité par mer à l'égard de la Russie, quoiqu'on éviterait soigneusement tout ce qui saurait donner lieu aux imputations comme si la Suède nourrissait des vues offensives. Comme j'avais d'ailleurs fait la proposition à la Suède de lui donner en cas d'attaque 6,000 hommes, au lieu des 9,000 stipulés par le traité d'alliance, à condition de les garder tant que la guerre durerait, quand même elle deviendrait commune, on a répondu par ledit colonel que la cour de Suède y entrait également et préférerait même l'évaluation de ce secours en argent. J'ai jugé à propos d'accepter cette proposition, pour éviter bien des embarras qui en résulteraient indispensablement à l'égard de la marche et du transport de ces troupes, si le cas venait à exister qu'il faudrait les envoyer

[1] Vergl. S. 332.

en Suède, et ferai faire cette évaluation en argent, afin de me régler là-dessus avec la Suède.

Voilà ce que j'ai bien voulu vous dire, quoique pour votre direction seule encore. Au surplus, ce que je trouve le meilleur dans toute cette affaire, c'est que je crois que nous n'aurons guère plus à appréhender la Russie, étant d'ailleurs persuadé qu'on ne saurait trop compter sur les arrangements qu'on a faits en Suède pour repousser la Russie en cas d'insulte.

Federic.

Nach dem Concept.

4329. AU MINISTRE D'ÉTAT COMTE DE PODEWILS A BERLIN.

Potsdam, 26 mai 1750.

Voici la réponse que je viens de faire à la lettre que vous m'avez envoyée hier de la part du sieur de Wulfwenstjerna, que vous ne manquerez pas de lui faire parvenir. Comme ce ministre m'a marqué dans sa lettre que sa cour avait goûté la proposition que je lui avais faite de donner à la Suède en cas d'attaque 6,000 hommes au lieu des 9,000 stipulés par le traité d'alliance, à condition de les garder tant que la guerre durerait, quand même elle deviendrait commune, et que sa cour préférerait même l'évaluation de ce secours en argent, supposé que je le jugeasse à propos, j'ai bien voulu accepter cette proposition, vu les grands embarras, par rapport à la marche et au transport de ces troupes en Suède, qu'on évitera par là. Afin que je puisse ainsi m'arranger de bonne heure sur les sommes qu'il faudrait que je payasse à la Suède, en conséquence de l'évaluation de ce secours en argent, ma volonté est que vous deviez faire faire cette évaluation et m'en faire votre rapport. Et sur ce, je prie Dieu etc.

Federic.

Nach der Ausfertigung.

4330. A L'ENVOYÉ DE SUÈDE DE WULFWENSTJERNA A BERLIN.

Potsdam, 26 mai 1750.

J'ai reçu avec grand plaisir les assurances que vous m'avez données, par votre lettre du 24 de ce mois, de la satisfaction que votre cour a eue des ouvertures confidentes que je lui avais faites sur ce concert proposé.[1]

Comme je veux bien me prêter au possible à tout ce qu'elle croit être de sa convenance, j'accepte très volontiers la proposition qu'elle vient de me faire par vous pour changer le secours de 6,000 hommes de troupes que je lui avais proposé à de certaines conditions, par une

[1] Vergl. S. 332.

évaluation de ce secours en argent, et j'ai donné mes ordres en conséquence à mon ministère du cabinet.

Au surplus, j'espère d'avoir encore la satisfaction de voir et de parler à M. le baron de Scheffer avant son départ.

Federic.

Nach dem Concept.

4331. AU DÉPARTEMENT DES AFFAIRES ÉTRANGÈRES.

Podewils und Finckenstein berichten, Berlin 28. Mai: „Votre Majesté nous ayant ordonné de faire l'évaluation en argent du secours de 6,000 hommes qu'Elle se proposait d'accorder à la Suède, nous avons l'honneur de représenter à Votre Majesté que le seul traité où Sa maison royale soit entrée en ces sortes d'évaluations, est celui d'Hanovre, conclu en 1725 entre le feu Roi, la France et la Grande-Bretagne, où la dépense des contingents auxiliaires a été évaluée à 10,000 florins de Hollande par mois pour mille hommes de pied et à 30,000 florins par mois pour mille chevaux.

Si donc Votre Majesté juge à propos de prendre cette évaluation pour base de celle qu'Elle voudra régler avec la Suède, et que Son intention soit que le secours en question soit regardé comme consistant en deux tiers d'infanterie et un tiers de cavalerie, suivant la proposition observée dans le traité d'alliance, la dépense de ce secours se montera

à 40,000 florins de Hollande par mois pour 4,000 hommes de pied, et
à 60,000 florins de Hollande par mois pour 2,000 chevaux: en tout
à 100,000 florins par mois, et par conséquent à 600,000 florins pendant les six mois d'opération; et comme le florin de Hollande vaut un peu plus qu'un demi-écu d'Allemagne, le total de la dépense ira chaque année à quelque chose au-delà de 300,000 écus."

10 escadrons de dragons, cavalerie, faisant 1,600 hommes, me coûtent par an 140,000 écus, un régiment d'infanterie, consistant en 1,750 hommes, me coûte 75,000 écus.

Donc, deux régiments d'infanterie, faisant 3,500 têtes, 150,000 écus.

Ajoutez 800 hommes, qui font un bataillon, qui coûte 37,000 écus.

Moyennant quoi, ce corps de 1,600 cavaliers et de 4,400 hommes d'infanterie coûterait par an 327,000 écus.

Si vous pouvez accorder à moins, cela vaudra le mieux, car pour six mois d'opérations il ne faudrait donc que la moitié de la somme. Mais 200,000 écus ne pourraient-ils pas suffire?

Federic.

Nach der eigenhandigen Aufzeichnung (praes. 29. Mai) am Rande des Berichts.

4332. AU CONSEILLER PRIVÉ DE LÉGATION ERNEST-JEAN
DE VOSS A VARSOVIE.

Voss berichtet, Warschau 20. Mai:
„Les relations que j'ai faites depuis mon arrivée à Varsovie, montrent que les Potocki, qui jusqu'ici ont fait notre parti, ont déjà changé deux fois de sentiment et de système, et après que les promesses du maréchal Mniszech avec la fille du premier ministre¹ sont déclarés, le troisième grand changement est survenu... C'est l'alliance qui se fait par là entre leur maison [et les Brühl], l'accueil gracieux du Roi, aussi bien que les promesses flatteuses du comte Brühl et la cupidité de profiter des places vacantes, qui font changer tout-à-fait cette famille et qui leur inspirent même l'idée de culbuter les Czartoryski et de faire en peu le parti de la cour... Nous sommes du sentiment, l'ambassadeur de France, le sieur Castera, et moi, que nos amis sont la dupe de cette histoire... Toutefois, il est certain que la fermentation augmentera par tout ceci. Car si à la fin les Potocki voient qu'ils sont dupes, ils deviendront encore plus furieux, et supposé que la cour change réellement de parti, alors les Czartoryski, enragés de ce changement, s'opposeront à tous les desseins de la cour, et le système de la Pologne se changera alors totalement. Que ce changement se fasse ou non, nous garderons toujours en Pologne deux partis directement opposés."

Nach dem Concept.

Potsdam, 30 mai 1750.

Votre dépêche du 20 de ce mois m'a été bien rendue. Je l'ai trouvée intéressante et je vois bien que les affaires de Pologne forment à l'heure qu'il est un cahos assez critique.

Comme cependant vous êtes plus à portée pour pouvoir mieux envisager que moi ce qu'il y aura à faire ou non dans des circonstances scabreuses, c'est aussi sur vous et sur votre dextérité que je me repose que vous vous y saurez bien prendre pour remplir mes intentions, en conformité des instructions que je vous ai données.

Federic.

4333. AU MINISTRE D'ÉTAT COMTE DE PODEWILS, ENVOYÉ
EXTRAORDINAIRE, A VIENNE.

Potsdam, 30 mai 1750.

Je suis assez curieux, en suite de votre rapport du 20 de ce mois, de savoir les raisons du mécontentement du prince Charles de Lorraine contre le marquis de Botta, pour vouloir le faire déplacer.²

Si le comte Bernes est rappelé de la cour de Pétersbourg - comme il y a toute apparence qu'il le sera - et que Pretlak y soit renvoyé, ce dernier pourrait bien faire alors le second tome de l'aventure du

¹ Gräfin Marie Amalie Brühl. — ² Graf O. Podewils antwortet am 10. Juni: „Tout ce que j'ai pu découvrir de plus positif au sujet du mécontentement du prince Charles de Lorraine contre le marquis de Botta, est que celui-ci est brouillé irréconciliablement avec le duc d'Aremberg, créature du Prince."

marquis de La Chetardie,[1] et je vous avoue que je ne serais point fâché que le cas arrivât.

Je n'ai, au reste, nullement ignoré l'impression que les vigoureuses déclarations que la France a faites relativement aux affaires du Nord, opéreraient sur l'Impératrice-Reine et qu'elles lui fourniraient matière à penser bien sérieusement là-dessus, mais c'est plutôt principalement par cette raison-là que j'ai tant poussé la France à faire ces mêmes déclarations.

Federic.

Nach dem Concept.

4334. AU CONSEILLER PRIVÉ DE LÉGATION FRÉDÉRIC DE VOSS A COPENHAGUE.

Fr. von Voss berichtet, Kopenhagen 23. Mai: „J'ai communiqué à l'abbé Lemaire le contenu de la dépêche de Votre Majesté du 12 de ce mois[2] ... L'abbé Lemaire fut charmé d'apprendre toutes ces particularités, dont il n'avait encore aucune connaissance ... Il me répondit ... que l'ouverture du comte Lynar[3] était plus honorable pour la Suède que le projet qui avait été concerté entre le duc de Newcastle et le marquis de Mirepoix,[4] en conséquence duquel le roi de Suède et le Prince-Successeur s'obligeraient envers la Russie de ne rien entreprendre d'illégal contre la forme présente du gouvernement; qu'au reste on ne conclurait rien sans la participation et le consentement de la Suède."

Potsdam, 30 mai 1750.

J'ai reçu votre dépêche du 23 de ce mois, et je vous ai déjà appris combien peu le chancelier de Russie avait fait attention sur l'offre de la cour de Copenhague, par la voie de sa médiation ou de ses bons offices, sur ce que le comte de Lynar lui avait proposé à ce sujet. Comme ledit Chancelier a refusé tout net les bons offices du Danemark, pour composer les différends qui agitent le Nord, il reste à voir à présent si le projet de M. de Mirepoix aura un meilleur succès que celui du Danemark.

Federic.

Nach dem Concept.

4335. AU CONSEILLER BARON LE CHAMBRIER A PARIS.

Potsdam, 30 mai 1750.

Votre dépêche du 18 de ce mois m'a été rendue. Je suis bien content de la manière dont vous vous êtes pris pour vous acquitter des ordres que je vous avais donnés au sujet du comte Tyrconnell,[5] et il m'a fait également plaisir d'apprendre que le compliment que vous avez fait à M. de Puyzieulx à l'égard de la bonne conduite que la France

---

[1] Vergl. Bd. III, 206; Bd. VI, 69. — [2] Erlass aus dem Ministerium in Ausführung von Nr. 4300 S. 371. — [3] Nach Lynar's Vorschlage sollten die Alliirten Schwedens sich für die Loyalität der schwedischen Regierung durch eine Acte verbürgen, über welche Russland eine Acceptionsurkunde ausstellen würde; beide Urkunden sollten alsdann in die Hände einer unbetheiligten Macht, etwa Dänemarks, niedergelegt werden. — [4] Vergl. S. 377. — [5] Vergl. S. 358. 369.

a tenue relativement aux affaires du Nord, a fait impression sur lui. Outre qu'il faut amadouer un peu ces ministres, il faut bien leur donner les louanges qu'ils méritent, parcequ'ils se sont si bien comportés dans cette occasion-ci.

Pour ce qui regarde la Russie, je me persuade qu'elle acceptera la proposition qu'on lui fera en conséquence de l'ouverture que le marquis de Mirepoix a faite au duc de Newcastle,[1] pour sortir honorablement de l'affaire. En attendant, je m'aperçois, de plus en plus, que la fermeté avec laquelle le ministère de France a parlé aux Anglais, a ébranlé ceux-ci de façon qu'ils en ont craint les conséquences, et que l'appréhension des Anglais a effectué que la Russie a mêlé de l'eau dans son vin.

Quant au Polonais, créature du comte Brühl, qui est arrivé en France, j'ai de la peine à croire que cet homme soit chargé de quelque affaire de conséquence, puisque le comte Brühl ne se fie pas assez aux Polonais pour vouloir leur confier des commissions en France.

Nach dem Concept.

Federic.

4336. AU CONSEILLER PRIVÉ DE LÉGATION DE ROHD A STOCKHOLM.

Potsdam, 30 mai 1750.

J'ai reçu votre dépêche du 19 de ce mois, et c'est avec bien de la satisfaction que j'en ai appris que le dernier traité signé à Copenhague[2] est parvenu à sa perfection, par la ratification du traité qu'on y a fait passer.

Il est vrai qu'il y a toute apparence que la Suède n'aura plus rien à craindre de la Russie pendant le cours de cette année-ci; mais comme c'est principalement à la France que tout le mérite en est dû, parceque les mouvements qu'elle s'est donnés et ses déclarations vigoureuses ont également effectué que les alliés de la Russie ont refusé l'assistance que celle-ci attendait d'eux, — je suis fort en peine de ce que les ministres de Suède indisposeront la France contre eux par les difficultés qu'ils ont faites d'entrer en détail avec le chevalier de La Touche sur les arrangements défensifs qu'on a pris en Suède, et parcequ'on n'a point voulu permettre à celui-ci de passer en Finlande. C'est aussi pourquoi je vous ordonne de représenter de ma part aux sieurs Tessin et Ekeblad que la France n'avait rien désiré à ce sujet qui ne fût fondé dans l'usage entre tous alliés, et que je les priais avec instance de bien penser sur ce qu'ils faisaient à cet égard, afin de ne point indisposer la France et la ralentir dans le zèle qu'elle avait marqué jusqu'ici pour le soutien de la Suède.

Federic.

Nach dem Concept.

---

[1] Vergl. S. 377. — [2] Vergl. S. 363.

4337. AN DAS DEPARTEMENT DER AUSWÄRTIGEN AFFAIREN.

Podewils und Finckenstein berichten, Berlin 29. Mai, dass nachdem der Reichshofrath ein zu Gunsten der evangelischen Grafen von Hohenlohe gefälltes Erkenntniss auf Execution gegen die fürstliche Linie dieses Hauses nachträglich annullirt habe, von Churbraunschweig beim Corpus Evangelicorum der Antrag gestellt worden sei, im Sinne des Artikels 17 des westphälischen Friedensschlusses zu Gunsten der in ihrer Religionsübung gehinderten evangelischen Grafen von Hohenlohe zur Selbsthülfe zu schreiten, ein Antrag, dem sämmtliche evangelische Stände mit Ausnahme „der dem kaiserlichen Hof so sehr ergebenen" Höfe von Darmstadt und Wolfenbüttel beigetreten seien. Auf die Requisition des Corpus Evangelicorum an die Markgrafen von Ansbach und Baireuth als kreisausschreibende Fürsten im Fränkischen Kreise, die vom Reichshofrathe widerrechtlich suspendirte Execution gegen die Fürsten von Hohenlohe zu vollstrecken, hat sich der Markgraf von Ansbach in der Besorgniss, Widerstand von Seiten der Bischöfe von Bamberg und Würzburg zu finden, nach Berlin und Hannover mit der Anfrage gewandt, was sich die Markgrafen in diesem Falle für Rückhalt versprechen könnten. Das hannöverische Ministerium hat in Berlin vorläufig die Bereitwilligkeit König Georg's II., der Execution im Nothfalle Nachdruck zu verleihen, zu erkennen gegeben. Die Minister bitten um den allerhöchsten Bescheid: „ob, wann die gesammte evangelische Reichsstände Ew. Königl. Majestät requiren sollten, um denen Herren Markgrafen in Franken auf den ohnverhofften Fall der thätlichen Widersetzung der vorseienden Execution mit starker Hand und Anrückung einiger Regimenter Assistenz zu leisten, Ew. Königl. Majestät solche auf eben den Fuss wie des Königs in Grossbritannien Majestät und das Fürstl. Haus Hessen-Cassel zu thun Sich nicht entziehen werden."

Potsdam, 30 mai 1750.

Gut, was die andern thun werden, das will Ich mitmachen. Ich halte es aber noch mehr von der Ordnung zu sein, dass der Graf Podewils zu Wien vorher dem Kaiserlichen Hof eine énergique Déclaration d'Ostentation, die in dem Reiche Éclat machet, thue, in den ohngefährlichen Substantialien, dass der Kaiser wissen möchte, wie mehr Evangelische in Teutschland wären, als in Franken, welche sich und die andere nicht unterdrücken lassen würden, insonderheit aber dass der Kaiser wissen müsste, was vor respectable Puissances den westphälischen Frieden garantiret hätten, um die Freiheit des Reiches, die Prärogative der Stände und die Religionsaffairen aufrecht zu halten und zu mainteniren.

Mündliche Resolution. Nach Aufzeichnung des Cabinetssecretärs

4338. AU CONSEILLER DE LÉGATION WARENDORFF
A SAINT-PÉTERSBOURG.

Berlin, 31 mai 1750.

J'ai reçu votre rapport du 16 de ce mois, sur lequel je vous dirai que vous ne devez point vous former des chimères par rapport au changement du sieur Guy Dickens. Personne n'ignore les emportements et l'humeur violent de ce ministre, et je sais par moi-même[1] que de tout temps il a été dans les principes de ceux de sa cour qui sont du parti autrichien; mais avec toutes ces dispositions-là il ne saurait altérer les ordres que sa cour lui envoie.

Au surplus, rien n'est plus juste que les réflexions que vous faites sur la faiblesse du gouvernement suédois. Je me suis plaint plus d'une fois de l'étrange conduite qu'il a tenue, et de ce manque de fermeté que les ministres de Suède ont fait paraître dans différentes occasions, et il n'a pas tenu à moi de les corriger sur cet article.

Je ne veux, au reste, point vous laisser ignorer que des lettres de Vienne marquent que le chancelier d'Ulfeld avait dit depuis peu au secrétaire de Danemark que la Porte avait fait requérir la Reine-Impératrice d'employer ses bons offices en Russie, pour prévenir une rupture dans le Nord, réquisition qui ne laissait pas que d'embarrasser la cour de Vienne.

Federic.

Nach dem Concept.

4339. AU MINISTRE D'ÉTAT COMTE DE PODEWILS, ENVOYÉ EXTRAORDINAIRE, A VIENNE.

Berlin, 31 mai 1750.

Toutes les nouvelles que je reçois de différents lieux, s'accordent unanimement sur ce que la tranquillité du Nord sera maintenue; j'ai d'ailleurs appris avec plaisir ce que vous me marquez par votre dépêche du 23 de ce mois par rapport à la déclaration que la Porte vient de faire à la cour de Vienne, et qui sûrement n'aura nullement plu à la dernière.

Federic.

Nach dem Concept.

4340. AU CONSEILLER BARON LE CHAMBRIER A PARIS.

Berlin, 31 mai 1750.

Je suis très satisfait de la manière dont, selon votre rapport du 22 de ce mois, vous vous êtes expliqué envers le marquis de Puyzieulx sur ma façon de penser relativement à la bonne conduite et la fermeté que la France a tenue jusqu'ici dans les affaires du Nord, et je suis

[1] Guy Dickens war in Berlin accreditirt gewesen. Vergl. Bd. I, 450.

content des propos que vous marquez avoir tenus concernant le personnel du comte Tyrconnell, et vous direz de ma part au marquis de Puyzieulx qu'il paraissait bien, par tout ce que j'apprenais de Russie, que tout resterait tranquille dans le Nord, au moins jusqu'au décès du roi de Suède.

Nach dem Concept.

Federic.

4341. AN DEN ETATSMINISTER GRAF FINCKENSTEIN IN BERLIN.

Warendorff berichtet, Petersburg 23. Mai: „Le Chancelier a dit en dernier lieu au comte de Lynar qu'il venait de recevoir un courrier de Constantinople, chargé de dépêches du sieur Neplujew, où celui-ci marquait qu'après avoir fait part à la Porte des propositions que la Russie avait fait faire en Suède et justifié à cet égard la conduite de la cour, le Grand-Visir lui avait répondu que Sa Hautesse cultiverait soigneusement l'amitié de l'Impératrice, qu'elle remplirait fidèlement les engagements pris avec Sa Majesté Impériale, et que, comme la Russie, pendant la dernière guerre entre la Porte et la Perse, avait refusé à Thamas-Chouli-Khan de se déclarer en sa faveur contre les Turcs, la Porte Ottomane en userait de même à l'égard de la Suède, en cas d'une rupture entre celle-ci et la Russie. Le chancelier Bestushew a ajouté qu'on ne pouvait, à la vérité, pas faire fond sur ces sortes de belles promesses orientales, et qu'on était assez accoutumé de la duplicité du ministère ottoman; que cependant il allait faire faire un extrait desdites dépêches, pour le communiquer aux ministres russiens aux cours étrangères."

Nach der Ausfertigung.

Petersdorf, 8. Juni 1750.

Habe auf allergnädigsten Befehl Sr. Königl. Majestät an Ew. Excellenz vermelden sollen, wie Höchtdieselbe verlangeten, dass Ew. Excellenz, sobald die Warendorff'schen Dépêches dorten dechiffriret sein würden, dem Herrn Grafen Tyrconnell aus der einen derselben die Passage, betreffend den zu Petersburg von dem Neplujew zu Constantinopel angekommenen Courier und der prätendirten Declaration des Grossvezirs, aus dem Déchiffré Selbst vorlesen möchten.

Eichel.

4342. AU CONSEILLER DE LÉGATION WARENDORFF A SAINT-PÉTERSBOURG.

Quartier de Pétersdorf, 8 juin 1750.

A mon arrivée en Prusse, j'ai trouvé devant moi les dépêches que vous m'avez faites du 19, du 23 et du 26 du mois passé, dont j'ai eu lieu d'être satisfait, par les choses intéressantes qu'elles m'ont apprises et par les nouvelles assurances que j'y ai trouvées que la tranquillité dans le Nord se maintiendra encore.

Quoique je sois persuadé que tout ce que le comte Lynar a représenté au chancelier Bestushew pour rapatrier la Russie avec la Suède, ne fera guère impression sur lui, et qu'il ne voudra jamais accepter les bons offices que la cour de Danemark a offerts à ce sujet, il est toujours bon que ledit comte Lynar a pris cette voie-là, afin de pouvoir tirer au moins de la réponse que le Chancelier y fera, des conjectures sur les vues qu'il saurait avoir relativement à la Suède; mais telles quelles sauraient être ces vues, je présume qu'au bout du compte il se verra obligé d'acquiescer, bon gré malgré lui, au projet de pacification que la France fera faire par l'Angleterre à la Russie pour terminer ses différends avec la Suède;[1] et si je puis, d'ailleurs compter sur ce qui me revient de différents lieux, je crois que la Russie est effectivement dans l'appréhension que la Suède ne change la forme de son gouvernement, et qu'elle mettra de l'eau dans son vin, quand elle se verra rassurée sur cette crainte. Au surplus, je regarde comme une fanfaronnade tout ce que le Chancelier a voulu dire au comte Lynar de la déclaration que le Grand-Visir doit avoir faite au sieur Neplujew,[2] et, quant aux ordres que le général Lieven et d'autres officiers ont reçus de retourner à leurs postes, je crois qu'on ne laissera pas d'assembler quelque corps de troupes par les frontières de la Livonie et de faire les mêmes ostentations qu'on a faites dans les dernières années passées.

Nach dem Concept. Federic.

4343. AU MINISTRE D'ÉTAT COMTE DE PODEWILS, ENVOYÉ EXTRAORDINAIRE, A VIENNE.

Königsberg, 8 juin 1750.

La dépêche que vous m'avez faite du 27 du mois passé, m'a été rendue. Ce que vous me marquez par rapport aux propos qu'un courrier du comte Bernes doit avoir tenus à son retour à Vienne, se confirme par les dernières lettres que j'ai de Pétersbourg, qui me marquent que le chancelier Bestushew a dernièrement dit tout hautement qu'il avait été surpris d'apprendre que les cours de Londres et de Vienne prétendaient que c'était avec son approbation qu'elles avaient donné l'année passée à la France des assurances positives relativement aux dispositions pacifiques de la Russie;[3] qu'il n'en était absolument rien, et que tout ce qui s'était passé dans ce temps-là entre lui et les ministres des cours mentionnées, c'était que, sur la demande qu'ils lui avaient faite si l'intention de la cour de Russie était d'attaquer la Suède, il leur avait simplement répondu par manière de discours que cela ne se ferait pas, aussi longtemps que les Suédois ne voudraient pas changer la forme de leur gouvernement, sans songer seulement à la France. L'on ajoute que le comte Bernes n'avait pas fait difficulté d'avouer que le Chancelier ne

[1] Vergl. S. 377. — [2] Vergl. S. 392. — [3] Vergl. S. 134. 160.

s'était effectivement pas expliqué autrement, mais que sa cour avait jugé à propos de donner plus d'étendue au discours du Chancelier, que celui-ci en avait été fort piqué, mais qu'il[1] avait trouvé moyen de l'apaiser, en faisant entendre en tout ceci que sa cour avait fait une fausse démarche. J'en tire la conséquence que l'intelligence entre les deux cours impériales n'est pas tout-à-fait si étroite comme l'on se le représente, et qu'il y a souvent de petites démêlés et bisbilles entre elles.

Je vous aurai bien de l'obligation, quand vous saurez me procurer l'état des revenus de la Reine-Impératrice, et s'il y a moyen que vous sachiez me procurer encore le nouveau règlement touchant les exercices et les manœuvres des troupes, avec les tailles-douces, je vous permets très volontiers d'y employer 30 ou 40 ducats.

Au reste, je suis bien fâché de vous dire encore que le bien de mes intérêts ne me permet pas de vous rappeler avant que le sieur de Voss ne soit de retour de sa mission en Pologne;[2] il y a des raisons particulières encore qui ne me permettent absolument pas de goûter la proposition que vous me faites d'avancer votre retour et de laisser, en attendant, le soin de mes affaires au sieur von der Hellen, dont j'ai d'ailleurs tout lieu d'être très content.

Nach dem Concept. Federic.

4344. AU CONSEILLER BARON LE CHAMBRIER A PARIS.

Königsberg, 8 juin 1750.

J'ai reçu votre dépêche du 25 du mois passé. C'est bien judicieusement que les ministres de France attendent de voir quel aura été le succès de la proposition que l'Angleterre doit faire à la Russie pour pacifier les différends entre celle-ci et la Suède; cette proposition et la double garantie qu'on a offerte,[3] doit mettre la Russie et ses alliés au pied du mur, afin de juger, par le succès qu'elle aura ou non, sur leur façon présente de penser. En attendant, selon mon idée et selon ce qui me parait, les cours de Vienne et de Londres ne voudront pas que le feu de guerre éclatât si tôt dans le Nord, elles ne voudraient pas cependant l'étouffer tout-à-fait, mais le laisser caché sous les cendres, afin de l'attiser dès qu'elles trouveront les conjonctures assez propres pour le faire. D'ailleurs ces deux cours ne voudraient point rebuter tout-à-fait celle de Russie, pour ne pas se priver de son assistance, quand elles en auront besoin pour l'exécution de leurs vues.

Nach dem Concept. Federic.

---

[1] Bernes. — [2] Vergl. S. 376. — [3] Vergl. S. 377.

4345. AU CONSEILLER PRIVÉ DE LÉGATION ERNEST-JEAN DE VOSS A VARSOVIE.

Voss berichtet, Warschau 27. Mai, über die kritische Lage in Polen, die Absichten der Potocki¹ und einen Besuch des Grosskanzlers Malachowski, welcher ihm erklärt habe: „Que le Roi l'avait chargé de marquer l'innocence de la Diète à tous les ministres et de lever les doutes que l'un ou l'autre aurait pu se former."

„Je ne comprends pas à quoi une pareille démarche affectée doit aboutir, et e suis très étonné que jusqu'ici on n'en a pas fait autant à l'égard du marquis des Issarts et du ministre de Suède²... Comme le comte Brühl se flatte d'avoir les deux familles prépondérantes de sou côté, et qu'il ne craint que les étrangers, il se peut qu'il a regardé ce moyen pour convenable pour nous tranquilliser réellement. Il est décidé que la situation présente des affaires en Pologne est aussi critique comme elle le saurait être. Les Potocki, nos meilleurs amis, ont adopté le ton des courtisans... L'ambassadeur de France et moi, nous avons eu plusieurs conférences pour choisir les mesures les plus propres pour faire échouer la Diète"...

Königsberg, 9 juin 1750.

J'ai été très satisfait de la relation circonstanciée et intéressante que vous m'avez faite à la date du 27 du mois passé. Je conçois parfaitement votre embarras dans la situation épineuse où vous vous trouvez, mais les difficultés ne doivent pas vous rebuter. J'ai trouvé bien pensés les expédients dont vous vous êtes avisé avec le ministre de France pour parvenir à vos fins; cependant, comme je ne me trouve pas à même de vous donner d'ici des directions là-dessus, il ne me reste que de me remettre entièrement sur votre savoir-faire et de vous laisser faire aussi bien que vous l'entendez. Au reste, je ne regarde les assurances que le Chancelier vous a données que comme une leurre toute pure; aussi ne crains-je point que vous donniez dans de pareils panneaux.

Federic.

Nach dem Concept.

4346. AU CONSEILLER DE LÉGATION WARENDORFF A SAINT-PÉTERSBOURG.

Königsberg, 9 juin 1750.

Je viens de recevoir la dépêche que vous m'avez faite du 30 du mois dernier de mai, sur laquelle je ne saurais m'empêcher de vous dire que vous variez souvent un peu trop dans vos relations, dans les unes desquelles vous paraissez être assuré que tout se passera tranquillement avec la Suède, et dans les autres vous semblez tout craindre. Afin donc que vous évitiez à donner dans ce contraste, vous devez avoir toujours le grand tableau de l'Europe devant vos yeux et considérer que, tant que l'Angleterre aura à appréhender la France et que les finances de celle-là ne seront point remises en état de pouvoir supporter le fardeau d'une nouvelle guerre, et que d'ailleurs la cour de Vienne ne trouvera pas de sa convenance d'entrer de nouveau en lice, la Russie

¹ Vergl. S. 387. — ² Höpken.

n'osera point remuer ouvertement, malgré toute l'envie que le Chancelier saurait avoir de mener les choses à l'extrémité.

Nach dem Concept.
Federic.

4347. AU CONSEILLER DE LÉGATION WARENDORFF A SAINT-PÉTERSBOURG.

Königsberg, 13 juin 1750.

Il est à présumer que les deux courriers autrichiens que, selon votre rapport du 2 de ce mois, le comte Bernes a renvoyés à sa cour, tout comme l'exprès que le sieur Guy Dickens vient d'expédier, portent des dépêches relatives à la double garantie que la France a proposée à l'Angleterre[1] et dont celle-ci a fait ouverture à la Russie, en conséquence de ce que je vous en ai déjà appris par mes dépêches antérieures.

Je suis sûr, au reste, que la Russie fera camper quelque corps de troupes sur les frontières de la Livonie.

Nach dem Concept.
Federic.

4348. AU MINISTRE D'ÉTAT COMTE DE PODEWILS, ENVOYÉ EXTRAORDINAIRE, A VIENNE.

Königsberg, 13 juin 1750.

Je vous recommande de prêter ultérieurement votre attention à ce que vous me marquez par votre dépêche du 30 de mois dernier, savoir que la cour où vous êtes est résolue de former une compagnie de commerce sur le Levant, et vous n'omettrez pas de m'en rapporter tout ce qui pourra mériter de l'être, par la suite.

Je n'ai, au reste, rien à vous dire cette fois-ci, sinon que, selon les nouvelles de Pétersbourg, tout est actuellement sur un pied tranquille en Russie, et qu'à l'heure qu'il est il n'y avait pas lieu à craindre des embarras de sa part, quoique la cour de Pétersbourg n'en continuerait pas moins pour cela, pendant le cours de la présente année, ses ostentations accoutumées.

Nach dem Concept.
Federic.

4349. AU CONSEILLER PRIVÉ DE LÉGATION FRÉDÉRIC DE VOSS A COPENHAGUE.

Voss berichtet, Kopenhagen 30. Mai:
„On a abandonné le projet qui avait été concerté entre le duc de Newcastle et M. de Mirepoix . . ., la cour de Suède ayant témoigné de la répugnance à donner

Königsberg, 13 juin 1750.

J'ai reçu votre dépêche du 30 de mai dernier et j'applaudis fort à la proposition que l'abbé Lemaire

[1] Vergl. S. 377.

une déclaration telle qu'on l'avait arrêtée dans ce projet. M. Lemaire en a proposé un autre, savoir que les alliés de la Suède garantiraient à la Russie que le Prince-Successeur n'entreprendrait rien d'illégal, c'est-à-dire sans le consentement des États, contre la forme présente du gouvernement, ce qui, au terme d'illégal près, est conforme au projet du comte de Lynar."[1]

vient de faire de la garantie en question, étant à souhaiter qu'on en puisse convenir. C'est au surplus avec quelque impatience que je désire d'apprendre que l'échange de la ratification[2] du traité entre le Danemark et le Prince-Successeur fût faite, et que cette importante affaire se trouvât par là être conduite à une heureuse fin.

Federic.

Nach dem Concept.

4350. AU CONSEILLER PRIVÉ DE LÉGATION ERNEST-JEAN DE VOSS A VARSOVIE.

Königsberg, 13 juin 1750.

Votre dépêche du 30 de mai dernier m'est bien entrée. Je comprends parfaitement l'embarras où vous devez être par rapport à la situation présente où les affaires en sont là où vous êtes. Vous comprendrez à votre tour qu'il m'est impossible de vous fournir des instructions ultérieures sur des affaires qui sont tellement sujettes à changer, à tout moment, de face, ainsi qu'il ne me reste que de vous laisser faire selon que vous l'entendez et de me reposer sur votre dextérité.

Au surplus, la grande désunion qui règne entre les Polonais, vous fournira assez d'occasions de former un parti qui s'opposera aux vues de la cour; mais il faudra que vous vous y preniez avec bien de la prudence, pour ne pas vous exposer mal à propos. Il est à croire, au reste, que vous et l'ambassadeur de France tirerez un bon parti du palatin de Rava,[3] et que vous, en votre particulier, serez peut-être par là à même de ménager bien des dépenses que sans cela vous auriez été obligé de faire.

Federic.

Nach dem Concept.

4351. AU CONSEILLER BARON LE CHAMBRIER A COMPIÈGNE.

Königsberg, [13] juin 1750.

J'ai été charmé d'apprendre la façon sage et solide dont le marquis de Puyzieulx s'est expliqué envers vous par rapport aux affaires du Nord, en conséquence de la relation que vous m'en avez faite à la date du 29 du mois passé. Il serait à souhaiter qu'on osât se fier aux sincérations que la cour de Vienne fait faire par ses ministres relativement à ses vues pacifiques; mais autant que j'ai compris par tout ce

[1] Vergl. S. 388. — [2] Vergl. S. 389. — [3] Jablonowski. Vergl. Bd. V, 562.

qui me revient à cet égard, son système, tout comme celui de la cour d'Angleterre, est d'empêcher qu'il n'éclate des troubles, dans le moment présent, dans le Nord, mais de ne point les apaiser tout-à-fait et entretenir plutôt quelque petit feu sous les cendres, afin de le souffler quand ils le trouveront de leur convenance, pour se prévaloir des forces de la Russie, quand le temps de le faire leur paraîtra être venu.

Federic.

Nach dem Concept. Das Datum ergiebt die Antwort, Compiègne 2. Juli.

4352. AU CONSEILLER PRIVÉ DE GUERRE DE KLINGGRÆFFEN A HANOVRE.

Königsberg, [13] juin 1750.

J'ai été bien aise d'apprendre votre arrivée à Hanovre par la relation que vous m'avez faite du 4 de ce mois. La façon dont vous envisagez les affaires du Nord, est tout-à-fait juste, et je suis dans la ferme persuasion que, bien que les cours de Londres et de Vienne ne voudraient pas qu'il éclatât dans le moment présent un feu de guerre dans le Nord, elles ne voudraient pas tout-à-fait écarter les sujets qui en sauraient faire naître, mais laisser plutôt quelque petit feu sous les cendres, afin de le souffler quand le moment favorable de le faire leur paraîtra être venu. Au surplus, vous saluerez de ma part le marquis de Valory, en lui témoignant la satisfaction que j'avais qu'il avait su si bien s'insinuer dans l'esprit du roi d'Angleterre; que je le priais de ne point oublier de parler souvent à ce Prince sur les campagnes de la guerre de la succession de l'Espagne et surtout de l'entretenir sur la bataille d'Oudenarde, tout comme il avait entretenu feu mon père de celle de Malplaquet.

Federic.

Nach dem Concept. Das Datum aus der chiffrirten Ausfertigung.

4353. AU CONSEILLER PRIVÉ DE LÉGATION ERNEST-JEAN DE VOSS A VARSOVIE.

Voss berichtet, Warschau 3. Mai: „Le palatin de Belcz,[1] au lieu qu'avant quelques jours il regardait la manœuvre contre la Diète comme un ouvrage contre Dieu, le Roi et la patrie, tâche de nous faire remarquer à présent qu'il se chargerait bien de la commission, à condition que, par des pièces sonnantes, nous le mettions en état de pouvoir faire élire des Nonces dont pour le moment de la Diète il était sûr. Jusqu'ici il n'est pas

Königsberg, 15 juin 1750.

J'ai trouvé assez singulier le récit que vous m'avez fait dans votre relation du 3 de ce mois au sujet du palatin de Belcz, et je suis assez curieux d'apprendre le dénouement de l'histoire, et s'il est revenu auprès du ministre de France, avant que d'avoir quitté Varsovie.

[1] Graf Anton Potocki, vergl. S. 387. 395.

venu directement à moi — et j'y penserai encore plus d'une fois, avant que de me fier à lui — mais au marquis des Issarts." J'approuve la conduite que vous avez tenue à son égard, et vous conseille fort d'être bien sur votre garde, en n'avançant point d'argent à ces gens qui viennent de vous offrir leurs services, et de ne leur en donner qu'incontinent après qu'ils ont effectué leurs engagements.

Nach dem Concept.

Federic.

4354. AU CONSEILLER DE LÉGATION WARENDORFF
A SAINT-PÉTERSBOURG.

Warendorff berichtet, Petersburg 6. Juni: „Le comte de Lynar m'a prié de supplier Votre Majesté très humblement de faire parvenir au sieur Gross à Berlin l'insinuation que j'avais raison de n'être pas tout-à-fait content du comportement du comte de Lynar, et qu'il se tenait extrêmement boutonné envers moi."

Woronzow „m'a fait entendre que le Chancelier était à l'heure qu'il est assez mal dans l'esprit de l'Impératrice, que le sénateur Schuwalow travaillait plus que jamais à sa perte, et que le procureur général, knès Trubezkoi, en faisait de même."

Le général Arnim „a fait part au comte de Bestushew de ce qui s'est passé à Stockholm par rapport aux bons offices que le roi de Pologne a offerts à la cour de Suède, et il a dit au Chancelier que Sa Majesté Polonaise serait charmée si l'impératrice de Russie voulait les accepter, pour terminer les différends qui subsistaient entre les deux empires. Le premier ministre lui a répondu sèchement et avec un ton de maître qu'il avait déjà reçu les pièces qui avaient été délivrées sur cette matière à Stockholm de la part de la Saxe, et que lui, Arnim, pouvait compter qu'il ne lui donnerait jamais là-dessus une syllabe de réponse."

Nach dem Concept.

Königsberg, 15 juin 1750.

Votre dépêche du 6 de ce mois m'est parvenue. Je ne laisserai pas que de faire un bon usage de ce que vous m'y marquez par rapport aux insinuations à faire adroitement au sieur Gross au sujet du comte Lynar.

Toutes les tentatives qu'on fera à la cour où vous êtes, pour y culbuter le chancelier Bestushew, n'aboutiront à rien, tandis qu'il sera protégé du comte Rasumowski. Je ne suis, au surplus, point fâché de la rude réponse que le ministre saxon a reçue du Chancelier russe; car il est du dernier ridicule que les Saxons, dans la situation où sont leurs affaires, présument encore de vouloir figurer entre les puissances respectables. Je n'ai, au reste, rien à vous mander cette foisci, sinon que tous les avis qui vous sont venus, confirment que la tranquillité ne sera point interrompue dans le Nord pendant le cours de la présente année.

Federic.

4355. AU CONSEILLER BARON LE CHAMBRIER A COMPIÈGNE.

Chambrier berichtet, Paris 1. Juni:
„Quand on cherche à connaître comment la Russie et ses alliés pensent véritablement sur la conduite qu'ils doivent tenir relativement à l'intérêt d'un chacun pour gagner la supériorité en Europe contre la France et ses alliés, on ne trouve pas qu'ils puissent rien faire de plus convenable pour eux que d'allumer une guerre dans le Nord, pour empêcher que les liaisons qui se sont établies entre Votre Majesté, la Suède et la France, ne deviennent trop dangereuses pour la Russie et ses alliés, si on les laisse affermir pendant quelques années et que chacun se bonifie dans son intérieur par la jouissance de la paix et le repos de ses peuples. C'est pour l'empêcher que les démonstrations de la Russie furent résolues, aussitôt qu'on vit que, les préliminaires d'Aix-la-Chapelle étant signés, il n'y avait pas d'autre moyen pour en venir à Votre Majesté et ensuite à la France, que de faire attaquer la Suède par la Russie et de tenir Votre Majesté en échec par les Autrichiens. On se flattait que la France, qui sortait d'une guerre qui l'avait épuisée, et dont elle était lasse beaucoup plus que ses ennemis, ne s'empresserait pas à rentrer dans une nouvelle guerre qui se ferait bien loin de ses frontières. Mais par les déclarations qu'elle a faites à Londres et à Vienne, lorsque le nuage qui menaçait le Nord grossissait, on a cru en Angleterre et à Vienne que ce qui rendait la France si décidée pour se montrer en faveur de Votre Majesté et de la Suède, était la facilité avec laquelle elle se flattait de reprendre les Pays-Bas autrichiens, avant que ses alliés pussent y assembler une armée capable d'arrêter les Français. On sait d'ailleurs à Vienne et à Londres qu'il n'y a point de guerre qui convienne mieux à la France de toute façon, que celle-là, et qu'on crie fortement en France contre la restitution que la dernière a faite de ses conquêtes par la paix d'Aix-la-Chapelle."

Königsberg, 15 juin 1750.

J'ai bien reçu la dépêche que vous m'avez faite du 1er de ce mois. Pour ce qui regarde les affaires du Nord, je crois que vous ne vous trompez point dans le raisonnement que vous faites à ce sujet, et que le plan des cours de Vienne et de Londres a été effectivement tel que vous me le représentez. Quant à la réparation des places de barrière dans les Pays-Bas, mes lettres de la Haye m'apprennent que l'Angleterre et la république de Hollande répareront à frais communs les fortifications d'Ypres et de Tournai, et que la cour de Vienne, pour y engager les deux puissances, faisait hâter celles de Mons et les disposer de façon que 3 à 4,000 hommes, à ce qu'on prétend, suffiront pour garder cette place, au lieu des 12,000 hommes qu'il fallait ci-devant. L'on prétend que c'est principalement sur cet objet qu'ont roulé les conférences tenues à la Haye avec le duc de Newcastle, sans que pourtant on n'ait rien conclu. Si la France ne s'empresse pas trop à donner des subsides à quelques princes de l'Empire, je ne veux point vous céler que c'est en suite d'un conseil que je lui ai fait donner par le comte Tyrconnell quand je me suis expliqué avec lui sur de certaines ouvertures que la France me fit faire, et je suis encore dans l'opinion qu'elle ferait mal de faire de grandes dépenses avec ces Princes avant que le cas le demandera, dans quel cas elle trouvera toujours des princes d'Allemagne qu'elle saura attirer dans son parti.

Comme l'affaire de la dernière émotion du peuple à Paris me paraît digne de quelque attention, vous me ferez plaisir de m'en faire un récit circonstancié des causes qui l'ont produite, des circonstances qui l'ont accompagnée, et de la façon dont elle a été apaisée.

Le plan du contrôleur général des finances de France, pour tirer le clergé aux mêmes charges que les autres peuples de ce royaume, me paraît également juste et bien pensé, et je souhaiterais avec empressement qu'il soit exécuté; aussi ma volonté est que, si vous êtes à même d'y contribuer par de certaines insinuations, vous ne devez nullement négliger de le faire, mais plutôt le soutenir au possible. Comme il n'y a point de nouveauté là-dedans, et qu'effectivement la Reine-Impératrice a fait la même chose dans tous ses pays héréditaires, il me semble que le clergé de France dût bien s'assujettir à la même chose envers un Roi très chrétien, que celui de ladite Reine-Impératrice a été obligé de le faire.

Federic.

Nach dem Concept.

4356. AU CONSEILLER PRIVÉ DE LÉGATION DE ROHD A STOCKHOLM.

Königsberg, 15 juin 1750.

J'ai reçu votre dépêche du 29 du mois passé. La résolution qu'on a prise dans le Sénat de Suède de ne laisser point passer le chevalier de La Touche en Finlande,[1] a de quoi m'en étonner, et vous pouvez bien insinuer de ma part au comte Tessin que je ne la trouvais point bien digérée, qu'il fallait absolument que la France en fût choquée, et que, si moi j'étais dans le cas que j'avais des troupes en campagne contre la Russie, je n'hésiterais pas un moment de faire voir toutes mes dispositions et mes arrangements à celui qui me fût envoyé de la part d'une puissance alliée, et dont surtout j'attendais d'être secouru en cas de rupture.

Federic.

Nach dem Concept.

4357. AN DEN ETATSMINISTER GRAF PODEWILS IN BERLIN.

Warendorff berichtet, Petersburg 19. Mai: „L'on ne fait pas, ici les moindres préparatifs qui puissent indiquer quelque expédition prochaine. Tout est au contraire fort tranquille, de sorte que je ne saurais regarder les menaces que la cour de Vienne continue de faire et l'opposition du langage des comtes d'Ulfeld et Bernes que comme un concert formé d'intimider et de rassurer en même temps les Suédois[2]

Potsdam, 22. Juni 1750.

Es haben Se. Königl. Majestät befohlen, von Höchstderoselben wegen an Ew. Excellenz zu melden, dass, woferne dem Grafen Tyrconnell diejenigen Passages aus denen dechiffrirten Dépêches des p. Warendorff's vom 19. und 30. des ver-

[1] Vergl. S. 389. — [2] Vergl. S. 354.

afin de les tenir par là toujours dans un état d'incertitude sur les véritables desseins de la Russie à leur égard."

Petersburg 20. Mai: „Le bruit court qu'on est intentionné de rappeler le sieur Panin, pour lui substituer quelque ministre moins modéré et plus remuant. Ces circonstances me confirment dans l'opinion que j'ai toujours eue, que les intentions du comte Bestushew ne sont pas d'attaquer ouvertement la Suède, mais d'attendre la mort du roi de Suède ou la Diète prochaine de ce royaume, de faire alors jouer tous les ressorts imaginables pour y exciter des troubles, de renverser s'il est possible le ministère présent, et, dans l'espérance d'obtenir ce but-là plus facilement, de faire passer peut-être, selon le train que ses intrigues prendront, un corps de troupes russiennes sur le territoire suédois, afin de soutenir et encourager par là les mécontents."

Nach der Ausfertigung.

wichenen Monates Mai, welche von dem Vorhaben des Kanzler Bestushew handeln, nämlich auf den nächstkünftigen Reichstag in Schweden seine böse Absichten auszuführen und alles auf solche zu troubliren, noch nicht communiciret worden wären, Ew. Excellenz gedachtem Grafen Tyrconnell solche Passages aus den dechiffrirten Relationen (jedoch weiter nichts) Selbst vorzulesen Sich die Mühe geben möchten.

Eichel.

4358. AN DAS DEPARTEMENT DER AUSWÄRTIGEN AFFAIREN.

Graf Otto Podewils berichtet, Wien 10. Juni: „L'affaire de Hohenlohe continue à faire beaucoup de bruit, et l'on est très fâché ici du train qu'elle a pris. Le Prince de ce nom ayant voulu parler au baron de Knorr, ce conseiller aulique a refusé de le voir, et il a assuré à un de ses amis qu'il avait prédit à l'Empereur tout ce qui arrivait présentement. Il s'est tenu avant-hier une assez longue conférence sur ce sujet, et l'on m'a assuré qu'il y a été résolu de procéder avec beaucoup de ménagement envers le Corps Évangélique et de rendre une bonne et prompte justice."

Potsdam, 22. Juni 1750.

Was die Affaire von Hohenlohe anlanget, so muss der Baron Le Chambrier davon umständlich informiret und ihm geschrieben [werden], wie wir uns in der Sache verhalten und was Ich desfalls gethan habe.

Mündliche Resolution. Nach Aufzeichnung des Cabinetssecretars.

4359. AU MINISTRE D'ÉTAT COMTE DE PODEWILS, ENVOYÉ EXTRAORDINAIRE, A VIENNE.

Potsdam, 23 juin 1750.

Après mon retour de la Prusse, les dépêches que vous m'avez faites du 6, du 10 et du 13 de ce mois, m'ont été rendues. Autant que j'ai pu combiner de toutes les nouvelles qui me sont parvenues de

1 Vergl. S. 390.

différents lieux relativement aux affaires du Nord, il me paraît que les Russes, les Anglais et les Autrichiens veulent laisser dormir les différends que les premiers ont avec la Suède, et faire, pour ainsi dire, une espèce de trêve jusqu'au temps où ils croiront avoir arrangé leurs flûtes, et qui leur paraîtra être le moment favorable pour exécuter leurs desseins, à moins qu'il n'arrive quelque incident inopiné qui les obligera de changer de système.

J'ai été bien aise d'apprendre que la cour impériale se trouve embarrassée de l'affaire de Hohenlohe. Elle a raison d'en être inquiète à tous égards, car si elle prend le parti de pousser sa pointe, elle se rendra odieuse à tout le parti protestant et s'attirera bien des affaires sur les bras; si, au contraire, elle veut plier, comme je crois sûrement qu'elle sera obligée de le faire, elle montrera le défaut de la cuirasse, et l'autorité impériale sera avilie.

Pour ce qui regarde la nouvelle qui vous a été donnée d'une Diète en Hongrie que la Reine-Impératrice voudrait assembler dans le même temps qu'elle ferait camper ses troupes qui se trouvent dans ce royaume, j'ai de la peine à croire que cette Princesse voudrait tenter une démarche aussi périlleuse que celle-là; car, quoiqu'il soit sûr que dans le moment présent elle n'en aurait rien à craindre et qu'elle saurait diriger par ce moyen-là les affaires du royaume à son gré, elle aurait cependant toujours à redouter que la nation ne s'en souvienne dans un temps de guerre et qu'elle ne se serve du même moyen pour faire alors la loi à la cour de Vienne. Il y a des choses où il ne convient absolument pas de donner des exemples téméraires et hasardeux.

Au reste, j'approuve que vous ayez fortifié le jeune prince de Hohenzollern dans les dispositions que vous lui avez remarquées; s'il s'avise de venir chez moi, il sera toujours le bienvenu.[1]

Federic.

Nach dem Concept.

4360. AU CONSEILLER PRIVÉ DE GUERRE DE KLING-GRÆFFEN A HANOVRE.

Potsdam, 23 juin 1750.

A mon retour du voyage que j'ai fait en Prusse, les dépêches que vous m'avez faites du 11, du 13 et du 17 de ce mois, m'ont été

[1] Graf Otto Podewils berichtet am 13. Juni: „Le jeune prince de Hohenzollern, lieutenant-colonel au service de l'Impératrice-Reine et qui vient de succéder à son oncle, m'a dit qu'il voulait non seulement s'attacher à Votre Majesté, à l'exemple de ses ancêtres, mais les surpasser à cet égard par un dévouement tout particulier à Ses ordres. Qu'il venait de demander à l'Impératrice-Reine le régiment de son oncle, que la maison de Hohenzollern avait possédé depuis plus d'un siècle; que si l'on le lui refusait, il quitterait entièrement ici et viendrait offrir ses services à Votre Majesté; mais qu'en cas même qu'il l'obtînt, il comptait de se rendre à Votre Majesté, comme chef de la maison, pour se mettre à Ses pieds et demander Sa protection."

rendues. Les généralités dont les ministres d'Angleterre se renferment, aussi souvent qu'ils s'expliquent sur les affaires du Nord, me confirment dans le sentiment où je suis à cet égard, savoir que ni l'Angleterre ni la cour de Vienne ne veulent dans le moment présent qu'il éclate des troubles dans le Nord, mais qu'elles veulent laisser dormir les différends qu'il y a entre la Suède et la Russie, et garder une espèce de trêve jusqu'à ce que le temps sera venu où elles auront arrangé leurs affaires et où elles croiront le moment propre pour mettre en exécution leurs vues, à moins que le hasard ne fasse naître quelque nouvel incident auquel elles n'auront point pensé.

Au surplus, désirant fort de vous voir et de vous parler moi-même ici, ma volonté est que vous devez incontinent arranger vos affaires de façon que vous sachiez faire un tour ici, à Potsdam. Vous n'y emploierez qu'un temps de huit ou neuf jours, savoir trois jours pour votre voyage vers ici, trois autres jours que vous passerez chez moi, et les derniers trois jours pour votre retour à Hanovre, en conséquence de quoi je vous envoie ci-clos un ordre pour des chevaux de relai sur votre passage.

Je ne crois pas que pendant un si court intervalle de temps que vous serez absent, il se pourrait passer des affaires d'importance, et d'ailleurs j'estime que le marquis de Valory voudra bien, en attendant, avoir l'œil au guet sur tout ce qui se passera là, avec lequel vous ne laisserez pas de vous concerter là-dessus.

Federic.

Nach dem Concept.

4361. AU CONSEILLER PRIVÉ DE LÉGATION DE ROHD A STOCKHOLM.

Potsdam, 23 juin 1750.

Au retour de mon voyage en Prusse, j'ai trouvé devant moi les dépêches que vous m'avez faites des 2, 5, 9 et 12 de ce mois, et je vous sais bon gré du détail instructif que vous m'avez fait relativement au négoce de fer de la Suède.

Pour ce qui regarde les différends entre la Suède et la Russie, je suis bien éloigné de les croire autant apaisés qu'ils paraissent être aux ministres suédois; bien au contraire, en combinant toutes les nouvelles qui me sont parvenues de différents lieux à ce sujet, il paraît assez clairement que la Russie et ses alliés sont intentionnés de laisser dormir pour un temps ces affaires et de faire, pour ainsi dire, une trêve jusqu'à ce qu'ils auront mieux arrangé leurs flûtes que dans le temps passé, pris leurs arrangements, et trouvé à la fin le moment favorable où ils se croiront être à même de mettre en exécution leurs vues. La Russie, en particulier, voudra attendre l'assemblée prochaine de la Diète en Suède, où elle tâchera de faire directement et indirectement tout le mal imaginable au ministère suédois et de faire alors jouer tous les ressorts possibles pour le renverser et pour y exciter des troubles dans l'intérieur du royaume.

A cette occasion, je dois vous dire qu'il m'est revenu de différents lieux comme si la nation suédoise n'était plus si zélée ni si prévenue pour le gouvernement présent, comme elle avait été autrefois; qu'au contraire le mécontentement dans ce royaume allait toujours en augmentant, mécontentement qu'on attribuait tant à la distribution des emplois militaires, à l'égard desquels on donnait souvent la préférence aux jeunes officiers sur ceux qui s'étaient rendu mérités par de longs services, qu'à la vénalité des charges dans le civil. J'ai cru devoir vous communiquer tous ces avis-ci, afin que vous sachiez m'instruire si les choses sont effectivement telles qu'on les a marquées, ou s'ils ne sont que de faux bruits, semés par les ennemis de la Suède et de son gouvernement. Je veux même vous permettre que vous fassiez adroitement des insinuations convenables à ceux du gouvernement dont vous saurez être sûr du secret, afin que ceux-ci tâchent de démêler ces gens qui voudront imposer à la nation par de pareils bruits, et de prendre préalablement leurs arrangements là-dessus. Au surplus, je veux bien vous confier, quoiqu'à vous seul, que ce qui me donne des soupçons sur la façon d'agir des ministres de Suède, c'est qu'ils n'ont point voulu permettre au chevalier de La Touche de passer en Finlande, chose qui tôt ou tard ne laissera pas de faire un mauvais effet auprès de la France. D'ailleurs il ne plaît point à moi que je ne voie aucune fermeté dans leur conduite, ayant remarqué dans plus d'une occasion qu'ils désespèrent tantôt sans raison de leurs affaires, et que tantôt ils s'en flattent trop.

Federic.

<small>Nach dem Concept.</small>

4362. AU CONSEILLER BARON LE CHAMBRIER A COMPIÈGNE.

Potsdam, 23 juin 1750.

J'ai été très satisfait des relations intéressantes que vous m'avez faites du 5, du 8 et du 11 de ce mois. Je suis parfaitement du sentiment où est le marquis de Puyzieulx par rapport aux affaires du Nord,[1] et je pense tout comme lui là-dessus; j'applaudis d'ailleurs aux réflexions que vous y avez ajoutées. Je ne considère autrement la conduite que les cours de Londres, de Vienne et de Pétersbourg tiennent dans le moment présent sur ces affaires, que comme une espèce de trêve qu'elles voudront garder jusqu'à ce qu'elles croiront le moment venu pour mettre en exécution les projets dont elles sont convenues

---

[1] Laut Chambrier's Bericht vom 5. Juni hatte Puyzieulx ihm gesagt: „J'en reviens à ce que je vous ai déjà dit plus d'une fois: Le Roi votre maître, la France et la Suède bien unis, et le Danemark avec nous, si cela se peut, sinon allié, au moins impartial, je crois que notre position ne sera pas mauvaise."

entre elles, à moins qu'en attendant n'arrive quelque événement point attendu qui les oblige d'abandonner leurs projets; aussi suis-je du sentiment de ceux qui estiment que les différends entre la Russie et la Suède ne seront point composés d'une manière paisible.

En attendant, vous direz encore à M. de Puyzieulx que je croyais que nous ne saurions mieux faire que de rester dans cette étroite union et dans la situation où nous sommes, et que nous fassions nos arrangements de la sorte que, si le moment arrive où nos ennemis veulent mettre en exécution leurs pernicieux desseins, nous soyons à même de leur faire tête partout où il le conviendra.

Vous ajouterez qu'autant que je comprenais des nouvelles qui me venaient de la Russie, le chancelier Bestushew ne remuerait guère pendant le cours de cette année-ci, mais qu'il se préparait à faire dans celle qui vient, et quand la Diète sera assemblée en Suède, tout le mal possible à celle-ci; qu'il n'était presque plus douteux qu'il ferait jouer alors tous les ressorts imaginables pour y exciter des troubles et pour y renverser, s'il est possible, le ministère présent, et que, dans l'espérance d'obtenir ce but-là d'autant plus facilement, il pourrait faire passer peut-être, suivant le train que ses intrigues prenaient, un corps de troupes russiennes sur le territoire suédois, afin de soutenir et encourager par là les mécontents. Qu'en conséquence de tout cela, je demandais avec instance à M. de Puyzieulx de ne vouloir point laisser hors de son attention la Diète prochaine de la Suède, puisque j'étais persuadé que le chancelier Bestushew y cabalerait furieusement.

Pour ce qui regarde la Porte Ottomane, je crois que vous n'aurez point lieu d'exciter les ministres de France d'y travailler pour causer de l'ombrage à la Russie, puisque j'étais persuadé qu'ils sentaient eux-mêmes combien il était de l'intérêt de la France de n'y rien négliger à ce sujet.

Au reste, vous insinuerez à M. de Puyzieulx d'une manière adroite et convenable que j'avais été très fâché de ce que les ministres suédois avaient hésité de laisser passer le chevalier de La Touche, homme également sage qu'expérimenté, dans la Finlande, que j'avais travaillé de tout mon mieux pour faire changer le ministère de Suède de sentiment là-dessus, que je n'avais pas pu effectuer qu'ils se soient ravisés.

Federic.

Nach dem Concept.

4363. AU CONSEILLER PRIVÉ DE LÉGATION ERNEST-JEAN DE VOSS A VARSOVIE.

Potsdam, 23 juin 1750.

Les relations que vous m'avez faites du 6, du 10 et du 13 de ce mois, m'ont été bien rendues. Quelque forte envie que j'aie de marquer ma bonne volonté au marquis des Issarts, je ne saurais point me prêter à son désir à l'égard de la croix de mérite, qui n'est fondée qu'uniquement pour les militaires et pour des gens qui d'ailleurs sont actuellement établis dans ce pays-ci;- mais si, indépendamment de cela, je lui saurais marquer ma distinction, je m'en ferai sûrement un plaisir essentiel.

J'applaudis fort à la manière dont vous et le marquis des Issarts agissez avec le palatin de Belcz,[1] et il serait de conséquence si vous saviez avoir entre vos mains le projet du comte Brühl relativement à une autre Diète extraordinaire, qui doit avoir pour but l'augmentation des troupes. Comme ce point, avec celui des alliances,[2] sont les articles qui nous conviennent le moins, et dont, à ce que je présume, le premier ne conviendrait pas même à la Russie, vous ne devez point laisser tomber votre attention là-dessus.

J'ai été bien aise d'apprendre les bonnes nouvelles que vous avez eues du palatin de Rava.[3] Pour ce qu'il s'agit de l'argent que vous croyez nécessaire pour parvenir à mes [vues], vous savez mes sentiments à cet égard, que, quand il sera indispensablement nécessaire d'employer de l'argent, il en faut donner, mais que, tandis que les affaires ne l'exigent pas absolument, il ne faut point s'y précipiter.

Au surplus, mes ministres du département des affaires étrangères vous instruiront amplement sur la réponse hautaine et pleine de mépris pour la Saxe que le général Arnim a eue du chancelier Bestushew,[4] lorsqu'il lui a parlé des bons offices de la cour de Dresde relativement aux différends entre la Russie et la Suède.

Au reste, je crois qu'il y aura trop à risquer, si l'on voulait se proposer de faire mourir la Diète. A la vérité, je ne connais rien de la constitution de la Pologne; mais autant qu'il me paraît, il vaudra toujours mieux de rompre la Diète que de vouloir la faire mourir. Je pense même que le projet du marquis des Issarts dont vous parlez, n'est point mal pensé, mais la grande difficulté sera toujours de trouver un nonce aussi courageux qui voudra hasarder la démarche.

Nach dem Concept.   Federic.

4364. AU CONSEILLER PRIVÉ DE LÉGATION FRÉDÉRIC DE VOSS A COPENHAGUE.

Potsdam, 25 juin 1750.

Vos deux rapports du 6 et du 13 de ce mois, numéros 38 et 40, me sont bien entrés. Je suis très persuadé que la perte de feu de Schulin est effectivement plus grande encore qu'on n'a paru le croire jusqu'ici,[5] et je juge qu'il ne faudra pas espérer davantage des

---

[1] Vergl. S. 398. — [2] Erneuerung der s. g. Heiligen Liga mit den Höfen von Wien und Petersburg und der Republik Venedig; vergl. Bd. III, 334. — [3] Vergl. S. 397. — [4] Vergl. S. 399. — [5] Vergl. S. 345. 353. 373. 381.

declarations vigoureuses du Danemark, et que tout ce qu'on pourra attendre de cette couronne, sera qu'elle voudra rester neutre. Vous ne manquerez pas de continuer d'en parler à l'abbé Lemaire, pour savoir de lui s'il est d'opinion qu'on pourra tirer plus grand parti du Danemark, ou bien s'il pense comme moi à cet égard, et vous me ferez immediatement votre rapport de la réponse que vous en aurez reçue.

Nach dem Concept. Federic.

4365. AU CONSEILLER PRIVÉ DE GUERRE DE KLING-GRÆFFEN A HANOVRE.

Potsdam, [25] juin 1750.

La relation que vous m'avez faite du 21 de ce mois, m'a été bien rendue. Mes lettres de Pétersbourg m'apprennent que la nouvelle proposition que la France a faite à la cour d'Angleterre pour pacifier les différends entre la Suède et la Russie et que la cour de Londres doit avoir extrêmement goûtée,[1] a été rejetée du chancelier Bestushew, tout comme les autres relatives à la conservation de la tranquillité du Nord.

Bien que cette nouvelle donne des soupçons que la cour de Londres ne charrie pas tout-à-fait droit et qu'elle s'entende sous main avec celle de Russie, pour que celle-ci ne se prête point à quelque proposition tendante au maintien de la paix dans le Nord, il se peut être néanmoins aussi que les Anglais ne peuvent pas arrêter la Russie autant qu'ils voudraient, le chancelier Bestushew étant un homme extrêmement capricieux et bien difficile à traiter. Tout ceci se développera plus clair, quand on verra de quelle manière les Anglais auront envisagé le refus dudit Chancelier de la proposition ci-dessus mentionnée.

Nach dem Concept. Das Datum aus der chiffrirten Ausfertigung. Federic.

4366. AU MINISTRE D'ÉTAT COMTE DE PODEWILS.

Potsdam, 25 juin 1750.

Warendorff berichtet, Petersburg 9. Juni: „Après avoir été mis, à la fin, dans l'activité de mon ministère,[2] je n'aurai rien de plus pressé que de m'acquitter de la commission dont Votre Majesté m'a chargé[3]... Je sais d'ailleurs de très bonne main que le chancelier Bestushew s'est extrêmement gendarmé des insinuations que Votre Majesté a fait faire sur ce sujet au sieur Gross à Berlin,

Le sieur Warendorff ayant marqué par la dernière dépêche qui nous est venue de sa part combien le chancelier Bestushew s'est gendarmé des insinuations qui ont été faites par vous au sieur Gross, et qu'il a d'ailleurs rejeté la

[1] Vergl. S. 377. — [2] Vergl. S. 378 — [3] Vergl. S. 278.

et que, bien loin d'avoir pris la résolution d'y donner aucune réponse, il augmentera les ostentations guerrières ... Je viens d'avoir un entretien assez intéressant avec le comte de Lynar sur une nouvelle proposition que la France a faite tout récemment à la cour d'Angleterre, proposition que celle-ci a extrêmement goûtée, dont le marquis de Puyzieulx a fait part au baron de Bernstorff, et dont le comte de Lynar a déjà fait usage, par ordre de sa cour, mais que le Chancelier, à ce que ledit comte m'assure, a rejetée tout comme les autres, relatives au maintien de la tranquillité du Nord."

Nach der Ausfertigung.

proposition que la France a faite en dernier lieu à la cour d'Angleterre relativement au maintien de la tranquillité du Nord, ma volonté est qu'à votre retour à Berlin[1] vous deviez lire de l'original de la dépêche de Warendorff au comte Tyrconnell les passages relatifs à ces sujets, afin qu'il en ait connaissance. Et sur ce, je prie Dieu etc.

Federic.

4367. AU CONSEILLER PRIVÉ DE LÉGATION DE ROHD A STOCKHOLM.

Rohd berichtet, Stockholm 16. Juni: „Je n'ai pas manqué de faire au comte d'Ekeblad, dans l'absence du président de la chancellerie, les représentations dont Votre Majesté m'a chargé pour lui,[2] concernant le chevalier de La Touche. Il m'a répondu que la décision de son voyage roulait entièrement sur ce que l'ambassadeur de France trouverait à propos lui-même, qu'à la vérité on avait communiqué à celui-ci les inconvénients qu'il entraînerait avec lui, mais qu'en même temps on lui avait assuré aussi qu'on était tout prêt de passer par dessus sans aucune difficulté ni opposition."

Potsdam, 26 juin 1750.

J'ai appris avec satisfaction ce que vous m'avez marqué par votre dépêche du 16 de ce mois, par rapport à la façon sage et bonne dont le ministère de Suède s'est comporté vers la France à l'égard du chevalier de La Touche, et je suis surtout bien aise que la France ait pris cette affaire d'une manière également polie et complaisante. Malgré cela, je ne saurais pas vous céler que je ne puis pas encore tout-à-fait ôter de l'esprit les soupçons que j'ai qu'il faut qu'il y ait d'autres raisons que celles qu'on a prétextées, pourquoi le ministère de Suède a hésité de laisser passer ledit chevalier en Finlande; car pour celles qu'il allègue, j'avoue qu'elles me paraissent bien légères.

Au surplus, vous devez savoir que, selon mes dernières nouvelles de Pétersbourg, le chancelier Bestushew s'est bien gendarmé sur la déclaration relative aux affaires de la Suède que j'ai fait faire au ministre russe à Berlin, et que d'ailleurs il vient de rejeter tout nettement la proposition que la France a faite tout récemment à la cour d'Angleterre dont le marquis de Puyzieulx a fait part au baron de Bernstorff et dont le comte Lynar avait fait usage par ordre de sa cour.

Nach dem Concept.

Federic.

---

[1] Podewils weilte in der Nähe der Hauptstadt auf dem Lande. — [2] Vergl. S. 389.

4368. AN DAS DEPARTEMENT DER AUSWÄRTIGEN AFFAIREN.

Potsdam, 26. Juni 1750.

Fr. von Voss berichtet, Kopenhagen 20. Juni: „J'ai eu soin d'informer l'abbé Lemaire des nouvelles de Russie¹... Elles l'ont confirmé dans l'opinion qu'on doit opposer de la vigueur et de la fermeté aux menées de la cour de Pétersbourg et de ses alliés, et que tous les soins qu'on se donnerait pour moyenner un accommodement, ne feraient que l'éloigner davantage. Les lettres que ce ministre a reçues de sa cour, lui font entrevoir qu'elle n'aura pas beaucoup de peine à prendre ce parti."

Ich glaube, dass der Abbé Lemaire sehr gut raisonniret, dass denen Russen durch die verschiedene Propositiones, so ihnen geschehen, zu viele Ehre angethan wird. Mir hat solches niemalen angestanden; hätte Ich aber davon abgerathen, so hätte vielleicht Frankreich Mir wieder Absichten imputiret, die Mir keinesweges eigen seind.

Mündliche Resolution. Nach Aufzeichnung des Cabinetssecretärs.

4369. AU CONSEILLER BARON LE CHAMBRIER A COMPIÈGNE.

Potsdam, 27 juin 1750.

Les arrangements que les Français prennent, en conséquence de votre relation du 14 de ce mois, pour relever leur marine et pour la mettre dans un état respectable, m'ont fait un plaisir essentiel, et j'avoue que je suis charmé de voir que le ministère de France se prend à présent aussi bien qu'il fait dans tout ce qu'il faut pour la gloire et les intérêts de la couronne de France. Et comme, au moins jusqu'ici, les apparences sont qu'il se passera quatre ou cinq années encore, avant qu'une nouvelle guerre éclate, j'estime que ce ministère aura tout le temps qui lui faudra pour achever ses arrangements.

Enfin voilà M. de Puyzieulx hors de l'incertitude où il a été sur la résolution que le chancelier de Russie Bestushew prendrait sur la proposition que l'Angleterre à l'insinuation de la France lui a fait faire; car mes dernières lettres de Pétersbourg me marquent que non seulement ce chancelier s'était extrêmement gendarmé des insinuations relatives aux affaires de la Suède, que j'avais fait faire au ministre de Russie Gross à Berlin, mais que d'ailleurs il venait de rejeter la proposition que la France avait faite tout récemment à la cour de Londres, dont M. de Puyzieulx avait fait part au baron de Bernstorff et dont le comte Lynar avait fait usage par ordre de sa cour.

Federic.

Nach dem Concept.

---

¹ Vergl. S. 371.

4370. AU CONSEILLER DE LÉGATION WARENDORFF
A SAINT-PÉTERSBOURG.

Potsdam, 27 juin 1750.

La dernière poste ordinaire m'a apporté la dépêche que vous m'avez faite du 9 de ce mois. Si le Chancelier s'est fâché des insinuations que j'ai fait faire relativement aux affaires de la Suède, c'est de quoi je m'en soucie très peu jusqu'à présent, et cela ne m'empêchera pas d'aller toujours mon train dans les arrangements que je crois me convenir. Qu'il mette plus au jour sa mauvaise volonté ou qu'il la dissimule, cela va toujours au même. Mais ce qui doit faire à présent votre principale occupation, c'est de tâcher d'approfondir et de découvrir les menées et les intrigues dont le Chancelier voudra se servir à l'occasion de la Diète future de la Suède pour y brouiller les affaires, afin de vous mettre en état de pouvoir m'en instruire.

Federic.

Nach dem Concept.

4371. AU CONSEILLER PRIVÉ DE LÉGATION ERNEST-JEAN
DE VOSS A VARSOVIE.

Potsdam, 27 juin 1750.

Tout ce que vous me marquez par votre dépêche du 17 de ce mois, me confirme de plus en plus sur la nécessité qu'il y a de rompre absolument la Diète prochaine en Pologne; aussi faut-il que vous tentiez jusqu'à l'impossible pour y réussir. Il n'importe même, quand vous deviez être découvert là-dessus; car il vaudra toujours mieux que la Diète soit rompue et vous exposé à être découvert, qu'elle parvienne à sa consistance par trop lanterner ou biaiser; ainsi donc que, s'il ne vous reste aucun autre moyen sûr et stable pour parvenir à mes fins, il faut bien que vous recouriez au moyen que le marquis des Issarts vous a déjà proposé, en conséquence de votre dépêche antérieure, et que vous tâchiez de gagner quelque nonce assez hardi pour s'opposer à tout et pour rompre la Diète haut à la main. Je me repose en tout ceci sur votre zèle pour mes intérêts et sur votre savoir-faire.

Nach dem Concept.

Federic.

4372. AN DEN ETATSMINISTER GRAF PODEWILS IN BERLIN.

Potsdam, 28. Juni 1750.

Warendorff berichtet, Petersburg 13. Juni, des weiteren über Bestushew's Antwort auf den demselben durch Lynar im Auftrage der dänischen Regierung vorgelegten, von Mirepoix und Newcastle formulirten Vermittelungsvorschlag.[1] „Bestushew a ajouté des menaces et a fait

Bei Gelegenheit der gestern hier angelangeten Dépêche des Herrn Warendorff haben des Königs Majestät, als Sie solche heute dechiffriret gelesen, mir befohlen, in

[1] Vergl. S. 409 und die Analyse der Antwort Bestushew's in Nr. 4373.

entendre au comte Lynar qu'on renforcerait l'armée de Finlande à 60,000 hommes, et il lui a fait voir, pour l'en convaincre, une liste des régiments qui s'y trouvent et qui doivent encore s'y rendre ... Le comte Lynar a employé vainement toute son éloquence pour fléchir le Chancelier. Il est allé jusqu'à lui dire qu'il pourrait bien se repentir un jour de n'avoir pas écouté des offres aussi favorables que celles qu'il venait de lui faire, qu'il devait en profiter maintenant en sage politique et faire réflexion sur l'incertitude des événements de l'avenir, où il ne trouverait peut-être plus la même facilité. Sur quoi le Chancelier a répliqué qu'il se trouvait muni d'un ordre signé de la main propre de l'Impératrice par lequel il était autorisé d'en agir de la sorte qu'il faisait, et qu'ainsi il ne craignait absolument rien. Il a, au reste, fait au comte Lynar les protestations les plus fortes et les plus solennelles, en lui donnant la main, et en l'assurant, foi d'honnête homme, que, quoiqu'on augmentât le nombre des troupes en Finlande, elles ne passeraient pas cependant la frontière ni à présent ni même le cas de la mort du roi de Suède existant, et il a dit au ministre danois qu'il pouvait hardiment en assurer sa cour."

Nach der Ausfertigung.

Höchstdercselben Namen an Ew. Excellenz zu vermelden, wie Sie vor nöthig fänden, dass Ew. Excellenz dem Herrn Grafen von Tyrconnell von dem Einhalt solcher Dépêche durch Vorlesung des Déchiffrements, insonderheit so viel die Confidences anbeträfe, so der Graf Lynar dem p. Warendorff gemachet, Communication thäten; wie es denn auch gut sein würde, dass aus gedachter Dépêche dem Baron von Chambrier ein detaillirter Extract in einem besondern Rescript gemachet werde.

Eichel.

4373. AU CONSEILLER BARON LE CHAMBRIER A COMPIÈGNE.

Potsdam, 30 juin 1750.

J'ai reçu votre dépêche du 18 de ce mois. Je ne me souviens point de vous avoir marqué, comme vous dites, par une de mes dépêches antérieures qu'il n'était plus question du projet de la double garantie concertée entre le duc de Newcastle et le marquis de Mirepoix et que, ce projet était également abandonné de part et d'autre, de sorte que si de pareille dépêche vous est parvenue, il faut qu'elle ait été expédiée de mes ministres du département des affaires étrangères.[1] Quoi qu'il en soit, l'événement vient de justifier à présent ce que mes ministres ont peut-être conjecturé alors; car mes dernières lettres de Pétersbourg me marquent que, bien que le comte Lynar, par ordre de sa cour, ait de nouveau fait usage auprès du chancelier Bestushew des nouvelles propositions que la cour de France avait fait faire tout récemment au duc de Newcastle pour moyenner un accommodement entre la Russie

---

[1] Ein Erlass entsprechenden Inhalts ist am 6. Juni während der Reise des Königs nach Preussen aus dem Ministerium an Chambrier ergangen.

et la Suède et que le comte Lynar avait employé le vert et le sec, pour les faire goûter audit Chancelier, toutefois sans le faire ministérialement, mais que ces tentatives avaient eu le même sort que les précédentes, et que le chancelier Bestushew lui avait déclaré sans détour que, si lui, comte Lynar, voulait faire usage ministérialement du projet en question, on ne pouvait à la vérité lui refuser une conférence, mais qu'il pouvait être persuadé que, dans ce cas-là, il ne manquerait pas de s'attirer une réponse fort désagréable; que lui, Chancelier, estimait que ce serait contre la gloire et la réputation de l'empire de Russie d'accepter la médiation d'aucune puissance, sans en excepter les cours de Vienne et de Londres, qu'on voulait négocier directement avec les Suédois, et que c'était à ceux-ci de faire le premier pas pour un accommodement.

Voilà en précis la réponse que le comte Lynar a eue du chancelier Bestushew, et pour ce qui regarde les autres circonstances relatives à la réponse que le premier a eue, je vous renvoie au rescrit qui vous arrivera à la suite de cette dépêche de la part du département des affaires étrangères, ayant ordonné à mes ministres de vous en faire un ample détail.

F e d e r i c.

Nach dem Concept.

4374. AU CONSEILLER DE LÉGATION WARENDORFF A SAINT-PÉTERSBOURG.

Potsdam, 30 juin 1750.

Je vous sais bon gré du détail que vous m'avez fait par votre dépêche du 13 de ce mois, sur la réponse que le comte Lynar a eue du Chancelier au sujet des nouvelles tentatives qu'il a faites auprès de celui-ci pour lui faire goûter la proposition que la cour de France a fait faire au duc de Newcastle par le marquis de Mirepoix pour moyenner un accommodement entre la Suède et la Russie. Je m'en suis douté que la réponse du Chancelier serait à peu près telle que vous me la marquez, et je suis tout-à-fait de votre sentiment que, plus on a du ménagement pour la cour de Russie et plus on la flatte, plus elle en devient intraitable; aussi me suis-je bien gardé de donner, moi, dans de pareils écarts.

Au surplus, si le Chancelier veut augmenter encore ses démonstrations, comme il l'a menacé, il en sera le maître, et je m'en soucierais point; tout au contraire, je me tiens aux protestations qu'il a faites au comte Lynar que les troupes russes en Finlande ne passeraient pas la frontière, ni à présent ni même le cas de la mort du roi de Suède existant. Du reste, il me sera fort indifférent si le Chancelier répondra ou non à la déclaration que j'ai fait faire au sieur Gross, et s'il en sera fâché ou non, ma déclaration ne contenant rien qui ne soit conforme en tout à ce que d'autres puissances respectables ont fait déclarer à la cour de Russie sur le même sujet.

Ce que je tiens à present pour les moments les plus dangereux et critiques que nous aurons encore avec le Chancelier, c'est le temps quand la Diète de Suède sera assemblée; aussi n'épargnerez-vous ni peine ni souci pour développer au possible et pour démêler les moyens dont le Chancelier voudra se servir pour parvenir à ses vues.

Nach dem Concept.

Federic.

4375. AU CONSEILLER PRIVÉ DE GUERRE DE KLING-GRAEFFEN A HANOVRE.

Potsdam, 30 juin 1750.

Je suis dans l'attente de vous voir en peu ici à Potsdam; donc me contenterai-je de vous dire brèvement, sur votre dépêche du 25 de ce mois, que j'ai toutes les peines du monde à soupçonner la cour palatine de vouloir se laisser endormir par les cajoleries de l'Angleterre, et que bien moins encore je saurais me persuader que ladite cour voulût, aux dépens de ses propres intérêts, se laisser détacher du bon parti.

Les nouvelles qui viennent de m'entrer derechef de la Russie, portent que la négociation du Danemark, pour accommoder les différends entre la Suède et la Russie, y était absolument rompue, le chancelier Bestushew ne voulant admettre là-dessus ni la médiation ni les bons offices d'aucune autre puissance.

Pour ce qui regarde l'arrivée du prince Louis de Brunswick à Hanovre, je présume presque que c'est la prolongation du traité de subsides du Brunswick qui en fait l'objet principal.

Nach dem Concept.

Federic.

4376. AU CONSEILLER PRIVÉ DE LÉGATION ERNEST-JEAN DE VOSS A VARSOVIE.

Potsdam, 30 juin 1750.

J'ai reçu votre dépêche du 20 de ce mois et je me réfère, quant à son contenu, à la réponse que je vous ai faite par mes derniers ordres, étant toujours persuadé qu'il est indispensablement nécessaire de rompre la Diète prochaine de manière que cela se pourra et à la faveur de tous moyens imaginables. Vous vous arrangerez donc en conséquence, mais vous prendrez en même temps de justes mesures pour ne point donner de l'argent, avant que ceux qui pourront en être gratifiés n'aient réellement exécuté leurs engagements, puisque sans cela ce serait tout un que de l'avoir jeté par les fenêtres.

La légèreté des Potocki n'a rien de quoi vous surprendre, la façon de penser de la plupart des républicains étant de changer d'un jour à l'autre, selon qu'ils le jugent convenable à leurs intérêts.

Nach dem Concept.

Federic.

PERSONENVERZEICHNISS.

Für die mit * bezeichneten Namen vergl. auch S. 424 ff.

A.

Abdullah Pascha, türk. Grossvezier: Seite 32. 56. 120. 159. 231. 245. 246. 248. 250. 298.
*Adolf Friedrich, Kronprinz von Schweden: 2. 15. 16. 32. 33. 35—37. 39. 43. 75. 79. 99. 111. 113. 141. 142. 145. 172. 223. 225. 314. 330. 358. 359. 363. 369. 377. 388. 397.
Albemarle, Earl, Wilhelm Annas, engl. Botschafter in Paris: 58. 160. 173. 181. 241. 254. 278. 283—285. 307. 371. 377.
*Ammon, Christoph Heinrich von, preuss. Kammerherr, accreditirter Minister im Haag: 80. 81.
Andrié, Baron de Gorgier (seit 25. August 1749), Johann Heinrich, Rath des berliner franz. Obergerichts: 241. 356.
Ansbach: siehe Christian; Karl Wilhelm Friedrich.
Antivari, Christoph Theodor von, österr. Resident in Stockholm: 154. 182. 197. 217. 275. 287.
Aremberg, Herzog, Leopold Philipp Karl Joseph, österr. Feldmarschall: 387.
d'Argenson, Marquis, Renatus Ludwig de Voyer, franz. Staatsmann: 243.
Arnim, Karl Sigmund von, chursächs. Gesandter in Russland: 194. 399. 407.
Asseburg, Freiherr von der, Johann Ludwig, hessen-cassel. Staatsminister: 125. 126. 320. 336. 357.
August III., König von Polen, Churfürst von Sachsen: 17. 58. 68. 93. 102. 116—118. 120. 148. 168. 212. 236. 242. 259. 271. 291. 300. 309. 310. 387. 399.
*August Wilhelm, Prinz von Preussen, Thronfolger: 424.

B.

Baiern: siehe Maximilian Joseph.
Baireuth: siehe Friedrich.
Balby, Johann Friedrich von, preuss. Oberstlieutenant: 42.
Bamberg: siehe Johann Philipp Anton Christoph.
Barck, Graf, Niels, schwed. Gesandter in Wien: 63. 80. 84. 85. 124. 136. 156. 173. 181. 217. 274. 361.
Bartenstein, Freiherr, Johann Christoph, österr. Hofrath: 322.
Beckers, Freiherr, Heinrich Anton, churpfälz. Gesandter in Wien: 80. 138. 143. 150. 153. 162. 163. 208. 347.
Bedford, Herzog, Johann Russell, engl. Staatssecretär des Auswärtigen für die südlichen Angelegenheiten: 36. 72. 148. 268. 271. 287—289. 307.
Bentinck, Graf, Wilhelm, holl. Gesandter in Wien: 177. 185.
Berckentin, Christian August von, dän. Geh. Rath: 371. 381.
de Berne: 272.
Bernes, Graf, Joseph, österr. Botschafter in Russland: 14. 29. 51. 63. 67. 73. 82. 83. 86. 87. 110. 131. 133. 134. 140. 163. 176. 183. 187. 190. 206.

207. 210. 226. 290. 360. 361. 369. 379. 387. 393. 396. 401.
Bernstorff, Freiherr, Johann Hartwig Ernst, dän. Gesandter am franz. Hofe: 265. 353. 372—374. 383. 409. 410.
Bestushew-Rumin, Graf, Alexei, russ. Grosskanzler: 4—7. 10—12. 15. 19—21. 23. 28. 38. 48. 50. 51. 53. 61. 63. 73. 76—79. 82. 83. 86. 87. 89. 91. 102. 107—110. 112. 113. 115. 120. 124—126. 132. 135. 139. 140. 146. 147. 149. 150. 154. 155. 160. 164. 168. 169. 173—175. 181—184. 186—188. 190. 192. 197. 198. 201. 202. 205. 206. 208—210. 214. 218. 222. 226. 238—240. 251—253. 256. 258. 261. 271. 275. 276. 278. 287—290. 292. 293. 296. 300—302. 305. 306. 308. 310. 313. 316—319. 321—323. 325. 328. 330. 335. 342. 343. 351—355. 357—364. 368. 369. 376. 378—380. 382. 388. 392—394. 399. 402. 406—414.
Bestushew-Rumin, Graf, Michael, russ. Botschafter in Wien: 40. 77. 206. 292.
Bibiena, Joseph Galli, Architekt: 212. 213.
Biron: siehe Ernst Johann.
Blondel, Ludwig Augustin, franz. Geschäftsträger in Wien: 4. 10. 11. 14. 17. 33. 38. 40. 50. 53—55. 57. 60. 63. 66—68. 70—72. 74. 77. 80. 85. 86. 92. 95. 100. 109. 124. 128. 129. 136. 138. 143. 147. 156. 162. 184. 195. 196. 198. 216. 284. 289. 317. 327. 338.
Borcke, Friedrich Ludwig Felix von, preuss. Generalmajor und Generaladjutant: 300.
Borcke, Friedrich Wilhelm von, hessencassel. Präsident: 316. 336.
Bossart, Johann Baptista, pfälz. und bair. Agent in Berlin: 347.
Botta d'Adorno, Marchese, Anton Otto, Oberhofmeister des Herzogs Karl von Lothringen: 387.
Brand, von, sächs. Generalmajor a. D.: 300.
Brandenburg: siehe Christian; Friedrich; Karl Wilhelm Friedrich.
Braunschweig: siehe Karl; Ludwig.
Brewern, Peter von, russ. Staatsrath: 192.
Brühl, Graf, Heinrich, chursächs. Premierminister: 1. 15. 17. 29. 39. 45. 46. 58. 64. 65. 68. 82. 91. 93. 94. 101. 104. 120—123. 180. 203. 217. 222. 259. 267. 271. 284. 291. 292. 299. 300. 347. 387. 389. 395. 407.
Brühl, Gräfin, Marie Amalie: 387.
Brummer, Graf, Otto, holstein-gottorp. Hofmarschall a. D.: 213.
Bülow, Friedrich Gotthard von, chursächs. bevollmächtigter Minister in Berlin: 116. 117. 340. 356.

C.

*Cagnony, Karl von, preuss. Geh. Rath, bevollmächtigter Minister am span. Hofe: 81. 86. 157. 212. 243.
Calkoen, Cornelius, holl. Gesandter am chursächs. Hofe: 137.
Carvajal, Joseph, Präsident des span. Staatsraths: 203. 255. 261. 329. 344.
Castera, Duperron de, franz. Resident in Warschau: 387.
Celsing, Gustav, schwed. Gesandter in Constantinopel: 184. 246. 252. 264. 286. 370.
*Le Chambrier, Baron, Johann, Rath der preuss. Regierung zu Neufchâtel, ausserordentl. Gesandter am franz. Hofe: 7. 54. 60. 95. 98. 103. 104. 121. 165. 273. 278. 281. 294. 320. 402. 412.
Chauvelin de Grosbois, Germain Ludwig, franz. Staatsmann: 312.
Chetardie, Marquis, Johann Jakob Trotti, franz. Diplomat: 388.
de Cheusses, Friedrich Heinrich, dän. Gesandter in Russland: 208. 209. 276. 296. 297. 362.
Chotek, Graf, Johann, österr. Feldmarschalllieutenant, ausserordentl. Gesandter in Berlin: 14. 25. 31. 32. 44.
Christian Friedrich Karl Alexander, Erbprinz von Brandenburg-Ansbach: 115.
Clemens August, Churfürst von Köln etc., Herzog in Baiern: 255. 259. 263. 295. 303. 305. 347. 348.
*du Commun, preuss. Hofrath, preuss. Geschäftsträger im Haag: 81.
Courteille, Marquis, franz. Diplomat: 265.
Cueva, span. Diplomat: 212.
Czartoryski, Familie: 285. 292. 300. 387. 395.

D.

Dänemark: siehe Friedrich V.; Luise.
*Desalleurs, Graf, Roland Puchot, franz. Botschafter in Constantinopel: 29. 128. 230—233. 235. 237. 245. 246. 252. 307. 370.
*Diestel, Heinrich Peter, preuss. Legationssecretär, Geschäftsträger in Copenhagen: 129. 214.
Donop, August Moritz von, hessencassel. General: 147.
Durand de Distroff, Franz Michael, franz. Diplomat: 379.
Duranti, österr. Capitän: 29.

E.

Effad-Efendi, türk. Grossmufti: 109. 128. 136. 163. 234.
Eichel, August Wilhelm, preuss. Geh. Kriegsrath und Cabinetssecretär: 7. 55. 61. 81. 98. 105. 110. 117. 126. 130. 181. 193. 256. 267. 270. 274. 291. 320. 323. 349. 370. 372. 378. 392. 402. 412.
Ekeblad, Graf, Clas, schwed. Senator und Kanzleivicepräsident: 89. 389. 409.
Elisabeth, Kaiserin von Russland: 4. 11. 12. 19—22. 27. 30. 33. 38. 53. 72. 73. 77. 78. 86. 88. 107. 110. 112. 114. 120. 124. 132. 135. 150. 160. 170. 194. 206. 207. 221. 222. 278. 279. 291. 300. 306. 319. 321. 348. 349. 357. 361. 369. 376. 378. 380. 392. 399.
England: siehe Friedrich Ludwig; Georg II.
Ensenada, Marquis, Zeno, span. Staatssecretär: 212. 344.
Ernst August Constantin, Herzog von Sachsen-Weimar: 44.
Ernst Johann, entthronter Herzog von Kurland (Biron): 82. 94. 141.
d'Estrées, Graf, Ludwig Cäsar Karl Le Tellier, franz. Generallieutenant: 277.

F.

Farinelli, Carlo Broschi, Sänger: 254.
Ferdinand I., Römischer Kaiser: 346.
Ferdinand VI., König von Spanien: 196. 203.
*Finckenstein, Graf, Finck von, Karl Wilhelm, preuss. Etats- und Cabinetsminister: 24. 126. 233. 273. 340. 373.
Fleming, Freiherr, Otto, schwed. Gesandter in Kopenhagen: 2. 8. 9. 26. 34. 37. 41. 42. 47. 111. 141. 151. 224. 246. 247. 296. 344. 345.
Flemming, Graf, Karl Georg Friedrich, chursächs. Gesandter am engl. Hofe: 45. 254. 303. 304.
Frankenberg, Friedrich Wilhelm von, chursächs. Generalmajor: 83. 208.
Frankreich: siehe Ludwig XIV.; Ludwig XV.; Maria Josepha.
Franz I., Römischer Kaiser, Grossherzog von Toskana, Herzog von Lothringen: 116. 119. 200. 211. 217. 227. 232. 346. 350. 390. 402.
Franz Georg, Churfürst von Trier, Graf von Schönborn: 259. 347.
Franz Josias, Herzog von Sachsen-Coburg: 44.
Fredersdorf, Michael Gabriel, preuss. Geh. Kämmerer und Trésorier: 298.
Friedrich, Markgraf von Brandenburg-Baireuth: 390.
Friedrich V., König von Dänemark: 9. 37. 41. 87. 111. 224. 265. 314. 353. 357. 358. 363. 365. 373.
Friedrich, König von Schweden: 10. 12. 13. 16. 18. 29. 30. 32—34. 51. 61. 79. 91. 97. 98. 102. 132. 142. 149. 154. 160. 163. 170. 171. 177. 190. 314. 330. 332. 335—338. 350. 358. 359. 361. 367. 369. 377. 388. 392. 413.
Friedrich, Prinz von Hessen-Cassel: 147.
Friedrich III., Herzog von Sachsen-Gotha: 44.
Friedrich Ludwig, Prinz von Wales: 49. 115.
Friedrich Wilhelm I., König von Preussen: 386. 398.
Funcke, Johann Friedrich August von, chursächs. Legationssecretär in Russland: 73. 82. 141. 261.

G.

Georg II., König von Grossbritannien, Churfürst von Hannover: 3. 6. 36. 40. 79. 99. 178. 211. 228. 239—241. 259. 268. 287. 290. 295. 302. 318. 325. 349. 360. 362—365. 367. 368. 390. 398.
Golowkin, Graf, Alexander, russ. Gesandter im Haag: 1.

*Goltz, Freiherr, Balthasar Ludwig, preuss. Geh. Legationsrath, bevollmächtigter Minister am russ. Hofe: 7. 19—21. 24. 26. 54. 94. 98. 107. 204. 245. 256. 295. 313. 314. 319. 372. 373.
Goltz, Freiherr, Bernd Henning, preuss. Capitän und Flügeladjutant: 22.
*Gotter, Graf, Gustav Adolf, preuss. Etatsminister: 320.
Greiffenheim, Johann August von, schwed. Gesandter in Dresden: 94 — am russ. Hofe: 121. 126. 244. 324. 328. 342. 352. 361.
Grimaldi, span. Gesandter in Stockholm: 107.
Gross, Heinrich von, russ. bevollmächtigter Minister in Berlin: 31. 161. 199. 204. 206. 223. 244. 251. 256. 373. 309. 408. 410. 413.
Gurowski, chursächs. Kammerherr: 91. 186. 208. 324. 328.
Guy Dickens, Melchior, engl. Botschafter am russ. Hofe: 51. 106. 123. 253. 258. 290. 292. 351. 352. 358. 360. 563. 364. 379. 391. 396.
Gyllenstjerna, Graf, schwed. Exulant: 261. 275.

H.

Hallasch, Peter von, preuss. Oberst: 178.
d'Harcourt, Herzog, Franz, Marschall von Frankreich: 129.
Hardwicke, Lord, Philipp Yorke, engl. Lordkanzler: 36.
Hautefort, Graf, Emanuel Dieudonné, franz. Maréchal de Camp: 4. 72. 116. 128. 129. 136. 156.
Hautefort, Gräfin, Francisca Clara d'Harcourt: 129.
Havrincourt, Marquis, Ludwig de Cardevaque, franz. Botschafter in Stockholm: 6. 15. 89. 154. 210. 217. 229. 230. 238. 246. 248. 275. 409.
*Hecht, Johann Georg, preuss. Legationssecretär in Dresden: 104. 251.
Heil, ehemals Kammerdiener des Königs von Preussen: 114.
Heinrich, Prinz von Preussen: 23. 42.
Hellen, Bruno von der, preuss. Legationssecretär in Wien: 67. 196. 394.
Hennicke, Graf, Johann Christian, chursächs. Conferenzminister: 93. 105. 106. 120. 242. 267. 300.

Höpken, Freiherr, Gustav Wilhelm, schwed. Gesandter in Moskau: 5. 15. 20. 21. 53. 94.
Höpken, Freiherr, Karl Otto, schwed. Gesandter am chursächs. Hofe: 299. 395.
Hohenlohe-Schillingsfürst, Fürst, Philipp Ernst: 402.
Hohenlohe, Fürstenhaus: 390. 403.
Hohenlohe, Grafenhaus: 390. 403.
Hohenzollern-Hechingen, Fürst, Friedrich Ludwig, österr. Feldmarschall: 403.
Hohenzollern-Hechingen, Fürst Joseph Wilhelm Franz, österr. Oberstlieutenant: 403.
Holstein, Freiherr, Karl, dän. Marineminister: 353.
Huguenin, David, Kanzleipräsident zu Neufchâtel: 356.
Hyndford, Earl, Johann Carmichael, engl. Botschafter in Moskau: 47. 48. 51. 63. 67. 73. 82. 109. 110. 112. 113. 131—135. 140. 145. 149. 160. 163. 182. 220. 221.

I. (J.)

des Issarts et de Salesne, Marquis, Karl Hyacinth de Galeans de Castellane, franz. Botschafter am chursächs. Hofe: 16. 65. 68. 100. 101. 103—105. 121—123. 212. 216. 220. 387. 395. 397—399. 407. 411.
Iwanow, russ. Ministerialbeamter: 192.
Jablonowski, Fürst, Stanislaus, Palatin von Rava: 397. 407.
Janssen, Kanzler: 99.
Johann Friedrich Karl, Churfürst von Mainz, Graf von Ostein: 259. 303. 305. 347.
Johann Philipp Karl Christoph, Bischof von Bamberg, Freiherr von Franckenstein: 390.
John, Christian Gottfried von, dän. Legationssecretär in Wien: 338. 365. 391.
Joseph, Erzherzog von Oesterreich, Thronfolger: 172. 174. 175. 188. 200. 303—305. 308. 346. 349. 350. 352.

K.

Karl V., Römischer Kaiser: 346.
Karl VI., Römischer Kaiser: 153. 173.
Karl VII., Römischer Kaiser: 130. 346.

Karl, Herzog von Braunschweig: 347.
Karl, chursächs. Prinz: 300.
Karl Alexander, Herzog von Lothringen, Statthalter der österr. Niederlande: 387.
Karl Eduard (Stuart), engl. Kronprätendent: 24. 173.
Karl Emanuel III., König von Sardinien: 166—168. 188. 211. 243. 262. 277. 293.
Karl Eugen, Herzog von Württemberg: 347.
Karl Philipp Heinrich, Bischof von Würzburg, Freiherr von Greiffenclau: 390.
Karl Theodor, Churfürst von der Pfalz: 255. 347. 348.
Karl Wilhelm Friedrich, Markgraf von Brandenburg-Ansbach: 390.
Katharina, Grossfürstin von Russland: 213.
Katharina Opalinska, Königin von Polen, Herzogin von Lothringen: 1.
Kaunitz-Rittberg, Graf, Wenzel, österr. Conferenzminister: 119. 124. 198 — Botschafter am franz. Hofe: 254. 278. 283—285. 302.
Keith, Jakob, preuss. Feldmarschall: 68. 210.
Keith, Robert Murray, engl. Gesandter in Wien: 109. 114.
Keller, Christoph Dietrich von, württemb. Geh. Rath: 361.
Keyserlingk, Graf, Karl Hermann, russ. Gesandter in Dresden: 14. 82. 93. 187. 194. 207. 208. 217. 259. 291.
*Klinggräffen, Joachim Wilhelm von, preuss. Geh. Kriegsrath, ausserordentlicher Gesandter am engl. Hofe: 7. 86. 98. 135. 269. 277. 295. 318. 323.
Knorr, Freiherr, Georg Christian, kaiserl. Reichshofrath: 402.
Köln: siehe Clemens August.
Korff, Johann Albrecht von, russ. Gesandter in Kopenhagen: 37. 111. 144. 154. 164. 172. 176. 215. 224. 252. 276.
Krause, preuss. Feldjäger: 66.
Krechtel, österr. Armeeintendant: 158.
Kreytzen, Friedrich von, preuss. Capitän und Flügeladiutant: 42.

L.

Lagerflycht, Karl, schwed. Commissions-secretär in Petersburg: 53. 337. 376.

Lemaire, Abbé, Rudolf, franz. Gesandter in Kopenhagen: 8. 9. 26. 34. 37. 41. 42. 46. 47. 54. 64. 83. 84. 111. 129. 141. 144. 145. 151. 191. 201. 204. 214. 215. 224. 241. 246. 264. 296. 297. 331. 344. 345. 371. 372. 381. 388. 396. 397. 408. 410.
Leveaux, Karl, preuss. Legationssecretär, Geschäftsträger in Warschau: 212. 230. 374.
Lichnowsky, Graf, Johann Karl, schles. Vasall: 137. 139.
Lieven, Georg von, russ. General: 107. 393.
Lilien, Franz Michael Florentin von, Rath des Reichspostmeisters: 95.
Löwendahl, Graf, Waldemar, Marschall von Frankreich: 185. 191.
Loise, Abbé, franz. Gesandtschaftssecretär in Berlin: 280.
Loss, Graf, Johann Adolf, chursächs. Botschafter in Paris: 65. 68.
Lothringen: siehe Franz; Karl Alexander; Stanislaus.
Lucchesi, Graf, Friedrich Wilhelm, österr. Feldmarschalllieutenant: 146. 153. 158. 162. 167. 168. 173.
Ludwig, Prinz von Braunschweig-Wolfenbüttel, Reichsgeneralfeldzeugmeister: 166. 178. 179. 414.
Ludwig XIV., König von Frankreich: 349.
*Ludwig XV., König von Frankreich: 27. 59. 65. 96. 119. 129. 215—217. 220. 231. 232. 249. 262. 273. 277. 280. 294. 296. 308. 309. 335. 342. 349. 365—367. 401.
Luise, Königin von Dänemark: 37. 111.
Luise, Herzogin von Sachsen-Meiningen: 157.
Lynar, Graf, Rochus Friedrich, dän. Gesandter in Russland: 325. 352. 353. 357. 358. 360. 363. 368. 370—373. 379. 388. 392. 393. 399. 409. 410—413.

M.

de Machault d'Arnouville, Johann Baptista, franz. Generalcontroleur der Finanzen: 254. 401.
Mahmud I., türk. Sultan: 32. 392.
Mainz: siehe Johann Friedrich Karl.
Malachowski, Graf, Johann, poln. Grosskanzler: 395.
Mareschal, Johann Karl von, österr.

Geschäftsträger in Paris: 116. 302. 326. 367.
Maria Antoinette, Infantin von Spanien: 189
Maria Barbara, Königin von Spanien: 196. 203.
Maria Josepha, Dauphine von Frankreich, Prinzessin von Sachsen: 58. 242.
Maria Theresia, Römische Kaiserin, Königin von Ungarn und Böhmen: 11. 29. 31. 38. 51. 60. 76. 86. 92. 95. ;03. 116. 124. 137. 143. 153. 162. 163. 166. 168. 169. 173. 175. 178. 179. 183. 184. 189. 191. 195. 198. 200. 205. 206. 228. 232. 238. 311. 326. 327. 333. 335. 342. 349. 350. 352. 356. 360. 367. 375. 391. 394. 401. 403.
Maximilian Joseph, Churfürst von Baiern: 348.
Mejerfeld, schwed. Graf: 298.
Mejerhielm, schwed. Oberst: 153.
Menzel, preuss. Beamter: 242.
Mirepoix, Marquis, Gaston Karl Peter de Lévis, franz. Botschafter in London: 62. 98. 127. 145. 159. 162. 228. 283. 284. 287—289. 304. 307. 312. 318. 319. 323. 357. 364. 365. 377. 379. 388. 396. 411—413.
Mniszech, Graf, Georg Vandalin, poln. Kronhofmarschall: 387.
Moltke, Graf, Adam Gottlob, dän. Oberhofmarschall: 154. 353.
Montmartel: siehe Pâris.
Montmolin, Kanzleipräsident zu Neufchâtel: 357.
Müller, russ. Privatmann: 77.
Münchhausen, Freiherr, Gerlach Adolf, hannöv. Geheimrathspräsident und Grossvogt: 268.
Münchhausen, Freiherr, Philipp, Chef der deutschen Kanzlei Georgs II.: 268. 287. 288.
Münchow, Graf, Ludwig Wilhelm, preuss. Etatsminister, dirigirender Minister von Schlesien: 95. 165. 169. 193. 375.
Muhamed Pascha, türk. Grossvezier: 245. 248. 250. 252. 286. 392. 393.

N.

Nadir (Thamas-Chouli-Khan), Schah von Persien: 392.
Neplujew, russ. Gesandter in Konstantinopel. 55. 61—63. 74. 75. 78. 98. 132. 184. 190. 369. 392. 393
Newcastle, Herzog, Thomas Pelham, engl. Staatssecretär des Auswärtigen für die nordischen Angelegenheiten: 8. 36. 76. 108. 125. 148. 159. 189. 268. 287—289. 307. 325. 364. 365. 368. 377. 388. 396. 400. 411—413.
Noailles, Herzog, Adrian Moritz, Marschall von Frankreich: 243.

O.

Oesterreich: siehe Ferdinand I.; Joseph; Karl V.; Karl VI.; Maria Theresia.
Oranien: siehe Wilhelm.
Osorio, Ritter, Joseph, sardin. Gesandter in Madrid: 191.

P.

Pallavicini, Graf, Johann Lukas, österr. Generalfeldzeugmeister: 155. 158. 167. 196. 246.
Panin, Nikita, russ. Gesandter in Stockholm: 19. 20. 22. 23. 25. 26. 28. 33. 35. 42. 53. 62. 70—73. 79. 88. 91. 94. 97—100. 107. 108. 112—114. 120. 124—128. 136. 140. 142. 145. 146. 154. 168. 170. 176. 181—184. 186. 187. 201. 206. 210. 214. 218. 226. 229. 230. 234. 237. 238. 240. 244. 246. 247. 249. 251. 254. 264. 266. 274. 275. 279. 280. 282. 283. 287—289. 292. 296. 299. 302. 306. 310. 317. 318. 352.
Pâris-Duverney, Joseph, franz. Finanzbeamter: 180. 349.
Pâris de Montmartel, Johann, franz. Bankier: 180.
Pelham, Heinrich, erster Lord des engl. Schatzes: 36.
Perron, Graf, sardin. Gesandter in London: 254.
Peter, Grossfürst-Thronfolger von Russland, Herzog von Holstein-Gottorp: 111. 288.
Chur-Pfalz: siehe Karl Theodor.
Philipp, Herzog von Parma, Infant von Spanien: 189.
Piemont: siehe Victor Amadeus.
*Podewils, Graf, Heinrich, preuss. Etats- und Cabinetsminister: 7. 25. 31. 98. 340. 373.

*Podewils, Graf, Otto Christoph, preuss. Etatsminister, ausserordentlicher Gesandter in Wien: 54. 98. 137. 138. 170. 181. 193. 277. 295. 390. 402.
Polen: siehe August III.; Katharina; Stanislaus.
Pompadour, Marquise, Jeanne: 180.
Potocki, Graf, Anton, Palatin von Belcz: 398. 399. 407.
Potocki, Familie: 387. 395. 414.
Pretlack, Freiherr, Franz Joseph, österr. General: 387.
Preussen: siehe August Wilhelm; Friedrich Wilhelm I.; Heinrich.
de La Puebla, Graf, Anton de Portugal, österr. Generalfeldwachtmeister, ausserordentlicher Gesandter in Berlin: 14. 165. 169—171. 173. 193. 199. 206. 207. 209. 226. 237. 245. 270. 272. 301. 340. 356.
de La Puebla, Graf, Abbé: 173.
Puttkammer, Christian Ernst von, russ. Capitän: 251.
Puttkammer, Peter Georg von, preuss. Rittergutsbesitzer: 251.
de Puyzieulx et de Sillery, Marquis, Ludwig Philogen Brulart, franz. Staatssecretär der auswärtigen Angelegenheiten: 2. 3. 9—11. 14. 17. 19. 21. 27. 31. 32. 35. 36. 38. 45. 46. 50. 54. 55. 58—61. 68. 71. 77. 82. 84. 88. 89. 94—96. 100. 101. 104. 119. 121. 122. 126. 127. 129—131. 141. 149. 152. 159. 160. 165. 171. 173. 175. 180. 181. 184. 193. 195. 198. 205. 210. 216. 220. 226. 229. 230. 248. 249. 254. 258. 259. 262. 263. 265. 273. 277. 281. 282. 289. 290. 295. 296. 302. 303. 307. 312. 317. 318. 322. 330. 338. 342. 347— 350. 355. 357. 358. 365. 367. 377. 388. 391. 392. 397. 405. 406. 409. 410.

R.

Radziwill, Fürst, Michael, lithauischer Kronfeldherr: 208.
Ram, Unternehmer: 267. 298.
Rasumowski, Graf, Alexei, russ. Oberjägermeister: 6. 12. 28. 76. 79. 399.
Rasumowski, Graf, Cyrillus, Präsident der russ. Akademie der Wissenschaften: 6. 28. 78. 79.
Rehboom, gothaischer Agent in Wien: 178.

Richecourt, Graf, Heinrich Hyacinth, österr. Gesandter in London: 195. 254. 268.
*Rohd, Johann Jakob von, preuss. Geh. Legationsrath, ausserordentlicher Gesandter in Stockholm: 7. 135. 151. 152. 182. 183. 249. 324.
Rohr, Kaspar Friedrich von, preuss. Oberst: 23.
Rohwedel, Wilhelm von, sächs. Geh. Rath: 260.
Rosen, Baron, Gustav Friedrich, schwed. General, Gouverneur von Finnland: 24. 56. 57. 66. 333.
Rosen, russ. Major: 234. 252.
Rosenkrantz, Friedrich Christian von, dän. Gesandter am preuss. Hofe: 25. 106. 119. 144. 154. 161. 191. 224. 383.
Rudenschöld, Karl von, schwed. Staatssecretär: 33. 47. 57. 89.
Russland: siehe Elisabeth; Katharina; Peter.

S.

Chur-Sachsen: siehe August III.; Karl; Xaver.
Sachsen-Coburg: siehe Franz Josias.
Sachsen-Gotha: siehe Friedrich III.
Sachsen-Meiningen: siehe Luise.
Sachsen-Weimar: siehe Ernst August Constantin.
Sachsen, Graf von, Moritz Arminius, Generalmarschall von Frankreich: 5. 23. 39. 58. 91. 96. 100. 101. 103— 105. 121—123. 133. 152. 187. 208.
Said-Efendi, türk. Kihaja: 245. 248. 250. 336. 338.
Saint-George, Ritter von, Jakob Stuart: 24.
Saint-Ignon, Graf, Karl, österr. General der Cavallerie: 87.
Saint-Séverin-Aragon, Graf, Alfons Maria Ludwig, franz. Staatssecretär: 75. 216. 342. 377. 382.
Sardinien: siehe Karl Emanuel III.; Victor Amadeus.
Scheffer, Freiherr, Karl, schwed. Gesandter in Paris: 299. 311. 320. 377.
*Scheffer, Freiherr, Ulrich, schwed. Oberst: 299. 311. 320. 326. 334. 336. 337. 374. 384. 386.
Schlieben, Graf, Friedrich Karl, preuss. Legationsrath: 25.
Schmettau, Graf, Waldemar, dän. Oberst: 296.

Schönaich, Freiherr, Georg Philipp Gottlob, österr. Oberst: 328. 364.
Schroff, Freiherr, Johann Adam, churpfälz. Gesandter in München: 255.
von der Schulenburg-Falkenberg, Freiherr, Heinrich Hartwig, sardin. Generalmajor: 167.
Schulin, Johann Sigismund von, dän. Geh. Rath, Minister des Auswärtigen: 8. 9. 37. 41. 145. 224. 264. 306. 344. 345. 353. 373. 381. 408.
Schuwalow, Graf, Peter, russ. Senator: 76—79. 86. 276. 399.
Schuwalow, Gräfin: 76. 77.
Schweden: siehe Adolf Friedrich; Friedrich; Ulrike.
*Seydlitz, Alexander Gottlob von, preuss. Oberst: 425.
Seyferth, Joseph von, böhm. Deputationsrath: 165. 199. 200.
Siepmann, Alexander Heinrich von, chursächs. Hofrath: 227.
Simolin, russ. Ministerialbeamter: 192.
Spanien: siehe Ferdinand VI.; Maria Antoinette; Maria Barbara.
Spellerberg, Bankier in London: 49. 241.
Spilcker, Heinrich Eberhard von, preuss. Oberstlieutenant: 14.
Splitgerber, David, Bankier in Berlin: 68. 268.
Stackelberg, Friedrich Daniel von, preuss. Capitän: 38.
Stainville, Marquis, Joseph von Choiseul, kaiserl. Gesandter in Paris: 116.
Stanislaus Leszczynski, Herzog von Lothringen, Titularkönig von Polen: 1.
Starhemberg, Gräfin, Josepha: 102.
Sternberg, Gräfin, Maria Leopoldine, geb. Gräfin Starhemberg: 102.
Sternberg, Graf, Philipp Franz, österr. Gesandter in Dresden: 82. 186. 208. 217.
Stuart: siehe Karl Eduard; Saint-George.
Suhm, Nicolaus von, chursächs. Gesandter in Stockholm: 316.
van Swart, holl. Gesandter in Russland: 2. 19—21. 48. 63. 87. 88. 107. 108. 133. 134. 147. 379.

T.

Tarlo, Graf, Johann, Palatin von Sendomir: 222.
Tessin, Graf, Karl Gustav, schwed. Reichsrath und Kanzleipräsident: 24.
33. 42. 47. 56. 62. 66. 84. 85. 112. 172. 176. 196. 197. 218. 223. 225. 244. 247—249. 286. 287. 306. 310. 318. 330. 374. 380. 389. 401. 409.
Thamas-Chouli-Khan: siehe Nadir.
*Theodor, Cardinal von Baiern, Bischof von Regensburg, Freising und Lüttich, Herzog in Baiern: 255.
Thiede, Emissär: 139.
Thoss, Deserteur: 87.
Thurn und Taxis, Fürst, Alexander Ferdinand, Reichsgeneralerbpostmeister: 95.
Titley, Walther, engl. Gesandter in Kopenhagen: 36. 72. 111. 214.
Torck, Freiherr: 356.
La Touche, Ritter, franz. Grosshändler: 227. 263.
La Touche, Ritter, franz. Oberstlieutenant: 322. 336. 340. 355. 370. 376. 389. 401. 405. 406. 409.
Treskow, Joachim Christian von, preuss. Generalmajor: 213. 243. 262.
Trier: siehe Franz Georg.
Trubezkoi, Fürst, Nicolaus, russ. Generalprokurator: 276. 399.
Tschernyschew, Graf, Peter, russ. Botschafter am engl. Hofe: 14. 79. 195. 239. 254. 268.
Tyrconnell, Earl, Richard Franz Talbot, franz. Maréchal de Camp, bevollmächt. Minister am preuss. Hofe: 160. 164. 173. 193. 215. 216. 218. 282. 292. 295. 299. 303. 313. 314. 322. 327. 328. 335. 339. 340. 345. 346. 348—351. 355. 358. 365. 369. 371. 388. 392. 400. 401. 409. 412.
Tyrconnell, Lady: 164.

U.

Ulfeld, Graf, Anton Cornificius, österr. Hofkanzler: 31. 54. 57. 60. 63. 66. 71. 84. 85. 92. 109. 124. 133. 137—139. 143. 156. 162. 163. 173. 182—184. 205. 226. 234. 237. 246. 274. 289. 317. 338. 354. 391. 401.
*Louise Ulrike, Kronprinzessin von Schweden, geb. Prinzessin von Preussen: 19. 33. 107. 145. 179. 326. 340. 363. 381.

V.

*Valory, Marquis, Veit Ludwig Heinrich, franz. Generallieutenant, ausserordentlicher Gesandter am preuss. Hofe: 35. 41. 53—56. 61. 69. 88. 89. 96. 97. 101. 121. 122. 133. 160. 168. 180. 217. 220. 233. 235. 236. 255. 264. 278. 281. 289. 290. 295. 307. 313. 314. 322. 324. 328. 333. 334. 345. 355. 357. 360. 365—368. 382 — Gesandter in Hannover: 398. 404.

Verlet, österr. Gesandtschaftsattaché in Stockholm: 182. 275. 311.

Victor Amadeus, Prinz von Piemont: 189.

Vockerodt, Johann Gotthilf, preuss. Geh. Rath im Departement der auswärtigen Affairen: 233. 279.

*Voss, Ernst Johann von, preuss. Geh. Legationsrath, bevollmächtigter Minister am chursächs. Hofe: 100. 101. 120. 121. 133. 230. 376. 394.

*Voss, Friedrich Christoph Hieronymus, preuss. Geh. Legationsrath, ausserordentlicher Gesandter in Kopenhagen: 83. 110. 111. 130. 161. 344. 345. 371. 410.

W.

Wachtendonck, Freiherr, Hermann Arnold, churpfälz. Oberstkämmerer: 347.

Waitzen, Bischof von: 51.

Wales: siehe Friedrich Ludwig.

*Warendorff, Konrad Heinrich, preuss. Legationssecretär am russ. Hofe: 19. 87. 107. 108 — Legationsrath und accreditirter, bez. bevollmächtigter Minister: 245. 250. 256. 275. 328. 337. 340. 351. 358. 369. 372. 378. 401. 408. 409. 411. 412.

Weselowski, Abraham, russ. Ceremonienmeister: 379.

Wilhelm, Prinz-Statthalter von Hessen-Cassel: 126. 357.

Wilhelm Karl Heinrich Friso, Prinz von Oranien und Nassau, Statthalter der Vereinigten Niederlande: 185.

Williams, Karl Hanbury, engl. Gesandter am chursächs. Hofe: 82. 94. 178. 362. 364. 365.

Wind, Niels Krabbe, dän. Gesandter in Stockholm: 353.

Wolff, Grosshändler in Petersburg: 5.

Woronzow, Graf, Michael, russ. Vicekanzler: 4—8. 11. 19. 20. 28. 76. 77. 85. 99. 124. 135. 139. 149. 168. 169. 187. 190. 221. 222. 258. 261. 266. 301. 306. 319. 382. 399.

Württemberg: siehe Karl Eugen.

Würzburg: siehe Karl Philipp.

*Wulfwenstjerna, Gustav von, schwed. ausserordentlicher Gesandter in Berlin: 31. 181. 184. 264. 278. 324. 328. 336. 337. 385.

X.

Xaver, chursächs. Prinz: 259. 300.

Y.

Yorke, Joseph, engl. Oberst, Geschäftsträger in Paris: 45. 58. 379.

VERZEICHNISS DER CORRESPONDENTEN.

A.

Adolf Friedrich, Kronprinz von Schweden: Nr. 4246.
Ammon: Nr. 3732. 3828. 3835. 3857.
August Wilhelm, Prinz von Preussen: Nr. 3762. 3767. 3795. 3942. 4134. 4142. 4234.

C.

Cagnony: Nr. 4026. 4040. 4053. 4125. 4137. 4155. 4212. 4235. 4259. 4315.
Chambrier: Nr. 3734. 3741. 3745. 3751. 3758. 3778. 3784. 3792. 3799. 3819. 3821. 3833. 3838. 3844. 3848. 3856. 3863. 3870. 3872. 3878. 3894. 3903. 3910. 3919. 3921. 3931. 3935. 3944. 3949. 3953. 3961. 3965. 3972. 3976. 3980. 3984. 3986. 3998. 4002. 4011. 4018. 4020. 4024. 4030. 4034. 4044. 4050. 4062. 4069. 4075. 4083. 4087. 4091. 4102. 4106. 4115. 4124. 4132. 4139. 4144. 4153. 4163. 4172. 4178. 4183. 4187. 4193. 4197. 4210. 4218. 4224. 4231. 4239. 4249. 4258. 4266. 4274. 4278. 4289. 4292. 4298. 4306. 4314. 4317. 4324. 4335. 4344. 4351. 4355. 4362. 4369. 4373.
du Commun: Nr. 3992. 3993. 4004. 4327.

D.

Departement der auswärtigen Affairen: Nr. 3797. 3888. 3896. 3981. 4019. 4049. 4088. 4119. 4164. 4166. 4196. 4204. 4214. 4264. 4300. 4310. 4331. 4337. 4358. 4368.
Desalleurs: Nr. 4096.

Diestel: Nr. 3733. 3744. 3768. 3773. 3782. 3786. 3793. 3800. 3815. 3826. 3845. 3882. 3898. 3932. 3938. 3939. 3951. 3955. 3960. 3971. 3989. 4005. 4014. 4038.

F.

Finckenstein: Nr. 3978. 4095. 4110. 4341.

G.

Goltz: Nr. 3737. 3740. 3747. 3752. 3763. 3771. 3785. 3788. 3802. 3809. 3824. 3830. 3840. 3847. 3849. 3859. 3862. 3867. 3873. 3876. 3884. 3890. 3901. 3906. 3912. 3917. 3923. 3930. 3934. 3945. 3948. 3957. 3970. 3977. 3979. 3988. 3996. 4007. 4013. 4017. 4021. 4028. 4036. 4046. 4048. 4056. 4060. 4066. 4071. 4078. 4080. 4093. 4104. 4109. 4116. 4121. 4131. 4136. 4146. 4152. 4161. 4169. 4177. 4182. 4188. 4195.
Gotter: Nr. 4283.

H.

Hecht: Nr. 3946. 3962. 3991.

K.

Klinggräffen: Nr. 3735. 3742. 3748. 3757. 3781. 3790. 3803. 3807. 3822. 3839. 3846. 3850. 3875. 3885. 3892. 3907. 3911. 3929. 3941. 3947. 3964. 3968. 3985. 3994. 4008. 4010. 4022. 4029. 4039. 4051. 4085. 4101. 4123. 4128. 4149. 4170. 4176. 4191. 4198. 4219. 4229. 4251. 4280. 4285. 4293. 4352. 4360. 4365. 4375.

L.

Lehwaldt: Nr. 3761.
Leopold Maximilian, Fürst von Anhalt-Dessau: Nr. 3776. 3796.
Ludwig XV., König von Frankreich: Nr. 4094. 4290.

P.

Podewils, Graf, Heinrich, Etats- und Cabinetsminister: Nr. 3765. 3810—3812. 3814. 3820. 3852. 3854. 3860. 3880. 3895. 3902. 3908. 3909. 3914. 3926. 3952. 3967. 3974. 3978. 3999. 4032. 4033. 4042. 4068. 4073. 4089. 4090. 4095. 4110. 4126. 4127. 4141. 4150. 4156. 4157. 4180. 4185. 4215. 4221. 4226. 4227. 4233. 4243. 4245. 4247. 4261. 4262. 4265. 4276. 4277. 4284. 4296. 4302—4304. 4316. 4329. 4357. 4366. 4372.
Podewils, Graf, Otto, Gesandter in Wien: Nr. 3736. 3746. 3750. 3756. 3774. 3779. 3787. 3791. 3804. 3806. 3817. 3825. 3831. 3832. 3836. 3842. 3851. 3858. 3861. 3868. 3871. 3877. 3886. 3891. 3899. 3905. 3913. 3916. 3924. 3928. 3936. 3943. 3950. 3954. 3958. 3963. 3969. 3975. 3983. 3987. 3995. 4003. 4009. 4012. 4015. 4023. 4025. 4031. 4035. 4045. 4052. 4055. 4061. 4064. 4070. 4074. 4084. 4092. 4098. 4107. 4112. 4120. 4130. 4138. 4147. 4159. 4171. 4174. 4184. 4199. 4209. 4217. 4225. 4232. 4237. 4250. 4255. 4267. 4272. 4282. 4288. 4295. 4299. 4307. 4311. 4319. 4325. 4333. 4339. 4343. 4348. 4359.

R.

Rohd: Nr. 3739. 3743. 3753. 3754. 3759. 3764. 3772. 3780. 3783. 3794. 3801. 3808. 3816. 3823. 3829. 3837. 3843. 3853. 3864. 3866. 3874. 3883. 3889. 3918. 3933. 3940. 3956. 3959. 3966. 3973. 3982. 3990. 3997. 4000. 4016. 4027. 4037. 4057. 4065. 4074. 4077. 4081. 4086. 4100. 4108. 4114.

4122. 4129. 4145. 4160. 4168. 4175. 4190. 4202. 4208. 4216. 4230. 4238. 4256. 4269. 4273. 4279. 4286. 4308. 4313. 4320. 4328. 4336. 4340. 4356. 4361. 4367.

S.

Schefffer: Nr. 4242.
Seydlitz: Nr. 3769.

T.

Theodor, Cardinal von Baiern: Nr. 4140.

U.

Louise Ulrike, Kronprinzessin von Schweden: Nr. 3922.

V.

Valory: Nr. 3760. 3766. 3770. 3777. 3805. 3813. 3855. 3865. 3887. 3897. 3915. 3920. 3927. 4001. 4006. 4047. 4079. 4099. 4111. 4151. 4165. 4167. 4179. 4186. 4205. 4206. 4241. 4244. 4252. 4253. 4263. 4275. 4291.
Voss, Ernst Johann von: Nr. 3731. 3738. 3749. 3755. 3775. 3789. 3798. 3818. 3827. 3834. 3841. 3869. 3879. 3881. 3893. 3900. 3904. 3925. 4041. 4054. 4059. 4063. 4072. 4082. 4088. 4094. 4097. 4105. 4117. 4118. 4133. 4135. 4148. 4154. 4158. 4173. 4181. 4192. 4194. 4203. 4207. 4222. 4254. 4309. 4321. 4332. 4345. 4350. 4353. 4363. 4371. 4376.
Voss, Friedrich von: Nr. 4038. 4043. 4058. 4067. 4076. 4103. 4113. 4162. 4189. 4200. 4213. 4240. 4260. 4270. 4301. 4322. 4326. 4334. 4349. 4364.

W.

Warendorff: Nr. 4201. 4211. 4220. 4223. 4228. 4236. 4248. 4257. 4268. 4271. 4281. 4287. 4294. 4297. 4305. 4312. 4318. 4323. 4338. 4342. 4346. 4347. 4354. 4370. 4374.
Wulfwenstjerna: Nr. 3937. 4242. 4330.

SACHREGISTER.

BAIERN. Beziehungen zu England Seite 303. 305 347. 348.

BRAUNSCHWEIG. Subsidienverhältniss zu England 347. 414.

DÄNEMARK. Ausgleichsverhandlungen zwischen Dänemark und Schweden unter Betheiligung Frankreichs und Preussens 2. 8. 9. 15. 26. 28. 34—37. 41—44. 46. 47. 49. — Unterzeichnung einer Präliminarconvention (7. August 1749) 56; vergl. 62. 70. 75. 76. 78. 81. 83. 102. 121. — Definitivvertrag (9. October 1749) 141. 142. 144. 152. 164. 181. 226. — Besondere Convention zwischen Dänemark und dem schwedischen Thronfolger wegen Holsteins 141. 145. 330. 363. 389. 397. — Tessin's Plan zu einem engeren Bündniss zwischen Dänemark und Schweden 172. 218. — Besorgnisse Dänemarks wegen Einführung der Souveränetät in Schweden 214. 215. — Rolle Dänemarks für den Fall seiner Betheiligung an einem Kriege zwischen Schweden und Russland 333.

Verhandlungen wegen Erneuerung des dänisch-französischen Subsidienvertrags 44. 47. 49. 64. — Abschluss der Verhandlung (14. August 1749) 66; vergl. 69. 75. 76. 83. 103. 121. 151.

Englische Gegenbemühungen in Kopenhagen 26. 34. 36. 37. 72; vergl. 76. 111. 215. — Thätigkeit der russischen Diplomatie in ihrem Verhältniss zu Dänemark 37. 154. 164. 172. 176. 205. 209. 215. 219. 224. 252. 276. — Vorgängige Mittheilung der in Stockholm zu übergebenden russischen Noten in Kopenhagen 87. 114. 182. — Aufnahme der kopenhagener Verträge mit Schweden bez. Frankreich in Russland 208. 226. — Aufnahme dieser Verträge in Dresden 69.

Gerüchte von einer Quadrupelallianz zwischen Frankreich, Preussen, Dänemark und Schweden, bez. von einer Tripelallianz zwischen den drei letzteren 100. 101. 103—105. 121—123. 135. 151. 152. 186. 310; vergl. 290. 331.

Diplomatische Bethätigung Frankreichs für die Anbahnung einer Defensivallianz zwischen Preussen und Dänemark 46. 54. 75. 84. 104. 106. 110. 111. 129. 145. 204. 219. 224. 241. 296. 331. — Stellung Schwedens zu dieser Angelegenheit 151. 219. — Intriguen gegen Preussen in Kopenhagen 224. — Sendung des Geh. Legationsraths von Voss nach Kopenhagen 25. 64. 65. 83. 106. — Instructionen für Voss 110. 111. 161. — Rosenkrantz' Sendung nach Berlin 106. 119. 144. 154. 161. 191; vergl. 383.

Diplomatische Unterstützung Schwedens gegen Russland durch Preussen, Dänemark und Frankreich; siehe unter Russland.

Haltung der dänischen Politik unter der Leitung Schulin's 224. 296. 297. 322. — Eine Aeusserung Schulin's über die preussische Armee 265. — Schulin's Tod, politische Folgen dieses Ereignisses 345. 353. 381. 407. 408. — Eventualität

des Eintrittes Bernstorff's in das dänische Ministerium 265. 353. 372 373. 383. — Haltung des dänischen Gesandten Cheusses in Russland 208. 209. 276. 296. 362. — Haltung seines Nachfolgers Lynar 360. 368. 379. 399. — Vermittelungsvorschlag und Vermittlerthätigkeit Lynar's 373. 388. 393. 397. 408—414.
Gerücht von dem Uebertritte des französischen Marschalls Löwendahl in dänische Dienste 185. 191.

ENGLAND-HANNOVER. Englands Stellung zu den Verwickelungen im Norden, sein Interesse an der Erhaltung des Friedens, Erschöpfung der englischen Finanzen 67. 88. 139. 140. 172. 174. 176. 238. 256—258. 283—285. 293. 349. 351. 394. 295. 400. 403—406. 408. — Zinsreduction in England und deren politische Bedeutung 256. 297. 303.
Verhandlungen zwischen England und Russland. Englische Vorstellungen im Interesse des Friedens 6. 8. 48. 50. 76. 109. 110. 112—115. 125. 131. 132. — Memoire Hyndford's vom 28. Juli bez. 19. September 1749 und Antwort Bestushew's 133—136; vergl. 160. 182. 188. 190. 393. 394. — Ablösung Hyndford's auf dem Botschafterposten in Russland durch Guy Dickens, Haltung des letzteren 51. 149. 219. 221. 258. 275. 292. 293. — Fortsetzung der Verhandlungen zwischen England und Russland 268. 271. 275. 290. — Neue englische Abmahnungen 358. 360. 361. 363. 364. 379. — Befürchtungen Englands vor der französisch-preussischen Partei 363—365. — Grenzen des englischen Einflusses in Russland 159. 325. 408. — Zahlung oder Nichtzahlung englischer Subsidien an Russland 3. 5. 18. 63. 76. 79. 108. 123. 210. 239—241. 258. — Verhandlungen zwischen England und Frankreich in der nordischen Frage: siehe unter Frankreich.
Verhandlungen wegen des Beitrittes Englands zur Petersburger Allianz von 1746 18. 339. 349.
Gegensätze im englischen Ministerium 36. 72. 287. — „Doppelcabinet" 238. 307. — Einfluss der Hannoveraner 268. 287. — Persönliche Haltung Georg's II. 6. 40. 99. — Seine persönlichen finanziellen Hülfsquellen 3. 288.
Haltung Georg's II. gegen den preussischen Gesandten von Klinggräffen 178. — Friedrich II. beabsichtigt die Abberufung Klinggräffen's 178. 197. — Die Abberufung unterbleibt auf Ankündigung der Sendung von Williams nach Berlin 362. 364. 365. — Klinggräffen nach Potsdam beschieden 404. 414. — Gerücht von der Anwesenheit des stuartischen Prätendenten in Berlin 24.
Antheil des Königs von England an dem Project einer römischen Königswahl zu Gunsten des Erzherzogs Joseph 228. 229. 296. 312. 325. 339. 349. 350. 352. — Reise Georg's II. nach Hannover 228. 288. 318. 325. 368. 398. — Vertrag zwischen den Seemächten und Churköln 295. 303. — Verhandlungen mit andern Reichsständen 303. 305. 308.
Stellung Hannovers zu der Frage der churfürstlichen Lehensentgegennahme 259 — zu den Religionsstreitigkeiten im fränkischen Kreise 390.
Preussische Indemnisationsforderung für die Schädigung der preussischen Handelsschifffahrt durch englische Kaper 219. 268—270. 304.
Englische Schuldforderungen auf Schlesien und Massnahmen zur Befriedigung derselben 8. 12. 18. 49. 52. 99. 125. 148. 178. 189. 194. 197 202. 219. 229. 241. 257. 268. 269. 304.

FRANKREICH. Vertrauliche Mittheilungen Friedrich's II. an das französische Ministerium über die nordischen Verwickelungen 3. 10. 20. 21. 25. 27. 31. 32. 35. 50. 53—56. 60. 71. 82. 90. 109. 116. 119. 227. 130. 133. 138. 149. 150. 181—184. 186. 206. 225. 237. 245. 249. 273. 277. 285. 295. 331. 340. 357. 358. 365. 369. 382. 388. 392. 401. 406. 409. 412. — Allgemeines Verhältniss zwischen Frankreich und Russland 355.
Misstrauen des französischen Ministeriums wegen kriegerischer Hintergedanken der preussischen Politik 104. 116. 127. 142. 157. 175. 231. 410. — Klagen des

Marquis Puyzieulx über die Haltung preussischer Diplomaten 94. 95. 127; vergl. 174. 181. 196. 323. 345. — Erläuterungen für Puyzieulx in Betreff der preussisch-französischen Allianz von 1744 60. 61. — Das Misstrauen geschwunden 253. 295. — Puyzieulx über die Solidarität der Interessen Frankreichs und Preussens 248. 249. — Eventualität des Rücktrittes des Marquis Puyzieulx 262. 265. 312. — Gesammturtheil Friedrich's II. über die Leitung der auswärtigen Politik Frankreichs durch Puyzieulx 216; vergl. 343. — Haltung des Grafen Saint-Séverin 77. 343. 382. — Haltung des französischen Botschafters Mirepoix in London 62. 127. 159. — Haltung des Geschäftsträgers Blondel in Wien 4. 10. 11. 14. 33. 38. 40. 50. 67. 68. 70. 74. 77. 80. 85. 86. 95. 100. 109. 128. 136. 138. 143. 147. 216. 327. — Beabsichtigte Ersetzung Blondel's durch Hautefort, Charakteristik Hautefort's 4. 128. 129. 136.

Feste Haltung des französischen Ministeriums in der nordischen Frage 14. 32. 38. 58. 59. 71. 149. 210. 330. 382. 391. 410. — Weigerung Puyzieulx', eine schriftliche Versicherung wegen der Haltung Schwedens zu geben 45. — Warnende Erklärungen Frankreichs an das englische Ministerium 58. 59. 78. 80. — Mittheilung des englischen Botschafters in Paris über den Erfolg der englischen Vorstellungen an Russland 160. 181; vergl. 182. 188. 190. — Desavouirung dieser Mittheilungen durch Russland 393. 394. — Weitere Vorstellungen Frankreichs in Wien und London 239. 241. — Diplomatische Unterstützung Schwedens durch Frankreich, Preussen und Dänemark nach Uebergabe der russischen Note an Schweden vom 4. 15. Januar 1750: siehe unter Russland. — Preussische Mittheilungen nach Paris über die militärischen Massnahmen für den Fall eines Krieges im Norden 285. 298. 311—313. 334. 335. 346. — Kriegerische Stimmung in Frankreich 293. 326. 327. — Abkühlung derselben 343. 349. — Sendung des Chevalier de La Touche nach Schweden behufs eines Einblickes in die schwedischen Kriegsvorbereitungen 322. 339. 340. 355. 370. 389. 401. 405. 406. 409.

Vermittelnde Stellung Frankreichs zwischen Preussen und Dänemark und Gerüchte von einer Tripel- oder Quadrupelallianz: siehe unter Dänemark. — Französische Vermittelung der Verhandlungen zwischen Preussen und der Pforte: siehe unter Türkei.

Meinungsaustausch zwischen Preussen und Frankreich über das Project einer römischen Königswahl zu Gunsten des Erzherzogs Joseph. Erste Sondirung des Terrains 175. 200; vergl. 228. 229. — Directe Verhandlungen 346. 347. 350. 357. — Vorschlag zur Anwerbung deutscher Truppencontingente mit französischem Gelde 327. 400. — Nothwendigkeit der Anwesenheit eines Vertreters von Frankreich in Hannover während des Besuches Georg's II. 318. 319. 323. — Sendung Valory's nach Hannover 357. 362. 367. 368. 398. 404.

Stellung Frankreichs zu den Differenzen zwischen Preussen und Oesterreich wegen Ausführung der dresdner Friedensbestimmungen 96. 165. 195. 302. 367.

Thätigkeit der französischen Diplomatie in Warschau 387. 397—399. 407.

Persönliche Haltung Ludwig's XV. 220. — Austausch von Geschenken zwischen Friedrich II. und Ludwig XV. 27. 235. — Ablehnende Antwort auf die Bitte Ludwig's XV. um ein Exemplar des Palladion 308. 309.

Besuch des Marschalls von Sachsen in Potsdam 23. — Nachspiel dieses Besuches 96. 100. 101. 103—105. 121. 122. 133. 134. 141. 152. 180. — Abberufung Valory's aus Berlin 41. 61. 88. 97. 160. 294. 355. 356. 365. 366. — Sendung Tyrconnell's nach Berlin 160. 161. 173. 193. 194. 216. 217. 292. 299. — Ankunft und Debüt Tyrconnell's 313. 322. 327. 328. 339. 345. 350. 351. 355. 358. 365. 388.

Verhandlungen mit Frankreich wegen eines Handelsvertrages 291. 294. — Commercielle Anerbietungen französischer Privater 227. 263.

Französische Finanzreform 254. 401. — Finanzielle Hülfsquellen Frankreichs 349. Unruhen in Paris 401.

HESSEN-CASSEL. Verhandlungen wegen etwaiger Ueberlassung hessischer Truppen an Preussen gegen Subsidien 125. 126. 316. 320. 336. 346. 357. — Abhängigkeit des Casseler Hofes von England 347. — Reise des Erbprinzen von Hessen-Cassel nach Frankreich 147.

HOLLAND. Geringe Bedeutung Hollands für das europäische Gleichgewicht 70. 293. — Abberufung des preussischen Ministers Ammon aus dem Haag 80. 81. Vorstellungen der Generalstaaten in Russland im Interesse des Friedens 43. 68. 134. 379. — Die Frage der Accession Hollands zu der Petersburger Allianz von 1746 349. — Haltung des holländischen Gesandten in Russland Swart 19. 87. 107. 147. — Gerücht über russische Truppenwerbungen in Holland 1. Verhandlungen zwischen Holland und Oesterreich wegen Neuarmirung der Barriereplätze 177. 185. 293. 400. — Vertrag mit Köln 295. — Holländische Forderungen an die sächsische Steuerkasse 212.

Innere Unruhen in Holland 65. 84. — Truppenreduction 185. 198.

Massnahmen zur Herbeiziehung holländischer Capitalisten nach Preussen 383. 384.

KÖLN. Abhängigkeit des Churfürsten von dem wiener Hofe 347. — Subsidienvertrag zwischen Köln und den Seemächten 295. 303. 305.

Preussische Begünstigung der Bemühungen des Cardinals von Baiern um die Nachfolge im Erzbisthum Köln 255. 263.

KURLAND. Candidaten für den erledigten Herzogsthron 58. 82. 91. 94. 141. 187. 208. — Kirchenbau in Mietau 321.

MAINZ. Abhängigkeit des Churfürsten von dem wiener Hofe 347. — Verhandlungen mit England behufs Erneuerung des Subsidienverhältnisses 303. 305.

OESTERREICH. Verhandlungen wegen Ausführung des Dresdner Friedens. Die Frage der Reichsgarantie für den Frieden 68. 169. 190. 193. 209. 272. 301. 367. 375. — Der wiener Hof wünscht die Erweiterung der von Preussen zu Dresden übernommenen Garantie 96. 302. 367. — Verhandlungen wegen Regelung der Handelsbeziehung in Gemässheit des Friedensvertrages 40. 41. 190. 193. — Differenz wegen des Grafen Lichnowsky 137. 139. — Verhandlungen wegen der Forderungen von Privatleuten die an ehemalige breslauer Oberamtskasse 165. 169. 171. 174. 199. 200. Missvergnügen des wiener Hofes über die Befestigung der Beziehungen Preussens zu Frankreich 92. 375. — Sein politisches System gegenüber der preussisch-französischen Verbindung 116. 383. — Seine Revanchepolitik 138. 143. 159. 180. 188. 195. 249. — Nachwehen des letzten Krieges für Preussen 343.

Verhältniss zwischen dem preussischen Gesandten Graf Otto Podewils in Wien und dem Hofkanzler Graf Ulfeld 92. 124. 138. 143. 162. — Podewils' Abberufung in Aussicht genommen 185. 375. 376. 394. — Stellung des Grafen Chotek in Berlin 25. — Ablösung desselben 14. — Intercipirte österreichische Depeschen 31. 82. 109. 133. 138. 182. 186. 206—208. 226. 237. 340. — Intercipirungen von österreichischer Seite 10. 270. 280. 281. 289.

Politik Oesterreichs in der nordischen Frage 38. 51. 64. 67. 68. 72. 80. 92. 109. 119. 124. 136. 138—140. 148. 155. 156. 168. 172. 201. 266. 267. 274. 283. 305. 312. 317. 322. 342. 349. 351. 375. 379. 380. 383. 394. 397. 398. 400. 401. 403—406. — Verhandlungen zwischen Oesterreich und Russland wegen Hülfeleistung im Falle eines russisch-schwedischen Krieges 29. 40. 83. 86—88. 206. 234. 240. 244. — Oesterreichisch-englischer Vermittelungsversuch in Moskau 110. 114. 134. 140. — Laue Unterstützung Hyndford's durch Bernes 131. 163. — Erklärung Bestushew's an Bernes 186—188. 190. 393. 394. — Vorschlag des wiener Hofes an Frankreich behufs einer Vermittelung zwischen Russland und Schweden 17. 18. 53. 55. 67. 71. 159. 257. — Oesterreichischer Vorschlag zu einem Austausche bindender Erklärungen zwischen Russland und Schweden 154. 183. 275. — Versuch des österreichischen Gesandten Antivari in Stockholm bei dem französischen Botschafter Havrincourt 154. 217. — Neue Vorstellungen des österreichischen Botschafters Graf Bernes in Russland 360. 361. 369; vergl. 379. — Ablösung des Grafen Bernes durch Baron Pretlack 387. 388.

Eventualität einer Verwickelung in Italien 158. 161—163. 166—168. 171. 191. 192; vergl. 223. 246. 262. 274. — Reise des österreichischen Generals Lucchesi nach London 146. 153. 158. 162. 167. 168. 173.
Plan zur Wahl des Erzherzogs Joseph zum römischen Könige 172. 174. 195. 200. 211. 228. 303—305. 308. 312. 346. 349. 350. 352. 374. — Reichsrechtliche Seite dieser Angelegenheit 346. 347. 350.
Bemühungen des wiener Hofes um die Coadjutorschaft im Bisthum Münster für einen Erzherzog 356. — Memoire des Grafen Chotek über die weimarer Vormundschaftsangelegenheit 44. — Stellung des kaiserlichen Hofes zu den Religionsstreitigkeiten im Fränkischen Kreise 390. 402. 403. — Haltung des kaiserlichen Hofes in der Frage der Investitur der Churfürsten; siehe unter England-Hannover, Römisches Reich, Chursachsen.
Lage der österreichischen Finanzen 11. 74. 80. 95. 100. 131. 143. 153. 163. 173. 184. 200. 201. 205. 228. 375. — Project einer levantischen Handelscompagnie 396.
Militärische Verhältnisse in Oesterreich 64. 155. 158. 199. 228. 237. 243. 252. 266. 317. 323. — Uebungslager im Herbst 1749, Anwesenheit preussischer Officiere 43. 51. 85. 87. 100. — Uebungslager 1750 380. 394.
Ruhestörungen in Böhmen 218. 223. — Ungarischer Reichstag 403.

(CHUR)-PFALZ. Freundschaftsverhältniss zu Preussen 348. — Haltung des churpfälzischen Gesandten Beckers in Wien 138. 143. 163. 347. — Uebertragung der pfälzischen Besitzungen in Polen an den Fürsten Radziwill 208.

POLEN. Aufforderung einer Deputation des polnischen Klerus an August III. zu einer Reise nach Polen 148; vergl. 236. 242. 259. 300. — Auflösung des Tribunals zu Petrikau 148. 158. — Aussichten für den polnischen Reichstag von 1750 157. 158. 230. 250. 285. 291. 292. 307. 381. — Der Tod des Grafen Tarlo in seiner Bedeutung für die polnischen Parteiverhältnisse 222. — Berufung des preussischen Gesandten von Voss nach Potsdam und seine Instructionen für den polnischen Reichstag 250. 251. 303. 307. 309. 321. 341. 381. — Stellung des Gesandten zu den Parteikämpfen 387. 395. 397—399. 407. 411. 414.

RÖMISCHES REICH. Project zu der Wahl einer römischen Königswahl: siehe unter England, Frankreich, Oesterreich.
Aussichten einer Verhandlung behufs Bildung einer antiösterreichischen Association im Reiche 347.
Die Frage der churfürstlichen Investituren 130. 150. 187. 207. 210. 217. 227.
Religionsbeschwerden im Fränkischen Kreise 390. 402. 403.

RUSSLAND. Stellung und Einfluss des Grosskanzlers Bestushew 7. 76—79. 85. 86. 192. 276. 399. — Umtriebe Bestushew's gegen Preussen 183. 206. 207. 226. — Verhältniss Bestushew's zu dem Grossfürsten-Thronfolger 288. — Bestushew's Hass gegen das Haus Holstein 154. — Gefälligkeit Friedrich's II. gegen die Grossfürstin Katharina 213. — Stellung des Vicekanzlers Woronzow, seine Haltung gegen Preussen 4. 28. 76. 77. 85. 99. 140. 149. 168. 169. 179. 190. 222. 258. 266. 301. 306. 319. 382. — Principielle Gründe Friedrich's II. gegen die durch Woronzow befürwortete Unterstützung der Politik Russlands 187. 221. — Haltung der Brüder Rasumowski 6. 12. 28. 76. 299.

Abberufung des preussischen Gesandten von Goltz aus Petersburg und seine Ersetzung durch Warendorff 245. 249. 250. 275. 306. 372. 373. — Verzögerung der Antrittsaudienz Warendorff's 376. 378. 380. 408.

Verbreitung der russischen Avocatorien an die im preussischen Kriegsdienste stehenden Livländer durch den russischen Gesandten von Gross 199. 204. 223. — Dementi des Gerüchtes von der Verhaftung der in preussischem Kriegsdienste stehenden Livländer 221. — Gefangenschaft des preussischen Capitäns von Stackelberg in Russland 38. — Reclamation eines in russischem Kriegsdienste stehenden preussischen Vasallen 251.

Differenzen zwischen Russland und Schweden. Urtheil Friedrich's II. über die Motive der Politik Bestushew's gegen Schweden 150. — Militärische Demonstrationen Russlands 10—15. 52. 53. — Erscheinen einer russischen Flotte im baltischen Meere 10. 12. 26. 42. — Reisedispositionen der Kaiserin Elisabeth in ihrer Bedeutung für Russlands nordische Politik 73. — Beruhigendere Anzeichen 98. 99. 102. 108. — Einlenkende Haltung Bestushew's in Folge der Vorstellungen Oesterreichs und Englands 134—136. 140. 180 (vergl. auch unter England und Oesterreich). — Russische Staatsconferenz vom 5. September 1749 110. 112. 114. 120. 125. 132. 146. 159. 160. 171. — Umschwung und „Windstille" 142. 145. 146. 148. 149. 155. 156 159. 160. 163. 170. 171. 173. 175. 177. 178. — Unwahrscheinlichkeit einer russischen Abrüstung 148. 149. 159. 165. 197. 287. — Verhältnissmässige Geringfügigkeit der Kosten der Truppenunterhaltung in Finnland 210. -- Eigene finanzielle Hülfsquellen Russlands 179. 271. — Fortdauer der russischen Demonstrationen 209. 214. 215. 218. 220. 225. 228. 229. 244. 256. 257. 271. 275. 293. 300. 302. — Verringerte Chancen Russlands für den Fall eines Krieges 253. 293. — Neue Krisis 308. 311—317. 321. — Nochmalige Abwandlung der Situation im friedlichen Sinne, Aussicht auf Erhaltung des Friedens mindestens bis zum Thronwechsel in Schweden 327. 329. 338. 339. 350. 351. 354. 357—361. 363. 365. 369. 374. 382. 385. 391. 396. 401—406. 410. 414.

Massregeln Friedrich's II. für den Fall eines Krieges 7. 22. 285. 295. 312. 313. 315. 316. 320. 332—336. — Reise Friedrich's II. nach Königsberg 221. 368.

Notenwechsel zwischen Russland und Schweden. Vorangehende Gerüchte über eine in Aussicht stehende Erklärung Russlands 19—28. 30—35. 37. 39. 43. 53. 54. 57. 60. 62. 63. 66. 71. 73—75. 79. 87. 88. 116. — Ansuchen des russischen Gesandten Panin in Stockholm um eine Conferenz 88. 91. — Erklärung Panin's vom 3./14. September 1749 97—100. 108. 125. 127. 140. 146. 156. 168. 170. — Schwedische Antwort vom 10./21. September 107. 112. 115. 120. 125. 127. 154. 172. 176. 182. — Einfluss der russischen Erklärung auf die Stimmung der schwedischen Nation 145. — Persönliche Haltung Panin's 114. 402. — Eine neue russische Note im Anzuge 181—184. 186—188. 190. 192. 202. 206. 210. 214. 218. 226. — Ueberreichung derselben (4./15. Januar 1750) 229. 230. 234. 235. 237. 240. 247. 279. 280. — Russlands Bemühung um die Unterstützung dieses diplomatischen Schrittes durch den wiener Hof 206. 234. 240. 244. — Aeusserung des französischen Ministeriums in Betreff der von Schweden zu ertheilenden Antwort 210; vergl. 229. 238. 247. 248. — Schwedische Antwort auf die russische Januarnote 238. 244. 246. 264. 266. 274. 282. 283. 288. 289. 296. 306. — Aufnahme der schwedischen Antwort in Russland 306. 308. 312. 313. 317—319. 359. — Schwedens Bemühungen bei seinen Bundesgenossen um diplomatische Unterstützung 246—249. 251. 257. 264. 273.

Diplomatische Unterstützung des Standpunktes der schwedischen Antwortsnote durch Preussen, Frankreich und Dänemark. Verständigung darüber zwischen Preussen und Frankreich 249. 273. 277. 289. 317 — zwischen Preussen und Dänemark 247. 281. 306. 314; vergl. 331. 372. — Französische Erklärungen: durch Puyzieulx an Albemarle und Kaunitz in Paris 278. 281. 283. 284; vergl. 371 -- durch die Vertreter Frankreichs in London und Wien 283. 284. 286. 289. 312. 325. 338. 342. 351. 362—365. 367. 388. — Preussische Erklärungen: an Oesterreich 279. 286. 295. 311. 314. 317. 326. 341. 348 — an England 279. 288. 295. 298. 314. 326. 341 — an Russland 278. 295. 314. 326. 340. 341. 343. 352. 382. 408—410. 413; vergl. 301. -- Dänische Erklärungen: in Wien 305. 359. 361. 365 — in London 305 -- in Petersburg 305. 325. 352. 357—359. 361. — Eine von Frankreich in Anregung gebrachte preussisch-dänische Collectiverklärung wird auf dänischer Seite nicht für opportun gehalten 371. 372; vergl. 315. 365. — Urtheil Friedrich's II. über den Werth der diplomatischen Action der Alliirten Schwedens 410.

Vermittelungsvorschläge für die Ausgleichung der Differenzen zwischen Russland und Schweden. Vermittelungsvorschlag des Grafen Ulfeld 17. 18. 53. 55. 67. 71. 159. 257. — Englisch-österreichischer Vermittelungsversuch 109. 114. 131. 134. — Resultat einer Conferenz zwischen Puyzieulx und Albemarle 160. 181. — Oesterreichischer Vorschlag zu einem Austausche bindender Erklärungen zwischen Russland und Schweden 154. 183. 275. — Schwedischer Vorschlag einer Bürgschaftsleistung durch die beiderseitigen Alliirten 348 — dänischer Vermittelungsvorschlag (Lynar) 373. 388. 393. 397. — Englisch-französischer Vermittelungsvorschlag (Mirepoix-Newcastle) 377. 388. 389. 393. 394. 396. 397. 408—414.

Diplomatische Schritte der Pforte in dem russisch-schwedischen Conflict: siehe unter Türkei. — Spanien bietet in Stockholm seine guten Dienste an 257. — Stellung des dresdner Hofes 299. 300. 316. 399. 407.

Schwedische Note an Russland wegen einer in Holland erschienenen Schrift 15. — Sendung Greiffenheim's nach Russland und seine Aufnahme daselbst 126. 244. 342. 352. — Greiffenheim's Unselbständigkeit 324. 327. — Tüchtigkeit Lagerflycht's 337. 376.

Ungewissheit Friedrich's II. über die geheimen Artikel der Petersburger Allianz vom 22. Mai/2. Juni 1746 3. 18. 108.

Russische Politik in Polen 82. 93. 291. 292. 300.

(CHUR)-SACHSEN. Politik und Verwaltungssystem des Grafen Brühl 16. 17. 29. 39. 46. 203. 267. 271. 274. 299. 300. 347. — Sächsische Truppenreduction 250. 259. 271.

Angebliche Indiscretion des preussischen Gesandten von Voss 100. 101. 103—105. 121—123. 133. — Persönliche Stellung desselben in Dresden 120.

Verhandlungen wegen des Beitrittes von Sachsen zu der Allianz der Kaiserhöfe 19. 82. 93. 186. 207. — Ergebenheit Keyserlingk's für den dresdner Hof 187. — Sendung Arnim's nach Russland 194.

Stellung Sachsens zu den Differenzen zwischen Russland und Schweden: siehe unter Russland.

Differenzen zwischen Dresden und Wien wegen der churfürstlichen Investitur 187. 207. 210. 217. 227. — Vorgebliche Geneigtheit des dresdner Hofes zum gemeinsamen Vorgehen mit Preussen in den Reichsangelegenheiten 321.

Besuch des Marschalls von Sachsen in Dresden 5. 23. 46. — Schuldforderungen des Marschalls an den dresdner Hof 39. 45. — Anfrage des sächsischen Botschafters in Paris für die Eventualität eines preussischen Angriffs auf Sachsen und Antwort des französischen Ministeriums 65. 69. — Eventualität der Betheiligung Sachsens an einem nordischen Kriege 333. 335. — Stimmung in Frankreich gegen Sachsen 220. 221. — Die Frage der Erneuerung des sächsisch-französischen Subsidienvertrages 13. 16. 29. 30. 39. 46. 58. 65. 69. 70. 93. 216. 220. 242. — Subsidienverhandlungen zwischen Dresden und London 45. 82. 93. 94. 106. 208. 303—305.

Verhandlungen des sächsischen Landtages 1. 5. 39. 58. 73. 93. 102.

Verhandlungen wegen Befriedigung der Forderungen preussischer Staatsangehöriger an die sächsische Steuerkasse 39. 45. 58. 93. 105. 106. 115—118. 123. 137. 212. 215. 236. 242. 267. 268. 298. 310. — Schreiben Friedrich's II. an August III. in dieser Angelegenheit 116—118. 120.

Sächsische Politik in Polen bez. Kurland 58. 82. 91. 93. 94. 141. 187. 208.

SACHSEN-GOTHA. Haltung des Herzogs von Gotha in den Reichsangelegenheiten 347. — Verhandlung wegen etwaiger Ueberlassung gothaischer Truppen an Preussen gegen Subsidien 316. 320. 361.

Differenz mit Coburg wegen der Vormundschaft in Weimar 44. 178.

SARDINIEN. Differenzen zwischen den Höfen von Turin und Wien 166—168. 191.

192. 262 Sardinien, Oesterreich und Frankreich 243. — Verhandlungen zwischen Sardinien und Frankreich 162. 163. 167. 168. 189. 191. 211. 262. 277. 293 — zwischen Sardinien und Spanien 189. 191. 262. 277. 293. — Familienverbindung der Höfe von Turin und Madrid 189. — Haltung des sardinischen Gesandten in London 254.

SCHWEDEN. Mittheilungen Friedrich's II. nach Stockholm über die Politik Russlands und der Alliirten desselben, politische und militärische Rathschläge 19. 20. 24. 28. 33. 35. 47. 52. 56. 57. 66. 89. 90. 107. 134. 135. 156. 179. 180. 181. 201. 328. 337. 352—355. 389. 401. 409. Friedrich II. hält die Verstärkung der militärischen Kräfte in Finnland nicht mehr für erforderlich 145 — befürwortet von neuem militärische Vorkehrungen 282. 322. 326.
Militärische Verabredungen zwischen Preussen und Schweden. Sendung Ulrich Scheffer's nach Berlin 298. 299. 311. 320. 326. 332 -334. 336. 374. 384. — Preussische Hülfstruppensendung nach Schweden im Fall eines russischen Angriffs 54. 56. 285. 295. 312. 313. 315. 316. 320. 334. 384—386. — Unthunlichkeit einer finanziellen Hülfsleistung 180.
Manifest des Königs von Schweden zur Widerlegung der Gerüchte von einer beabsichtigten Verfassungsänderung (20. Juli 1749) 47. 84. 99. 154. 315. - Schwedische Erklärung in Wien 84. 85; vergl. 124. 136. 156. 197. 354. — Haltung der österreichischen Diplomatie in Stockholm 153. 154. 183. 217. 275. 287. 310. — Intriguen im Innern 63. 153. 183. 261. 310. 353. 362. — Schwäche der schwedischen Regierung 391. — Wandlung in der Stimmung der Nation 405.
Notenwechsel zwischen Schweden und Russland und sonstige Beziehungen Schwedens zu Russland: siehe unter Russland.
Beziehungen zwischen Schweden und England 6. 135. 156. — Beziehungen zu Dänemark: siehe unter Dänemark.
Erkaltung des Verhältnisses zwischen dem Kronprinzen von Schweden und dem Grafen Tessin 330.

SPANIEN. Sendung Cagnony's nach Madrid behufs Verwirklichung alter brandenburgischer Schuldforderungen an Spanien und behufs Anbahnung eines preussischspanischen Handelsvertrages 81. 86. 196. 203. 211. 212. 255. 261. 272. 314. 378.
Spaniens Stellung zu den Verwickelungen im Norden 257. — Englische Verhandlungen mit Spanien 262. — Eventualität einer zweiten Vermählung des Königs von Spanien 196.
Geringe Machtbedeutung Spaniens 212. — Siehe auch unter Russland, Sardinien.

TRIER. Abhängigkeit des Kurfürsten von dem wiener Hofe 347.

TÜRKEI. Stellung der Pforte zu den Differenzen zwischen Russland und Schweden. Vertragsverhältniss zwischen der Pforte und Schweden 225. 226. 231. 259. — Erklärung des Grossveziers Abdullah an den französischen Botschafter Desalleurs 29 — desgl. an den russischen Gesandten Veplcijew 55. 56. 62. 63. 74. 75. 78. 98. 102. 120. 128. 132. 159. 184. 190. Gerüchte von türkischen Rüstungen 151. — Türkische Vermittelung zwischen Russland und Schweden wird in Stockholm für unopportun angesehen 286; vergl. 238. 247. 248.
Die Kaiserhöfe betrachten Abdullah als ihren Freund 32. Oesterreichische, russische und englische Verbindungen in Konstantinopel 196; vergl. 198. 234. — Absetzung des Grossmufti Effad Efendi 109. 128. 136. 163. 234. — Schwankungen in Konstantinopel 193. 184. 192. 205. 223. — Sturz des Grossveziers Abdullah Pascha, Einfluss dieses Ereignisses auf die europäische Politik 245. 246. 148. 250. 252—254. 257. 266. 267. 271. 283 286. 297. 306. — Friedrich's II. Ungewissheit über die Haltung der Pforte 303. 305. 327. — Unberechenbarkeit der türkischen

Zustände 329. · Gerüchte von einem neuen Ministerwechsel 329. 336. 338. Neue Erklärung der Pforte an Russland 392. 393; vergl. 363. — Türkische Vorstellungen in Wien 391. Aufgabe der französischen Diplomatie in Konstantinopel 142. 150. 198. 406. — Aufgabe der Pforte im Falle eines Krieges im Norden 333. Allianzverhandlung zwischen Preussen und der Pforte. Preussische Antwort auf die durch Frankreich übermittelten Vorschläge 230 — 233. 235. 236. — Informationen der Gegenpartei über die Verhandlungen der Pforte mit Frankreich, bez. Preussen 237. 370.

WÜRTTEMBERG. Haltung des Herzogs Karl Eugen in den Reichsangelegenheiten 347.
Gründe Friedrich's II. gegen eine Subsidienverhandlung mit Württemberg 361. 362.

www.ingramcontent.com/pod-product-compliance
Lightning Source LLC
Chambersburg PA
CBHW051724300426
44115CB00007B/451